国家建筑标准设计图集 09X700（上）

替代 97X700（上）

智能建筑弱电工程设计与施工

上 册

批准部门：　中华人民共和国住房和城乡建设部

组织编制：　中 国 建 筑 标 准 设 计 研 究 院

中国计划出版社

图书在版编目（CIP）数据

国家建筑标准设计图集．智能建筑弱电工程设计与施工．09X700．上册/中国建筑标准设计研究院组织编制．—北京：中国计划出版社，2010.5
ISBN 978-7-80242-513-2

Ⅰ.①国…　Ⅱ.①中…　Ⅲ.①建筑设计—中国—图集②智能建筑—电气设备—建筑设计—中国—图集③智能建筑—电气设备—建筑安装工程—工程施工—中国—图集
Ⅳ.①TU206②TU855-64

中国版本图书馆 CIP 数据核字（2010）第 076528 号

国家建筑标准设计图集
智能建筑弱电工程设计与施工
上册
09X700（上）
中国建筑标准设计研究院　组织编制
（邮政编码：100048　电话：010-68799100）
广告发布登记号：京西市监广登字 20170256 号
☆
中国计划出版社出版
（地址：北京市西城区木樨地北里甲 11 号国宏大厦 C 座 3 层）
北京强华印刷厂印刷

787mm×1092mm　1/16　25 印张　99 千字
2010 年 5 月第 1 版　2021 年 3 月第 11 次印刷
☆
ISBN 978-7-80242-513-2
定价：132.00 元

关于批准《中小套型住宅优化设计》等七项国家建筑标准设计的通知

建质[2009]56号

各省、自治区住房和城乡建设厅，直辖市建委（规委），总后营房部，新疆生产建设兵团建设局，国务院有关部门：

经审查，批准由中国建筑标准设计研究院等六个单位编制的《中小套型住宅优化设计》等七项标准设计为国家建筑标准设计，自2009年6月1日起实施。原《多层住宅建筑优化设计方案》（97SJ903）、《雨水斗》（01S302）、《医院卫生设备安装》（92S303）、《智能建筑弱电工程设计施工图集》（97X700）标准设计同时废止。

附件：《中小套型住宅优化设计》等七项国家建筑标准设计名称及编号表

中华人民共和国住房和城乡建设部

二〇〇九年四月十三日

“建质[2009]56号”文批准的七项国家建筑标准设计图集号

序号	图集号	序号	图集号	序号	图集号	序号	图集号	序号	图集号	序号	图集号	序号	图集号
1	09SJ903-1	2	09G901-2	3	09G901-3	4	09G901-5	5	09S302	6	09S303	7	09X700

智能建筑弱电工程设计与施工
上 册

批准部门	中华人民共和国住房和城乡建设部	批准文号	建质[2009]56号
主编单位	中国建筑标准设计研究院 全国工程建设标准设计弱电专业专家委员会	统一编号	GJBT-1096
实行日期	二〇〇九年六月一日	图 集 号	09X700

主编单位负责人 孙英 [签名]
主编单位技术负责人 孙兰 [签名]
技术审定人 [签名]
设计负责人 孙兰 [签名]

目 录

总说明

火灾自动报警与消防控制系统

目 录								图集号	09X700(上)
审核	孙 兰	[签名]	校对	马晓伟	[签名]	设计	汪 浩	[签名]	页 1

安全技术防范系统

建筑设备监控系统

目 录						图集号	09X700(上)
审核 孙 兰	孙兰	校对	马晓伟	马晓伟	设计 汪 浩 汪浩	页	2

电话交换及通信接入系统

目录							图集号	09X700(上)
审核	孙兰	孙兰	校对	马晓伟	马晓伟	设计 汪浩 汪浩	页	3

信息网络系统

综合布线系统

目　　录						图集号	09X700(上)
审核	孙 兰	校对	马晓伟	设计	汪 浩	页	4

有线电视系统

公共广播系统

目　　录								图集号	09X700(上)
审核	孙 兰	(签名)	校对	马晓伟	(签名)	设计	汪 浩	页	5

电子会议及扩声系统

公共显示及呼应(叫)系统

智能化系统集成

目 录						图集号	09X700(上)
审核	孙 兰	校对	马晓伟	设计	汪 浩	页	7

编制说明

1 设计依据

1.1 根据建设部建质[2004]46号文“关于印发《2004年国家建筑标准设计编制工作计划》的通知”进行编制。

1.2 依据的现行标准及规范：

《智能建筑设计标准》GB/T 50314-2006
《火灾自动报警系统设计规范》GB 50116-1998
《火灾自动报警系统施工及验收规范》GB 50166-2007
《电子信息系统机房设计规范》GB 50174-2008
《电子信息系统机房施工及验收规范》GB 50462-2008
《综合布线系统工程设计规范》GB 50311-2007
《综合布线系统工程验收规范》GB 50312-2007
《建筑物电子信息系统防雷技术规范》GB 50343-2004
《安全防范工程技术规范》GB 50348-2004
《入侵报警系统工程设计规范》GB 50394-2007
《视频安防监控系统工程设计规范》GB 50395-2007
《出入口控制系统工程设计规范》GB 50396-2007
《视频显示系统工程技术规范》GB 50464-2008
《厅堂扩声系统设计规范》GB 50371-2006
《民用建筑电气设计规范》JGJ 16-2008
国家现行的其他有关标准、规范及行业标准。

2 编制目的

为了适应建筑行业智能化技术的飞速发展，提高设计和施工质量，满足建筑设计单位、施工单位、产品供应商、系统集成商的需要，编制本图集。

3 编制原则

3.1 以图、表等形式诠释《智能建筑设计标准》、《民用建筑电气设计规范》等上述规范的规定和实施方案。

3.2 涵盖成熟技术及新兴技术，力求安全、实用、全面、环保。

3.3 突出介绍民用建筑中常用的弱电系统，如火灾自动报警系统、安全防范系统、建筑设备监控系统等。

3.4 介绍并解决各系统公用部分及系统间的技术接口。

3.5 解决与其他专业之间的配合问题。

3.6 提供、推荐行之有效的经验与成熟做法，提炼、汇总行业内的技术资源。图集全面详实、集思广益，提供较多的选择余地。

4 适用范围

本图集适用于一般新建、改建和扩建的建筑工程智能化弱电系统的设计和施工安装，也可供建筑电气工程相关专业的监理、验收及运行管理人员参考。

5 修编说明

本图集是对97X700《智能建筑弱电工程设计施工图集》的修编，此次修编图集的总体框架不变，上册依然为总说明和系统设计，下册原站房篇改为机房工程，其他仍为供电电源、缆线敷设、设备安装和防雷与接地。本图集删除了原图集中声像节目制作等部分内容，把有关住宅建筑（小区）的内容均调整到正在修编的D603《住宅建筑（小区）电气设计与施工》图集中。并根据技术发展及工程需要增加、细化了新的内容，如安全防范系统、信息网络系统、电子会议系统等。本图集有三种编制方式：新编、直接调用和整合修编。新编：新增加的图纸；直接调用：根据设计人员的需求，从现行国家标准设计图集中直接引用或原图有错的加以更正后引用的图纸；整合修编：在现行国家标准设计图集的基础上，把工程中比较常用的部分及分散的部分进行汇集、修编。直接引用图纸采用原有签名，新编和整合修编图纸采用新的签名。图集中图形和文字符号采用09DX001《建筑电气工程设计常用图形和文字符号》中的图形和文字符号。

总说明	编制说明					图集号	09X700-1
审核 孙兰	（签名）	校对 汪浩	（签名）	设计 李雪佩	（签名）	页	1-1

6 主要内容

总说明：图集修编思路及编制方式说明、术语、索引表。

系统设计—火灾自动报警与消防控制系统：应用提示、图形符号、火灾自动报警系统图、消防设备控制表、模块接线图、灭火系统的分类及应用、灭火系统控制原理图、探测器安装位置及选择、空气采样早期烟雾探测系统、消防平面图示例等。

系统设计—安全技术防范系统：应用提示、图形符号、入侵报警、视频安防监控、出入口控制系统图、常用探测器技术参数、停车场（库）管理系统、同轴电缆及光纤的传输方式、摄像机供电方式等。

系统设计—建筑设备监控系统：应用提示、建筑设备监控系统、网络拓扑结构、多联机空调（VRV）等监控原理图、常用缆线选择、设备监控点表等。

系统设计—电话交换及通信接入系统：通信系统的构成、用户交换机系统的四种形式、用户交换机中继（入网）方式、用户交换机中继线的选择、移动通信室内信号覆盖系统等。

系统设计—信息网络系统：应用提示、信息网络的协议标准、内网和外网设计要求、局域网络拓扑结构、无线局域网结构图、示例等。

系统设计—综合布线系统：系统的构成、分级及应用，工作区、配线子系统、干线子系统、电信间、设备间、进线间、管理设计、建筑物内综合布线路由等。

系统设计—有线电视系统：前端组成，模拟电视、数字电视接收方案，光缆传输干线的五种模式，单、双向传输用户分配网用户端连线图，视频点播示意图等。

系统设计—公共广播系统：应用提示、图形符号、广播系统图、应急广播与背景音乐接线图、切换方式等。

系统设计—电子会议系统：电子会议系统组成、分类，讨论、表决、同声传译系统，H.320、H.323会议电视系统组网、远程传输，扩声系统声学特性指标、会场扩声系统图、平面图等。

系统设计—公共显示及呼应（叫）系统：LED、投影型、电视型显示系统组成、分级等；呼应系统组成、候诊呼应、病房护理信号系统等。

系统设计—智能化系统集成：集成系统基本内容、建筑物管理系统示意图、常用局域网互连设备、各种控制系统体系结构等。

机房工程：设计要点、术语、电子信息系统机房分级标准及技术要求；控制室、弱电间（弱电竖井）、设备间、进线间平面布置示例等。

供电电源：UPS应用说明、弱电系统用电负荷分级、各级负荷供电系统图；UPS电源分类、UPS输出接地示例、柴油发电机组接地型式示例等。

缆线敷设：室内布线设计施工要点、室内缆线暗配管路做法，钢管、硬塑料管、半硬塑料管、金属线槽、地面金属线槽敷设方式；室外布线设计施工要点、缆线直埋、管道、电缆沟、架空安装方式，人孔井、手孔井做法；管材规格、缆线穿管最小管径等。

设备安装：设备安装说明、接线盒、设备箱（柜）的安装、设备机柜加固安装、蓄电池组安装，火灾自动报警探测器、联动设备安装；安防入侵探测器、摄像机、出入口控制设备安装；建筑设备监控系统设备、室内外传感器、执行器安装；综合布线设备安装，卫星电视接收天线基座，扬声器箱安装，室内外显示屏安装等。

防雷与接地：设计要点、弱电系统防雷接地示意图、电子设备等电位联结及接地示意图、缆线引入室内的接地做法、控制中心接地示例等。

7 参编单位（以图集编排顺序列出）

中国航空规划建设发展有限公司（原中国航空工业规划设计研究院）、五洲工程设计研究院、中国中元国际工程公司、中国核电工程有限公司（原核工业第二设计研究院）、中国移动通信集团设计院有限公司、中广电广播电影电视设计研究院（原国家广播电影电视总局设计院）、中国工程建设标准化协会信息通信专业委员会、北京歌华有线电视网络股分有限公司、中国电子科技集团公司第三研究所、中国电子工程设计研究院、中国纺织工业设计院、全国安全防范报警标准化技术委员会、天津市建筑设计院、中船建筑工程设计研究院、中国建筑设计研究院机电院、中建国际（深圳）设计顾问有限公司、机械工业第一设计研究院、中南建筑设计院、中国航天建筑设计研究院、中铁工程设计咨询集团有限公司、佛山市艾科电子工程有限公司。

总说明	编制说明				图集号	09X700-1
审核 孙兰	校对 汪浩		设计 李雪佩		页	1-2

序号	术语	定义
1	智能建筑（IB）	以建筑物为平台，兼备信息设施系统、信息化应用系统、建筑设备管理系统、公共安全系统等，集结构、系统、服务、管理及其优化组合为一体，向人们提供安全、高效、便捷、节能、环保、健康的建筑环境。
2	强电	主要包括房屋建筑的供配电系统、配变电所、继电保护及电气测量、自备应急电源、低压配电、配电线路布线系统、常用设备电气装置、电气照明、建筑物防雷、接地和特殊场所的安全防护。
3	弱电（智能化）	主要包括房屋建筑的智能化集成系统、信息设施系统、信息化应用系统、建筑设备管理系统、公共安全系统、机房工程和建筑环境等。
4	智能化集成系统（IIS）	将不同功能的建筑智能化系统，通过统一的信息平台实现集成，以形成具有信息汇集、资源共享及优化管理等综合功能的系统。
5	信息设施系统（ITSI）	为确保建筑物与外部信息通信网的互联及信息通畅，对语音、数据、图像和多媒体等各类信息予以接收、交换、传输、存储、检索和显示等进行综合处理的多种类信息设备系统加以组合，提供实现建筑物业务及管理等应用功能的信息通信基础设施。 信息设施系统宜包括通信接入系统、电话交换系统、信息网络系统、综合布线系统、室内移动通信覆盖系统、卫星通信系统、有线电视及卫星电视接收系统、广播系统、会议系统、信息导引及发布系统、时钟系统和其他相关的信息通信系统。
6	信息化应用系统（ITAS）	以建筑物信息设施系统和建筑设备管理系统等为基础，为满足建筑物各类业务和管理功能的多种类信息设备与应用软件而组合的系统。 信息化应用系统宜包括工作业务应用系统、物业运营管理系统、公共服务管理系统、公众信息服务系统、智能卡应用系统和信息网络安全管理系统等其他业务功能所需要的应用系统。
7	建筑设备管理系统（BMS）	对建筑设备监控系统和公共安全系统等实施综合管理的系统。 系统宜根据建筑设备的情况选择配置下列相关的各项管理、控制、监测、显示、故障报警等功能：制冷系统，热力系统，冷冻水、冷却水温度、压力，冷冻泵、冷却水泵，冷却塔风机，空调机组，变风量（VAV）系统，送排风系统，给水系统及污水处理系统的水泵、液位，供配电系统，照明，电梯及自动扶梯等。当热力、制冷、空调、给排水、电力、照明和电梯等系统采用分别自成体系的专业监控系统时，应通过通信接口纳入建筑设备管理系统。
8	建筑设备监控系统	将建筑物（群）内的电力、照明、空调、给水排水等机电设备或系统进行集中监视、控制和管理的综合系统。通常为分散控制与集中监视、管理的计算机控制系统。
9	公共安全系统（PSS）	为维护公共安全，综合运用现代科学技术，为应对危害社会安全的各类突发事件而构建的技术防范系统或保障体系。公共安全系统宜包括火灾自动报警系统、安全技术防范系统和应急联动系统等。
10	电子信息系统	由计算机、有（无）线通信设备、处理设备、控制设备及其相关的配套设备、设施（含网络）等的电子设备构成的，按照一定应用目的和规则对信息进行采集、加工、存储、传输、检索等处理的人机系统。
11	备用电源	当正常电源断电时，由于非安全原因用来维持电气装置或其某些部分所需的电源。
12	应急电源	用作应急供电系统组成部分的电源。

注：本页术语主要引自《智能建筑设计标准》GB/T 50314—2006及《民用建筑电气设计规范》JGJ 16—2008。

总说明	术语	图集号	09X700-1
审核 李雪佩 校对 汪浩 设计 孙兰		页	1-3

总说明	上册索引表	图集号	09X700-1
审核 李雪佩 校对 汪浩 设计 孙兰		页	1-4

下册索引表

总说明	下册索引表	图集号	09X700-1
审核 李雪佩 校对 汪浩 设计 孙兰		页	1-5

编 制 说 明

1 设计依据

《民用建筑电气设计规范》JGJ 16-2008

《火灾自动报警系统设计规范》GB 50116-98

《建筑设计防火规范》GB 50016-2006

《高层民用建筑设计防火规范》GB 50045-95(2005年版)

2 适用范围

2.1 本部分适用于新建、改建、扩建的工业与民用建筑的火灾自动报警系统设计。

2.2 本部分主要供设计单位专业设计人员在从事火灾自动报警系统设计时使用，也可供审查、施工、监理、业主等单位的技术人员参考。

3 修编内容

3.1 本部分根据国家现行标准对97X700-2-3《火灾自动报警系统》进行修编，并融入04X501《火灾报警及消防控制》、03X502《空气采样早期烟雾探测系统》、09DX009《电子信息系统机房工程设计与安装》的部分内容。

3.2 增加、补充了常用消防设备控制表、灭火系统的分类及应用、火灾自动报警系统、自动喷水和气体灭火系统控制原理图、细水雾灭火系统控制原理图等。

3.3 火灾自动报警系统的控制室布置可见本图集的第3部分“机房工程”；系统供电见第4部分“供电电源”；缆线敷设见第5部分“缆线敷设”；探测器、消防设备安装见第6部分“设备安装”；接地见第7部分“防雷与接地”。

4 主要内容

4.1 编制说明及应用提示。

4.2 火灾自动报警系统示意图(报警与控制线分支连接、环形连接；报警与控制双总线、区域集中两级报警、建筑群火灾自动报警系统的连接、可燃气体火灾自动报警)。

4.3 自动灭火系统控制原理图(气体灭火系统、喷水灭火系统、细水雾灭火系统)。

4.4 常用模块接线图、消火栓按钮接线图、防火卷帘控制接线图、防火阀控制接线图、报警阀组接线图、水流指示器接线图、切非消防电源接线图、电梯归首接线图、火灾应急广播切换接线图等。

4.5 空气采样早期烟雾探测系统。

4.6 火灾自动报警系统平面图示例。

4.7 探测器安装位置及选择。

5 设计注意事项

5.1 高层民用建筑应根据其使用性质、火灾危险性、疏散和扑救难度等进行分类，通常分一、二两类。

5.2 合理掌握火灾自动报警系统的设置原则。火灾自动报警系统的保护对象分特级、一级和二级，根据建筑物的类别、高度、面积、火灾危险程度、使用功能等因素分级。

5.3 正确选择火灾探测器。应根据建筑物的分类与使用特点，综合考虑火灾探测器的型式、探测方式、报警反应时间、经济性等各种因素。

5.4 应合理布置报警设施，如探测器、报警按钮、消防专用电话、广播扩声器的安装位置，达到操作便利、醒目、高效。

5.5 火灾自动报警控制器、消防设备的供电电源应采用双路电源末端互投，并严禁使用电源插头供电。

5.6 消防控制室的位置、室内布置、电磁环境应符合相关规范的规定。

5.7 提高联动控制的可靠性，对消火栓泵、喷淋泵、排烟风机等重要设备，除由压力开关和模块控制启动外，还应设置消防控制室硬线启动。

6 与相关专业的配合

6.1 了解建筑物内各部分的使用功能、建筑高度、柱网结构、有何可燃物质。

6.2 了解暖通空调系统、给排水系统的系统设置、设备布置及控制要求。

应 用 提 示

1 火灾探测器的选用与设置

1.1 设计中应分析建筑物的使用性质、火灾危险性、疏散和扑灭难度，根据《高层民用建筑设计防火规范》、《建筑设计防火规范》、《火灾自动报警系统设计规范》等规范，确定该建筑物火灾报警系统的保护等级和探测器的选择与设置。一般情况下，特级和一级保护对象应采用全面保护方式，二级保护对象可采用重点保护的方式。

1.2 在绝大多数的一般场所，如宾馆客房、商场、办公楼等处，应优先选用点式光电感烟探测器；在黑烟较多的场合，宜选用离子感烟探测器。

1.3 在不适宜安装感烟探测器的场所，或安装感烟探测器可能误报较多的场所，或火灾发生时产生的烟少、温升快的场所，应选用感温或火焰等类火灾探测器。

1.4 在高大空间，如展览厅、候机大厅、高大厂房等处，一般宜选用红外光束感烟探测器。有条件时，可与视频监控系统相结合，选用图像式火灾报警探测器，如双波段火焰探测器、光截面感烟探测器。

1.5 空气采样早期烟雾探测系统灵敏度高，但造价亦较高，在特殊重要的或火灾危险性高、需要早期发现火灾的场所，如重要通信机房，A、B级电子信息系统机房，大型立体仓库等处，宜选用此系统。

1.6 需要进行联动控制灭火的场所，如控制气体灭火、控制喷水灭火系统等，为防止误动作，应选用两种或两种以上探测器“相与”控制灭火，如点式感烟与感温探测器，红外光束感烟与缆式感温探测器，感烟与火焰探测器等。

1.7 对报警的准确率要求高，或误报会造成较大损失的场所，宜选用复合型探测器（烟温复合、烟光复合等）。但复合型探测器并不能给出烟温两种报警信号，不能替代感烟、感温两种探测器“相与”的关系去控制灭火。

1.8 探测器的布置应同时满足规范对保护面积和保护半径的要求。设计时应根据保护面积计算所需探测器的数量，具体布置后再根据保护半径去检验是否满足保护半径的要求，还应针对不同保护对象的等级予以修正。设计中应尽量将探测器均匀布置，以保证任何一处起火，探测器能在尽量短的时间内报警。

1.9 在不需要严格按探测区域作为报警区域的大开间场所，如汽车库等处，为节约投资，可选用非地址码探测器，几个探测器合用一个地址。

1.10 凡设置火灾自动探测器的区域，均应设置手动报警按钮和火灾警报装置或应急广播。

1.11 火灾手动报警按钮应设置在公共出入口处和疏散通道上便于操作的部位，具体数量应以从该防火分区内任何位置到最近的火灾手动报警按钮的步行距离不大于30m为准。火灾手动报警按钮不需与消火栓按钮成组布置。

2 可燃气体探测器的设置

2.1 建筑内可能散发可燃气体、可燃蒸汽的场所应设可燃气体报警装置。设计中燃气报警后还应联锁启动事故通风、关闭燃气快速切断阀。

2.2 老年人专用厨房应设燃气泄漏报警装置。

2.3 防爆场所和重要场所应选用防爆型工业用可燃气体探测器，探测器的报警灵敏度应按照所要探测的气体进行标定。

2.4 可燃气体探测器报警信号除控制通风外，宜接入全楼火灾自动报警系统，以便于报警和其他联锁控制。

2.5 可燃气体探测器的安装高度应根据所要检测的燃气的比重确定。

2.6 可燃气体探测器的水平安装位置应靠近燃气阀门、燃气表、灶具附近等燃气可能泄漏的处所。可燃气体探测器不应安装在有强气流通过的位置。

2.7 因可燃气体探测器正常工作时耗电量较大，其直流电源宜单独供电，并应根据所连接的探测器数量和耗电量计算导线截面，而不宜取自火灾报警系统的控制回路电源线。

3 消防电话

消防电梯内应设消防电话，以便于消防队员与消控室和消防指挥员联系。

火灾报警	应 用 提 示					图集号	09X700-2
审核	孙 兰	校对	费锡伦	设计	张路明	页	2-2

序号	图形和文字符号	名　称
1	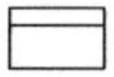	火灾报警控制器
2	c	集中型火灾报警控制器
3	z	区域型火灾报警控制器
4	XD	接线端子箱
5	S	可燃气体报警控制器
6	RS	防火卷帘控制器
7	RD	防火门磁释放器
8	I/O	输入/输出模块
9	I	输入模块
10	O	输出模块
11	P	电源模块
12	TP	总线电话模块
13	SI	短路隔离器
14	M	模块箱
15	SB	安全栅
16	FI	楼层显示盘
17	BO	总线广播模块

序号	图形和文字符号	名　称
18	FPA	火警广播主机
19	MT	消防电话主机
20	AC	电气控制箱
21		感烟探测器(点型)
22		感烟探测器(点型、非地址码型)
23		感烟探测器(点型、防爆型)
24		感温探测器(点型)
25	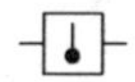	感温探测器(线型)
26		感温探测器(点型、非地址码型)
27		感光火灾探测器(点型)
28		可燃气体探测器(点型)
29		缆式线型感温探测器
30	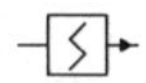	线型光束感烟火灾探测器(发射部分)
31	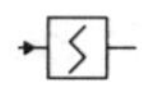	线型光束感烟火灾探测器(接收部分)
32		复合式感烟感温火灾探测器(点型)

注：图像报警系统、自动扫描定位灭火系统等图例，见有关系统图。

序号	图形和文字符号	名　称
33		点型复合式感光感温火灾探测器
34		手动报警按钮
35		带消防电话插孔的手动报警按钮
36		火警电铃
37		火灾声报警器
38		火灾光报警器
39		火灾声光报警器
40		火灾警报扬声器
41		扬声器，一般符号
42		嵌入式安装扬声器箱
43		消防电话分机
44		消火栓按钮
45		水流指示器（组）
46		水压力开关
47		信号阀（带监视信号的检修阀）
48		干式报警阀组
49		湿式报警阀组

序号	图形和文字符号	名　称
50		预作用报警阀组
51		雨淋报警阀组
52	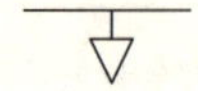	自动喷洒头（开式）
53	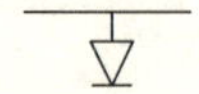	自动喷洒头（闭式）
54	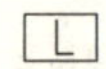	液位传感器
55		电磁阀
56	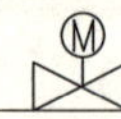	电动阀
57	 70℃	常开防火阀（70℃熔断关闭）
58	 E70℃	常开防火阀（电控关闭或70℃熔断关闭）
59	 280℃	常开防火阀（280℃熔断关闭）
60	 280℃	常闭防火阀（电控开启，280℃熔断关闭）
61		加压送风口
62	 SE	电动排烟口
63	S	火灾报警信号总线
64	D	24V电源线
65	F	消防电话线
66	BC	广播线路

注：防火阀、排烟阀符号中心的短线与管道方向平行则表示此阀为常开阀，短线与管道方向垂直则表示此阀为常闭阀。

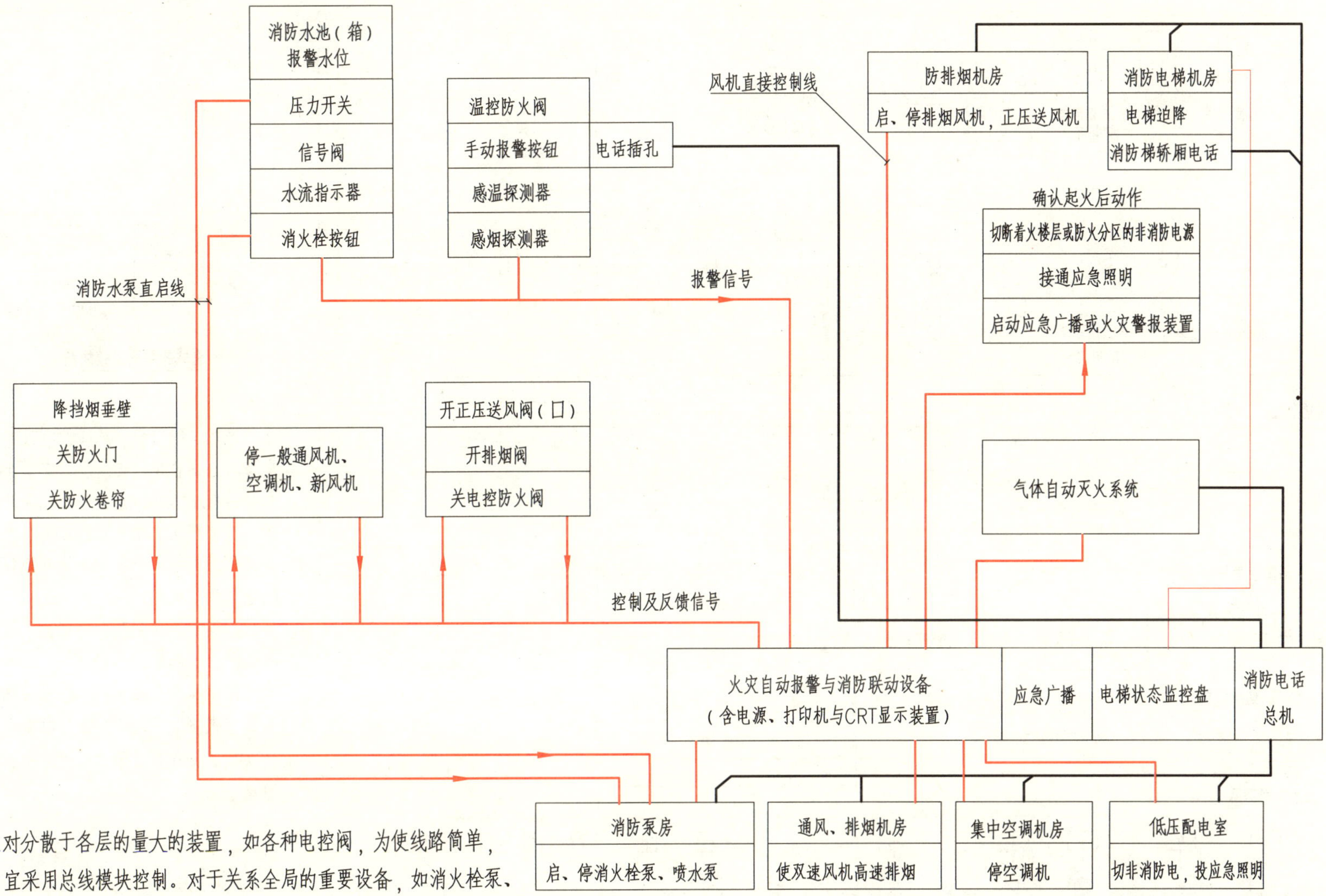

注：

1. 对分散于各层的量大的装置，如各种电控阀，为使线路简单，宜采用总线模块控制。对于关系全局的重要设备，如消火栓泵、喷淋泵、防排烟风机等，为提高可靠性，应采用模块与硬线双路控制。
2. 应急广播系统图见2-10～2-13页。

火灾报警	火灾自动报警系统方框图					图集号	09X700-2
审核	段震寰	段震寰	校对	汪浩	汪浩	设计	张路明 张路明	页	2-5

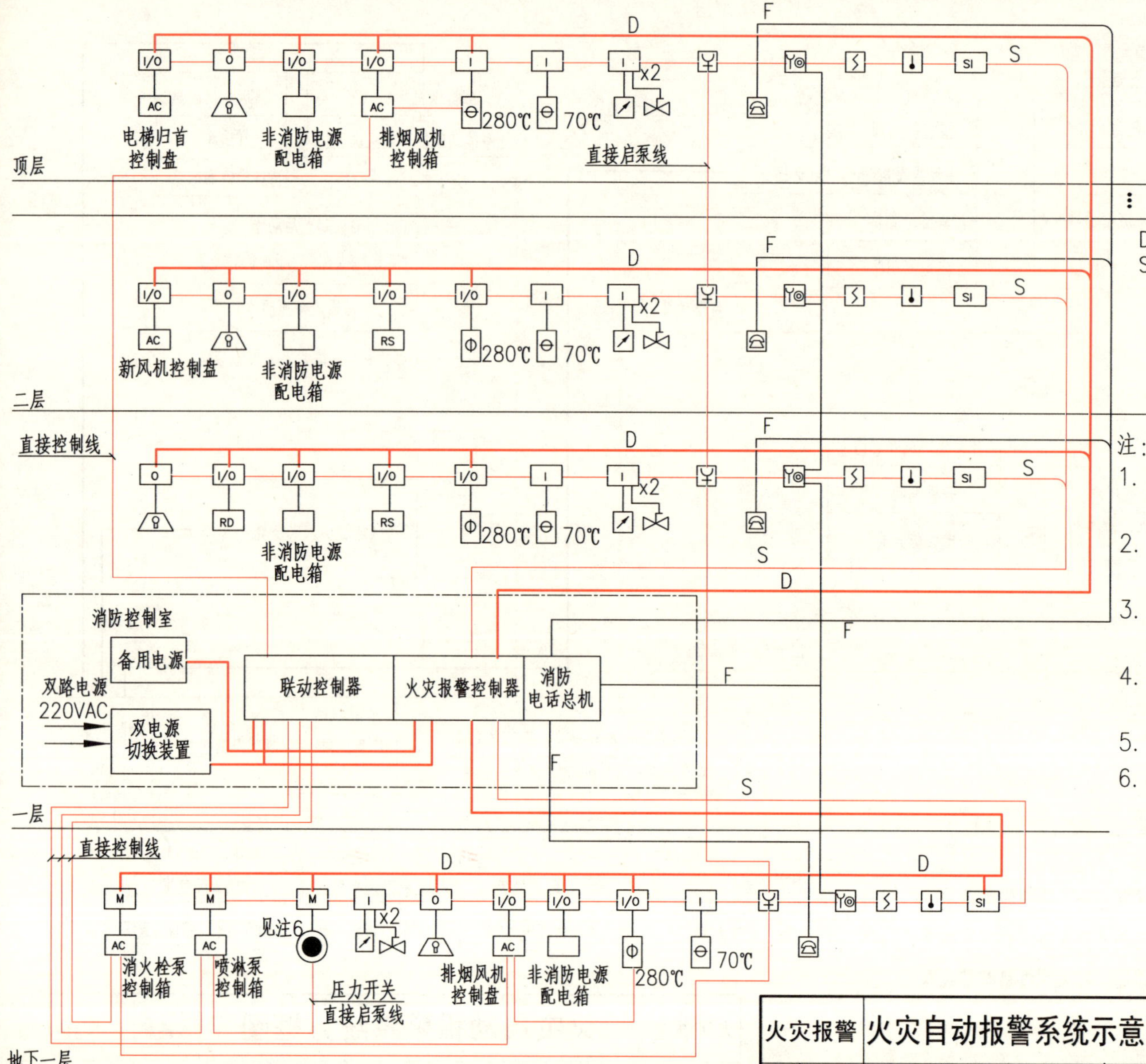

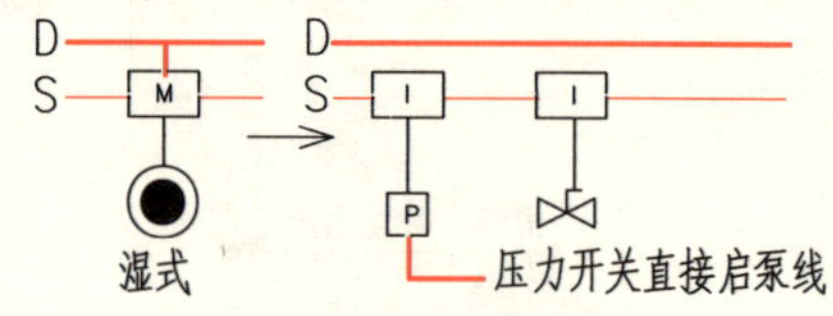

湿式报警阀组接线图

注：

1. 本图采用总线报警，总线控制方式，即报警与控制合用总线，以分支型连接。
2. 为将连线关系表示清楚，本图未画出接线箱。报警按钮及探测器自带模块，下页同。
3. 本图消防电话为多线制，线对数按实际消防电话数量确定。
4. 应急广播系统未包括在本图内，应急广播系统图可参见第2-10~2-13页。
5. 图中线缆规格及数量由工程设计确定。
6. 系统中报警阀组的选型由自动喷水灭火系统决定。预作用、干式、雨淋阀组接线图见第2-10页。

火灾报警	火灾自动报警系统示意图(分支连接)	图集号	09X700-2
审核 孙兰	校对 汪浩 设计 费锡伦	页	2-6

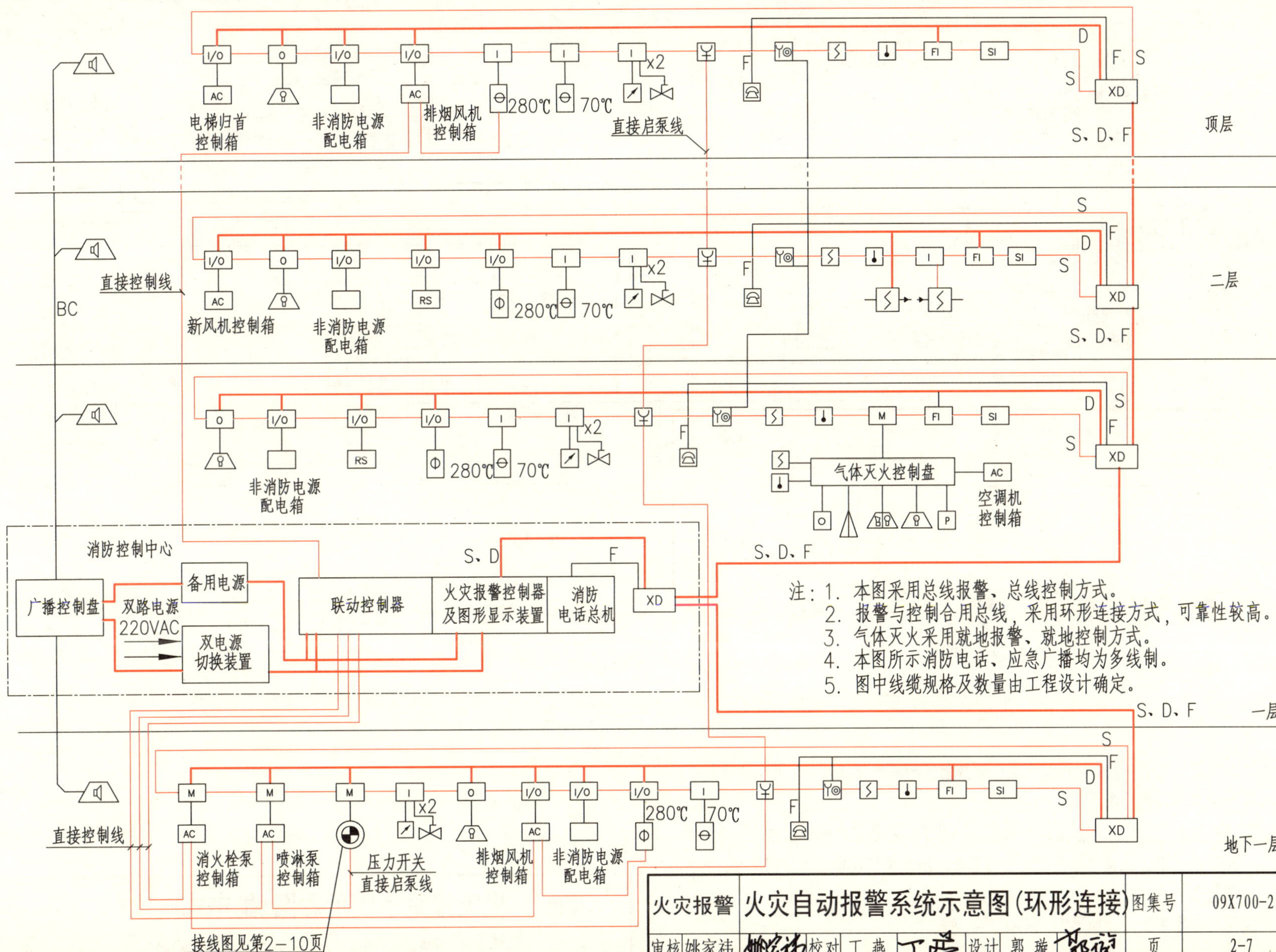

注：1. 本图采用总线报警、总线控制方式。
2. 报警与控制合用总线，采用环形连接方式，可靠性较高。
3. 气体灭火采用就地报警、就地控制方式。
4. 本图所示消防电话、应急广播均为多线制。
5. 图中线缆规格及数量由工程设计确定。

火灾报警	火灾自动报警系统示意图(环形连接)	图集号	09X700-2
审核 姚家祎 校对 丁燕 设计 郭璇		页	2-7

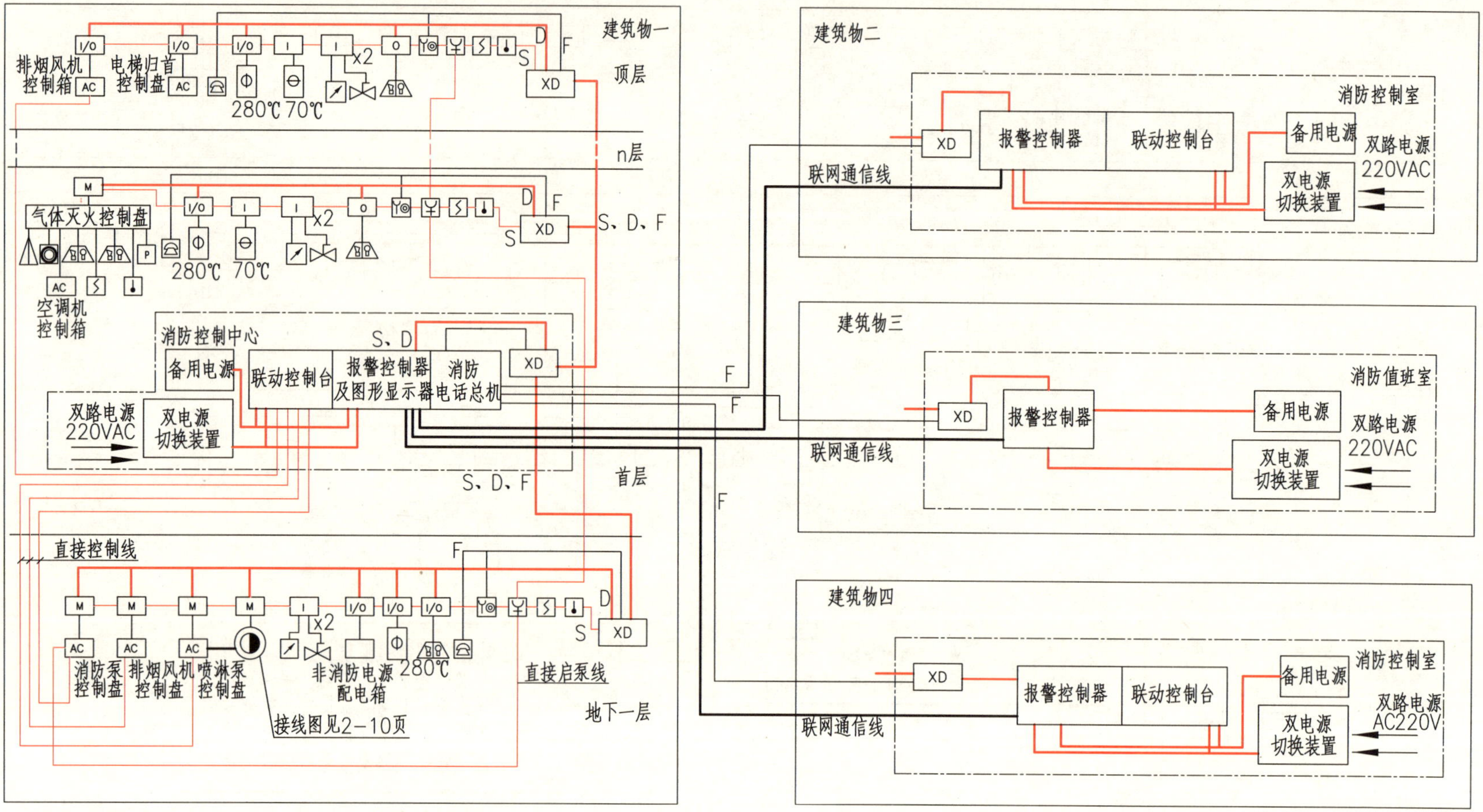

注：

1.本图采用集中–区域联网型系统，以放射式布线连接成网，适用于建筑群或多个建筑联网的大型系统。

2.消防控制中心可直接控制消火栓泵、喷淋泵，各楼消火栓按钮也可直接启泵；防排烟风机由本楼消防控制室直接控制；所有消防设备在消防控制中心可经编程控制。

3.应急广播系统可参见第2–10～2–13页。

火灾报警	火灾报警系统示意图(集中式)	图集号	09X700-2
审核 孙兰	校对 费锡伦 设计 张路明	页	2-8

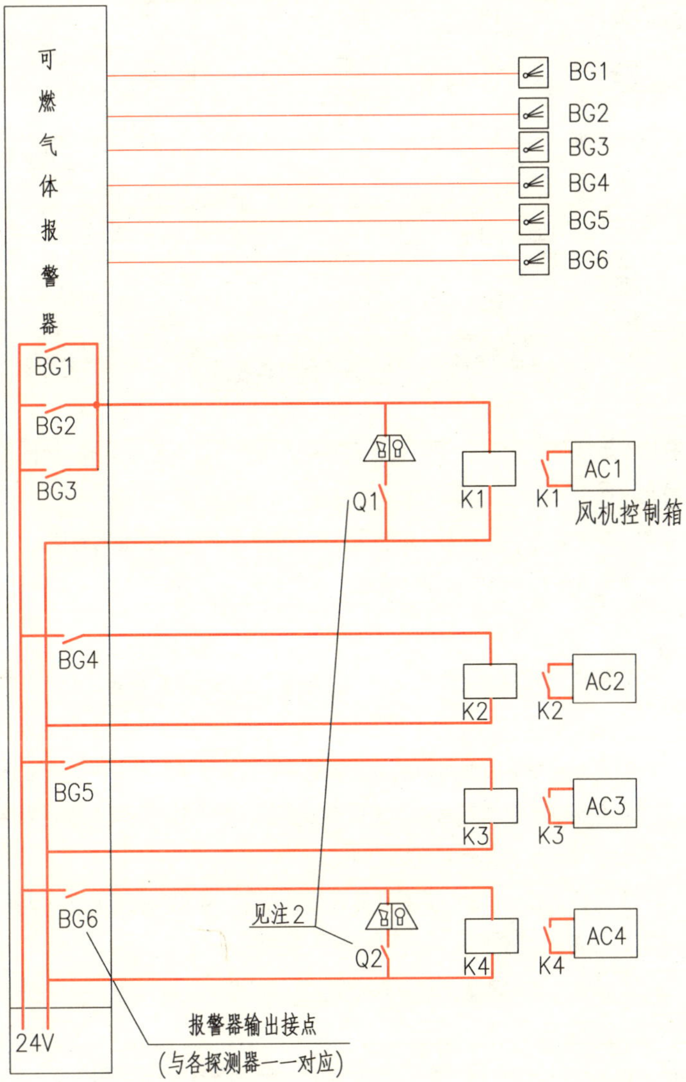

注:

1.根据工艺要求，在有可燃气体泄漏危险的房间设可燃气体探测器。一般当可燃气体浓度达到爆炸下限的25%时，可燃气体探测器BG感应报警，信号传至可燃气体报警器，报警器使相应的继电器K通电，接入风机启动回路的继电器常开触点K闭合，控制风机启动。

2.图中BG1～BG3为同一个探测区域中的探测器，当其中任一探测器报警时，均可使接至相关风机控制箱的K1接通，从而控制风机启动。

BG4～BG6为分别设置在3个探测区的探测器，控制原理同上。根据工程实际情况，AC2～AC4可为3个控制箱，也可为1个控制箱。

3.根据需要，声光报警器可加开关Q控制，以便于报警确认后现场消音，但必须及时复位。

4.通风后，可燃气体浓度下降至设定值以下时，报警信号自动消除，其输出触点复原。

火灾报警	可燃气体火灾自动报警系统示意图	图集号	09X700-2
审核 孙兰 (签名) 校对 汪浩 (签名) 设计 张路明 (签名)		页	2-9

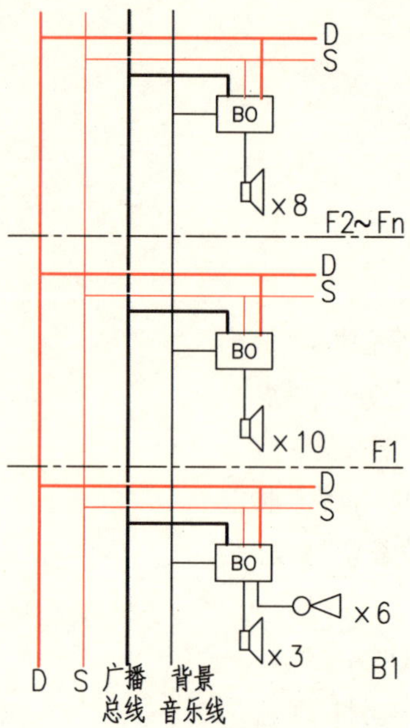

总线广播系统示意图

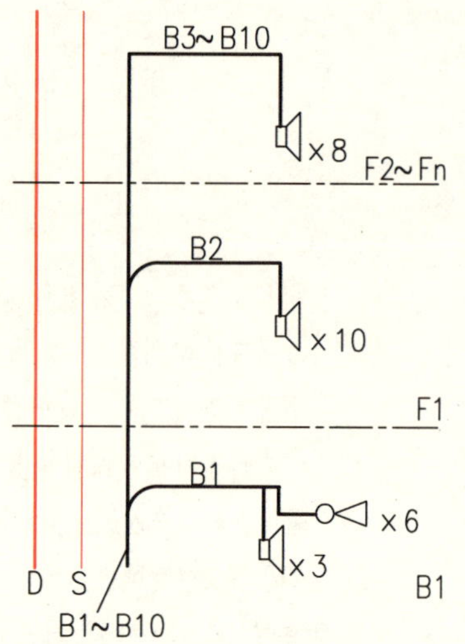

多线广播系统示意图

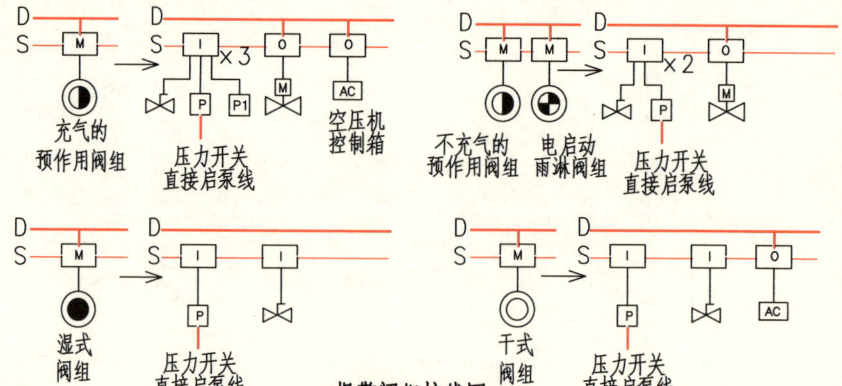

报警阀组接线图

注：

1.将低气压报警开关P1、空压机控制箱纳入预作用阀组是为了用一个图形表示5个部件以简化图面。

2.具体工程设计时，若在火灾报警系统图、平面图中采用报警阀组图形，则应在图中适当位置画出所采用的报警阀组接线图，示例见第2-7页。

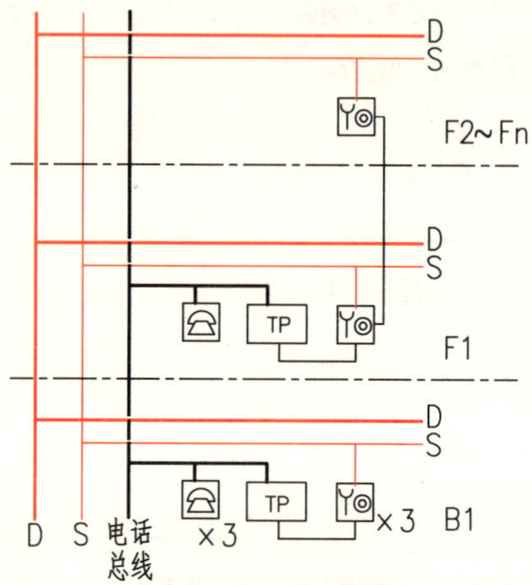

总线电话系统示意图

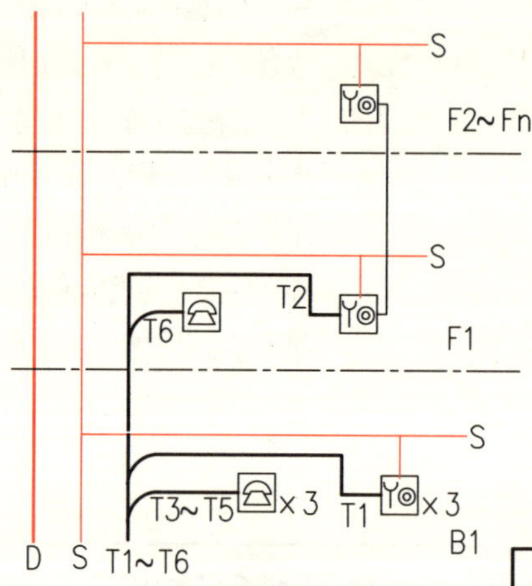

多线电话系统示意图

注：

1.图中T1~T6为6路电话线，B1~B10为10路广播线。具体工程中的线路数量应视实际工程规模而定。

2.总线电话系统使用的电话分机是总线电话专用分机；多线电话系统使用的电话分机是普通电话机。总线电话分机、总线电话模块是否还需接DC24V电源线应以具体产品说明为准。

3.具体工程设计时，应将消防电话、应急广播系统纳入火灾自动报警系统图中，如第2-7页所示。

4.应急广播的其他接线方式见第2-11~2-13页。

火灾报警	消防电话及应急广播系统示意图					图集号	09X700-2
审核 孙兰		校对 汪浩		设计 费锡伦		页	2-10

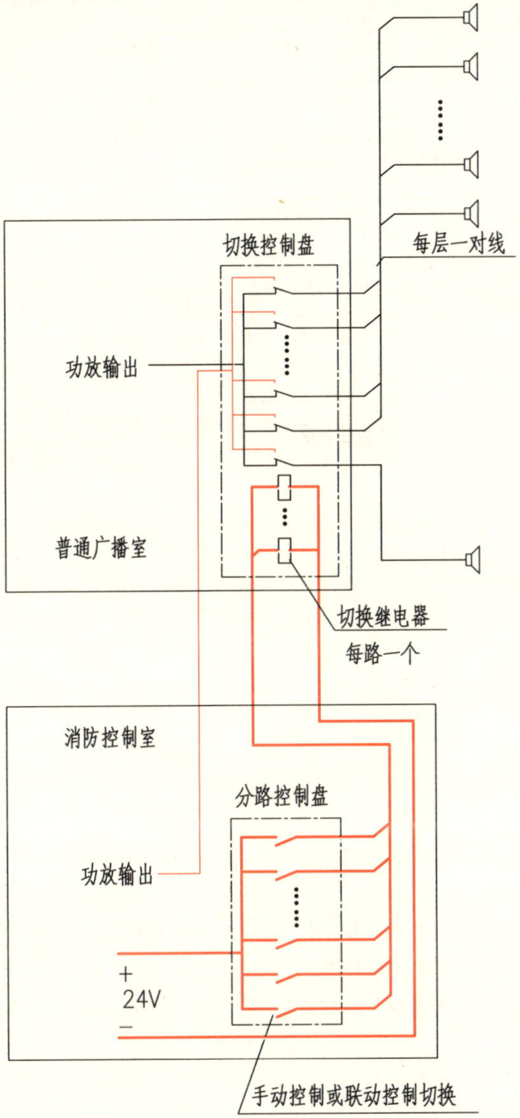

方案Ⅰ

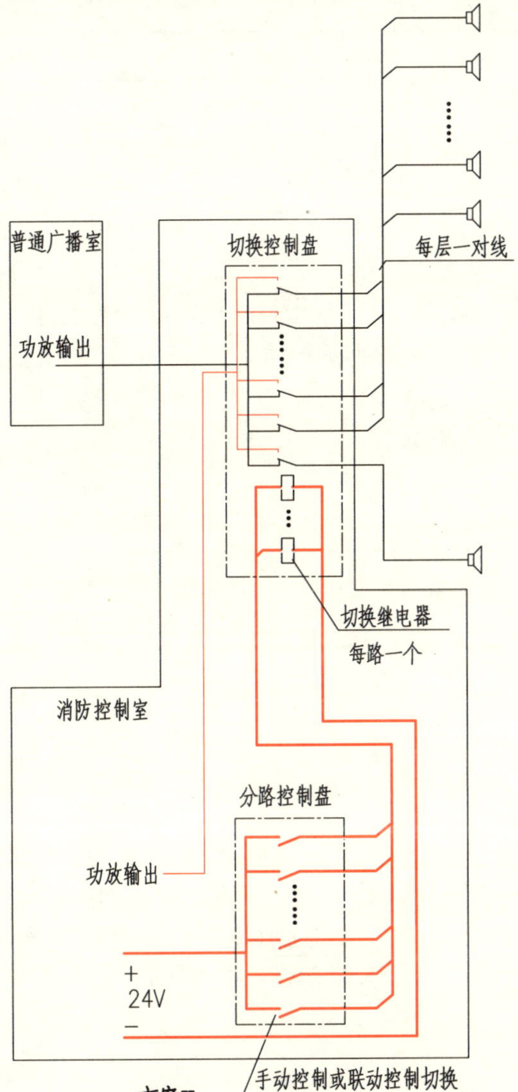

方案Ⅱ

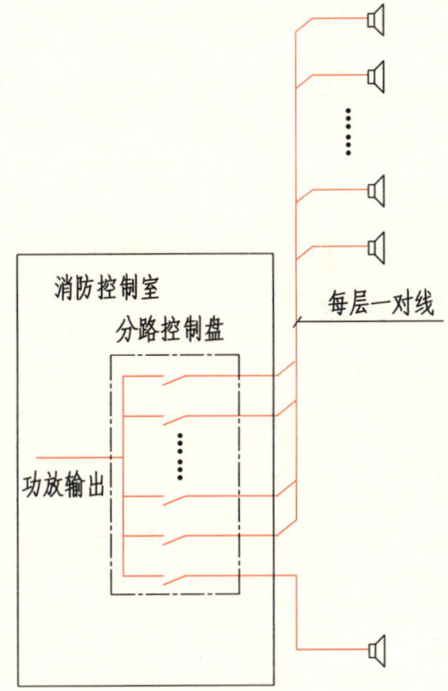

方案Ⅲ

注：

1. 此图适用于办公楼、商场等无需多套节目选择功能和音量控制器的场所。
2. 特点：广播线每层一路，线路关系清楚，各层间无需另布控制线。
3. 广播分路馈线宜采用RVS $2\times1.0mm^2$ 或 RVS $2\times1.5mm^2$。

火灾报警	应急广播系统图(集中控制切换方式)					图集号	09X700-2
审核	孙 兰	校对	汪 浩	设计	张路明	页	2-11

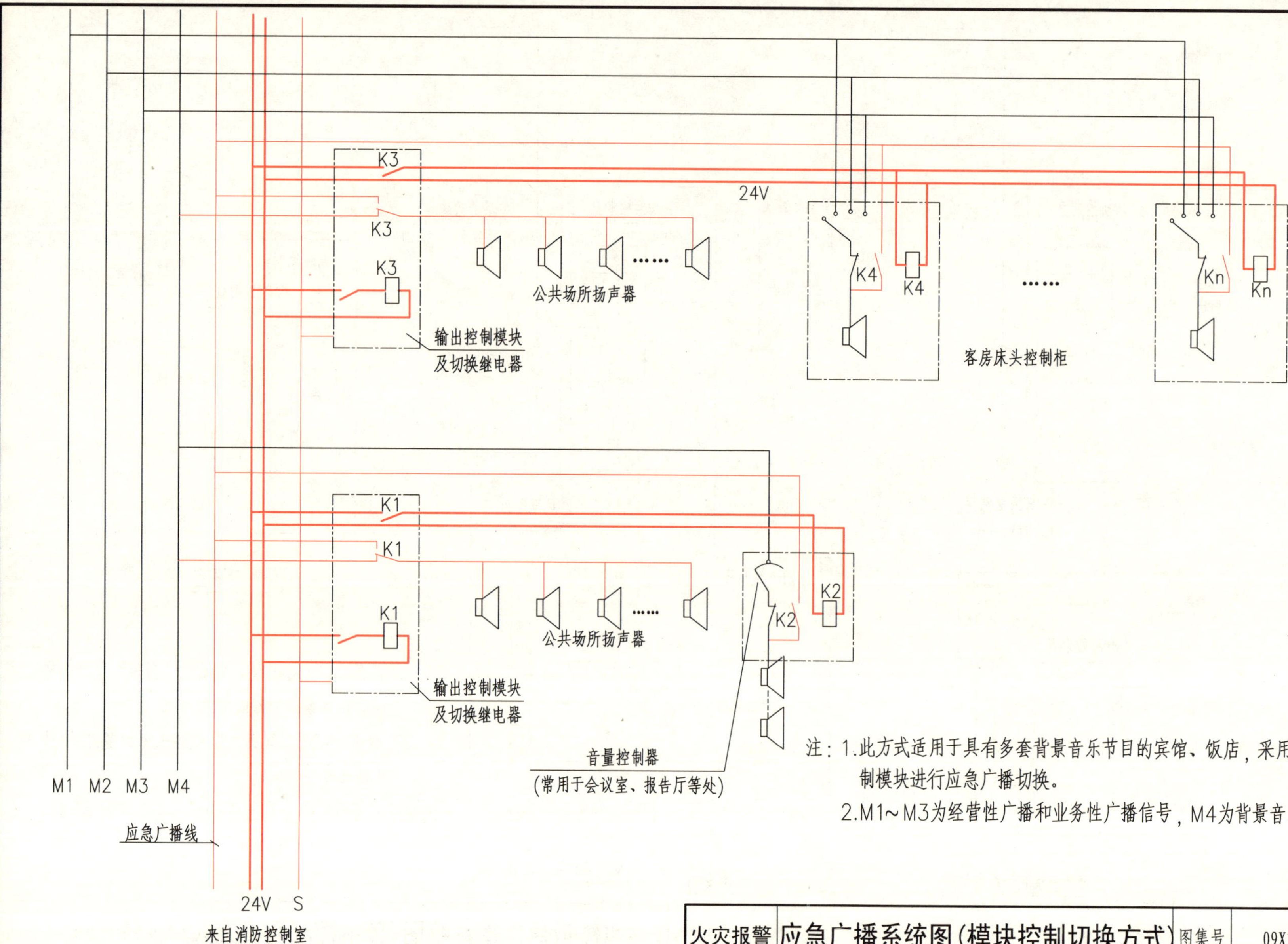

注：1.此方式适用于具有多套背景音乐节目的宾馆、饭店，采用输出控制模块进行应急广播切换。

2.M1~M3为经营性广播和业务性广播信号，M4为背景音乐信号。

火灾报警	应急广播系统图(模块控制切换方式)	图集号	09X700-2
审核 段震寰 校对 汪浩 设计 张路明		页	2-12

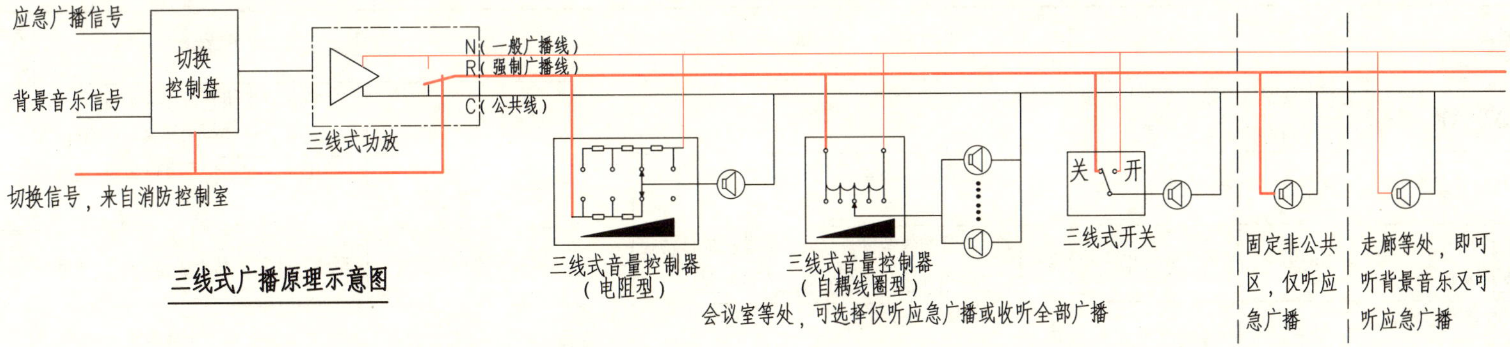

三线式广播原理示意图

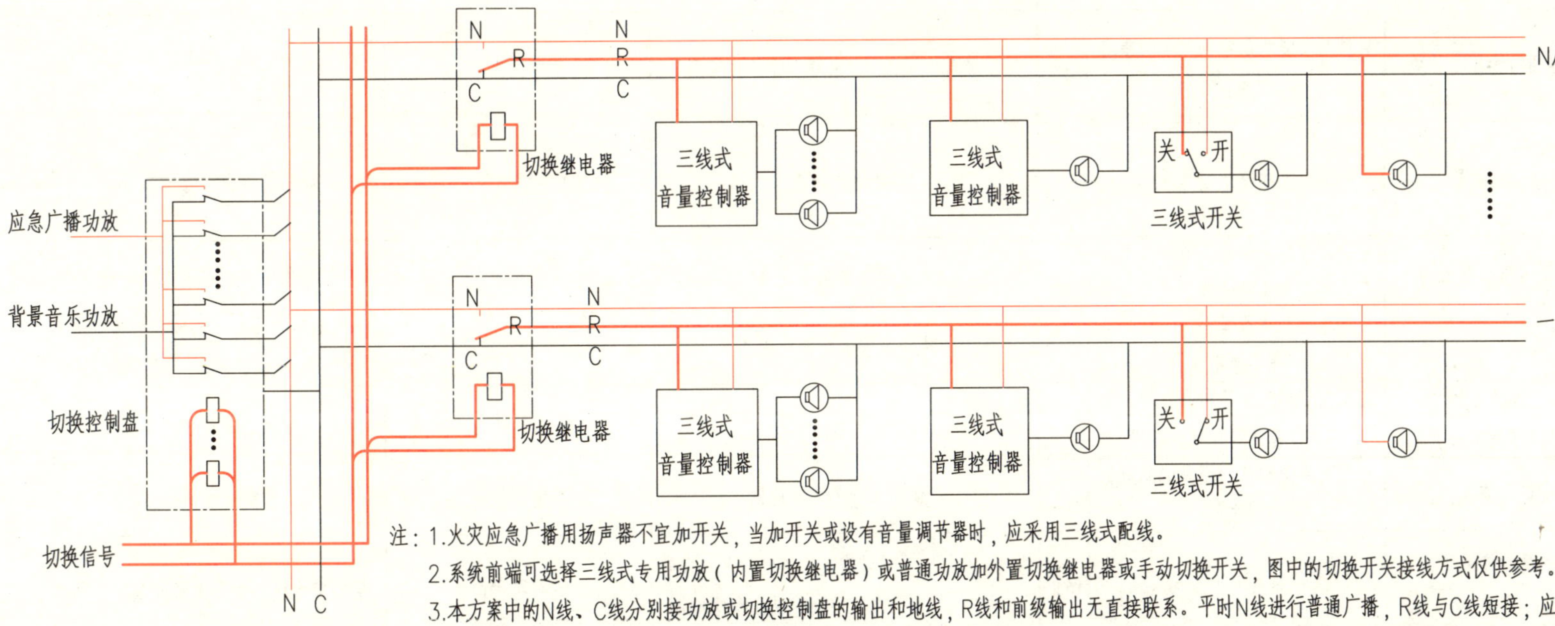

三线式广播系统示意图

注：1.火灾应急广播用扬声器不宜加开关，当加开关或设有音量调节器时，应采用三线式配线。

2.系统前端可选择三线式专用功放(内置切换继电器)或普通功放加外置切换继电器或手动切换开关，图中的切换开关接线方式仅供参考。

3.本方案中的N线、C线分别接功放或切换控制盘的输出和地线，R线和前级输出无直接联系。平时N线进行普通广播，R线与C线短接；应急广播时N线进行应急广播，并由消防控制室给出切换信号或手动控制切换开关(此方式图中未画出)将R线和N线短接，实现强制应急广播。

4.应选择适用于三线式广播的音量控制器或开关，音量控制器主要有电阻型和自耦线圈型两种。电阻型调节器由于中间档位有电阻分压，不能保证切换至应急广播时音量最大，自耦线圈型无此问题。

火灾报警	三线式广播系统接线示意图					图集号	09X700-2
审核	孙兰	校对	朱立彤	设计	汪浩	页	2-13

常用消防设备控制表

系统	消防设备	功能	平时状态	控制方式	安装位置	备注	模块或线路图页码
消火栓系统	消火栓按钮	直接启动消火栓泵；显示启泵按钮在建筑中的位置	—	手动	消火栓箱内	按钮触点常闭状态接线见方案Ⅰ 按钮触点常开状态接线见方案Ⅱ	2-19
	液位传感器	测量消防水池（水箱）水位	—	水位	消防水池（水箱）内	水位低于正常水位下限时报警；消防水池超低水位时停泵	2-24
	消火栓泵（消火栓加压泵）	给消火栓管网内水加压	停止	消火栓按钮硬线直接控制；火警模块自动控制；消防控制室硬线直接控制	消防泵房内	泵的工作状态传至消防控制室显示	2-18 2-24
自动喷水灭火系统	信号阀（检修信号阀、区域控制阀）	检修时隔断阀前后的管路	常开	手动	报警阀组中及水流指示器前	关闭时输出电接点信号	2-17
	报警阀组的压力开关	直接启动喷水泵；间接反映报警阀的状态	—	报警阀开启后，由报警水流自动控制	报警阀组中	需两付接点，分别接直接启泵线和火警系统信号模块	2-17、2-25~2-30
	水流指示器	显示喷水位置	—	由水流控制	喷水支管上	动作时输出电接点信号	2-17、2-25~2-28
	报警阀组的电磁阀	火灾时控制预作用报警阀、雨淋报警阀的开启	—	火灾报警控制器控制	报警阀组中	预作用阀组、雨淋阀组设置	2-17、26、27、29
	排气电动阀	平时堵住气体不泄漏，火灾时打开快速排气	常闭	火灾报警控制器控制	配水管道末端快速排气阀前	干式系统与平时充气的预作用系统设置	2-26 2-28
	低气压报警开关（低气压压力开关）	监视预作用配水管网密封是否完好，报警表示管网有破损	—	管网内气压自动控制	空压机至报警阀的充气管道上	仅平时充气的的预作用系统设置	2-17 2-26
	空压机（充气机）	为干式系统和预作用系统配水管网充气	—	气体压力开关直接控制	报警阀组处	火灾时应断电停机	2-26 2-28
	喷水泵（喷淋泵、喷洒泵）	为喷水管网内水加压	停止	报警阀组压力开关硬线直接控制；火灾报警模块自动控制；消防控制室硬线直接控制	消防泵房内	泵的工作状态传至消防控制室显示	2-25~2-30
	液位传感器	测量消防水池（水箱）水位	—	水位	消防水池（水箱）内	水位低于正常水位下限时报警；消防水池超低水位时停泵	

注：需显示工作状态的设备，均需接火警输入模块；需由火灾报警系统控制的设备，均需接输出模块。

火灾报警	常用消防设备控制表	图集号	09X700-2
审核 张路明 校对 汪浩 设计 孙兰		页	2-14

续表

消防设备		功能	平时状态	控制方式	安装位置	备注	模块或线路图页码
气体灭火系统	气体灭火控制器	控制气体灭火有关设备	—	自动或手动	专用房间、值班室、气体灭火防护区门外或钢瓶间内	应将报警、喷射各阶段信号传至控制室	2-32~2-34
	声报警器或声光报警器	报警阶段发出声或声光报警	无声光	火灾报警控制器或气体灭火控制器控制，区内任一探测器报警后启动	气体灭火防护区内	报警阶段报警，通知人员核查火情	2-32 2-33 2-34
	瓶头电磁阀	开启启动瓶	常闭	延时模块	启动瓶瓶头处	—	
	区域选择电磁阀	选择需灭火的区域	常闭	由气体灭火控制器根据报警区域选择控制	气体灭火干管上	多区共用气瓶时使用	
	压力开关	放气后反馈信号	常闭	灭火剂喷放后动作	区域选择电磁阀后	—	
	声光报警器	喷放前声光报警	无声光	火灾报警控制器或气体灭火控制器	气体灭火防护区外	喷放前报警，区内人员疏散	
	喷放指示灯	放气后点亮	不亮	气体灭火控制器	气体灭火防护区外门上方	应保持到防护区通风换气后，以手动方式解除	
	紧急启停按钮	紧急启、停气体灭火	—	手动	气体防护区门外	就地启动或终止喷气	
防烟排烟系统	空调机、通风机	送回风	—	火警模块自动控制关；风机（房）入口处防火阀控制关	空调机房、风机房	只要有探测器报警即可关闭	2-17 2-18 2-22 2-35 2-36
	70℃温控防火阀	关闭有关部位的送回风；实现防火分隔	常开	70℃熔断器控制关闭，送出信号	空调、通风风管中	同时关闭相关空调、送风机	
	电控防火阀		常开	火灾报警后，24V电控关或70℃温控关，送出信号	空调、通风风管中	同时关闭相关空调、送风机	
	排烟阀	排烟并启动排烟风机	常闭	火灾报警后，24V电控开，送出信号，280℃熔断器控制关闭	排烟竖井旁，排烟风口旁	阀打开的同时，开启相关排烟风机及加压风机	
	电动排烟口				排烟风管入口		
	280℃防火阀	保护排烟风机	常开	280℃熔断器控制关闭，送出信号	排烟风机入口处		
	排烟风机、加压送风机	排烟、加压送风	—	火灾报警模块自动控制开启；消防控制室硬线直接控制；280℃防火阀控制关闭	参见第2-35页	风机工作状态传送至控制室	
	加压送风口	使所在空间保持正压	常闭	烟感报警后，24V电控开，送出信号	消防电梯前室，楼梯前室	同时开启相关加压送风机	
	手动远控装置	手动开排烟阀、排烟口	—	手动控制	排烟阀或电动排烟口附近高1.4m左右	排烟阀、排烟口的控制线接至本装置	6-58

火灾报警	常用消防设备控制表	图集号	09X700-2
审核 张路明 校对 汪浩 设计 孙兰		页	2-15

续表

消防设备		功能	平时状态	控制方式	安装位置	备注	模块或接线图页码
防火卷帘	防火隔断处的防火卷帘	隔离防火分区	开启	火灾探测器自动控制一步到底；控制按钮手动控制	防火隔断处	卷帘关闭信号需送消防控制室显示	2-21 6-60
	疏散通道上的防火卷帘		开启	感烟探测器控制下降至距地（楼）面1.8m；感温探测器控制下降到底；控制按钮手动控制	疏散通道上	卷帘关闭信号需送消防控制室显示	2-21 6-59
消防控制室设备	应急广播控制装置	向着火及相邻的防火分区或楼层进行应急广播	—	手动/自动	消防控制室	—	2-10~2-13
	电源及照明控制装置	切断有关部位的非消防电源，接通应急照明和疏散指示灯	—	手动/自动	—	—	2-21
	电梯控制装置	控制所有电梯归首，消防电梯投入使用	—	手动/自动	—	电梯归首信号传至消防控制室	2-21
防火门释放器		自动关闭常开防火门	—	常开防火门任一侧火灾探测器报警后	常开防火门附近	将防火门关闭信号送到消防控制室	2-17 6-61
可燃气体探测器		打开有关房间排风机、进风机，关闭燃气快速切断阀	—	自动	建筑内可能散发可燃气体、可燃蒸汽的场所	可燃气体相对密度大于空气的在底部安装；不大于空气的在顶部安装	2-40

注：消防控制关系需根据具体工程和建筑、工艺、给排水、空调、电气等专业的要求设计，本表仅供参考。

模块种类	总线隔离模块	非编码探测器接口模块	单输入模块	单输出模块	输入/输出模块
输出触点电压				24V	24V
编号	$1^{\#}$	$2^{\#}$	$3^{\#}$	$4^{\#}$	$5^{\#}$
模块接口与连线 受控设备接口	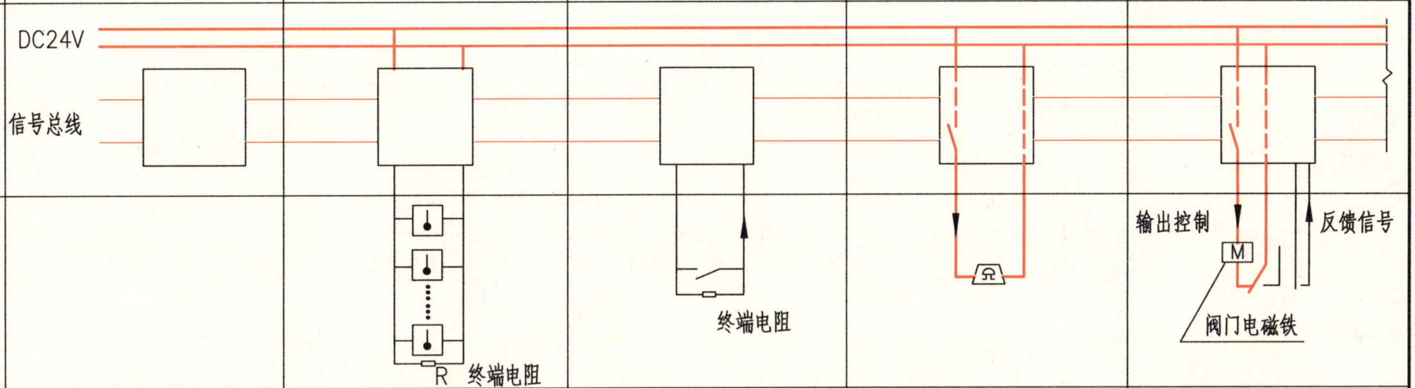				

模块种类	总线隔离模块	非编码探测器接口模块	单输入模块	单输出模块	输入/输出模块
常连接的受控设备		非编码探测器	水流指示器 信号阀 压力开关 消火栓按钮 温控防火阀 消防水池（箱）报警水位 低气压报警开关	火灾警铃 声光报警器 应急广播扬声器 雨淋、预作用系统的电磁阀 气体灭火系统的电磁阀 干式、预作用系统排气电动阀	电控防火阀 排烟防火阀 电动排烟阀（口） 电动正压送风口 防火门释放器 电动挡烟垂壁
说明	安装于总线分支处或中间，可将支线与总线或总线间短路处隔离开，缩小影响面，并便于查找故障	为节约投资，使多个非编码探测器合占一个地址。适用于汽车库、商场等大开间的场合	连接"主动型"报警设备，将开关信号加地址码纳入总线制报警系统，以确定受控设备地址	控制无反馈信号的设备	控制需DC24V电源并有反馈信号的设备。亦可由单输入、单输出模块组合控制，但需多占地址点

注：为实现断线监测功能，各输入模块（含反馈信号）一般需接终端电阻。为简化图纸，各图中从略。

火灾报警	常用模块接线图			图集号	09X700-2
审核 段震寰	校对 汪浩	设计 张路明		页	2-17

模块种类	输入/输出加电压转换模块	输入/输出模块组合使用	双输入/输出模块(或多输入/输出模块)
输出触点电压	24V	24V	24V
编号	6	7#	8#

模块接口与连线

受控设备接口

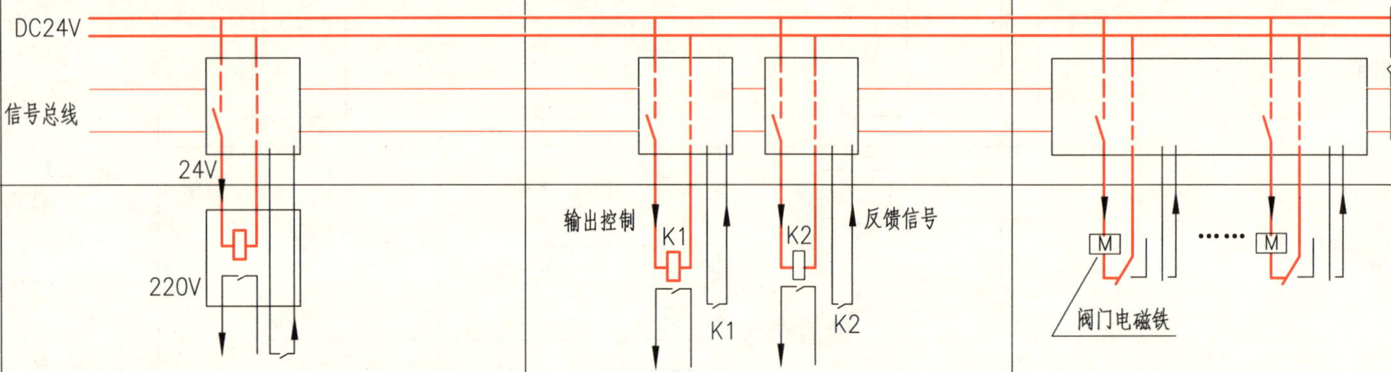

模块种类	输入/输出加电压转换模块	输入/输出模块组合使用	双输入/输出模块(或多输入/输出模块)
常连接的受控设备	消火栓泵、喷淋泵 排烟风机、正压送风机、消防补风机 空调机、通风机 非消防电源 防火卷帘 电梯 电动排烟窗	消火栓泵、喷淋泵 排烟风机、加压送风机	空调机房防火阀 变配电室非消防电源
说明	1.用于需要220V控制的设备。一般控制模块的电压、电流不能满足要求,需加继电器转换。 2.输出触点须加在强制动作回路上,以实现火警优先功能。 3.为可靠,消防泵、防排烟风机启动后,宜由电气控制箱就地保持,以免在火灾情况下控制线被烧断影响水泵、风机的连续运转。需要关机时,另给1个关机信号切断就地保持回路。		有些厂家生产双输入/输出模块或多输入/输出模块,可用于受控设备比较集中处,可节省部分投资和安装位置。

火灾报警	常用模块接线图	图集号	09X700-2
审核 段震寰 校对 汪浩 设计 张路明		页	2-18

方案号	方案Ⅰ（常闭触点串联）	方案Ⅱ（常开触点并联）
消火栓按钮连接方式	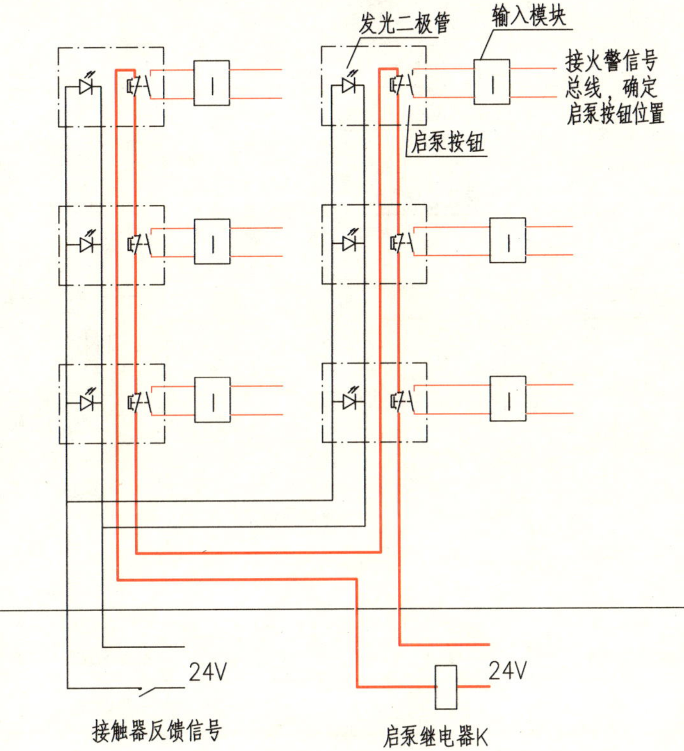	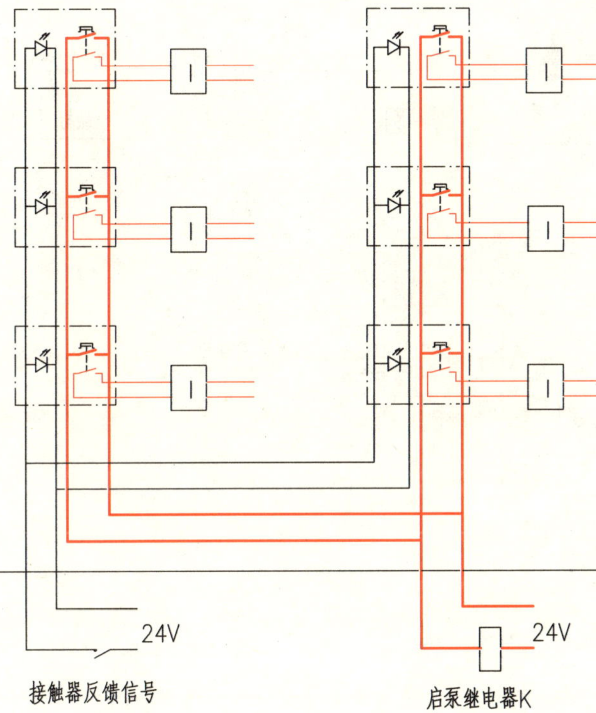
消防泵房电控箱		
特点	传统式接法，用按钮常闭触点串联启泵，K常吸合，可监视断线故障。适合于中小工程。各按钮需首尾串接，当消火栓较多或位置不规则时，接线易错。若断线，影响启泵。同时需注意核算电压损失与导线截面。	用按钮常开触点并联启泵，接线较方便，可靠性较高。K常开，无断线监视功能，同时需注意核算电压损失与导线截面。

注：系统较大、按钮较多时，可分几组串接或并接启泵，以便于查找故障点。

火灾报警	消火栓按钮控制方式及接线图					图集号	09X700-2
审核	孙兰	校对	费锡伦	设计	张路明	页	2-19

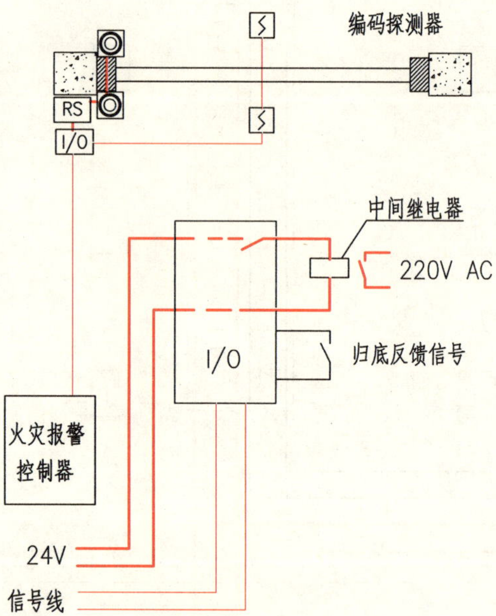

分别控制方式

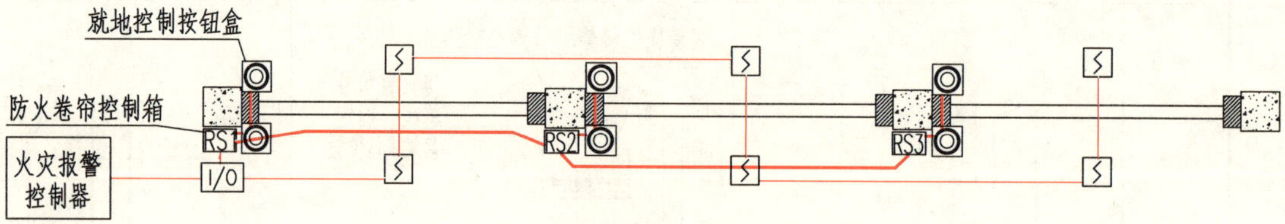

分组控制方式

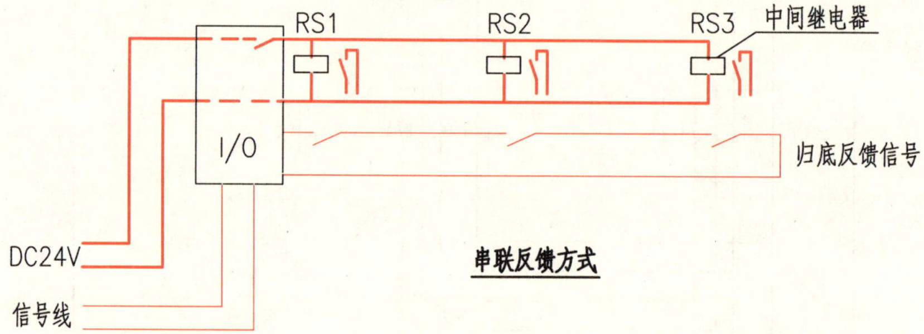

串联反馈方式

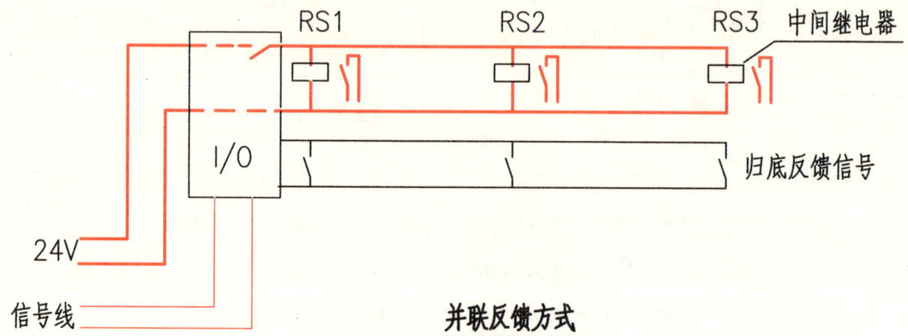

并联反馈方式

注：1.对防火卷帘可分别控制或分组控制。在大厅、自动扶梯、商场等处，允许几个卷帘（需考虑模块带负载能力）同时动作时，采用分组控制可大大减少控制模块和编码探测器的数量，以减少投资。

2.本图所示为仅用作防火分隔的电动防火卷帘，在相应的感烟探测器报警后，采取一次下落到底的控制方式。疏散通道的防火卷帘应采取两次下落控制方式，感烟探测器报警后控制下落距地1.8m，感温探测器报警后控制下落到底。

火灾报警	防火卷帘控制方式及接线图					图集号	09X700-2
审核 孙兰	[签名]	校对 费锡伦	[签名]	设计 张路明	[签名]	页	2-20

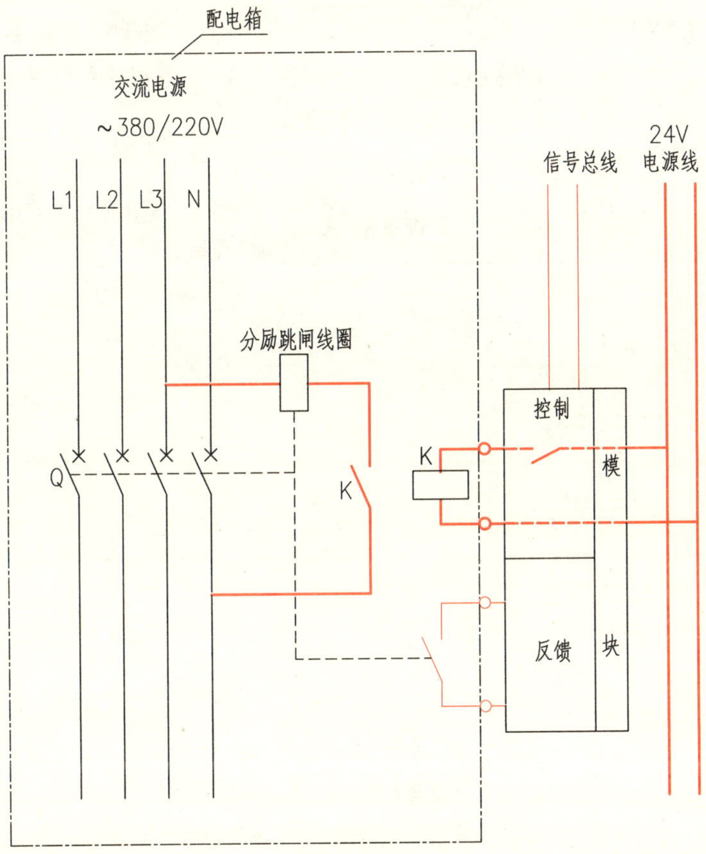

火灾切非消防电源

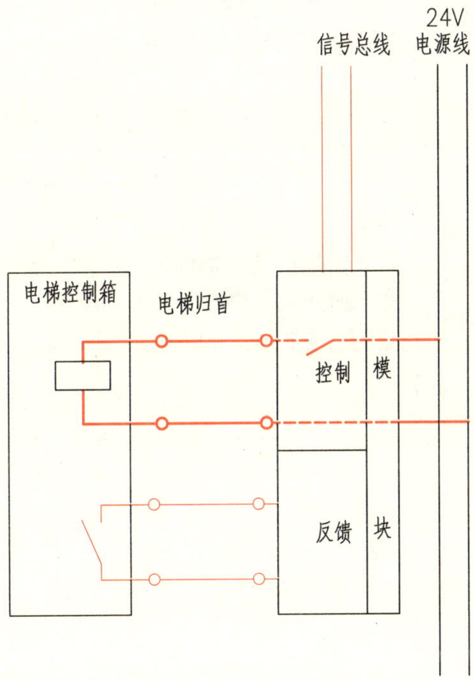

火灾时控制电梯归首

注：1. 非消防电源回路开关采用带分励脱扣线圈的断路器。火灾时消防模块多采用送直流24V脉冲切非消防电源的方式。在配电箱内经直流24V中间继电器K转换接通断路器脱扣器线圈。

2. 电梯控制箱由电梯厂家配套供货。

火灾报警	切非消防电源及电梯归首控制接线图					图集号	09X700-2
审核 姚家祎	姚家祎	校对 王晓宇	王晓宇	设计 张环	张环	页	2-21

顺序动作方式（串联动作方式）	特点：节省控制模块,启动电流较小。但如一个阀门动作不灵,影响后面阀启动,故每组不宜超过4个阀。	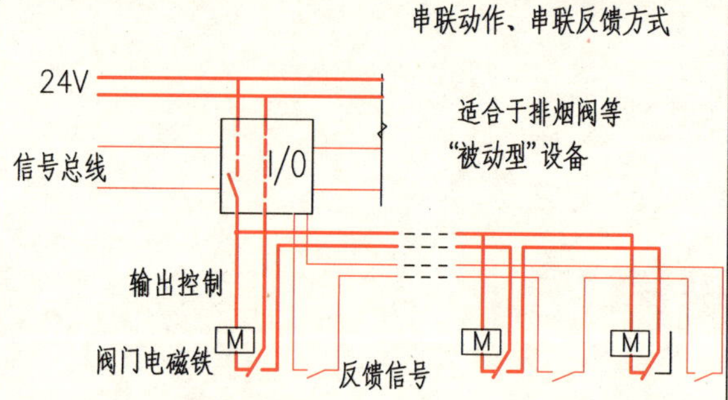 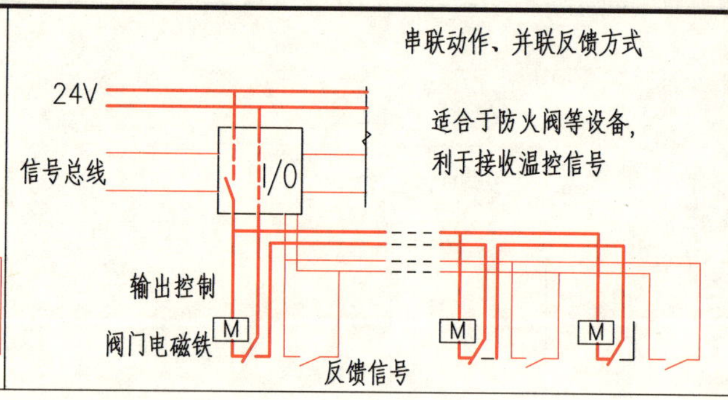
同时动作方式(并联动作方式)	特点：节省控制模块，可靠性较高。但启动电流较大，需注意核算导线压降，每组不宜超过4个阀。	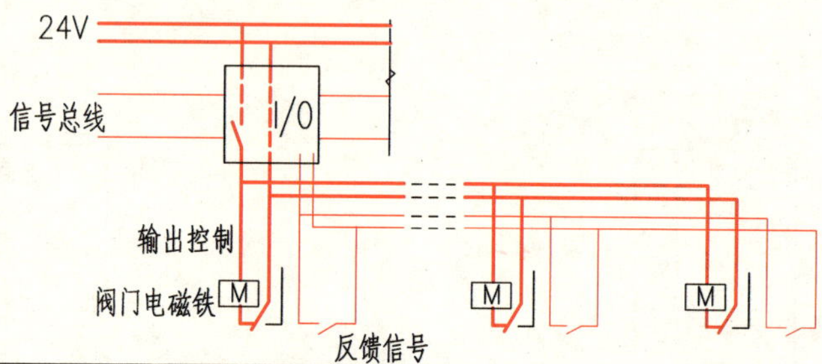
独立控制方式	特点：每个阀一个控制模块，可靠性高。	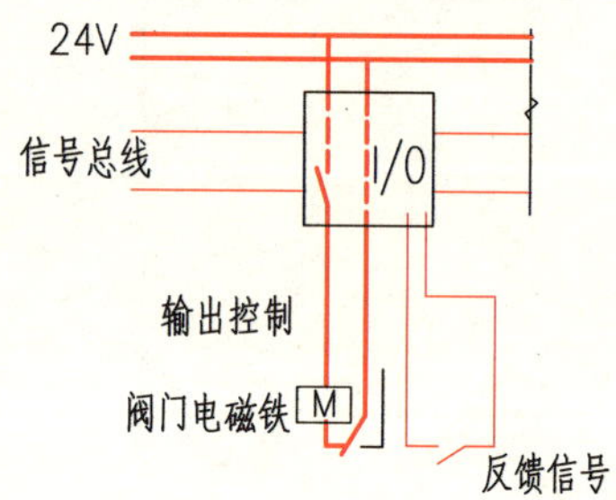
温度控制方式	特点：采用阀中易熔金属温度控制方式，简单、可靠，常用于空调风管中。	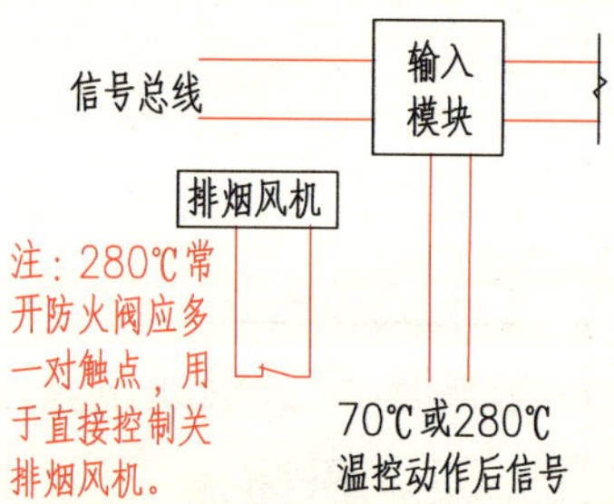

注：本图适用于脱扣装置，如：

电控防火阀	正压送风口
排烟 防火阀	电控挡烟垂壁
排烟阀(口)	防火门释放器

火灾报警	阀门控制接线图					图集号	09X700-2
审核 段震寰	[签名]	校对 汪浩	[签名]	设计 张路明	[签名]	页	2-22

自动喷水灭火系统分类

喷头形式	闭式系统	采用闭式洒水喷头的自动喷水灭火系统。
	开式系统	采用开式洒水喷头的自动喷水灭火系统。
系统类型	湿式系统	准工作状态时管道内充满用于启动系统的有压水的闭式系统。
	干式系统	准工作状态时配水管道内充满用于启动系统的有压气体的闭式系统。
	预作用系统	准工作状态时配水管道内不充水，由火灾自动报警系统自动开启预作用报警阀向管道充水后，转换为湿式系统的闭式系统。
	雨淋系统	由火灾自动报警系统或传动管控制，自动开启雨淋报警阀和启动供水泵后，向开式洒水喷头供水的自动喷水灭火系统。
	水幕系统	由开式洒水喷头或水幕喷头、雨淋报警阀组，或闭式喷头、湿式报警阀组，以及水流报警装置（水流指示器或压力开关）等组成，用于挡烟阻火和冷却分隔的喷水系统。

洁净气体灭火系统分类及应用

名称	成分	应用	系统图或原理图
七氟丙烷（HFC-227ea）	NOAEL浓度为9%，LOAEL浓度为10.5%，LC50浓度为大于80%。	设计灭火浓度为8%~10%，储存压力有2.5MPa和4.2MPa两种，输送距离不宜大于30m，当采用4.2MPa时，输送距离略大一些。	2-32 2-33
惰性气体（IG-541）	NOAEL浓度为43%，LOAEL浓度为52%。	储存压力为15.0MPa或20.0MPa，最大输送距离不宜超过150m。	2-32 2-33

自动喷水灭火系统应用

系统分类		特点	适用范围	系统图或原理图
闭式系统	湿式自动喷水灭火系统	采用湿式报警阀，报警阀后管道内均充满压力水。	适用于环境温度4~70℃的场所。不得用于扑救遇水发生化学反应造成燃烧、爆炸的火灾以及对保护对象造成严重破坏的火灾。	2-25
	预作用自动喷水灭火系统	采用预作用报警阀，报警阀后的管道平时不充水，有充满有压气体和不充气两种形式。火灾报警后，转为湿式系统。	可替代干式系统和湿式系统；当配水管道内平时充气时，可用于怕水渍损失的场所，如档案馆、计算机房、贵重纸张和票证等场所。	2-26 2-27
	干式自动喷水灭火系统	采用干式报警阀，报警阀后管道内平时充满有压气体。	适用于环境温度低于4℃或大于70℃的场所。主要用于冷冻库、寒冷地区非采暖房间等。此系统现阶段已很少使用。	2-28
开式系统	雨淋系统	手动或自动启动雨淋阀，阀后连接的所有开式洒水喷头同时喷水。	适用于火灾水平蔓延迅速的场所以及高度超过闭式喷头保护能力的空间，如舞台、摄影棚、可燃物制品厂、建筑空间高度超过8m的场所等。	2-29 2-30
	水喷雾系统	和雨淋系统相似，采用的喷头不同，水喷雾喷头喷出的水滴粒径小于1mm。	可有效扑救A类火灾、闪点高于60℃的B类火灾、C类气体火灾和油浸式电力变压器火灾等。	参考2-29
	细水喷雾系统	是水喷雾系统的发展，有压水通过细水雾喷头产生细微粒水雾。第1级水粒径为100~200μm，第2级水粒径为200~400μm，第3级水粒径为400~1000μm。	B类火灾宜采用细水雾1、2级，A类火灾可使用细水雾3级。如柴油发电机房、燃油燃气锅炉房、计算机房、图书馆等。	参考2-29
	水幕系统	和雨淋系统相似，只是喷头的选型、位置有所不同。选用开式喷头，可作为防火分隔水幕；选用水幕喷头，可作为防火分隔和防护冷却水幕。	仅用于防火卷帘的冷却以及开口尺寸不超过15m×18m的防火分隔	参考2-29

注：1. A类火灾：固体；B类火灾：液体；C类火灾：气体。

2. NOAEL：未观察到在生理上或毒性反应上产生影响的最高浓度，即无毒性反应浓度；
LOAEL：可观察到在生理上或毒性反应上产生影响的最低浓度，即有毒性反应浓度；
LC50：有50%的实验小鼠暴露4h致死的灭火剂浓度。

火灾报警	常用灭火系统分类	图集号	09X700-2
审核 贾苇	校对 汪浩	设计 孙兰	页 2-23

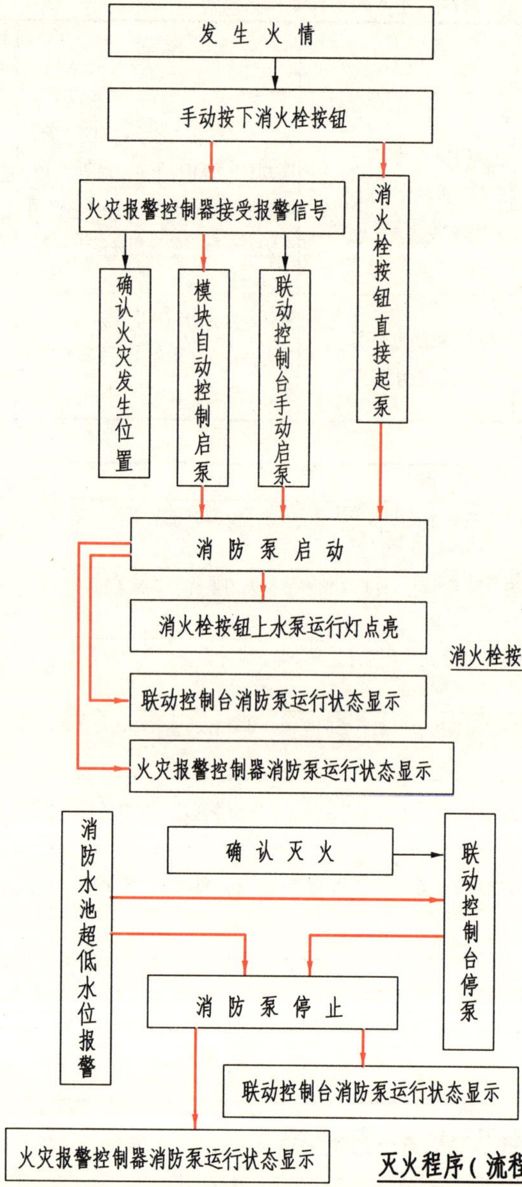

灭火程序(流程)图

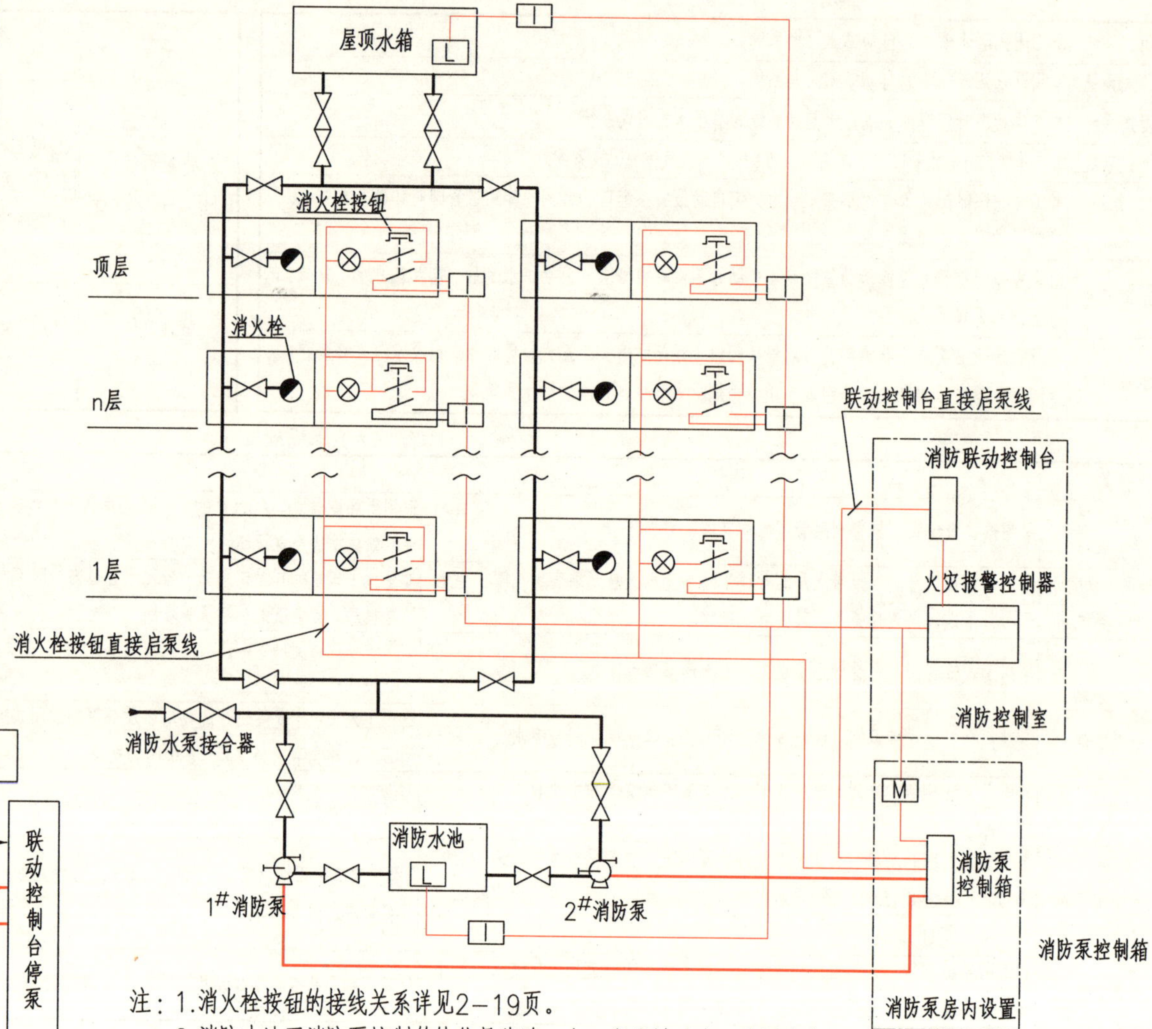

注：1.消火栓按钮的接线关系详见2–19页。
2.消防水池至消防泵控制箱的信号线路，由工程设计确定，本图未表示。
3.流程图中红实线表示电气联接。

火灾报警	消火栓灭火系统控制接口示意图	图集号	09X700-2
审核 姚家祎 姚家祎 校对 王晓宇 王晓宇 设计 丁 燕 丁燕		页	2-24

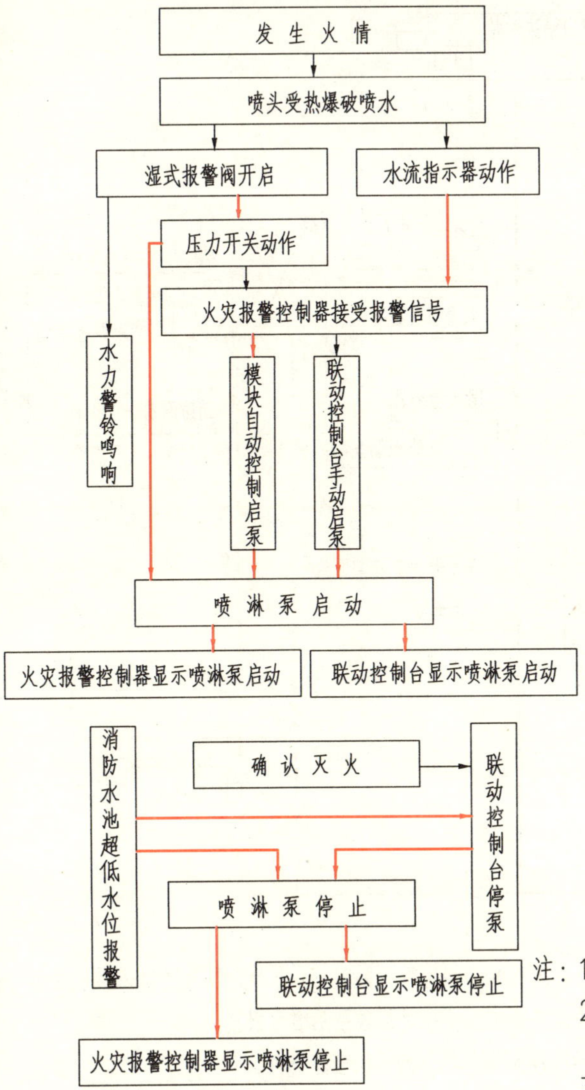

灭火程序（流程）图

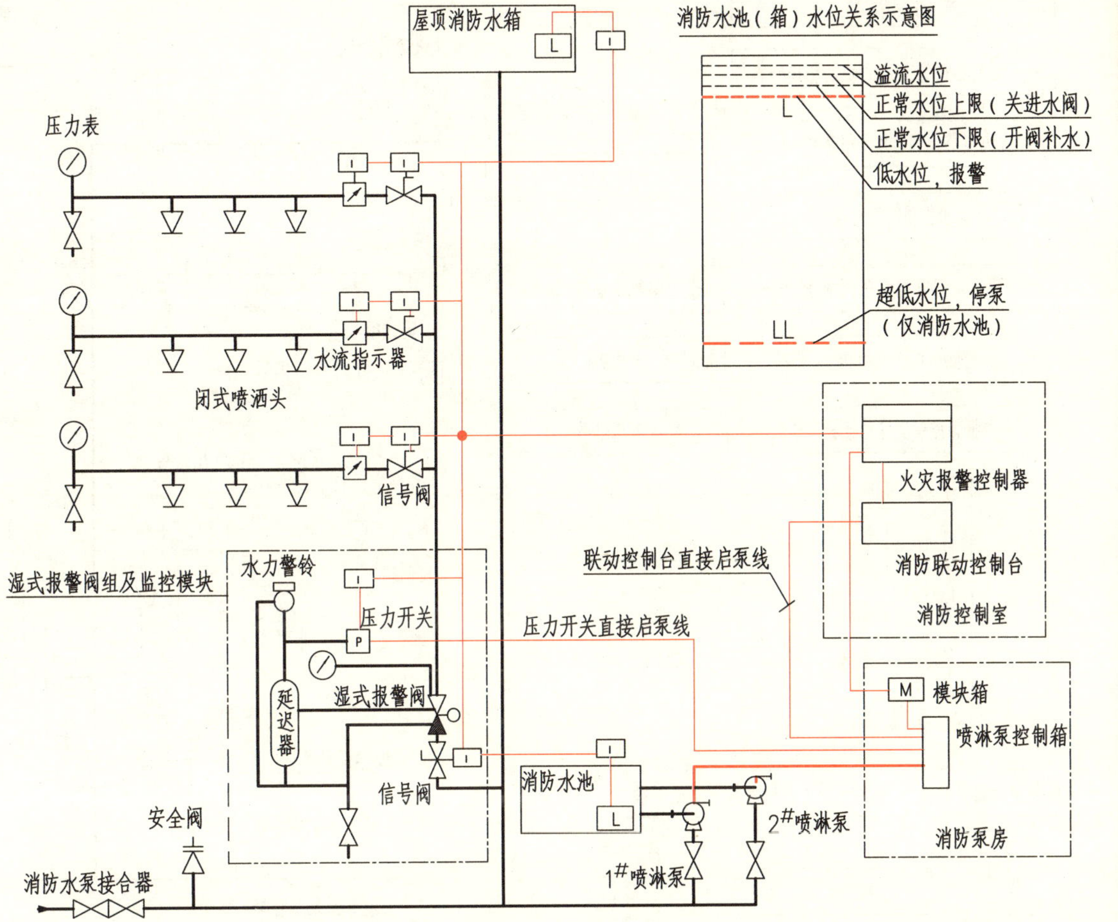

注：1. 本图中的（水）压力开关P要求配有两副独立常开接点，一副接输入模块，另一副由直接启泵线接至喷淋泵控制箱。

2. 根据《自动喷水灭火系统设计规范》，消防控制室应监视消防水池（水箱）的低水位报警信号，显示水池（水箱）水位是否正常。

3. 消防水池至消防泵控制箱的信号线路，由工程设计确定，本图未表示。

4. 流程图中红实线表示电气联系。

火灾报警	湿式自动喷水灭火系统控制关系示意图					图集号	09X700-2
审核 姚家祎	姚家祎	校对 王晓宇	王晓宇	设计 丁 燕	丁燕	页	2-25

消防 安防 监控 通信 网络 布线 电视 广播 会议 显示 集成

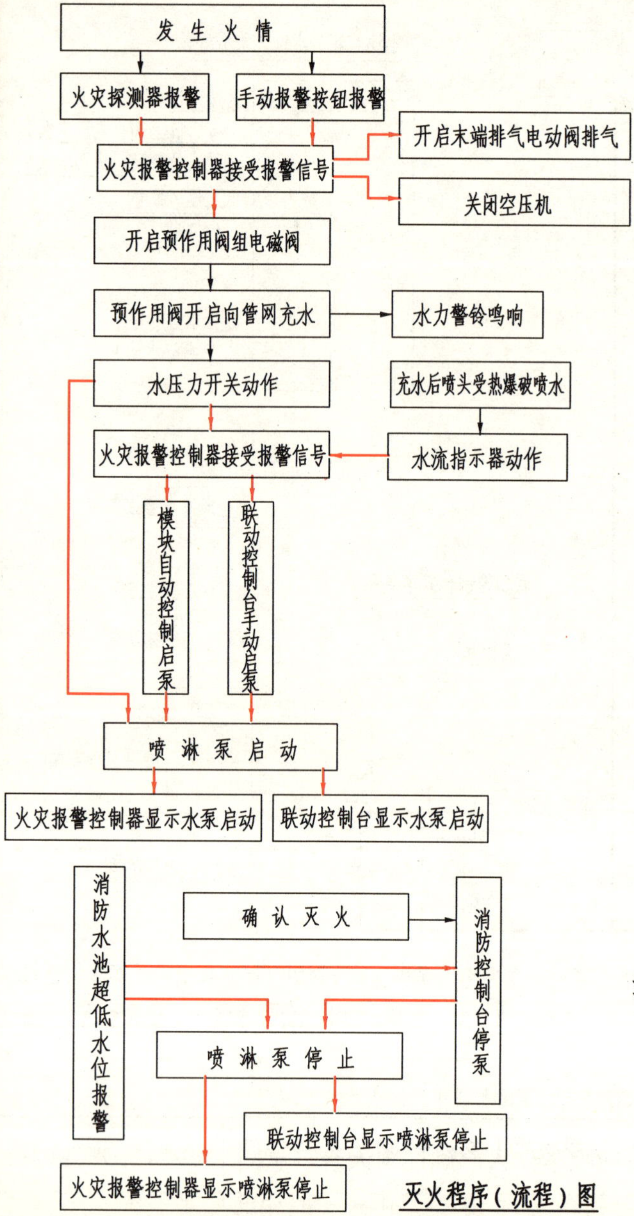

灭火程序（流程）图

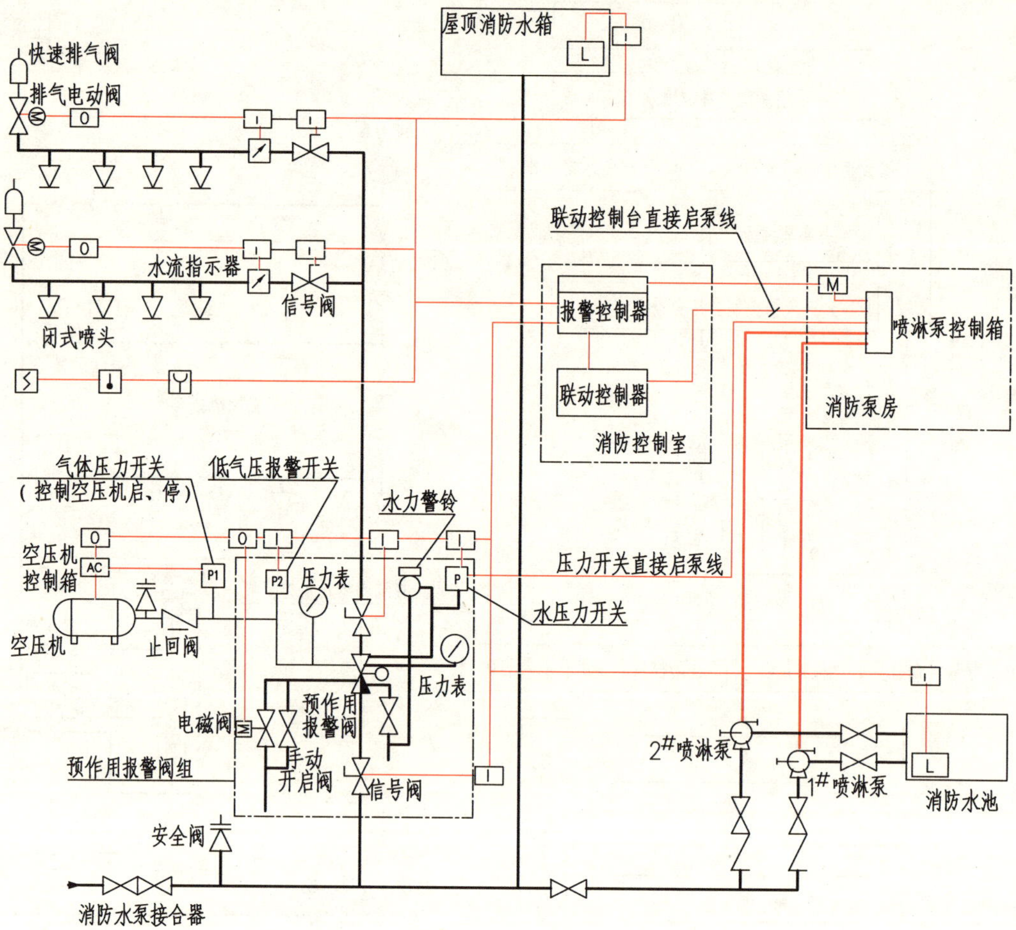

注：1.火灾探测器报警后，由火灾报警控制器控制打开排气电动阀排气，同时打开预作用阀组的电磁阀，连锁开启预作用报警阀向配水管网充水，系统变为湿式系统。喷头受热破裂后喷水灭火。

2.空压机平时由气体压力开关就地控制，起火后应控制其关机，停止给管路充气。

3.同2-25页注。

火灾报警	充气的预作用灭火系统控制关系示意图	图集号	09X700-2
审核 孙 兰	校对 汪 浩	设计 费锡伦	页 2-26

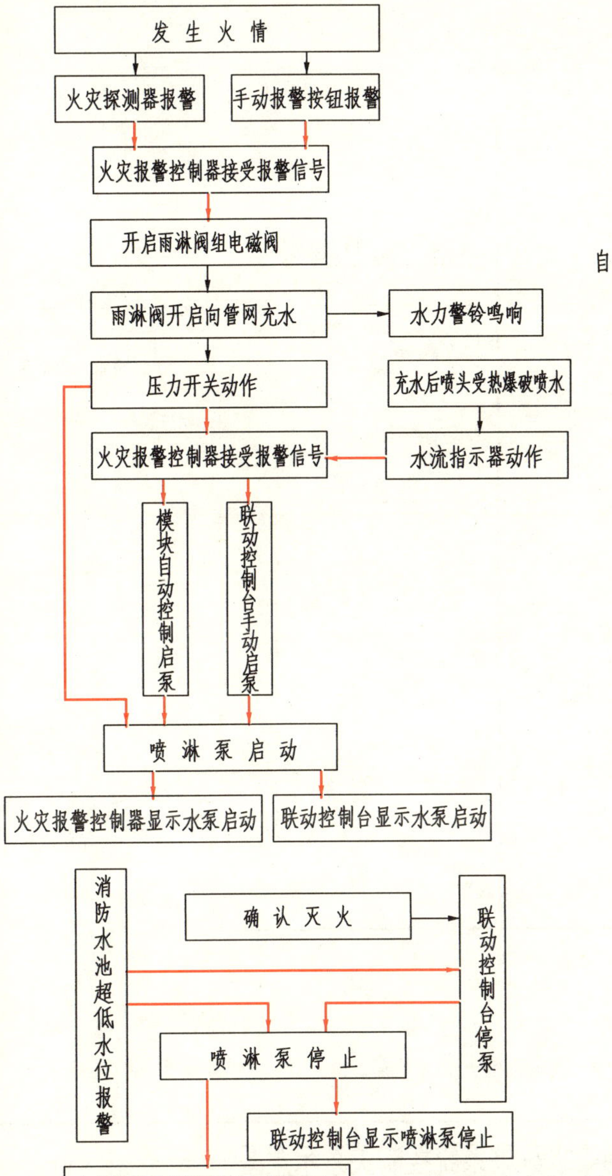

灭火程序(流程)图

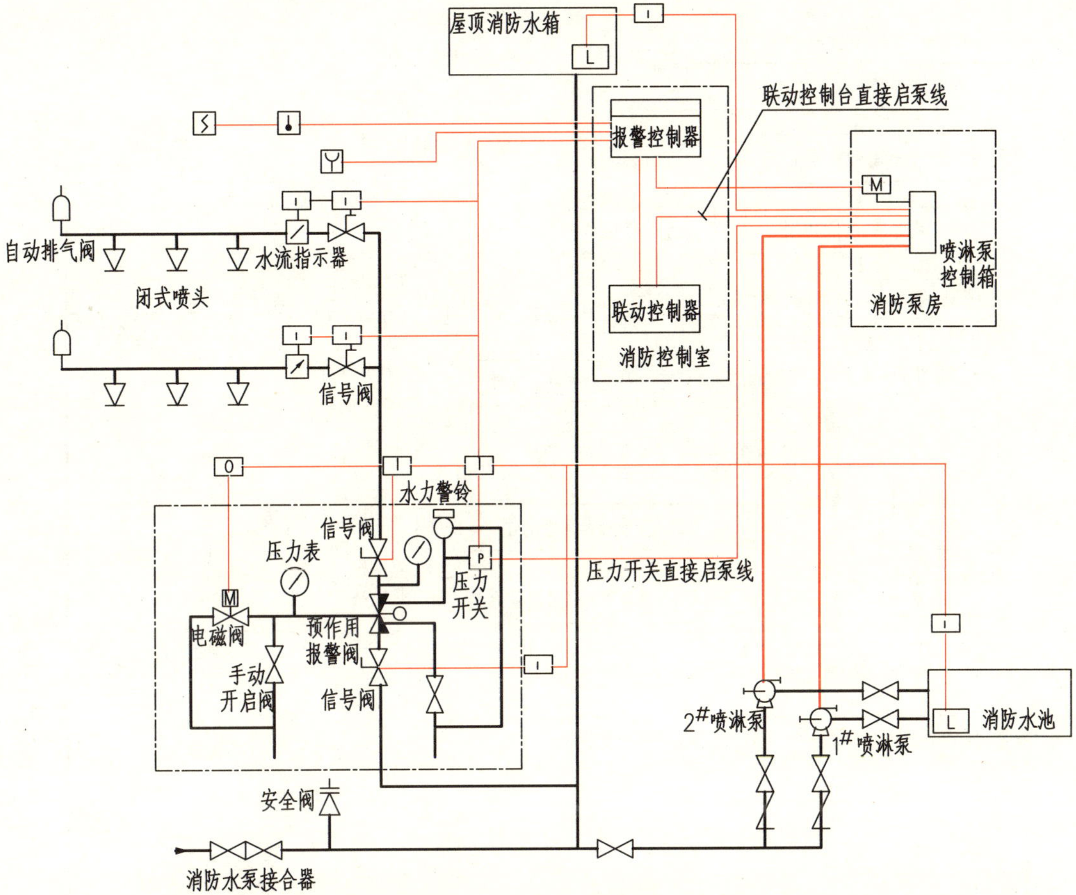

注：1.火灾探测器报警后，由火灾报警控制器控制打开预作用阀组的电磁阀，连锁开启预作用报警阀向配水管网充水，系统变为湿式系统。喷头受热破裂后喷水灭火。

2.不充气的预作用报警阀即雨淋阀。

3.不充气的预作用灭火系统无法监视配水管网密封是否完好，不宜用于怕水渍损失的场所。

4.同2-25页注。

火灾报警	不充气的预作用灭火系统控制关系示意图					图集号	09X700-2
审核 孙 兰	孙兰	校对 汪 浩	汪浩	设计 费锡伦	费锡伦	页	2-27

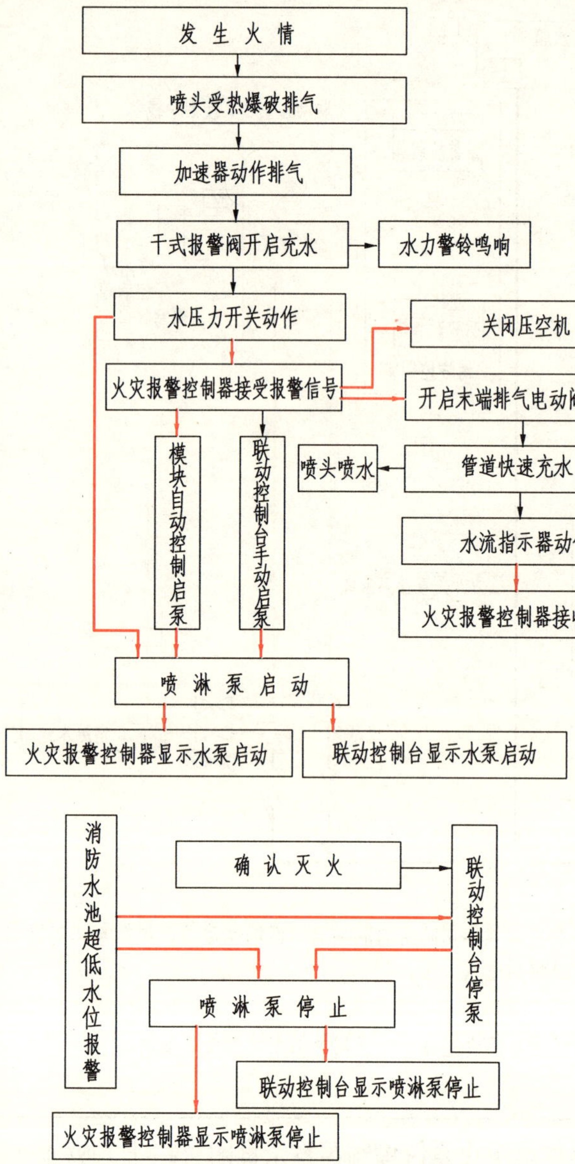

灭火程序(流程)图

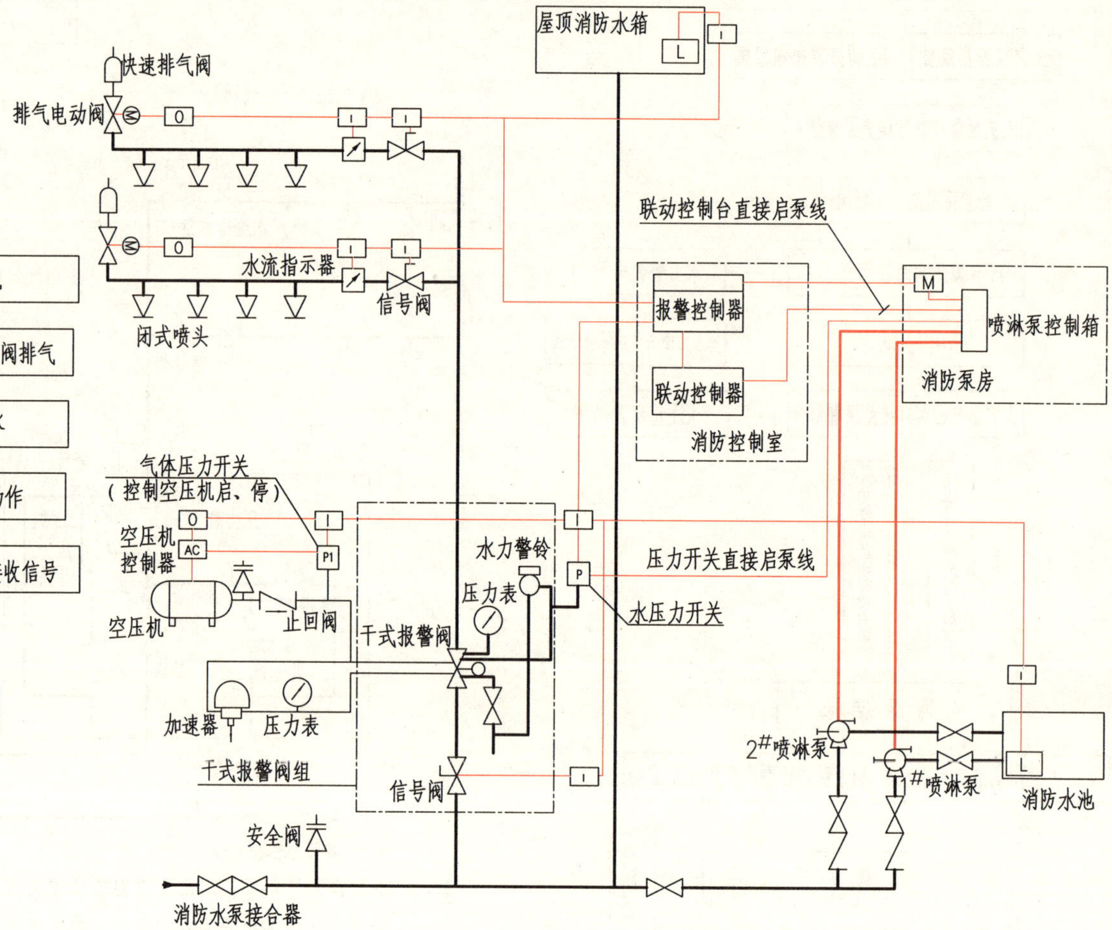

注：1. 同2–25页注。

2. 本流程图所示为有火灾报警控制系统参与的干式自动喷水灭火程序。

火灾报警	干式自动喷水灭火系统控制关系示意图	图集号	09X700-2
审核 姚家祎 姚家祎 校对 王晓宇 王晓宇 设计 丁 燕 丁燕		页	2-28

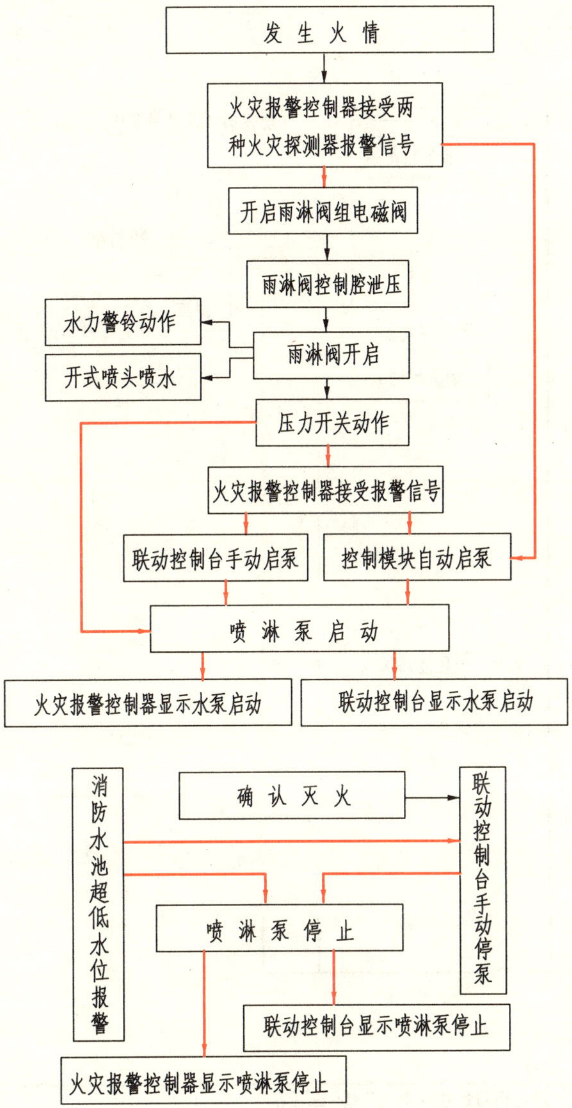

灭火程序（流程）图

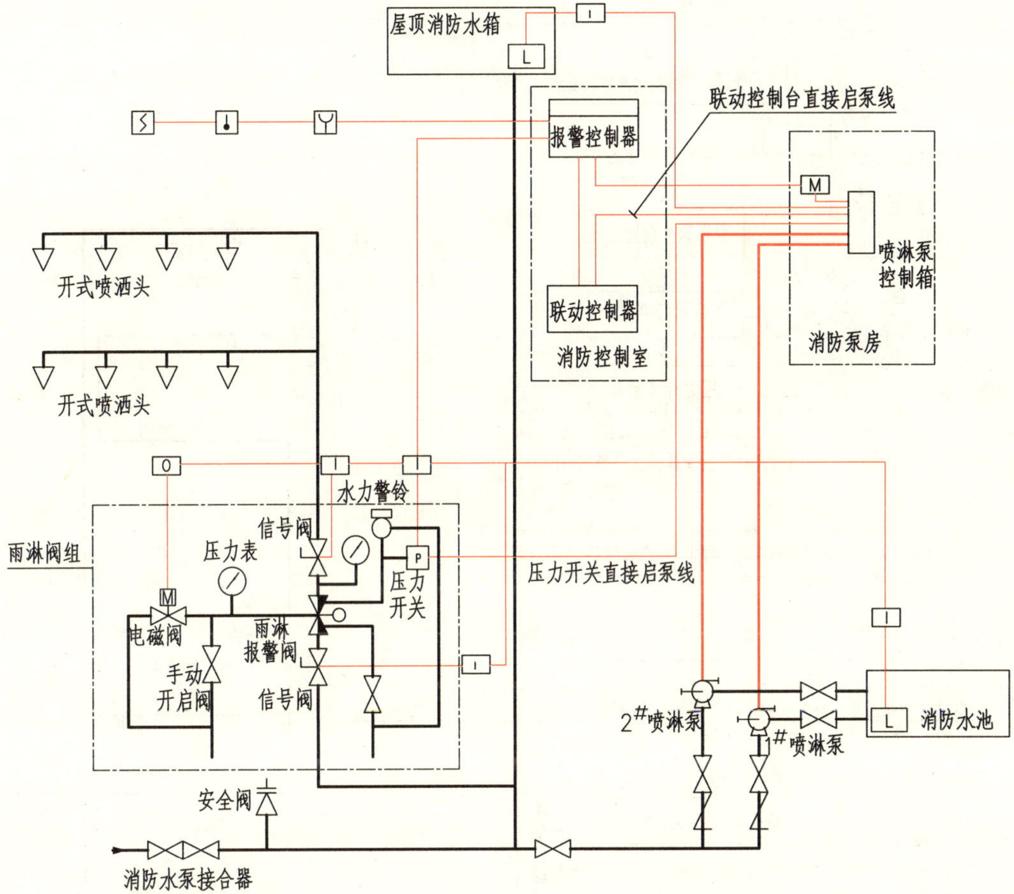

注：1.雨淋系统采用开式喷头，雨淋阀动作后该区域所有喷头同时喷水灭火。
2.水喷雾灭火系统、细水喷雾灭火系统、水幕系统控制关系与本图相同。
3.同2-25页注。

火灾报警	电动启动雨淋自动灭火系统控制关系示意图	图集号	09X700-2
审核 姚家祎 校对 王晓宇 设计 丁燕		页	2-29

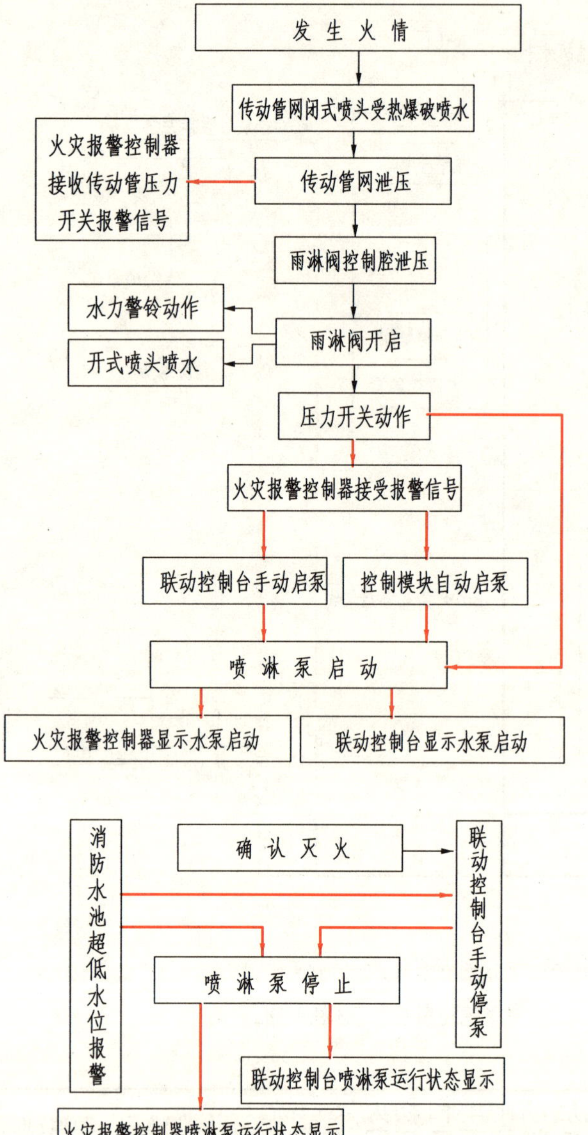

灭火程序（流程）图

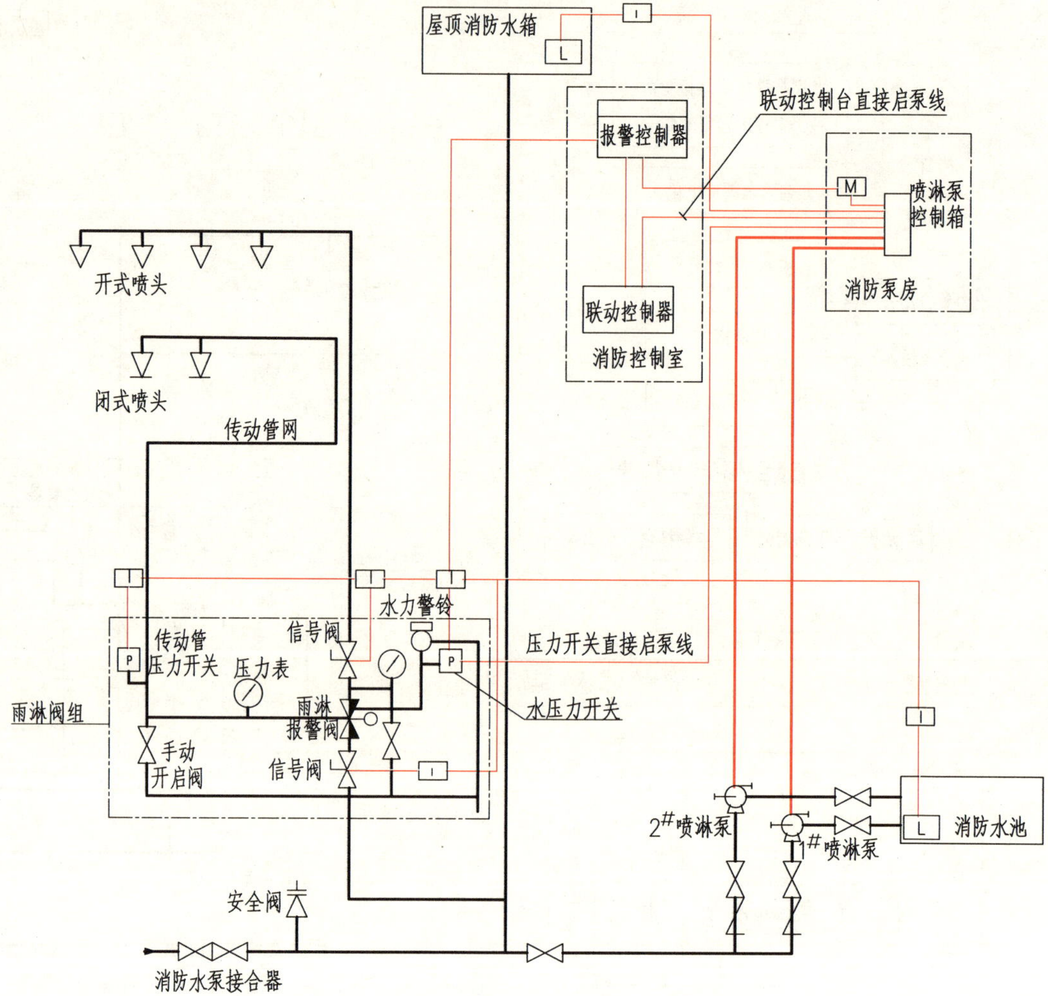

注：同2-25页注。

火灾报警	传动管启动雨淋自动灭火系统控制关系示意图					图集号	09X700-2
审核	姚家祎	校对	王晓宇	设计	丁燕	页	2-30

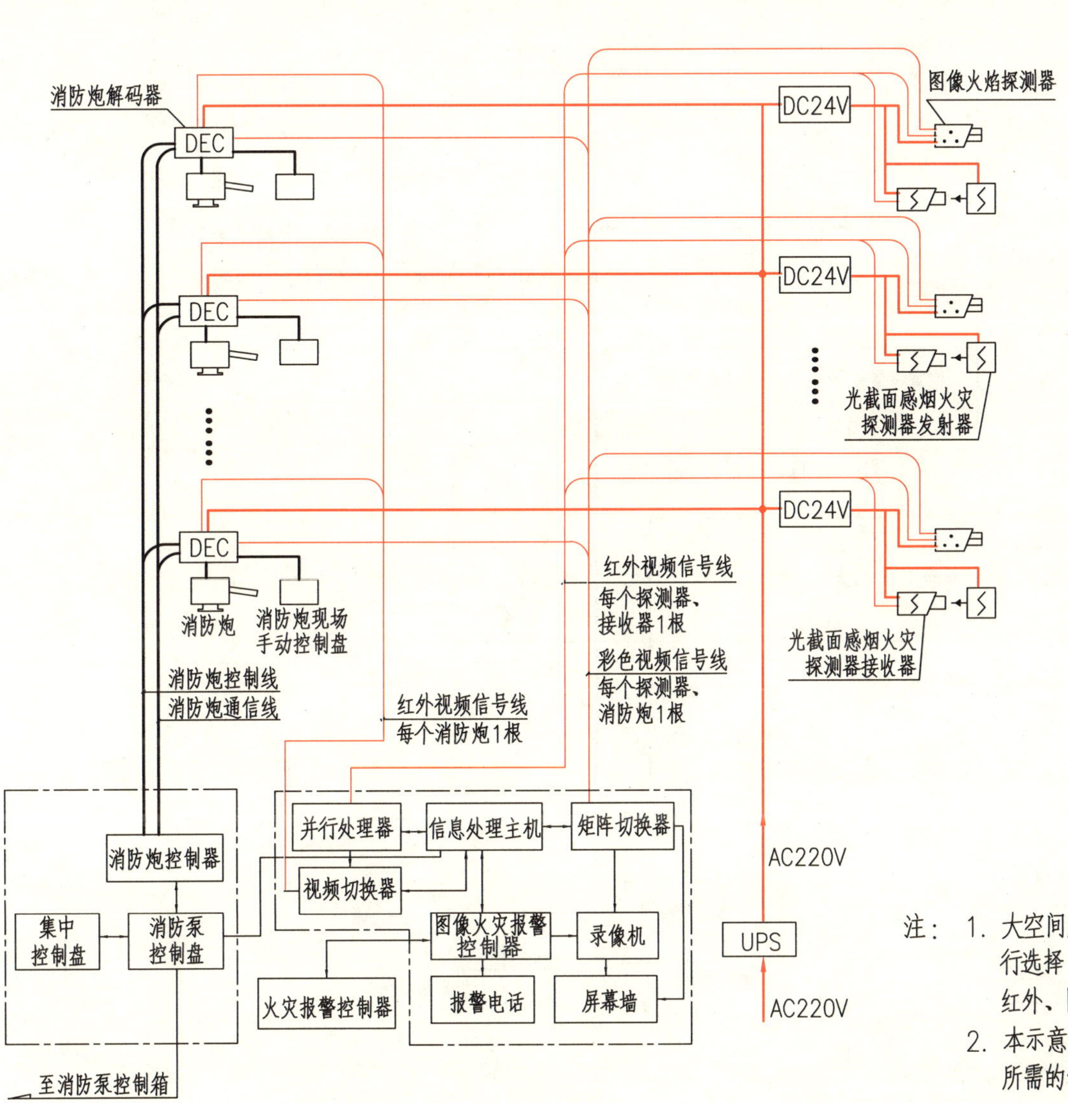

图像火灾报警与消防炮定位灭火系统图

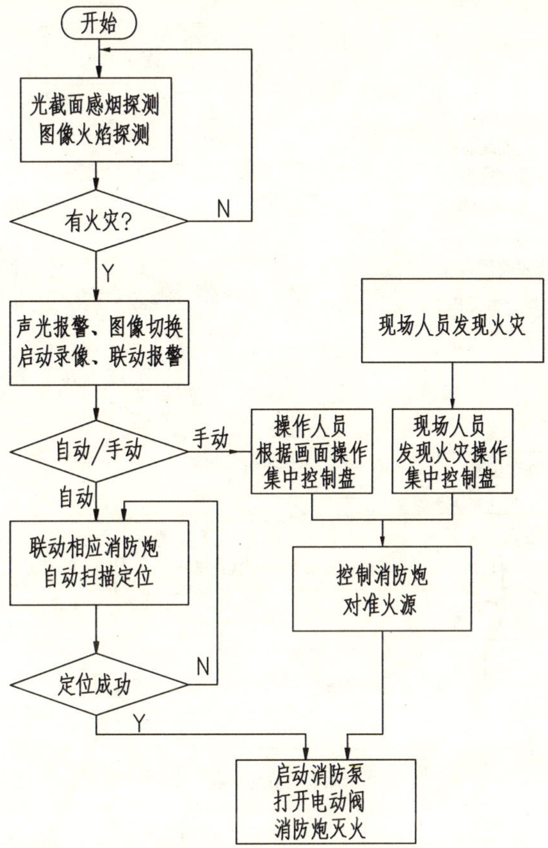

系统工作流程图

注：1. 大空间所使用的火灾探测器，应根据配置场所及保护对象情况进行选择，对于普通感烟和感温探测器无法使用的场合，可以选择红外、图像火焰探测器等，可单独使用或混合使用。

2. 本示意图仅供参考，设计施工时应向厂家了解系统的性能指标和所需的信号传输接口。

火灾报警	图像火灾报警与消防炮定位灭火系统示意图					图集号	09X700-2
审核	孙兰	校对	汪浩	设计	张路明	页	2-31

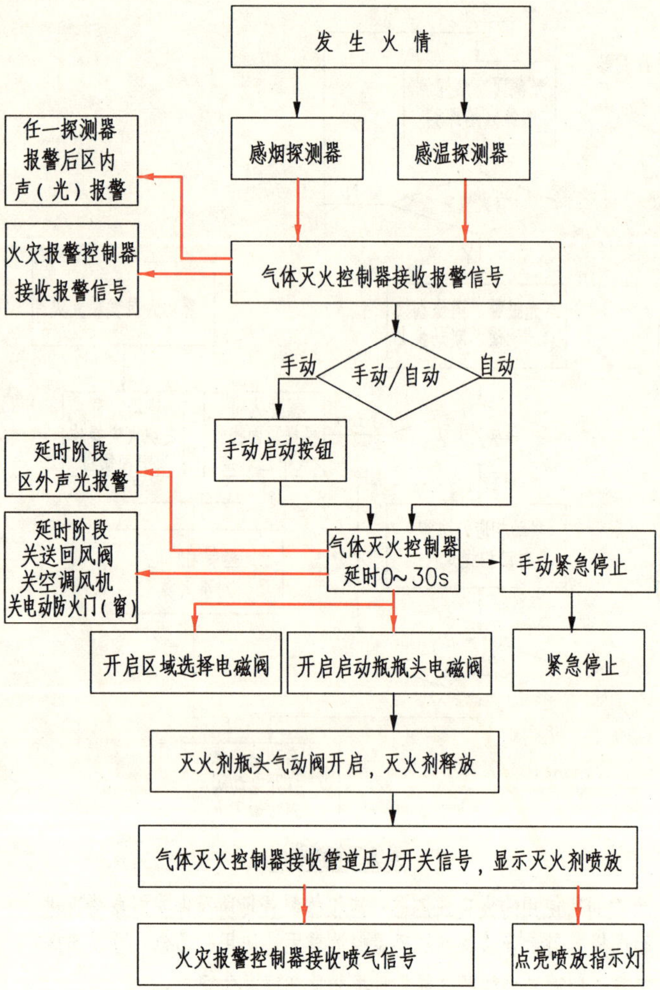

灭火程序(流程)图

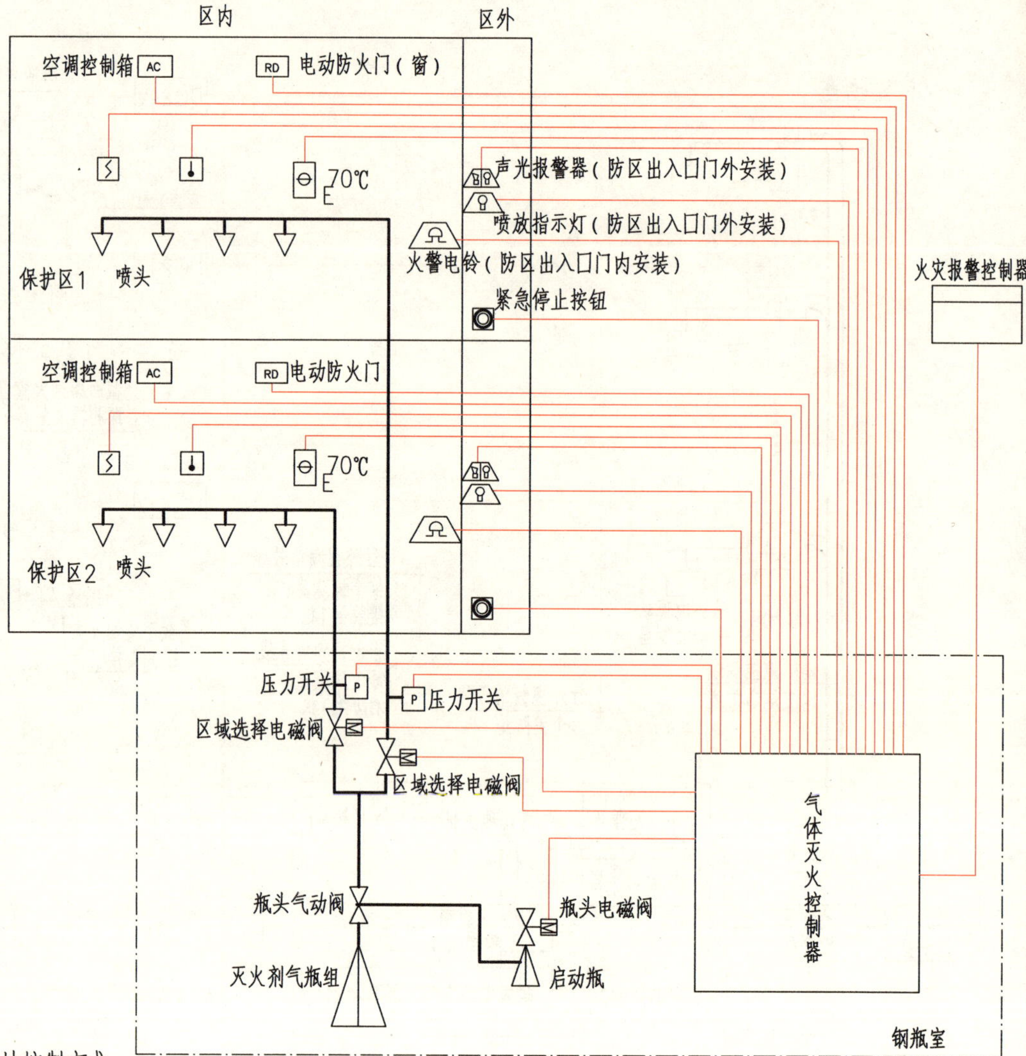

注：1.本气体灭火系统采用气体灭火控制器就地接收探测报警、就地控制方式。

2.气体灭火系统在报警及喷放阶段，应向消防控制室(中心)发出信号。

3.手动/自动转换装置的相关设置根据《气体灭火系统设计规范》GB50370—2005执行。

火灾报警	气体灭火系统控制示意图(就地控制)					图集号	09X700-2
审核	姚家祎	校对	王晓宇	设计	丁 燕	页	2-32

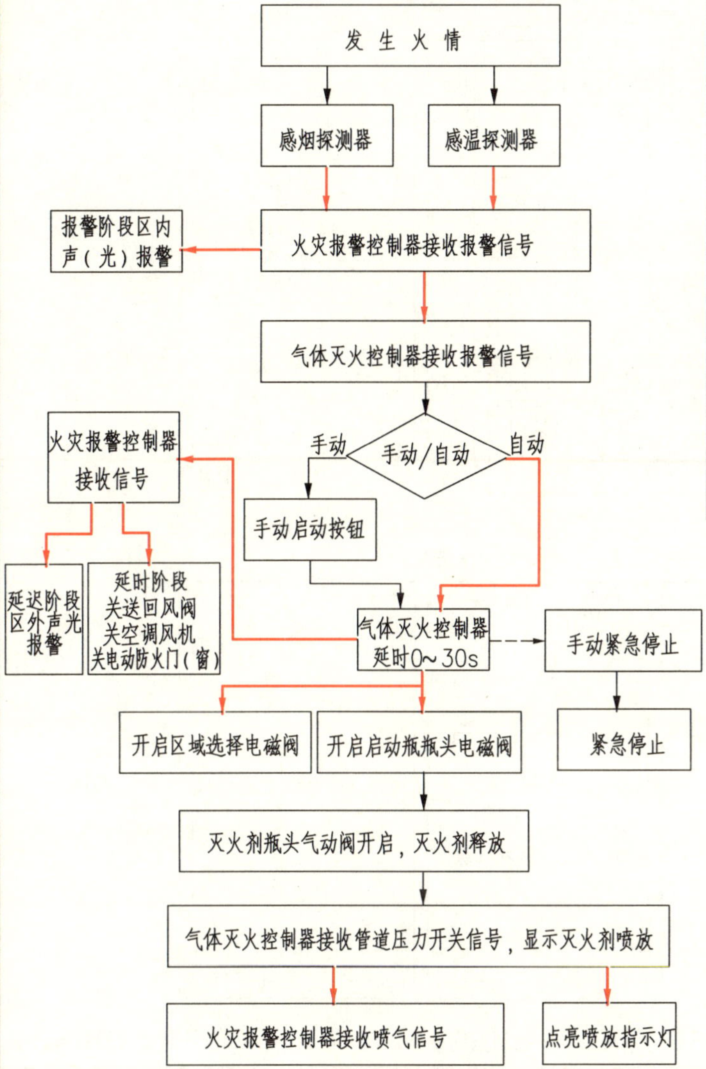

灭火程序(流程)图

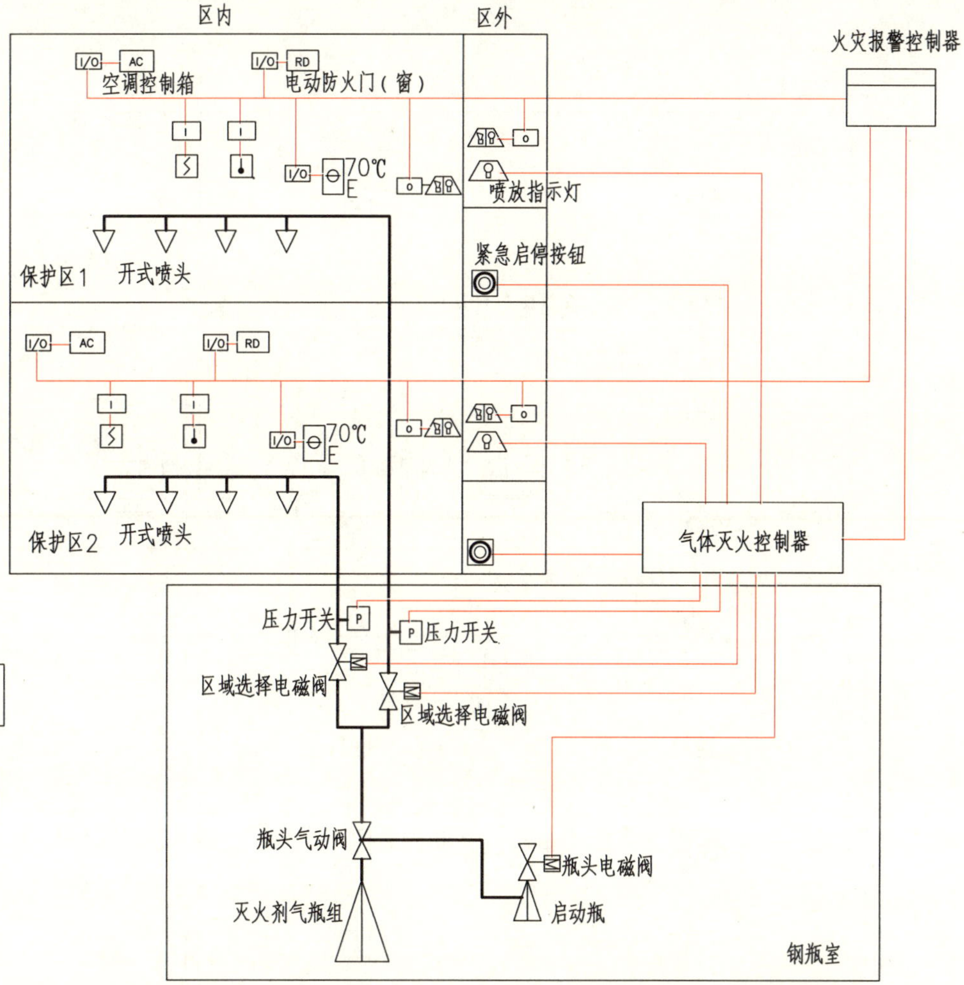

注：1.本气体灭火系统采用集中探测报警方式，关防火阀、停空调等通过火灾报警器控制。
2.同2－32页注2、3。
3.报警阶段及延迟阶段的报警声音应有区别。

火灾报警	气体灭火系统控制示意图(集中控制)					图集号	09X700-2
审核	姚家祎	校对	王晓宇	设计	丁 燕	页	2-33

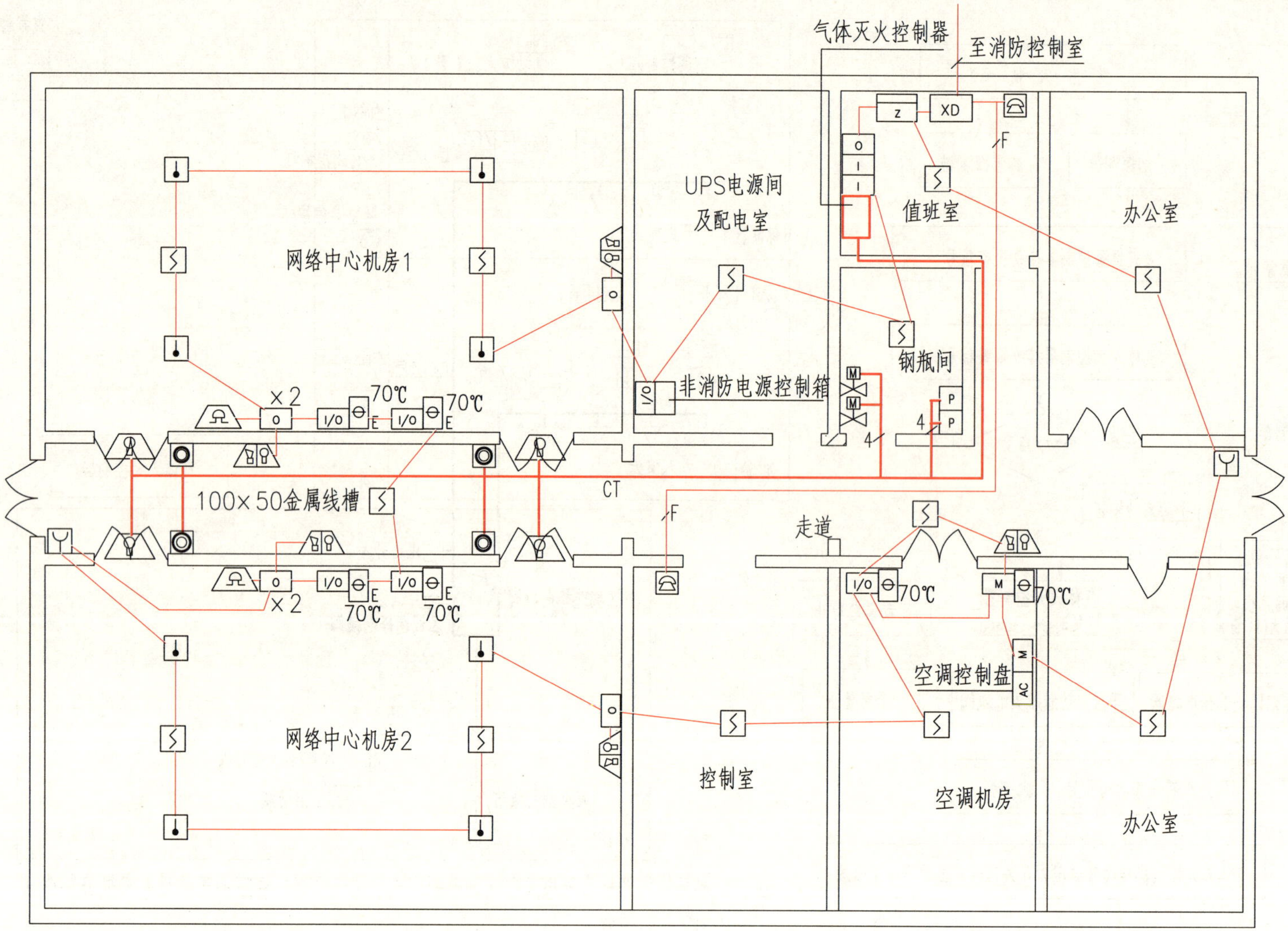

注：
1.本图气体灭火采用总线报警、总线控制（关防火阀、关空调、切断非消防电源等）方式，与第2–33页气体灭火集中控制系统基本对应，设置电铃可用于报警阶段报警。
2.当机房设有活动地板和吊顶时，地板下、吊顶内应设相应火灾探测器。
3.房间无可开启外窗，并设有灾后排风装置（用于灭火后排出灭火剂）时，应对其进行控制，本图从略。

火灾报警	网络机房气体灭火控制平面图示例	图集号	09X700-2
审核 孙兰 　校对 费锡伦 　设计 张路明		页	2-34

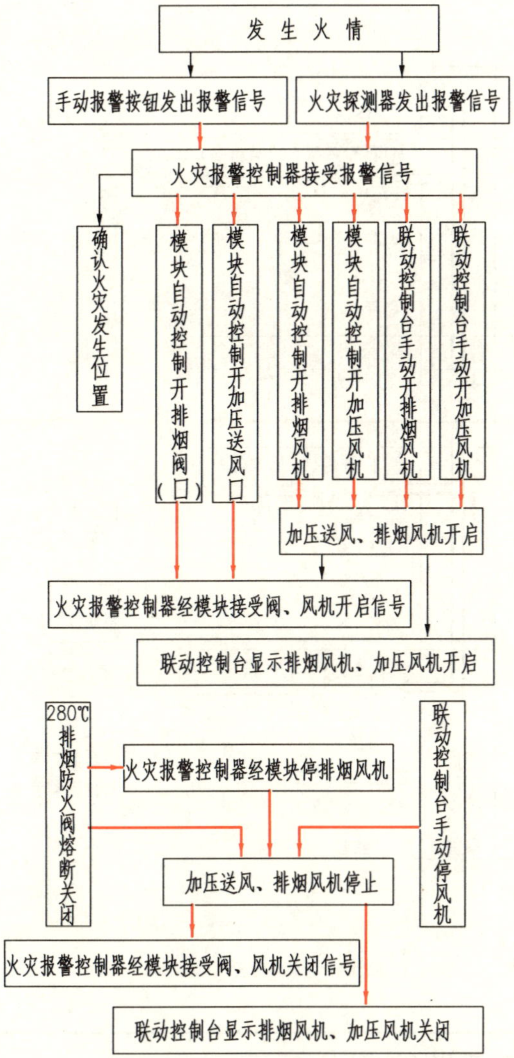

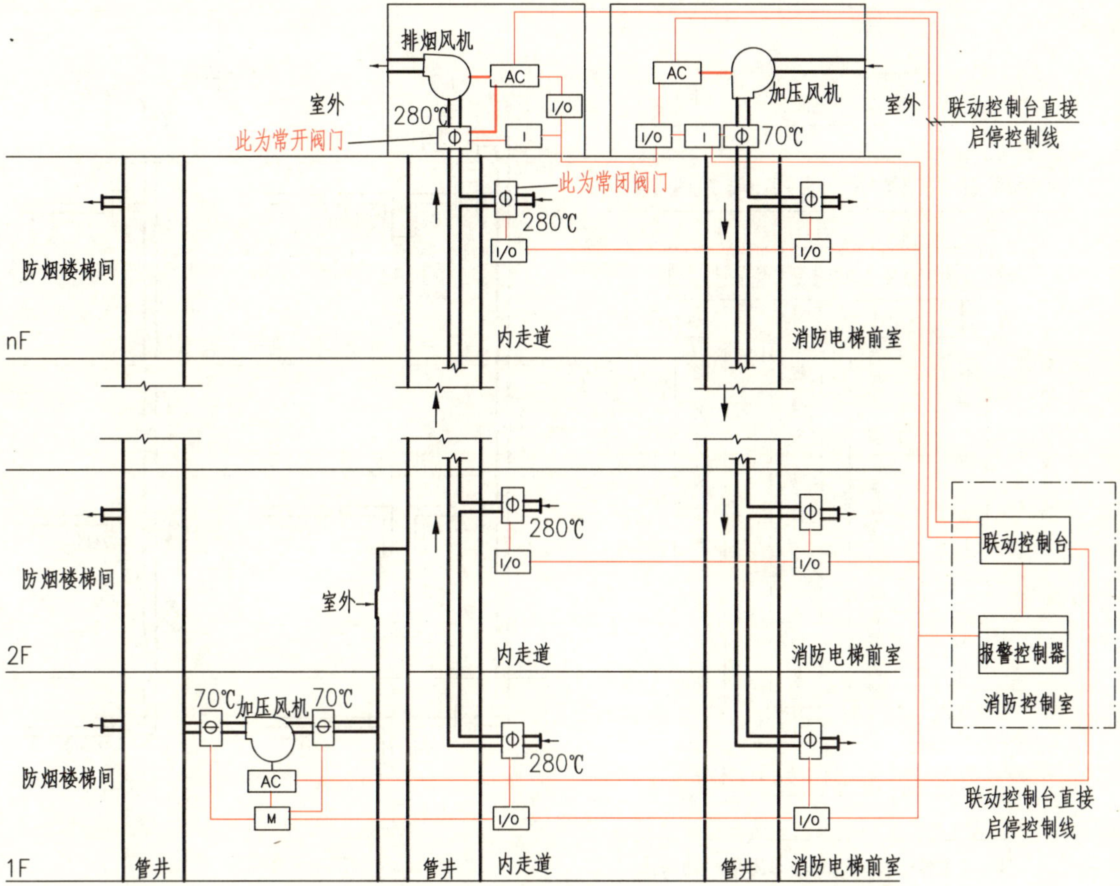

注：280℃常开防火阀应有两对触点，一对用于直接控制关排烟风机，另一对接输入模块。

火灾报警	排烟风机、加压送风机系统控制关系图					图集号	09X700-2
审核	姚家祎	校对	王晓宇	设计	丁 燕	页	2-35

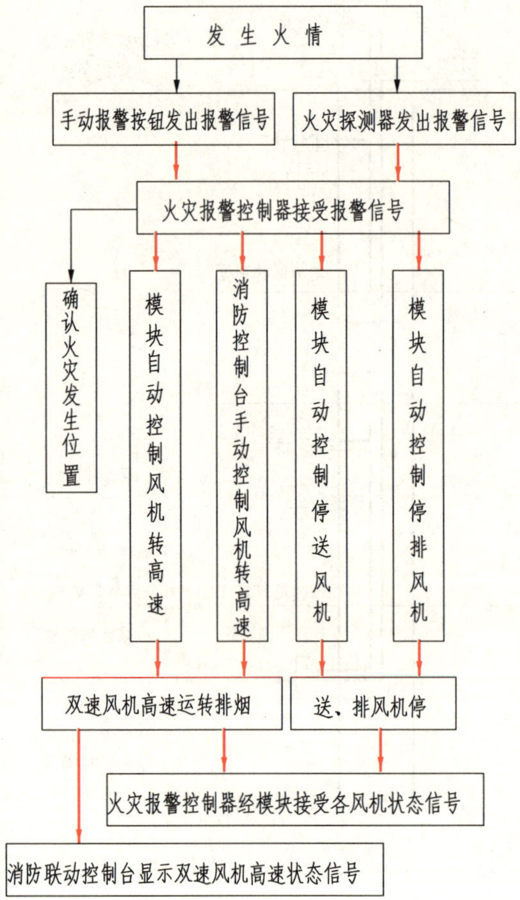

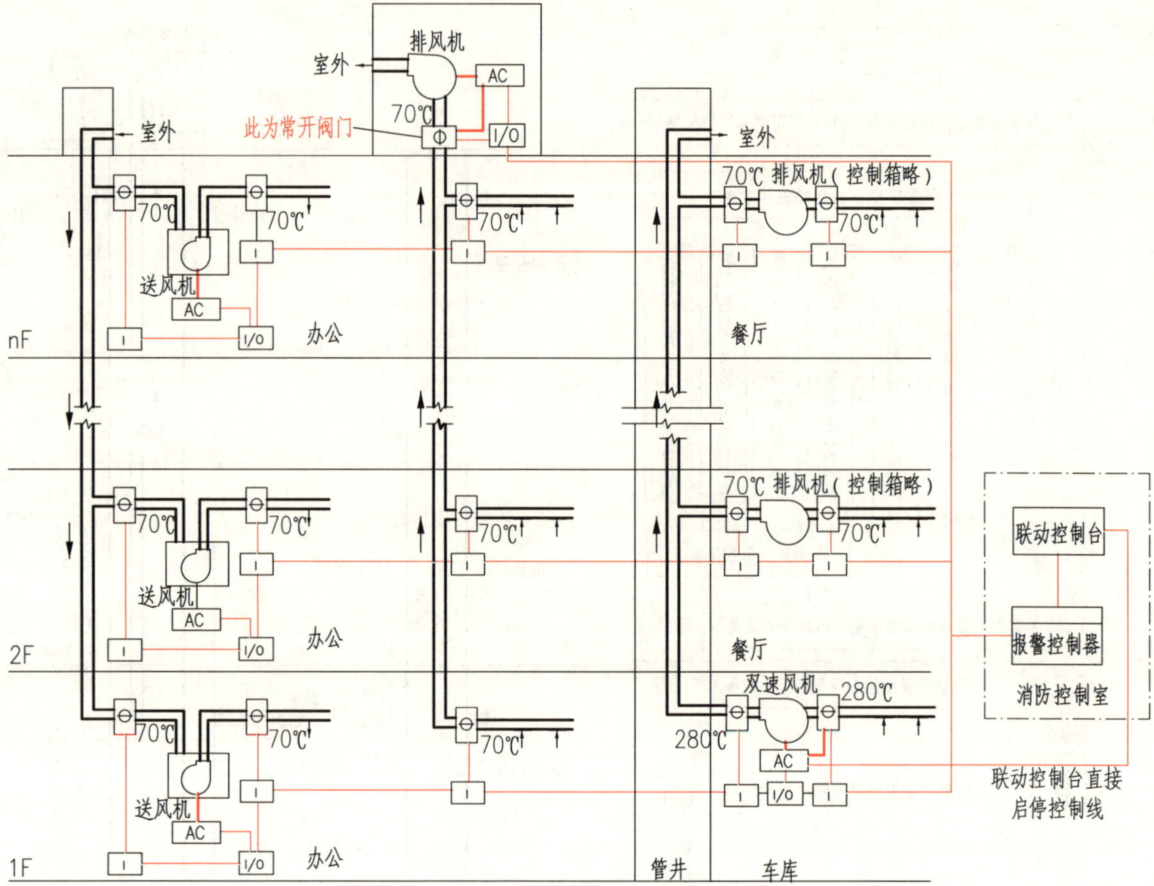

注：双速风机停止的控制方式与排烟风机相同。

火灾报警	空调通风系统控制关系图	图集号	09X700-2
审核 姚家祎 校对 王晓宇 设计 丁 燕		页	2-36

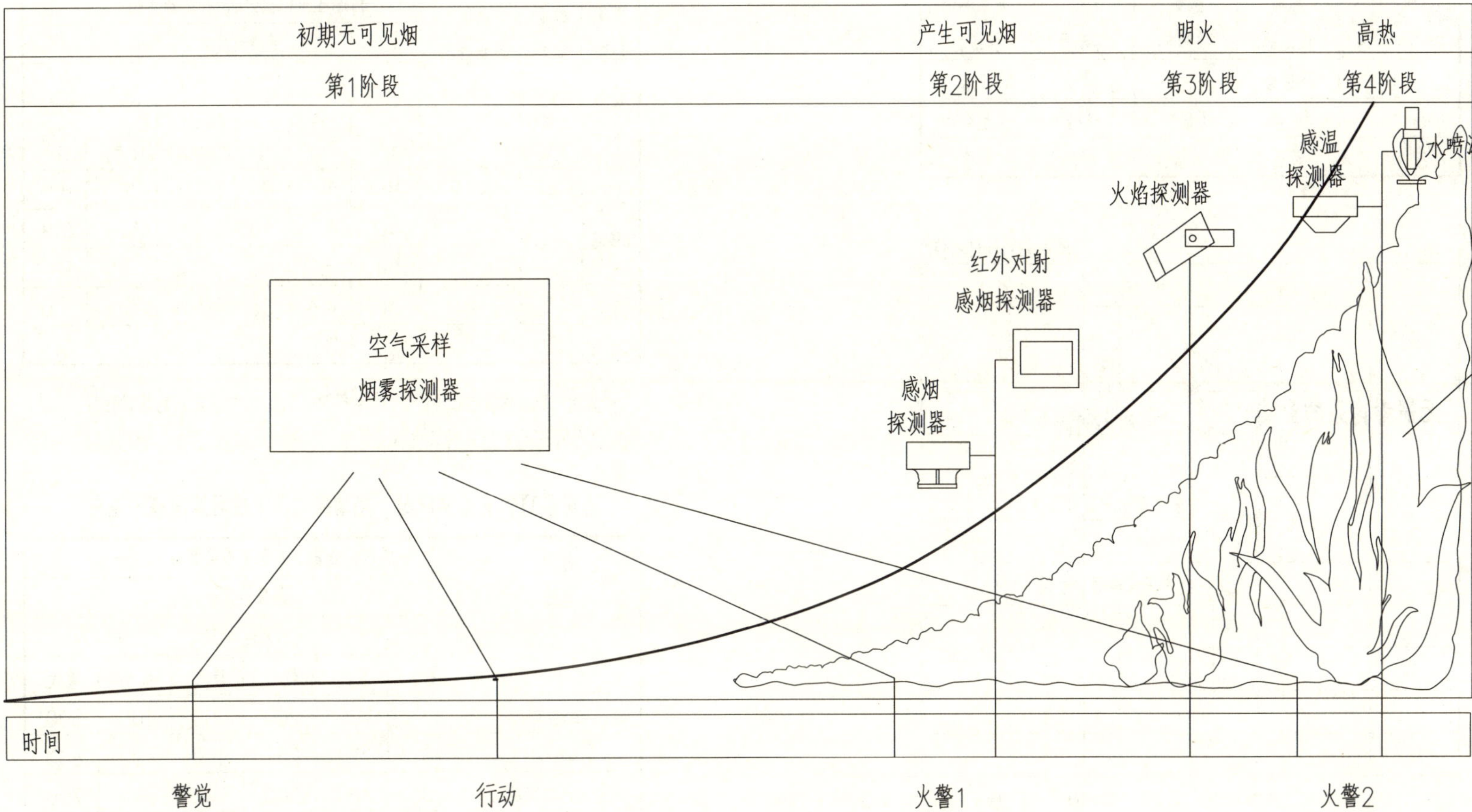

火灾报警	各种火灾探测器反应时间示意图					图集号	09X700-2
审核	杜克俭	校对	王根友	设计	焦建欣	页	2-37

根据房间高度选择探测器

探测器的种类 / 房间高度(m)	感烟探测器	感温探测器	火焰探测器	光束感烟探测器
12<h≤20	不适合	不适合	适合	适合
8<h≤12	适合	不适合	适合	适合
≤8	适合	适合	适合	适合

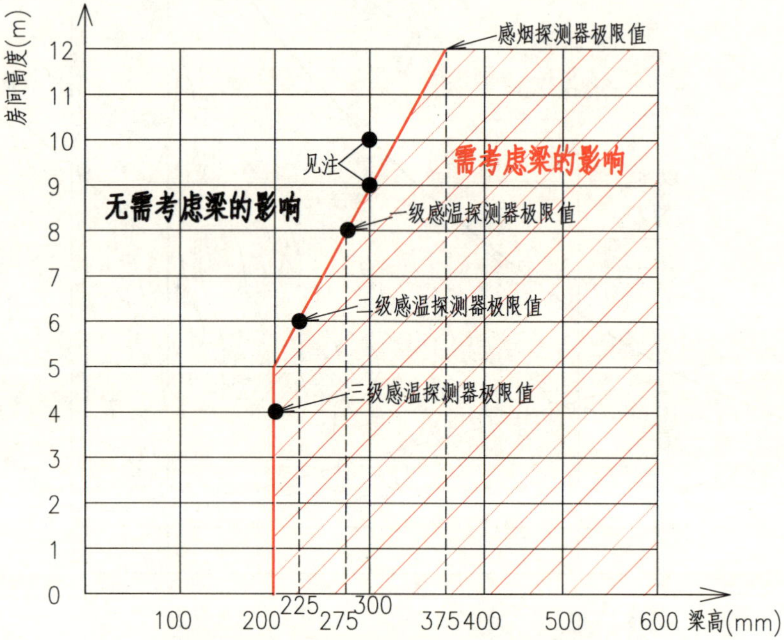

不同房间高度下梁高对探测器设置的影响关系图

注：对于感烟探测器，梁高（梁凸出顶棚）375及以上时，必须考虑梁的影响；梁高200~375之间，是否需要考虑梁的影响与房间高度有关。如图，梁高300时，对于9m高的房间应考虑，而对于10m高的房间则不必考虑梁的影响。

感烟、感温探测器的保护面积和保护半径

火灾探测器的种类	地面面积 s (m^2)	房间高度 h (m)	探测器的保护面积A和保护半径R 屋顶坡度θ					
			θ≤15°		15°<θ≤30°		θ>30°	
			A (m^2)	R (m)	A (m^2)	R (m)	A (m^2)	R (m)
感烟探测器	≤80	≤12	80	6.7	80	7.2	80	8
	>80	6<h≤12	80	6.7	100	8	120	9.9
		≤6	60	5.8	80	7.2	100	9
感温探测器	≤30	≤8	30	4.4	30	4.9	30	5.5
	>30	≤8	20	3.6	30	4.9	40	6.3

注：上表中感烟探测器60m^2、感温探测器20m^2是最常用的基础数据，其他是据此加上各种条件演变得出。

当房屋顶部有热屏障时，感烟探测器下表面至顶棚的距离

房间高度 h (m)	感烟探测器下表面至顶层距离d（mm） 屋顶坡度θ					
	θ≤15°		15°<θ≤30°		θ>30°	
	最小	最大	最小	最大	最小	最大
h≤6	30	200	200	300	300	500
6<h≤8	70	250	250	400	400	600
8<h≤10	100	300	300	500	500	700
10<h≤12	150	350	350	600	600	800

火灾报警	探测器保护面积与保护范围	图集号	09X700-2
审核 孙兰 校对 费锡伦 设计 张路明		页	2-38

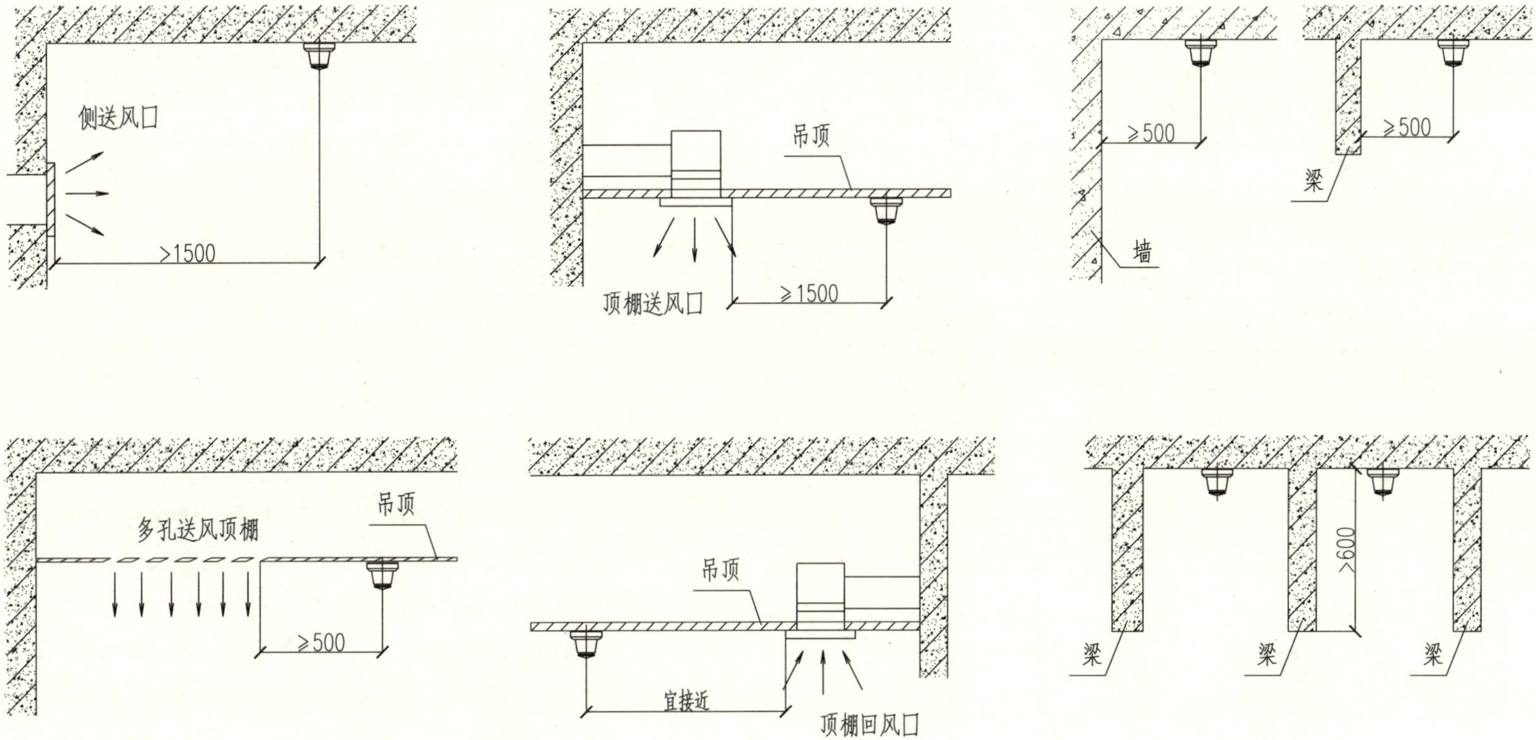

注：1. 当梁突出顶棚的高度小于200时，可按平顶考虑。当梁突出顶棚的高度为200～600时，按2－38页确定是否需考虑梁的影响。

2. 当梁突出顶棚的高度超过600时，被梁隔断的每个梁间区域应至少设置一只探测器。

3. 当梁间净距小于1m时，可不计梁对探测器保护面积的影响。

火灾报警	探测器安装位置示意图	图集号	09X700-2
审核 姚家祎 校对 丁燕 设计 王晓宇		页	2-39

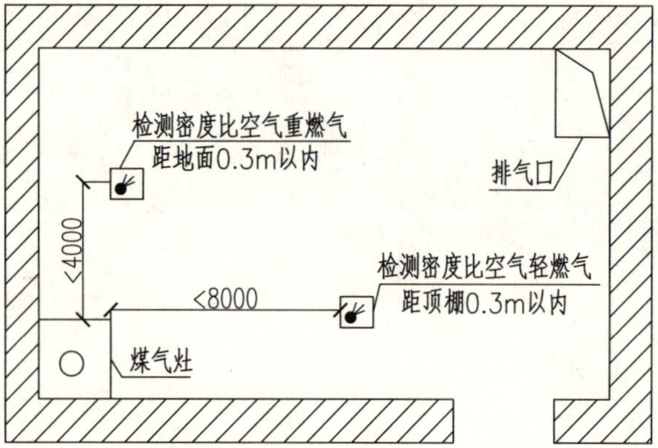

图一

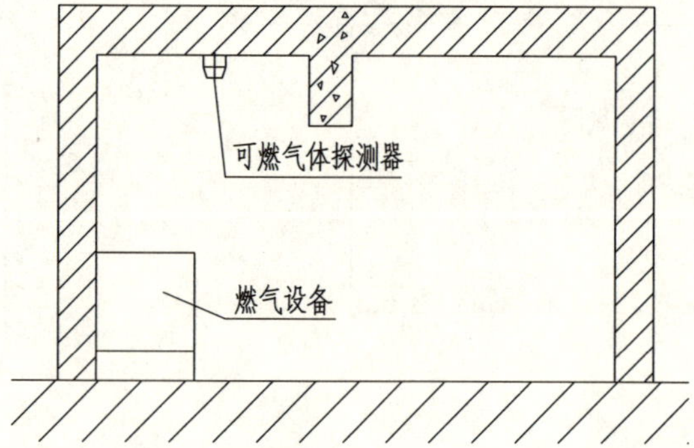

图二

注：

1. 可燃气体的相对密度，大于0.75的规定为密度大于空气密度；小于或等于0.75的规定为密度小于空气密度。一般家用可燃气体分天然气、人工煤气和液化石油气三类。其中，天然气、人工煤气的密度小于空气密度，液化石油气的密度大于空气密度。
2. 当检测比空气轻的燃气时，探测器与燃具或阀门的水平距离不得大于8m，安装高度应距顶棚0.3m以内，且不得设在燃具上方；当检测比空气重的燃气时，探测器与燃具或阀门的水平距离不得大于4m，安装高度应距地面0.3m以内。如图一所示。
3. 当可燃气体探测器在屋顶安装时，应装于有燃气设备的梁的一侧，见图二。
4. 当突出物或梁高超过0.3m时，需将探测器安装在顶板下；当探测器安装在突出物或梁下时，探测器距顶板的距离不应大于0.3m，见图三、图四。

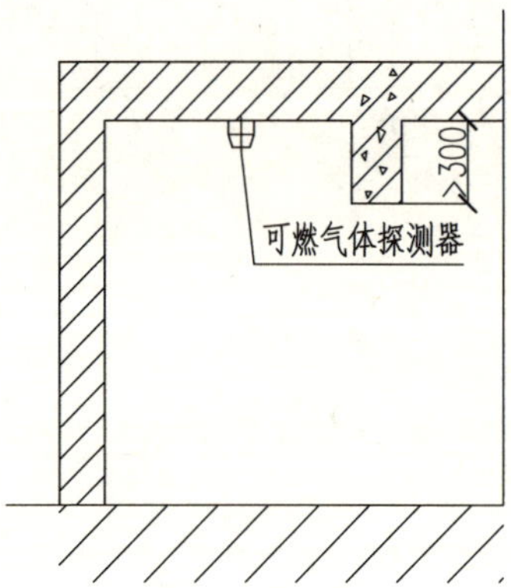

图三（剖面）

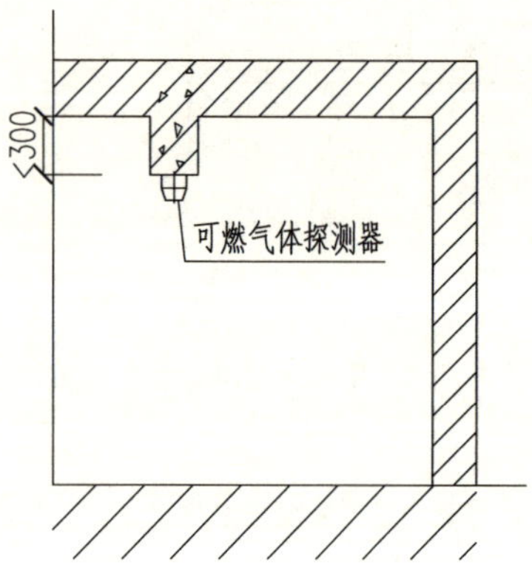

图四（剖面）

火灾报警	可燃气体探测器安装位置示意图					图集号	09X700-2
审核 孙兰		校对 费锡伦		设计 张路明		页	2-40

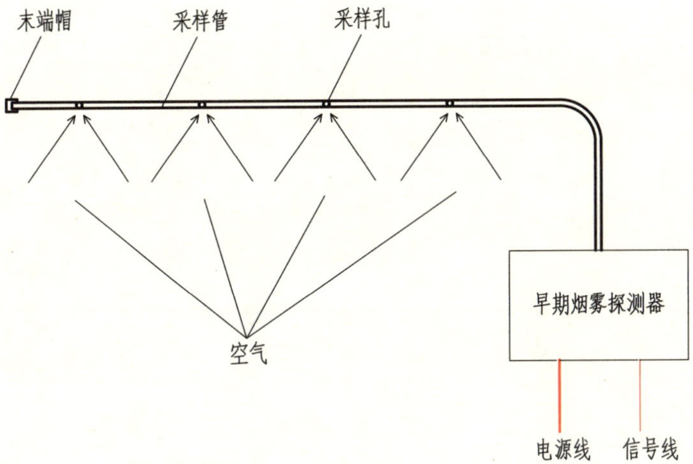

空气采样早期烟雾探测系统示意图

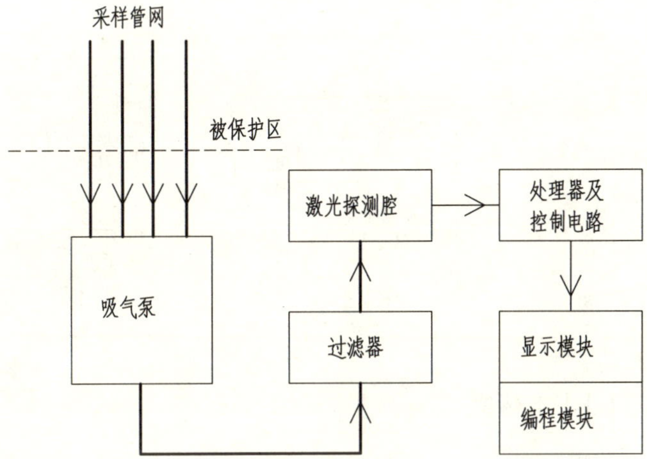

探测器工作原理方框图

系统包括探测器和采样管网。探测器由吸气泵、过滤器、激光探测腔、控制电路、显示模块和编程模块等组成。吸气泵通过PVC管或钢管所组成的采样管网，从被保护区内连续采集空气样品送入探测器。空气样品经过滤器组件滤去灰尘颗粒后进入激光腔，在激光腔内利用激光照射空气样品，其中烟雾粒子所造成的散射光被两个接收器接收。接收器将光信号转换成电信号后送到探测器的控制电路，信号经处理后转换为烟雾浓度值，该数值以数字和可视发光条的方式显示在显示模块上，指示被保护区中烟雾的浓度，并根据烟雾浓度以及预设的报警阈值，产生一个合适的输出信号。空气采样早期烟雾探测系统具有四级报警输出。

火灾报警	空气采样早期烟雾探测系统	图集号	09X700-2
审核 杜克俭 杜克俭 校对 王根友 王根有 设计 焦建欣 焦建欣		页	2-41

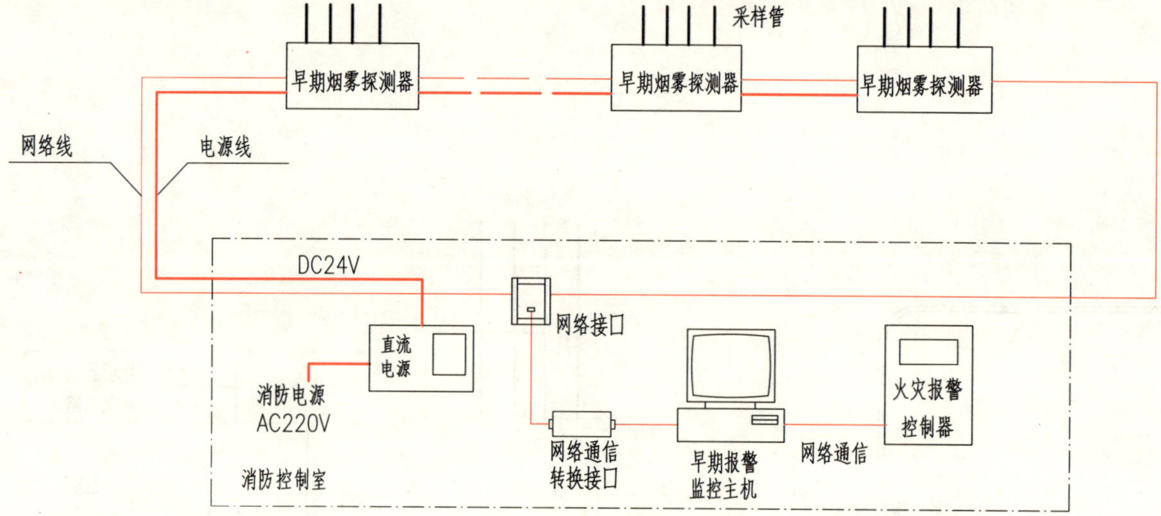

方案Ⅰ

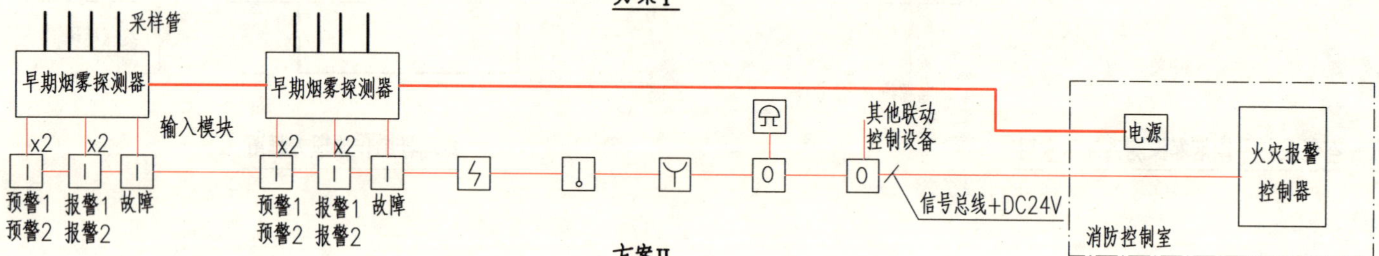

方案Ⅱ

注：方案Ⅰ：布置在现场的所有早期烟雾探测器通过两芯屏蔽信号线连接成闭环网络，由设在消防控制室的监控主机进行显示和编程，再通过通信线将信号传送给传统火灾报警控制器，实现联动控制。此方式在早期烟雾报警监控主机上可监控各台早期烟雾探测器的详细情况，适合于设有多台早期烟雾探测器的情况。

方案Ⅱ：利用早期烟雾探测器上的继电器卡上的多个可编程继电器，向传统火灾报警控制器提供相应的4级报警信号及故障信号，由传统火灾报警系统的输入模块接收后，传送至传统火灾报警控制器。此方式不设早期烟雾报警监控主机，造价相对较低，适合于设有少量早期烟雾探测器的情况。

火灾报警	空气采样早期烟雾探测系统与传统报警系统连接图					图集号	09X700-2
审核	孙 兰	校对	费锡伦	设计	张路明	页	2-42

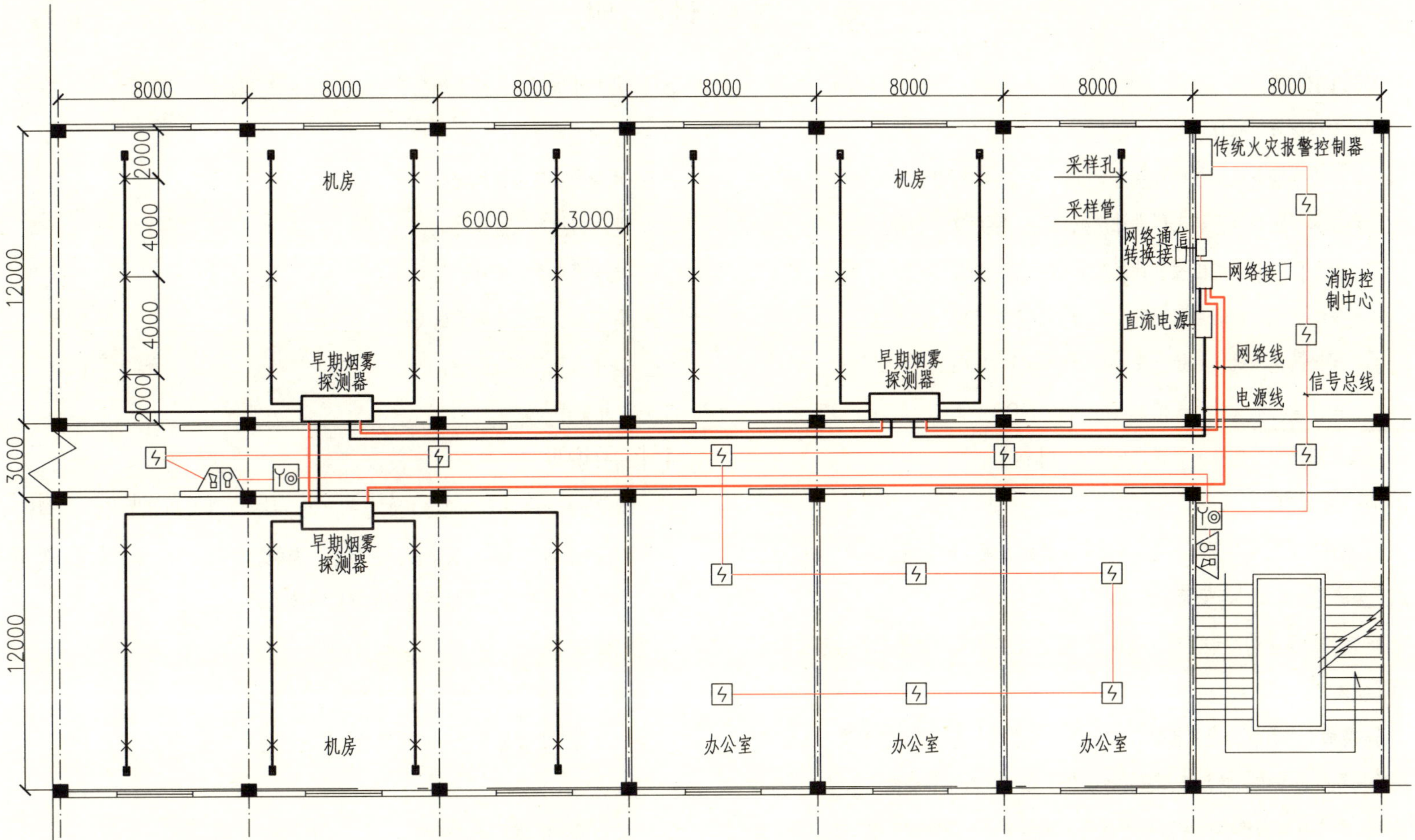

注：此示例中的采样管数量、尺寸及采样孔的间距仅供参考。

火灾报警	空气采样报警系统平面示意图	图集号	09X700-2
审核 杜克俭 校对 王根有 设计 焦建欣		页	2-43

编　制　说　明

1 设计依据

《安全防范工程技术规范》GB 50348—2004

《入侵报警系统工程设计规范》GB 50394—2007

《视频安防监控系统工程设计规范》GB 50395—2007

《出入口控制系统工程设计规范》GB 50396—2007

《安全防范系统通用图形符号》GA/T 74—2000

《安全防范系统供电技术要求》GB/T 15408—2010

《民用建筑电气设计规范》JGJ 16—2008

国家现行的其他有关规程、规范及行业标准

2 修编说明

2.1 本部分是对97X700—2—4《安全防范系统》的修编，并融入06SX503《安全防范系统设计与安装》部分内容。

2.2 对原图集中的图形符号、模拟视频安防监控系统、摄像机供电方式等进行了修改。

2.3 增加了各系统的应用提示、术语、公共建筑安全防范系统配置、多种模式的周界防范系统、常用探测器技术参数、模拟+数字视频网络视频安防监控系统、数字视频网络视频安防监控系统、网络型出入口控制系统、停车场（库）管理系统、一卡通管理系统、常用执行设备技术参数、常用编码识读设备技术参数、用人体生物特征识读设备技术参数、摄像机镜头选择计算等内容。

3 主要内容

3.1 编制说明、应用提示、图形符号。

3.3 公共建筑安全防范系统配置。

3.4 入侵报警系统设计。

3.5 视频安防监控系统设计。

3.6 出入口控制系统设计。

3.7 电子巡查系统设计。

3.8 停车库（场）管理系统设计。

3.9 一卡通管理系统设计。

3.10 相关技术资料。

4 使用说明

本部分编入的内容为各系统的结构方案，目的是为使用者提供设计思路和参考，不应囿于成见。安全防范系统各子系统的方案众多，系统配置、功能要求、设备性能各异，应根据工程的实际需要设计。

5 参编单位

全国安全防范报警系统标准化技术委员会

中国兵器工业集团第二一二研究所西安北方信息产业有限公司

公安部第一研究所

北京中盾安全技术开发公司

北京艾克塞斯科技发展有限责任公司

佛山市艾科电子工程有限公司

1 一般规定

安全防范工程设计原则：系统的防护级别与被防护对象的风险等级相适应。技防、物防、人防相结合，探测、延迟、反应相协调。满足防护的纵深性、均衡性、抗易损性要求。满足系统的可靠性、维修性与维护保障性要求。满足系统的先进性、兼容性、可扩展性要求。 满足系统的经济性、适用性要求。

2 设防区域和部位

2.1 周界：建筑物单体、建筑物群体外层、楼外广场、建筑物周边外墙、建筑物地面层、建筑物顶层。

2.2 出入口：建筑物、建筑物群周界入口，建筑物地面层出入口，办公室门、建筑物内或/和楼群间通道出入口，安全出口、疏散出口、停车库（场）出入口等。

2.3 通道：周界内主要通道、门厅（大堂）、楼内各楼层内部通道、各楼电梯厅、自动扶梯口等。

2.4 公共区域：会客厅、商务中心、购物中心、会议厅、酒吧、咖啡厅、功能转换厅、避难层、停车库（场）等。

2.5 重要部位：重要工作室、财务出纳室、建筑机电设备监控中心、信息机房、重要物品库、监控中心等。

3 入侵报警系统

3.1 入侵报警系统模式的选择

3.1.1 防区较少，报警控制设备与各探测器之间的距离不大于100m的场所，宜选用分线制模式。

3.1.2 防区数量较多，且报警控制设备与所有探测器之间的连线总长度不大于1500m的场所，宜选用总线制模式。

3.1.3 布线困难的场所，宜选用无线制模式。

3.1.4 防区数量很多，且现场与监控中心距离大于1500m，或现场要求具有设防、撤防等分控功能的场所，宜选用公共网络模式。

3.1.5 当无法独立构成系统时，可采用分线制模式、总线制模式、无线制模式、公共网络模式等方式的组合。

3.2 通用型公共建筑物入侵报警系统的设防应符合下列要求：

3.2.1 周界宜设置入侵报警探测器。

3.2.2 一层及顶层重要部位宜设置入侵报警探测器，集中收款处、财务出纳室、重要物品库房应设置入侵报警探测器。

3.2.3 财务出纳室应设置紧急报警装置。

3.3 周界用入侵探测器的选型

3.3.1 规则的外周界可选用主动式红外入侵探测器、遮挡式微波入侵探测器、振动电缆探测器等。

3.3.2 不规则的外周界可选用振动入侵探测器、室外用被动红外探测器、室外用双技术探测器等。

3.4 出入口部位用入侵探测器的选型

3.4.1 建筑物内对人员、车辆等有通行时间界定的正常出入口（如大厅、车库出入口等）可选用室内用多普勒微波探测器、室内用被动红外探测器、微波和被动红外复合入侵探测器、磁开关入侵探测器等。

3.4.2 建筑物内非正常出入口（如窗户、天窗等）还可选用室内用被动式玻璃破碎探测器、振动入侵探测器等。

3.5 室内用入侵探测器的选型

3.5.1 室内通道可选用室内用多普勒微波探测器、室内用被动红外探测器、室内用超声波多普勒探测器、微波和被动红外复合入侵探测器等。

安全防范	应 用 提 示					图集号	09X700-2
审核 孙 兰	孙兰	校对 汪 浩	汪浩	设计 朱立彤	朱立彤	页	2-45

消防 安防 监控 通信 网络 布线 电视 广播 会议 显示 集成

3.5.2 室内公共区域还可选用室内用被动式玻璃破碎探测器、振动入侵探测器、紧急报警装置等。宜设置2种以上不同探测原理的探测器。

3.5.3 室内重要部位除可选用上述探测器外，还可选用磁开关入侵探测器。宜设置2种以上不同探测原理的探测器。

3.6 探测器的设置应符合下列要求：

3.6.1 每个/套探测器应为一个独立防区。

3.6.2 周界的每一个独立防区长度不宜大于200m。

3.6.3 每一个独立防区的紧急报警装置数量不应大于4个，且不同单元空间不得作为一个独立防区。

3.6.4 入侵探测器覆盖范围边缘与防护对象间的距离宜大于5m。

3.6.5 采用室外双束或四束主动红外探测器时，探测器最远警戒距离不应大于其最大标称探测距离的2/3。

3.6.6 门磁、窗磁开关应安装在门、窗的内上侧；无框门、卷帘门可安装在门的下侧。

3.6.7 紧急按钮的设置应隐蔽、安全且便于操作，并应具有防误触发、触发报警自锁、人工复位等功能。

4 视频安防监控系统

4.1 视频安防监控系统要求。

4.1.1 视频安防监控系统的制式应采用与通用的电视制式一致，选用设备、部件的视频输入和输出阻抗以及电缆的特性阻抗均应为75Ω；音频设备的输入、输出阻抗宜为高阻抗。数字视频编码制式宜采用MPEG4或H.264标准，图像格式至少不低于352X288，音频编码至少支持G.711,并具有良好的兼容性。

4.1.2 视频安防监控系统的传输带宽、设备响应能力应满足视音频信号原始完整性和实时性的要求，控制效果和数据存储、检索能力满足管理使用要求。

4.1.3 沿警戒线设置的视频安防监控系统，宜对沿警戒线5m宽的警戒范围实现无盲区监控。

4.1.4 系统应自成网络独立运行，并宜与入侵报警系统、出入口控制系统、火灾自动报警系统及摄像机辅助照明装置联动；当与入侵报警系统联动时，系统应能对报警现场进行声音或图像复核。

4.2 通用型建筑物摄像机的设置位置应符合下表要求。

部位＼建设项目	饭店	商场	办公楼	会议展会	文化中心	医院	体育官场	学校
主要出入口	★	★	★	★	★	★	★	☆
主要通道	★	★	★	★	★	★	★	☆
大　堂	★	☆	☆	☆	☆	☆	☆	△
总服务台	★	☆	△	☆	☆	△	☆	—
电 梯 厅	△	☆	☆	☆	☆	☆	☆	△
电梯轿厢	★	★	☆	★	☆	☆	☆	△
财务、收银	★	★	★	★	☆	★	☆	☆
卸 货 处	☆	★	—	★	—	☆	—	—
多功能厅	☆	△	△	☆	☆	△	△	△
重要机房或其出入口	★	★	★	—	★	★	★	☆
避 难 层	★	—	★	★	—	—	—	—
贵重物品处	★	★	☆	☆	☆	☆	☆	—
检票、检查处	—	—	—	☆	☆	—	★	△
停车场(库)	★	★	★	☆	☆	☆	☆	△
室外广场	☆	☆	☆	☆	☆	△	☆	☆

注：★应设置摄像机部位；☆一般情况下应设置摄像机部位；△有选择地设置或预埋管线部位。摄像机的位置选择应与摄像机本身的性能和镜头焦距等相配套，以达到有效观察。

4.3 设备的选型与设置

4.3.1 监视目标的环境照度不高，而要求图像清晰度较高时，宜选用黑白摄像机；监视目标的环境照度不高，且需安装彩色摄像机时，需设置附加照明装置。

4.3.2 监视视野范围较小时，宜优先选用定焦距、定方向的固定安装的摄像机。

4.3.3 当采用带云台变焦镜头摄像机时，宜选用低速云台（水平6°/s）或中速云台（水平12°/s）摄像机。

4.3.4 摄像机安装距地高度，室内不宜低于2.5m，室外不宜低于3.5m。

4.3.5 摄像机需要隐蔽安装时，可设置在顶棚或墙壁内。电梯轿厢内设置摄像机，应安装在电梯厢门侧左或右上角。

4.3.6 监视视野狭长的区域，可选择视角在40°以内的长焦（望远）镜头；监视目标视距小而视角较大时，可选用视角在55°以上的广角镜头；景深大、视角范围广且被监视目标为移动时，宜选用变焦距镜头；有隐蔽要求或特殊功能要求时，可选择针孔镜头或棱镜头。

4.3.7 在光照度变化范围相差100倍以上场所，应选用自动或电动光圈镜头。

4.3.8 当有遥控要求时，可选用具有聚焦、光圈、变焦遥控功能的镜头。

4.3.9 数字硬盘录像设备对于重要场所，每路记录帧率不宜小于25帧/s；对于其他场所，每路记录帧率不宜小于6帧/s。

4.4 前端摄像机、解码器等宜由监控中心专线集中供电。前端摄像机设备距监控中心较远时，可本地供电。本地供电时，当控制系统采用电源同步方式，应是与主控设备为同相位的可靠电源。

5 出入口控制系统

5.1 系统应能根据建筑物的使用功能和安全防范管理的要求，对需要控制的各类出入口，按各种不同的通行对象及其准入级别，对其进、出实施实时控制与管理，并应具有报警功能。

5.2 系统宜独立组网运行，并宜具有与入侵报警系统、火灾自动报警系统、视频安防监控系统、停车场（库）管理系统、巡查管理系统等集成功能或联动的功能。

5.3 设置在安全疏散口的出入口控制装置，应与火灾自动报警系统联动；在紧急情况下应自动释放出入口控制系统，安全疏散门在出入口控制系统释放后应能随时开启。

5.4 出入口控制装置应根据安全技术防范管理的需要，在建筑物、建筑群出入口、通道门、重要房间门等处设置，并符合下列要求：

5.4.1 主要出入口、重要通道宜设置出入口控制装置。

5.4.2 重要工作室应设置出入口控制装置。集中收款处、重要物品库房宜设置出入口控制装置。

5.4.3 现场控制器宜安装在识读装置附近房间内、弱电间等隐蔽处。识别装置应安装在出入口旁，安装高度距地不宜高于1.5m。

5.4.3 电控锁的选型宜与门的类型和使用结构受力相适应。

6 停车场（库）管理系统

6.1 系统应根据安全技术防范管理的需要及用户实际需求，合理配置下列功能：

6.1.1 入口处车位信息显示、出口收费显示。

6.1.2 自动控制出入挡车器。

6.1.3 车辆出入识别与控制。

6.1.4 自动计费与收费管理。

6.1.5 出入口及场内通道行车指示。

6.1.6 泊位显示与调度控制。

6.1.7 保安对讲、报警。

6.1.8 视频安防监控。

6.1.9 车牌和车型自动识别、认定。

6.1.10 多出入口的联网与综合管理。

6.1.11 层(区)的车辆统计与车位显示。

6.1.12 500辆及以上的停车场(库)分层(区)的车辆查询服务。

6.2 识读装置宜与出票(卡)机和验票(卡)机合放在一起，安装在车辆出入口安全岛上，距挡车器距离不小于2.2m，距地面高度宜为1.2~1.4m。

6.3 停车场(库)内所设置的视频监控或入侵报警系统，除在收费管理室控制外，还应在安防控制中心(机房)进行集中管理、联网监控。摄像机宜安装在车辆行驶的正前方偏左的地方，摄像机距地面高度宜为2.0~2.5m，距读卡器的距离宜为3~5m。

6.4 有快速进出停车场(库)要求时，宜采用远距离感应读卡装置；有一卡通要求时应与一卡通系统联网设计。

6.5 停车场(库)管理系统宜能独立运行，亦可与安全管理系统联网。

7 传输缆线选择及敷设

7.1 报警信号传输线的耐压应不低于AC250V，应有足够的机械强度；铜芯绝缘导线、电缆芯线的最小截面积应满足下列要求：

7.1.1 穿管敷设的绝缘导线，线芯最小截面积不应小于1.00mm^2。

7.1.2 线槽内敷设的绝缘导线，线芯最小截面积不应小于0.75mm^2。

7.1.3 多芯电缆的单股线芯最小截面积不应小于0.50mm^2。

7.2 视频信号传输电缆应满足下列要求：

7.2.1 应根据图像信号采用基带传输或射频传输，确定选用视频电缆或射频电缆。

7.2.2 线路宜选用外导体内径5mm的聚氯乙烯外套同轴电缆,其最大传输距离300m。当传输距离大于300m时，宜采用光纤。

7.2.3 电梯轿厢的视频同轴电缆应选用电梯专用电缆。

7.2.4 5e类及以上等级4对对绞电缆最大传输距离90m。

7.3 光缆芯线数目，应根据监视点的个数、监视点的分布、系统构架、传输方式等情况来确定，并注意留有一定的余量。

7.4 线缆保护管宜采用金属管、难燃型钢性塑料导管、封闭式金属线槽或难燃型塑料线槽。

7.5 当与其他弱电系统共用线槽时，宜分类加隔板敷设。

7.6 电压高于DC48V或AC36V或电流强度大于16A供电线路应单独穿管敷设。

8 供电要求

8.1 根据安防设备所在区域的市电网供电条件、安防系统各部分负载工作和空间分布的功耗特点、系统投资成本、控制现场安装条件和供电设备的可维修性等诸多因素，并结合安防系统所在区域的风险等级和防护级别，合理选择主电源形式及供电模式。

8.2 根据应急负载的功耗分布情况，主电源的供电质量和连续供电保障能力，确定是否配置备用电源、备用电源形式及其供电模式，高风险等级单位或部位宜配置备用电源。

8.3 根据应急负载的分布和抗破坏能力的要求，选择适当的供电保障方式。当安防系统要求增强供电系统自我防护能力时，宜选择具有互为热备、多重来源的主电源，备用电源宜多级本地配置。

8.4 供电设备的供电能力应与所供电的安防功能子系统或设备的功能性能相适应。

8.5 监控中心应设置专门的配电箱。

8.6 供电设备的选型应遵循安全、可靠、经济、适用、可管理和认证的原则。

8.7 积极按照能效比高、环保、绿色、健康的原则配置供电系统。

序号	符号	名　　称	符号来源
1	IR	被动红外入侵探测器	GA/T74-2000
2	M	微波入侵探测器	GA/T74-2000
3	IR/M	被动红外/微波双技术探测器	GA/T74-2000
4	B	玻璃破碎探测器	GA/T74-2000
5	P	压敏探测器	GA/T74-2000
6	Rx IR Tx	主动红外入侵探测器（发射、接收分别为Tx、Rx）	GA/T74-2000
7	L	埋入线电场扰动探测器	GA/T74-2000
8	C	振动电缆探测器	GA/T74-2000
9		门磁开关	GA/T74-2000
10		紧急脚挑开关	GA/T74-2000
11		紧急按钮开关	GA/T74-2000
12	DEC	解码器	GY/T5059-1997
13		周界报警控制器	GA/T74-2000
14		摄像机	GB/T 5465.2-2008
15	R	球形摄像机	GB/T 5465.2-2008+标注
16	IP	网络摄像机	GB/T 5465.2-2008+标注
17	OH	有室外防护罩摄像机	GB/T 5465.2-2008+标注
18		带云台摄像机	GB/T 5465.2-2008
19	R	带云台球形摄像机	GB/T 5465.2-2008+标注
20	IP	带云台数字摄像机	GB/T 5465.2-2008+标注
21	OH	有室外防护罩的带云台摄像机	GB/T 5465.2-2008+标注
22		彩色摄像机	GB/T 5465.2-2008
23		带云台彩色摄像机	GB/T 5465.2-2008
24		彩色转黑白摄像机	09DX001
25		带云台彩色转黑白摄像机	09DX001
26		图像分割器	GA/T74-2000
27		电视监视器	GB/T 5465.2-2008
28	DVR	数字录像机	09DX001
29	KY	操作键盘	GB/T 4728.2-2005+标注
30	VD	视频信号分配器	—

序号	符号	名　　称	符号来源	序号	符号	名　　称	符号来源
31		解码器(控制信号解码驱动器)	GY/T 5059-1997	44		综合布线楼层配线架(系统图)	08X101-3
32		传声器	GB/T 4728.9-2008	45		光纤配线架(系统图)	08X101-3
33		扬声器	GB/T 4728.9-2008	46		网络交换机	08X101-3
34	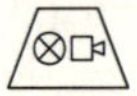	声、光报警器	GA/T74-2000	47		光纤或光缆	GB/T 4728.10-2008
35	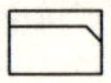	读卡器	GA/T74-2000	48		保安巡逻打卡器(或信息钮)	GA/T74-2000
36	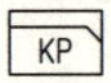	键盘读卡器	GA/T74-2000	49		天线	GB/T 4728.10-2008
37		指纹识别器	GA/T74-2000	50	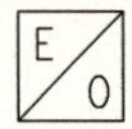	电、光信号转换器	GA/T74-2000
38		人像识别器	GA/T74-2000	51	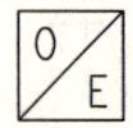	光、电信号转换器	GA/T74-2000
39		眼纹识别器	GA/T74-2000	52		整流器	GB/T 4728.6-2008
40		电控锁	GA/T74-2000	53		不间断电源	GA/T74-2000
41		磁力锁	—	54		打印机	GB/T 5465.2-2008
42		电锁按键(出门按钮)	GA/T74-2000	55		灯	GB/T 4728.11-2008
43		综合布线建筑物配线架(系统图)	08X101-3	56		电源变压器	—

名称	说明
安全防范系统（SPS）	以维护社会公共安全为目的，运用安全防范产品和其他相关产品所构成的入侵报警系统、视频安防监控系统、出入口控制系统、防爆安全检查系统等；或由这些系统为子系统组合或集成的电子系统或网络。
安全防范（系统）工程（ESPS）	以维护社会公共安全为目的，综合运用安全防范技术和其他科学技术，为建立具有防入侵、防盗窃、防抢劫、防破坏、防爆安全检查等功能（或其组合）的系统而实施的工程。通常也称为技防工程。
入侵报警系统（IAS）	利用传感器技术和电子信息技术探测并指示非法进入或试图非法进入设防区域的行为、处理报警信息、发出报警信息的电子系统或网络。
视频安防监控系统（VSCS）	利用视频技术探测、监视设防区域并实时显示、记录现场图像的电子系统或网络。
出入口控制系统（ACS）	利用自定义符识别或/和模式识别技术对出入口目标进行识别并控制出入口执行机构启闭的电子系统或网络。
电子巡查系统	对保安巡查人员的巡查路线、方式及过程进行管理和控制的电子系统。
停车库（场）管理系统	对进、出停车库（场）的车辆进行自动登录、监控和管理的电子系统或网络。
安全管理系统（SMS）	对入侵报警、视频安防监控、出入口控制等子系统进行组合或集成，实现对各子系统的有效联动、管理和/或监控的电子系统。
防护对象（单位、部位、目标）	由于面临风险而需对其进行保护的对象，通常包括某个单位、某个建（构）筑物或建（构）筑物群，或其内外的某个局部范围以及某个具体的实际目标。

名称	说明
技术防范（技防）	利用各种电子信息设备组成系统和/或网络以提高探测、延迟、反应能力和防护功能的安全防范手段。
周界	需要进行实体防护或/和电子防护的某区域的边界。
监视区	实体周界防护系统或/和电子周界防护系统所组成的周界警戒线与防护区边界之间的区域。
受控区	如果某一区域只有一个（或同等作用的多个）出入口，则该区域视为这一个（或这些）出入口的受控区，即某一个（或同等作用的多个）出入口所限制出入的对应区域，就是他（他们）的受控区。
防护区	允许公众出入的、防护目标所在的区域或部位。
禁区	不允许未授权人员出入（或窥视）的防护区域或部位。
纵深防护	根据被防护对象所处的环境条件和安全管理的要求，对整个防范区域实施由外到里或由里到外层层设防的防护措施。纵深防护分为整体纵深防护和局部纵深防护两种类型。
纵深防护体系	兼有周界、监视区、防护区和禁区的防护体系。
监控中心	安全防范系统的中央控制室。安全管理系统在此接收、处理各子系统发来的报警信息、状态信息等，并将处理后的报警信息、监控指令分别发往报警接收中心和相关子系统。
报警接收中心	接收一个或多个监控中心的报警信息并处理警情的处所，通常也称为接处警中心（如公安机关的接警中心）。

设防区域和部位	基　本　型	提　高　型	先　进　型
周　界	1.地面层的出入口（正门和其他出入口）、外窗宜有电子防护措施。 2.顶层宜设置实体防护设施或电子防护措施。	1.地面层的出入口（正门和其他出入口）、外窗宜有电子防护措施。 2.顶层宜设置实体防护设施或电子防护措施。 3.地面层出入口（正门和其他出入口）宜设置视频安防监控系统。 4.顶层宜设置实体防护或/和电子防护设施。	
出入口	各层安全出口、疏散出口安装出入口控制系统时，应与消防报警系统联动。在火灾报警的同时应自动释放出入口控制系统，不应设置延时功能。疏散门在出入口控制系统释放后应能随时开启。		
通　道	1.各层通道宜预留视频安防监控系统管线和接口。 2.电梯厅和自动扶梯口应预留视频安防监控系统管线和接口。	1.楼内各层门厅宜设置视频安防监控装置。 2.各层通道宜设置入侵报警系统或/和视频安防监控系统。 3.电梯厅和自动扶梯口宜设置视频安防监控系统。	1.楼内各层门厅宜设置视频安防监控装置。 2.各层通道应设置入侵报警系统或/和视频安防监控系统。 3.电梯厅和自动扶梯口应设置视频安防监控系统。
公共区域	1.避难层、功能转换层应视实际需要预留视频安防监控系统管线和接口。 2.会客区、商务中心、会议区、商店、文体娱乐中心等宜预留视频安防监控系统管线和接口。	1.避难层、功能转换层宜设置视频安防监控系统。 2.停车库（场）宜设置停车库（场）管理系统，并视实际需要预留视频安防监控系统管线和接口。 3.会客区、商务中心、会议区、商店、文体娱乐中心等宜设置视频安防监控系统。	1.避难层、功能转换层应设置视频安防监控系统。 2.停车库（场）应设置停车库（场）管理系统和视频安防监控系统。 3.会客区、商务中心、会议区、商店、文体娱乐中心等应设置视频安防监控系统。
重要部位	1.重要工作室应安装防盗安全门，可设置出入口控制系统、入侵报警系统。 2.大楼设备监控中心应设置防盗安全门，宜设置出入口控制系统、视频安防监控系统和入侵报警系统。 3.信息机房应设置防盗安全门，宜设置出入口控制系统、视频安防监控系统和入侵报警系统。 4.楼内财务出纳室应设置防盗安全门、紧急报警装置，宜设置入侵报警系统、视频安防监控系统。 5.重要物品库应设置防盗安全门、紧急报警装置，宜设置出入口控制系统、入侵报警系统和视频安防监控系统。 6.公共建筑中开设的银行营业场所的安防工程设计，应符合《安全防范工程技术规范》GB50348-2004第4.3节的规定。	1.重要工作室应安装防盗安全门、出入口控制系统，宜设置入侵报警系统。 2.大楼设备监控中心应设置防盗安全门、出入口控制系统，宜设置视频安防监控系统和入侵报警系统。 3.信息机房应设置防盗安全门、出入口控制系统，宜设置视频安防监控系统和入侵报警系统。 4.楼内财务出纳室应设置防盗安全门、紧急报警装置、入侵报警系统，宜设置视频安防监控系统。 5.重要物品库应设置防盗安全门、紧急报警装置、出入口控制系统，宜设置入侵报警系统和视频安防监控系统。 6.公共建筑中开设的银行营业场所的安防工程设计，应符合《安全防范工程技术规范》GB50348-2004第4.3节的规定。	
监控中心	监控中心可设在值班室内。	系统的组建模式为组合式安全防范系统，监控中心应为专用工作间，其面积不宜小于30m²，宜设独立的卫生间和休息室。	系统组建模式为集成式安全防范系统，监控中心应为专用工作间，面积不宜小于50m²，应设独立的卫生间和休息室

注：公共建筑安防系统与消防系统及其他弱电系统合用控制室时，安防系统应有独立的符合安防设备使用和管理的"专用工作区"，面积要求应尽可能满足。

安全防范	公共建筑安全防范系统配置	图集号	09X700-2
审核 刘希清	校对 孙兰	设计 朱立彤	页 2-52

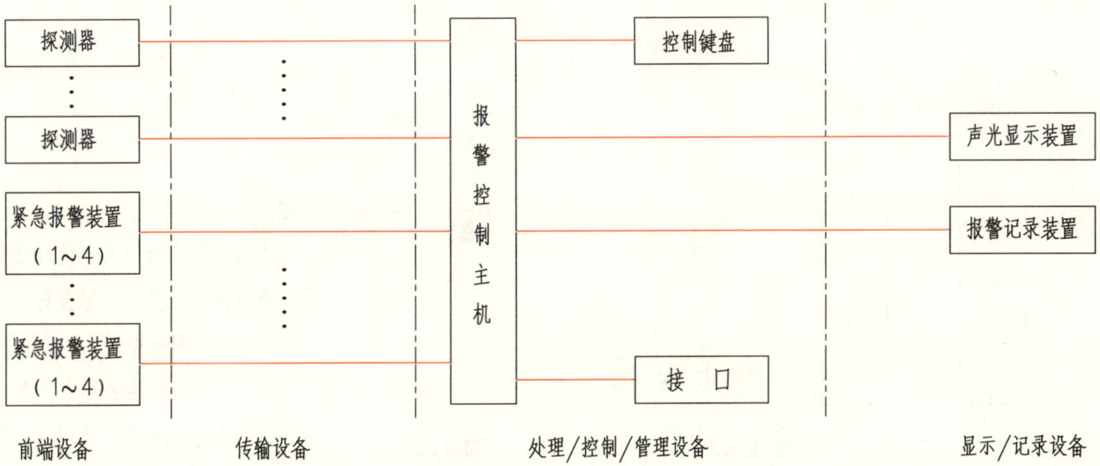

分线制模式

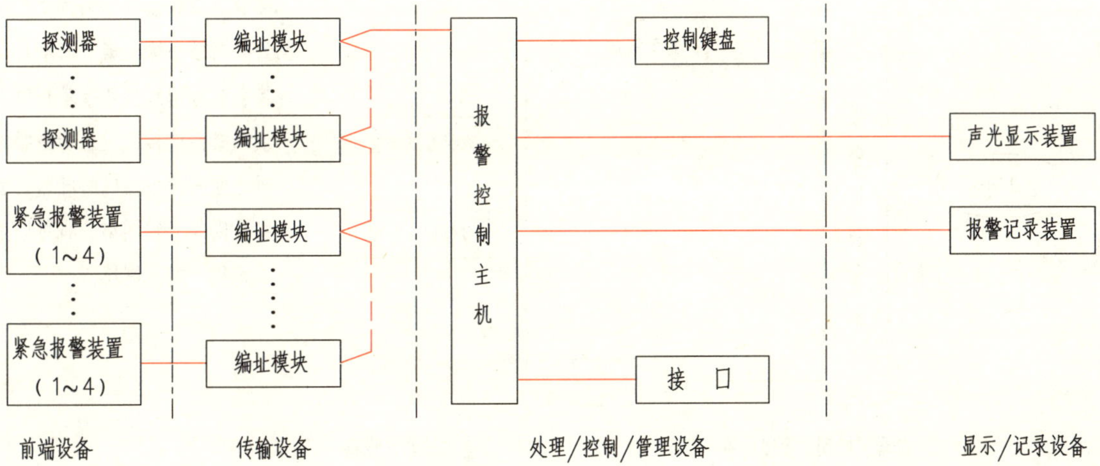

总线制模式

注:

1. 入侵报警系统通常由前端设备（包括探测器和紧急报警装置）、传输设备、处理/控制/管理设备和显示/记录设备四个部分构成。
2. 分线制系统构成：探测器、紧急报警装置通过多芯电缆与报警控制主机之间采用一对一专线相联。
3. 总线制系统构成：探测器、紧急报警装置通过其相应的编址模块与报警控制主机之间采用报警总线（专线）相联。

安全防范	入侵报警系统框图	图集号	09X700-2
审核 刘希清 校对 孙兰 设计 李天銮		页	2-53

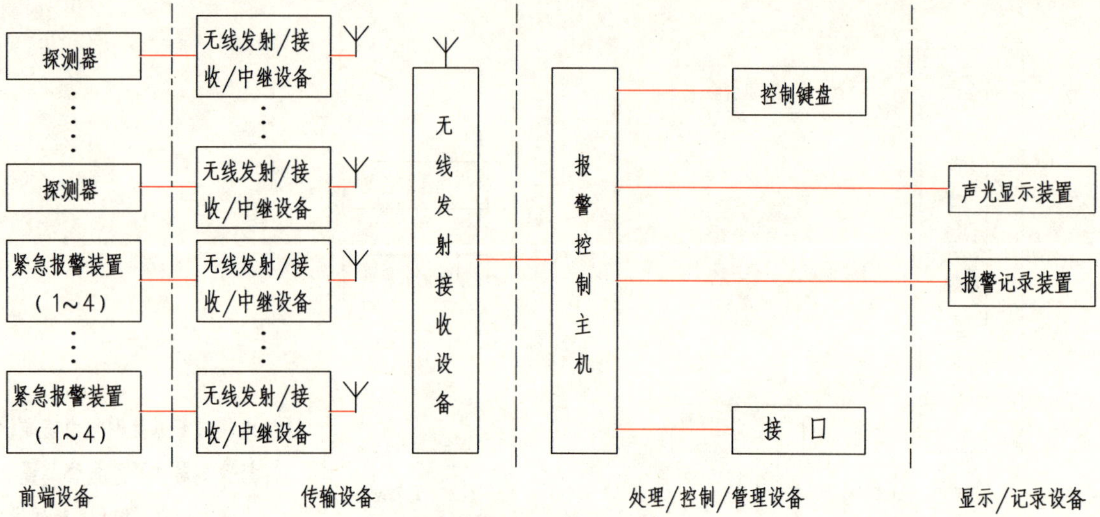

无线制模式

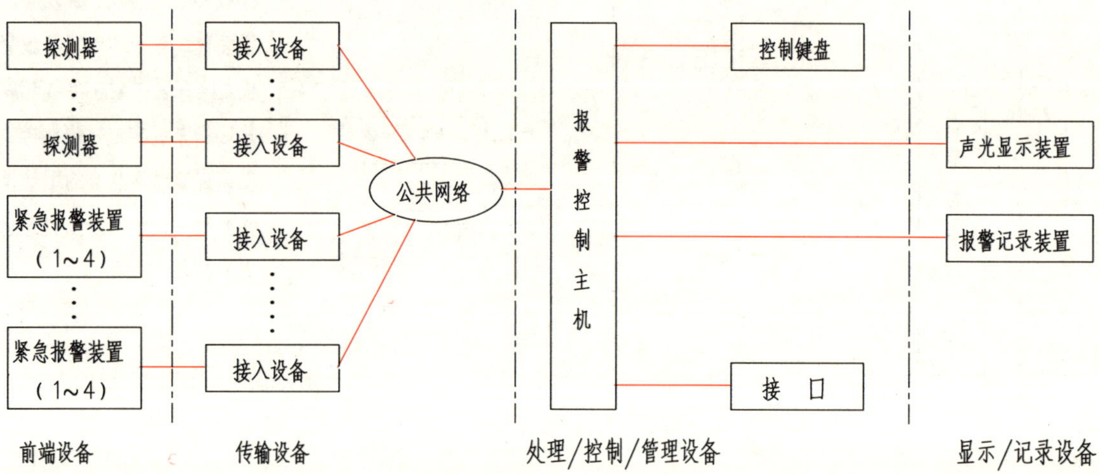

公共网络模式

注：

1. 入侵报警系统通常由前端设备（包括探测器和紧急报警装置）、传输设备、处理/控制/管理设备和显示/记录设备四个部分构成。
2. 无线制系统构成：探测器、紧急报警装置通过其相应的无线设备与报警控制主机通讯，其中一个防区内的紧急报警装置不得大于4个。
3. 公共网络系统构成：探测器、紧急报警装置通过现场报警控制设备和/或网络传输接入设备与报警控制主机之间采用公共网络相联。公共网络可以是有线网络，也可以是有线–无线–有线网络。

安全防范	入侵报警系统框图					图集号	09X700-2
审核	李天銮	校对	孙 兰	设计	朱立彤	页	2-54

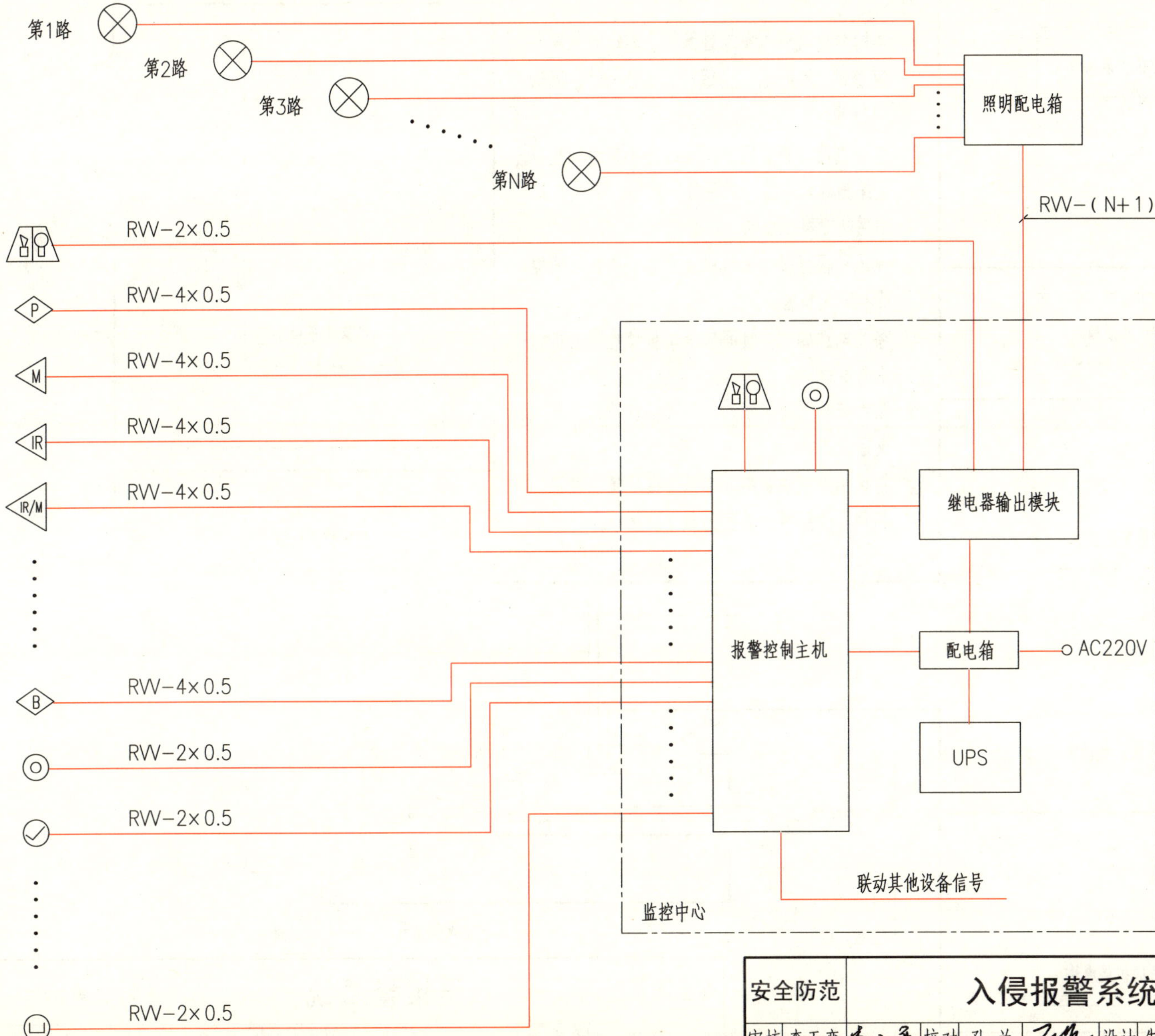

注：

1. 本图为分线制入侵报警系统。
2. 系统可根据报警区域联动开启相关区域的照明和声光报警器。
3. 探测器的防拆开关宜为独立防区，24h设防。
4. 探测器与报警主机之间的距离宜小于100m。
5. 图中缆线型号及规格仅供参考。

安全防范	入侵报警系统	图集号	09X700-2
审核 李天鲞 校对 孙兰 设计 朱立彤		页	2-55

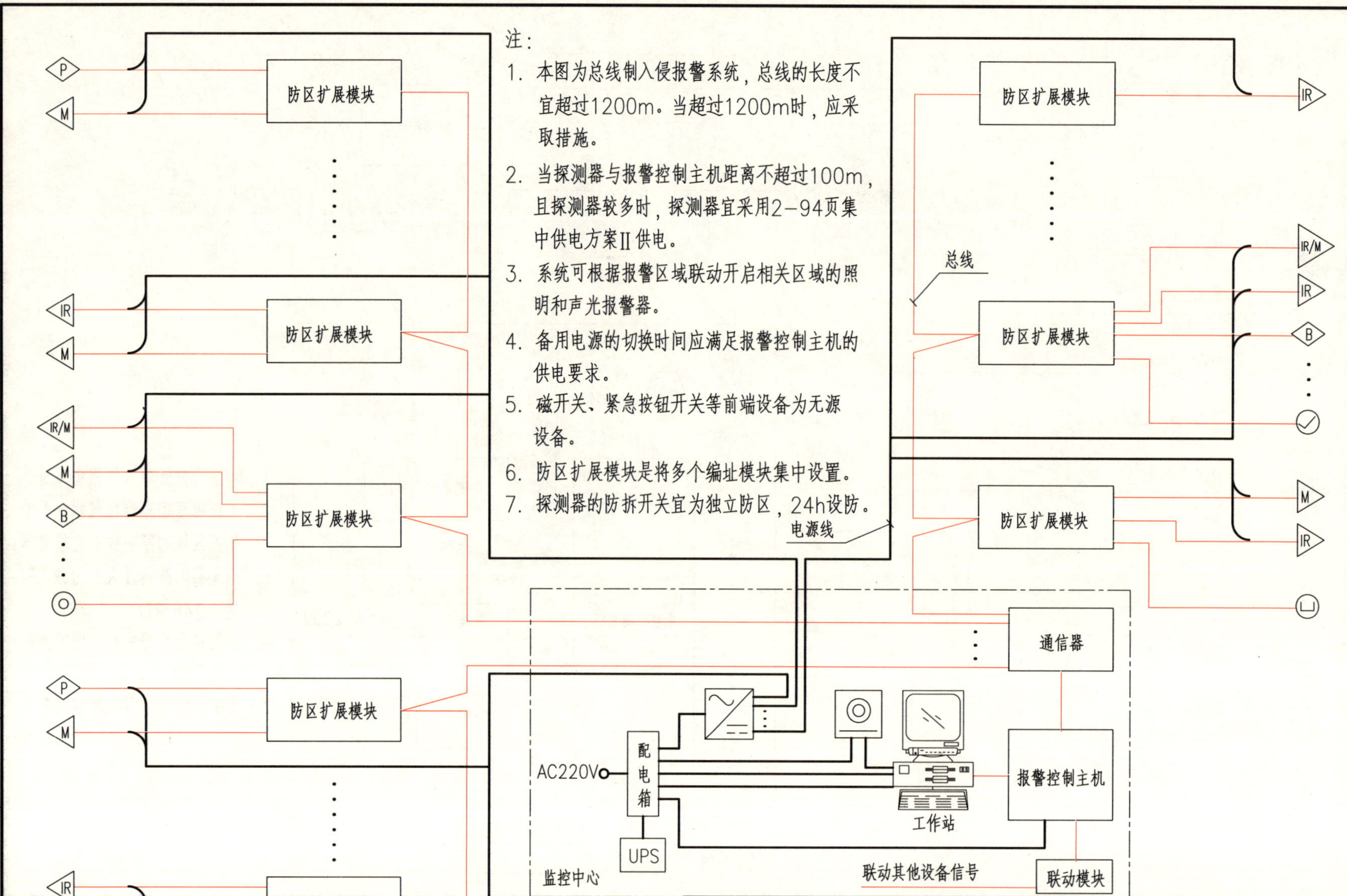

注：

1. 本图为总线制入侵报警系统，总线的长度不宜超过1200m。当超过1200m时，应采取措施。
2. 当探测器与报警控制主机距离不超过100m，且探测器较多时，探测器宜采用2–94页集中供电方案Ⅱ供电。
3. 系统可根据报警区域联动开启相关区域的照明和声光报警器。
4. 备用电源的切换时间应满足报警控制主机的供电要求。
5. 磁开关、紧急按钮开关等前端设备为无源设备。
6. 防区扩展模块是将多个编址模块集中设置。
7. 探测器的防拆开关宜为独立防区，24h设防。

安全防范	入侵报警系统	图集号	09X700-2
审核 刘希清 校对 孙兰 设计 李天銮		页	2-56

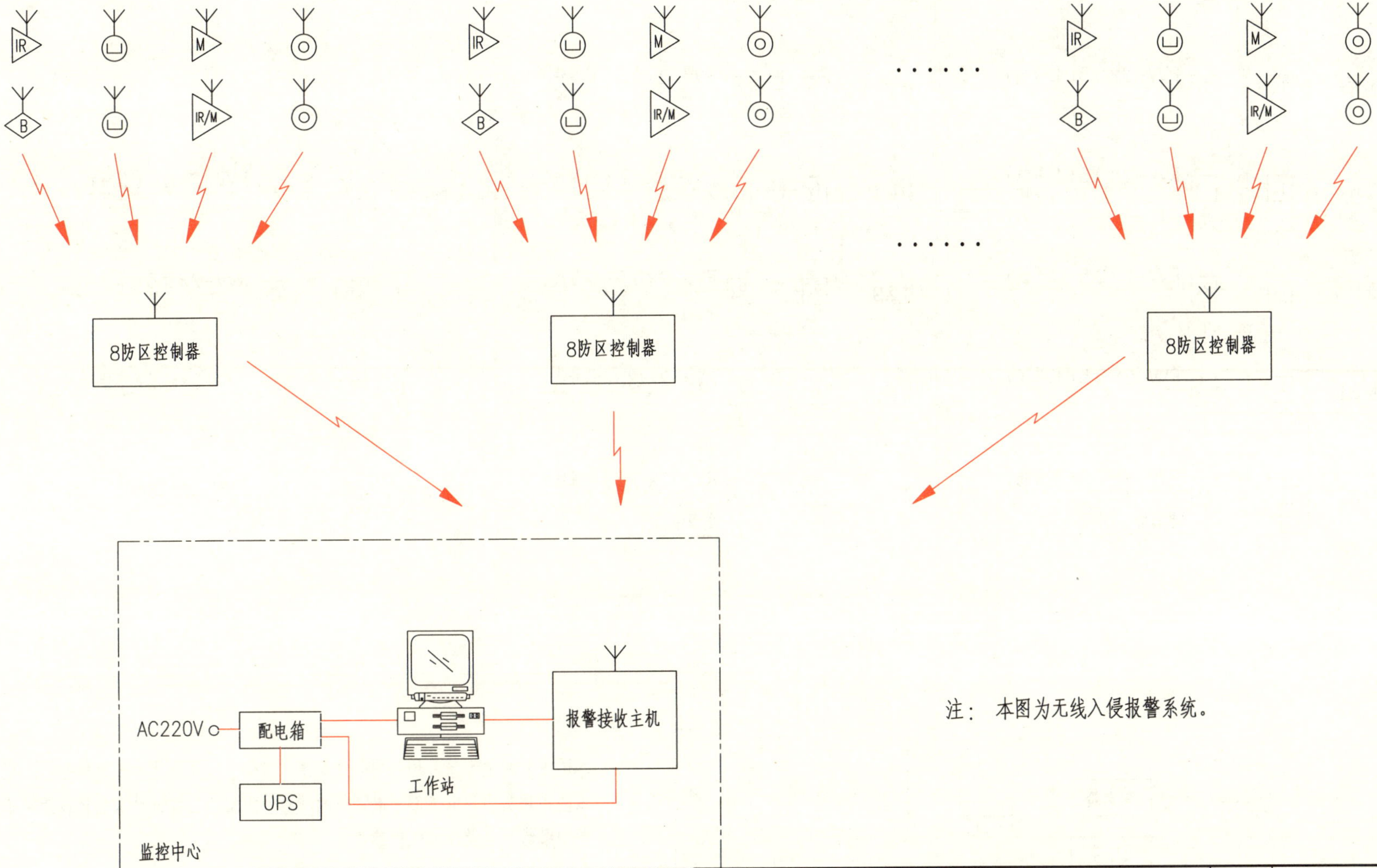

注： 本图为无线入侵报警系统。

安全防范	入侵报警系统	图集号	09X700-2
审核 李天蚕 校对 孙 兰 设计 朱立彤		页	2-57

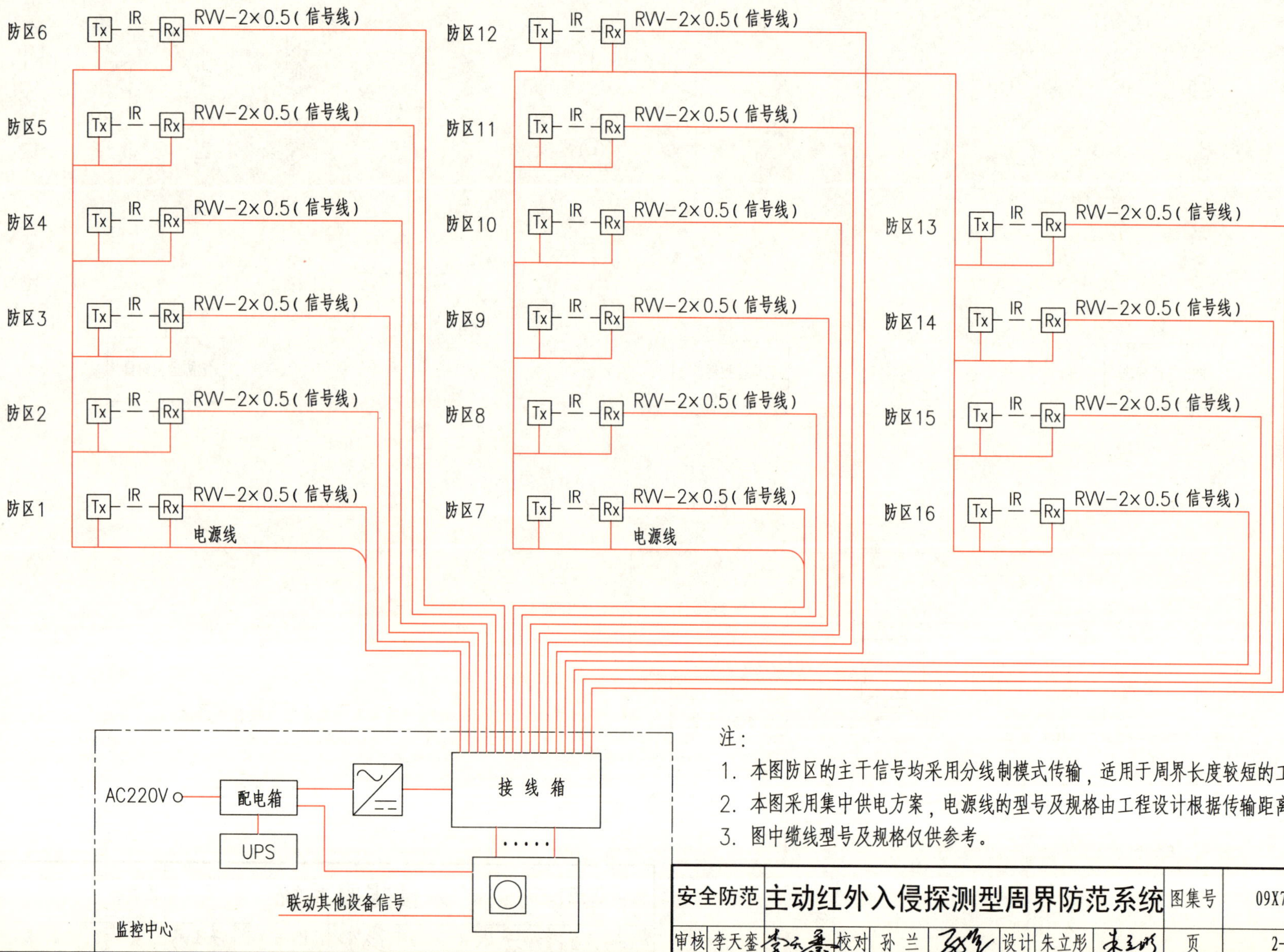

注：

1. 本图防区的主干信号均采用分线制模式传输，适用于周界长度较短的工程。
2. 本图采用集中供电方案，电源线的型号及规格由工程设计根据传输距离确定。
3. 图中缆线型号及规格仅供参考。

安全防范	主动红外入侵探测型周界防范系统	图集号	09X700-2
审核 李天銮 校对 孙兰 设计 朱立彤		页	2-58

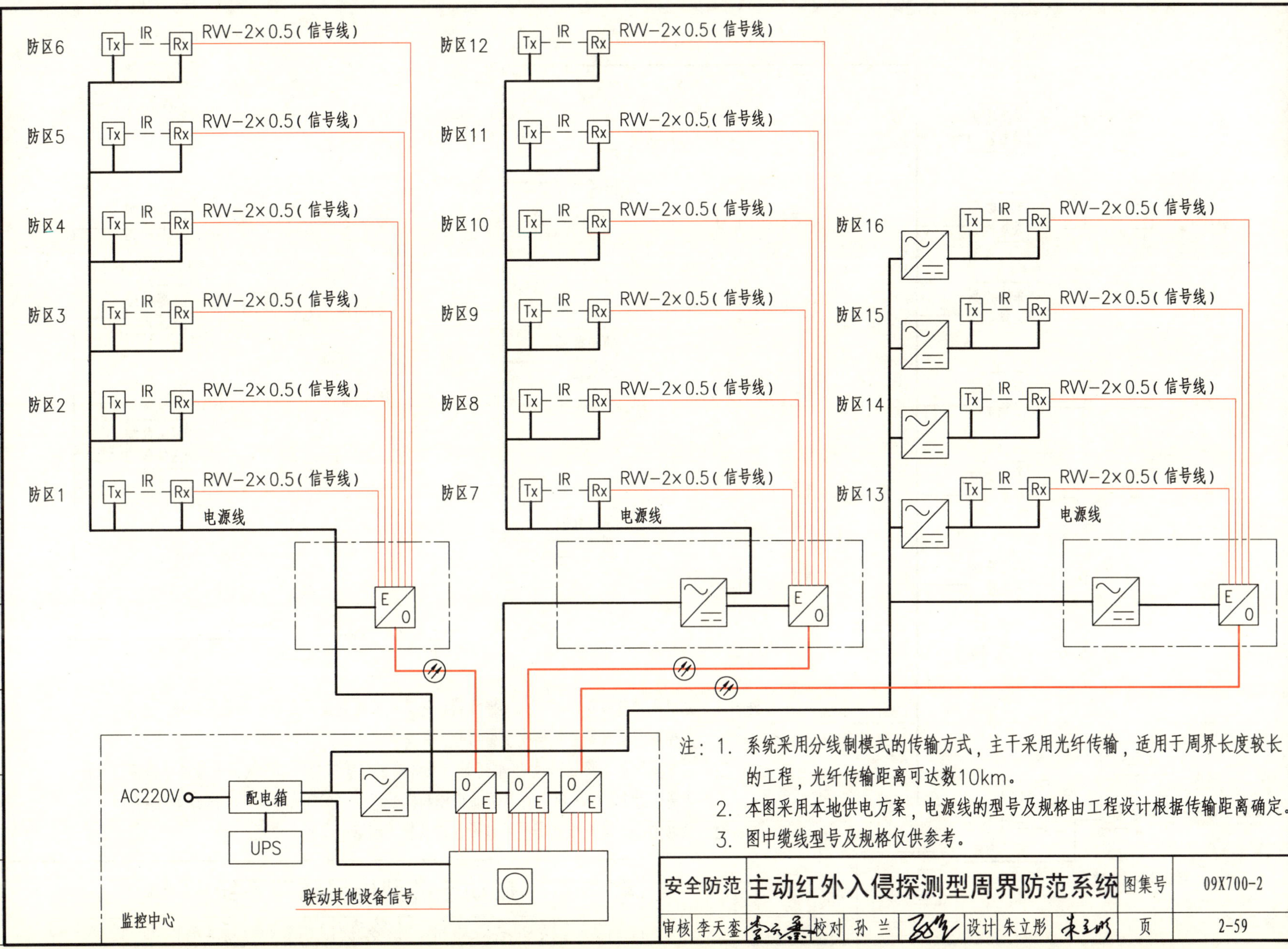

注：1. 系统采用分线制模式的传输方式，主干采用光纤传输，适用于周界长度较长的工程，光纤传输距离可达数10km。

2. 本图采用本地供电方案，电源线的型号及规格由工程设计根据传输距离确定。

3. 图中缆线型号及规格仅供参考。

安全防范	主动红外入侵探测型周界防范系统					图集号	09X700-2
审核 李天銮	校对 孙兰		设计 朱立彤			页	2-59

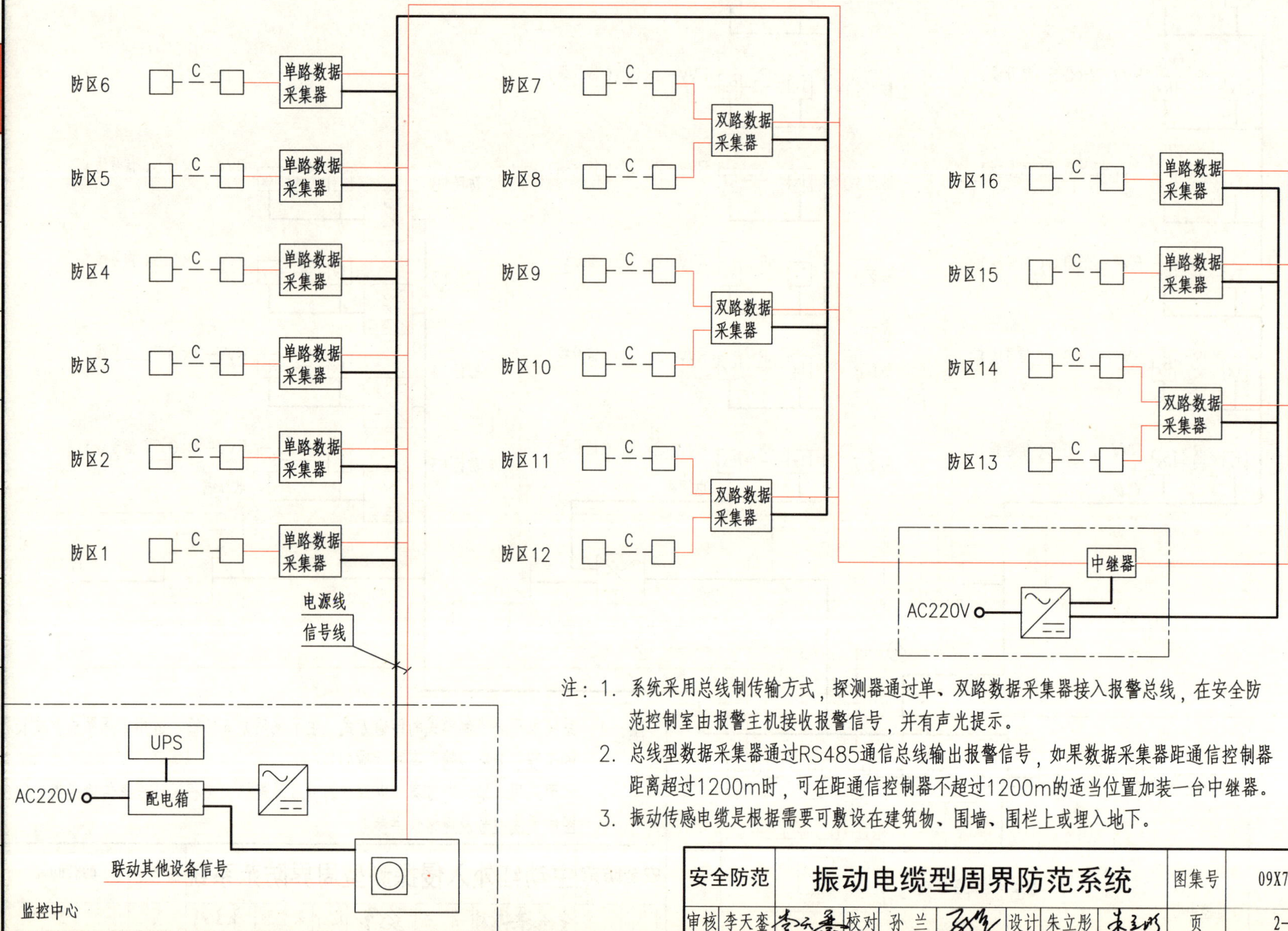

注：1. 系统采用总线制传输方式，探测器通过单、双路数据采集器接入报警总线，在安全防范控制室由报警主机接收报警信号，并有声光提示。

2. 总线型数据采集器通过RS485通信总线输出报警信号，如果数据采集器距通信控制器距离超过1200m时，可在距通信控制器不超过1200m的适当位置加装一台中继器。

3. 振动传感电缆是根据需要可敷设在建筑物、围墙、围栏上或埋入地下。

安全防范	振动电缆型周界防范系统	图集号	09X700-2
审核 李天銮 校对 孙兰 设计 朱立彤		页	2-60

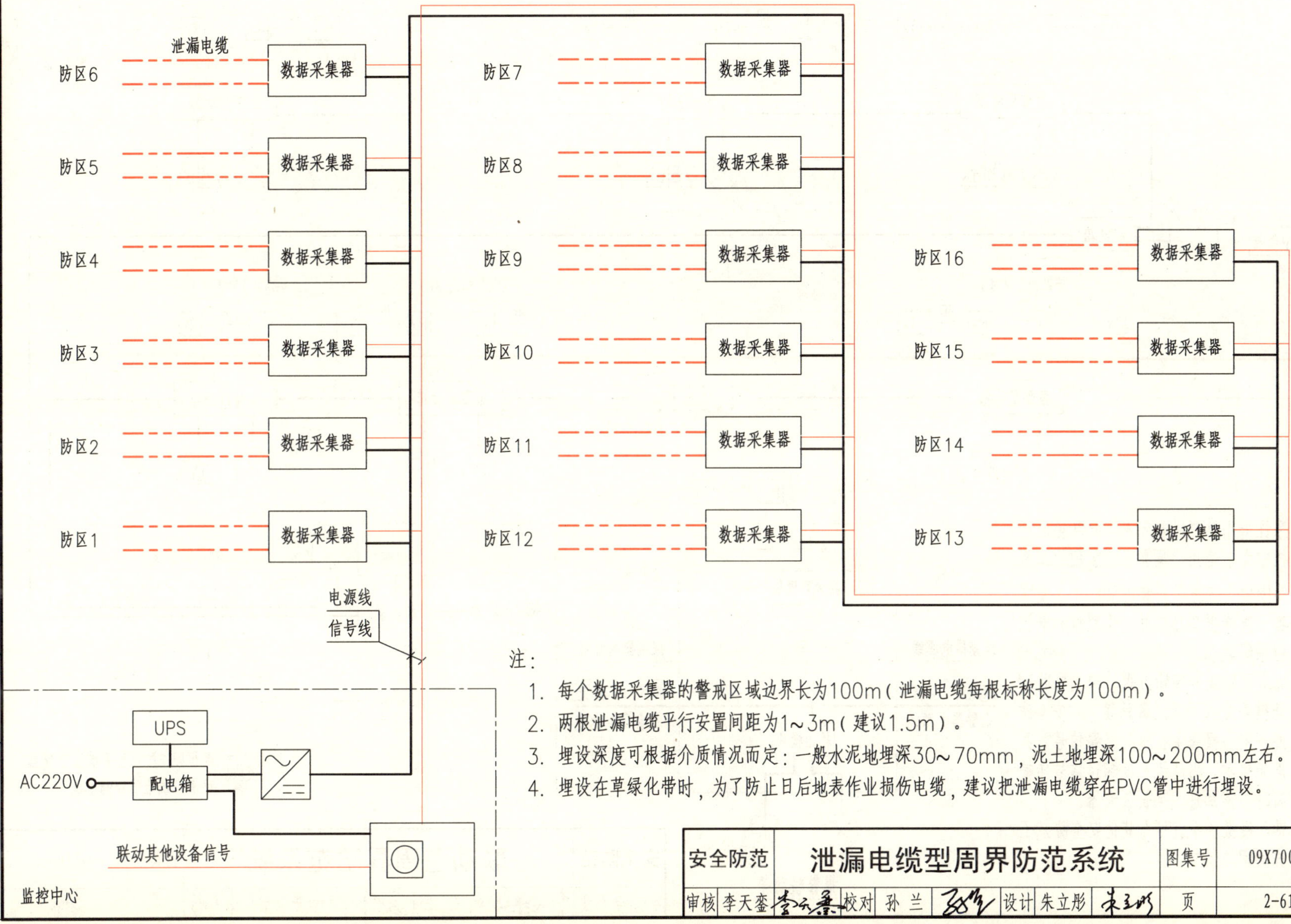

注：

1. 每个数据采集器的警戒区域边界长为100m（泄漏电缆每根标称长度为100m）。
2. 两根泄漏电缆平行安置间距为1～3m（建议1.5m）。
3. 埋设深度可根据介质情况而定：一般水泥地埋深30～70mm，泥土地埋深100～200mm左右。
4. 埋设在草绿化带时，为了防止日后地表作业损伤电缆，建议把泄漏电缆穿在PVC管中进行埋设。

安全防范	泄漏电缆型周界防范系统					图集号	09X700-2
审核 李天銮	校对 孙 兰		设计 朱立彤			页	2-61

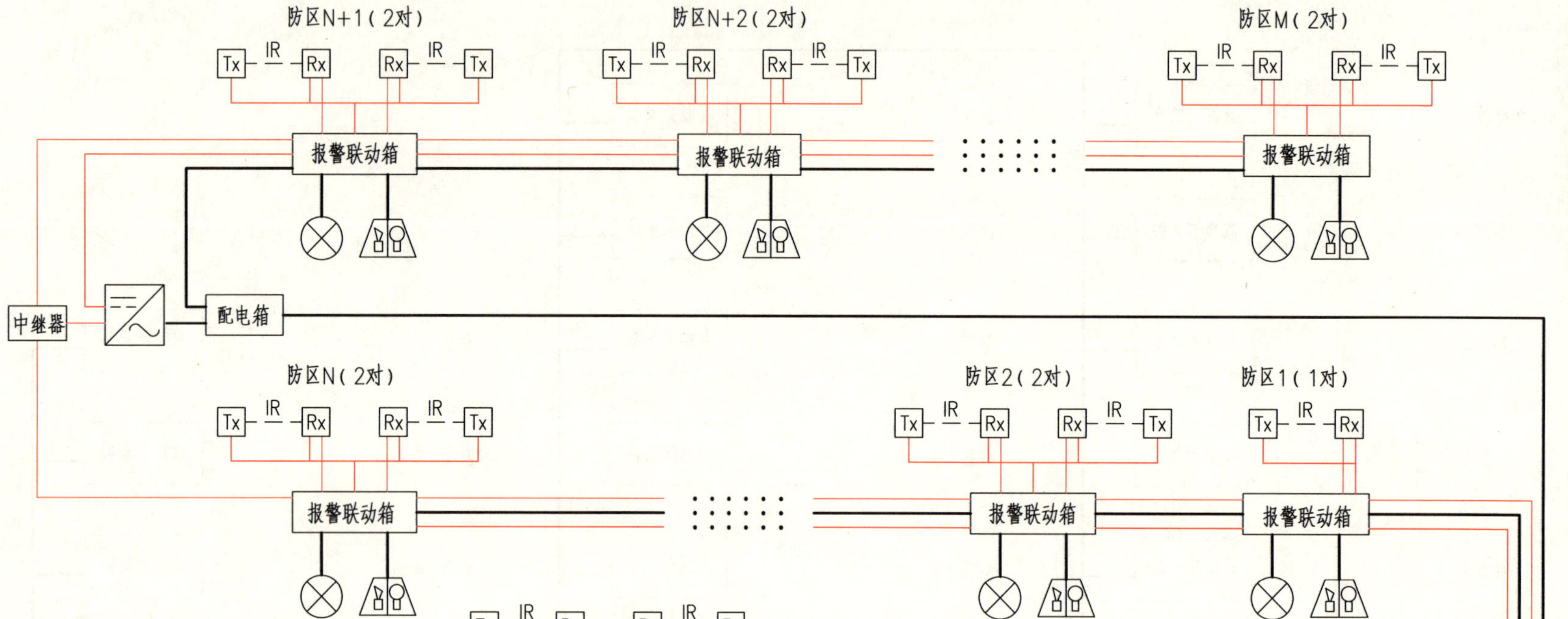

注：

1. 本系统采用集中供电方式，配电箱设在监控中心，适用于周界长度较短的工程。
2. 周界围墙上按防区安装主动红外入侵探测器、声光报警器，并与探照灯和电视监控系统联动。
3. 系统采用总线制传输方式，探测器通过地址模块接入周界报警总线，在安全防范控制室由报警主机接收报警信号，并有声光提示。当总线长度超过信号传输距离时，需加总线延长放大器。
4. 周界入侵报警系统可与其他安全防范子系统共用控制室。

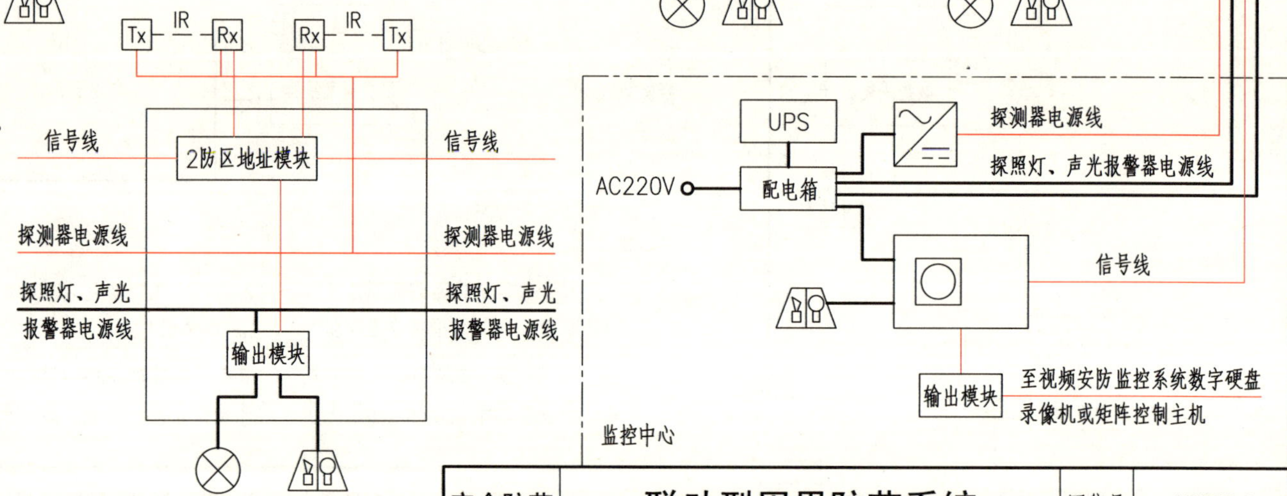

报警联动箱

安全防范	联动型周界防范系统					图集号	09X700-2
审核	李天蚉	校对	孙兰	设计	朱立彤	页	2-62

名称	适应场所与安装方式		主要特点	安装设计要点	适宜工作环境和条件	不适宜工作环境和条件	附加功能	安装图页次
被动红外入侵探测器	室内空间型	吸顶式	被动式（多台交叉使用互不干扰），功耗低，可靠性较好	水平安装，距地宜小于3.6m	日常环境噪声，温度在15℃～25℃时探测效果最佳	背景有热冷变化，如冷热气流、强光间歇照射等；背景温度接近人体温度；强电磁场干扰；小动物频繁出没场合等	自动温度补偿技术；抗小动物干扰技术；防遮术；抗强光干扰技术	第6－68页
		挂墙式		距地2.2m左右，透镜的法线方向宜与可能入侵方向成90°角				
		楼道式		距地2.2m左右，视场面对楼道				
		幕帘式		在顶棚与立墙拐角处，透镜的法线方向宜与窗户平行	窗户内窗台较大或与窗户平行的墙面无遮挡，其他与上同	窗户内窗台较小或与窗户平行的墙面有遮挡或紧贴窗帘安装，其他与上同	智能鉴别技术	
微波和被动红外复合入侵探测器	室内空间型	吸顶式	误报警少（与被动红外探测器相比）可靠性较好	水平安装，距地宜小于4.5m	日常环境噪声，温度在15℃～25℃时探测效果最佳	背景温度接近人体温度；环境嘈杂，附近有金属打击声、汽笛声、电铃等高频声响；小动物频繁出没场合等	双－单转换型；自动温度补偿技术；抗小动物干扰技术；防遮挡技术；智能鉴别技术	第6－68页
		挂墙式		距地2.2m左右，透镜的法线方向宜与可能入侵方向成135°角				
		楼道式		距地2.2m左右，视场面对楼道				
被动式玻璃破碎探测器	室内空间型，有吸顶、壁挂等		被动式；仅对玻璃破碎等高频声响敏感	所要保护的玻璃应在探测器保护范围之内，并应尽量靠近所要保护玻璃附近的墙壁或天花板上。具体按说明书的安装要求进行	日常环境噪声	环境嘈杂，附近有金属打击声、汽笛声、电铃等高频声响	智能鉴别技术	第6－69页
微波多普勒探测器	室内空间型，挂墙式		不受声、光、热的影响	距地1.5～2.2m左右，严禁对着房间的外墙、外窗。透镜的法线方向宜与可能入侵方向成180°角	可在环境噪声较强、光变化、热变化较大的条件下工作	有活动物和可能活动物；微波段高频电磁场环境；防护区域内有过大、过厚的物体	平面天线技术；智能鉴别技术	—
超声波多普勒探测器	室内空间型	吸顶式	没有死角且成本低	水平安装，距地宜小于3.6m	警戒空间要有较好密封性	简易或密封性不好的室内；有活动物和可能活动物；环境嘈杂，附近有金属打击声、汽笛声、电铃等高频声响	智能鉴别技术	第6－67页
		壁挂式		距地2.2m左右，透镜的法线方向宜与可能入侵方向成180°角				

注：2－63、2－64页根据《入侵报警系统工程设计规范》GB50394－2007编制。

安全防范	常用探测器技术参数	图集号	09X700-2
审核 刘希清 校对 施巨岭 设计 李天銮		页	2-63

消防 安防 监控 通信 网络 布线 电视 广播 会议 显示 集成

名　称	适应场所与安装方式	主要特点	安装设计要点	适宜工作环境和条件	不适宜工作环境和条件	附加功能	安装图页次
主动红外入侵探测器	室内、外（一般室内机不能用于室外）	红外线、便于隐蔽	红外光路不能有阻挡物；严禁阳光直射接收机透镜内；防止入侵者从光路下方或上方侵入	室内周界控制；室外"静态"干燥气候	室外恶劣气候，特别是经常有浓雾、毛毛雨的地域或动物出没的场所、灌木丛、杂草、树叶树枝多的地方	—	第6-71页
遮挡式微波入侵探测器	室内、室外周界控制	受气候影响小	高度应一致，一般为设备垂直作用高度的一半	无高频电磁场存在场所；收发机间无遮挡物	高频电磁场存在场所；收发机间有可能有遮挡物	报警控制设备宜有智能鉴别技术	—
振动电缆入侵探测器	室内、室外均可	可与室内各种实体防护周界配合使用	在围栏、房屋墙体、围墙内侧或外侧高度的2/3处。网状围栏上安装：固定间隔应小于30m，每100m预留8～10m维护环	非嘈杂振动环境	嘈杂振动环境	报警控制设备宜有智能鉴别技术	第6-69页
振动入侵探测器	室内、外	被动式	墙壁、天花板、玻璃；室外地面表层物下面、保护栏网或桩柱，最好与防护对象实现刚性连接	远离振源	地质板结的冻土或土质松软的泥土地，时常引起振动或环境过于嘈杂的场合	智能鉴别技术	—
泄漏电缆入侵探测器	室内、室外周界控制	可随地形埋设、可埋入墙体	埋入地域应尽量避开金属堆积物	两探测电缆间无活动物体无高频电磁场存在场所	高频电磁场存在场所；两探测电缆间有易活动物体（如灌木丛等）	报警控制设备宜有智能鉴别技术	—
磁开关入侵探测器	各种门、窗、抽屉等	体积小、可靠性好	舌簧管宜置于固定框上，磁铁置于门窗的活动部位上，两者宜安装在产生位移最大的位置，间距应满足产品安装要求	非强磁场存在情况	强磁场存在情况	在特制门窗使用时宜选用特制门窗专用门磁开关	第6-70页
紧急报警装置	用于可能发生直接威胁生命的场所（如银行营业所、值班室、收银台等）	利用人工启动（手动报警开关、脚踢报警开关等）发出报警信号	要隐蔽安装，一般安装在紧急情况下人员易可靠触发的部位	日常工作环境	危险爆炸环境	防误触发措施，触发报警后能自锁，复位需采用人工再操作方式	—

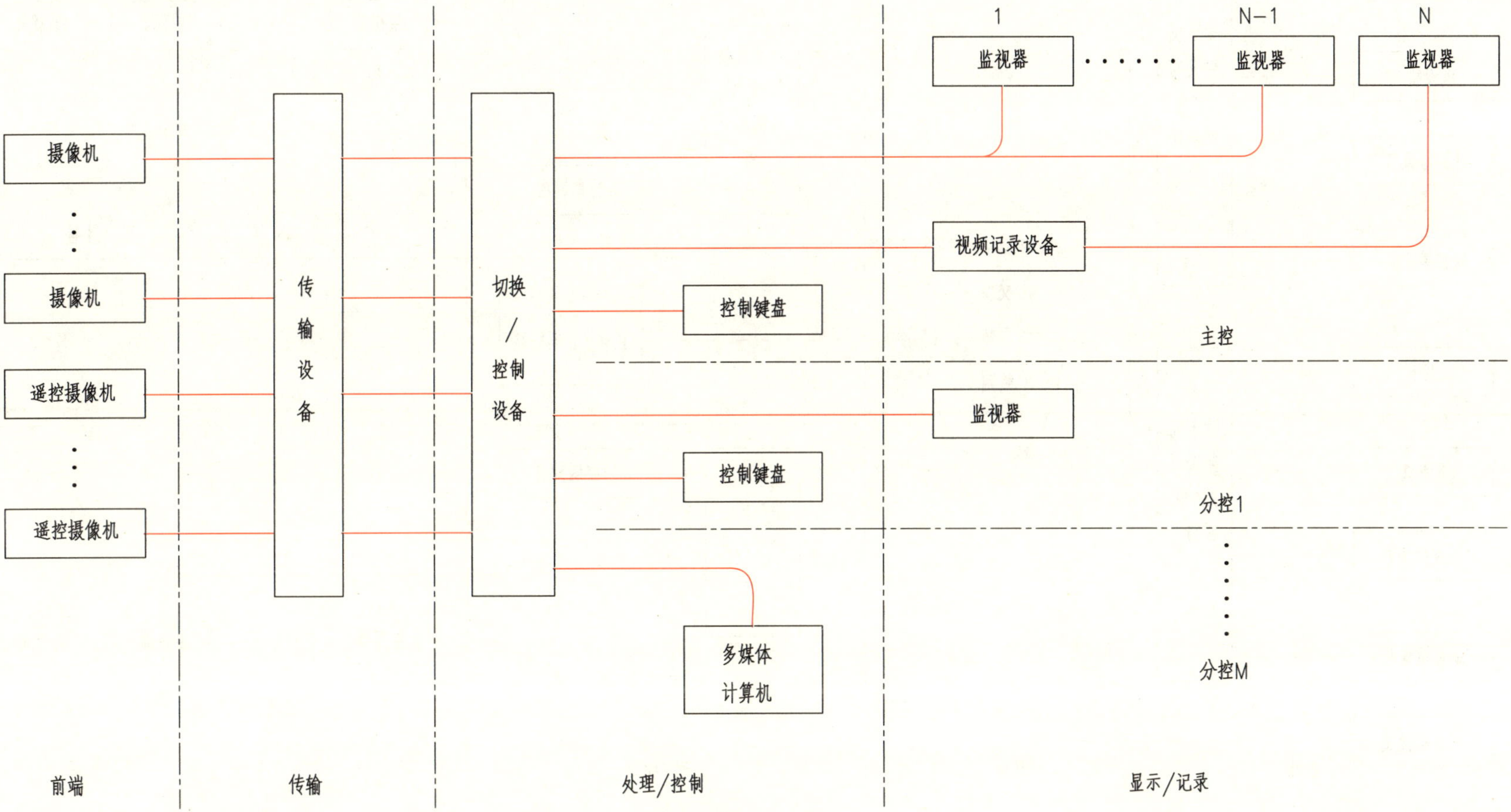

矩阵切换模式

注：

1. 矩阵切换模式可以根据授权，通过任一控制键盘，将任意指定前端视频输入信号切换到任意指定输出的监视器上，并可编制各种时序。
2. 根据授权，控制键盘可对前端摄像机进行PTZ等的遥控操作。
3. 摄像机为具有模拟视频输出的摄像机。

安全防范	视频安防监控系统框图	图集号	09X700-2
审核 刘希清 校对 朱立彤 设计 杨国胜		页	2-65

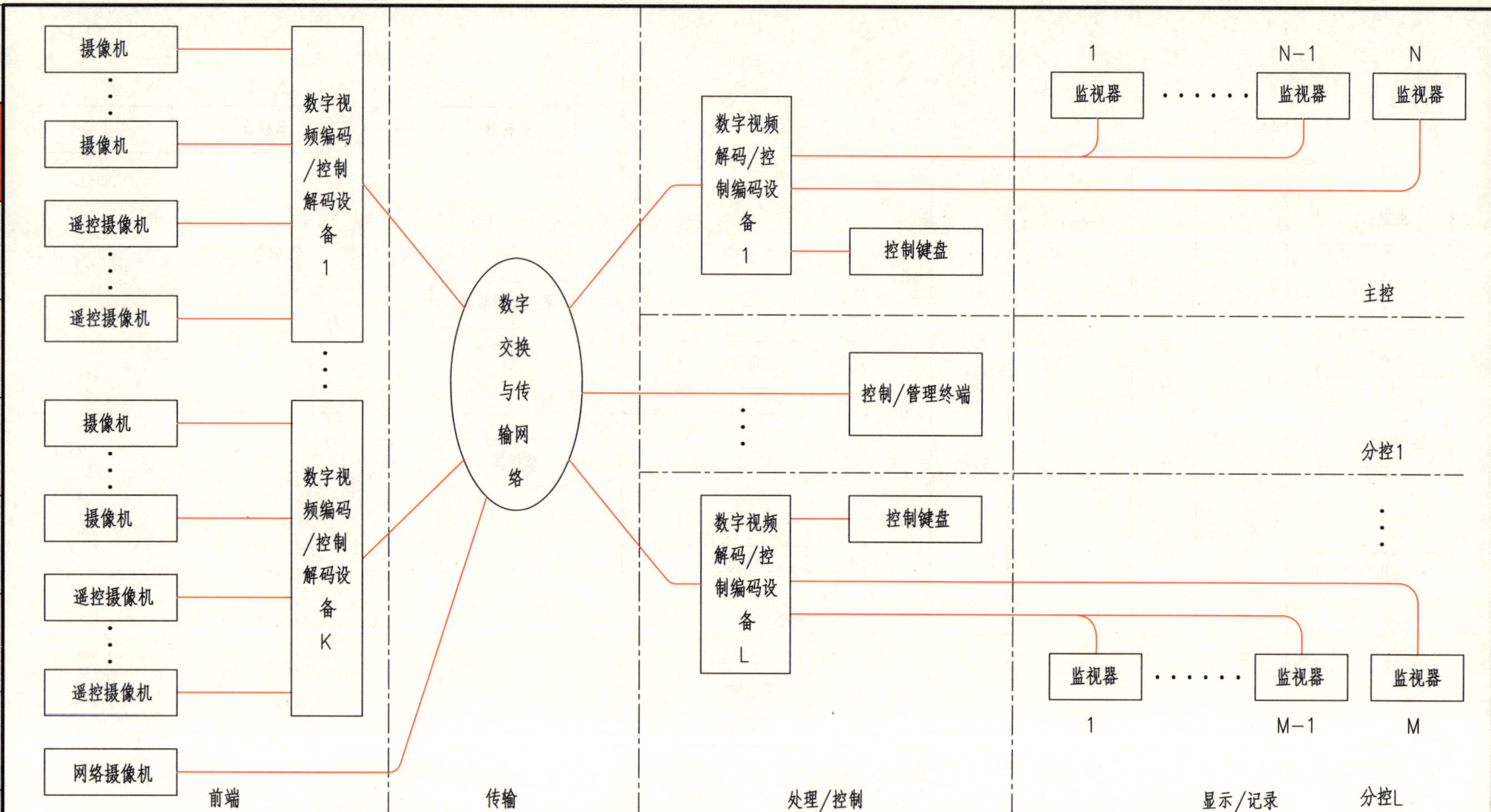

数字视频网络虚拟交换/切换模式

注：

1. 数字视频网络虚拟交换/切换模式是数字视频监控的基本模式。
2. 模拟输出的摄像机增加数字视频编码功能，被称作网络摄像机，数字视频前端也可以是别的数字摄像机。
3. 数字视频传输网络可以是以太网和DDN、SDH、ASON、WI-MAX等传输网络。在公共网络传输时应增加信息安全加密等措施。
4. 数字视频编码/控制解码设备可采用具有记录功能的DVR或视频服务器。

安全防范	视频安防监控系统框图	图集号	09X700-2
审核 刘希清 校对 朱立彤 设计 杨国胜		页	2-66

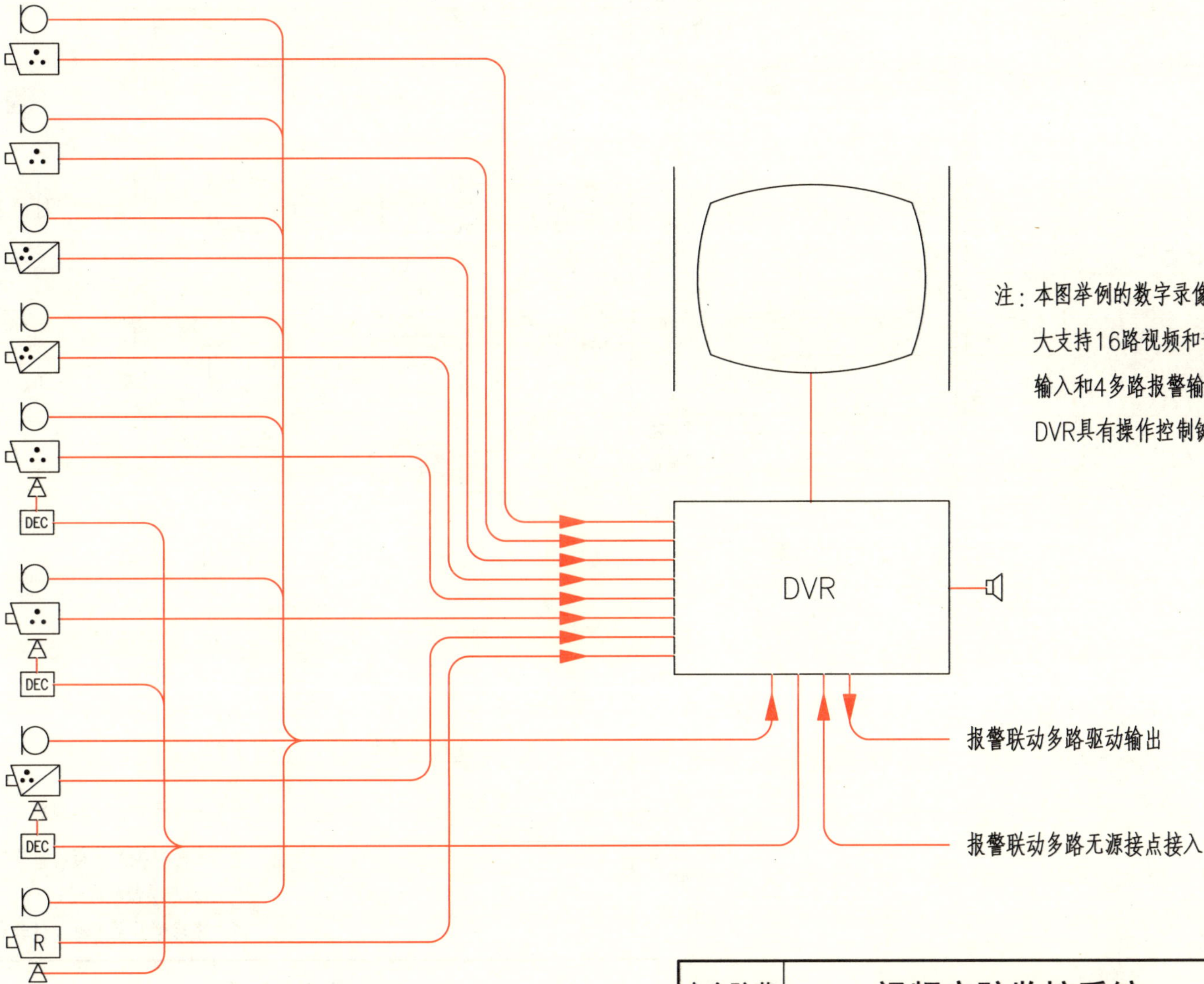

注：本图举例的数字录像机的技术指标：最大支持16路视频和音频输入、多路报警输入和4多路报警输出、可遥控摄像机，DVR具有操作控制键盘。

安全防范	视频安防监控系统					图集号	09X700-2
审核	孙兰	校对	朱立彤	设计	杨国胜	页	2-67

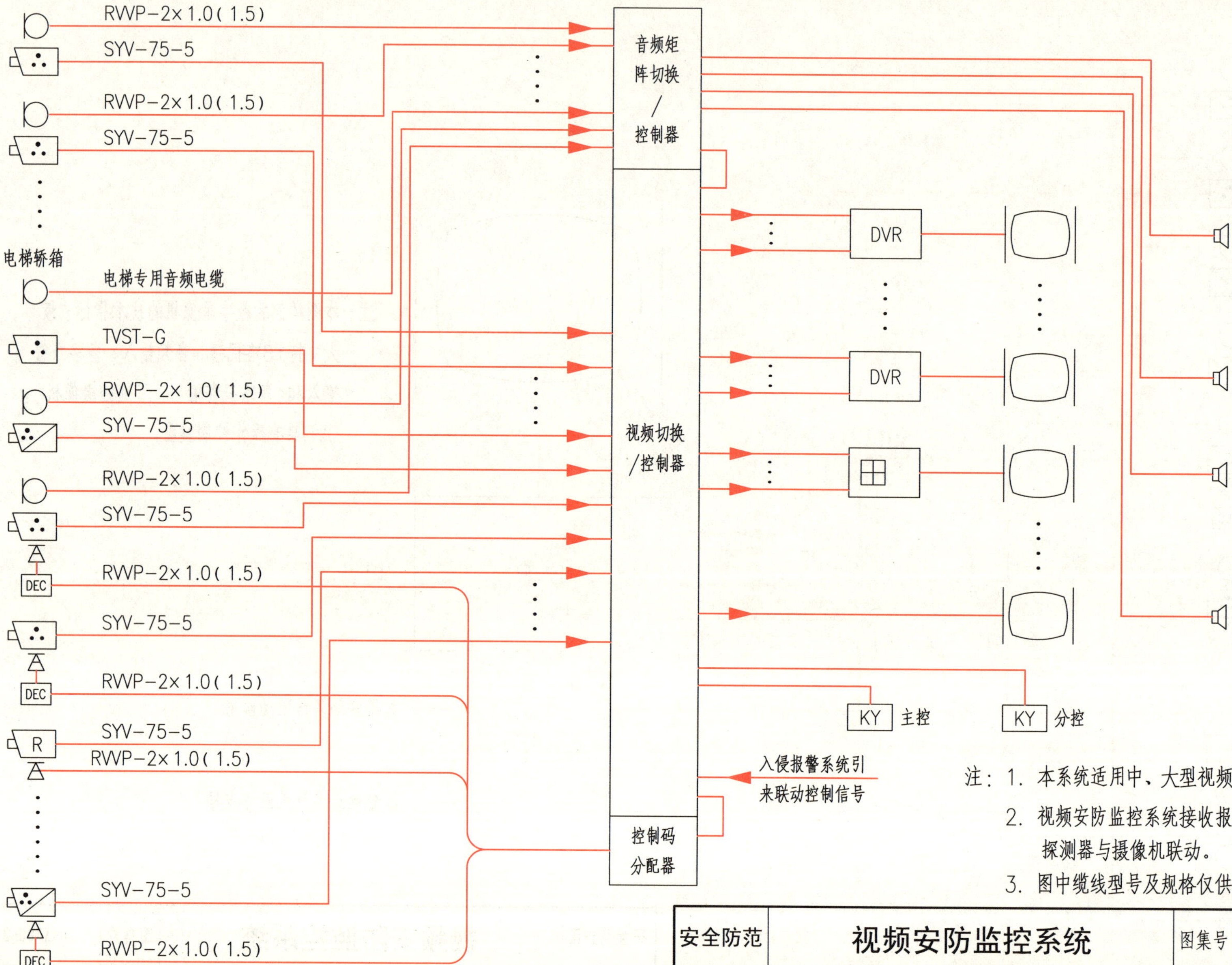

注：1. 本系统适用中、大型视频安防监控系统。

2. 视频安防监控系统接收报警信号，实现探测器与摄像机联动。

3. 图中缆线型号及规格仅供参考。

安全防范	视频安防监控系统					图集号	09X700-2
审核	杨国胜	校对	孙 兰	设计	朱立彤	页	2-68

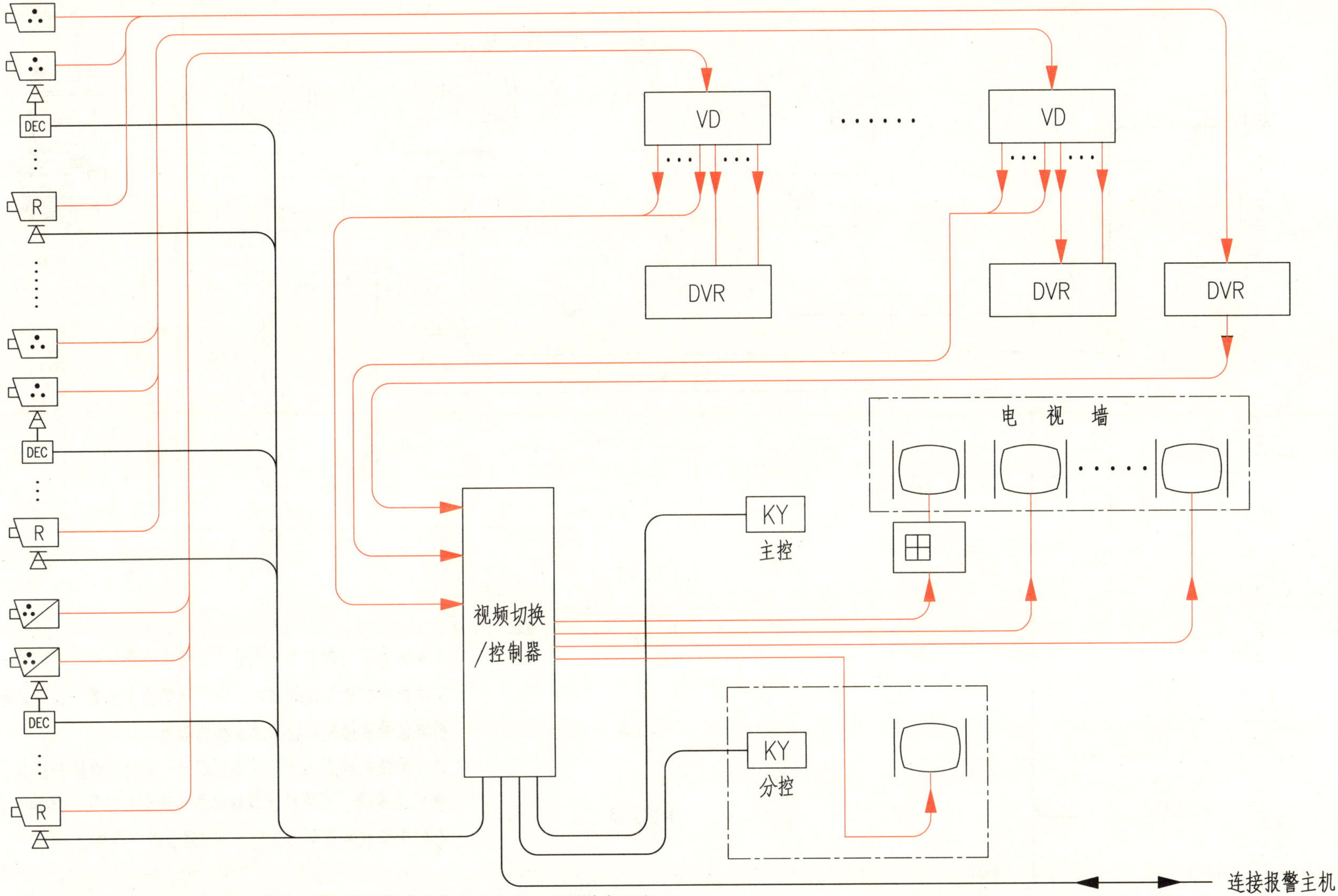

注：1. 本系统为数字硬盘录像机+视频切换/控制器的视频监控系统，采用数字硬盘录像机为记录设备。数字硬盘录像机没有视频环路输出时，需加视频分配器。

2. 2-70~2-74页缆线型号及规格由工程设计确定。

安全防范	视频安防监控系统	图集号	09X700-2
审核 孙兰	校对 朱立彤 设计 杨国胜	页	2-69

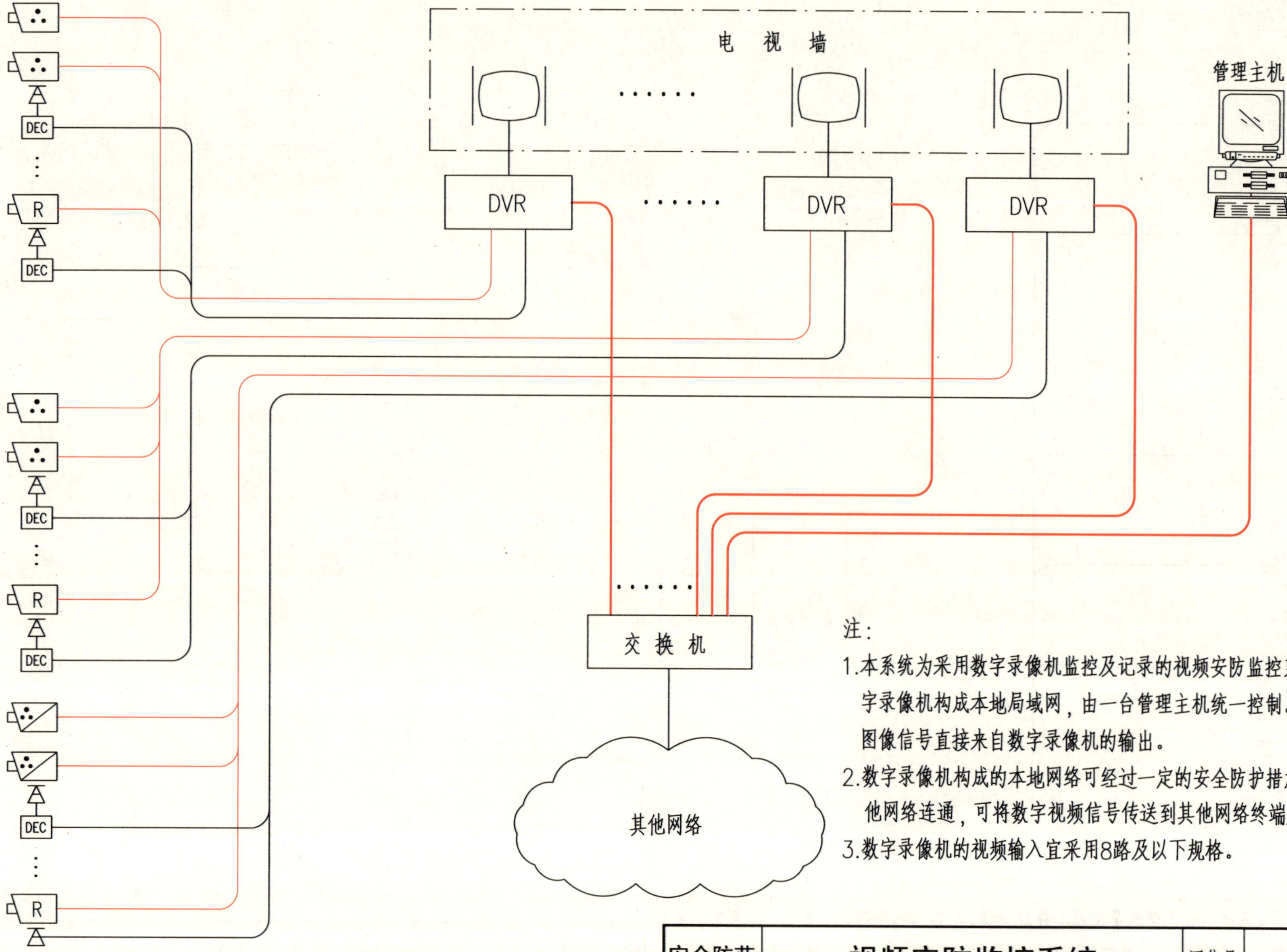

注:

1.本系统为采用数字录像机监控及记录的视频安防监控系统。数字录像机构成本地局域网，由一台管理主机统一控制。电视墙图像信号直接来自数字录像机的输出。

2.数字录像机构成的本地网络可经过一定的安全防护措施，与其他网络连通，可将数字视频信号传送到其他网络终端上去。

3.数字录像机的视频输入宜采用8路及以下规格。

安全防范	视频安防监控系统					图集号	09X700-2
审核 孙兰	孙兰	校对 朱立彤	朱立彤	设计 杨国胜	杨国胜	页	2-70

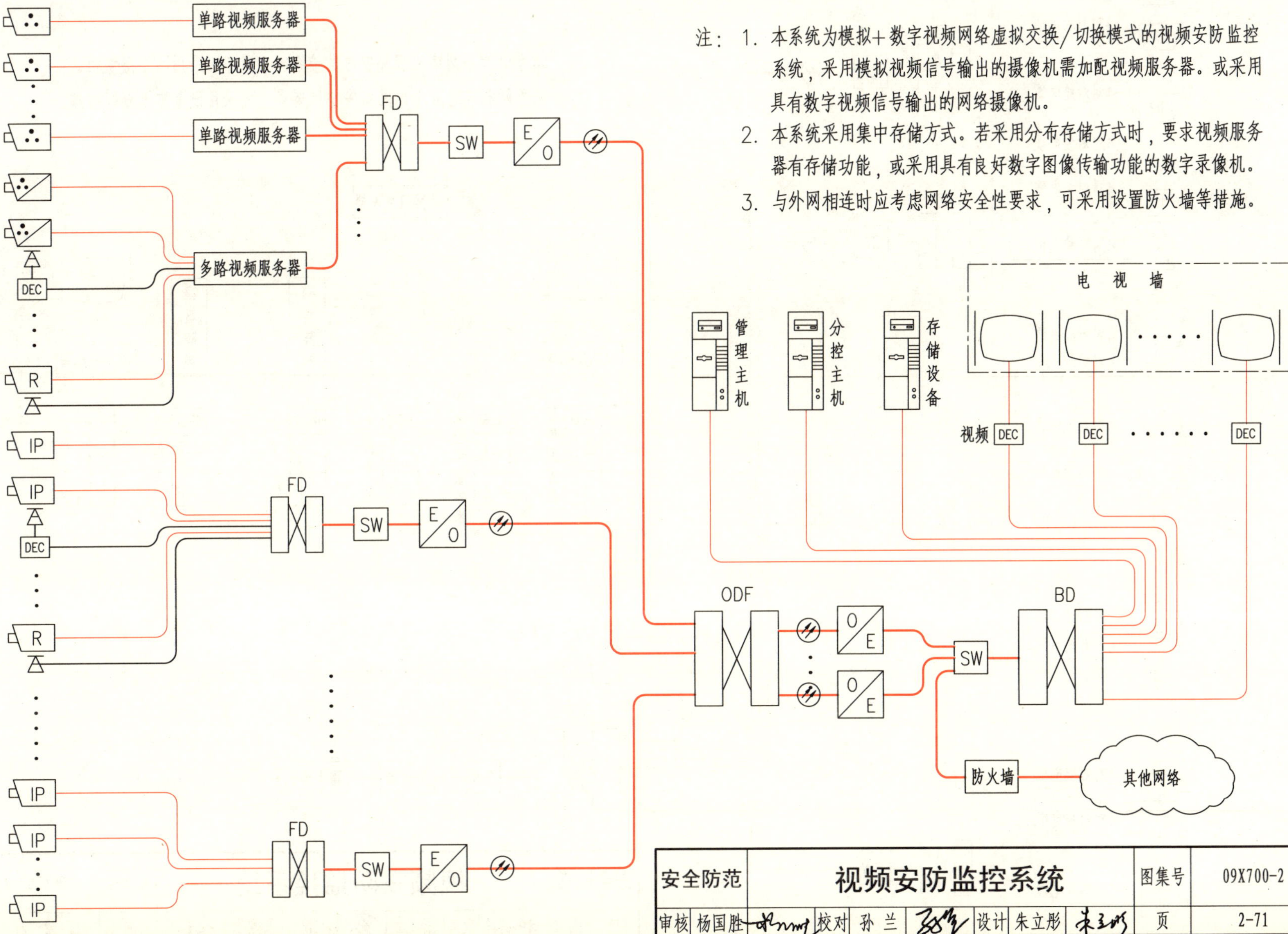

注：1. 本系统为模拟+数字视频网络虚拟交换/切换模式的视频安防监控系统，采用模拟视频信号输出的摄像机需加配视频服务器。或采用具有数字视频信号输出的网络摄像机。

2. 本系统采用集中存储方式。若采用分布存储方式时，要求视频服务器有存储功能，或采用具有良好数字图像传输功能的数字录像机。

3. 与外网相连时应考虑网络安全性要求，可采用设置防火墙等措施。

安全防范	视频安防监控系统					图集号	09X700-2
审核	杨国胜	校对	孙兰	设计	朱立彤	页	2-71

注：

1. 本系统为全网络化视频安防监控系统，摄像机采用网络摄像机。
2. 与外网相连时应考虑网络安全性要求，可采用设置防火墙等措施。

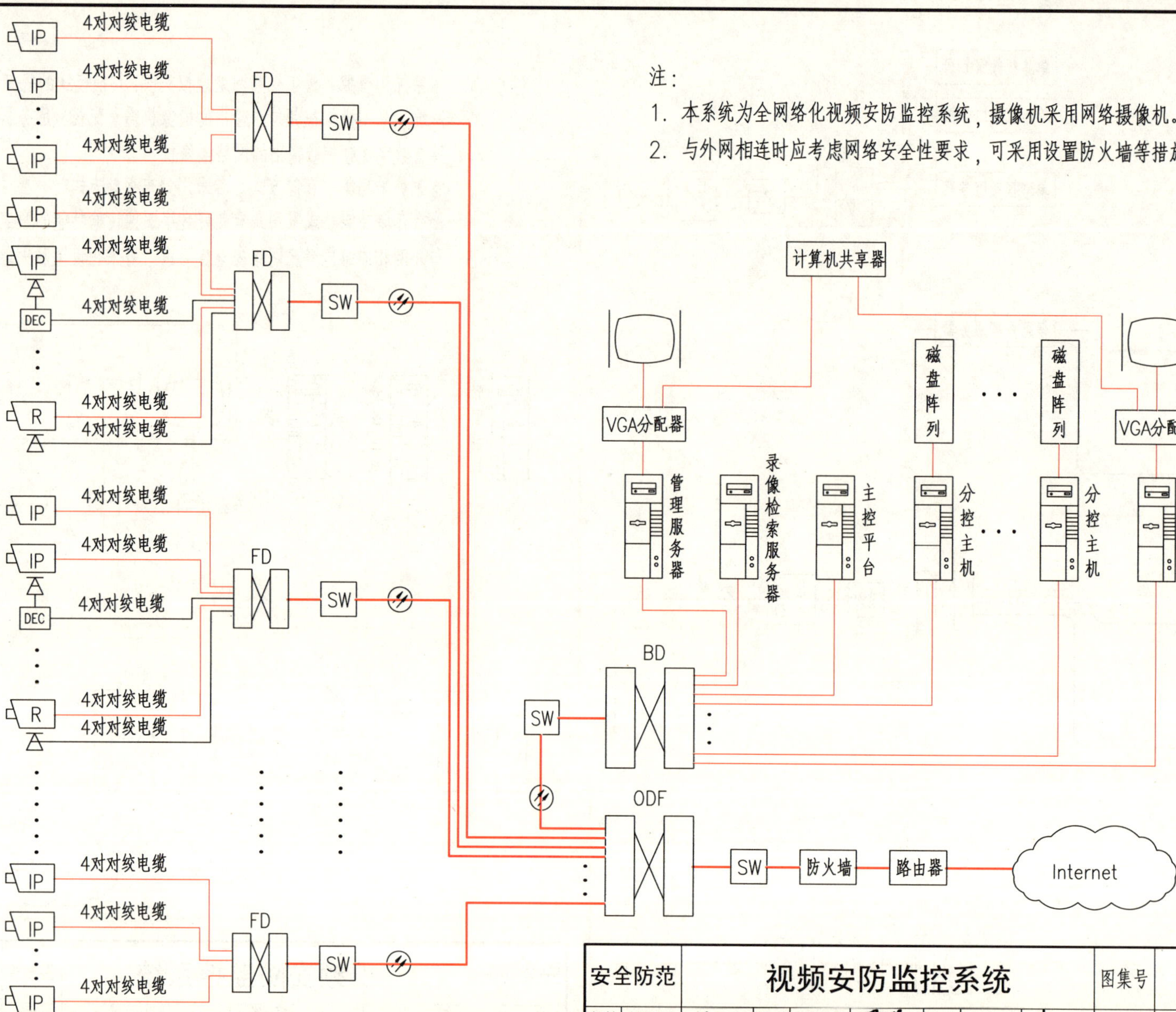

安全防范	视频安防监控系统	图集号	09X700-2
审核 杨国胜 校对 孙兰 设计 朱立彤		页	2-72

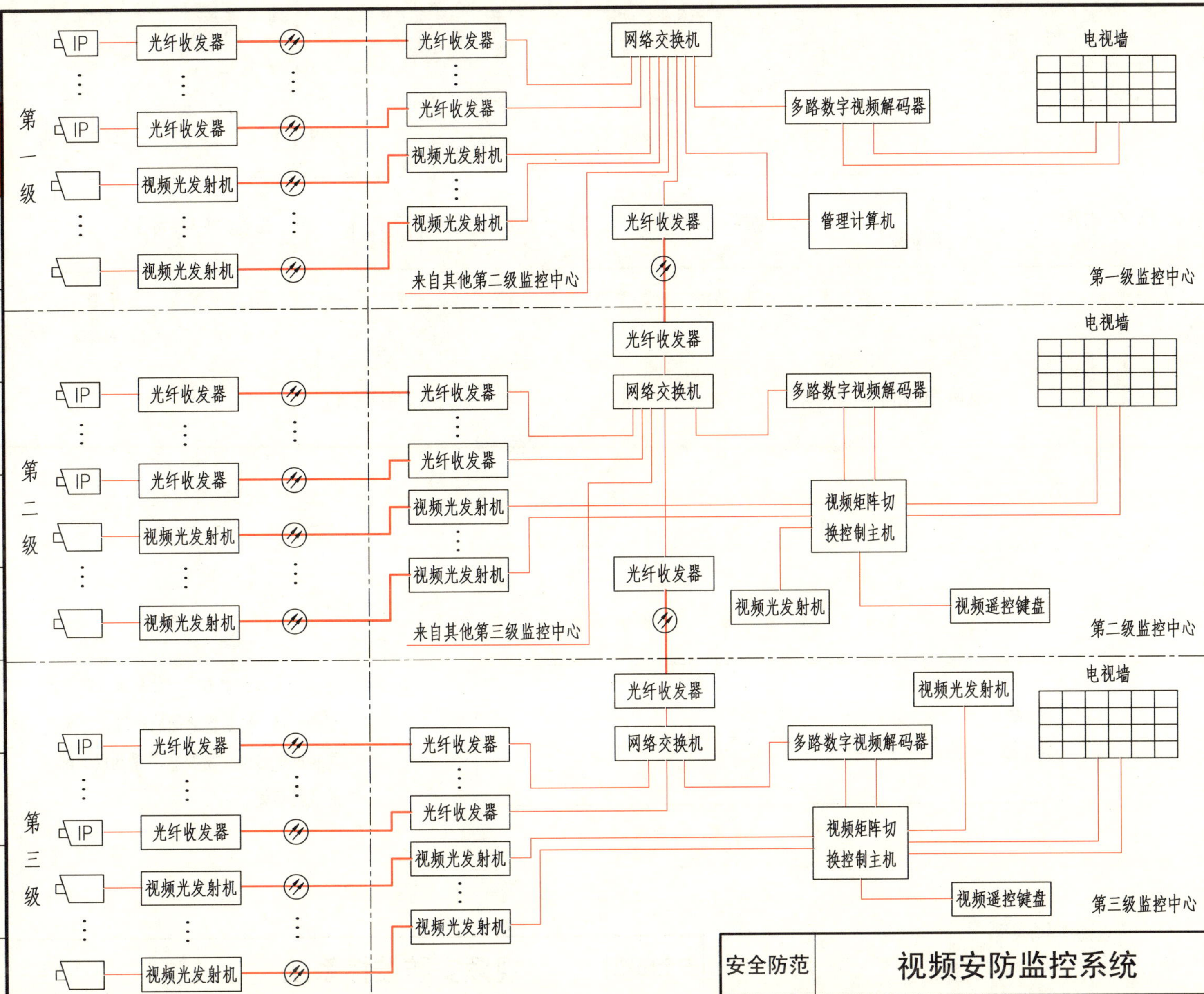

注：

1.本图为城市三级视频安防监控系统。

2.第一级

1）第二级监控中心上送信号仅有数字视频信号。

2）第一级举例为数字视频中心设备。

3.第二级

第三级监控中心上送视频信号包括模拟视频和数字视频信号两种。

4.第三级

第三级举例为模拟和数字视频两种接入方式，监控中心采用了模拟控制核心设备。

5.各级中心设备均未画出各类服务器、视频存储设备、客户端设备和控制信号流向。

安全防范	视频安防监控系统	图集号	09X700-2
审核 孙兰 （签名） 校对 朱立彤 （签名） 设计 杨国胜 （签名）		页	2-73

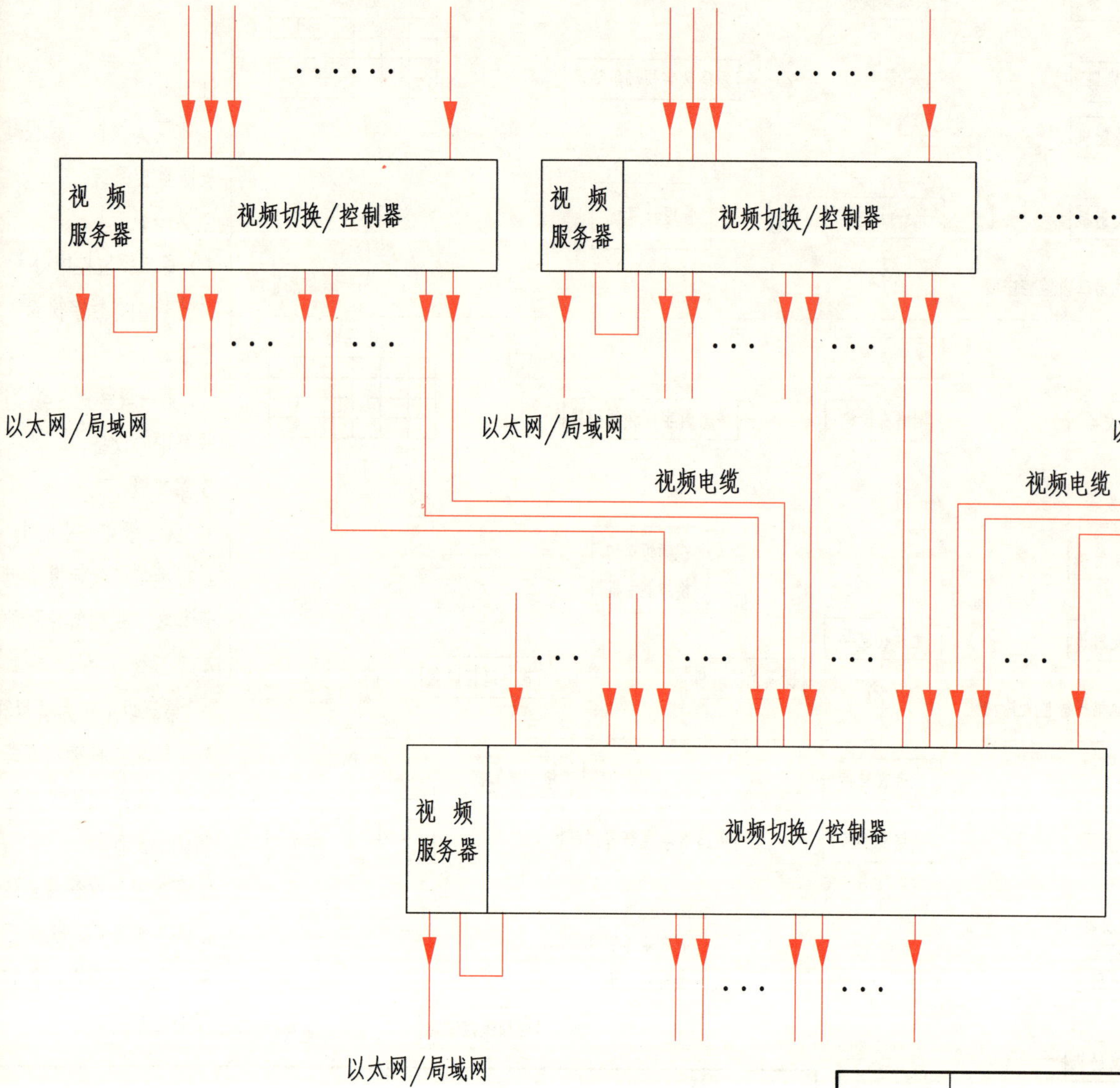

注：1. 本图为多台视频切换/控制器组网方式。

2. 视频切换/控制器之间的视频信号采用同轴电缆传输，数据信号采用以太网/局域网传输。

安全防范	视频安防监控系统					图集号	09X700-2
审核	杨国胜	校对	孙 兰	设计	朱立彤	页	2-74

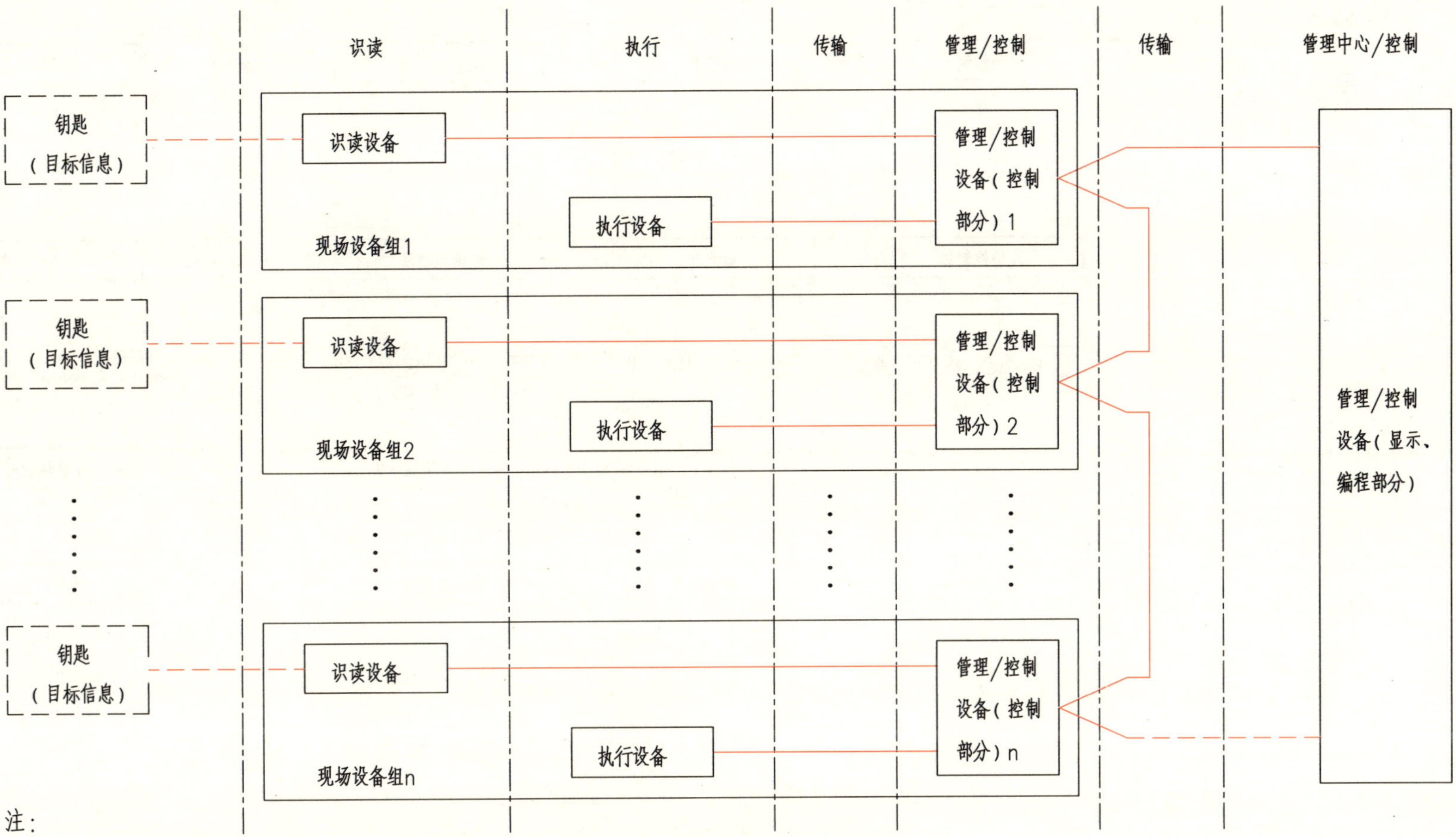

注:

1. 出入口控制系统主要由识读部分、传输部分、管理/控制部分和执行部分以及相应的系统软件组成。
2. 出入口控制系统的现场控制设备通过联网数据总线与出入口管理中心的显示、编程设备相联。
3. 总线制出入口控制系统,每条总线在出入口管理中心只有一个网络接口,见上图管理控制设备实线部分。
4. 环线制出入口控制系统,每条总线在出入口管理中心有两个网络接口,当总线有一处发生断线故障时,系统仍能正常工作,并可探测到故障的地点。见上图管理控制设备实线和虚线连接部分。

安全防范	出入口控制系统框图	图集号	09X700-2
审核 孙兰 [signature] 校对 朱立彤 [signature] 设计 朱峰 [signature]		页	2-75

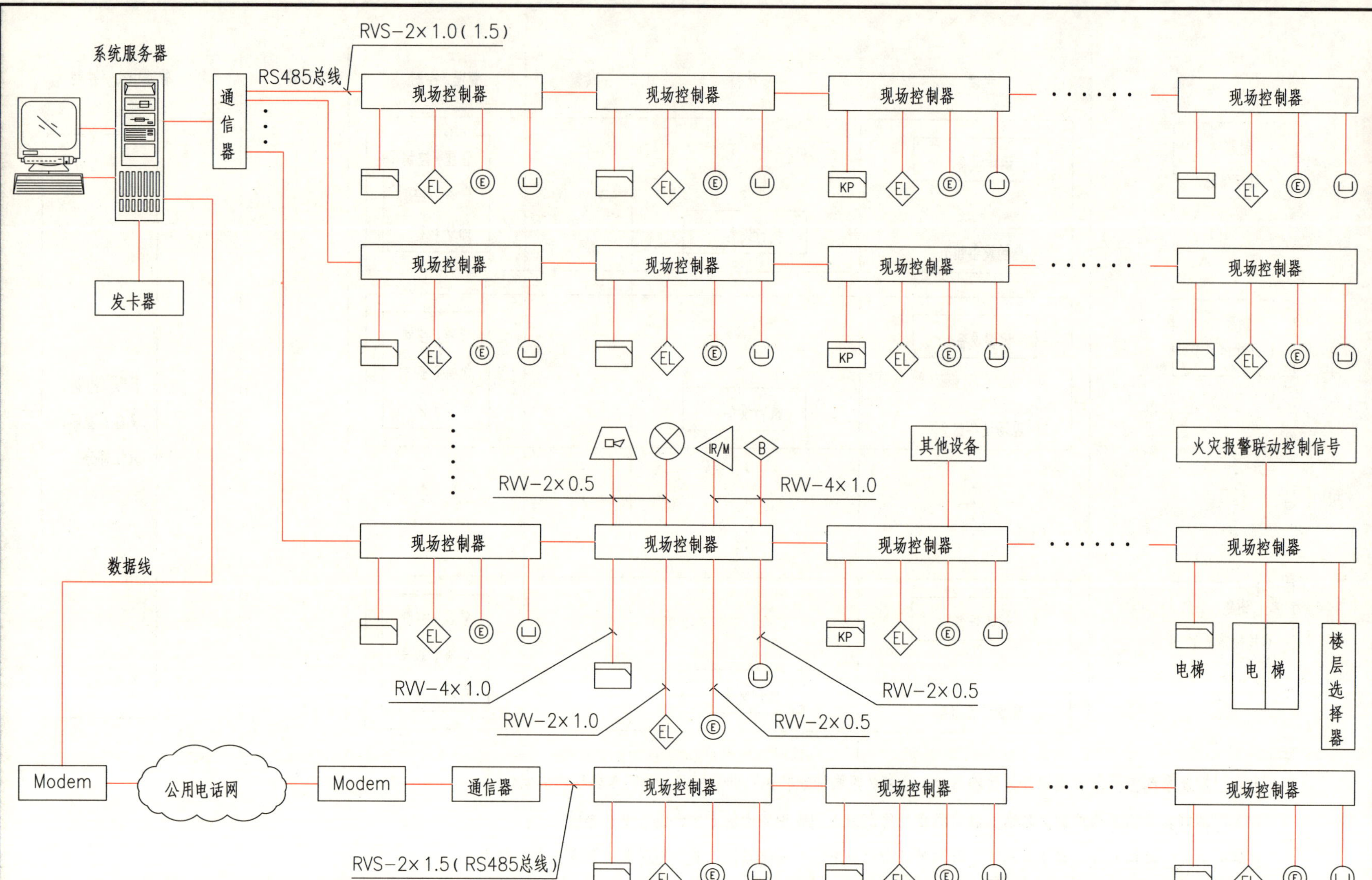

注：1. 本图为采用RS485总线方式的出入口控制系统。

2. 图中缆线型号及规格仅供参考。

3. 也可通过通信接口接收火灾报警联动控制信号。

安全防范	出入口控制系统					图集号	09X700-2
审核	孙兰	校对	杨国胜	设计	朱立彤	页	2-76

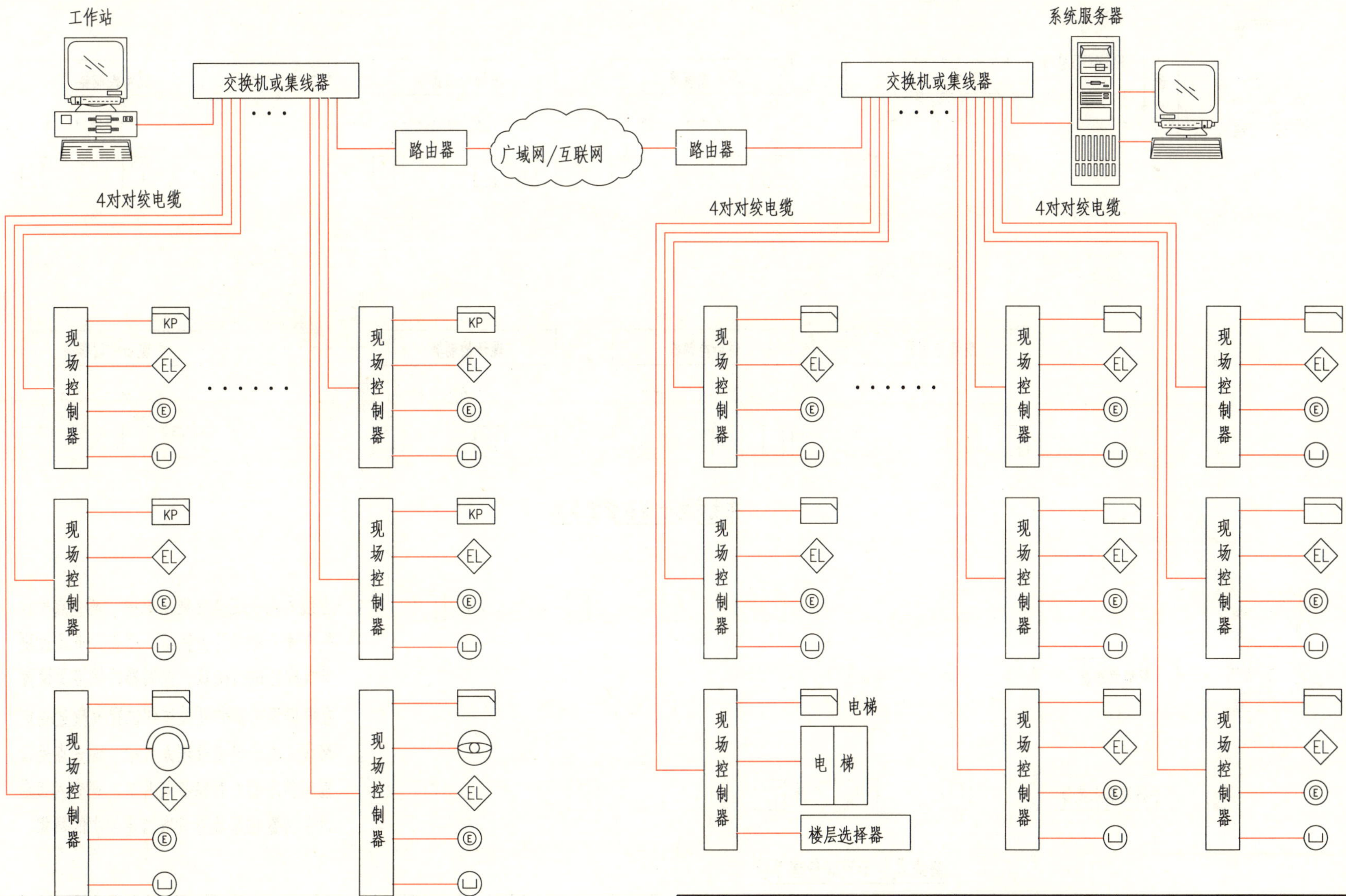

注：本图为采用TCP/IP网络方式的出入口控制系统。

安全防范	出入口控制系统					图集号	09X700-2
审核	孙 兰	校对	杨国胜	设计	朱立彤	页	2-77

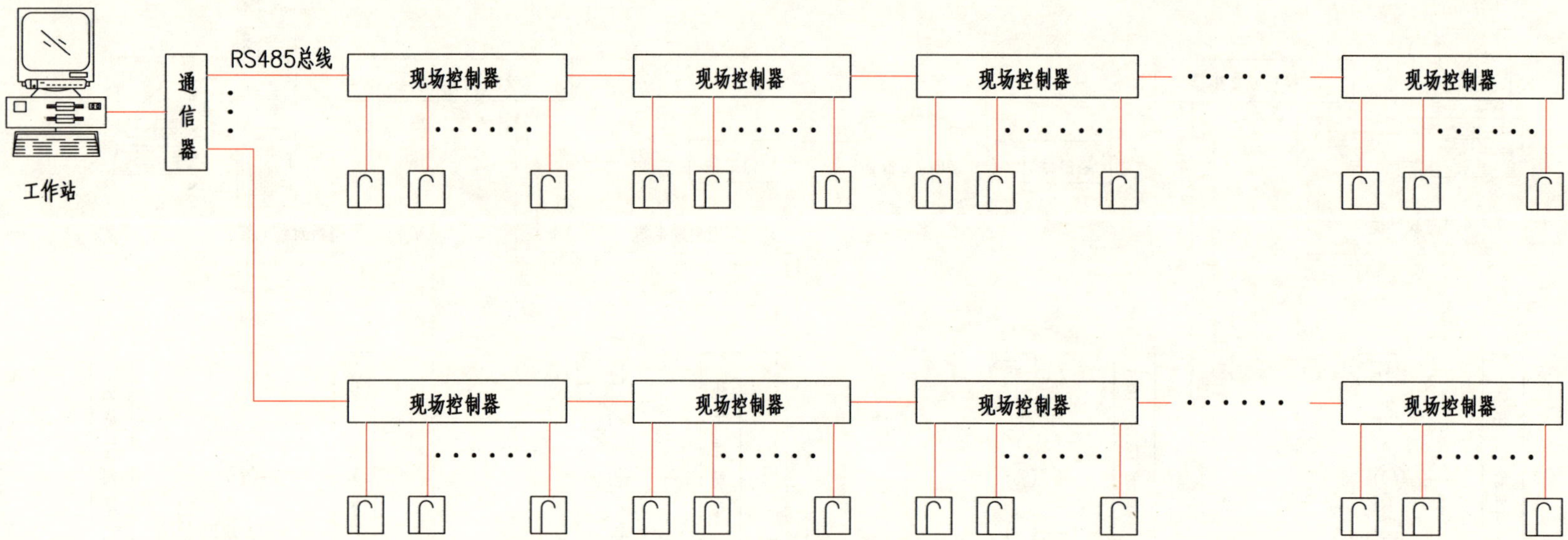

在线式电子巡查管理系统

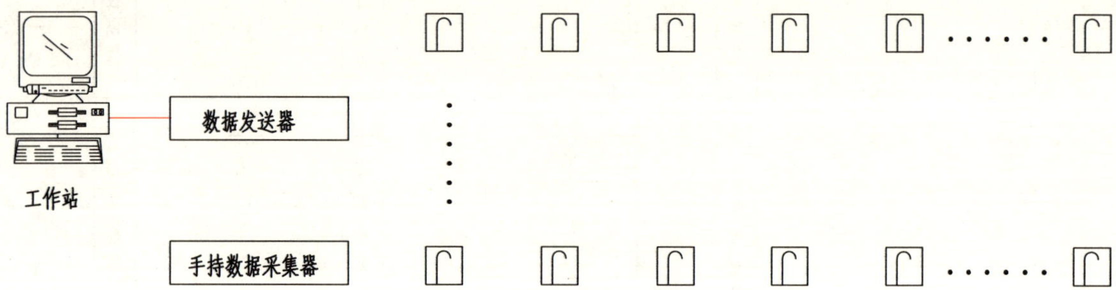

离线式电子巡查管理系统

注:

1. 在线式电子巡查管理系统中，巡查点处设置有读卡器或开关按钮，巡查人员通过刷卡或按钮进行确认。控制器的规格及设置应根据读卡器和开关按钮位置及数量确定。
2. 离线式电子巡查管理系统中，巡查点处设置有信息钮(存储器芯片)，巡查人员通过手持数据采集器读取信息钮中的数据。

安全防范	电子巡查系统示意图	图集号	09X700-2
审核 刘希清 校对 孙 兰 设计 朱立彤		页	2-78

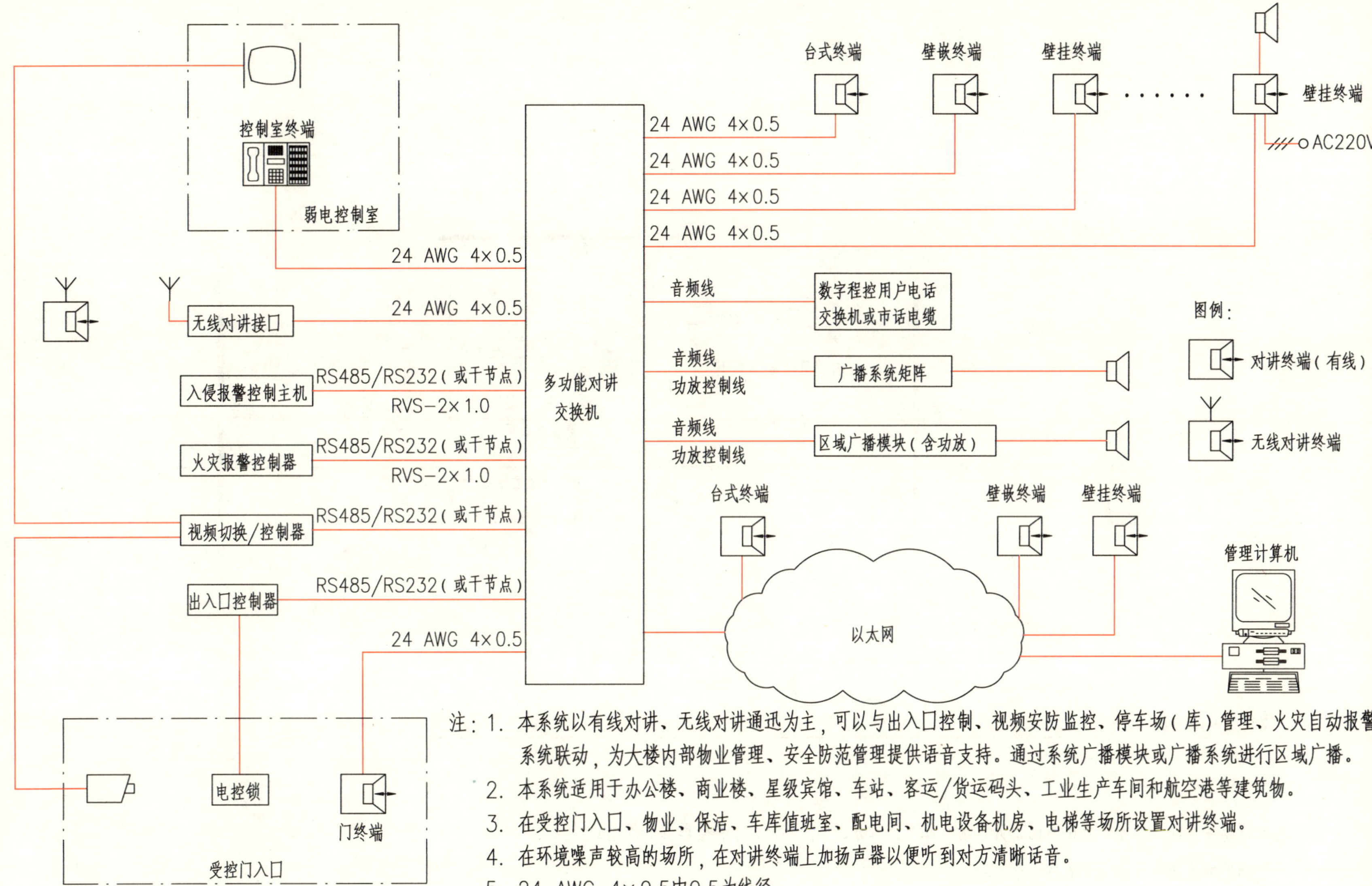

注:1. 本系统以有线对讲、无线对讲通迅为主,可以与出入口控制、视频安防监控、停车场(库)管理、火灾自动报警系统联动,为大楼内部物业管理、安全防范管理提供语音支持。通过系统广播模块或广播系统进行区域广播。

2. 本系统适用于办公楼、商业楼、星级宾馆、车站、客运/货运码头、工业生产车间和航空港等建筑物。

3. 在受控门入口、物业、保洁、车库值班室、配电间、机电设备机房、电梯等场所设置对讲终端。

4. 在环境噪声较高的场所,在对讲终端上加扬声器以便听到对方清晰话音。

5. 24 AWG 4×0.5中0.5为线径。

6. 本图设计资料由北京挪拉斯坦特芬通信设备有限公司提供,系统功能、设置及设备的选用详见第2−98页。

安全防范	多功能对讲系统	图集号	09X700-2
审核 孙兰 校对 杨国胜 设计 朱立彤		页	2-79

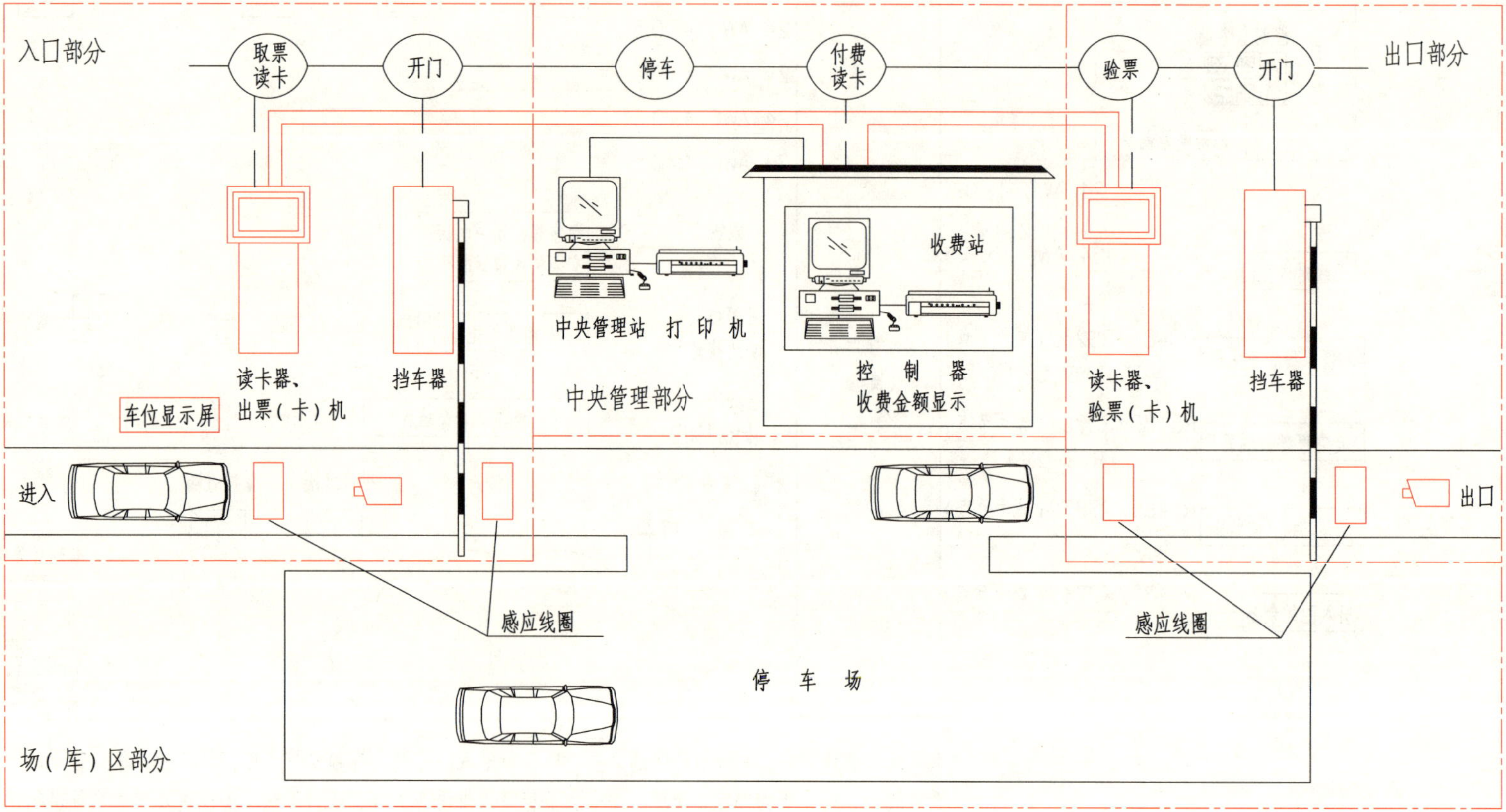

注：停车场(库)管理系统由入口部分、场(库)区部分、出口部分、中央管理部分等组成，
简单的系统可不设置场(库)区部分。

安全防范	停车场(库)管理系统示意图					图集号	09X700-2
审核	孙兰	校对	杨国胜	设计	朱立彤	页	2-80

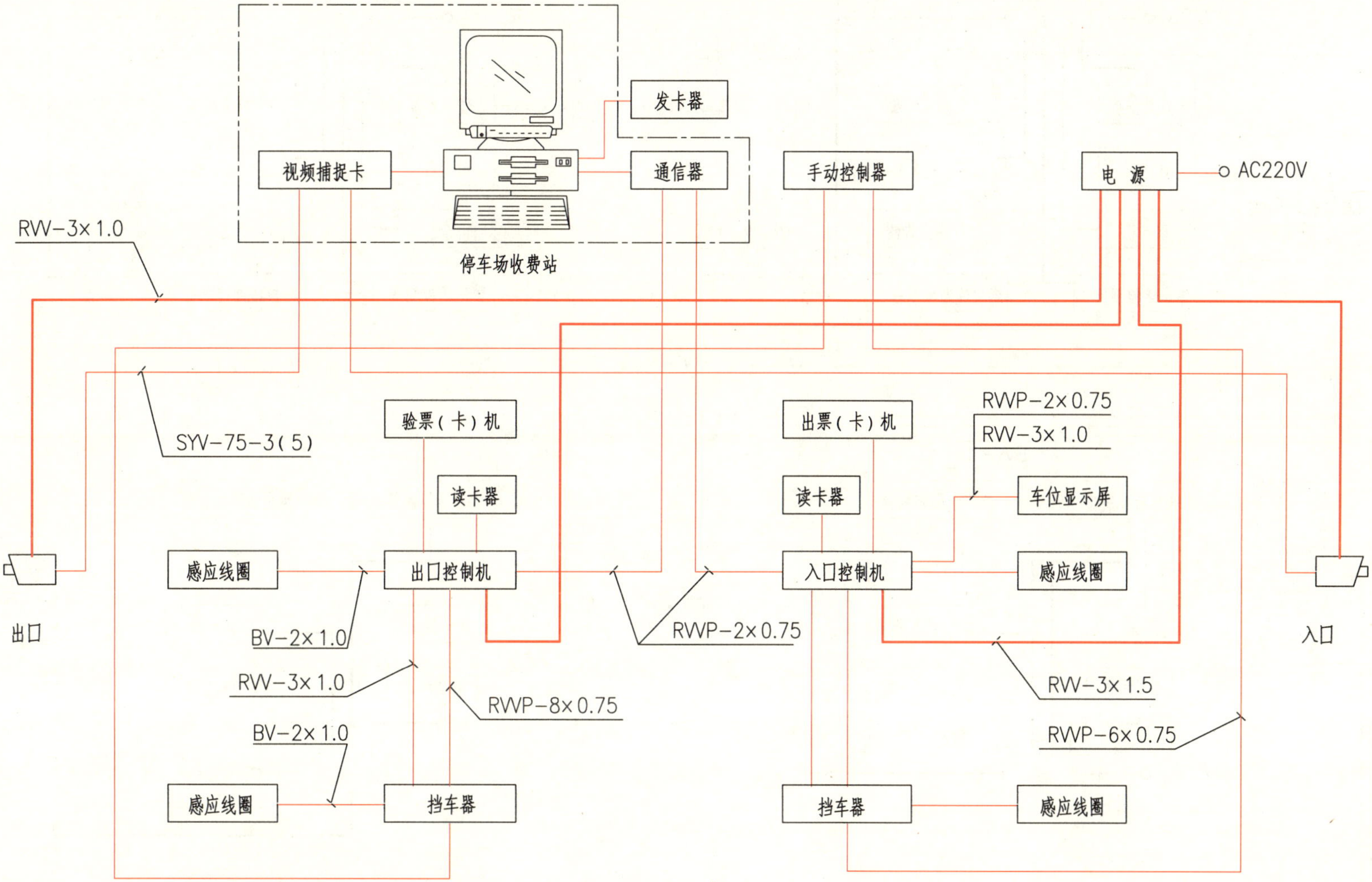

注：1. 本图为一入一出的停汽车场(库)管理系统。

2. 2−81~2−84页标注的缆线型号、规格及数量，与所选系统有关，图中参数仅供参考。

安全防范	一入一出型停车场(库)管理系统	图集号	09X700-2
审核 孙兰 校对 杨国胜 设计 朱立彤		页	2-81

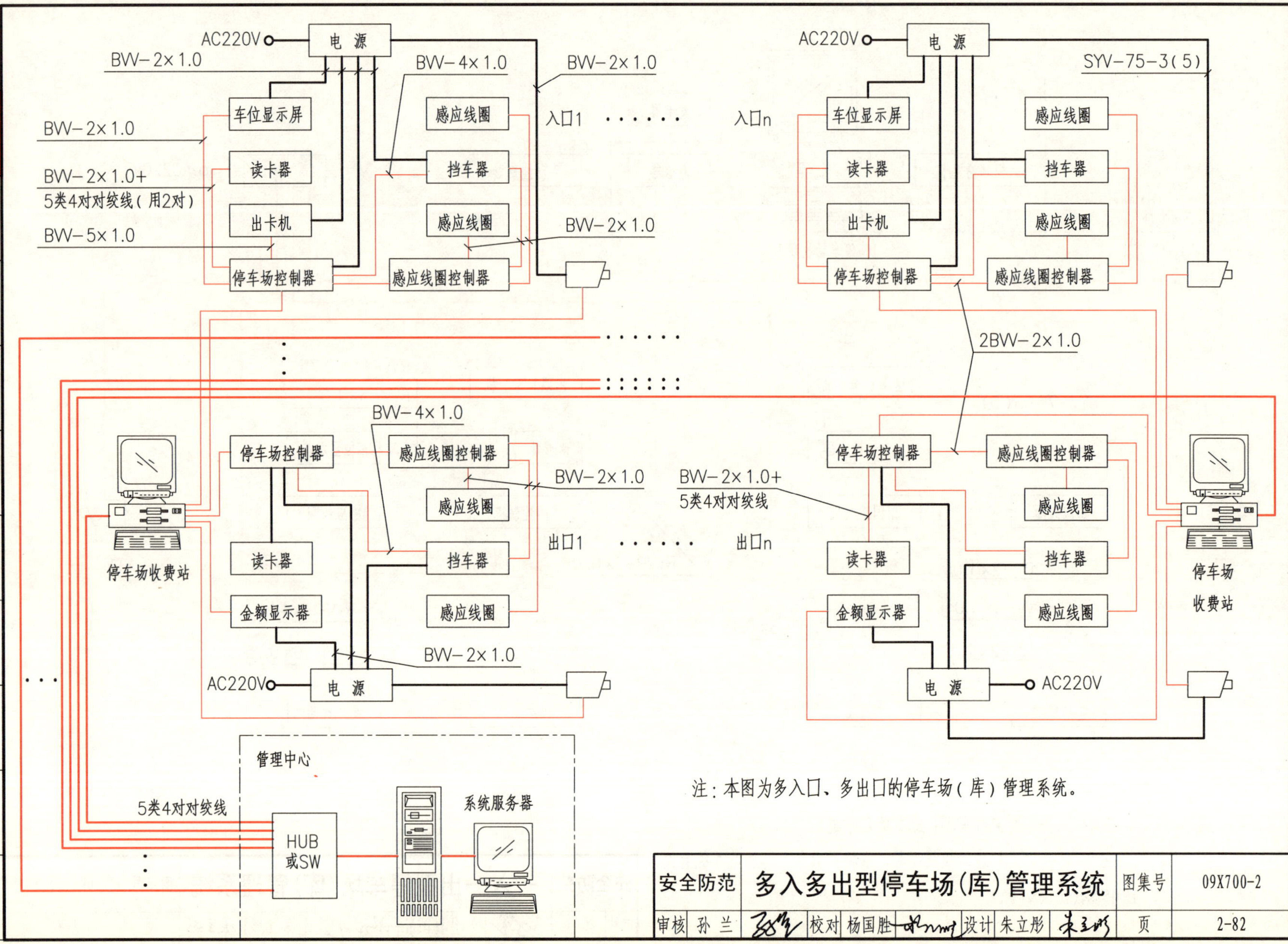

注：本图为多入口、多出口的停车场(库)管理系统。

安全防范	多入多出型停车场(库)管理系统	图集号	09X700-2
审核 孙兰 校对 杨国胜 设计 朱立彤		页	2-82

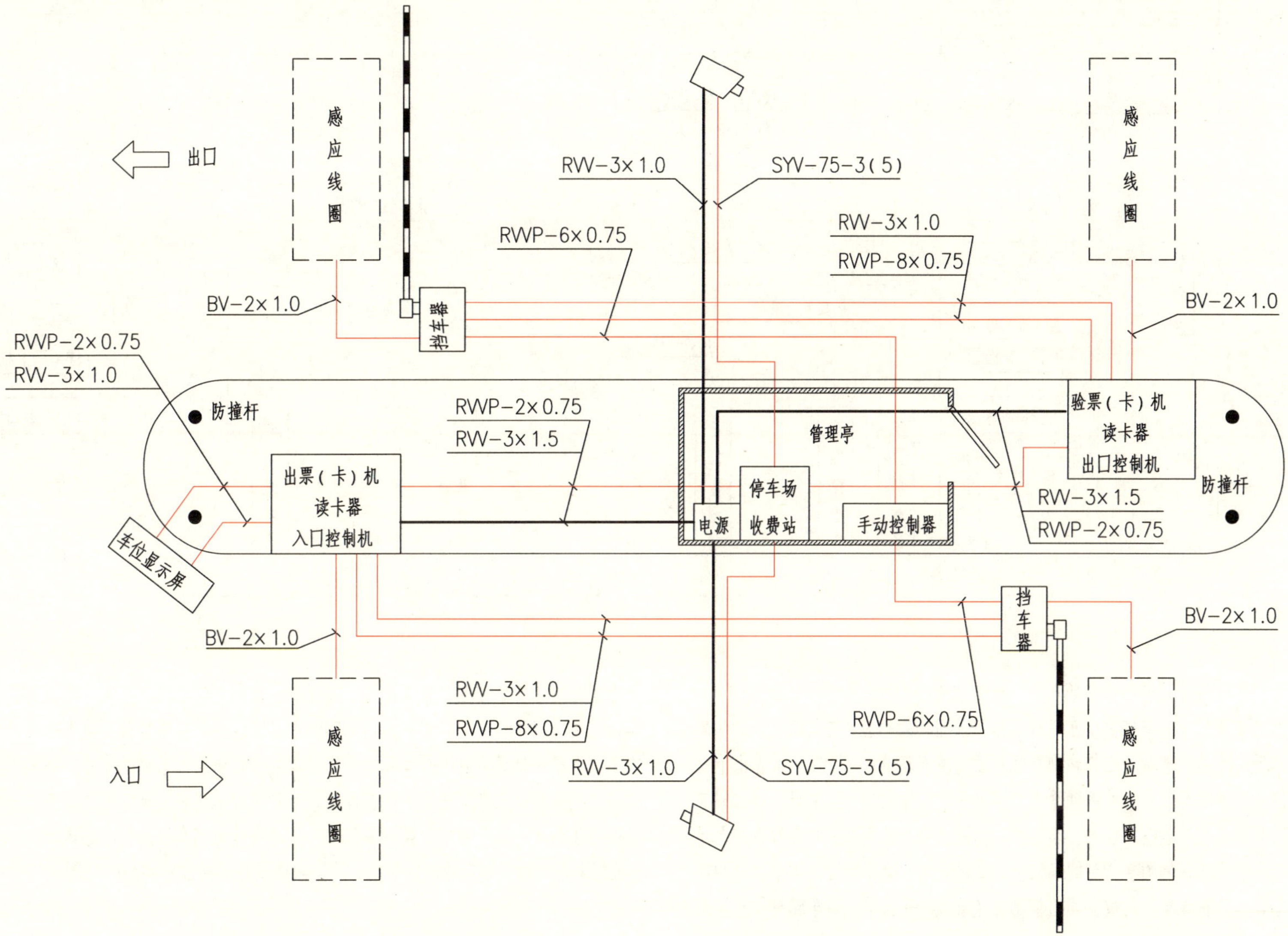

注：本图为一入一出的停车场(库)管理系统设备图布置。

安全防范	停车场(库)管理系统设备、线路平面图	图集号	09X700-2
审核 孙兰 校对 杨国胜 设计 朱立彤		页	2-83

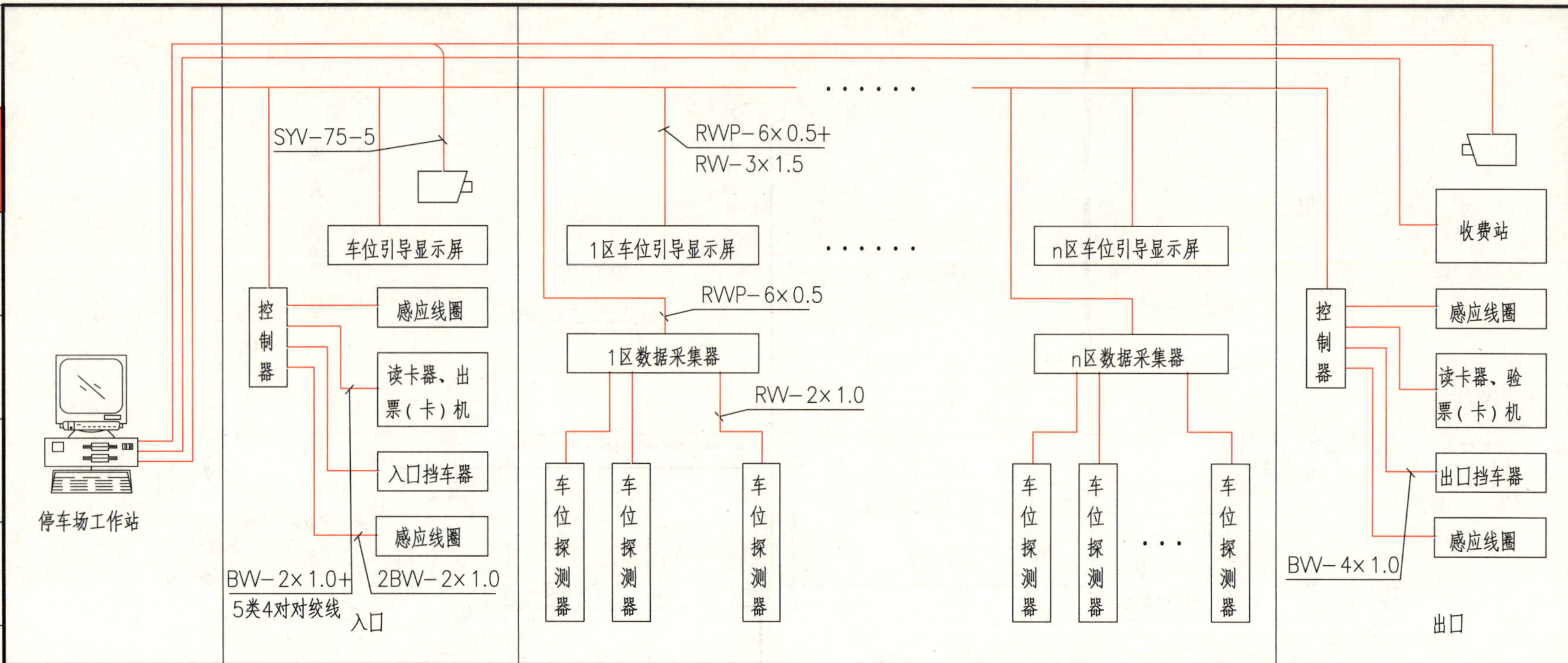

注：

1. 本系统为具有车位引导功能的停车场(库)管理系统。
2. 车位引导的工作原理：当车辆进出车库时，出、入口处的感应线圈将探测到的信息传送到停车场工作站。停车场工作站则根据车库内现有车位占用情况，计算出下一个最佳可停泊车辆的车位号，并将计算出的信息传送给车位引导显示屏，车位引导显示屏此时将显示出最佳空车位及行车路线。驾驶员在车位引导显示屏和各种引导标志的引导下，将车辆停泊在指定的车位上。此时安装在这个车位处的车位探测器探测到该车辆，并将该车位已被占用的信息发送给数据采集器。当车辆离开车位要驶出车库时，安装在这个车位处的车位探测器探测到信号发生变化，即可判断出该车位已无车辆停泊，并将该车位已无车的信息发送给数据采集器。数据采集器对接收到的各车位信息实时进行处理，并将处理结果传送给停车场工作站。停车场工作站将这些信息存入系统数据库供查询统计，并实时地将有关车位使用状态发送给车位引导显示屏，使车位引导显示屏能实时显示出最佳空车位及行车路线。
3. 车位探测器可选用超声波、红外线、感应线圈或压电橡胶等类型的探测器。

安全防范	车位引导型停车场(库)管理系统					图集号	09X700-2
审核	孙兰	校对	杨国胜	设计	朱立彤	页	2-84

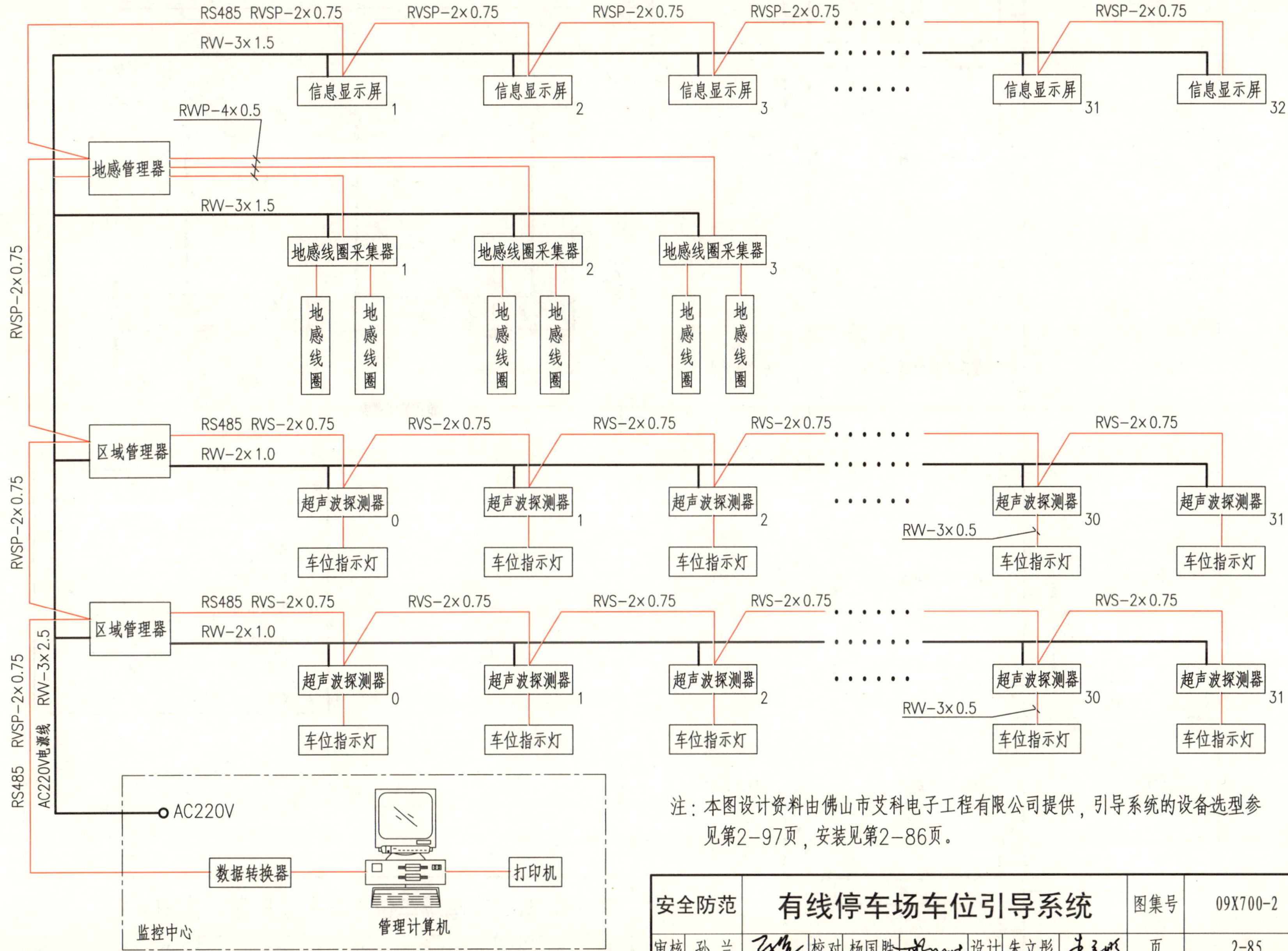

注：本图设计资料由佛山市艾科电子工程有限公司提供，引导系统的设备选型参见第2−97页，安装见第2−86页。

安全防范	有线停车场车位引导系统					图集号	09X700−2
审核	孙兰	校对	杨国胜	设计	朱立彤	页	2−85

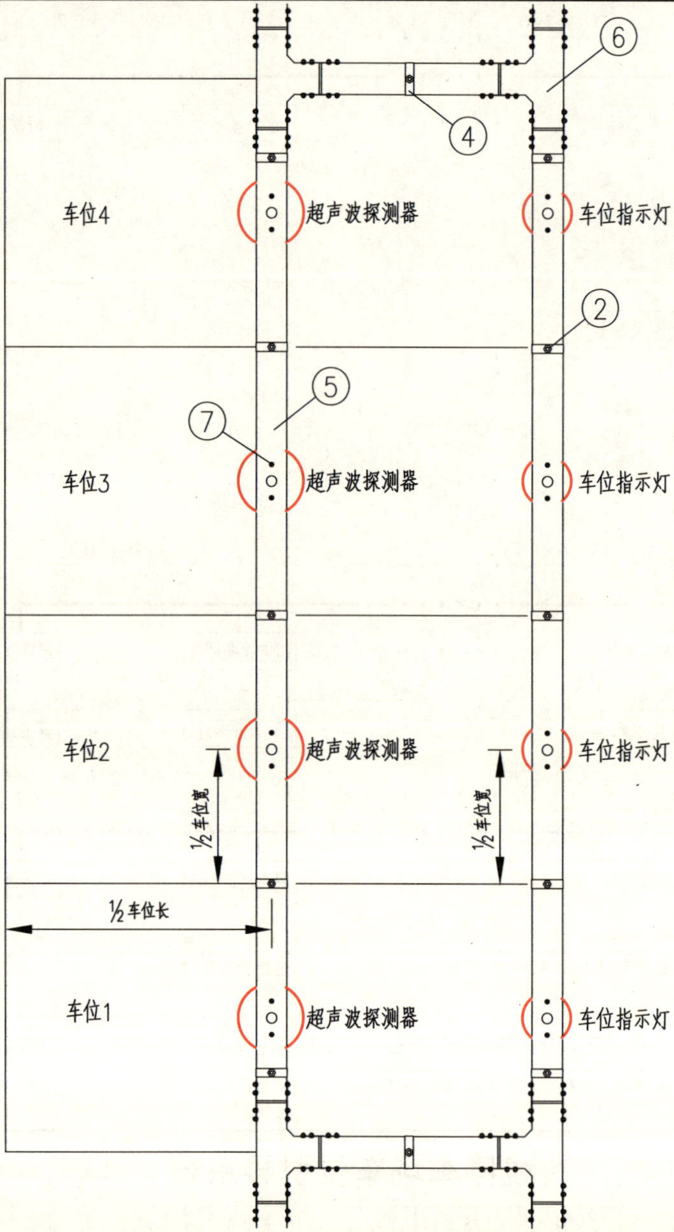

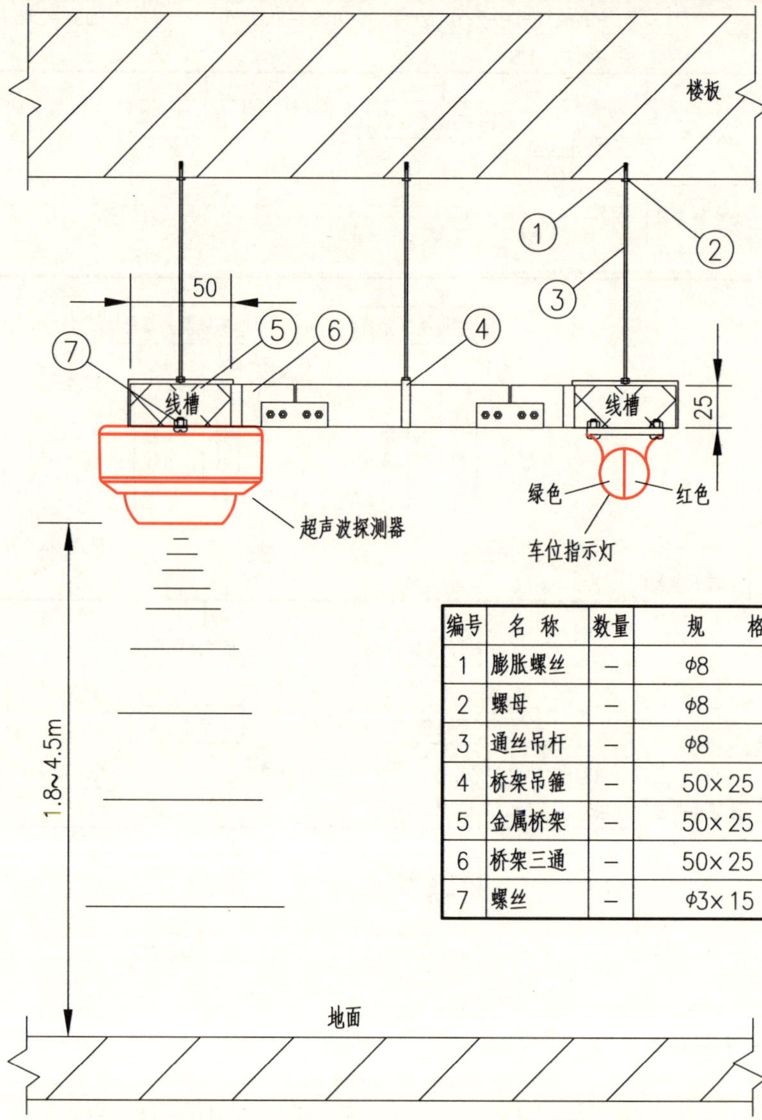

编号	名 称	数量	规 格
1	膨胀螺丝	—	φ8
2	螺母	—	φ8
3	通丝吊杆	—	φ8
4	桥架吊箍	—	50×25
5	金属桥架	—	50×25
6	桥架三通	—	50×25
7	螺丝	—	φ3×15

安全防范	有线停车场车位引导系统安装示意图	图集号	09X700-2
审核 孙兰	校对 杨国胜 设计 朱立彤	页	2-86

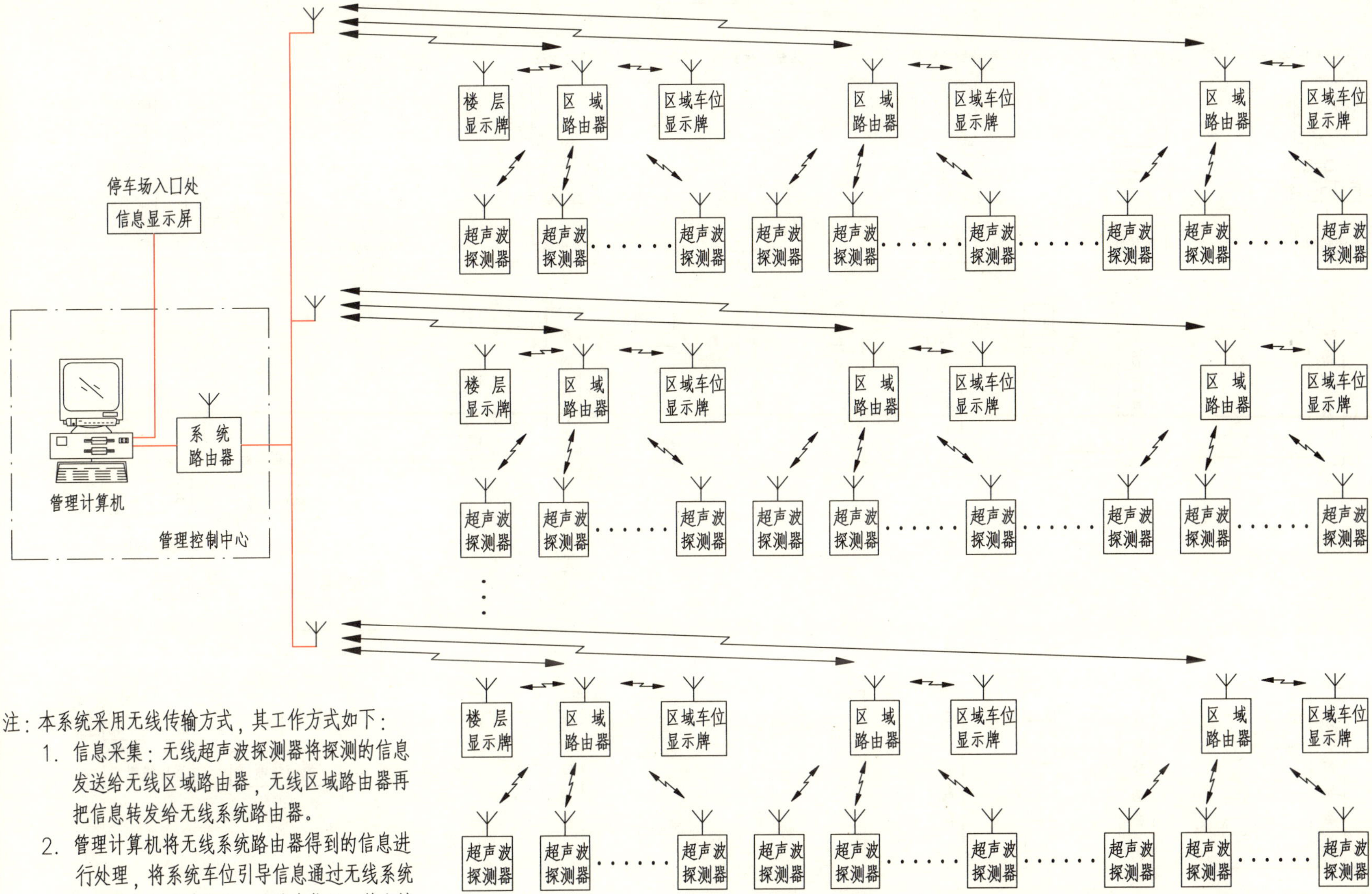

注：本系统采用无线传输方式，其工作方式如下：

1. 信息采集：无线超声波探测器将探测的信息发送给无线区域路由器，无线区域路由器再把信息转发给无线系统路由器。
2. 管理计算机将无线系统路由器得到的信息进行处理，将系统车位引导信息通过无线系统路由器、区域路由器、区域车位显示牌和楼层显示牌进行车位信息显示。

安全防范	无线停车场车位引导系统	图集号	09X700-2
审核 孙兰 校对 杨国胜 设计 朱立彤		页	2-87

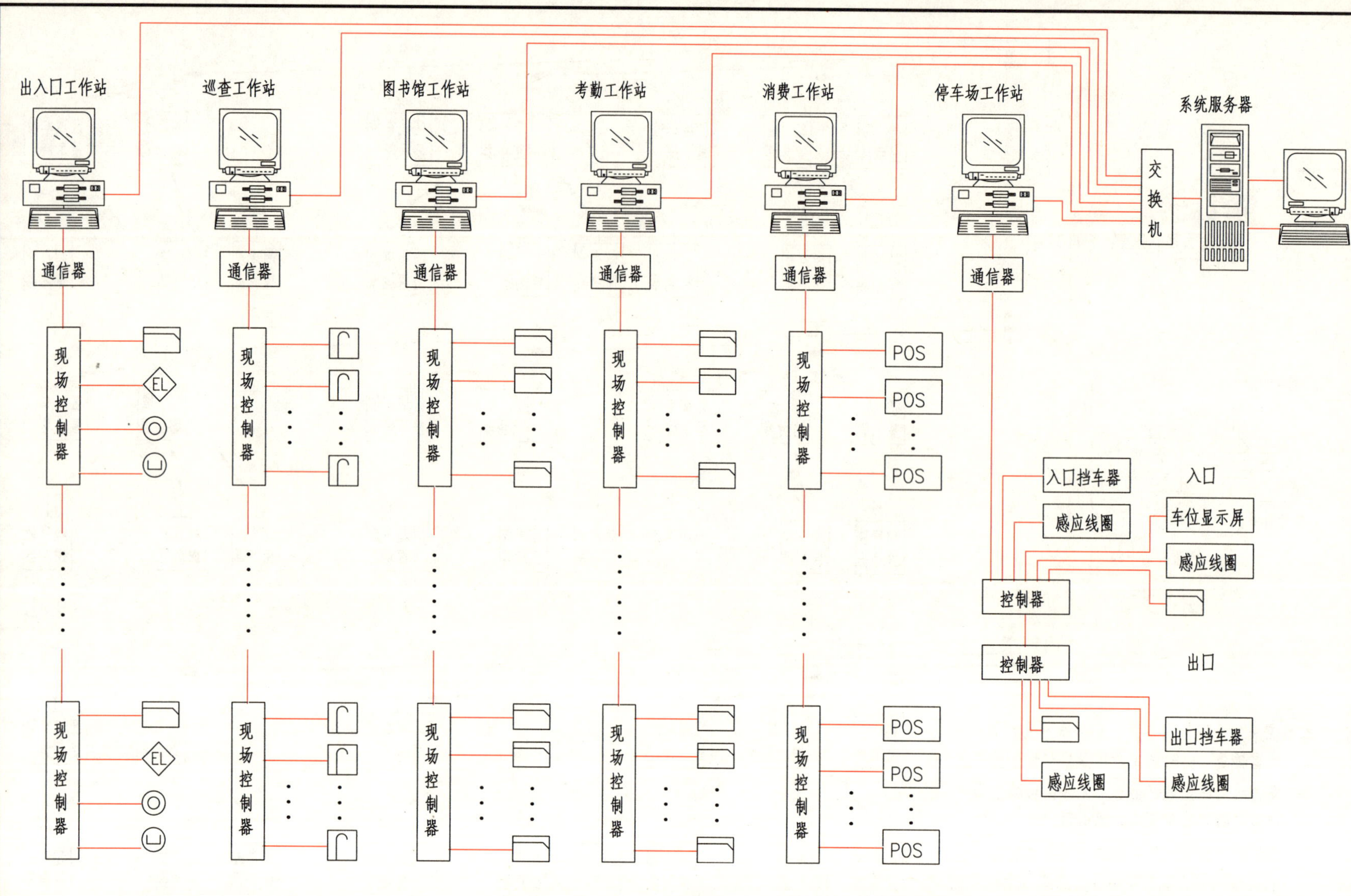

注：本图所示一卡通管理系统模式，在使用时应注意数据库的管理权限和现场的控制权限的合理分割(隔)。

安全防范	一卡通管理系统功能示意					图集号	09X700-2
审核	孙兰	校对	杨国胜	设计	朱立彤	页	2-88

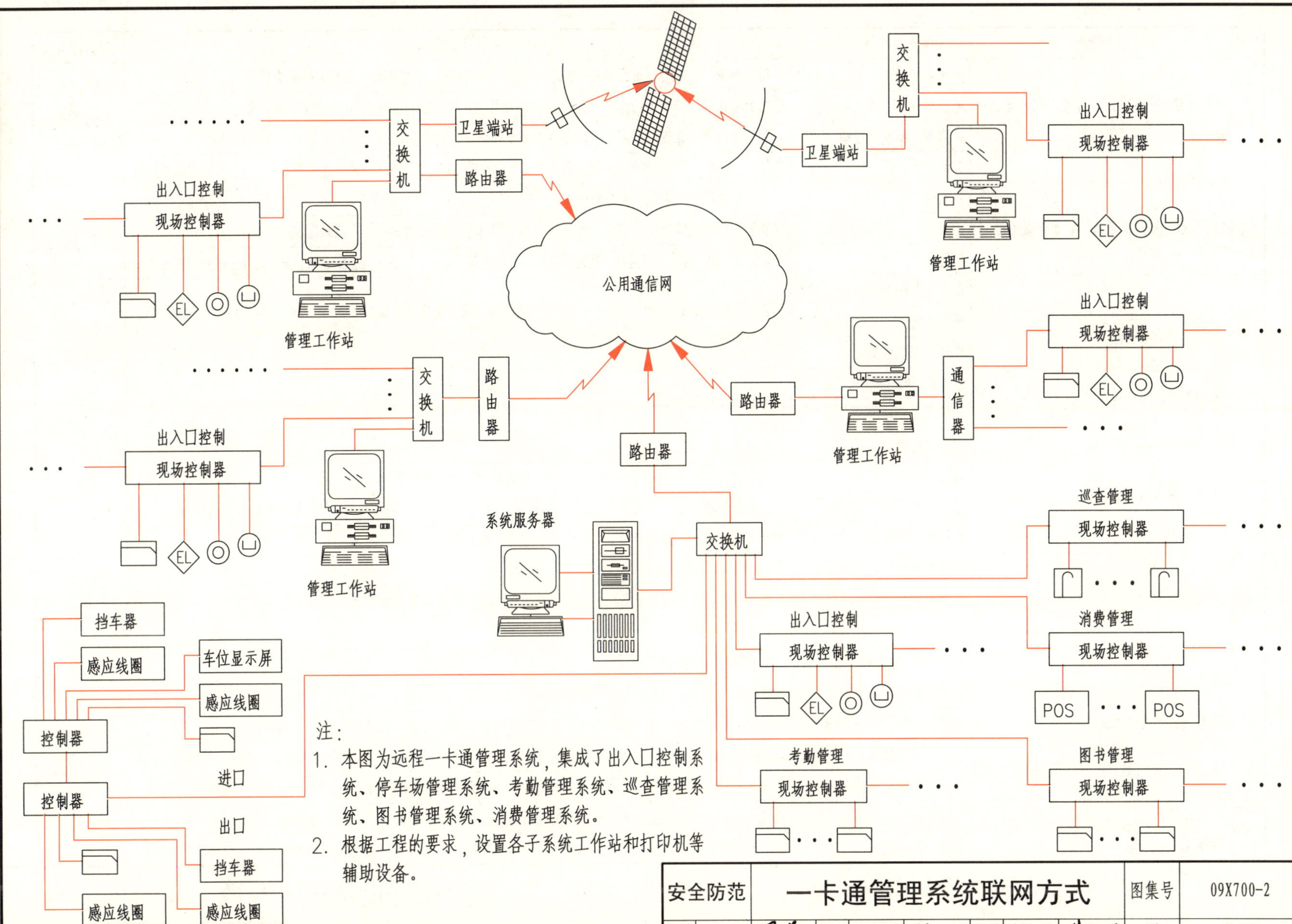

注：

1. 本图为远程一卡通管理系统，集成了出入口控制系统、停车场管理系统、考勤管理系统、巡查管理系统、图书管理系统、消费管理系统。
2. 根据工程的要求，设置各子系统工作站和打印机等辅助设备。

安全防范	一卡通管理系统联网方式	图集号	09X700-2
审核 孙兰	校对 杨国胜 设计 朱立彤	页	2-89

序号	应用场所	常采用的执行设备	安装设计要点	安装图页次
1	单向开启、平开木门（含带木框的复合材料门）	阴极电控锁	适用于单扇门；安装位置距地面90～110cm边门框处；可与普通单舌机械锁配合使用	6-84
		电控撞锁、一体化电子锁	适用于单扇门；安装于门体靠近开启边，距地面90～110cm处；配合件安装在边门框上	6-82
		磁力锁、阳极电控锁	安装于上门框，靠近门开启边；配合件安装于门体上；磁力锁的锁体不应暴露在防护面（门外）	6-80
		自动平开门机	安装于上门框；应选用带闭锁装置的设备或另加电控锁；外挂式门机不应暴露在防护面（门外）；应有防夹措施	—
2	单向开启、平开镶玻璃门（不含带木框门）	阳极电控锁	适用于单扇门；安装位置距地面90～110cm边门框处；可与普通单舌机械锁配合使用	—
		磁力锁	安装于上门框，靠近门开启边；配合件安装于门体上；磁力锁的锁体不应暴露在防护面（门外）	6-81
		自动平开门机	安装于上门框；应选用带闭锁装置的设备或另加电控锁；外挂式门机不应暴露在防护面（门外）；应有防夹措施	—
3	单向开启、平开玻璃门	带专用玻璃门夹的阳极电控锁	安装位置同本表第1条相关内容；玻璃门夹的作用面不应安装在防护面（门外）；无框（单玻璃框）门的锁引线应有防护措施	6-80
		带专用玻璃门夹的磁力锁		
		玻璃门夹电控锁		
4	双向开启、平开玻璃门	带专用玻璃门夹的阳极电控锁	同本表第3条相关内容	—
		玻璃门夹电控锁		6-85
5	单扇、推拉门	阳极电控锁	同本表第1条、第3条相关内容	—
		磁力锁	安装于边门框；配合件安装于门体上；不应暴露在防护面（门外）	6-81
		推拉门专用电控挂钩锁	根据锁体结构不同，可安装于上门框或边门框；配合件安装于门体上；不应暴露在防护面（门外）	—
		自动推拉门机	安装于上门框；应选用带闭锁装置的设备或另加电控锁；应有防夹措施	—
6	双扇、推拉门	阳极电控锁	同本表第1条、第3条相关内容	6-83
		推拉门专用电控挂钩锁	应选用安装于上门框的设备；配合件安装于门体上；不应暴露在防护面（门外）	—
		自动推拉门机	同本表第5条相关内容	—
7	金属防盗门	电控撞锁、磁力锁、自动门机	同本表第1条、第5条相关内容	—
		电机驱动锁舌电控锁	根据锁体结构不同，可安装于门框或门体上	—
8	防尾随人员快速通道	电控三棍闸、自动启闭速通门	应与地面有牢固的连接；常与非接触式读卡器配合使用；自动启闭速通门应有防夹措施	—
9	小区大门、院门等（人员、车辆混行通道）	电动伸缩栅栏门	固定端与地面应牢固连接；滑轨应水平铺设；门开口方向应在值班室一侧；启闭时应有声、光指示并有防夹措施	—
		电动栅栏式栏杆机	应与地面有牢固的连接，适用于不限高的场所，不宜选用闭合时间小于3s的产品，应有防砸措施	—
10	一般车辆出入口	电动栏杆机	应与地面有牢固的连接；用于有限高的场所时，栏杆应有曲臂装置；应有防砸措施	—
11	防闯车辆出入口	电动升降式地挡	应与地面有牢固的连接；地挡落下后，应与地面在同一水平面上；应有防止车辆通过时，地挡顶车的措施	—

注：2-90～2-92页根据《出入口控制系统工程设计规范》GB50396-2007编制。

安全防范	常用执行设备技术参数	图集号	09X700-2
审核 刘希清 校对 施巨岭 设计 朱峰		页	2-90

<table>
<tr><th>名　称</th><th>适应场所</th><th>主要特点</th><th>安装设计要点</th><th>适宜工作环境和条件</th><th>不适宜工作环境和条件</th><th>安装图页次</th></tr>
<tr><td>普通密码键盘</td><td>人员出入口，授权目标较少的场所顶、壁挂等</td><td>密码易泄漏、易被窥视，保密性差，密码需经常查换</td><td rowspan="5">用于人员通道门，宜安装于距门开启边20～30cm，距地面1.2～1.4m处；
用于车辆出入口，宜安装于车道左侧距地面高1.2m，距挡车器3.5m处。</td><td rowspan="3">室内安装；
如需室外安装，需选用密封性良好的产品。</td><td rowspan="2">不易经常查换密码且授权目标较多的场所</td><td rowspan="2">—</td></tr>
<tr><td>乱序密码键盘</td><td>人员出入口授权目标较少的场所</td><td>密码易泄漏，密码不易被窥视，保密性较普通密码键盘高，需经常查换</td></tr>
<tr><td>磁卡识读设备</td><td>人员出入口，较少用于车辆出入口</td><td>磁卡携带方便、便宜，易被复制、磁化，卡片及读卡设备易被磨损，需经常维护</td><td>室外可被雨淋处；尘土较多的地方；环境磁场较强的场所</td><td rowspan="3">6-78</td></tr>
<tr><td>接触式IC卡读卡器</td><td>人员出入口</td><td>安全性高，卡片携带方便，卡片及读卡设备易被磨损，需经常维护</td><td>室内安装；
适合人员通道。</td><td rowspan="2">室外可被雨淋处；静电较多的场所；尘土较多的地方</td></tr>
<tr><td>接触式TM卡（纽扣式）读卡器</td><td>人员出入口</td><td>安全性高，卡片携带方便，不易被磨损</td><td>可安装在室内、外；
适合人员通道。</td></tr>
<tr><td>条码识读设备</td><td>用于临时车辆出入口</td><td>介质一次性使用，易被复制、易损坏</td><td>宜安装在出口收费岗亭内，由操作员使用</td><td>停车场收费岗亭内</td><td>非临时目标出入口</td><td>—</td></tr>
<tr><td>非接触只读式读卡器</td><td>人员出入口；停车场出入口</td><td>安全性较高，卡片携带方便，不易被磨损，全密封的产品具有较高的防水、防尘能力</td><td rowspan="3">用于人员通道门，宜安装于距门开启边20～30cm，距地面1.2～1.4m处；
用于车辆出入口，宜安装于车道左侧距地面高1.2m，距挡车器3.5m处；用于车辆出入口超远距离的有源读卡器（读卡距离>5m），应根据现场实际情况选择安装位置，应避免尾随车辆先读卡。</td><td rowspan="3">可安装在室内、外；
近距离读卡器（读卡距离<50cm）适合人员通道；
远距离读卡器（读卡距离>50cm）适合车辆出入口。</td><td rowspan="3">电磁干扰较强的场所；较厚的金属材料表面；
工作在900MHz频段下的人员出入口；
无防冲撞机制（防冲撞：可依次读取同时进入感应区域的多张卡），读卡距离>1m的人员出入口。</td><td rowspan="3">6-78</td></tr>
<tr><td>非接触可写、不加密式读卡器</td><td>人员出入口；消费系统一卡通应用的场所</td><td>安全性不高，卡片携带方便，易被复制，不易被磨损，全密封的产品具有较高的防水、防尘能力</td></tr>
<tr><td>非接触可写、加密式读卡器</td><td>人员出入口；与消费系统一卡通应用的场所</td><td>安全性高，无源卡片，携带方便不易被磨损，不易被复制，全密封的产品具有较高的防水、防尘能力</td></tr>
</table>

名称	主要特点		安装设计要点	适宜工作环境和条件	不适宜工作环境和条件
指纹识读设备	指纹头设备易于小型化 识别速度很快 使用方便 需人体配合的程度较高	操作时需人体接触识读设备	用于人员通道门，宜安装于适合人手配合操作，距地面1.2~1.4m处； 当采用的识读设备，其人体生物特征信息存储在目标携带的介质内时，应考虑该介质如被伪造而带来的安全性影响	室内安装 使用环境应满足产品选用的不同传感器所要求的使用环境要求	操作时需人体接触识读设备，不适宜安装在医院等容易引起交叉感染的场所
掌形识读设备	识别速度较快 需人体配合的程度较高				
虹膜识别设备	虹膜被损伤、修饰的可能性很小，也不易留下被可能复制的痕迹 需人体配合的程度很高 需要培训才能使用	操作时不需人体接触识读设备	用于人员通道门，宜安装于适合人眼部配合操作，距地面1.5~1.7m处	环境亮度适宜、变化不大的场所	环境亮度变化大的场所，背光较强的地方
面部识别设备	需人体配合的程度较低，易用性好。适于隐蔽地进行面像采集、对比		安装位置应便于摄取面部图像的设备能以最大面积、最小失真地获得人脸正面图像		

注：1. 当识读设备采用1:N对比模式时，不需由编码识读方式辅助操作，当目标数多时识别速度及误识率的综合指标下降。
2. 当识读设备采用1:1对比模式时，需编码识读方式辅助操作，识别速度及误识率的综合指标不随目标数多少变化。
3. 当采用的识读设备，其人体生物特征信息的存储单元位于防护面时，应考虑该设备被非法拆除时数据的安全性。
4. 当采用的识读设备，其人体生物特征信息存储在目标携带的介质内时，应考虑该介质如被伪造而带来的安全性影响。
5. 所选用的识读设备，其误识率、拒认率、识别速度等指标应满足实际应用的安全与管理要求。

安全防范	用人体生物特征识读设备技术参数	图集号	09X700-2
审核 刘希清 校对 施巨岭 设计 朱峰		页	2-92

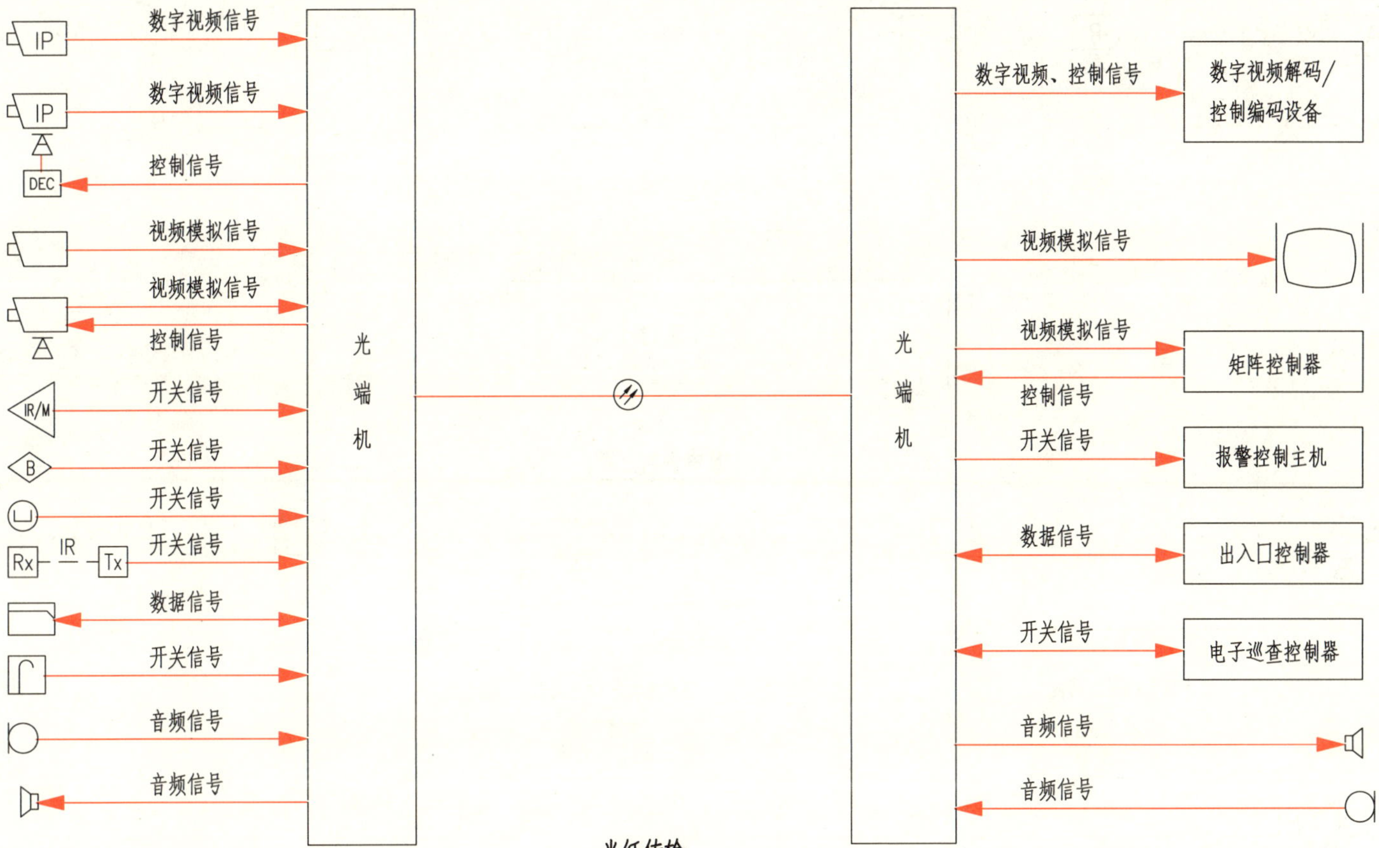

光纤传输

光纤传输的特点及选择

应用内容	光纤传输的特点	选择光纤传输的原因
视频监控、入侵报警、出入口控制、音频信号	在1芯光纤上可传输多路视频、音频、数据信号	远距离传输，所需缆线少，传输管路较少。不受电磁干扰，防潮、防雷击，通信信息安全

注：
1. 当视频传输距离大于300m时，宜采用光缆。
2. 本图仅画出了光端机与各种设备的连接，光端机的选用按其端口用途及数量确定。

安全防范	光纤的传输方式	图集号	09X700-2
审核 刘希清 校对 杨国胜 设计 朱立彤		页	2-93

消防 安防 监控 通信 网络 布线 电视 广播 会议 显示 集成

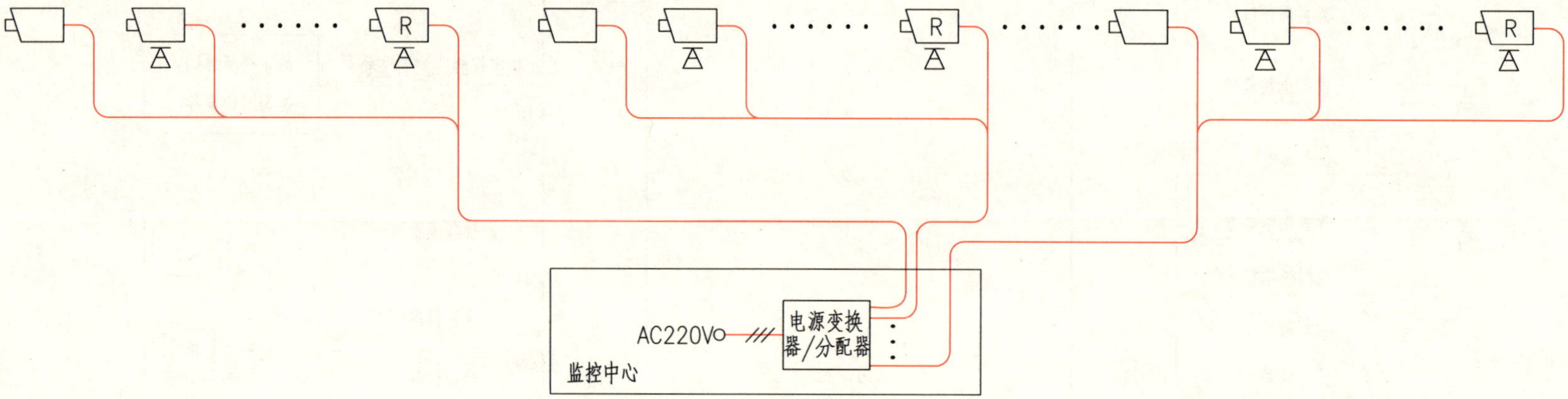

集中供电方案Ⅰ

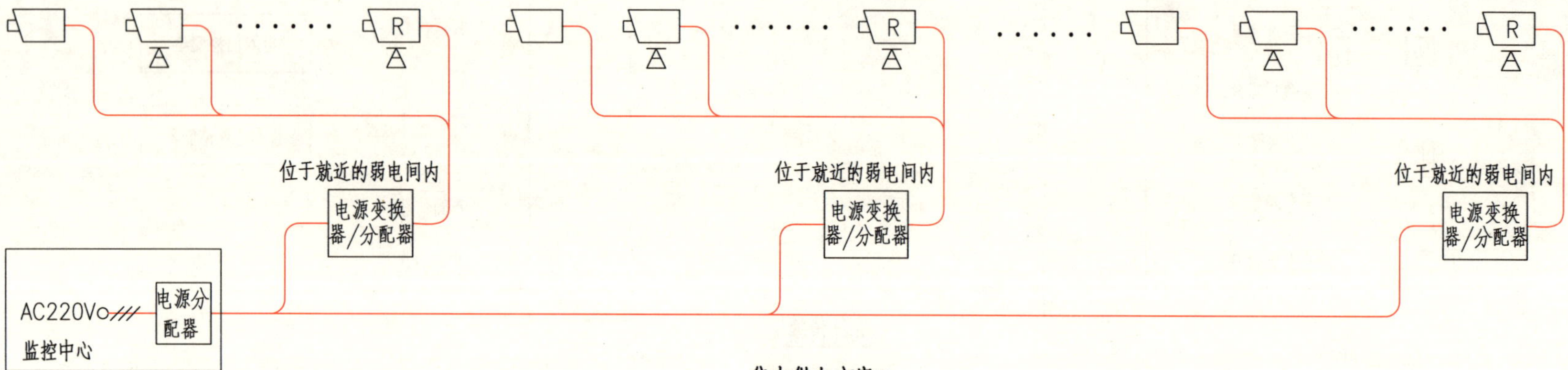

集中供电方案Ⅱ

注：

1. 摄像机采用低压直流或交流电源供电，一般为DC12V或AC24V。
2. 集中供电方式均由监控中心集中供电。集中供电方案Ⅰ是将电源变换器安装在监控中心，集中供电方案Ⅱ是将电源变换器安装在各层或各区。
3. 集中供电方式适用于对前端设备供电线路的距离较短的系统。
4. 其他子系统的集中供电方案也可参照本图。

安全防范	摄像机供电方式					图集号	09X700-2
审核	孙兰	校对	朱立彤	设计	杨国胜	页	2-94

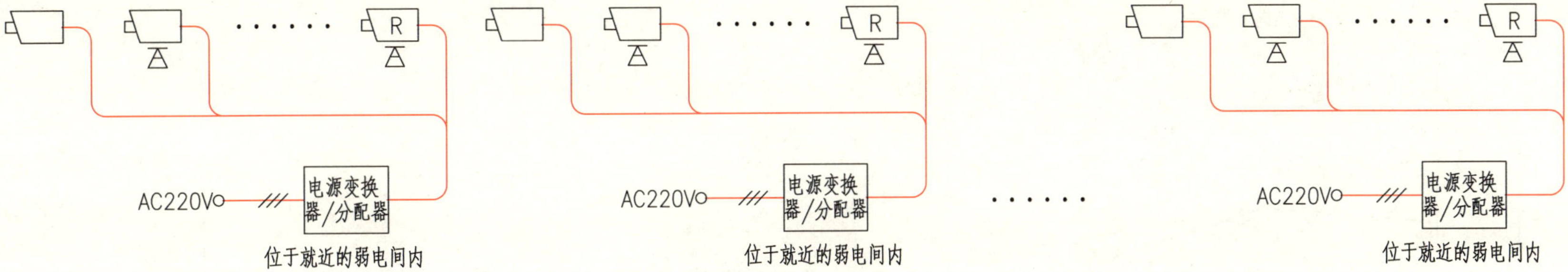

本地供电方案Ⅰ

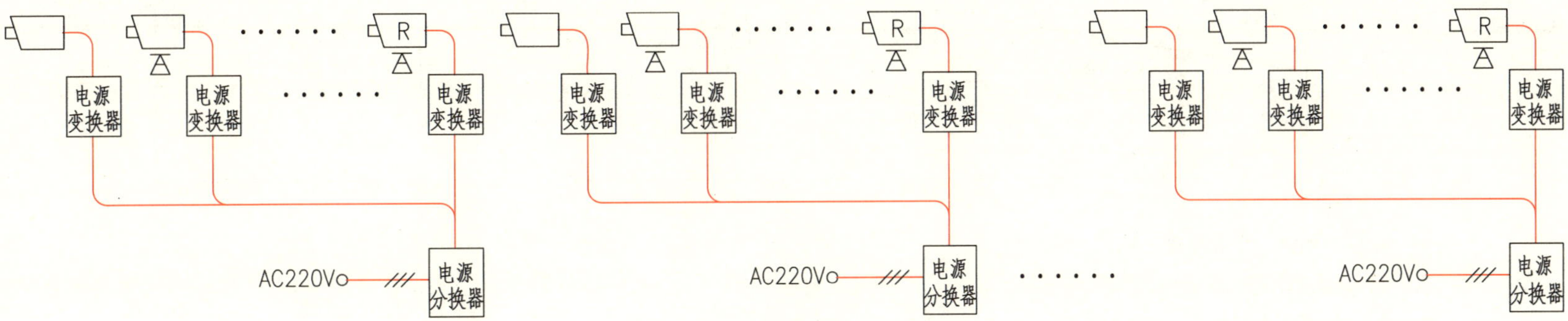

本地供电方案Ⅱ

注：

1. 摄像机采用低压直流或交流电源供电，一般为DC12V或AC24V。
2. 本地供电方式由各层或各区域当地供电。本地供电方案Ⅰ是将电源变换器集中安装在区域的弱电间内，本地供电方案Ⅱ是将电源变换器安装在离摄像机查近的位置，一般每一台摄像机对应一台电源变换器。
3. 本地供电方式适用于对前端设备供电线路的距离较长、前端设备位置较分散的系统。
4. 其他子系统的本地供电方式也可参照本图。

安全防范	摄像机供电方式	图集号	09X700-2
审核 孙兰 校对 朱立彤 设计 杨国胜		页	2-95

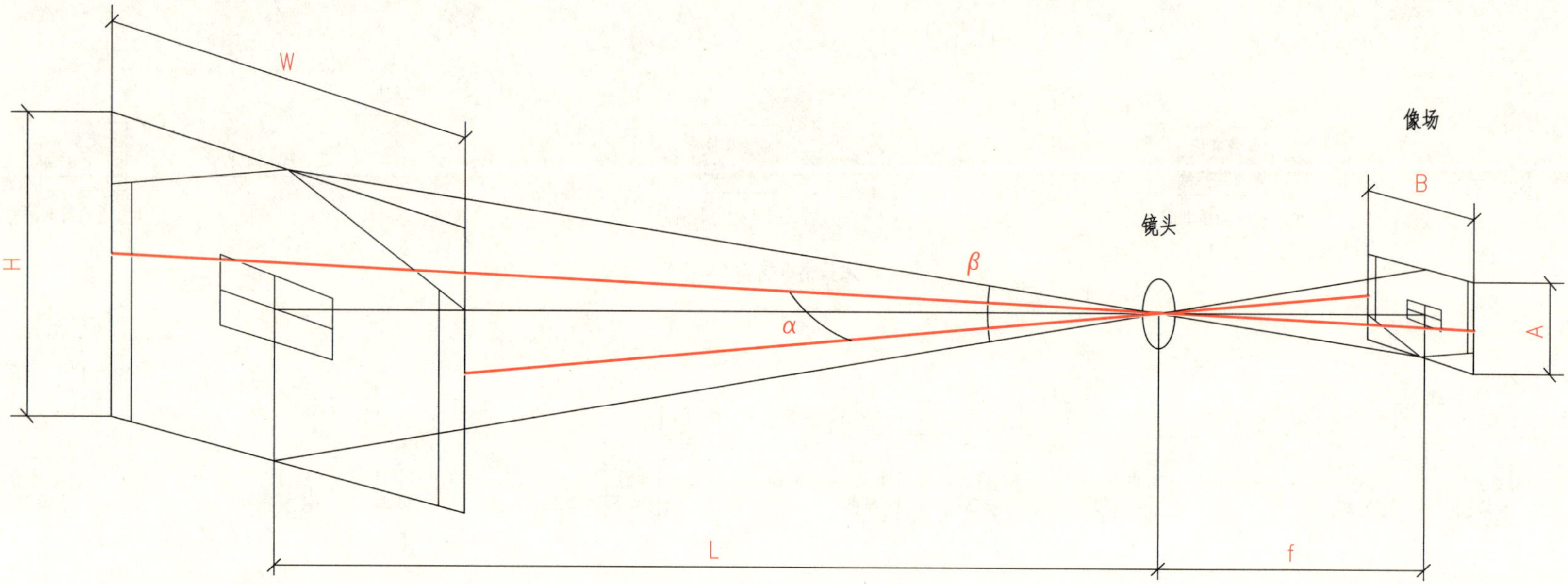

f—焦距（mm）（焦距≈像距）

A、B—像场高、宽（mm）

L—镜头到监视目标的距离（mm）

H、W—视场高、宽（mm）

$$f=\frac{A\times L}{H}=\frac{B\times L}{W}$$

α—水平视场角

β—垂直视场角

$$\tan\frac{\alpha}{2}=\frac{B}{2f}$$

$$\tan\frac{\beta}{2}=\frac{A}{2f}$$

注：

1. 镜头焦距的选择根据视场大小、感光面大小（通常指CCD靶面的二维尺寸，一般用他作为成像的最大尺寸）和镜头到监视目标的距离等来确定。通常摄像机和镜头的说明书会提示镜头和视场角的关系。一般视场角越大，同样距离和大小的观察目标成像越小。
2. 在视场角和目标成像大小之间需根据实际要求进行折中，否则，只能采用遥控摄像机，但一般也不能用一台摄像机达到同时既能有足够大的视场范围，又有足够大的目标成像的效果。若要同时兼顾，应在现场设置至少两台不同焦距和观察角度的摄像机。

安全防范	摄像机镜头选择计算	图集号	09X700-2
审核 孙兰 校对 朱立彤 设计 杨国胜		页	2-96

AKE停车场车位引导系统

1.AKE停车场车位引导系统采用总线制布线方式，J06数据转换器与G04P区域管理器、G04D地感管理器和INFO LED信息显示屏之间采用RS485通信方式，距离不能超过400m，距离超过400m或超过32块信息显示屏时，必须加装信号中继器（为了稳定起见，通信距离建议不超过400m）。

2.G04P区域管理器与P08超声波探测器之间采用RS485通信方式，距离不能超过300m，超过必须加装信号中继器。

3.G04P区域管理器、G04D地感管理器、C04D地感线圈采集器和INFO LED信息显示屏的电源必须为专用线路，确保电源可靠，由220VAC直接供电。

4.G04P区域管理器输出电压为DC18-24V，P08超声波探测器由G04P区域管理器统一供电。

5.G04D地感管理器每一组接线端子与每一个C04D地感线圈采集器一一对应。

6.每台C04D地感线圈采集器可以带一组双向地感线圈。每台G04D地感管理器可以接3台C04D地感线圈采集器。

7.一台G04P区域管理器标准带载32个P08超声波探测器。

AKE停车场车位引导系统设备表

设备名称	型号	技术项目	技术参数
数据转换器	J06	工作电压	220VAC± 10%，50± 1Hz
		通信方式	上行RS232　下行RS485
区域管理器	G04P	工作电压	220VAC± 10%
		通信方式	RS485

续表

设备名称	型号	技术项目	技术参数
地感管理器	G04D	工作电压	220VAC
		脉冲频率	<0.5Hz
		脉冲宽度	>50ms
超声波探测器	P08	物理原理	超声波
		检测范围	0.5～4.5m
		检测最大误差	±0.1m
		工作电压	DC18～24V
		通信方式	RS485
信息显示屏	INFO LED	工作电压	220VAC± 10%
		通信方式	RS485
		传输速率	9600bps
		每字像数	16×16（红）
		单字尺寸	122×122（mm）
车位指示灯	L06	工作电压	DC18～24V
		功耗	0.5W
地感线圈采集器	C04D	供电电压	220VAC
		频率范围	20～2000Hz
		响应时间	100ms
		线圈电感	8～300uH

注：以上资料由佛山市艾科电子工程有限公司提供。

停车场车位引导系统的设备选用	图集号	09X700-2
	页	2-97

多功能对讲系统

1. 多功能对讲系统集有线对讲通信、无线对讲通信、门禁控制、监控、消防报警联动于一体，主要供大楼内部物业管理、安全保安管理、地下停车场管理。具有有线对讲、无线对讲、区域广播、事件控制（系统间的联动）等功能。

2. 本系统由多功能对讲主机、系统接口、对讲终端三部分组成。

3. 多功能对讲系统采用星型结构，通过大楼的综合布线和以太网扩展分部。

4. 多功能对讲系统主机为专用调度通信交换机，具有高质量语音（50Hz～18kHz）、呼叫反应速度快（100ms内接通）、多种语音通道等特点。

5. 系统提供音频、干节点信号输入/输出、RS232/RS485、SIP Trunk（RJ45）等接口方式。实现与无线对讲系统、广播系统、视频安防监控系统、门禁控制系统、消防报警系统、入侵检测系统等的联动。

6. 有线对讲终端包括值班室调度终端、台式终端、壁嵌式终端、壁挂终端；壁挂式扬声终端需要外接电源供电。调度终端具有大量直通键，对所有用户都能实现快速呼叫；台式终端具有大功率扬声和大范围拾音功能；壁挂终端具有抗噪、适用于恶劣环境的功能；使系统终端能够满足弱电控制室、保安/物业值班室、出入口控制岗位、停车场、配电间、空调机房、电梯、残疾人通道等环境的需要。

7. 多功能对讲主机支持网络接入，具有内嵌的SIP服务器，提供VoIP服务，在不增加任何硬件设备情况下接入专用的对讲终端和其他厂家生产的SIP终端。系统应支持IPv4/IPv6/Telnet/NTP/Syslog/SNMP/SIP/RTP/RTCP协议。

8. 对讲终端具有组呼/群呼、强插/强拆、呼叫请求、免操作应答、免挂机等功能。

9. 事件控制应用（出入口）：当客户按下出入口对讲终端时多功能对讲主机将自动接通门禁控制室对讲终端，同时将自动触发监控系统的摄像机，并将该摄像机画面自动切换到控制室主监视器上，值班员通过对讲终端控制出入口大门的打开。

10. 事件控制应用（消防辅助报警）：当多功能对讲系统接收到消防报警系统信号后将自动进行区域分辨，进行广播语音、视频报警和人员疏散，同时可以向门禁系统发送控制信号打开受控门，方便人员疏散。

多功能对讲系统设备表

设备名称	型 号	备注
多功能对讲交换机	AlphaComE	工作电压： 220VAC± 10%
		调制方式： 增量调制
无线对讲接口	FBSAR-WI	工作电压： 24VDC
		接口信号： 音频收、音频发、PTT、GND
广播系统接口	FBSAR	工作电压： 24VDC
		接口信号： 音频信号、干节点控制信号
控制室终端	CRMIV	具有系统所有调度功能，标准键盘和48～100个直通键适用于弱电控制室和指挥调度岗位
台式终端	7072	具有系统所有调度功能，标准键盘和10个直通键，1W扬声器，适用于办公室、值班室环境
		通讯接口： RJ45
壁挂终端1	7080	具有防水、防尘功能，防护等级IP54，配有标准键盘适用于配电间、弱电机房等环境
壁挂终端2	7082	具有防水、防尘、抗噪、广播扬声功能，防护等级IP65，配有标准键盘和4个直通键适用于空调机房、停车场、机电设备机房等环境较恶劣的场所
		外接220VAC电源，外接15W扬声器
壁嵌终端	子终端	具有抗破坏功能，采用嵌入式安装方式，可以触发视频监控系统，采用单键方式，适用于出入口、残疾人通道等
IP终端	—	具有适用于各种环境的终端类型，台式终端、壁挂终端、壁嵌终端等功能与以上终端相同
		支持PoE供电或外接24VDC

注：以上资料由北京挪拉斯坦特芬通信设备有限公司提供。

多功能对讲系统的设备选用	图集号	09X700-2
	页	2-98

编 制 说 明

1 设计依据

《智能建筑设计标准》GB/T 50314-2006

《民用建筑电气设计规范》JGJ 16-2008

2 适用范围

2.1 本图集适用于新建、改建、扩建通用型公共建(构)筑物(及建筑群)、住宅建筑(小区)的建筑设备监控系统设计。

2.2 本图集适用于专业人员在从事建筑设备监控系统设计、施工和验收时使用;也可供设计审图、监理、投资等部门的技术人员参考。

3 修编内容

3.1 本图集根据国家现行标准对97X700-2-5《楼宇设备自控系统》进行修编,并融入02X201-1《空调系统控制》、03X201-2《建筑设备监控系统设计安装》部分内容。

3.2 增加补充了冰蓄冷冷冻系统监控原理图、地源热泵系统监控原理图、带转轮热交换新风机组监控原理图、板式热回收全空气处理机监控原理图、变风量空调机组监控原理图、中水系统监控原理图、中央空调分户计量系统等。

3.3 建筑设备监控系统的控制室一般与其他弱电系统控制室合用,控制室布置可见本图集的第3部分"机房工程";供电见第4部分"供电电源";缆线见第5部分"缆线敷设";传感器、压差开关、流量开关、风门执行器等安装见第6部分"设备安装"、接地见第7部分"防雷与接地"。

4 主要内容

4.1 编制说明及设计要点

4.2 建筑设备监控系统框图、BAS网络拓扑结构图。

4.3 监控原理图包括冷源系统监控原理图、热交换系统控制原理图、新风机组监控原理图、空气处理机监控原理图、空调机组监控原理图、风机盘管监控原理图、多联分体机空调监控原理图、给排水系统监控原理图、电气设备监控原理图、电动门窗监控原理图等。本图集中的各系统监控原理图的监控点仅供参考,工程中应根据各工程的实际情况及具体需求调整。

4.4 图集还编制了设备监控系统图、系统常用缆线选择表、设备监控点表、BAS节能措施等。

5 注意事项

5.1 建筑设备工艺较复杂时,电气设计人员应与工艺设计密切配合,了解工艺要求,落实设备数量和用电容量。

5.2 工艺用压力、温度、压差、流量变送器及电磁阀、电动调节阀、电动风阀执行机构等,一般由设备专业选型并确定安装位置。室内温湿度变送器、空气质量检测器、照度变送器等应与设备专业协调,安置在最能代表系统所需的控制取样点附近。

5.3 模拟量采集,如温度、湿度、压力、流量等变送器的配线宜选用屏蔽缆线,线路敷设中间不应有接头,以避免干扰,保证检测精度。数字(开关)量传感器如压差、照度、空气质量等可采用非屏蔽缆线。

5.4 现场控制器信号参数见下表:

数字(开关)量输入	DI	中间继电器常开无源触点
数字(开关)量输出	DO	~24V继电器线圈或常开无源触点
模拟量输入	AI	标准0~10V、0/4~20mA或电阻型信号输入
模拟量输出	AO	标准0~10V或0/4~20mA信号输出

6 参编单位

中国中元国际工程公司

天津市建筑设计院

设 计 要 点

1 建筑设备监控系统

1.1 建筑设备监控系统(Building Automation System简称BAS),是将建筑物(群)内的电力、照明、空调、给排水等机电设备或系统进行集中监视、控制和管理的综合系统。通常为分散控制与集中监视、管理的计算机控制系统。BAS可对下列子系统进行设备运行和建筑节能的监测与控制:

建筑设备监控	编制说明	图集号	09X700-2
审核 王健	校对 李刚	设计 焦建欣	页 2-99

1.1.1 冷冻水及冷却水系统；
1.1.2 热交换系统；
1.1.3 采暖通风及空气调节系统；
1.1.4 给水与排水系统；
1.1.5 供配电系统；
1.1.6 公共照明系统；
1.1.7 电梯和自动扶梯系统。

1.2 当工程有智能建筑集成要求，且主管部门允许时，BAS应提供与火灾自动报警系统及安全防范系统的通信接口，构成为建筑设备管理系统（Building Management System简称BMS）。

2 系统的网络结构

2.1 系统构成

2.1.1 建筑设备监控系统宜采用分布式系统和多层次的网络结构，并应根据系统的规模、功能要求及选用产品的特点，采用单层、两层或三层的网络结构。

大型系统宜采用由管理、控制、现场设备三个网络层构成的；

中型系统宜采用两层或三层的网络结构，其中两层网络结构宜由管理层和现场设备层构成；

小型系统宜采用以现场设备层为骨干构成的单层网络结构或两层网络结构。

2.1.2 建筑设备监控系统规模，可按实时数据的硬件点和软件点点数区分，宜符合下表的规定。

建筑设备监控系统规模

系 统 规 模	实时数据库点数
小型系统	999及以下
中型系统	1000~2999
大型系统	3000及以上

2.2 管理网络层（中央管理工作站）

2.2.1 管理网络层的功能。管理网络层由服务器、客户机、打印机、控制台等组成，完成系统集中监控和各种系统的集成，并具有下列功能：

1）监控系统的运行参数；
2）监测可控的子系统对控制命令的响应情况；
3）显示和记录各种测量数据、设备运行状态和故障报警等信息；
4）数据报表和打印。

2.2.2 服务器与工作站之间宜采用客户机/服务器或浏览器/服务器的体系结构；以太网及TCP/IP通信协议。

2.2.3 服务器为客户机（操作站）提供数据访问，并宜采集控制器、微控制器、传感器、执行器、阀门、风门、变频器数据，采集过程历史数据，提供服务器配置数据，存储用户定义数据的应用信息结构，生成报警和事件记录、趋势图、报表，提供系统状态信息。

2.2.4 实时数据库的监控点数（包括软件点），并应预留不宜小于10%的余量。

2.2.5 中央管理工作站由系统成套提供，应设在BAS中央控制室内，BAS中央控制室可与消防中心、安防中心等合并组成建筑物的弱电智能化控制中心（与消防中心合用时应满足消防中心的要求）。

2.2.6 弱电智能化控制中心的其他要求详见本图集机房部分。

2.3 控制网络层

2.3.1 控制网络层由通信总线和控制器等组成，完成对主控项目的开环和闭环控制、监控点逻辑开关表控制和监控点时间表控制。

2.3.2 通信总线通信协议宜采用TCP/IP、BACnet、LonTalk 、MeterBus和ModBus等国际标准。

2.3.3 控制网络层的控制器（分站）宜采用直接数字控制器（DDC）、可编程控制器（PLC)或兼有DDC、PLC特性的混合型控制器HC。

2.3.4 控制器提供与网络控制层及现场网络层的通信接口；提供数字量输入（DI）、数字量输出（DO）、模拟量输入（AI）、模拟量输出（AO）以及高速计数脉冲输入。

2.3.5 控制器的输入输出接口数量与种类应与被监控的设备要求相适应，每台控制器监控点数量（硬件点）不宜超过256点，并应预留不宜小于10%的余量。

2.3.6 控制器的设置应考虑管理方式、安装调试维护方便和经济性，通常安装在被监控设备较集中的场所，如冷冻机房、热交换站、空调机房等，也可设置在弱电竖井中。控制器宜选用挂墙的箱式结构或小型落地柜式结构，分布式智能输入输出模块宜采用可直接安装在建筑设备控制柜中的导轨式模块结构。

2.4 现场网络层

2.4.1 中层及以上系统的现场网络层，宜由通信总线连接微控制器、分布式智能输入输出模块和传感器、电量变送器、照度变送器、执行器、阀门、风门、变频器等智能现场仪表组成，也可使用常规现场仪表和一对一连线。

2.4.2 现场网络层宜采用TCP/IP、BACnet、LonTalk 、MeterBus和ModBus等国际标准通信总线。

2.4.3 检测仪表（传感器、变送器）：主要功能是将被检测的参数稳定可靠地转换成现场控制器可接受的电信号；主要包括温度、湿度、压力、流量、水位、一氧化碳、二氧化碳、照度、电量、频率等检测仪表。

2.4.4 执行仪表：主要功能是接受现场控制器的信号，对现场参数进行稳定准确的调节；主要包括电动调节阀、电动蝶阀、电磁阀、电动风门等执行机构。

2.4.5 微控制器及智能仪表等智能现场设备可直接或通过接口与通信总线相连。

2.4.6 仪表量程选择、调节阀计算等，详见《民用建筑电气设计规范》及有关自控设计手册；仪表的安装，如取测点结构型式、外部管路连接方式、维修阀门的设置，传感器、执行机构和电动阀门的安装等，应符合《自动化仪表工程施工及验收规范》及生产厂家的安装使用说明。

2.5 系统软件

2.5.1 管理网络层具有客户机和服务器软件；控制网络层具有控制器软件；现场网络层具有微控制器软件。

2.5.2 不同的两个应用软件之间的数据交换可采用以下方式：应用编程接口（API）、开放数据库连接（ODBC）、微软的动态数据交换（DDE）及OPC技术等。目前，在BAS中OPC是以集散式计算机控制系统DCS结构的人机界面数据交换的主要手段。

3 缆线的选择与敷设

3.1 中央管理工作站与分站之间通信线缆，宜采用屏蔽电缆，截面为0.5~1.0mm²。

3.2 现场控制器与现场控制设备之间宜采用截面为1.0~1.5mm²的软线或控制电缆，其具体规格和芯数视具体控制设备与控制要求而定，一般模拟量输入/出采用屏蔽型，数字量输入/出采用非屏蔽型。

3.3 缆线敷设：应符合《民用建筑电气设计规范》的有关规定。在缆线较为集中的场所宜采用沿线槽明敷的方式，出线槽后穿金属管保护。系统中不同电压等级的缆线应分别敷设，若在同一线槽中敷设，则应在中间设置金属隔板。

4 系统的供电方式

4.1 由变配电室引出专用回路向控制中心供电，供电电源应为可靠电源。

4.2 控制主机宜设置不间断电源（UPS）装置，其容量应包括系统内用电设备的总和，并适当预留扩展容量，UPS供电时间不低于20min。

4.3 现场控制器的电源宜采用控制中心集中供电的方式，如采用就地供电方式，宜由就近的可靠电源供电。工程中可根据使用性质及需求，确定具体供电方式。

4.4 向每台现场控制器的供电容量，应包括现场控制器与其所带的现场仪表所需用电容量，电源线宜选用铜芯控制电缆或电力电缆，导线截面应符合电力设计相关规范，一般为1.5~4.0mm²。

5 接地

5.1 BAS接地方式应采用共用接地。

5.2 BAS的中央控制室设备、现场控制器、屏蔽电缆屏蔽层、金属管及金属线槽等均应良好接地。

6 系统调试

6.1 在BAS安装完毕后，应结合各相关的机电系统进行系统调试工作。

6.2 BAS的调试包括：检测系统、调节系统、报警系统、联锁系统及各种接口的调试。

7 系统集成

7.1 BAS的选型均应本着先进性、开放性、安全性、适用性及可维护性的原则，并应具备弱电系统集成的接口。

7.2 BAS的集成应结合管理的要求，有明确的集成目的和具体功能要求，并应从系统的硬件及软件两方面确定系统的可集成性。

7.3 如BAS的主机作为系统集成主机，即构成建筑设备管理系统（BMS）时，应具备相应的数据处理能力、系统和软件，以及与各子系统的数据通信接口。

7.4 建筑物如单独设置系统集成主机，BAS作为其中的一个子系统，则应具备相应的数据通信接口。

8 其他

8.1 建筑设备监控系统已越来越广泛地应用在各类建筑物中，本图集中仅给出主要机电系统的常用监控原理图，具体工程中应以各机电专业设计为准，可根据具体情况取舍。

8.2 系统的设计应与建筑、结构、给排水、暖通空调、电气等各专业协调配合，在功能确定、接口界面、安装部位等各方面互相确认，除要满足各机电系统监控要求外，还需考虑建筑功能、业主需求及物业管理模式等因素。

8.3 建筑设备监控系统是建筑节能的重要手段，应利用其先进的控制技术和信息集成的优势，实现最大限度地节约能源。

8.4 施工过程中，电动水阀、风水阀执行机构、VAVBox及其控制器等，应与暖通、给排水专业协调后方可订货。

建筑设备监控	设计要点					图集号	09X700-2
审核 王 健	王健	校对 李 刚	李刚	设计 焦建欣	焦建欣	页	2-101

序号	符号	名称	符号来源
1		风机	GB/T 50114-2010
2		水泵	GB/T 50114-2010
3		空气过滤器	GB/T 50114-2010
4		空气加热器	GB/T 50114-2010
5		空气冷却器	GB/T 50114-2010
6		空气加热、冷却器	GB/T 50114-2010
7	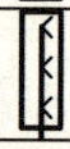	加湿器	GB/T 50114-2010
8		板式换热器	GB/T 50114-2010
9	DDC	直接数字控制器	GB/T 4728.2-2005
10	BAC	建筑自动化控制器	GB/T 4728.2-2005
11	--T---	温度传感器	GB/T 50114-2010
12	--P---	压力传感器	GB/T 50114-2010
13	--M---	湿度传感器	GB/T 50114-2010
14	--S---	风速传感器	—
15	FS	流量开关	GB/T 50114-2010
16		电动二通阀	—
17		电动三通阀	—
18		电磁阀	GB/T 50114-2010
19		电动蝶阀	GB/T 50114-2010
20		电动对开多叶调节风阀	GB/T 50114-2010
21	LT *	液位变送器(*为位号)	GB/T 16679-2009
22	GT *	流量变送器(*为位号)	GB/T 16679-2009
23	PT *	压力变送器(*为位号)	GB/T 16679-2009
24	TT *	温度变送器(*为位号)	GB/T 16679-2009
25	MT *	湿度变送器(*为位号)	GB/T 16679-2009
26	PDT *	压差变送器(*为位号)	GB/T 16679-2009
27	PDA *	压差报警(*为位号)	—
28	IT *	电流变送器(*为位号)	GB/T 16679-2009
29	VT * UT *	电压变送器(*为位号)	GB/T 16679-2009
30	QE *	浓度测量元件(*为位号)	测量CO_2浓度
31	PE *	压力测量元件(*为位号)	—
32	LE *	液位测量元件(*为位号)	—

注：图例中的文字符号含义参见09DX001《建筑电气工程设计常用图形和文字符号》第82页。

建筑设备监控	图形及文字符号	图集号	09X700-2
审核 徐玲献 [签名] 校对 马晓伟 [签名] 设计 焦建欣 [签名]		页	2-102

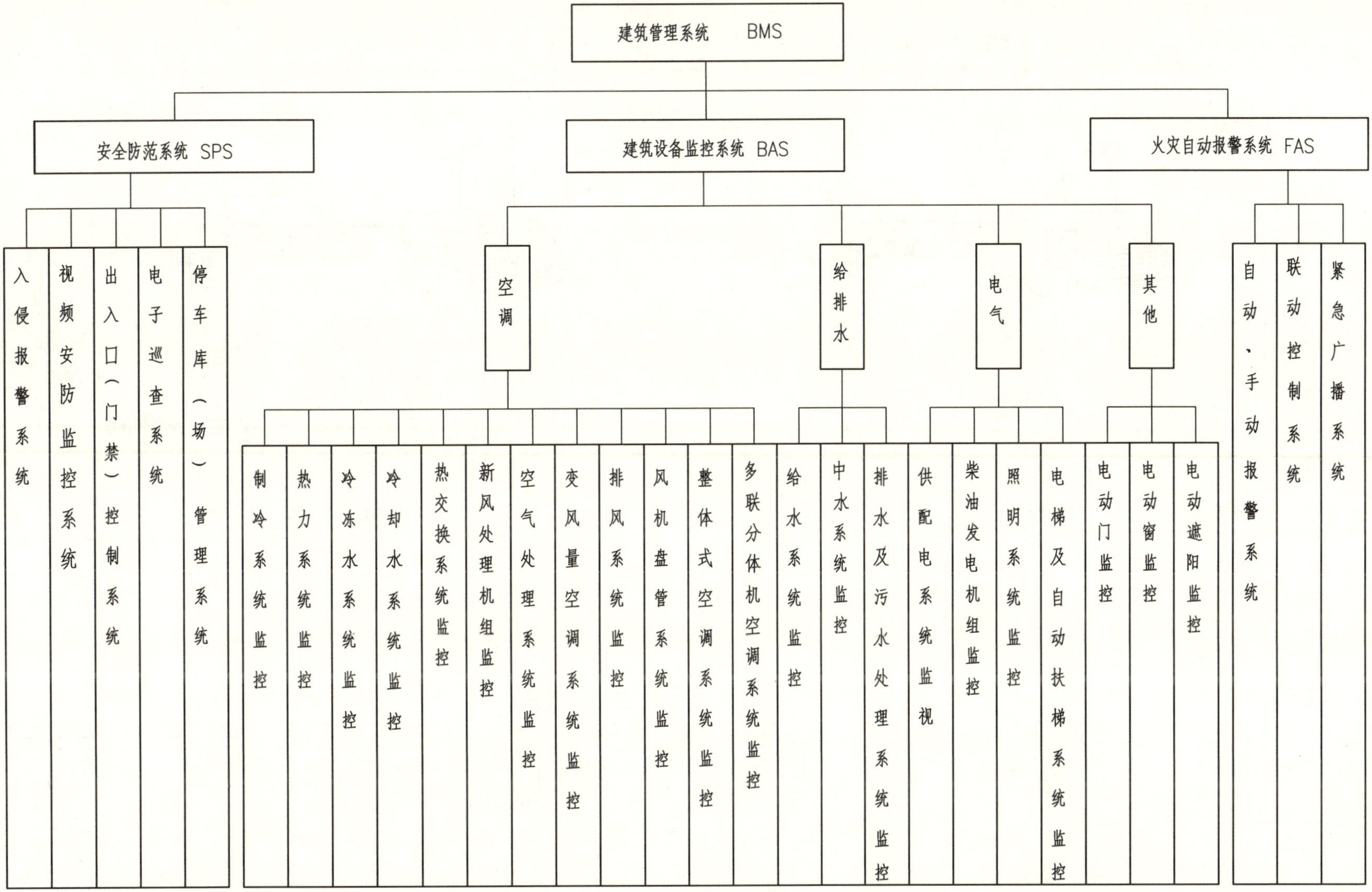

注：建筑设备监控系统的监控内容可根据工程实际情况进行增减。

建筑设备监控	建筑设备监控系统框图					图集号	09X700-2
审核	王 健	校对	焦建欣	设计	董国民	页	2-103

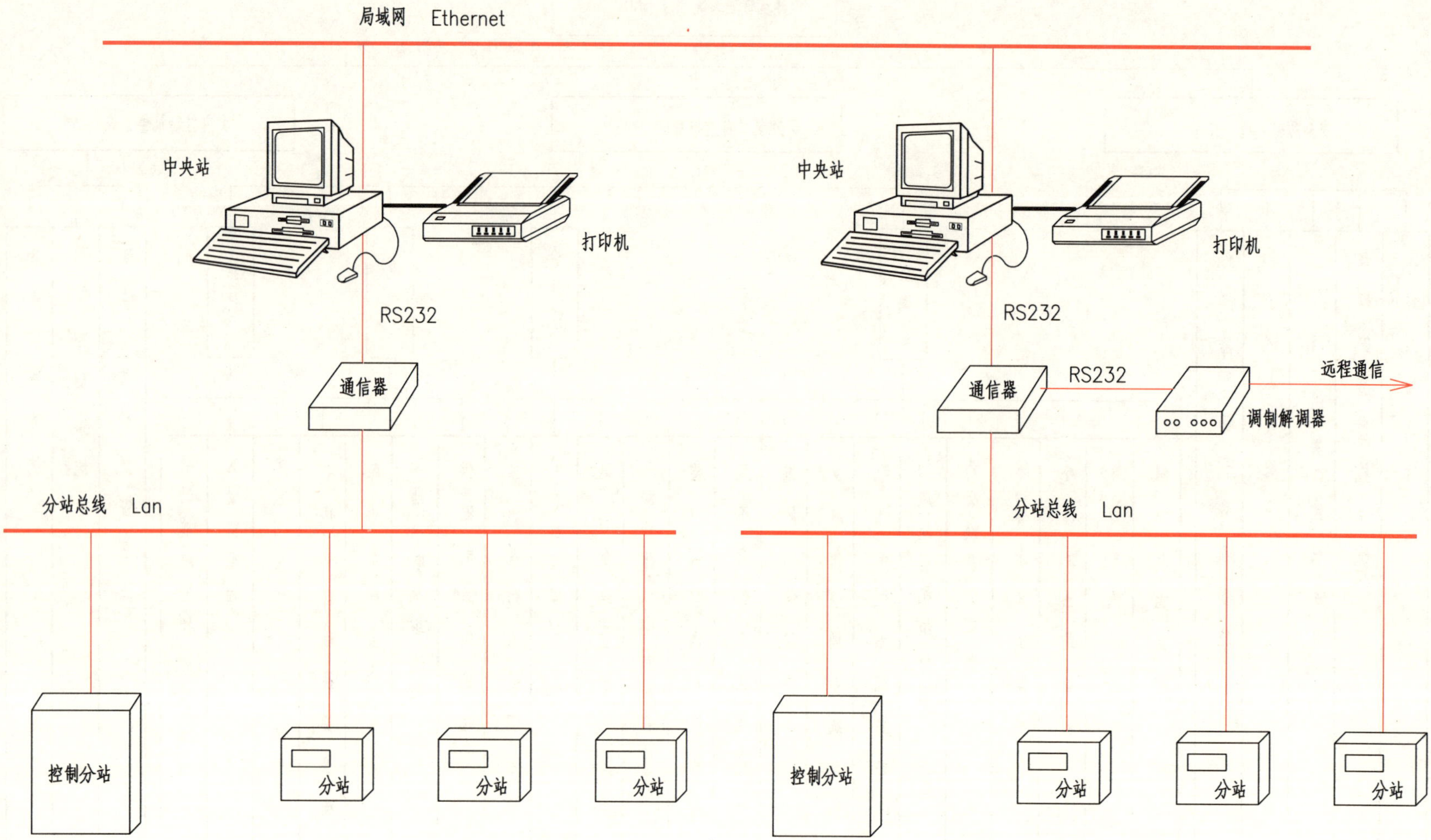

建筑设备监控	BAS网络拓扑结构					图集号	09X700-2
审核	王 健	校对	张艳艳	设计	李 刚	页	2-104

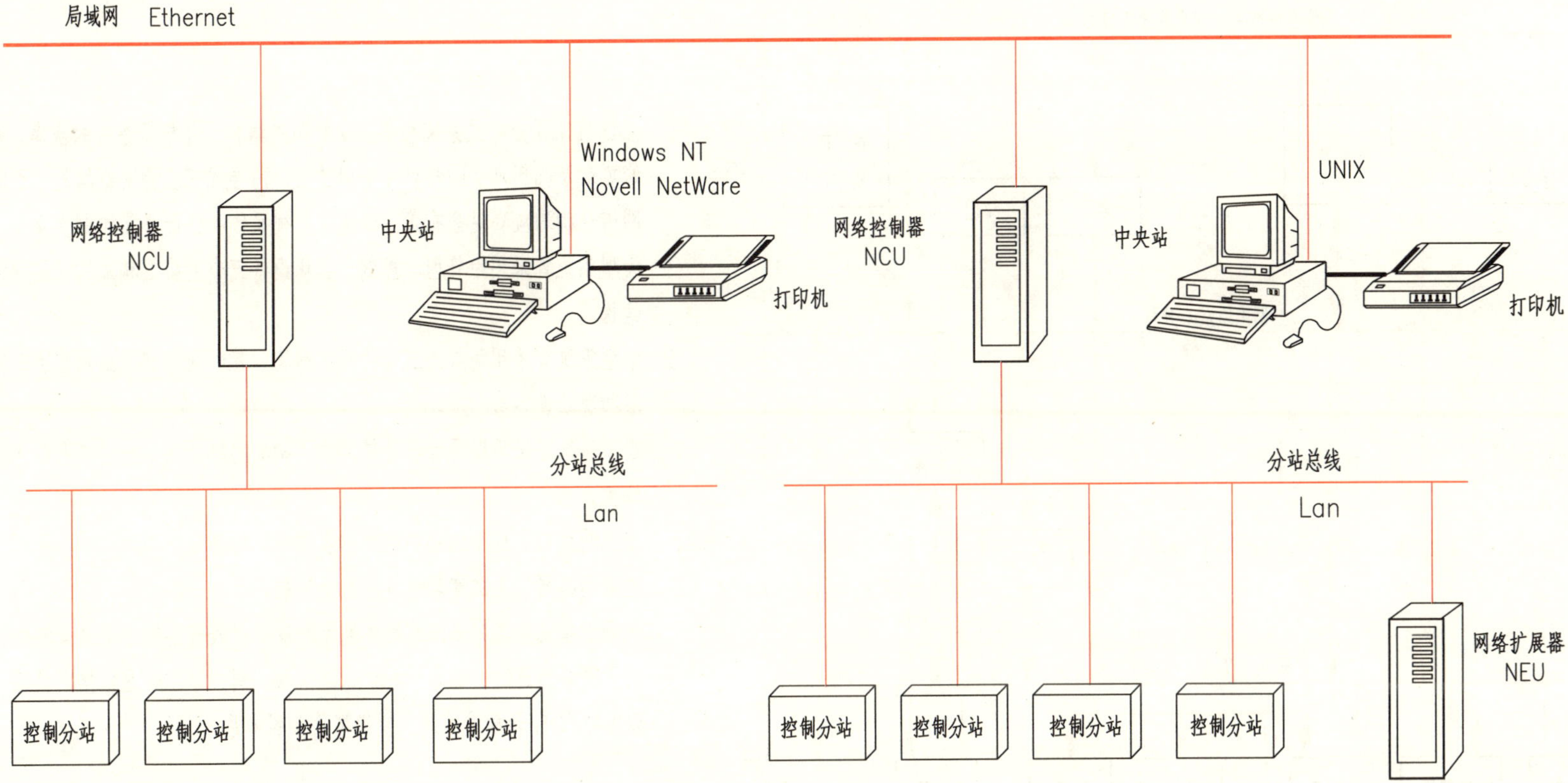

建筑设备监控	BAS网络拓扑结构							图集号	09X700-2
审核	王 健	王健	校对	张艳艳	张艳艳	设计	李 刚	李刚	页	2-105

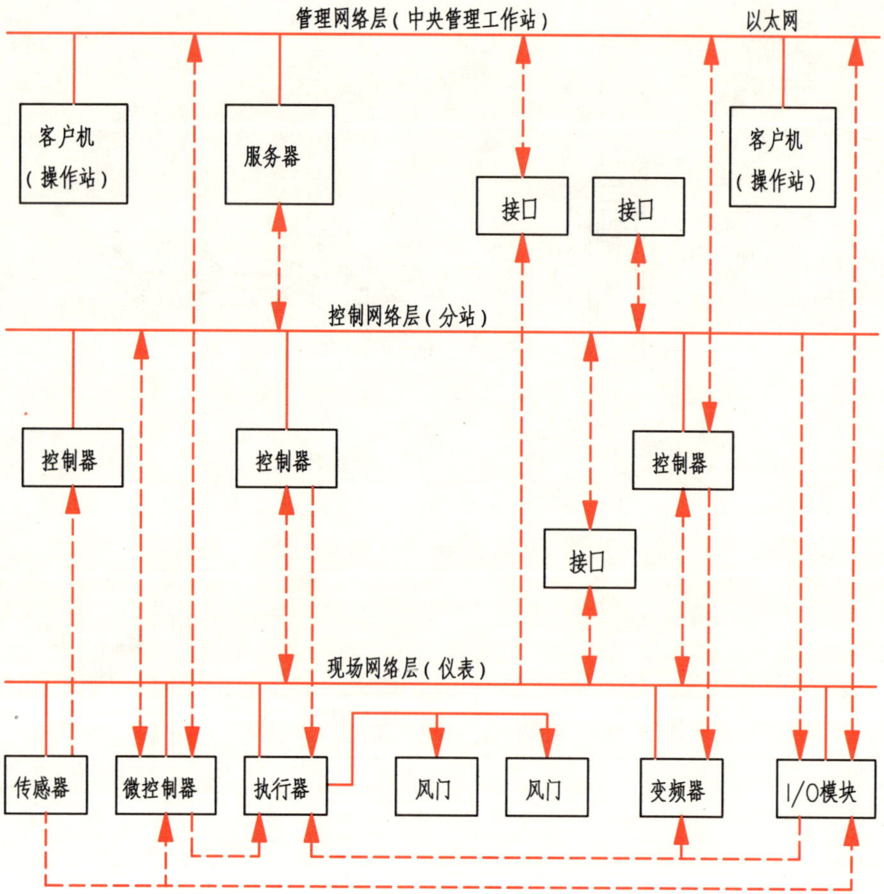

注：

1. BAS宜采用分布式系统和多层次的网络结构。并根据系统的规模、功能要求及选用产品的特点，采用单层、两层或三层的网络结构，不同网络结构均应满足分布式系统集中监视操作和分散采集控制要求。
2. 大型系统宜采用由管理、控制、现场设备三个网络层构成的三层网络结构。
3. 中型系统宜采用两层或三层的网络结构，其中两层网络结构宜由管理层和现场设备层构成。
4. 小型系统宜采用以现场设备层为骨干构成的单层网络结构或两层网络结构。
5. 管理网络层完成系统集中监控和各种系统的集成。
6. 控制网络层应完成建筑设备的自动控制。
7. 现场设备网络层完成末端设备控制和现场仪表设备的信息采集和处理。
8. 用于网络互连的中继器、网桥、路由器、网关等互联通信接口设备，以ISO/OSI开放式系统互联模型为参照体系。

建筑设备监控	BAS三层网络图	图集号	09X700-2
审核 孙兰 校对 焦建欣 设计 朱立彤		页	2-106

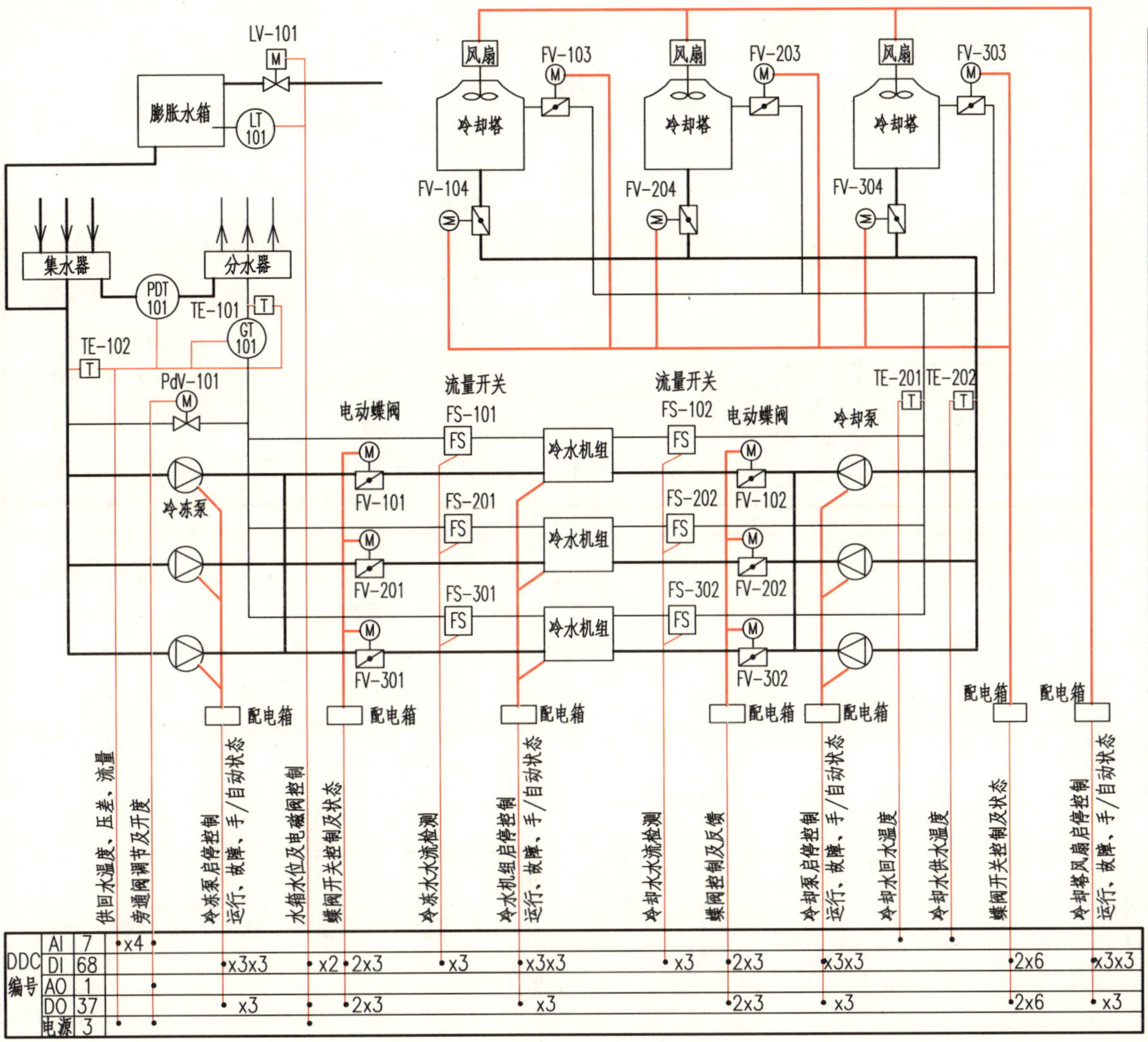

BAS监控主要功能表

监控内容	控制方法
1.冷负荷需求计算	根据冷冻水供、回水温度和供水流量测量值，自动计算建筑空调实际所需冷负荷量。
2.冷水机组台数控制	根据建筑所需冷负荷及差压旁通阀开度，自动调整冷水机组运行台数，达到最佳节能目的。
3.冷水机组联锁控制	启动：冷却塔蝶阀、风机、冷却水蝶阀开启，开冷却水泵，冷冻水蝶阀开启，开冷冻水泵、冷水机组。 停止：停冷水机组，关冷冻泵、冷冻水蝶阀、冷却水泵、冷却水蝶阀、冷却塔风机、蝶阀。
4.冷冻水差压控制	根据冷冻水供回水压差，自动调节旁通调节阀，维持供水压差恒定。
5.冷却水温度控制	根据冷却水温度，自动控制冷却塔风机的启停台数。
6.机组保护控制	机组启动后，水流开关检测水流状态，如故障则自动停机； 机组运行时如发生故障，备用泵自动投入运行。
7.机组定时启停控制	根据事先排定的工作及节假日作息时间表，定时启停机组； 自动统计机组各水泵、风机的累计工作时间，提示定时维修。
8.机组运行参数	监测系统内各检测点的温度、压力、流量等参数，自动显示、定时打印及故障报警。
9.水箱补水控制	自动控制进水电磁阀的开启与闭合，使膨胀水箱水位维持在允许范围内，水位超限进行故障报警。

10. 冷水机组均带微机控制面板，与BAS通信、报警等；也可采用由冷水机组提供独立的冷冻站监控系统监测热泵机组、地埋循环泵、空调循环泵的运行状态、故障报警等参数。

注：1. “•”未标数字时则表示点数为1。
2. 所有DDC箱上所标电源均表示为现场设备供电电源，其电压等级由设计根据具体产品来确定。

建筑设备监控	电制冷冷冻系统监控原理图	图集号	09X700-2
审核 王健 校对 焦建欣 设计 李刚		页	2-107

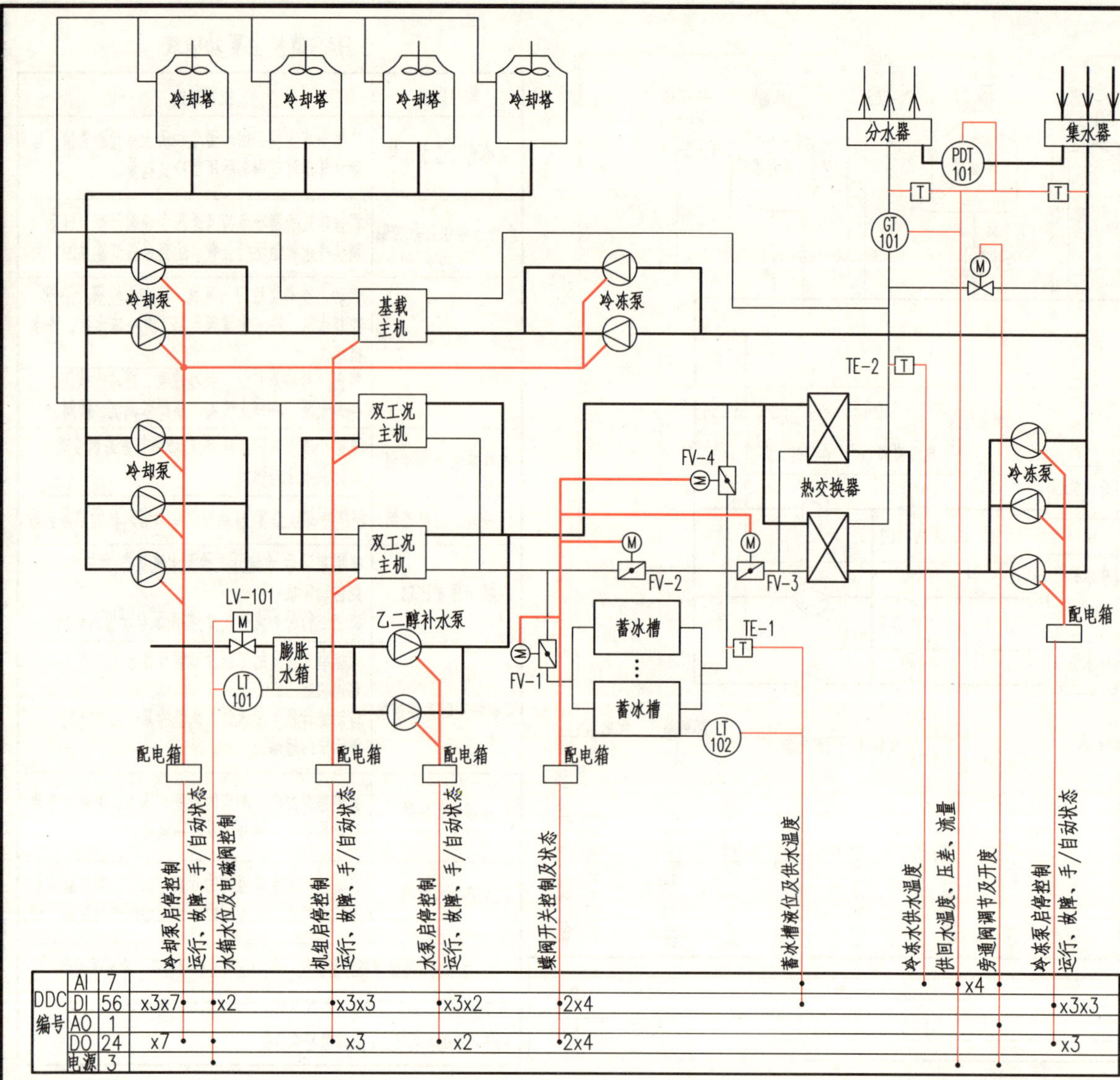

BAS监控主要功能表

1. 本图为串联主机上游 +基载冰蓄冷系统监控原理。其中，冷负荷计算、冷水机组台数、机组的联锁、冷冻水压差、冷却水温度控制及机组的保护、定时启动、运行参数等参见电制冷冷冻系统监控原理图。	
2.运行策略	应根据当地气象条件及电价政策，预先编制冰蓄冷运行策略，并根据冷负荷的具体情况，自动切换运行模式。整个系统主要有以下4种工作模式。
(1)双工况主机蓄冰模式	开启阀门FV-1、4，关闭阀门FV-2、3，根据蓄冰槽液位监测蓄冰量，并联锁停机。主机只蓄冰，不制冷。
(2)双工况主机单供冷模式	关闭阀门FV-1，开启阀门FV-2，调节阀门FV-3、4，保持TE-2为设定值。主机只制冷，不蓄冰。
(3)蓄冰装置融冰单供冷模式	双工况主机关闭，调节阀门FV-1、2，控制乙二醇流量，保持冰槽出水温度，TE-1为设定值，调节阀门FV-3、4，保持TE-2为设定值。主机停止工作，蓄冰槽融冰制冷。
(4)双工况主机与融冰联合制冷	调节阀门FV-1、2，控制乙二醇流量，保持冰槽出水温度TE-1为设定值；调节阀门FV-3、4，保持TE-2为设定值。主机制冷优先，满负荷运行，蓄冰装置融冰制冷。
3.冷却塔进出水阀门控制、冷冻机组前后阀门控制、水流开关及冷冻水温度测量等同电制冷系统监控原理图，本监控原理图中均未表示，也均未计入监控点数。	
4. 系统可采用由冰蓄冷系统提供独立的监控系统监测热泵机组、地埋循环泵、空调循环泵的运行状态、故障报警等参数。	

建筑设备监控	冰蓄冷冷冻系统监控原理图	图集号	09X700-2
审核 王健 校对 李刚 设计 焦建欣		页	2-108

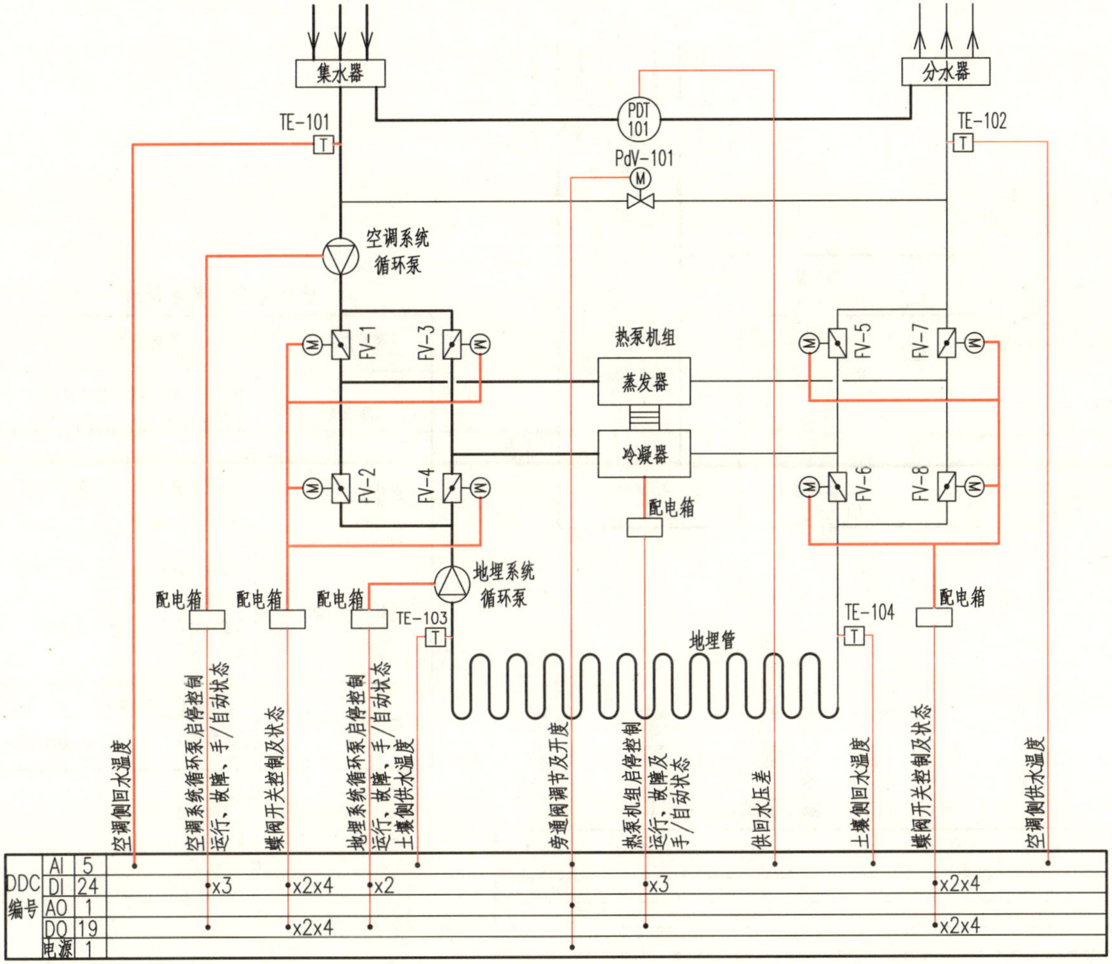

BAS监控主要功能表

监控内容	控制方法
1.热泵机组联锁控制	启动：空调循环泵、地埋循环泵、热泵机组。
	停止：热泵机组、地埋循环泵、空调循环泵。
2.热泵机组供回水压差控制	根据冷冻水供回水压差,自动调节旁通调节阀,维持供水压差恒定。
3.冬/夏季工况转换	地源热泵系统通过对蝶阀的控制实现冬/夏季工况转换:
(1) 夏季工况:	开启蝶阀FV-1、FV-7、FV-4、FV-6 关闭蝶阀FV-3、FV-5、FV-2、FV-8
(2) 冬季工况:	开启蝶阀FV-3、FV-5、FV-2、FV-8 关闭蝶阀FV-1、FV-7、FV-4、FV-6
4.机组运行监视	监测热泵机组、地埋循环泵、空调循环泵的运行状态、故障报警等参数。
5. 热泵机组也可采用由机组提供独立的监控系统与BAS通信的方式。	

建筑设备监控	地源热泵系统监控原理图	图集号	09X700-2
审核 王健	校对 李刚	设计 焦建欣	页 2-109

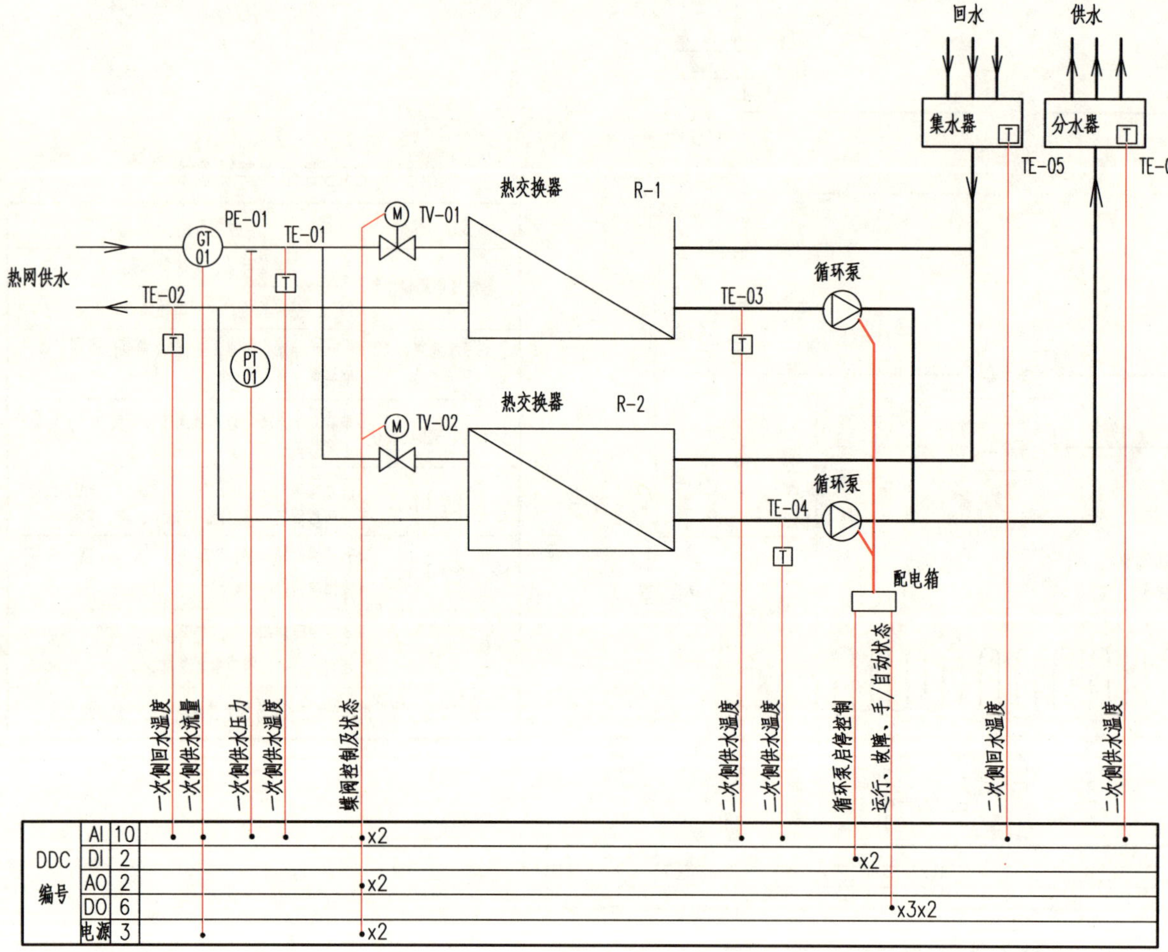

BAS监控主要功能表

监控内容	控制方法
1.二次水温度自动调节	自动调节热交换器一次热水/蒸汽阀开度,保证二次出水温度为设定值。
2.自动联锁	当循环泵停止运行时，热水/蒸汽调节阀应迅速关闭。
3.设备定时启停控制	根据事先排定的工作及节假日作息时间表,定时启停设备。 自动统计设备工作时间,提示定时维修。
4.参数检测及报警	自动检测系统内各测点的温度、压力、流量参数,定时记录、打印,越限报警。

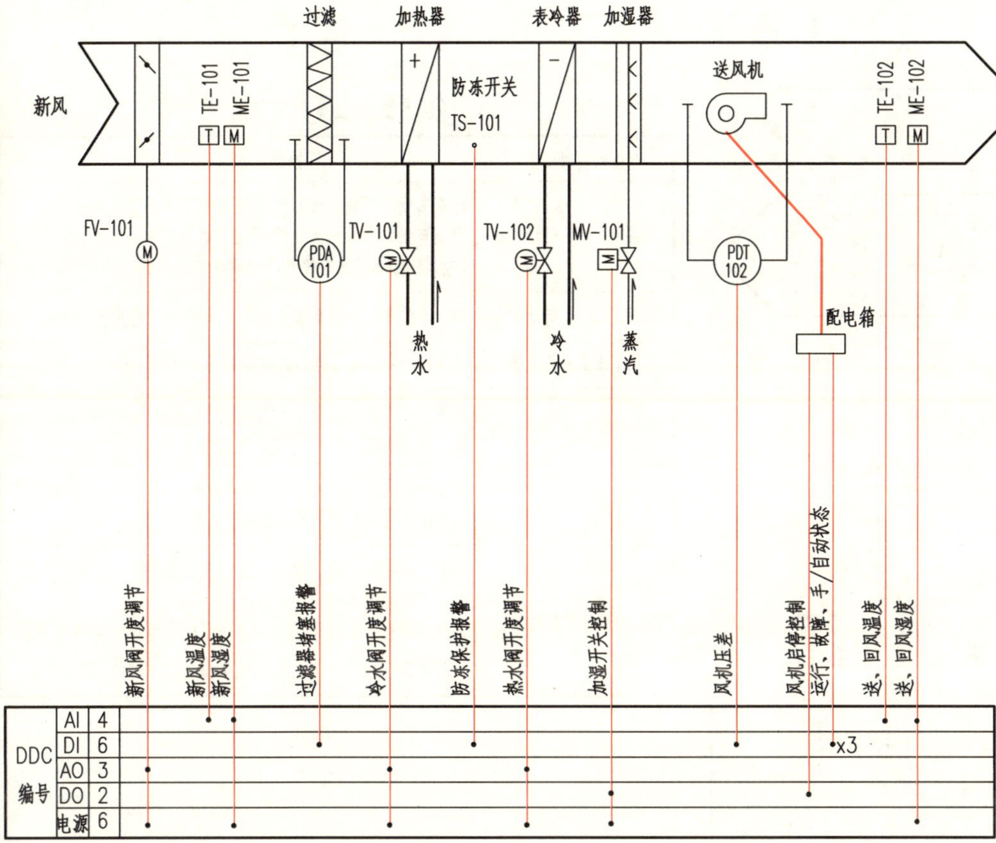

BAS监控主要功能表

监控内容	控制方法
1. 送风温度自动控制	冬季自动调节热水阀开度,保证送风温度为设定值。 夏季自动调节冷水阀开度,保证送风温度为设定值。 (新风的温湿度可在室外设监测点供全系统使用)
2. 送风湿度自动控制	在北方冬季自动调节加湿阀开度,保证送风湿度为设定值。
3. 过滤器堵塞报警	空气过滤器两端压差过大时报警,提示清扫。
4. 机组定时启停控制	根据事先排定的工作及节假日作息时间表,定时启停机组。 自动统计机组工作时间,提示定时维修。
5. 联锁保护控制	联锁:风机停止后,新风风门、电动调节阀、电磁阀自动关闭。 保护:风机启动后,其前后压差过低时故障报警,并联锁停机。 防冻保护:盘管处设温控开关,当温度过低时开启热水阀。
	空气调节系统的电加热器应与送风机联锁,并应设无风断电、超温断电保护装置;电加热器的金属风管应接地。

注: 本图中示出四管制恒风变水量带加湿新风机组的BAS监控系统,可根据具体应用取舍。

建筑设备监控	新风机组监控原理图					图集号	09X700-2
审核	王 健	校对	焦建欣	设计	李 刚	页	2-111

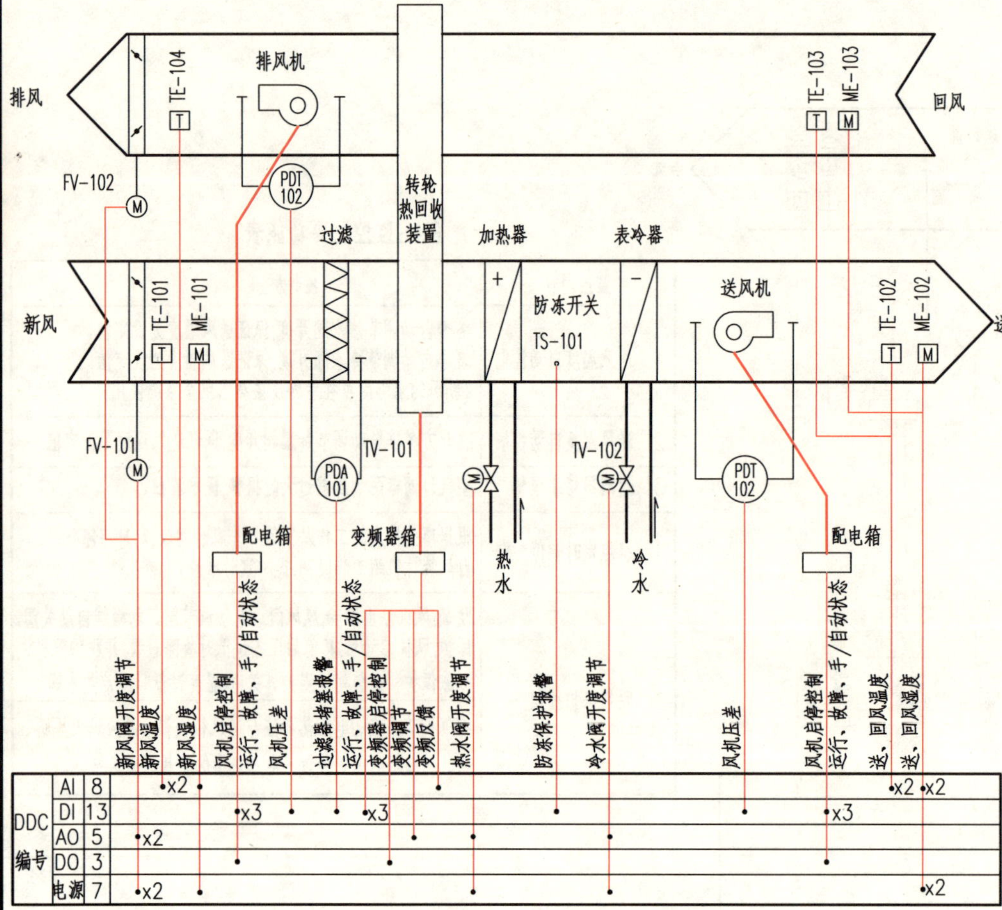

BAS监控主要功能表

监控内容	控制方法
1. 送风温度自动控制	冬季自动调节热水阀开度,保证回风温度为设定值。 夏季自动调节冷水阀开度,保证回风温度为设定值。 (新风的温湿度可在室外设监测点供全系统使用)
2. 送风湿度自动控制	在北方冬季自动调节加湿阀开度,保证送风湿度为设定值。
3. 过滤器堵塞报警	空气过滤器两端压差过大时报警,提示清扫。
4. 机组定时启停控制	根据事先排定的工作及节假日作息时间表,定时启停机组。 自动统计机组工作时间,提示定时维修。
5. 热交换	根据新风温度及回风温度的温差以及回风湿度调节转轮转速。 根据排风温度和回风温度检测热回收的效率。
6. 联锁保护控制	联锁:新风停止后,排风机、转轮热交换装置、新风排风门、电动调节阀、电磁阀自动关闭。 保护:风机启动后,其前后压差过低时故障报警,并联锁停机。 防冻保护:盘管处设温控开关,当温度过低时开启热水阀。

注:本图中示出转轮热交换四管制恒风变水量带加湿新风机组的BAS监控系统,其中转轮可以采用定速方式,热交换可采用板式热交换,应根据具体应用作出取舍。

建筑设备监控	带转轮热交换新风机组监控原理图	图集号	09X700-2
审核 王健 校对 李刚 设计 焦建欣		页	2-112

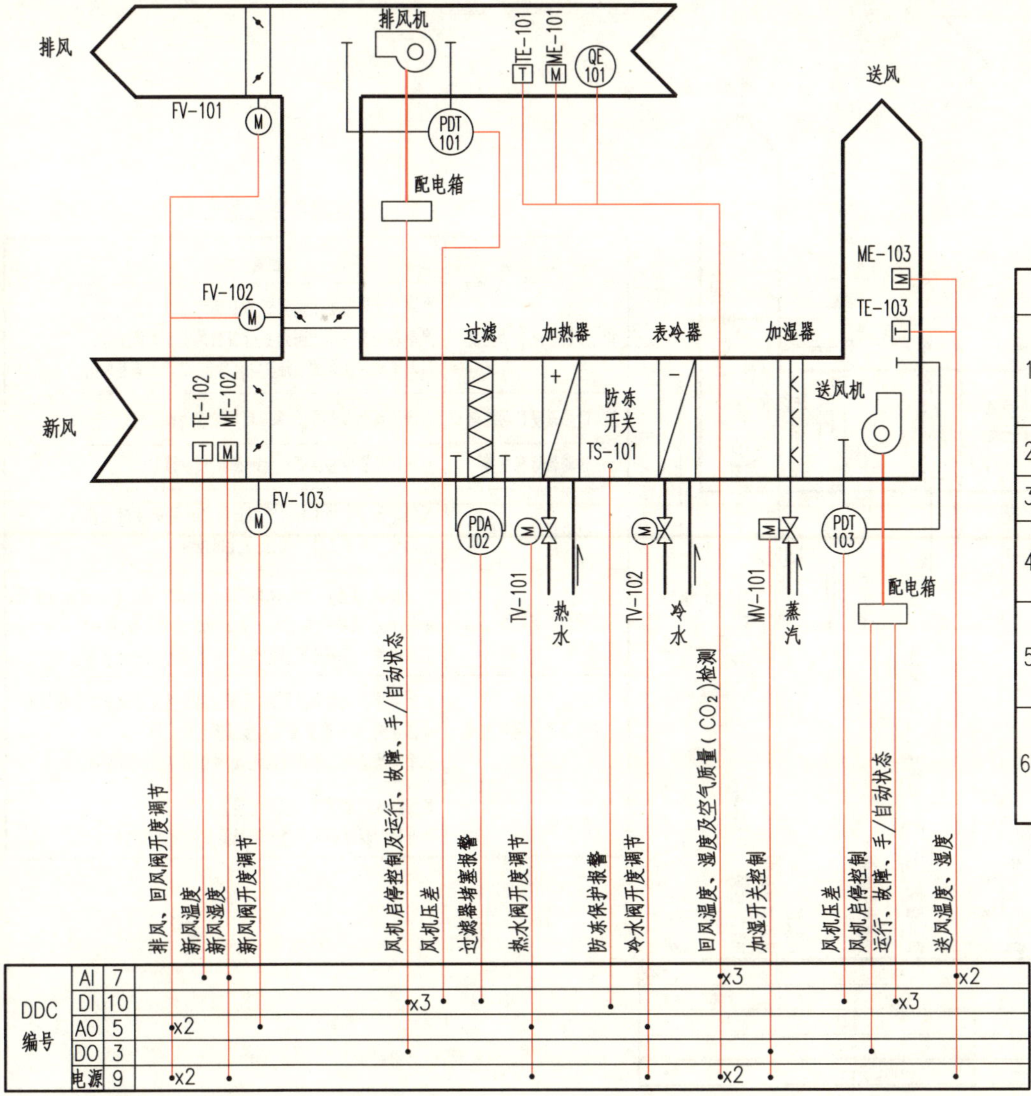

BAS监控主要功能表

监控内容	控制方法
1.回风温度自动控制	冬季自动调节热水阀开度,保证回风温度为设定值。 夏季自动调节冷水阀开度,保证回风温度为设定值。 过渡季根据新风的温湿度计算焓值,自动调节混风比。
2.回风湿度自动控制	自动控制加湿阀开闭,保证回风湿度为设定值。
3.过滤器堵塞报警	空气过滤器两端压差过大时报警,提示清扫。
4.机组定时启停控制	根据事先排定的工作及节假日作息时间表,定时启停机组。 自动统计机组工作时间,提示定时维修。
5.联锁保护控制	联锁:风机停止后,新回风风门、电动调节阀、电磁阀自动关闭。 保护:风机启动后,其前后压差过低时故障报警,并联锁停机。 防冻保护:盘管处设温控开关,当温度过低时开启热水阀。
6.重要场所的环境控制	在重要场所设温湿度测点,根据其温湿度直接调节空调机组的冷热水阀,确保重要场所的温湿度为设定值。 在重要场所设二氧化碳检测点,根据其浓度调节新风比。

注: 本图中示出四管制恒风变水量控温控湿全空气调节机组的BAS监控系统,可根据具体应用作出取舍。

建筑设备监控	定风量全空气处理机监控原理图	图集号	09X700-2
审核 王健 王健 校对 焦建欣 焦建欣 设计 李刚 李刚		页	2-113

消防 安防 **监控** 通信 网络 布线 电视 广播 会议 显示 集成

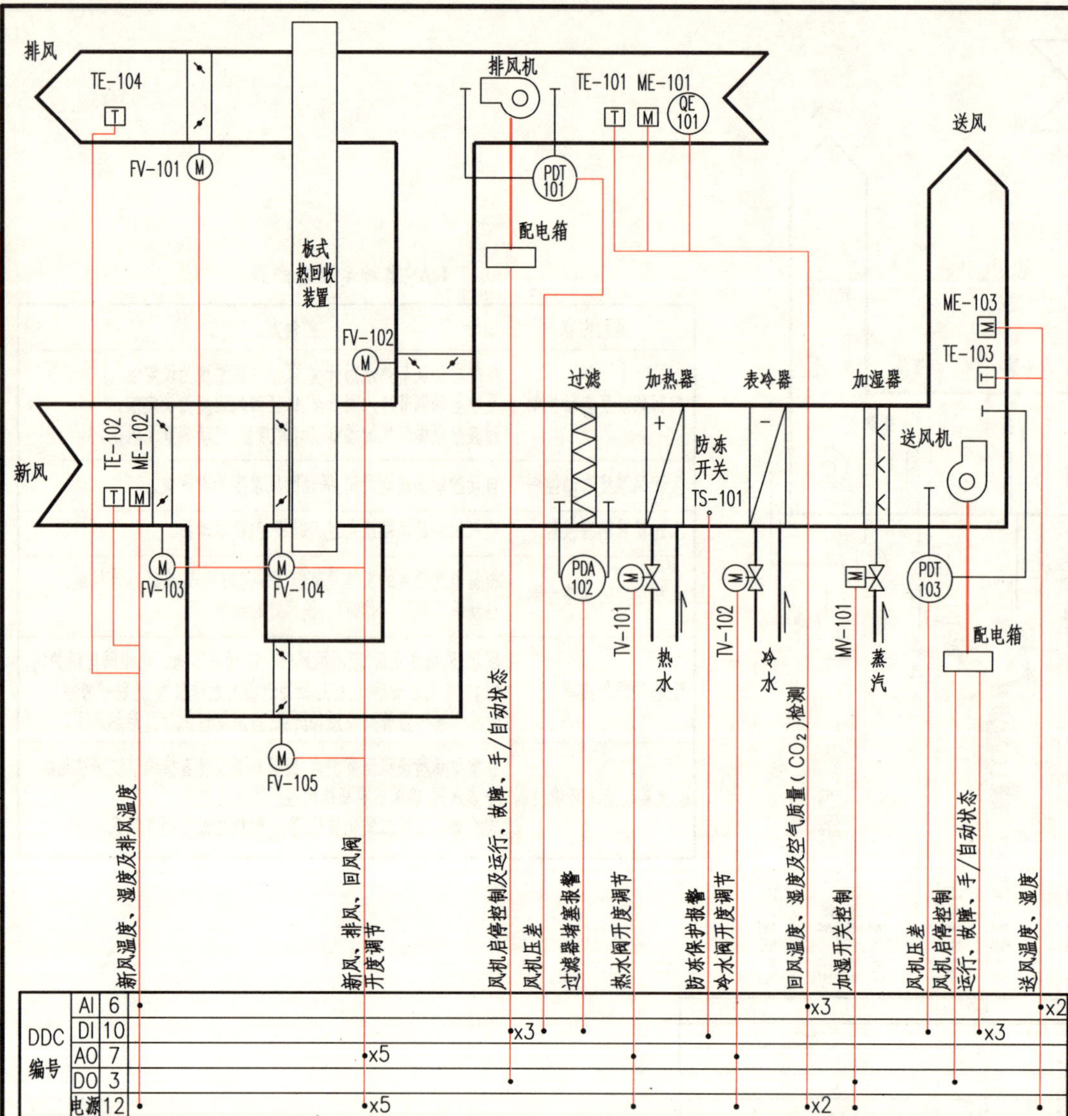

BAS监控主要功能表

监控内容	控制方法
1. 回风温度自动控制	冬季自动调节热水阀开度，保证回风温度为设定值。 夏季自动调节冷水阀开度，保证回风温度为设定值。 过渡季根据新风的温湿度计算焓值，自动调节混风比。
2. 回风湿度自动控制	自动控制加湿阀开闭，保证回风湿度为设定值。
3. 过滤器堵塞报警	空气过滤器两端压差过大时报警，提示清扫。
4. 机组定时启停控制	根据事先排定的工作及节假日作息时间表，定时启停机组。 自动统计机组工作时间，提示定时维修。
5. 联锁保护控制	联锁：风机停止后，新回风风门、电动调节阀、电磁阀自动关闭。 保护：风机启动后，其前后压差过低时故障报警，并联锁停机。 防冻保护：盘管处设温控开关，当温度过低时开启热水阀。
6.重要场所的环境控制	在重要场所设温湿度测点，根据其温湿度直接调节空调机组的冷热水阀，确保重要场所的温湿度为设定值。 在重要场所设二氧化碳检测点，根据其浓度调节新风比。
7. 热交换	根据新风温度及回风温度的温差调节FV-104及FV-105的开度；根据排风温度和回风温度检测热回收的效率。

注：本图中示出板式热交换四管制恒风变水量控温控湿全空气调节机组的BAS监控系统，其中热交换也可采用转轮热交换，应根据具体应用作出取舍。

建筑设备监控	板式热回收全空气处理机监控原理图	图集号	09X700-2
审核 王健 校对 李刚 设计 焦建欣		页	2-114

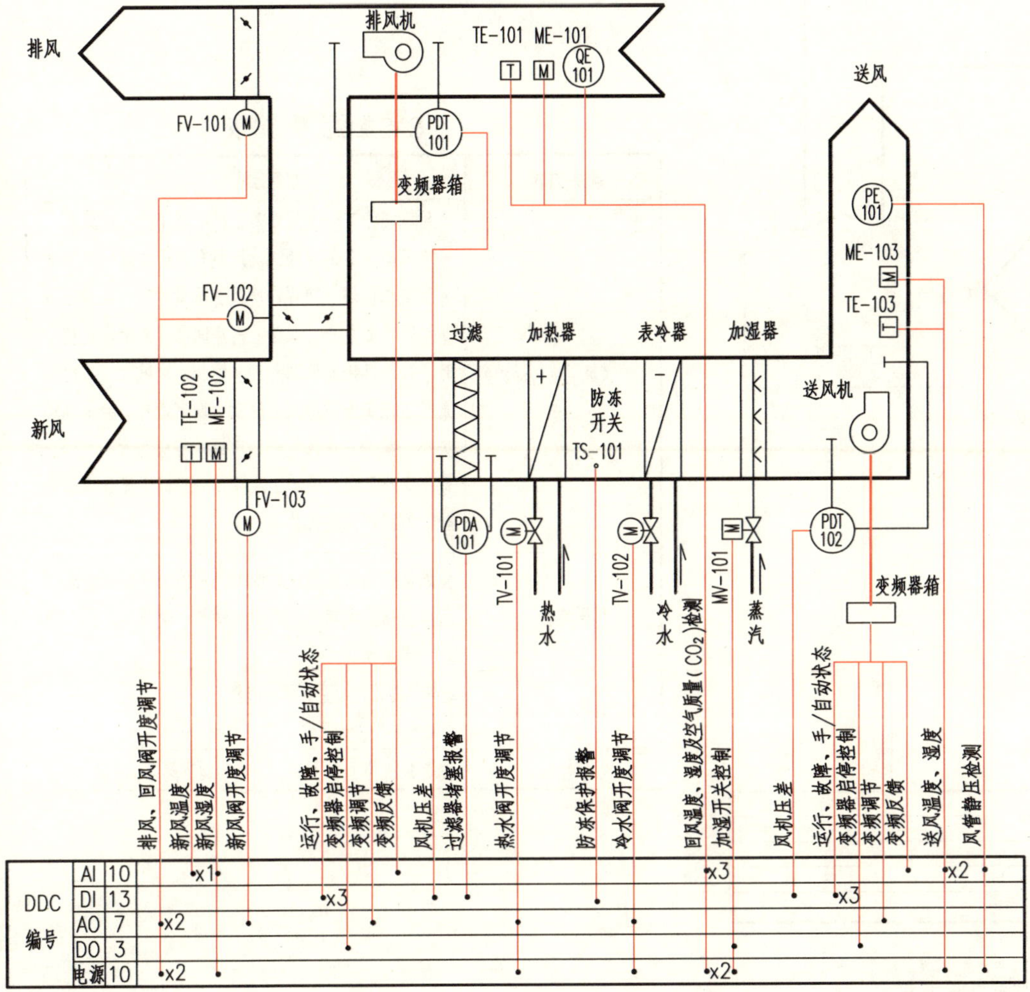

BAS监控主要功能表

监控内容	控制方法
1. 回风温度自动控制	冬季自动调节热水阀开度,保证回风温度为设定值. 夏季自动调节冷水阀开度,保证回风温度为设定值. 过渡季根据新风的温湿度计算焓值,自动调节混风比.
2. 回风湿度自动控制	自动控制加湿阀开闭,保证回风湿度为设定值.
3. 定静压自动控制	在送风系统管网的适当位置(通常在离风机2/3处)设置静压传感器,通过调节风机变频器的输出改变风机的风速,从而保证该点静压值维持在一定的数值上.
4. 过滤器堵塞报警	空气过滤器两端压差过大时报警,提示清扫.
5. 机组定时启停控制	根据事先排定的工作及节假日作息时间表,定时启停机组. 自动统计机组工作时间,提示定时维修.
6. 风机检测	监测风机的运行状态、故障报警、手自动状态及变频反馈.
7. 联锁保护控制	联锁:风机停止后,新回风风门、电动调节阀、电磁阀自动关闭. 保护:风机启动后,其前后压差过低时故障报警,并联锁停机. 防冻保护:盘管处设温控开关,当温度过低时开启热水阀.
8.重要场所的环境控制	在重要场所设温湿度测点,根据其温湿度直接调节空调机组的冷热水阀,确保重要场所的温湿度为设定值. 在重要场所设二氧化碳检测点,根据其浓度调节新风比.

注:本图中示出四管制变风量定静压控温控湿全空气调节机组的BAS监控系统,可根据具体应用作出取舍。

建筑设备监控	变风量空调机组监控原理图	图集号	09X700-2
审核 王健 校对 李刚 设计 焦建欣		页	2-115

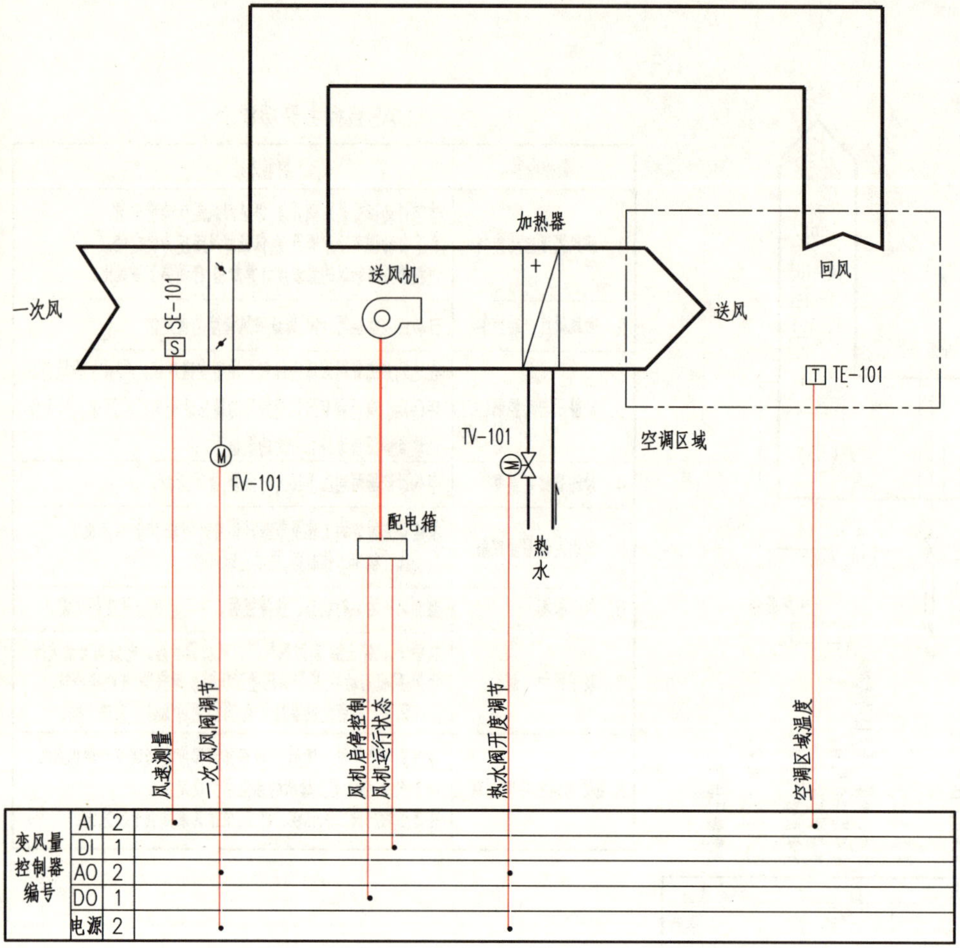

BAS监控主要功能表

监控内容	控制方法
1. 送风温度自动控制	利用风阀的节流作用调节来自空调箱的一次风量，一次风与来自吊顶的二次风混合后由末端送风机送入该空调区域，实现一次风变风量运行，末端定风量运行。如夏季工况为：当房间温度高于设定值时，控制器控制风阀开大，增加一次风量，二次风量相应减少；当房间温度低于设定值时，控制风阀关小，减少一次风量，二次风量相应加大；若达到最小一次风量与最大二次风量，房间温度继续降低时，则控制开启加热器。
2. 风压控制	变风量控制器将风速（压）测量值与设定值作比较，发出控制信号至风门驱动器，使风速（压）趋近于设定值。
3. 送风机控制	送风机的启停与空调机组同步。 自动统送风机工作时间,提示定时维修。
4. 联锁控制	联锁:风机停止后,风阀门、电动调节阀自动关闭。

注：本图中示出定静压风机动力串联型带加热盘管的VAV、BOX监控原理,可根据具体应用取舍。

建筑设备监控	变风量末端(VAVBox)监控原理图					图集号	09X700-2
审核 王健	王健	校对 李刚	李刚	设计 焦建欣	焦建欣	页	2-116

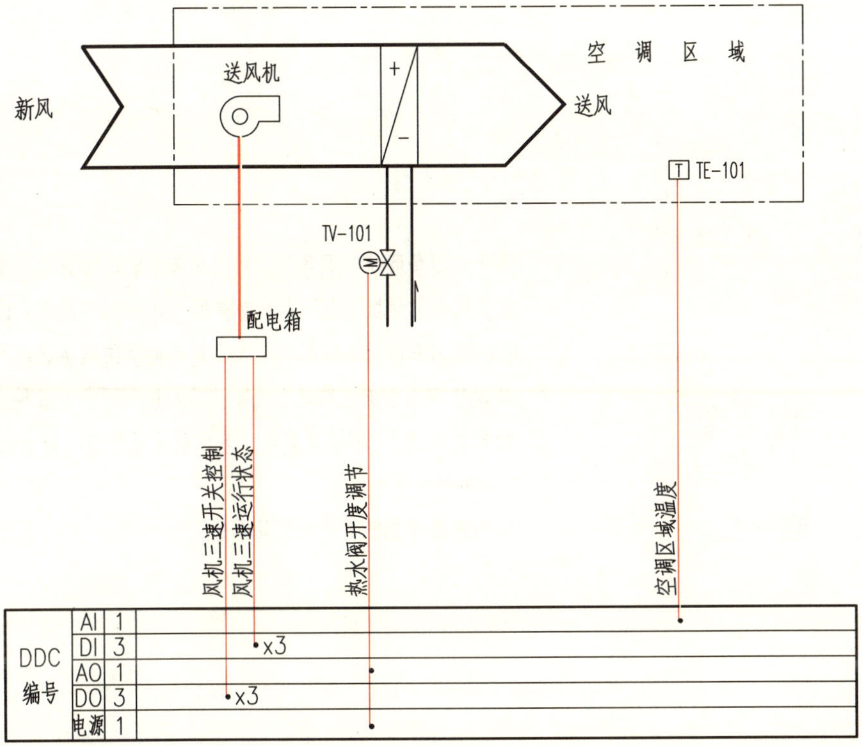

BAS监控主要功能表

监控内容	控制方法
1. 送风温度自动控制	根据现场温度的测量值，通过控制水阀的开闭及风机的三速，保证送风温度为设定值。
2. 盘管定时启停控制	根据事先排定的工作及节假日作息时间表,定时启停机组.自动统计机组工作时间,提示定时维修。
3. 联锁控制	风机停止后,自动关闭水阀。

注：风机盘管（FCU）为空调系统中的末端设备，通常不纳入BAS，但对于高档工程的公共区域（如电梯厅、公共走廊等部位），也可由BAS控制。

建筑设备监控	风机盘管监控原理图					图集号	09X700-2
审核	王健	校对	李刚	设计	焦建欣	页	2-117

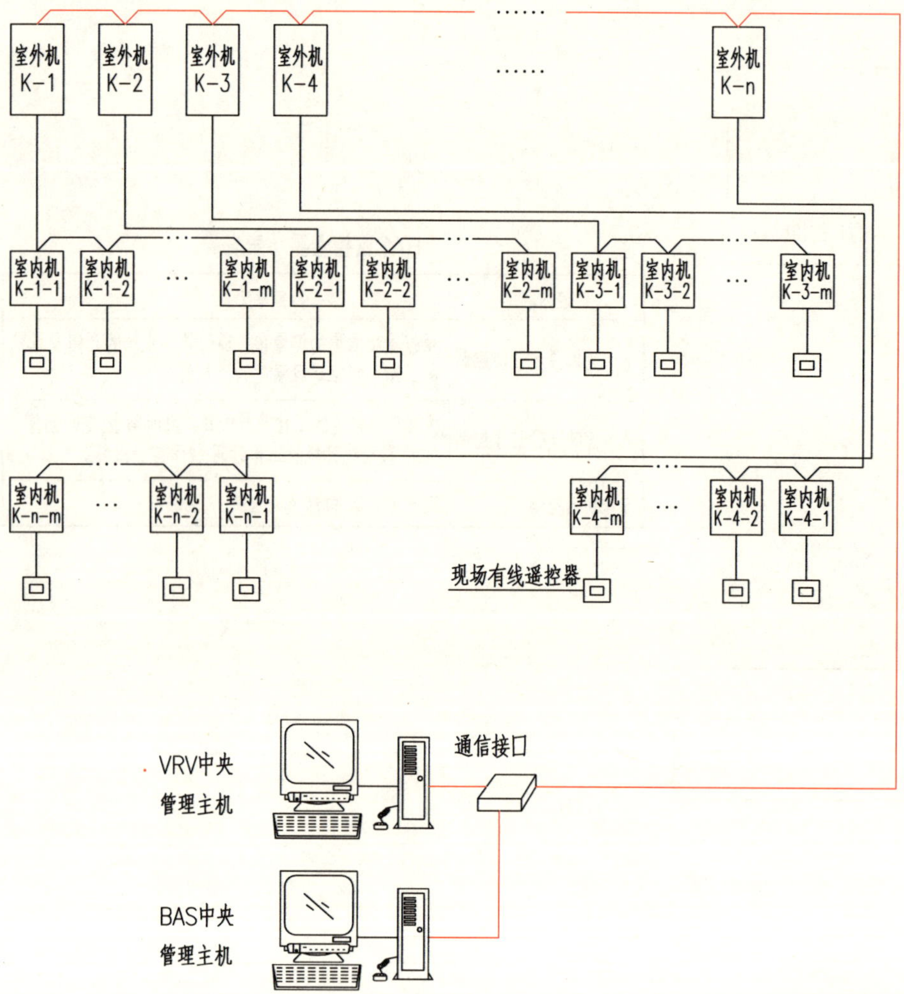

注：

1. 对于大型多联机空调系统，可采用集中管理的方式，其管理主机由多联机空调厂家成套提供，并与BAS通讯（能否与BAS通信取决于多联机空调产品是否提供通讯协议或网关）。
2. 多联机空调系统由现场有线遥控器（控制面板）就地控制。
3. 控制线采用2芯双绞屏蔽线，室内机至室外机的控制线可沿空调冷媒管覆设。
4. 其他要求参见相关厂家产品手册。

建筑设备监控	多联机空调(VRV)监控原理图	图集号	09X700-2
审核 王健 校对 李刚 设计 焦建欣		页	2-118

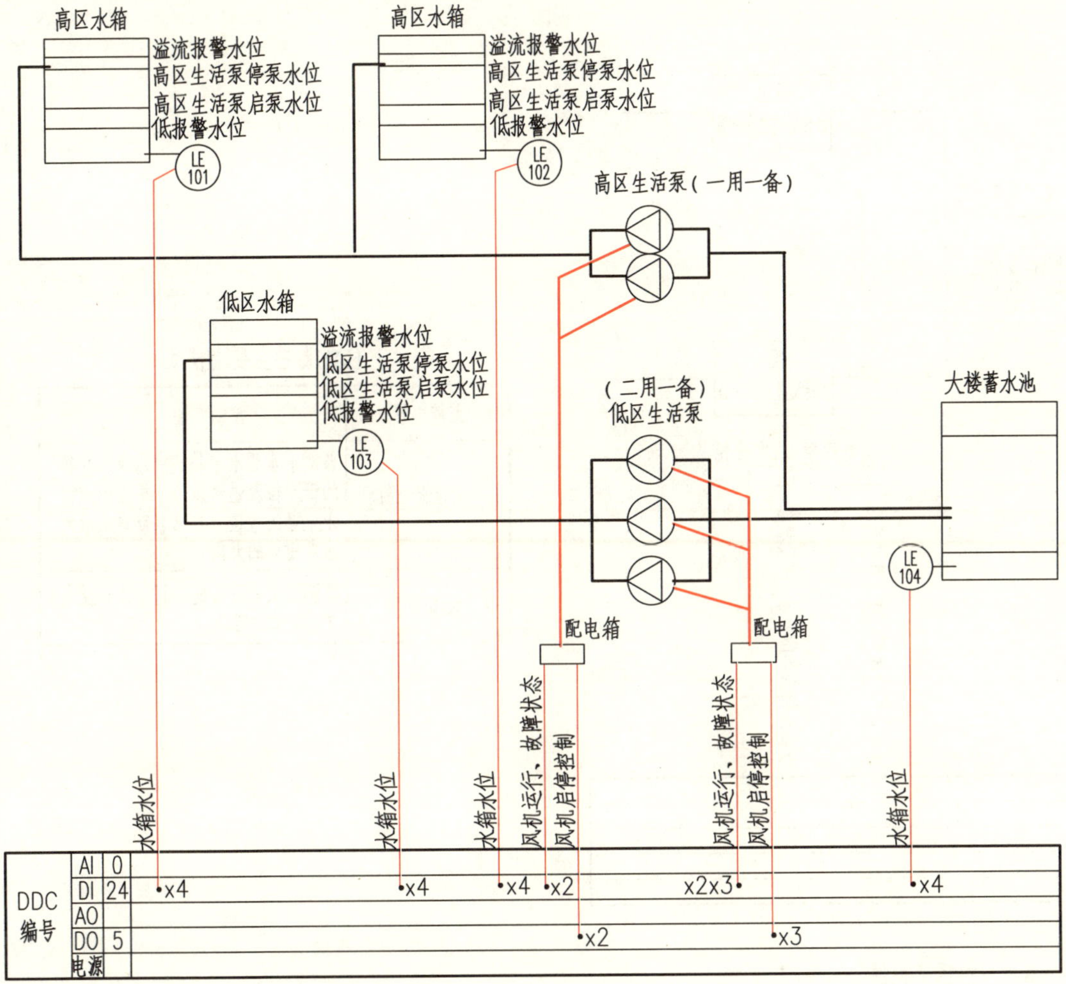

BAS监控主要功能表

监控内容	控制方法
1. 水箱水位自动控制	生活水箱水位低于启泵水位时自动启动生活泵。 生活水箱水位高于停泵水位时自动停生活泵。 根据工艺要求,确定水泵运行台数及控制策略。
2. 设备启停控制	自动统计设备工作时间,提示定时维修。 根据每台泵运行时间,自动确定运行与备用泵。
3. 参数检测及报警	生活水箱水位低于报警水位时自动报警。 生活水箱水位高于溢流水位时自动报警。

注：当水泵采用成套恒压变频供水装置的方式时，水泵的启停由该成套设备根据系统压力自行控制，BAS仅检测该成套设备的运行、故障及手/自动状态；并监测水箱的低水位及溢流水位。

建筑设备监控	生活给水系统监控原理图					图集号	09X700-2
审核	王健	校对	焦建欣	设计	李刚	页	2-119

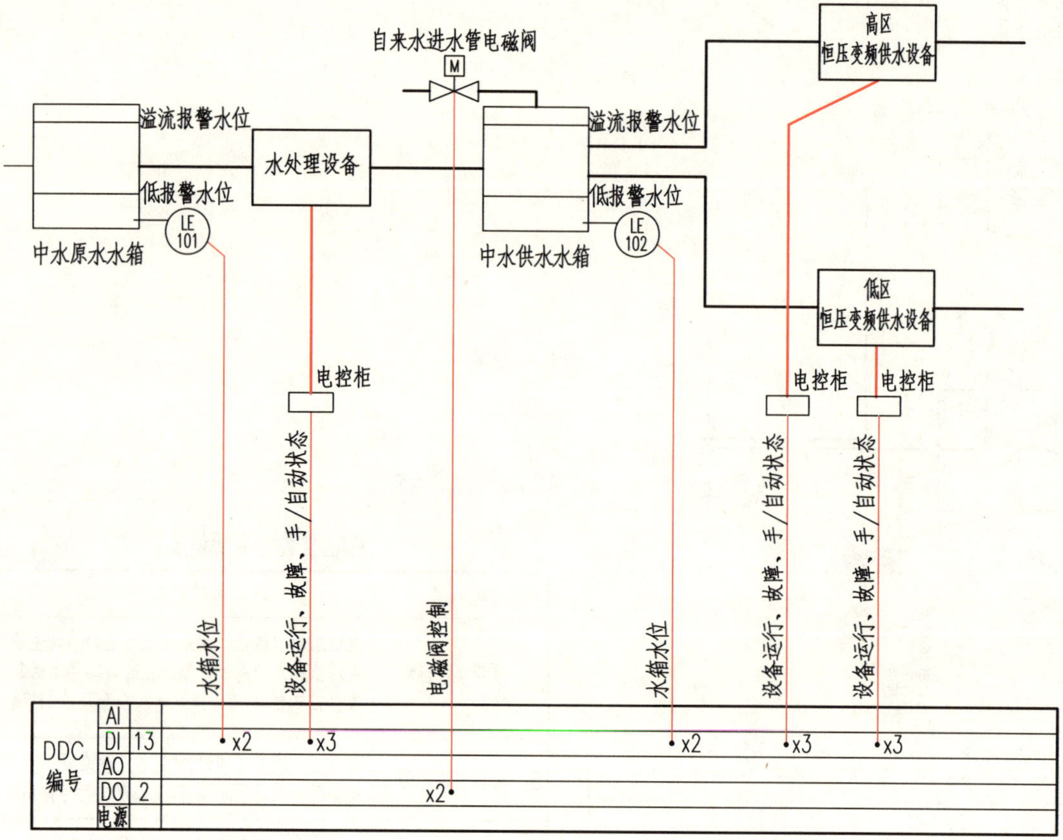

BAS监控主要功能表

监控内容	控制方法
1. 水箱水位监测	监测中水原水水箱及中水供水水箱的低水位及溢流水位；根据中水供水水箱的水位，自动联动自来水补水电磁阀的开闭。
2. 设备监测	监测该成套设备的运行、故障及手/自动状态。

注： 水处理设备及恒压变频供水设备一般均为成套设备，其中，恒压变频供水设备水泵的启停由该成套设备根据系统压力自行控制，BAS仅检测该成套设备的运行、故障及手/自动状态。

建筑设备监控	中水系统监控原理图	图集号	09X700-2
审核 王健 王健	校对 李刚 李刚	设计 焦建欣 焦建欣	页 2-120

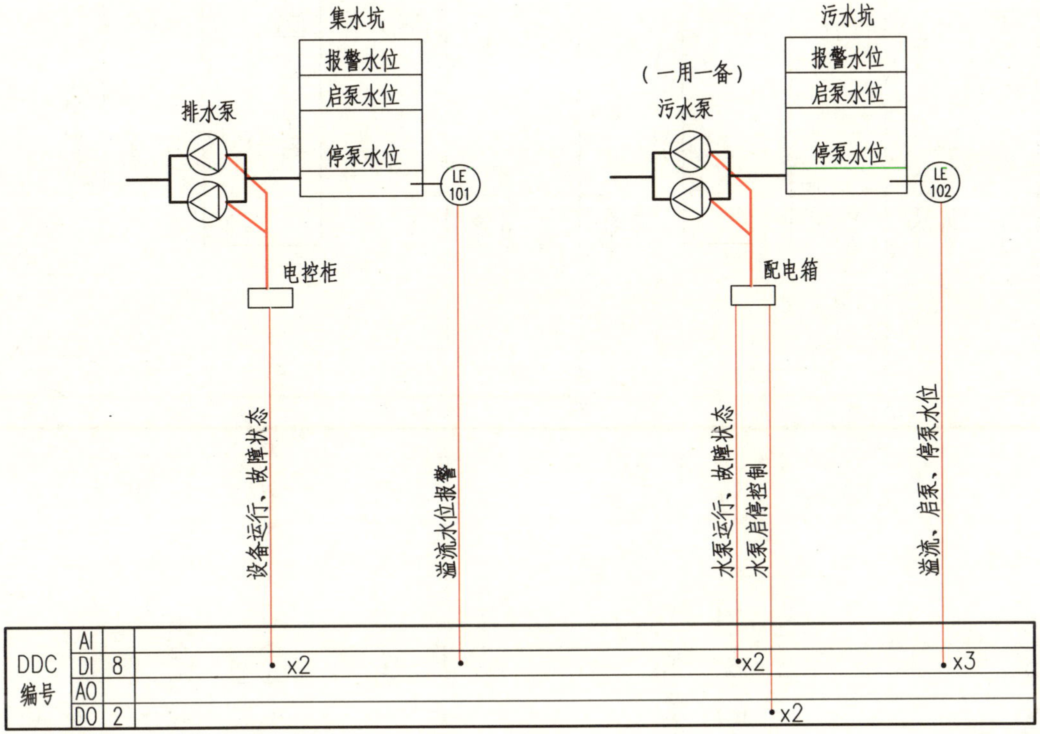

BAS监控主要功能表

监控内容	控制方法
1. 水箱水位自动控制	水坑、水池水位高于启泵水位时自动启泵排水。 水位低于停泵水位时自动停泵。 水池水位高于报警水位时启动备用泵。
2. 设备启停控制	自动统计设备工作时间,提示定时维修。 根据每台泵运行时间,自动确定运行与备用泵。
3. 参数检测及报警	水坑、水池水位高于报警水位时自动报警。

注：当污水泵采用水泵厂家成套提供水泵自带控制箱的方式时，污水泵的启停控制由自带箱根据集水坑的液位高低自行控制，BAS仅监视污水泵的运行、故障及集水坑的溢流水位报警信号。

建筑设备监控	生活排水系统监控原理图	图集号	09X700-2
审核 王 健 校对 焦建欣 设计 李 刚		页	2-121

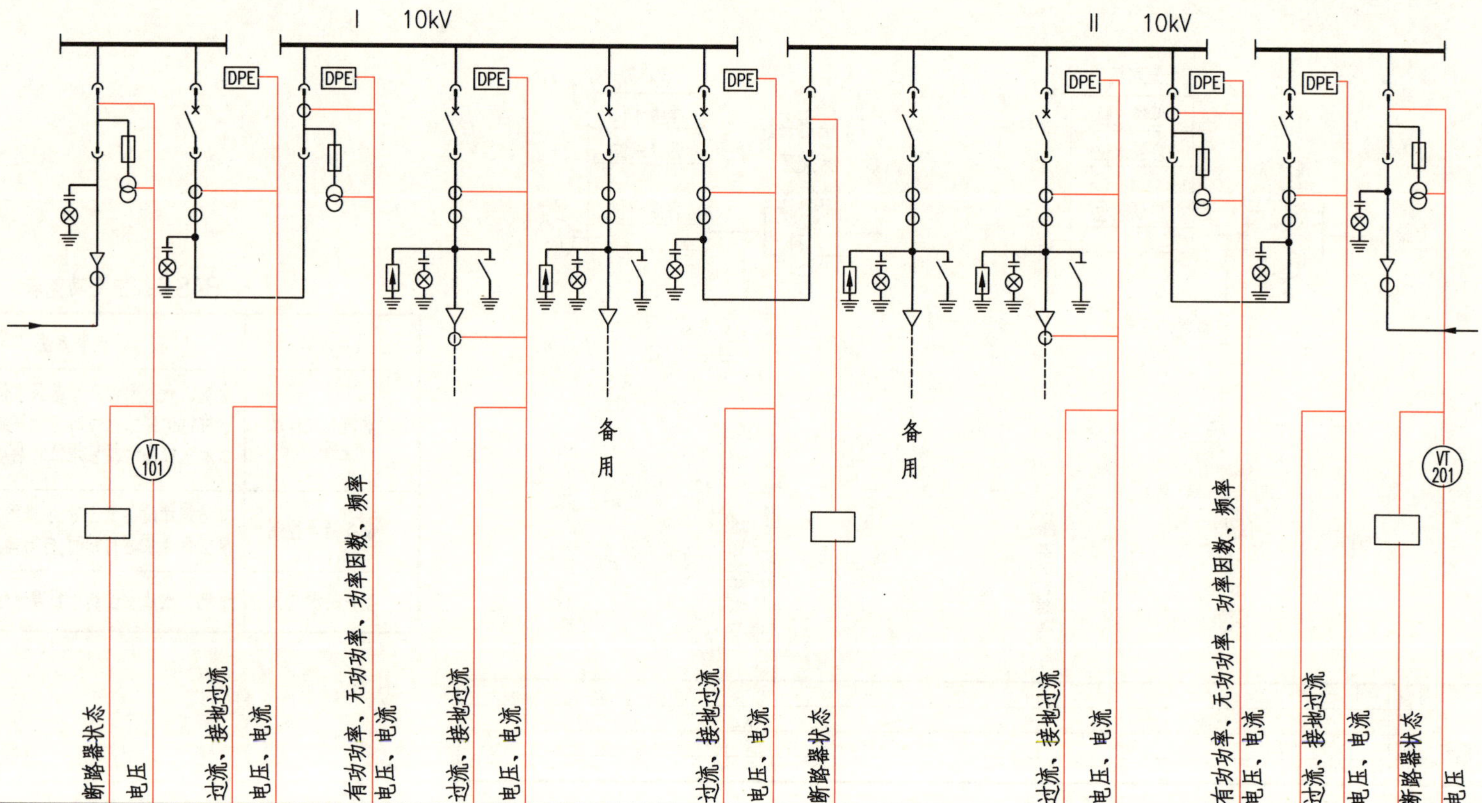

DDC编号			
	DI	13	· ·×2 ·×2 ·×2 · ·×2 ·×2 ·
	DO		
	AI	24	· ·×2 ·×6 ·×2 ·×2 ·×2 ·×6 ·×2 ·
	AO		

注：1. 多功能保护装置 DPE 输出的检测量及监控信号，DDC可直接接收。
2. 当检测量及监控信号DDC不能直接接收时需加变送器、继电器，变送器、继电器可就近安装，也可集中安装。
3. 见2-123页注。

建筑设备监控	10kV配电系统监控原理图	图集号	09X700-2
审核 孙兰	校对 焦建欣 设计 董国民	页	2-122

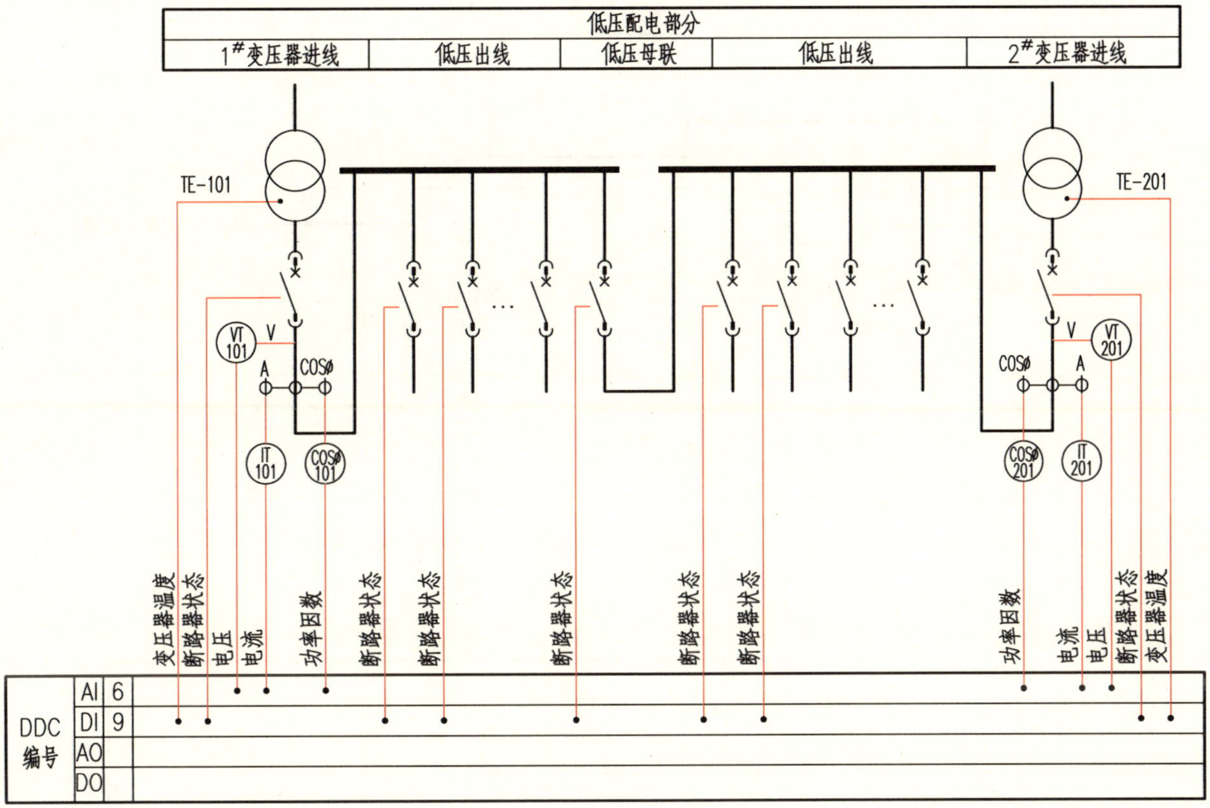

BAS监控主要功能表

监控内容	控制方法
1.参数检测及报警	自动检测电力参数,如电压、电流、主要断路器状态、功率因数等、故障状态报警。
2.电量计量	自动计算有功功率、无功功率,统计动力、照明各回路耗电量。

注：当变配电所采用综合自动化保护系统时，可通过协议转换单元与变配电所综合自动化保护系统主机相连,读取变配电所综合自动化保护系统主机上传信息，监视整个建筑的电力运行状况。

建筑设备监控	低压配电系统监控原理图	图集号	09X700-2
审核 王 健 校对 焦建欣 设计 李 刚		页	2-123

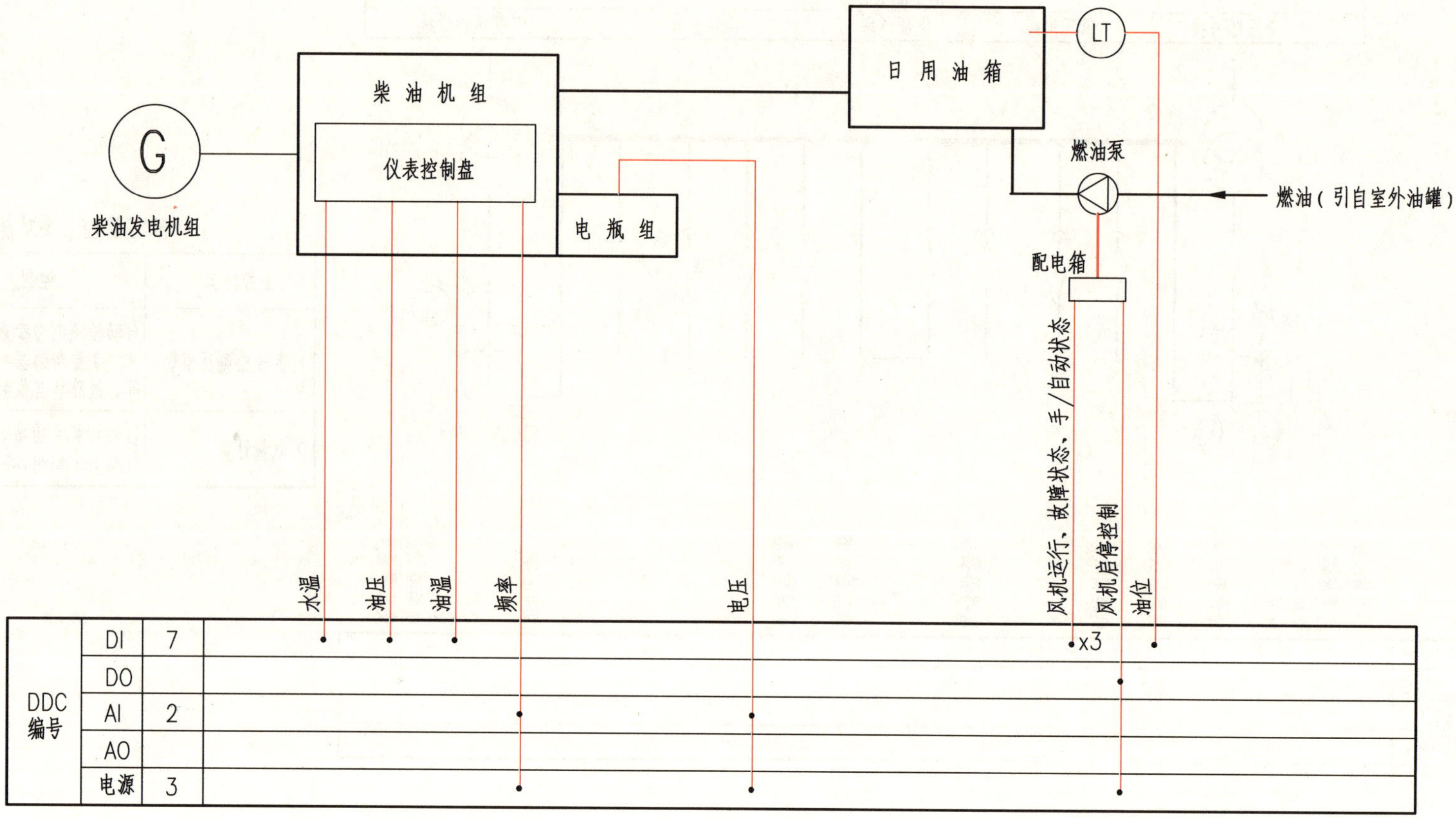

建筑设备监控	柴油发电机组监控原理图	图集号	09X700-2
审核 李雪佩 校对 宏育同 设计 董国民		页	2-124

照明控制箱

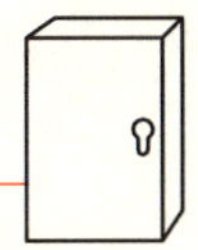

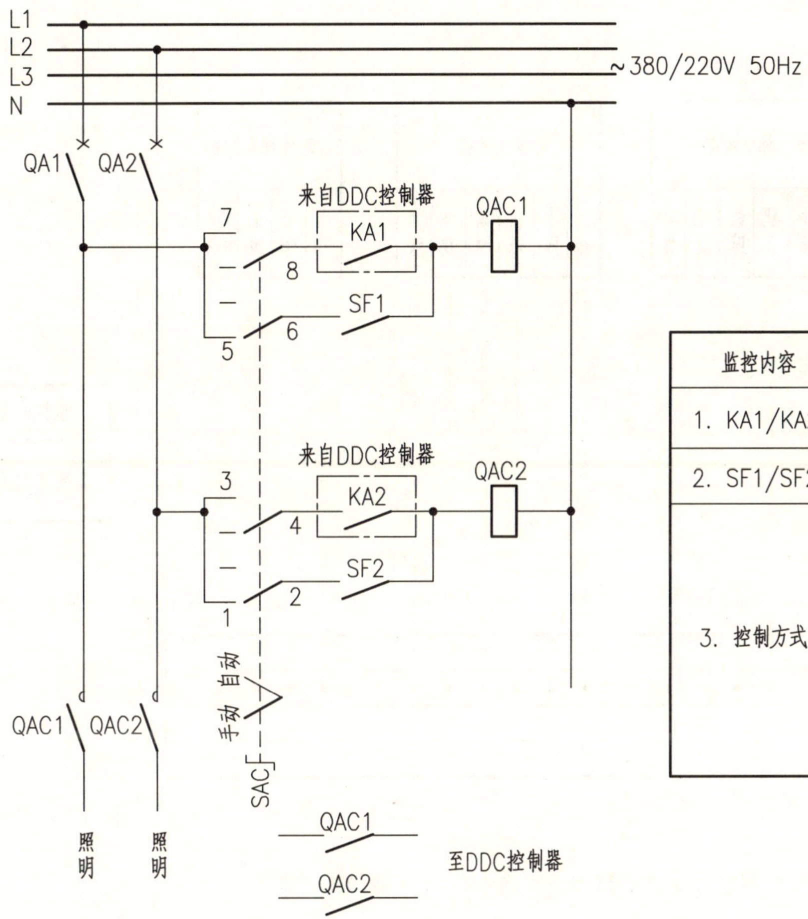

DDC编号	AI	
	DI	xn
	AO	
	DO	xn
管线编号		
接入DDC箱号		

BAS监控主要功能表

监控内容	控制方法
1. KA1/KA2	DDC输出接点辅助继电器。
2. SF1/SF2	手动开关或来自照明集中控制箱触点。
3. 控制方式	彩灯/门厅/障碍灯等的控制方式，均与走廊照明相同。 根据安装场所不同,可按照预先设定的时间表自动控制照明开关。 室外照明可根据室外照度自动控制照明调光器,调整室外照明亮度。 彩灯可根据要求分组控制，产生特殊效果，障碍灯应根据要求进行闪烁控制。

SAC选择开关连接表

位置	端子的互相连接							
	1	2	3	4	5	6	7	8
1(自动)			x—	—x			x—	—x
2(手动)	x—	—x			x—	—x		

x—x表示在该位置的端子相互连接。

注：当建筑物内设置智能照明控制系统时，可通过协议转换单元与智能照明控制系统主机相连,读取其上传信息，监视智能照明控制系统运行状况。

建筑设备监控	照明系统监控原理图	图集号	09X700-2
审核 徐玲献 校对 焦建欣 设计 李刚		页	2-125

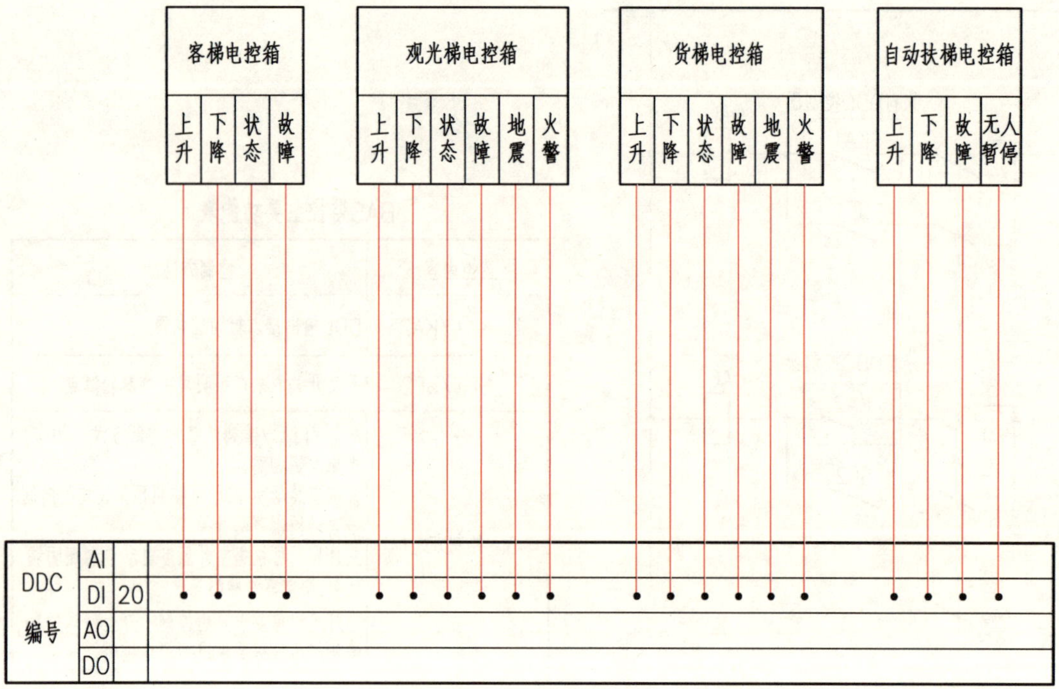

BAS监控主要功能表

监控内容	控制方法
系统监测及报警	自动检测电梯状态,故障及紧急状态报警。

注：当建筑物内设置电梯集中监控系统时，可通过协议转换单元与电梯监控系统主机相连,读取电梯监控系统主机上传信息，监视整个建筑的电梯运行状况。

建筑设备监控	电梯运行监控原理图					图集号	09X700-2
审核 王健	王健	校对 张艳艳	张艳艳	设计 李刚	李刚	页	2-126

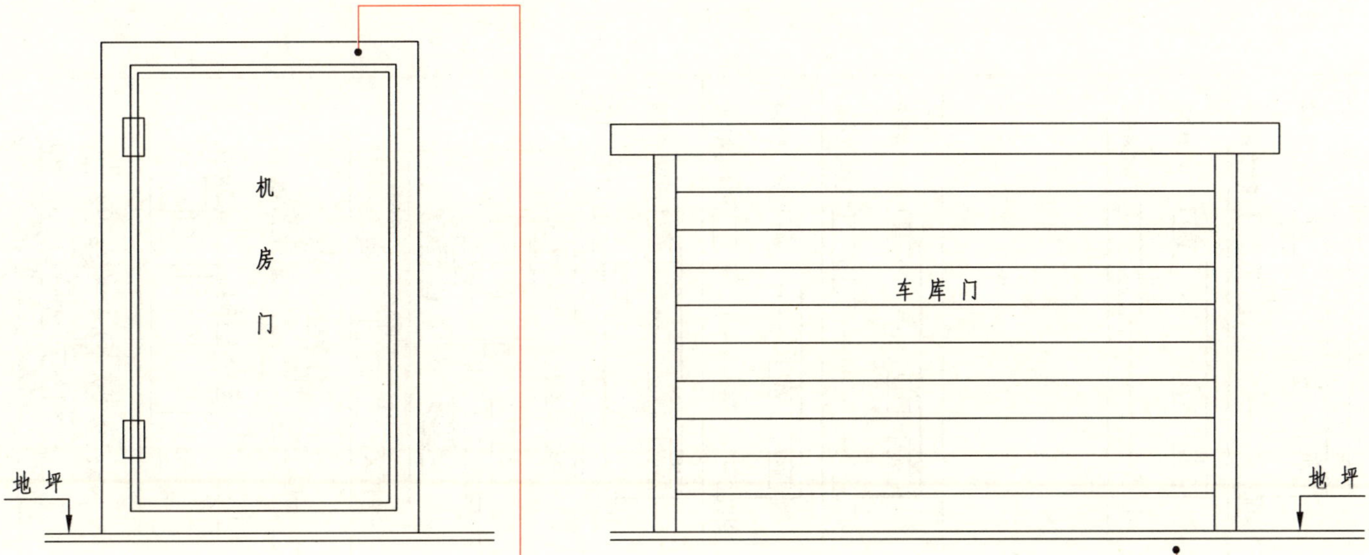

DDC编号			
	数字输入	DI	2
	数字输出	DO	
	模拟输入	AI	
	模拟输出	AO	

建筑设备监控	电动门窗监控原理图							图集号	09X700-2
审核	李雪佩	李雪佩	校对	宏育同	宏育同	设计	董国民	页	2-127

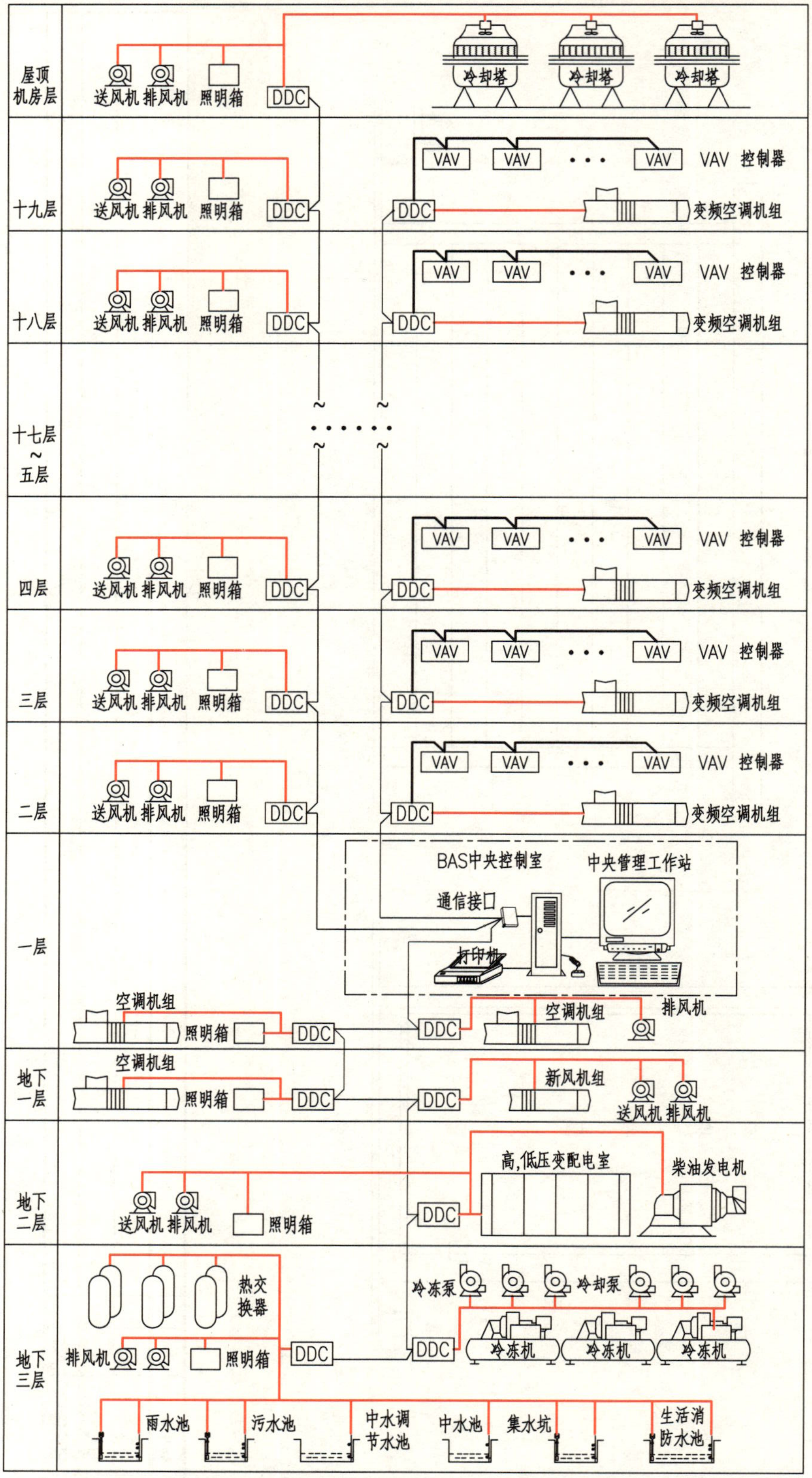

注：1.本图仅举例说明BAS的控制系统图,不同建筑设备布置应根据具体情况而定。
2.DDC控制器可根据经济合理的原则采用按楼层或按设备控制方式进行布置。

建筑设备监控	设备监控系统图	图集号	09X700-2
审核 王健 校对 焦建欣 设计 李刚		页	2-128

DDC外部接线表

序号	监 控 功 能	状 态	导线规格	序号	监 控 功 能	状 态	导线规格
1	启停控制信号	DO	2×(1.0–1.5)	18	新风、回风、送风温度	AI	2×(0.5–0.75)
2	工作状态信号	DI	2×(0.5–0.75)	19	新风、回风、送风湿度	AI	4×(0.5–0.75)
3	故障状态信号	DI	2×(0.5–0.75)	20	送(回)水温度	AI	2×(0.5–0.75)
4	手动/自动转换信号	DI	2×(0.5–0.75)	21	低温保护信号	DI	2×(0.5–0.75)
5	远程/就地控制信号	DI	2×(0.5–0.75)	22	变频器开关控制	DO	2×(1.0–1.5)
6	故障报警信号	DI	2×(0.5–0.75)	23	变频器故障报警	DI	2×(0.5–0.75)
7	过滤网淤塞信号	DI	2×(0.5–0.75)	24	变频器频率	AI	2×(0.5–0.75)
8	风机压差检测信号	DI	2×(0.5–0.75)	25	变频器控制	AO	2×(0.5–0.75)
9	电动调节阀门	AO	4×(0.5–0.75)	26	照明控制	DI、DO	6×(0.5–1.5)
10	电动调节蒸汽阀	AO	4×(0.5–0.75)	27	电子巡查点	DI	2×(0.5–0.75)
11	电动调节阀	AO	4×(0.5–0.75)	28	出入口控制开关	DI	2×(0.5–0.75)
12	电动蝶阀	DI、DO	8×(0.5–1.5)	29	电梯状态	DI	2×(0.5–0.75)
13	防冻开关信号	DI	2×(0.5–0.75)	30	CO_2浓度	AI	4×(0.5–0.75)
14	流量信号	AI	4×(0.5–0.75)	31	液位检测	DI	2×(0.5–0.75)
15	流量开关信号	DI	2×(0.5–0.75)	32	电气参数检测	AI	2×(0.5–0.75)
16	旁路电动调节阀	AO	4×(0.5–0.75)	33	电量计量	AI	2×(0.5–0.75)
17	风管静压	AI	2×(0.5–0.75)	34	风速测量	AI	2×(0.5–0.75)

注： 1.数字量DO信号线采用BV、BVV、RV、RVV、KVV、BVR型导线。
2.数字量DI信号线采用BVV、RVV、KVV、BVR型缆线。DI采用BV、RV、BVR型导线时，考虑其机械强度，截面应加大。
3.模拟量（AI/AO）信号线采用RVVP屏蔽线。

设备监控点表

共　　页　第　　页

序号	楼层	设备			数字量输入点 DI							数字量输出点 DO				模拟量输入点 AI																模拟量输出点 AO				电源	
		设备编号	设备名称	数量	运行状态	故障报警	水流检测	差压报警	液位检测	手/自动	其他	启停控制	阀门控制	开关控制	其他	风温检测	水温检测	风压检测	水压检测	湿度检测	差压检测	流量检测	阀位	电压检测	电流检测	有功功率	无功功率	功率因数	频率检测	风速检测	其他	执行机构	调节阀	频率控制	其他	~220V	~24V
1			空调机组																																		
2			新风机组																																		
3			通风机																																		
4			排烟机																																		
5			冷水机组																																		
6			冷冻水泵																																		
7			冷却水泵																																		
8			冷却塔																																		
9			热交换器																																		
10			热水循环泵																																		
11			生活水泵																																		
12			清水池																																		
13			生活水箱																																		
14			排水泵																																		
15			集水坑																																		
16			污水泵																																		
17			污水池																																		
18			高压柜																																		
19			变压器																																		
20			低压配电柜																																		
21			柴油发电机组																																		
22			电梯																																		
23			自动扶梯																																		
24			照明配电箱																																		
25			变风量空调末端																																		
26			智能灯光照明系统																																		
27			变电所综合自动化保护系统																																		
28			电子巡查																																		
29			点数小计																																		
30			点数合计																																		
31			总点数																																		

注：设计人员可根据工程的具体情况编写监控点表。

DDC监控点一览表

DDC 编号		设 备		DI 点	DO 点	AI 点		AO 点		DDC供电电源引自	管 线 敷 设		
序号	监控功能	代号	名 称	数 量	数 量	数 量	电 源 (V)	数 量	电 源 (V)		编号	导线型号规格	管径 (mm)
	合 计												

注：设计人员可根据工程的具体情况编写监控点表。

建筑设备监控	DDC监控点一览表					图集号	09X700-2
审核	李雪佩	校对	宏育同	设计	董国民	页	2-131

消防 安防 监控 通信 网络 布线 电视 广播 会议 显示 集成

序号	系统名称	节能措施
1	水泵、风机	当冷冻水、冷却水、采暖通风及空气调节等系统的负荷变化大或调节阀（风门）阻力损失较大时，各系统的水泵风机宜采用变频调速控制。
2	冷冻水及冷却水系统	根据冷量控制冷冻水泵、冷却水泵、冷却塔运行台数时，水泵及冷却塔风机宜采用调速控制； 根据制冷机组对冷却水温度的要求，监控系统应按与制冷机适配的冷却水温度自动调节冷却塔风机转速；
3	空调系统	在不影响舒适度的情况下，温度设定值宜根据昼夜、作息时间、室外温度等条件自动再设定； 根据室内外空气焓值条件，自动调节新风量的节能运行； 空调设备的最佳启、停时间控制； 在建筑物预冷或预热期间，按照预先设定的自动控制程序停止新风供应。
4	建筑物内照明系统	工作时段设置与工作状态自动转换； 工作分区设置与工作状态自动转换； 在人员活动有规律的场所，采用时间控制和分区控制两种组合控制方式； 在可利用自然光的场所，采用光电传感器的调光控制方式。
5	室外照明系统	道路照明、庭院照明宜采用分区、分时段时间表程序开关控制和光电传感器控制两种组合控制方式； 建筑物的景观照明宜采用分时段时间表程序开关控制方式。
6	给排水系统	宜按预置程序在用电底谷时将水箱灌满，污水池排空。
7	供配电系统	在保证供配电系统安全运行的情况下，宜根据电负荷的大小控制变压器运行台数。
8	建筑能源管理系统	建立系统化的能源监测与管理平台，其具体功能如下： 1)对各种耗能系统和设备的能耗数据、室内外环境数据以及主要耗能设备运行状况进行实时自动采集计量、保存和归类，分析能耗问题，预测未来能源消耗趋势。 2)对空调、采暖、照明等系统的瞬时和累计能耗进行计算，自动生成能耗分析和诊断报表。 3)编制统一的能耗定额，在定额管理的指标约束下，提供各种能耗和能效舒适度标准的预警，以及设备维护、使用周期的预警。 4)自动分析对比规程规范和设计指标，分析诊断出耗能设备高能耗的原因，自动生成节能技改方案。

建筑设备监控	BAS节能措施一览表					图集号	09X700-2
审核	王健	校对	李刚	设计	焦建欣	页	2-132

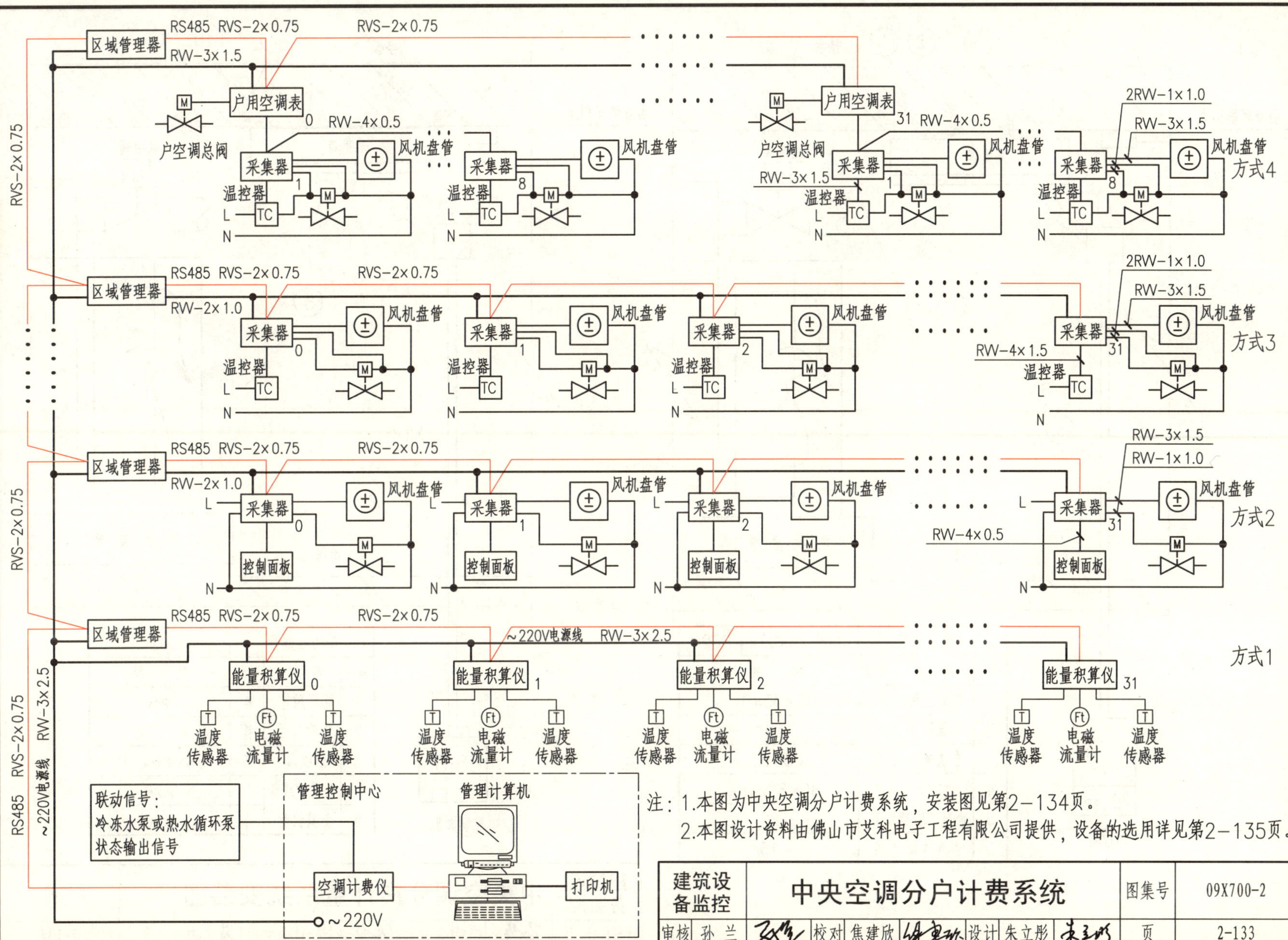

注：1.本图为中央空调分户计费系统，安装图见第2-134页。

2.本图设计资料由佛山市艾科电子工程有限公司提供，设备的选用详见第2-135页。

建筑设备监控	中央空调分户计费系统	图集号	09X700-2
审核 孙兰 校对 焦建欣 设计 朱立彤		页	2-133

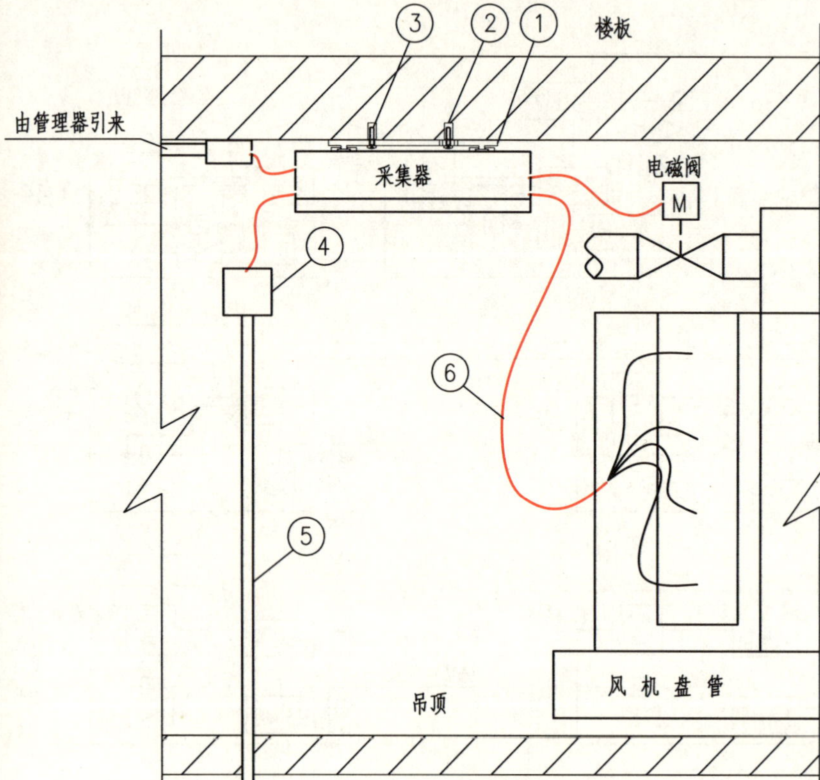

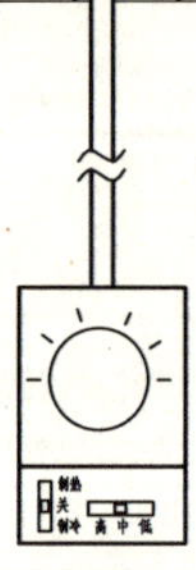

采集器型号			C02B	C02M	C02H
编号	名称	数量	规格		
1	安装挂钩	1	95×30×1		
2	膨胀胶塞	2	φ6		
3	自攻螺丝	2	φ3×30		
4	过线盒	3	86×86×50		
5	金属护线管	1	φ20		
6	金属软管	4	φ16		

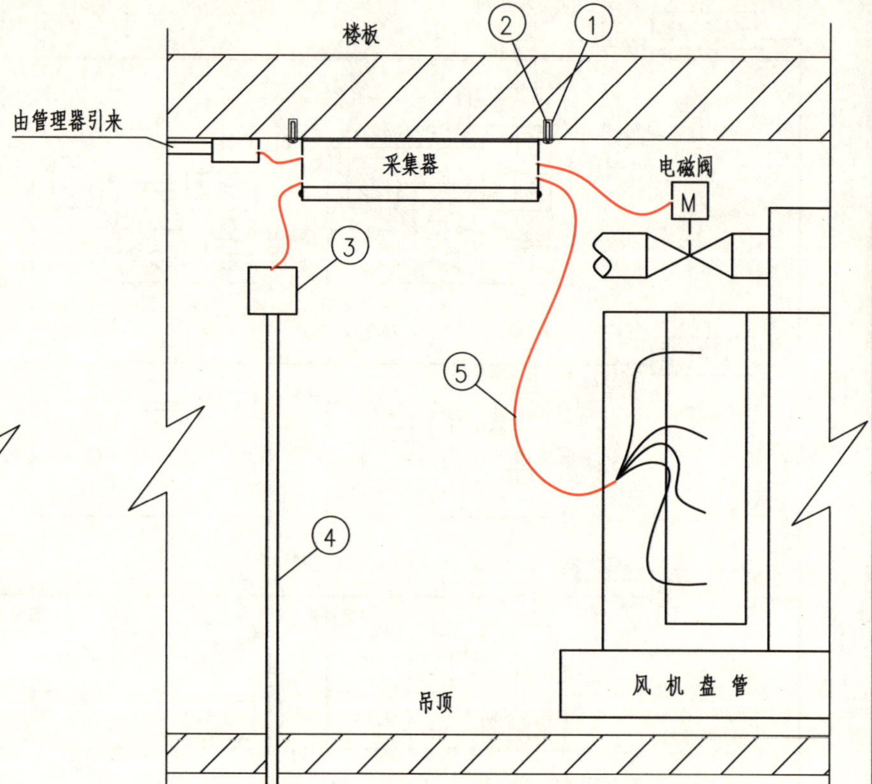

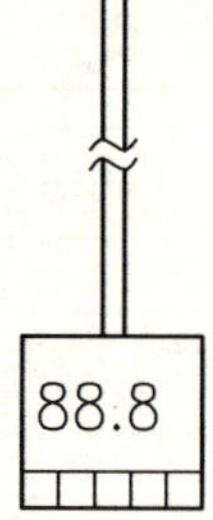

采集器型号			C02T
编号	名称	数量	规格
1	膨胀胶塞	4	φ6
2	自攻螺丝	4	φ3×30
3	过线盒	3	86×86×50
4	金属护线管	1	φ20
5	金属软管	4	φ16

建筑设备监控	中央空调分户计量系统安装图					图集号	09X700-2
审核 孙兰	[签名]	校对 焦建欣	[签名]	设计 朱立彤	[签名]	页	2-134

AKE中央空调计费系统设计说明

1.AKE中央空调计费系统分为能量型计费方式与时间型计费方式，适用于末端为水介质的中央空调分户计费。

2.能量型计费原理是通过对配对温度传感器及电磁流量计数据的采集，根据热力学原理，自动对热交换的热量进行积算，并上传到上位计算机。

3.能量型计费系统主要是由能量积算仪、电磁流量计、温度传感器组成，根据组网要求选配管理器与空调计费仪。

4.时间型计费工作原理：将采集器与风机盘管的温控器上三速开关相连接，在获得电动二通阀开通信号的同时，获得用户使用的高中低档的状况，并可自动累计各档位的运行时间。通过区域管理器将信号传至空调计费仪，空调计费仪与中央工作站通信，进行数据库管理。以用户使用的当量时间为依据进行收费。以上的计量是在空调计费仪接收到冷冻水泵或热水循环泵运行情况下进行的。

5.AKE中央空调计费系统采用总线制布线方式，AKE-J02空调计费仪与G04P区域管理器之间采用RS485通信方式，G04P通信距离不能超过1200m。

6.G04P区域管理器与G02H户用空调表之间采用RS485通信方式，通信距离最长不能超过1200m，超出必须加装信号中继器。G02H户用空调表与采集器C02H之间采用串行编码的通信方式，通信距离最长不能超过400m。

7.G04P区域管理器与C02B采集器和C02T采集器之间采用RS485通信方式，通信距离最长不能超过400m。

8.G04P区域管理器应安装在弱电井中，电源必须为专用线路，确保电源可靠，由AC220V直接供电。G04P区域管理器输出电压为DC24V。一台G04P区域管理器标准带载32个C02B采集器、C02T采集器、G02H户用空调表或C03P能量表。

9.一台G02H户用空调表标准带载8个采集器C02H。

10.C02T采集器已具有温控器功能。

11、能量表由C03P能量积算仪、电磁流量计、温度传感器PT1000组成。电磁流量计根据不同的管径选择不同型号的流量计，温度传感器必须经过严格配对。

12.必须为中央空调计费系统设计联动信号。

AKE中央空调计费系统设备表

设备名称	型号	技术项目	技术参数
空调计费仪	AKE-J02	工作电压	220VAC±10%
		通信方式	上行RS232、下行RS485
区域管理器	G04P	工作电压	220VAC±10%
		通信方式	RS485
户用空调表（适用方式4）	G02H	工作电压	220VAC±10%
		通信方式	上行RS485、下行串行编码
采集器（适用方式4）	C02H	适用范围	单相三速风机盘管，有（无）电动阀系统
		工作电压	12VDC
		通信接口	串行编码
采集器（适用方式3）	C02B	工作电压	24VDC
		最大计时误差	±0.3%
		通信接口	RS485
采集器（适用方式2）	C02T	工作电压	AC：220V±10%，50±1Hz；
			DC：24V±20%
		最大计时误差	±0.3%
		通信接口	RS485
		带负载能力	带温控功能，继电器输出
能量积算仪（适用方式1）	C03P	工作电压	220VAC±10%
		通信方式	RS485
		下接设备	电磁流量计、温度传感器PT1000

注：以上资料由佛山市艾科电子工程有限公司提供。

中央空调分户计量系统的设备选用	图集号	09X700-2
	页	2-135

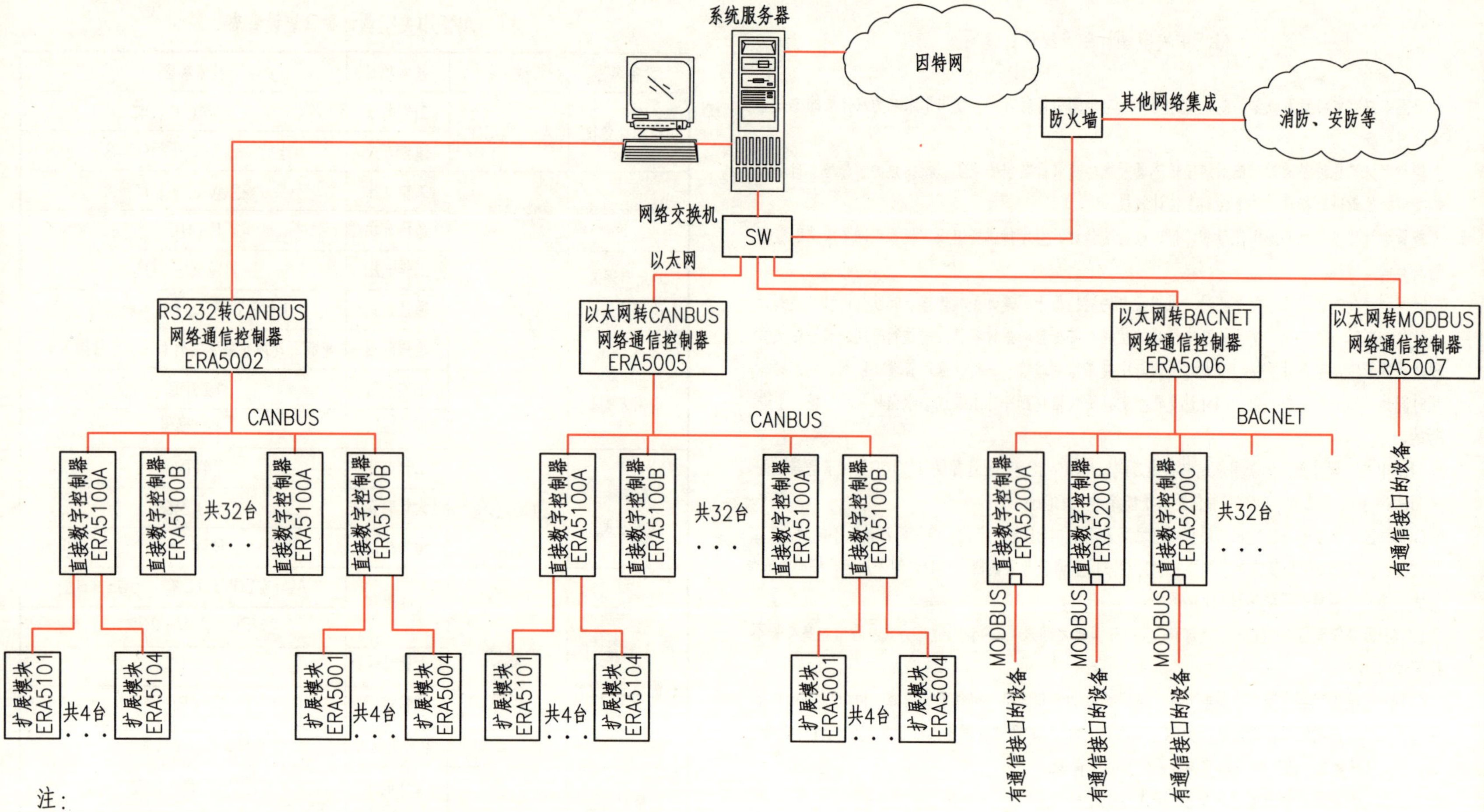

注:

1. 本系统为二级网络，第一级为以太网，第二级分别为：CANBUS、BACNET。
2. 本系统MODBUS可连接有通信接口的设备，如变频器、UPS、冷水机组等。
3. RS232-CANBUS系统是专为小型系统设计的。
4. 本系统可提供与消防、安防等系统集成的接口。可与因特网连接，实现远程控制。ERA5000系统网络构成十分灵活，可满足各类工程不同的需求。
5. 本系统图及产品型号由北京恒业世纪科技股份有限公司提供。

ERA5000建筑设备监控系统	图集号	09X700-2
	页	2-136

编制说明

1 设计依据

《民用建筑电气设计规范》JGJ 16-2008

《智能建筑设计标准》GB/T 50314-2006

《用户电话交换系统工程设计规范》报批稿

2 适用范围

2.1 本部分适用于新建、改建、扩建民用建筑工程中通信接入系统、用户电话交换系统、无线通信系统、调度系统的设计。

2.2 本图集适用于专业人员在从事通信系统设计、施工和验收时使用；也可供设计审图、监理、投资等部门的技术人员参考。

3 修编内容

3.1 本部分根据上述国家标准对97X700-2-1《通信系统》进行修编。并融入03X102《移动通信室内信号覆盖系统》部分内容。

3.2 通信系统宜包括通信接入网系统、用户电话交换系统、调度系统、会议电话系统、呼叫中心、无线通信系统及通信系统供电电源、缆线敷设等。本次修编增加了通信系统的设计要点、实施分工、IP用户电话交换系统、软交换用户电话交换系统、移动通信室内信号覆盖系统等内容。机房要求、供电电源、设备安装等内容见本图集的下册。

4 主要内容

4.1 编制说明及设计要点。

4.2 通信系统实施分工。

4.3 接入网的技术应用及接口

4.4 用户电话交换系统（包括PBX、ISPBX、IP PBX和软交换用户电话交换机组成的系统）。

4.5 中继方式（包括全自动直拨、半自动单向、半自动双向、人工、混合入网中继方式）。

4.6 调度系统。

4.7 移动通信室内信号覆盖系统。

5 参编单位

中国移动通信集团设计院有限公司

五洲工程设计研究院

中国航空规划建设发展有限公司（原中国航空工业规划设计研究院）

设计要点

1 通信接入网系统

1.1 系统应采用标准化的接口，使用多种类传输媒介（对绞电缆、光缆、同轴电缆、无线等）支持不同的接入类型与业务。

1.2 系统应根据用户需求、特点和分布情况，结合本地区电信发展规划及业务网状况，选择光纤接入、铜缆接入或无线接入等接入方式。

1.3 系统设备电源应满足以下要求：

1.3.1 直流（DC）：-48V，变化范围：-40～-57V；

1.3.2 交流（AC）：220+10%V，220（1-15%）V，输入电压波形变化范围不大于5%；

1.3.3 频率：50（±1%）Hz。

2 用户电话交换系统

2.1 用户电话交换系统应由用户电话交换机、话务台、终端及配套设备等组成。

2.2 用户电话交换机可分为普通用户电话交换机（PBX）、综合业务数字用户电话交换机（ISPBX）、IP用户电话交换机（IP PBX）和软交换用户电话交换机。

通信系统	编 制 说 明					图集号	09X700-2
审核 孙兰	[签名]	校对 汪浩	[签名]	设计 张宜	[签名]	页	2-137

消防 安防 监控 通信 网络 布线 电视 广播 会议 显示 集成

2.3 通信机房按功能一般可包括交换机室、控制室、配线室、电力电池室、进线室、附属用房（包括资料室、备品备件、值班室）。用户电话交换系统还应包括话务员室（见3-21、3-22页）；调度系统还应包括调度室（3-17、3-18页）；呼叫中心还应包括座席室。通信机房设计应满足下列要求：

2.3.1 机房位置总体要求见本图集第3部分机房工程。

2.3.2 机房宜与计算机网络中心机房贴近，以方便各种线路进出。

2.3.3 进线室独立设置时，面积不应小于5m²；附属用房可按30~50m²考虑；话务员室、调度室、座席室可按每人5m²考虑。机房的使用面积（不包括附属用房）宜满足下表要求：

用户电话交换机机房的使用面积

交换机容量数(门)	交换机机房使用面积（m²）
≤500	≥30
501~1000	≥35
1001~2000	≥40
2001~3000	≥45
3001~4000	≥55
4001~5000	≥70

2.3.4 话务台的布置，应使话务员就地或通过话务员室观察窗正视或侧视交换机机柜的正面。

2.3.5 总配线架室应靠近交换机室，以方便交换机中继线和用户线的进出。当交换机容量小于或等于1000门时，总配线架或配线机柜可与交换机机柜毗邻安装。

2.3.6 机房的毗邻处，可设置多家电信业务经营者的光、电传输设备以及宽带接入等设备的电信机房。

2.4 用户电话交换系统、调度系统、会议电话系统、呼叫中心宜合用供电系统，其交流电源应按建筑物最高等级负荷供电。电源设计应满足下列要求：

2.4.1 应支持直流供电和交流供电两种方式。

2.4.2 直流供电电源应采用在线充电方式，并以全浮充制运行。

2.4.3 当机房内通信设备有交流不间断和无瞬变供电要求时，应采用UPS电源供电。

2.4.4 直流供电系统的蓄电池一般设置两组，交流UPS电源的蓄电池一般每台设置一组。当所在建筑物设有发电设备时，电池组应满足15~30min的放电时间；当所在建筑物无发电设备时，电池组应满足30min~8h的放电时间。

2.4.5 调度系统供电包括调度交换机用电和调度终端用电。调度交换机电源冗余量应不小于50%；调度终端扬声器功率大于3W时，应提供外部供电电源。

2.4.6 用户电话交换机主机用电量可参考下列指标确定：1000门以下每门按2.5W计算；1000门及1000门以上时，大于1000门的数量每门按2.0W计算；其他附加设备电负荷另行计算。

2.5 通信机房应采用共用接地系统，机房内应做等电位联结及接地端子板。用户电话交换机的室外用户电缆进入配线架时，配线架上应加防雷电保护器。

2.6 建筑电信指标见下页表格。

2.7 用户电话交换系统进入公用电话网本地端局，根据通信业务组成及呼入、呼出话务量的大小，选择采用双向出、入中继线或单向出、入中继线。

2.7.1 当用户电话交换系统的呼入、呼出话务量均大于40Erl时，宜采用全自动直拨呼入中继（DID）方式和全自动直拨呼出中继（DOD1）方式。

2.7.2 当用户电话交换系统的呼入、呼出话务量均小于40Erl时，宜采用半自动入中继（BID）方式和听二次拨号音全自动出中继（DOD2）。

2.7.3 当用户电话交换系统的呼入或呼出话务量小于10Erl时，或在特殊情况下，采用人工中继方式进入端局。

2.7.4 对建筑与建筑群而言，用户电话交换机的用户线容量可以考虑到用户的性质，并按照语音信息点的数量确定，具体分类如下：

交换机设备容量配置

设备数量 / 用户性质	交换机用户线容量测算（占综合布线语音信息点%）	交换机中继线容量（占用户线%）
一般用户	60～80	10～15
办公（自用）	80～90	15～20
办公（出租）	60～80	15～25
政府机关	80～90	15～25
金融部门	80～100	20～25

注：1.交换机的用户线容量测算以后，还要考虑交换机设备的实装率最终确定交换机用户线容量。交换机的实装率可以按照80%～90%取定。

2.交换机如果采用数字中继，应该按照PCM传输系统基群能够满足的电路数对中继线取整。

3.上表提供的设备容量数据仅供参考，设计时应根据工程的实际情况与话务基础数据的取定进行计算。

2.8 电话交换机的用户信令应符合以下规定：

2.8.1 模拟用户终端应采用双音多频（DTMF）信令方式，交换机也可支持直流脉冲信令方式。

2.8.2 ISDN终端应采用DSS1数字用户信令接入用户电话交换机。

2.8.3 SIP终端或SIP软终端应采用SIP协议接入用户电话交换机。

2.9 用户交换系统（包括PBX、ISPBX、IP PBX和软交换等）配置的用户侧、中继侧接口方式见2-148～2-151页。

3 调度电话系统

3.1 调度电话系统应由调度交换机、调度台、终端等组成。

3.2 调度交换机实现调度指令，同时提供与调度台、终端、用户电话交换系统连接的接口。调度台可采用触摸屏、PC等多种方式实现各种调度操作。

3.3 调度交换机配置的用户侧接口方式应符合以下规定：

3.3.1 PSTV终端应采用二线模拟Z接口接入调度交换机。

3.3.2 ISDN终端应采用2B+D基本速率S 接口（4线）或30B+D基群速率S 接口（4线）接入调度交换机。

3.3.3 IP终端应采用10BaseT/100BaseT自适应接口接入调度交换机。

3.4 调度交换机配置的中继侧接口方式应符合以下规定：

3.4.1 应采用二线及四线模拟中继接口、数字中继A接口、2B+D基本速率接口、30B+D基群速率接口与公用通信网或专用网互连。

3.4.2 调度系统之间应采用二线模拟中继接口、数字中继A接口或以太网接口连接。

3.4.3 应采用二线或四线标准音频接口与广播系统连接。

3.4.4 应采用无线对讲接口与无线对讲系统连接。

4 移动通信室内信号覆盖系统

4.1 移动通信室内覆盖系统包括全射频处理系统（无源分布方式）、全同轴电缆分布系统（电分布方式）、光纤分布系统（光分布方式）、光纤与同轴电缆混合分布系统（光电混合分布方式）、泄露电缆覆盖方式。

4.2 无源分布方式适合于15000m^{2}以内的建筑物，组网方式见2-155页；有源分布方式适用于大于15000m^{2}的建筑物，组网方式见2-156页；光分布和光电混合分布方式适用于大型建筑物，组网方式见2-157页。

通信系统	通信系统设计要点					图集号	09X700-2
审核 孙兰		校对 汪浩		设计 张宜		页	2-139

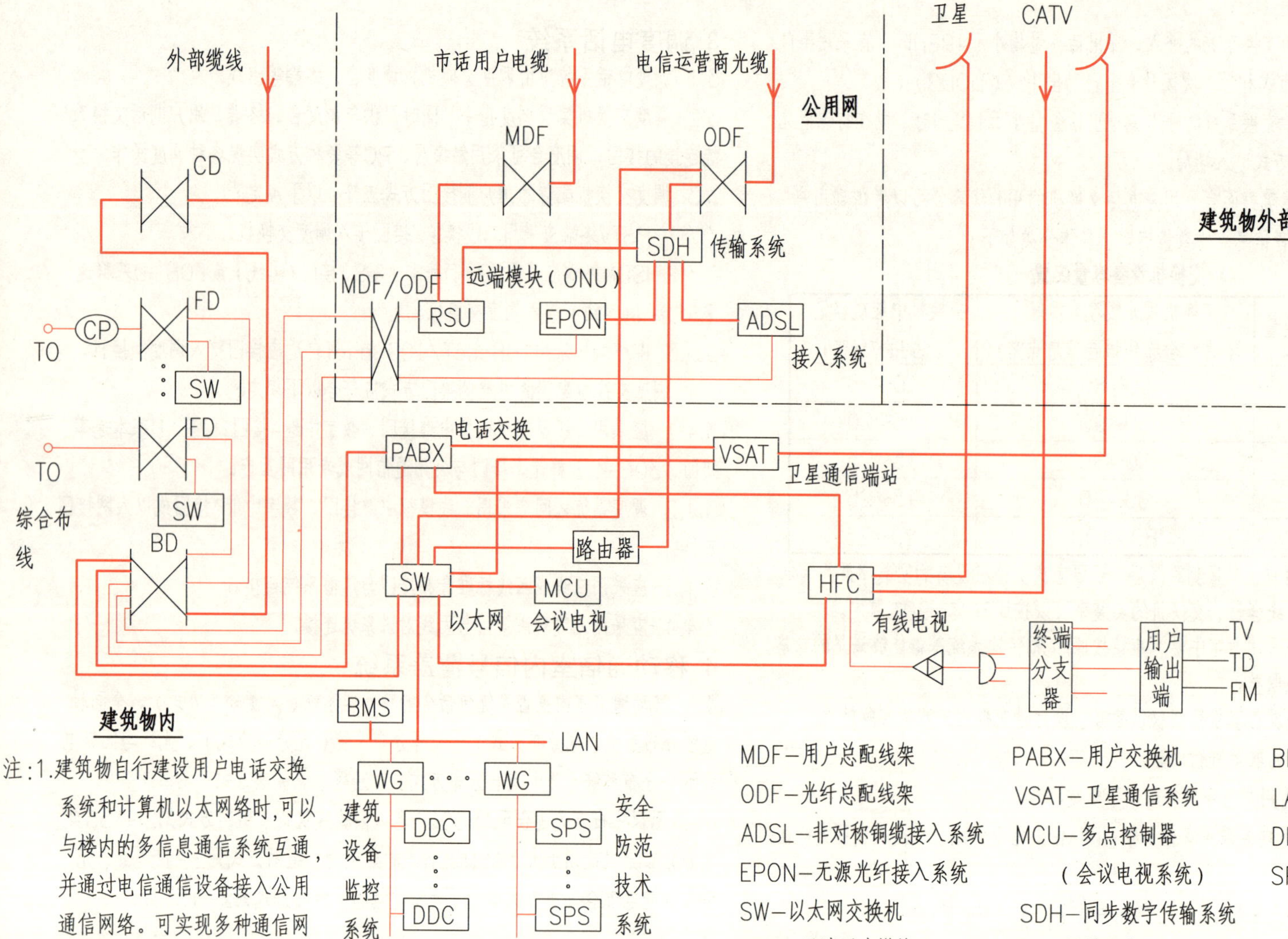

注:1.建筑物自行建设用户电话交换系统和计算机以太网络时,可以与楼内的多信息通信系统互通,并通过电信通信设备接入公用通信网络。可实现多种通信网络与通信业务的融合。

2.有线电视系统详细内容见第2-247、2-258页。

MDF—用户总配线架
ODF—光纤总配线架
ADSL—非对称铜缆接入系统
EPON—无源光纤接入系统
SW—以太网交换机
RSU—远端用户模块
PABX—用户交换机
VSAT—卫星通信系统
MCU—多点控制器(会议电视系统)
SDH—同步数字传输系统
WG—网关设备
BMS—子系统集成终端
LAN—局域网
DDC—直接数字控制器
SPS—安全防范各子系统工作站

通信系统	通信系统构成示意图	图集号	09X700-2
审核 孙兰 校对 汪浩 设计 张宜		页	2-140

通信方式			设备类型	实施部门	设备安装地点	备注
电话网	集中用户交换机功能(centrex)		程控电话交换机	电信部门	公网电话局	主要以软件实现
	程控电话交换局远端用户模块		程控电话交换机模块	电信部门	物业提供机房	相当于交换局的用户级
	用户电话交换设备		用户电话交换机	物业或电信部门	物业机房或设备间	交换机可为PBX、ISPBX、IP PBX或软交换
接入网	光纤接入	光纤接入设备到小区(FTTL)、光纤到路边(FTTC)、光纤到楼(FTTB)、光纤到户(FTTH)、光纤到桌面(FTTO)	光纤线路终端(OLT)	电信部门、物业	电话局或物业机房	1.ONU设备也可安装在室外，楼内设备间、电信间或户内家居配线箱内。 2.采用光纤传输网络
			光纤网络单元(ONU)	电信部门、物业	物业机房或设备间	
			传输网系统	电信部门、物业	社区内	
	铜缆接入	非对称数字用户线(ADSL)	局端设备	电信部门、物业	电信机房或物业机房	铜缆实现2Mbits/s或以上宽带业务
			远端设备	电信部门、物业	物业机房或设备间	
	无线接入		基站	物业或电信部门	电信机房或物业机房	基站设备与基站控制器可以合设或分设
			基站控制单元	物业或电信部门	电信机房或物业机房	
	光纤同轴网(HFC)		光网络设备、电缆分配网	广电、电信、物业	物业机房或设备间	主要为有线电视网

注：对于社区和住宅楼内的通信网络建设，本表参照《接入网工程设计规范》YD 5097-2001、《N-ISDN第二类网络终端(NT2型)设备ISDN用户交换机技术规范》YD/T 928-1997、《ISDN(2B+D)NT1用户-网络接口设备要求》GB/T 16654-1996标准编制。上述系统向用户提供语音、数据、视频的通信业务。

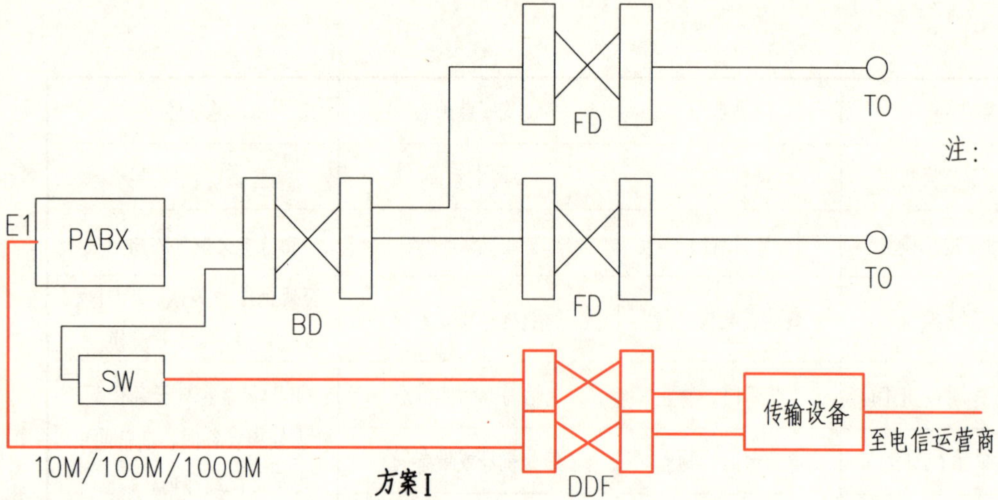

方案Ⅰ

注：1. 图中红色部分表示电信运营商提供，其他为用户自设，下同。

2. 用户自己采购用户电话交换机或建设计算机局域网，可租用电信运营商电路，电信运营商负责提供传输设备、配线架、电路以及相关线缆和线缆的布放。

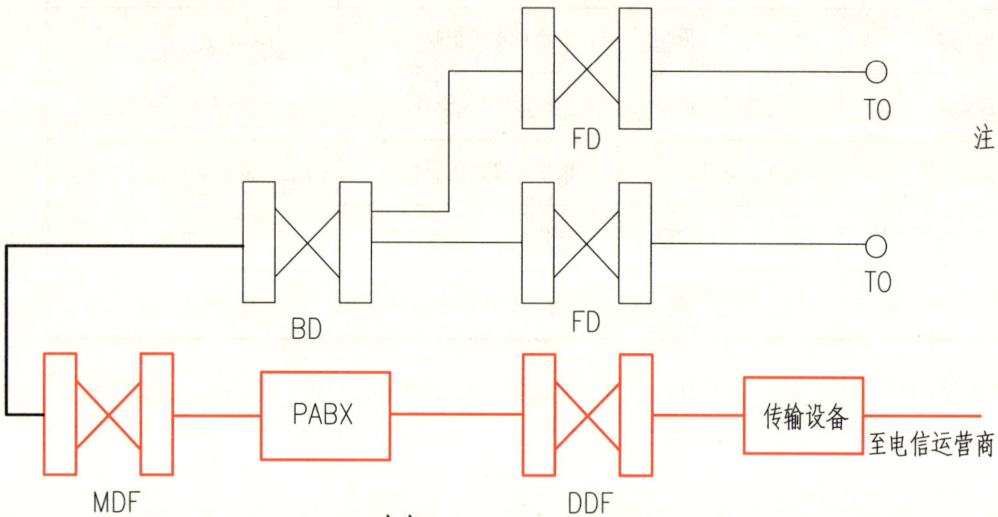

方案Ⅱ

注：1.用户电话交换机由电信运营商提供，用户租用电信运营商电路。

2.电信运营商负责用户电话交换机、传输设备、MDF、传输电路以及相关线缆和线缆的布放。

3.对于智能建筑统一考虑并建设了大楼总配线架（BD），通过工程协商，电信运营商可不再建设MDF，由交换设备引出的用户线直接布放到BD上。如果电信运营商设置互通的MDF，则MDF与BD间的线缆布放由用户和电信运营商协商确定。

通信系统	分工界面					图集号	09X700-2
审核	张宜	校对	汪浩	设计	尹凤庆	页	2-142

常用接入网类型

接入方式	接入网技术
光纤接入网	OAN无源光网络
光纤+以太网接入	以太网交换+光纤网络
铜缆接入网	ADSL　非对称数字用户线
无线接入网	数字蜂窝（GSM、CDMA等） 数字无绳（DECT、PHS等） 点对多点微波设备 VSAT小型卫星通信设备 宽带无线接入设备
光纤同轴接入网	HFC混合光纤同轴网

业务接口类型

UNI（用户网络接口）		SN（业务节点接口）
PSTN和ISDN	PSTN	V5.1、V5.2、VB5
	ISDN（BRA）（2B+D）	V1、V5.1、V5.2、VB5
	ISDN（PRA）（30B+D）	V3、V5.2、VB5
B-ISDN	B-ISDN（155Mb/s）	VB5

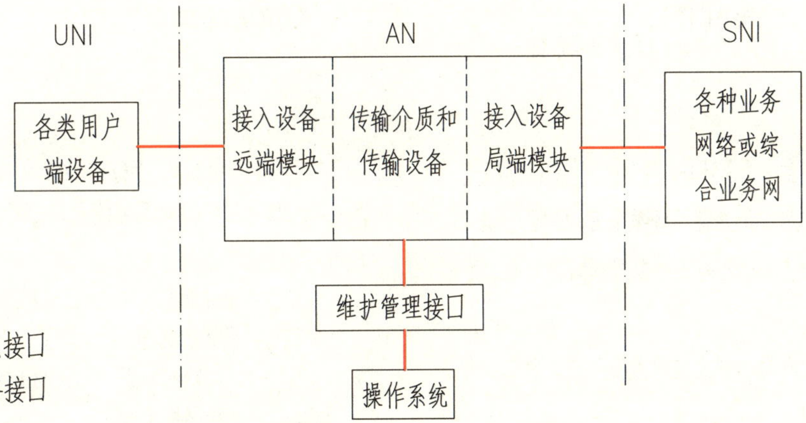

注：

AN—接入网

SNI—业务节点接口

UNI—用户网络接口

接入网基本构成

通信系统	接入网的构成、类型及接口					图集号	09X700-2
审核	孙 兰	校对	汪 浩	设计	张 宜	页	2-143

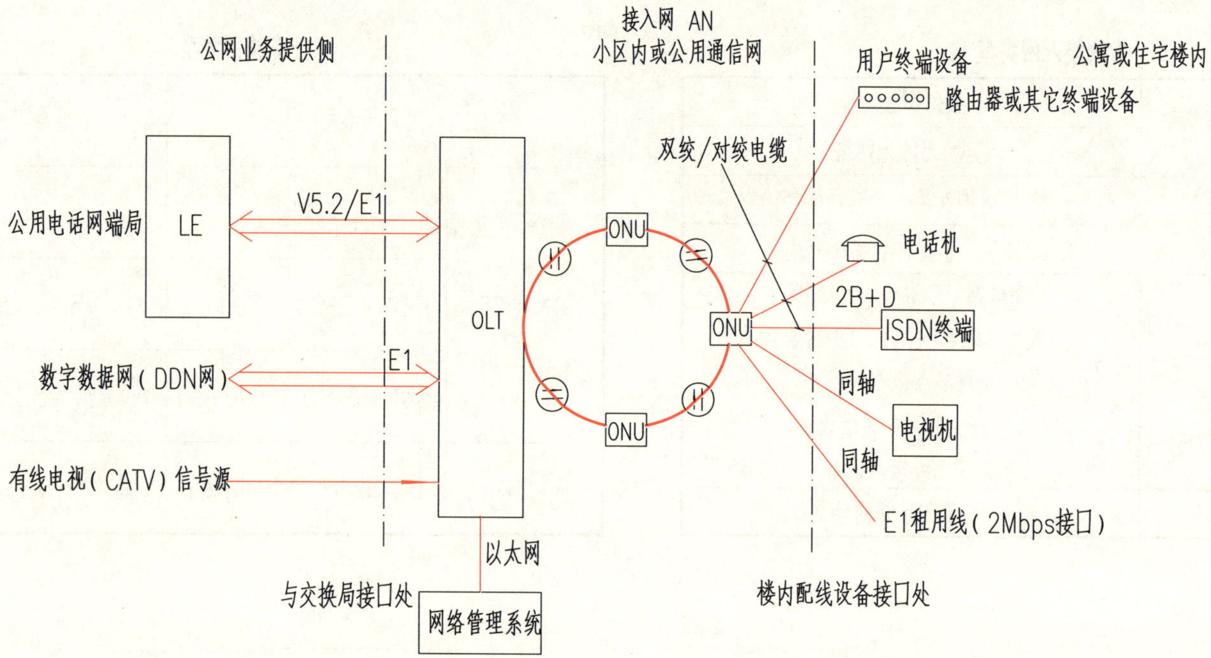

注:

1.光纤接入系统主要通过一条光缆为不同容量(100门~几千门)的用户服务,所能支持的业务范围适合发展中的小区,尤其是光缆已经敷设好的地区,满足FTTB、FTTC等应用。主干ONU和分支ONU之间还可以采用同轴电缆、双绞线(HDSL)和数字微波等相连。

2.可以取代小型局用交换机,避免建新的交换局,并有提供业务广泛、施工简单、维护方便等特点,ONU基本上是免维护的。

3.OLT可安装在公用电话网端局内或住宅小区的物业管理中心机房。ONU可安装在室外路边或住宅楼的设备间,可采用AC220V±20%或DC40~56V供电.

4.E1接口采用阻抗为75Ω同轴电缆或120Ω的双绞线。

5.CATV信号经OLT采用光缆同缆分纤方式传送到ONU。

6.缩略语:

FTTB—光纤到楼
FTTC—光纤到路边
OLT—光纤线路终端
ONU—光纤网络单元
AN—接入网

2B+D—为2个64kbit/s B通道和1个16kbit/s D通道
30B+D—为30个64kbit/s B通道和1个16kbit/s D通道

通信系统	光纤接入系统示意图						图集号	09X700-2
审核	孙 兰	校对	汪 浩	设计	张 宜		页	2-144

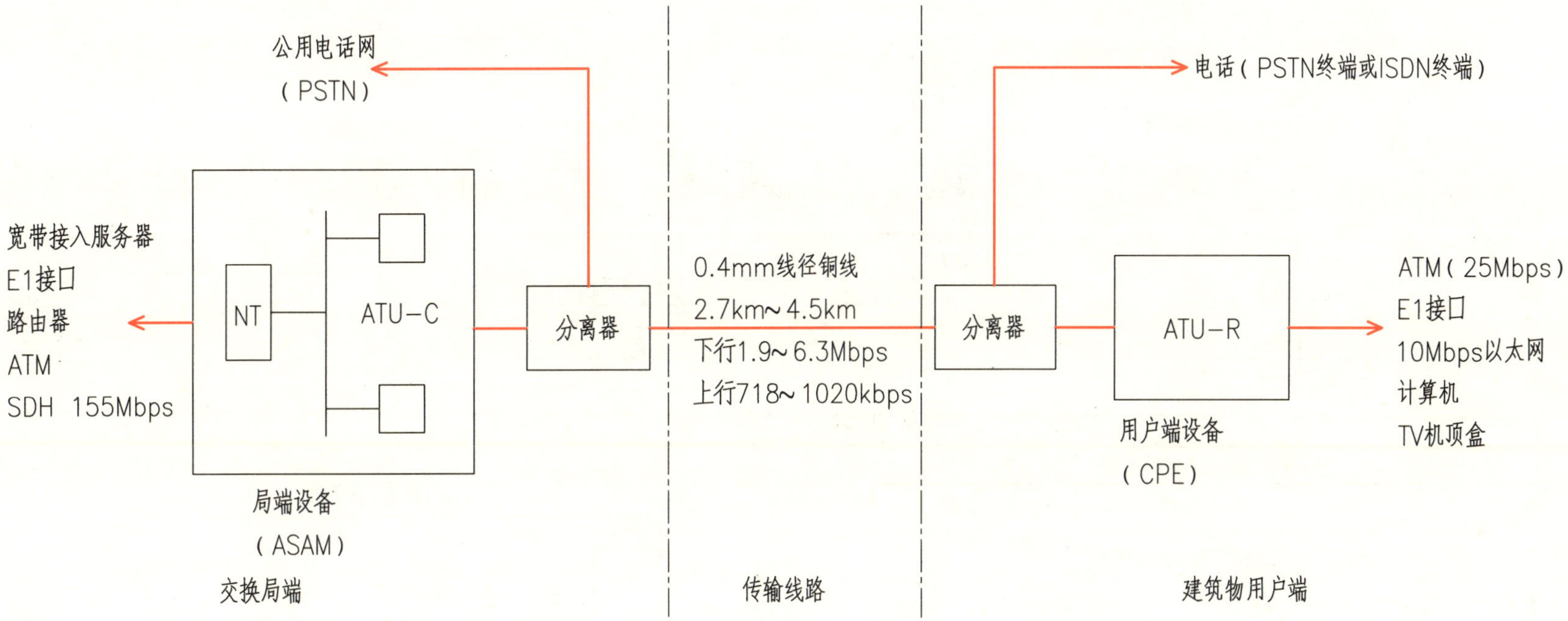

注：1.设备容量可达578～2304线。

2.局端设备总线传输速率可以为155Mbps或622Mbps。

3.每线耗电量余额为5W，48线机架总功耗约为270W，144线机架约为800W。

4.正常工作温度及湿度见产品说明。

5.工作电压：局端设备－48V DC（－40.5V～－57V），外置用户端设备220V AC。

6.ADSL系统可设置网络管理系统（AWS）。

通信系统	ADSL非对称铜缆接入系统					图集号	09X700-2
审核 孙 兰		校对 汪 浩		设计 张 宜		页	2-145

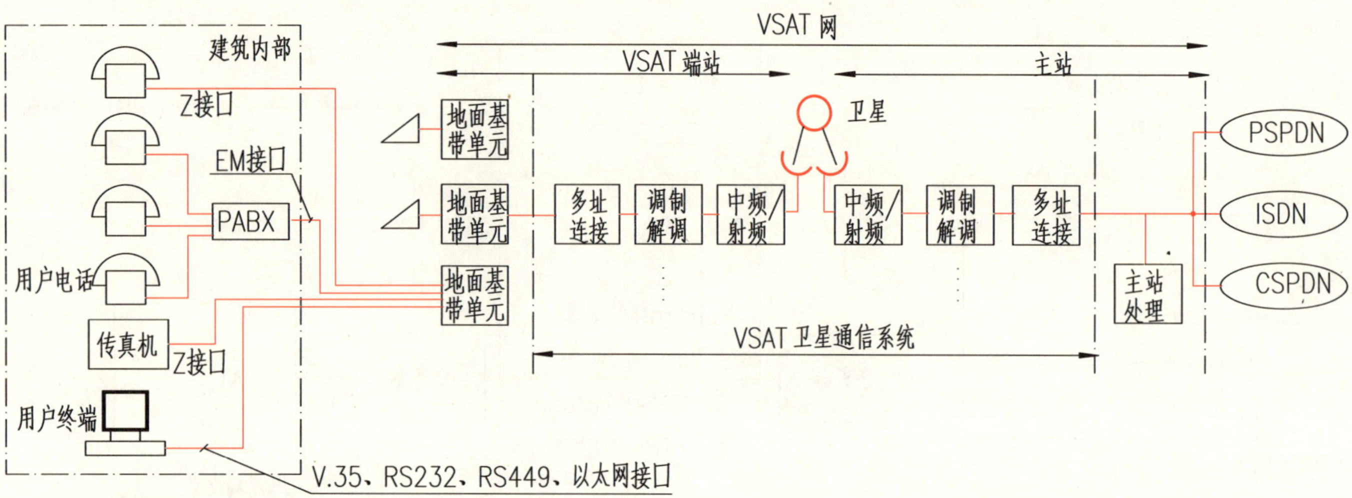

VSAT通信网的基本网络结构

类型	星状网	网状网	混合网
特点	VSAT之间不能通过卫星直接相互通信，而需主站转接	各VSAT端站之间经卫星直接沟通，不需要主站转接是无心的分散的网络	各端站的信道分配、监控、管理由主站控制，各VSAT端站之间通信直接沟通，是星状网和网状网的混合应用
应用场合	一般应用在数据通信	一般应用在语音通信	

VSAT通信业务内容

类型	数据网	语音网
特点	1.单向（广播式）星状结构，以主站为中心，主站及端站发或收数据。 2.双向（交互式）星状结构，以主站为中心，主站与端站为一跳，端站间二跳实现数据通信。	1.端站间建立直达语音电路，一般为网状网。 2.卫星信道申请呼叫建立由网控中心完成，属星状网。

注：

1.智能建筑内VSAT可提供单独的语音或语音数据和图像等综合通信。

2.VSAT系统是由多个智能化小型端站及一个或几个主站组成。小型端站由小口径接收天线、室外单元、室内单元三部分组成。室外单元包括动态功放、低噪声放大器、变频部件、正交模耦合器等，这些设备安装在天线反射面后。室内单元包括调制解调器、基带处理单元、微处理器等，这些设备安装在智能建筑内与用户端直接相连。

通信系统	VSAT卫星通信系统网络结构及接口图	图集号	09X700-2
审核 张宜 校对 郭锡坤 设计 金华		页	2-146

通信系统接口与接入终端应用

<table>
<tr><td rowspan="2">接口类型及接入设备与网络
交换机类型</td><td colspan="3">用户接口与对应的接入终端设备</td><td>中继接口与对应的接入通信网络</td></tr>
<tr><td>模拟Z接口（2线）</td><td>U接口（2线）
S接口（2或4线）</td><td>IP接口（2对/4对线）</td><td>E1 数字中继A接口
30B+D PRI 中继T接口
2B+D BRI 中继T接口
2/4线 E&M 中继C接口
2 线环路 中继C接口
IP 中继接口
IP 网关接口</td></tr>
<tr><td>PBX</td><td rowspan="4">模拟电话机
传真机
调制解调器拨号上网
调制解调器接入数据终端
（如V.24/V.35）</td><td>–</td><td>–</td><td rowspan="5">PSTN公用电话交换网
ISDN综合业务数字网
互联网
PSPDN公用分组数据交换网</td></tr>
<tr><td>ISPBX</td><td rowspan="3">数字电话机
传真机（3类及以上）
可视电话机
视频会议终端
E1专线
移动电话（经过WIFI接入）</td><td>–</td></tr>
<tr><td>IPPBX</td><td rowspan="2">IP电话机
IP传真机
10M/100M计算机终端
VoIP终端
可视终端</td></tr>
<tr><td>软交换机</td></tr>
<tr><td>调度交换机</td><td colspan="3">模拟及IP调度电话
IP可视电话
CCTV监控视频
10M/100M终端
广播扬声器
视频调度会议终端</td></tr>
</table>

注：1.模拟电话机为接入PSTN的话机；数字电话机为具有2B+D（144kbps）与30B+D（2048kbps）传输速率接口接入ISDN的话机。IP电话机为具有SIP协议的话机，可以直接接入互联网。

2.U与S接口可以分为U_0与S_0（2B+D）；U_{2M}与S_{2M}（30B+D）类型的接口。

3.可视电话机可以为1B+D或2B+D传输速率的接口。

4.视频会议终端为具备6B+D传输速率的接口的设备。

5.各种类型的终端设备接入交换机与调度机时应考虑接口的一致与采用的线缆类型与芯线及线对数量。

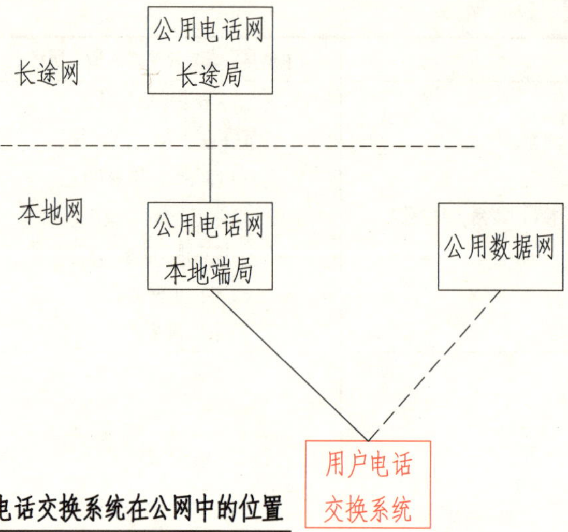

用户电话交换系统在公网中的位置

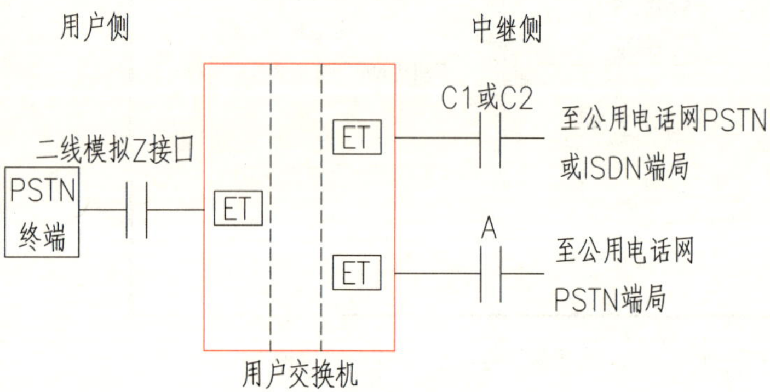

PBX系统结构及接口示意图

注：─┤├─ 表示接口，ET为交换机终端。

说　明

1　用户电话交换系统在本地电话网中处于末端位置，属于接口局。

2　接入公用电话网方式包括：

2.1　以端局方式接入公用电话网端局。用户电话交换机通过中继电路连接到公用电话网端局的中继端口，其用户号码占用本地公用电话网的万号组。

2.2　以支局方式接入公用电话网端局。用户电话交换机通过中继电路连接到公用电话网最近一个端局的中继端口，其用户号码占用所接入的端局交换机的千群号。

2.3　以用户交换机方式接入公用电话网端局。用户电话交换机通过中继电路连接到公用电话网本地端局的用户电路端口，中继线引示号占用所接入的端局交换机的用户号码。

2.4　用户电话交换机（PABX）可分为普通用户电话交换机（PBX）、综合业务数字用户电话交换机（ISPBX）、IP用户电话交换机（IP　PBX）、软交换用户电话交换机等。

3　PBX的基本功能和接口功能要求如下：

3.1　应能支持以下基本业务：

3.1.1　音频、传真、数据等电信业务；

3.1.2　对用户的目的码进行限制或接续；

3.1.3　来电显示业务。

3.2　应支持缩位拨号、热线服务、呼出限制、免打扰服务、转移呼叫、呼叫等待、会议电话、闹钟服务等新业务。

3.3　应支持PSTN终端接入的二线模拟Z接口功能。

3.4　应支持C1或C2二线模拟中继接口接入PSTN或ISDN端局功能。

3.5　应支持数字中继A接口（速率为2048kbit/s）接入公用电话网PSTN端局的功能。

通信系统	用户交换机系统结构及接口示意图(PBX)					图集号	09X700-2
审核	张宜	校对	汪浩	设计	尹凤庆	页	2-148

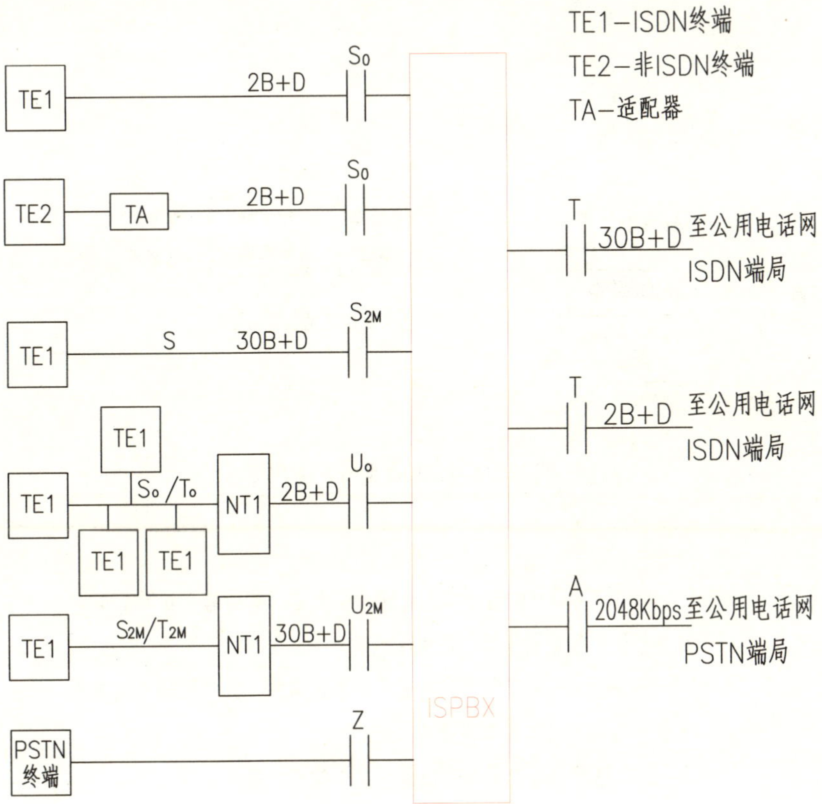

ISPBX系统结构及接口示意图

ISPBX的基本功能和接口功能要求：

1. 除具备PBX的基本功能和接口功能外，还应具备以下功能：

1.1 支持基于电路型、64kbit/s、8kHz结构等不同的承载业务；

1.2 直接拨入、多用户号码、经公用数据网建立私有数据传输通道，实现IP VPN业务等补充业务。

2. 除具备PBX的接口功能外，还应支持以下接口功能：

2.1 支持ISDN终端接入的2B+D四线S_0接口功能；

2.2 支持ISDN终端接入的2B+D二线U接口功能；

2.3 支持ISDN终端接入的30B+D四线S_{2M}接口功能；

2.4 支持ISDN终端接入的30B+D二线U接口功能；

2.5 支持数字中继T接口2B+D基本速率或30B+D基群速率接入公用电话网ISDN端局。

3. 接入用户与总线长度

3.1 采用U_0基本速率与NT1接入用户

1）点对点：（4线全双工）：NT设备软线≤3m，TE1设备软线≤7m，TE1与NT1的连接线长度可为0～1000m。

2）点对多点：（4线全双工）

a、短无源总线：· TE1至NT1连接电缆上可接入4或8个TE1终端；

· 接入TE1的设备软线≤7m；

· TE1与NT1的连接线长度，在高阻抗电缆（150Ω）时，可达200m；在低阻抗电缆（75Ω）时，可达100m。

b、延长无源总线：· TE至NT1连接电缆上只可接入4个TE1终端；

· 接入TE1的设备软线≤7m；

· 接入连接电缆的连接器件至总线的电缆长度≤1m；

· 接入连接电缆TE1（4个）占有的线段长度为25～50m；

· 连接电缆的总长度可为0～1000m。

3.2 采用U_{2M}一次群速率与NT1接入用户

1）只为点对点连接。

2）传输距离与连接电缆有关，优先选用120Ω平衡电缆，允许在某些场合适用75Ω同轴电缆。

3）接口符合G.703、G.704、G.706/TU-T建议。

通信系统	用户交换机系统结构及接口示意图（ISPBX）					图集号	09X700-2
审核	张宜	校对	汪浩	设计	尹凤庆	页	2-149

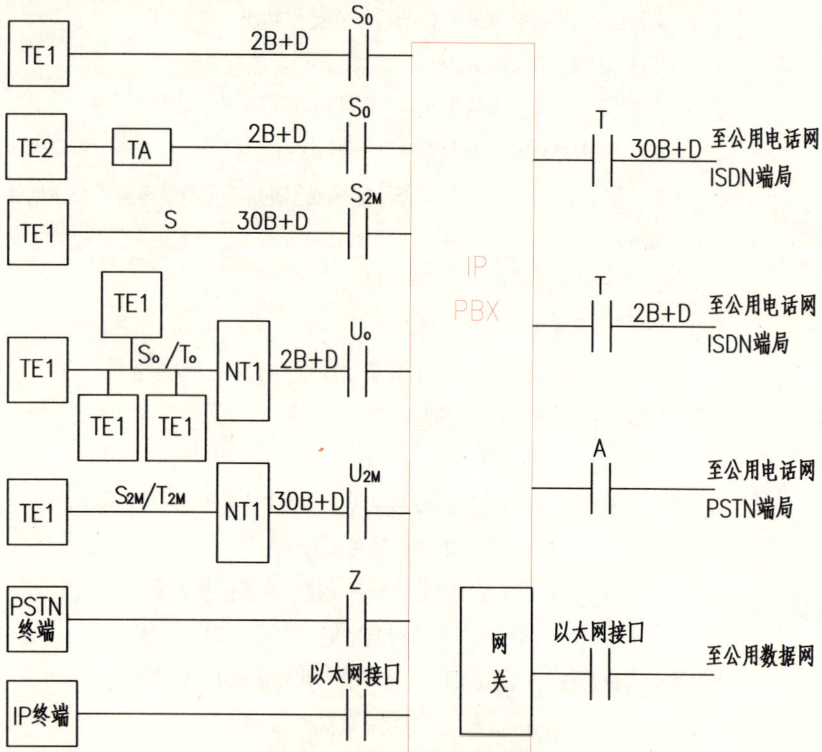

IP PBX系统结构及接口示意图

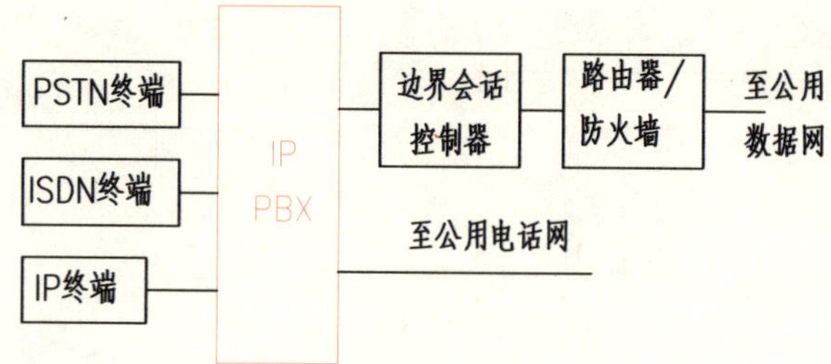

IP PBX与公用数据网连接方式

IP PBX的基本功能和接口功能要求：

1 除具备ISPBX的基本功能和接口功能外，还应具备以下功能：

1.1 能提供IP电话和IP传真业务；

1.2 支持G.729、G.723.1、G.711等语音编码格式；

1.3 支持E.164和SIP号码间转换功能。

2 除具备ISPBX的接口功能外，还应具备以下接口功能：

2.1 支持IP终端采用以太网10BaseT/100BaseT自适应接口功能，接入IP PBX；

2.2 IP软终端采用SIP协议与IP PBX互通。

3 支持以太网接口接入公用数据网。

注：

1. IP PBX用户电话交换系统通过防火墙、路由器、边界会话控制器与公用数据网连接，实现IP电话业务。

2. IP PBX和软交换用户电话交换系统架构不同，根据不同应用场景，其接入公用数据网方式不同。

3. 防火墙可与路由器综合设置，也可独立设置。

4. 边界会话控制器实现跨网段的IP电话互通。

5. 局域网交换机、路由器/防火墙等可与企业办公网共用设备。

6. IP PBX可通过内置的网关与公用数据网连接，也可通过FE等以太网接口与边界会话控制器、路由器/防火墙等设备连接。

通信系统	用户交换机系统结构及接口示意图（IP PBX）					图集号	09X700-2
审核	张宜	[签名]	校对	汪浩	[签名] 设计 尹凤庆 [签名]	页	2-150

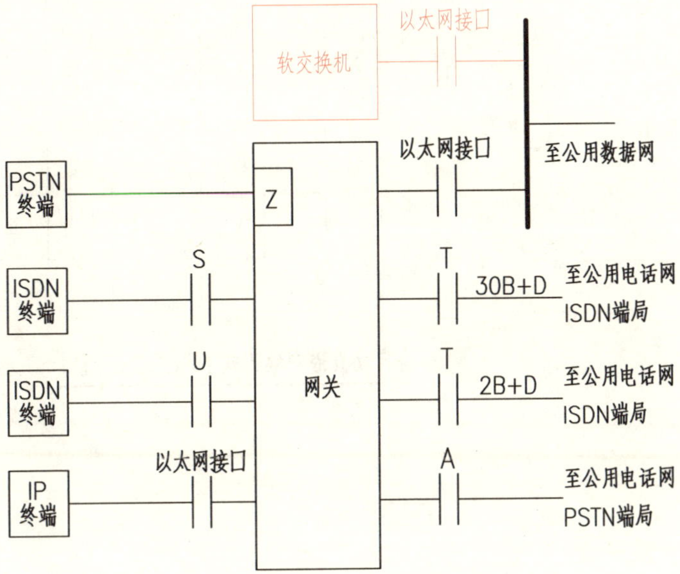

软交换用户电话交换系统结构及接口示意图

注：除具备IP PBX的基本功能和接口功能外，还应具备以下功能：

1）软交换机和网关间支持H.248协议；

2）应能实现跨省、跨国界的内部电话放号。

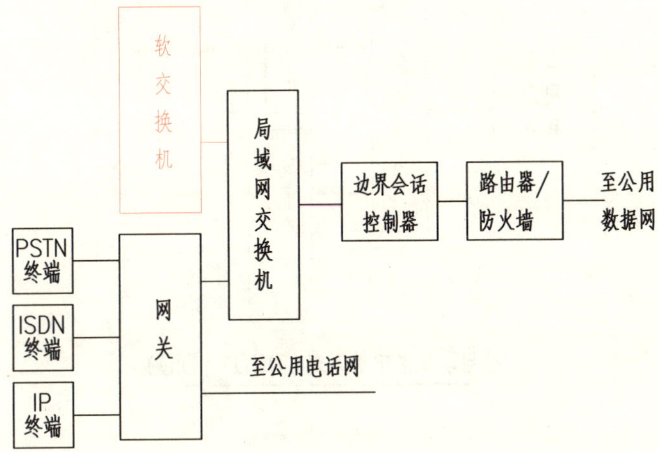

软交换用户电话交换系统与公用数据网连接方式

注：1. 局点设有软交换机和网关设备时，与公用数据网连接可采用此方式。

2. 此方式中，软交换机和网关间控制信令通过局域网交换机互通，局域网交换机能提供较多的局域网接口，方便局域网组织，便于其他应用的扩展。

3. IP终端为可支持初始会话协议（SIP）、H.248协议、媒体网关控制协议（MGCP）的终端。

通信系统	用户交换机系统结构及接口示意图(软交换)					图集号	09X700-2
审核 张宜	[签名]	校对 汪浩	[签名]	设计 尹凤庆	[签名]	页	2-151

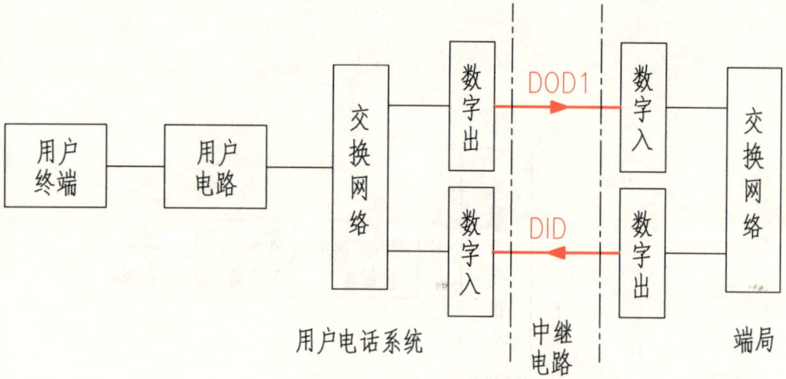

全自动直播中继方式(DOD1+DID)

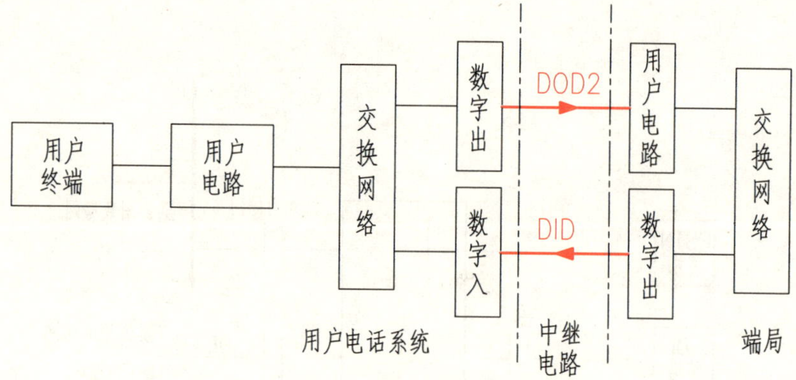

全自动直播中继方式(DOD2+DID)

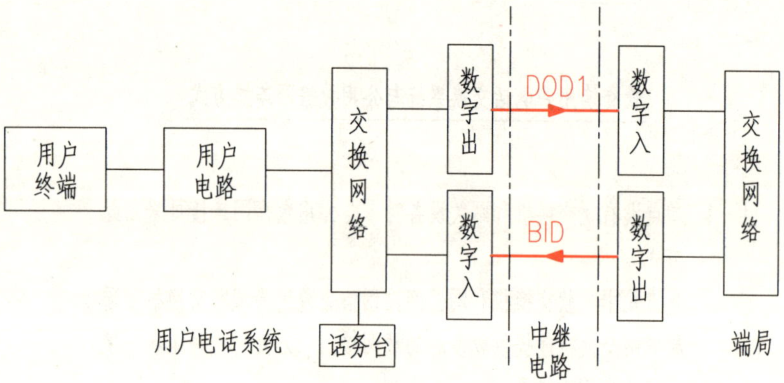

半自动单向中继方式(DOD1+BID)

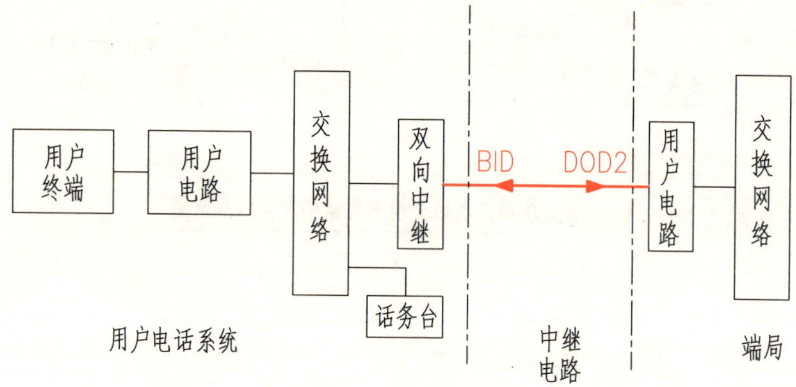

半自动双向中继方式(DOD2+BID)

注:1. 用户电话交换机与公用电话网间中继方式包括DOD、DID、BID等。
2. DOD1:直接呼出听一次拨号音;DOD2:直接呼出听二次拨号音;DID:直接呼入;BID:半自动呼入。下同

通信系统	全自动、半自动中继方式	图集号	09X700-2
审核 张宜 校对 汪浩 设计 尹凤庆		页	2-152

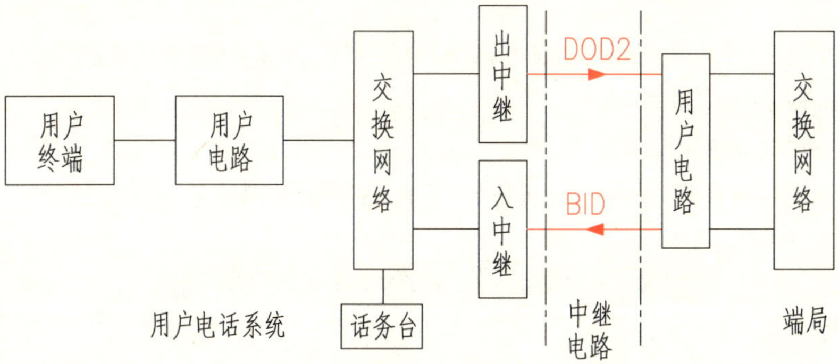

半自动单向中继方式（DOD2+BID）

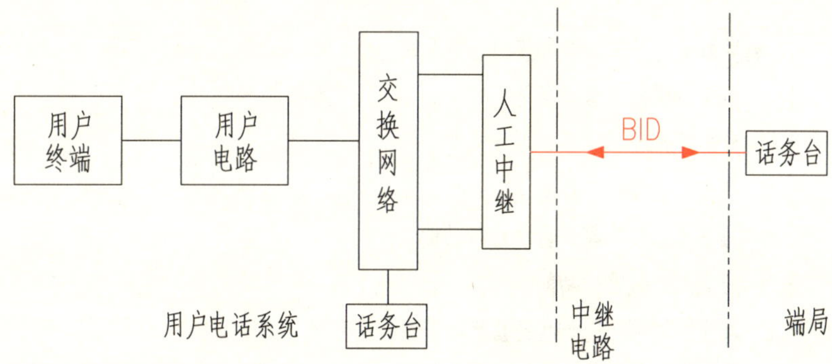

人工中继方式

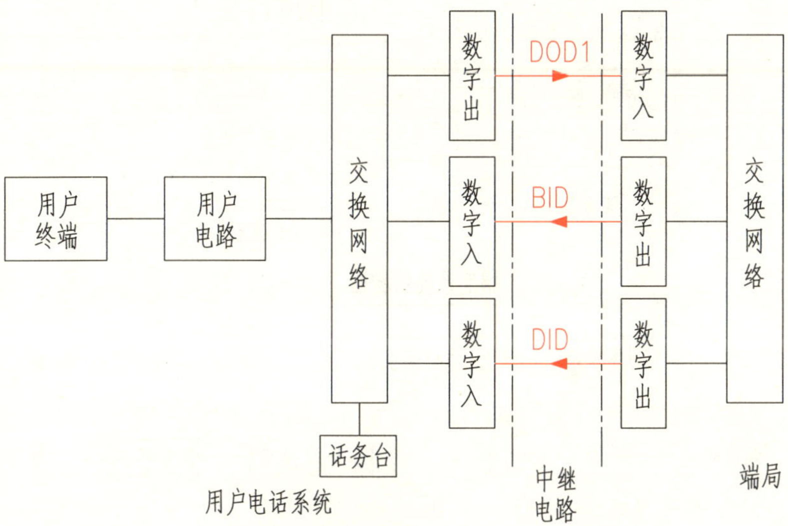

混合入网中继方式（DOD1、BID和DID）

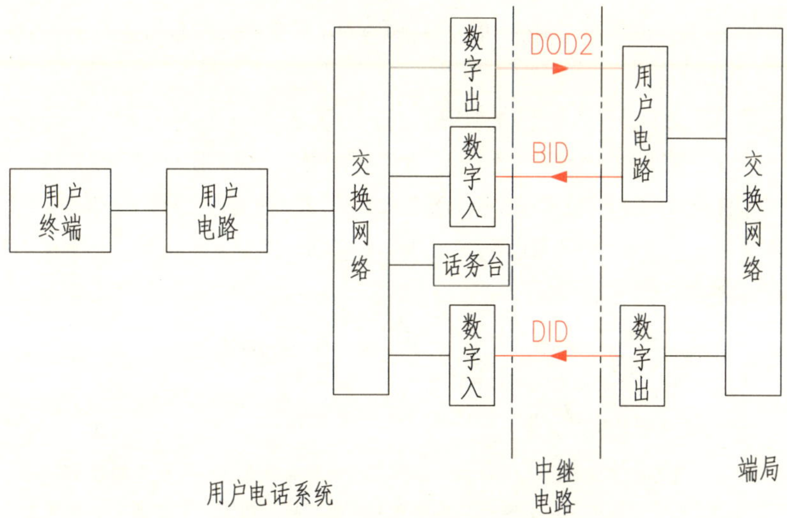

混合入网中继方式（DOD2、BID和DID）

通信系统	人工、混合入网中继方式					图集号	09X700-2
审核	张宜	校对	汪浩	设计	尹凤庆	页	2-153

1 调度系统的基本功能和接口功能要求

1.1 应支持强插、强拆功能；

1.2 应支持单呼、组呼、群呼功能；

1.3 应支持组播、广播功能；

1.4 应支持自动应答、自动挂机功能；

1.5 应支持一键呼叫功能；

1.6 应支持终端监听和状态监控功能；

1.7 可实现与报警检测系统、出入口控制系统、视频监控系统、广播系统等联动功能；

1.8 应支持PSTN终端接入的二线模拟Z接口功能；

1.9 应支持ISDN终端接入的2B+D基本速率四线S0或30B+D基群速率四线S2M接口；

1.10 应支持IP终端接入的10BaseT/100BaseT自适应接口功能；

1.11 应支持二线模拟中继接口、数字中继A接口（速率为2048kbit/s）、2B+D基本速率接口、30B+D基群速率接口接入专网内用户电话交换机；

1.12 应支持二线模拟中继接口、数字中继A接口或以太网接口与其他调度交换机连接；

1.13 应采用二线或四线标准音频接口与广播系统连接；

1.14 应支持采用无线对讲接口与无线对讲系统连接。

2 调度系统的网络结构

2.1 调度系统可设置不同级别，分为上、下级调度系统，一般不超过3级；

2.2 专网内多个调度系统之间采用星形或树形结构组网，下级调度交换机与上级调度交换机连接；

2.3 各级调度交换机宜与专网内用户电话交换机或公用电话网本地端局连接，当调度交换机之间传输电路出现故障时，可作为调度室和重要调度用户调度电话的业务备用路由。

3 调度系统中继电路及带宽计算

3.1 用户容量取定：调度系统近期用户容量宜按实际岗位数确定，远期可按企业发展规划确定。

3.2 与用户电话交换系统间中继线，宜按调度系统用户容量的10%～20%考虑；

3.3 专网内各级调度系统间中继线，宜按调度终端数量的30%～40%取定后进行分配。

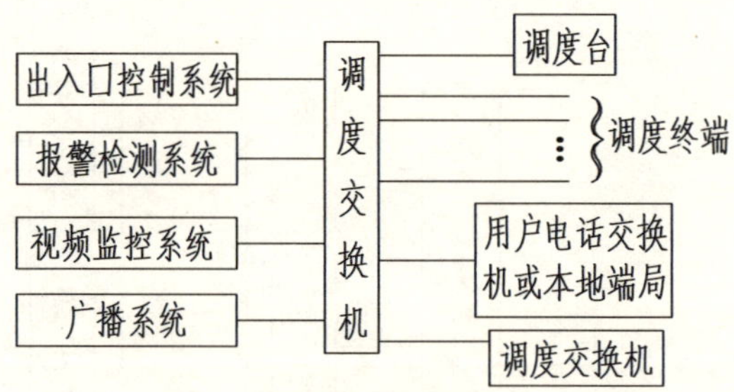

调度系统结构图

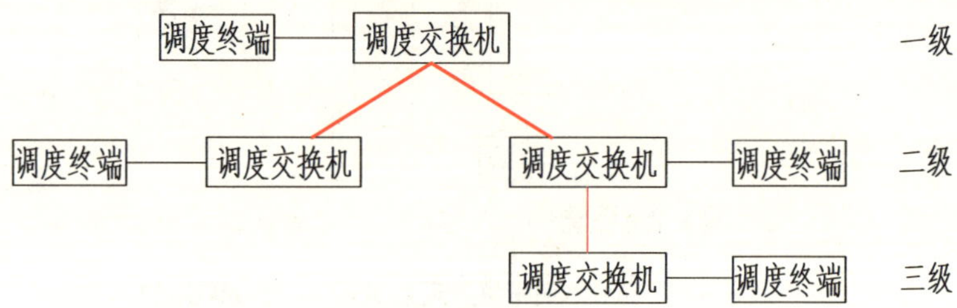

调度系统组网方式

通信系统	调度系统					图集号	09X700-2
审核	张宜	校对	汪浩	设计	尹凤庆	页	2-154

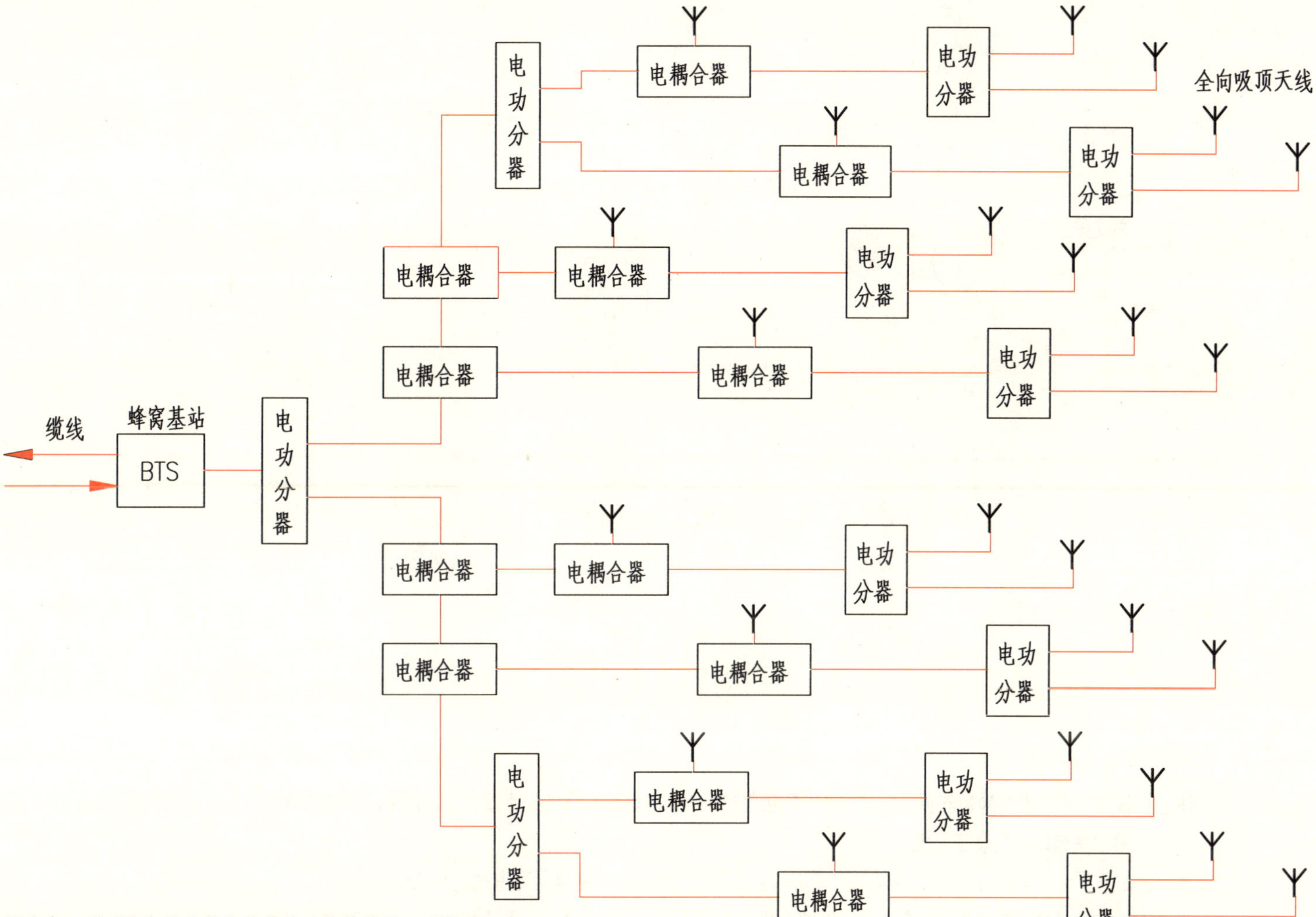

注:

1.组网方式:利用蜂窝的信号代替室外天线的信号,系统为无源分布方式,采用全同轴电缆进行信号传输,将蜂窝的信号均匀覆盖到室内。

2.适用于15000m^{2}以内建筑物室内盲区的覆盖。

通信系统	移动通信室内信号覆盖系统组网方式					图集号	09X700-2
审核 孙兰		校对 朱立彤		设计 段震寰		页	2-155

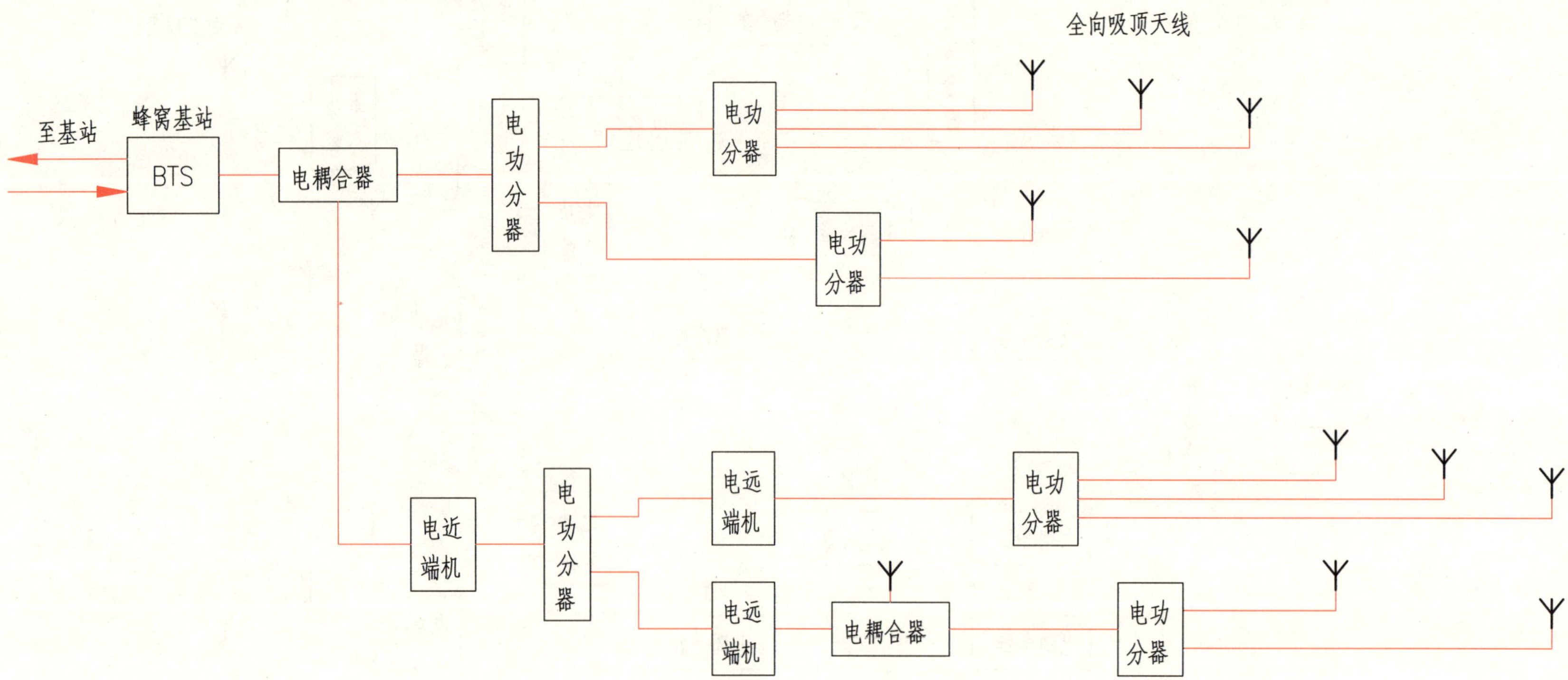

注：1.组网方式：利用蜂窝的信号代替室外天线接收的信号，系统为有源电分布方式，采用全同轴电缆进行信号传输的室内覆盖系统。

2.适用于大于15000m^{2}的建筑物，可进入监控系统；对于较高的楼层可增设电远端机。

3.系统可根据建筑规模增加耦合器，电功分器（电二、三、四功分器）、电近端和远端机等可进行扩展。

通信系统	移动通信室内信号覆盖系统组网方式					图集号	09X700-2
审核 孙 兰	[签名]	校对 朱立彤	[签名]	设计 段震寰	[签名]	页	2-156

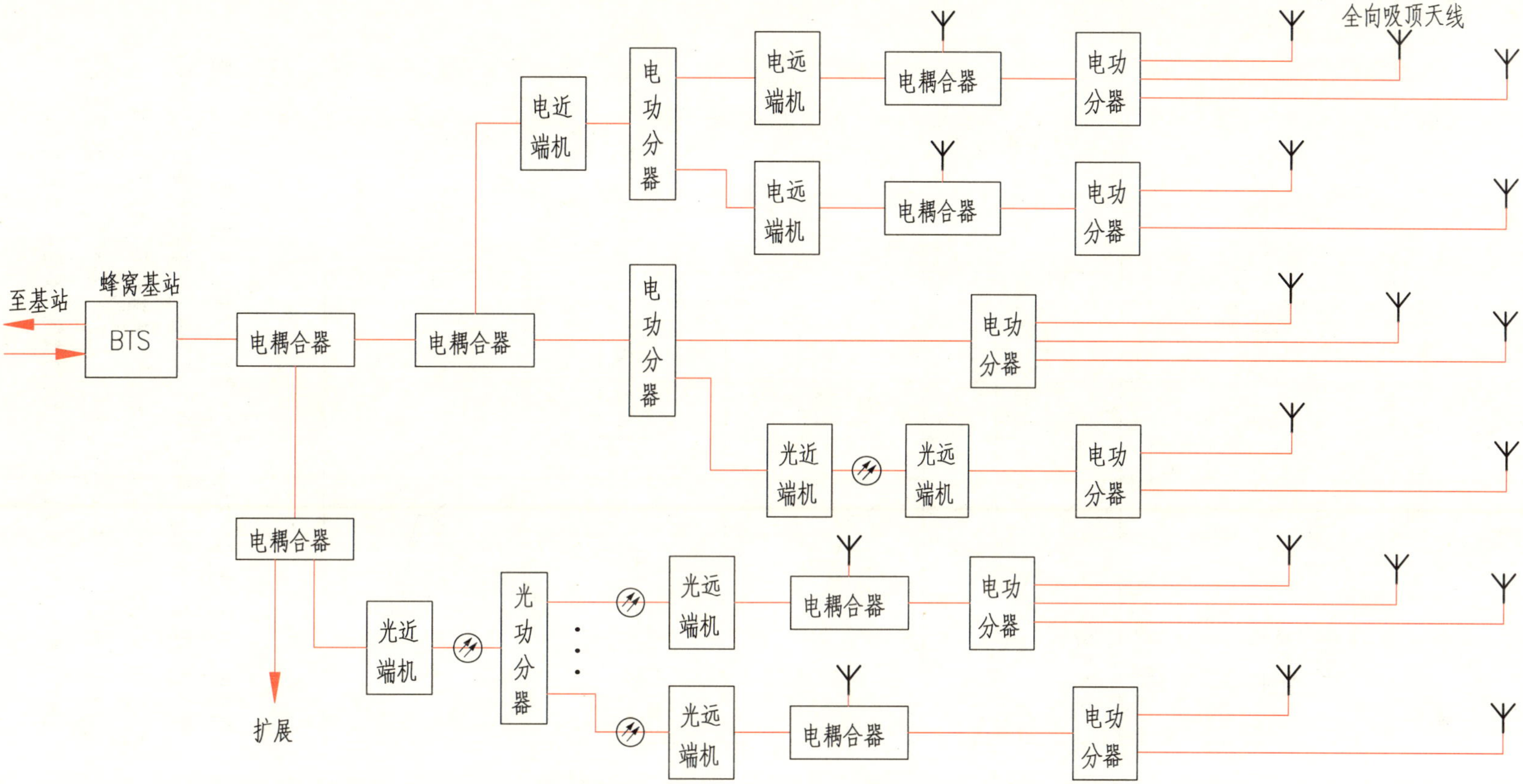

注：1.组网方式：利用蜂窝的信号代替室外天线接收的信号，系统为光电混合分布方式，采用光纤与同轴电缆进行信号传输的室内覆盖系统。

2.适用于大型建筑物或建筑群，可进入监控系统。覆盖区域较近场所采用全同轴电缆电分布方式，覆盖区域较远的场所采用光端机光电混合方式进行覆盖。

3.系统可根据建筑物规模增加耦合器，各种电功分器、光功分器、光近端、光远端机等可任意扩展，系统可大、可小。

通信系统	移动通信室内信号覆盖系统组网方式	图集号	09X700-2
审核 须凤贞 须凤贞 校对 朱立彤 朱立彤 设计 段震寰 段震寰		页	2-157

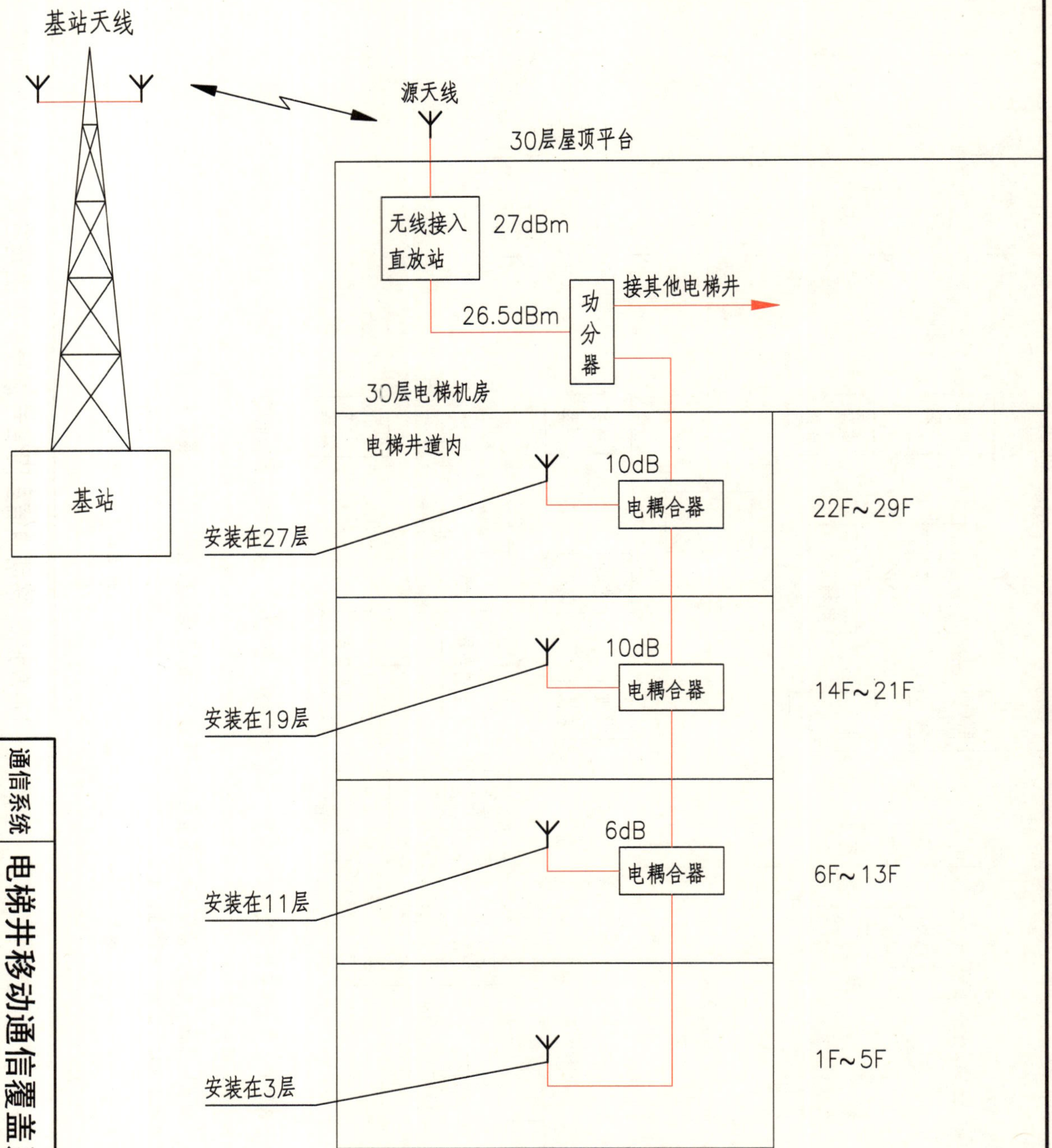

注：大楼共29层，1~5层为商场，每层高度为4.5m；6~29层为写字楼，每层高度为3m。大楼电梯内手机无法上线，需要进行覆盖。将天线安装在大楼30层平台上，接收室外蜂窝基站信号，室内无线直放机安装在30层电梯机房，将天线接收的信号放大后覆盖全部电梯。因该大楼属高层建筑，在电梯井道内共安装4副天线，其中1~5层高度较高，安装1副天线，6~29层每隔8层安装1副天线，以确保均匀覆盖，尽量减少因高度而产生的损耗，覆盖系统如图所示。

通信系统	电梯井移动通信覆盖系统示例	图集号	09X700-2
审核 须凤贞 须凤贞 校对 朱立彤 朱立彤 设计 段震寰 段震寰		页	2-158

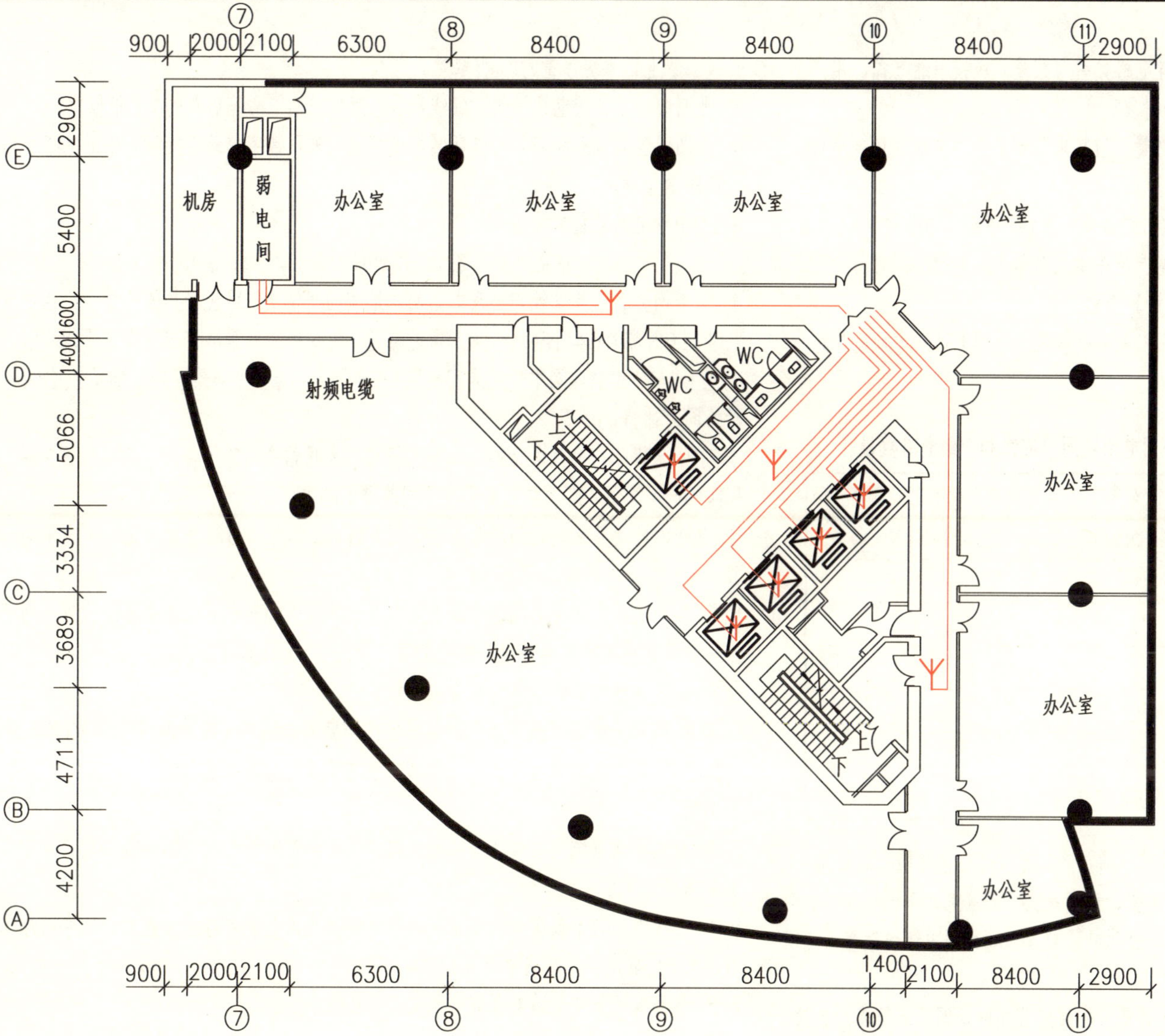

注：

1.系统分布有两种方式：

1）随着系统的延伸加设耦合器、功分器的方式。

2）所有的器件放在竖井内的方式，即本图所示方式，此方式便于后期的维护。

2.公共走廊和电梯前室内采用全向吸顶天线，电梯井道内采用八木天线或板式天线。

通信系统	移动通信室内信号覆盖平面图示例					图集号	09X700-2
审核	须凤贞	校对	朱立彤	设计	段震寰	页	2-159

1 专网内及专网与公用电话网之间的中继电路类型与数量，应按中继方式、用户规模和取定的业务基础数据等进行设置与计算。

1.1 单个用户电话交换机配置的中继线数量，应按出局话务量和中继线话务量计算取整后得出。中继线数量依式（1）计算：

中继线（条）=用户线X单机话务量X出局话务量比例/中继线话务量　（1）

1.2 用户电话交换机与公用电话网本地端局间中继线数量，应按至公网话务比例对出局话务量进行分配后，依据式（1）计算得出。

1.3 当交换机容量不超过2000门时，用户电话交换机与公用电话网本地端局间中继线宜参照下表取定。

2000门及以下用户电话交换机与公用电话网间中继线和中继电路数量

序号	用户线（门）	中继线（条）（64kbps）	中继电路（条）（2048kbps）
1	100以下	15	1
2	300	45	2
3	500	75	3
4	1000	150	5
5	1500	225	8
6	2000	300	10

1.4 专网内存在多个用户电话交换机及其他通信系统时，其汇接交换机对公用电话网的汇接话务量应包括用户电话交换系统、调度系统、会议电话系统和呼叫中心等公用电话网之间发生呼叫的话务量。与公用电话网本地端局间中继线数量，应以转接的总业务量按式（1）进行计算。

2 会议电话系统与公用电话网间中继线数量，应按经公用电话网同时接入的会议方数量取定。若经过公用电话网同时接入会议系统的会议方数量不易确定，一般可按会议电话系统容量的50%取定。

3 呼叫中心与公用电话网间中继线数量，宜按呼叫中心座席数的1.5倍取定。

4 专网内各通信系统与公用电话网本地端局间采用数字中继连接时，中继电路和信令链路数量确定应符合以下规定：

4.1 中继电路数量应依据式（2）计算：

中继电路（条）=中继线（条）/30（条）　（2）

4.2 专网内各业务系统与公用电话网本地端局间信令链路应采用随路信令，由中继电路T16时隙（64kbit/s）或D通道疏通，信令链路数量取定应符合以下规定：

4.2.1 与公用电话网本地端局间设置1条64kbit/s信令链路，即可满足2000条话路同时通信。

4.2.2 为保障与公用电话网之间业务畅通，考虑信令链路的备份，也可设置2条64kbit/s信令链路，并宜设置在不同基群电路中。

5 专网内各业务系统内部及业务系统间电路数量和信令链路数量可按以下比例估算：

5.1 用户电话交换机之间的中继电路数量，应按交换机之间的业务密切程度，对至专网其他局总的出局话务量进行分配后，按式（1）计算得出。

5.2 调度系统中继线计算宜符合以下规定：

5.2.1 与用户电话交换系统间中继线宜按调度系统用户线数量的10%~20%考虑。

5.2.2 专网内各级调度系统间中继线，宜按调度终端数量的30%~40%取定后进行分配。

5.3 会议电话系统间中继线应按同时接入上级会议电话汇接机的会议方数量取定，并适当考虑冗余。

5.4 呼叫中心与下属区域的电话交换机远端节点设备间中继线，宜按呼叫中心座席数的1.5倍取定，并适当考虑冗余。

5.5 各系统间信令链路数量宜按第4.2条取定。

通信系统	用户交换机中继线的选择	图集号	09X700-2
审核 孙兰 校对 汪浩 设计 张宜		页	2-160

1 配电设备应综合考虑近期与远期负荷，宜按远期负荷配置。

2 交流不间断电源设备的容量应按近期负荷配置，远期发展负荷不大时，可按远期负荷配置，备用设备配置按通信负荷重要性确定。

3 整流器、逆变器的容量应按近期负荷配置，配置方式和容量应符合以下规定：

3.1 采用高频开关型整流器的局点，应按n+1冗余方式确定整流器的配置，其中n只为主用，n≤10时，1只备用；n>10时，每10只备用1只。主用整流器的容量应按负荷电流和电池的均充电流（10小时率充电电流）之和确定。

3.2 采用逆变器时，主用逆变器按最大负荷功率配置，配置一台备用。

4 蓄电池组设计应根据各地电源供给情况和电源负荷等级确定，蓄电池容量应按近期负荷配置，依据蓄电池寿命，适当考虑远期发展，蓄电池配置应符合以下规定：

4.1 直流供电系统的蓄电池一般设置两组，交流不间断电源设备（UPS）的蓄电池一般每台设置一组。

4.2 蓄电池应选用同一厂家、同容量、同型号、同时期的产品。

4.3 当所在建（构）筑物设有发电设备时，电池组应满足15~30min的放电时间。

4.4 当所在建（构）筑物无发电设备时，电池组应满足30min~8h不等的放电时间。

4.5 铅酸蓄电池的总容量按式（3）计算：

$$Q \geq \frac{KIT}{\eta[1+\alpha(t-25)]} \qquad (3)$$

式中： Q — 蓄电池容量（Ah）；

K — 安全系统，取1.25；

I — 负荷电流（A）；

T — 放电小时数（h）；

η — 放电容量系数，见右侧表格；

t — 实际电池所在地最低环境温度数值；所在地有采暖时，按15℃考虑；无采暖设备时，按5℃考虑；

α — 电池温度系数（1/℃）；当放电小时率大于10时，取α=0.006；当放电小时率<10时，取α=0.008；当放电小时率<1时，取α=0.01。

4.6 UPS电池的总容量，应按UPS容量，采用式（4）估算出蓄电池的计算放电电流I，再根据式（3）计算出蓄电池的容量。

$$I = \frac{S \times 0.8}{\mu U} \qquad (4)$$

式中： S — UPS额定容量（kVA）；

I — 蓄电池的计算放电电流（A）；

μ — 逆变器的效率；

U — 蓄电池放电时逆变器的输入电压（V）（单体电池电压1.85V时）。

铅酸蓄电池放电容量系数（η）表

电池放电小时数（h）		0.5			1			2	3	4	5	8	10	≥20
放电终止电压（V）		1.65	1.7	1.75	1.7	1.75	1.8	1.8	1.8	1.8	1.8	1.8	1.8	≥1.85
放电容量系统	防酸电池	0.38	0.35	0.3	0.53	0.5	0.4	0.61	0.75	0.79	0.88	0.94	1.00	1.00
	阀控电池	0.48	0.45	0.4	0.58	0.55	0.45	0.61	0.65	0.79	0.88	0.94	1.00	1.00

通信系统	用户交换机的电源配置	图集号	09X700-2
审核 孙兰 校对 汪浩 设计 张宜		页	2-161

编 制 说 明

1 设计依据

《民用建筑电气设计规范》JGJ 16-2008

《智能建筑设计标准》GB/T 50314-2006

2 适用范围

2.1 本部分适用于新建、改建、扩建民用建筑工程中，通过信息网络系统的硬件和软件的设计，实现建筑物及建筑群内外网络数据通信及办公自动化等信息系统的应用。

2.2 本部分适用于专业人员在从事信息网络系统设计、施工和验收时使用；也可供设计审图、监理、投资等部门的技术人员参考。

3 修编说明

3.1 本部分根据上述国家现行标准对97X700-2-6《公共建筑计算机经营管理系统》进行修编。

3.2 增加信息网络系统的应用提示、因特网、广域网、局域网、无线网、以太网的技术数据及应用、内网和外网的组建、示例等内容。

4 主要内容

4.1 编制说明及应用提示。

4.2 信息网络结构，包括无线局域网、堆栈和级连、计算机存储方式、计算机中心设备、楼内计算机对外连接方式等。

4.3 信息网络的技术数据，包括局域网拓扑结构、标准、体系结构以及网络传输介质和硬件设备，网络标准等。

4.4 信息网络设备配置

4.5 信息网络系统示例，分别给出了图书馆、博物馆、消费、办公楼、学校、宾馆、媒体中心典型的结构或系统图.

4.6 相关技术资料

5 设计原则

5.1 信息网络系统设备是智能建筑的基础设施，应根据建筑物的整体功能要求、开展的业务种类、数据流向和流量合理划分功能模块，选取技术先进、成熟可靠的网络标准及网络设备。一般而言,信息网络系统设计原则有：

5.1.1 实用性。符合计算机经营管理系统的特点和智能建筑的功能需要。

5.1.2 可靠性。具有故障检测,旁路故障站点和网络重构能力，无单点中断。

5.1.3 安全性。网络要有防火墙及设置安全措施，如加密、认证等。

5.1.4 先进性。尽可能采用新技术和先进设备。

5.1.5 模块化。集中控制，分段管理，各子系统可方便装卸，网段划分灵活。

5.1.6 兼容性。适应多厂商，多硬件的工作平台；保护原有投资，保护现有设备。

5.1.7 扩展性。系统具有平滑升级能力和扩展能力，适应节点增加。

5.1.8 标准化。遵循业界标准，符合网络技术发展方向，即网络的建设应符合网络协议标准和软件体系。

应 用 提 示

1 系统设计要点

1.1 信息网络系统应能为建筑物内使用者提供各类有效信息的接收、交换、传输、存储、检索、显示和管理。信息网络在智能建筑中的应用包括：

1.1.1 互联网信息服务：如电子政务、电子商务等。

1.1.2 公用事业信息服务：如开通IP电话(VOIP)、IP电视(IPTV)等。

1.1.3 公共信息资源共享服务：建立数据资源库，向建筑物内的公众提供信息检索、查询、发布和导引等功能。如VOD(视频点播)、网络教育、网络医疗等。

1.1.4 业务应用：对于不同类型的智能建筑(如医院、航站楼、校园、博物馆、体育场馆、剧院)，建立在信息网络平台上的业务应用系统是不同的。

1.1.5 内部管理信息系统：例如企业内部的财务、人事、生产、销售等部门的计算机管理在信息网络平台上构成一个整体的管理信息系统。

1.1.6 内部办公自动化：可以在信息网络平台上进行公文传阅、领导批示、电子文档、报表打印等功能，并进一步实现无纸办公。

1.1.7 物业运行管理：对建筑物内各类设施的资料、数据、运行和维护进行管理。

1.1.8 智能化系统集成平台：如IBMS，在集成平台上进一步建立“应急指挥系统”等。

1.2 信息网络系统进行网络逻辑设计与物理设计时，主要内容包括：

1.2.1 网络总体拓扑结构与介质。

1.2.2 网络设备的配置。

1.2.3 广域网及因特网连接。

1.2.4 网络各层次的传输速率、连接广域网速率和访问因特网速率。

1.2.5 网络可管理性、易扩展性、安全性等。

1.3 无线网具有使用灵活的特性，无线网在多数情况下是用于对有线局域网的拓展，无线网络应采用符合IEEE802.11相关标准，设计时应注意无线网的覆盖范围。下列场所宜采用无线网络：

1.3.1 用户经常移动的区域或流动用户多的公共区域。

1.3.2 建筑布局中无法预计变化的场所。

1.3.3 建筑物内及建筑群中布线困难的环境。

1.4 在子网多而分散，主干和广域网数据流量大的计算机网络中，宜采用网络分段和子网数据驻留的方式，可采用路由器或第3层交换机实现。控制流经主干和广域网上的数据流，提高传输效率。

1.5 广域网连接是指通过公共通信网络，将多个局域网或局域网与因特网之间的相互连接。局域网在下列情况时，应设置广域网连接：

1.5.1 内部用户有因特网访问需求。

1.5.2 用户外出需访问局域网。

1.5.3 分布较广的区域中拥有多个需连接的局域网。

1.5.4 需与远程另一个局域网共享信息。

1.6 根据带宽、可靠性和使用价格等因素，局域网的广域网连接可采用下列方式：

1.6.1 公用交换电话网（PSTN）。

1.6.2 综合业务数字网（窄带N-ISDN和宽带B-ISDN）。

1.6.3 帧中继（FR）。

1.6.4 各类铜缆接入设备（xDSL）。

1.6.5 数字数据网（DDN）或专线。

1.6.6 以太网（Ethernet）。

1.7 网络的传输介质主要有非屏蔽对绞电缆（UTP）、屏蔽对绞电缆（FTP）、光缆等，应根据网络的拓扑结构、数据流量、安全级别、覆盖距离和经济性等综合因素选择网络介质。传输介质的技术参数及应用见下表。

局域网传输介质的技术参数

序号	名称	网络传输带宽（Hz）	应用网络环境（举例）
1	对绞线电缆 非屏蔽（UTP） 屏蔽（STP/FTP）	6A类线：500M 6类线：250M 超5类线：155M 5类线：100M~155M	1000BASE-T 100BASE-TX 10BASE-T
2	单模光纤 直径9/125μm	速率达1Gbps以上	100M/1G/10G以太网
3	多模光纤 直径62.5/125μm 或直径50/125μm	速率达1Gbps以上	100M/1G/10G以太网

1.8 网络的传输介质也可按下列规定选择：

1.8.1 对网络安全性和抗干扰性要求不高时，可采用非屏蔽对绞电缆。

1.8.2 对网络安全性和抗干扰性要求较高时，宜采用屏蔽对绞电缆或光缆。

1.8.3 长距离传输时，应采用光缆。

1.9 无线网络在多数情况下是用于对有线局域网的拓展，无线网络的设计应符合IEEE802.11相关标准。下列场所宜采用无线网络：

1.9.1 用户经常移动的区域或流动用户多的公共区域。

1.9.2 建筑布局中无法预计变化的场所。

1.9.3 建筑物内及建筑群中布线困难的环境。

消防 安防 监控 通信 网络 布线 电视 广播 会议 显示 集成

2 设备配置要点

2.1 信息网络连接部件主要包括网络适配器（网卡）、集线器、交换机和路由器。

2.2 网卡（NIC）是网络传输介质与终端设备之间的物理连接接口，网卡的选择必须与计算机接口类型相匹配，并与网络总体结构相适应。目前在计算机和服务器上，绝大部分已配置以太网和无线局域网物理接口。台式计算机和笔记本电脑的母板上配置10M/100Mbit/s以太网接口，服务器的母板上配置10M/100M/1000Mbit/s以太网接口。目前，网卡绝大部分已集成在终端设备的母板上。

2.3 信息网络交换机的类型必须与网络的总体结构相适应，交换机比路由器的运行速率更高、价格更便宜。但是当工作站生成广播时，广播消息会传遍由交换机连接的整个网络，浪费大量的带宽。

2.4 信息网络交换机在满足端口要求的前提下，可按下列原则配置：

2.4.1 小型网络可采用独立式网络交换机，独立式交换机价格较便宜，但其端口数量固定。

2.4.2 大、中型网络宜采用堆叠式或模块化网络交换机，便于网络的扩展。

2.4.3 三个层次的局域网中宜采用可管理式网络交换机，并宜符合下列规定：

1）终端接入层交换机应采用支持VLAN划分等功能的独立式或可堆叠式交换机，宜采用L2交换机。

2）汇聚层交换机应采用具有链路聚合、VLAN路由、组播控制等功能和高速上连端口的交换机，可采用L2或L3交换机。

3）主干（核心）层交换机应采用高速、高带宽、支持不同网络协议和容错结构的机箱式交换机，并应具有较大的背板带宽。

2.5 各层交换机链路设计应满足：

2.5.1 各层交换机之间（包括汇聚与终端接入、主干与汇聚）可采用单链路或冗余链路连接。

2.5.2 主干层配置多个主干层交换机时，主干层交换机之间宜采用多链路连接。

2.6 路由器的主要作用是在网络层（OSI参考模型第3层）上将若干个局域网（LAN）互连，当局域网（LAN）与广域网（WAN）相连时，可采用支持多协议的路由器。用路由器连接的多个子网可将广播消息限制在各个子网中，增强了信息安全性。

2.7 下列情况应采用路由器或L3交换机（使用了有L3交换功能的交换机时可不再使用路由器）：

2.7.1 局域网与广域网的连接。

2.7.2 两个局域网的广域网相连。

2.7.3 局域网互连。

2.8 网络的可靠性：包括链路连接、设备（交换机、路由器、服务器、数据存储等）通常采取冗余备份和容错可靠性技术来保证网络系统的可靠性。这些可靠性措施不仅在系统上采用，而且在重要的设备中采用。一般在重要的网络上，要求无单点故障，则要求主干网和下层连接主干网的链路、核心交换机、主服务器、数据存储等设备采取冗余备份可靠性措施。

2.9 网络的安全性：包括防火墙、入侵检测、漏洞扫描、抗病毒、身份认证、访问权限、虚拟专网、加密传输、数据备份、物理隔离等安全措施和解决方案，在解决方案中包括了有关产品、设备、设施的配置、选型和连接。在整个网络中，必须建立完整的信息安全体系，不仅包括了上述的安全技术和解决方案，而且还包括了网络使用人员的安全教育和管理。

2.10 网络的可管理性：网络可管理性包括网络管理站的软硬件配置、选型和连接，以及对网络管理软件的选择。网络管理是对网络系统运行状态的监测和控制，具体功能包括性能管理、配置管理、故障管理、安全管理和计费管理五个方面。管理的对象涉及网络上各种软硬件设备和资源。

3 与相关专业的配合

3.1 预留进出线保护管。

3.2 预留机房。

3.3 预留电源。

信息网络	应 用 提 示					图集号	09X700-2
审核 张文才	张文才	校对 汪浩	汪浩	设计 詹叶青	詹叶青	页	2-164

1	信息网络系统	由计算机、有(无)线通信、接入、处理、控制设备及其相关的配套设备、综合布线等构成的，按照一定应用目的和规则对信息进行采集、加工、交换、存储、传输、检索等处理的人机系统。
2	因特网	由那些使用公用语言互相通信、共享信息资源的计算机连接而成的全球性网络，是一个基于TCP/IP协议，通过许多路由器互联而成的公共网络。 因特网一般又叫做国际互联网。
3	广域网	覆盖的范围从几十公里到几千公里，能连接多个城市或国家，并能提供远距离通信，形成国际性的远程网络。广域网的通信子网主要使用分组交换技术。其通信子网可以利用公用分组交换网、卫星通信网和无线分组交换网，将分布在不同地区的局域网或计算机系统互连起来，达到信息传输和资源共享的目的。
4	局域网	指在某一区域内由多台计算机互联成的计算机组。"某一区域"可以是同一办公室、同一建筑物、同一公司或同一学校等，一般是方圆几千米以内。局域网可以实现文件管理、资源共享、电子邮件和传真通信服务等功能。
5	以太网	以太网使用CSMA/CD(载波监听多路访问及冲突检测技术)技术，是一个符合IEEE802.3协议标准的局域网络。它以10M/100M/1G/10Gbps的速率在互联设备之间传送数据包。由于其低成本及高可靠性成为应用最为广泛的网络。
6	虚拟局域网	将局域网划分成一个个逻辑子网，形成虚拟工作组，解决以太网的广播风暴问题和增强安全性的一种技术手段。
7	服务器	服务器指网络中能实现某些特定应用和功能服务的计算机设备。相对于普通计算机来说，在稳定性、安全性、性能等方面都要求更高。

8	网关	网关是一种充当转换重任的计算机系统或设备，在传输层或更高层次上以实现网络互连，是最复杂的网络互连设备。网关既可以用于广域网互连，也可以用于局域网互连。
9	网桥	工作于数据链路层的网络互连设备，根据帧的终点地址处于哪一网段来进行转发和滤除。网桥可以是专门硬件设备，也可以由计算机加装的网桥软件来实现。以太网L2交换机的机理源于网桥，目前网桥设备常用于无线局域网。
10	交换机	L2交换机工作在OSI七层网络模型中的第二层，即数据链路层。它按照所接收到数据包的目的MAC地址来进行转发，对于网络层或者高层协议来说是透明的。它不处理网络层的IP地址，不处理高层协议的诸如TCP、UDP的端口地址，它只需要数据包的物理地址即MAC地址，数据交换是靠硬件来实现的，其速度相当快。L2交换机是以太网的常用设备。
		L3交换机工作在OSI七层网络模型中的第三层，即网络层。是利用IP包的包头信息来对数据业务流进行标记，具有同一标记的业务流的后续报文可在数据链路层上交换，从而实现了源IP地址和目的IP地址之间的一条快速通路，即不需要每次将接收到的IP数据包进行拆包来判断路由，而是直接将数据包在链路层上进行转发。L3交换机常配置于信息网络的汇聚层和主干层中。
		L4交换机工作在OSI七层网络模型中的第四层，即传输层。它是一类基于TCP/IP协议，面向应用的局域网交换机，支持TCP/UDP第四层以下的所有协议，可根据TCP/UDP端口号来区分数据包的应用类型，从而实现应用的访问控制和服务质量保证。L4交换机可配置在信息网络的主干层中。
11	集线器	对接收到的信号进行再生整形放大，增加网络的传输距离，在物理层上实现多个输入带宽共享的功能。
12	路由器	用于多个网络的连接，属网络层的一种互联设备。路由器实现网络层寻址及协议转换的功能，常用于局域网与广域网的连接。

注：本页术语为图集应用术语，仅供参考。

信息网络	术 语	图集号	09X700-2
审核 张公忠 校对 张 欣 设计 詹叶青		页	2-165

消防 安防 监控 通信 网络 布线 电视 广播 会议 显示 集成

名称		标准协议	传输速率	传输介质	技术特征	应用
快速以太网	100Base-TX	IEEE802.3U	100Mbps	5类及以上非屏蔽对绞电缆	1. 支持全双工的数据传输。 2. 两对对绞线，一对用于发送，一对用于接收数据。 3. 最大传输距离100m。	适用于用户端接入系统
	100Base-T4			3类及以上非屏蔽对绞电缆	1. 4对对绞电缆，3对传送数据，1对检测冲突信号。 2. 最大传输距离100m，每对线的传输速率33.3Mbps。	—
	100Base-FX			多模光纤62.5/125μm 单模光纤9/125μm	1. 支持全双工的数据传输。 2. 多模光纤连接的最大传输距离为2km。单模光纤连接的最大传输距离为3~5km。	适用于建筑物或建筑群、住宅小区等的局域网网络
千兆以太网	1000Base-T	IEEE802.3ab	1000Mbps	5类及以上非屏蔽对绞电缆	每对双绞线传输250Mbps，最长传输距离为100m	可引至桌面终端
	1000Base-CX	IEEE802.3z		5类及以上非屏蔽对绞电缆	最大传输距离达25m，使用9针D型连接器	机房内设备之间的互联
	1000Base-LX			多模光纤62.5/125μm 单模光9/125μm	1. 全双工模式下，多模光纤最大传输距离为550m；单模光纤最大传输距离可达5km。 2. 连接光缆使用SC标准光纤连接器。	适用于建筑物或建筑群、校园、住宅小区等主干网
	1000Base-SX			62.5μm和50μm两种多模光纤	全双工模式下，62.5μm多模光纤最大传输距离为275m；50μm多模光纤最大传输距离为550m。	适用于建筑物或建筑群的主干网
万兆以太网	10GBASE-X 10GBASE-R 10GBASE-W 10GBASE-LX4	IEEE802.3ae	10Gbps	多模和零水峰单模光纤	1. 只支持全双工，传输距离取决于媒体上信号传输的有效性。 2. 支持星形局域网拓扑结构，采用点到点连接和结构化布线。 3. 10Gbase-X形成四个发送器/接收器对,为保证每对数据流速度为2.5Gbps，其必须在3.125Gbps下工作；10GBase-R为了获得10Gbps数据传输率，其时钟速率必须配置在10.3Gbps；10GBase-W数据流的传输率为9.686Gbps，则其时钟速率为9.953Gbps。	适用于大型网络的主干网
	10GBASE-T	IEEE802.3an		对绞电缆	6类：55m，宜采用STP，机房内设备间互联； 6A类以上：100m，宜采用STP，可引至桌面终端。	适用于用户端接入系统
无线局域网		802.11b	11Mbps	自由空间	1. 兼容性：对于室内使用的无线局域网，应考虑与已有的有线局域网联接。 2. 通信保密：由于数据通过无线网络传播，无线局域网必须在不同层次采取有效的措施以提高通信保密和数据安全性能。 3. 移动性：支持全移动网络或半移动网络。 4. 电磁环境：无线局域网应考虑电磁对人体和周边环境的影响问题。	无固定工作场所的使用者、有线局域网络架设受环境限制、作为有线局域网络的备用系统
		802.11a	54Mbps			
		802.11g	54Mbps			
		802.11z	108Mbps及更高			

注：零水峰单模光纤（全波光纤）比传统光纤具有更宽的光谱带宽及更优越的光学性能，适用于接入网与城域网的各种应用，是高速通信的理想单模光纤。

信息网络	信息网络的协议标准	图集号	09X700-2
审核 张文才 校对 张欣 设计 詹叶青		页	2-166

内外网设计要求

1. 为了加强信息安全性，一般要构建内网、外网两个网络。内网和外网可物理隔离，也可通过防火墙逻辑隔离。

2. 内网仅限于内部用户使用，内部的远程用户通过公网方式访问内部网时，必须经过身份认证后才能进入。

3. 外网与因特网相连，应防止外部入侵者对外网信息的非法获取，通常采用防火墙作为被动防卫型安全保障技术措施，也可采取实时监测网络非法访问的主动防护。

4. 外部网络承担对外公告及访问因特网服务；内部网络作为办公、生产业务处理和信息管理的平台。

5. 采用物理隔离内网与外网时，内网和外网的配线及线络敷设必须是彼此独立的，不得共管、共槽敷设。

6. 物理隔离的网络缆线可采用光缆和屏蔽电缆。当采用非屏蔽电缆时，内外网的隔离间距应符合下表的要求；当与下表中其他线平行长度大于等于30m时，应保持3m以上的隔离距离。否则，信息应加密传输。

内外网隔离距离要求（m）

设备类型	外网设备	外网信号线	外网电源线	外网信号地线	偶然导体	屏蔽外网信号线	屏蔽外网电源线
内网设备	1	1	1	1	1	0.05	0.05
内网信号线	1	1	1	1	1	0.15	0.15
内网电源线	1	1	1	1	1	0.15	0.05
内网信号地线	1	1	1	1	1	0.15	0.15
屏蔽内网信号线	0.15	0.15	0.15	0.15	0.05	0.05	0.05
屏蔽内网电源线	0.15	0.15	0.15	0.15	0.15	0.05	0.05

注：
1. 内网设备是指处理涉密信息的设备；
2. 外网设备是指处理非涉密信息或已加密涉密信息的设备；
3. 内网电源线是指连接有内网设备及内网系统的电源线；
4. 外网电源线是指连接有外网设备及外网系统的电源线；
5. 内网信号线是指携带涉密信号的信号线；
6. 外网信号线是指携带非涉密信息或已加密涉密信息的信号线；
7. 内网信号地线是指内网设备、内网屏蔽电缆及内网电源滤波器的信号地线；
8. 外网信号地线是指外网屏蔽电缆及外网信号线滤波器的信号地线；
9. 偶然导体是指与信息设备和系统无直接关系的金属物体，如暖气管、通风管、上下水管、气管、有线报警系统等。

	802.1 网际互联		
802.1寻址结构 802.1寻址管理	802.2 LLC 逻辑链路控制		
	802.3 CSMA/CD MAC	802.11 无线局域网	802.12 100AG-ANYLAN
	基带网（粗缆：10Mbps; 对绞线、光纤：10M/100M/1G/10Gbps） 宽带网（同轴电缆：10Mb/s）	802.11a(54Mb/s) 802.11b(11Mb/s) 802.11g(54Mb/s) 802.11n(180-320Mb/s)	5类或超5类对绞线 100Mb/s
说明	以太网、总线网载波监听、多路访问与冲突检测、定义CSMA/CD总线的介质访问控制方法及物理层。	无线局域网自由空间媒体的介质访问控制方法及物理层。 注：802.11a与802.11g的最大通信距离分别为80m与150m。	使用共享介质令牌传递，总线体系结构。即“需求优先权”方式。

网络访问模式

名称	集中式（主机/终端方式）	客户机/服务器方式	浏览器/服务器方式
运行原理	终端本身无处理能力,仅作为主机的一个外设存在（输入数据和显示结果）,所有事务处理集中在主机上进行。	C/S （Client/Server）结构是软件系统体系结构，通过它可以充分利用两端硬件环境的优势，将任务合理分配到Client端和Server端来实现，降低系统的通信开销。	B/S（Browser/Server）是对C/S的改进结构。在这种结构下，用户工作界面依托WWW浏览器完成，其主要事务逻辑在服务器端（Server）实现，极少部分事务逻辑在前端（Browser）处理，形成所谓三层结构。
主要特点	1. 主机运行负荷较重:终端不具有任何处理事务能力，仅靠主机处理事务，使得主机运行负荷很重。 2. 系统覆盖范围较小：终端仅作为主机外设，仅适用于小规模局域网使用。 3. 安全性较高。	1. 应用服务器运行数据负荷较轻:C/S又称为胖客户端模式，客户端和服务器端都能够处理任务，大大减轻应用服务器的压力。 2. 维护成本高：系统客户端软件安装、维护困难，数据库系统无法满足对于大量终端同时联机的需求，客户/服务器间的大量数据通信不适合远程连接，只能适合于局域网应用。C/S系统的各部分模块中有一部分改变，就要关联到其他模块的变动，系统升级维护成本较大。	1. 维护和升级方式简单:B/S又称为瘦客户端模式，只需对服务器进行管理即可，所有的客户端仅为浏览器，不需做任何维护。所以客户机越来越“瘦”，而服务器越来越“胖”，是将来信息化发展的主流方向。这对用户人力、物力、时间、费用的节省是显而易见的。 2. 应用服务器运行数据负荷较重：由于B/S架构管理软件只安装在服务器端（Server）上，极少部分事务逻辑在前端（Browser）实现，所以应用服务器运行数据负荷较重，一旦发生服务器崩溃等问题，后果不堪设想。因此，许多单位都备有数据库存储服务器，以防万一。
应用环境	早期网络常使用此形式,政府办公、银行、宾馆饭店等。	企业内部管理等局域网管理系统	网络远程办公系统、电子商务站点等大型系统

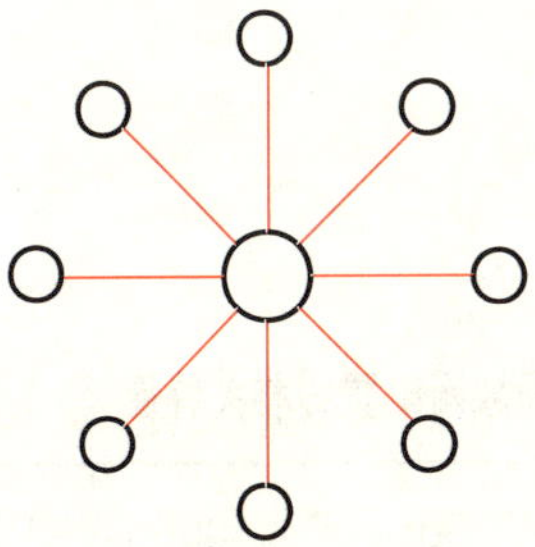
星形

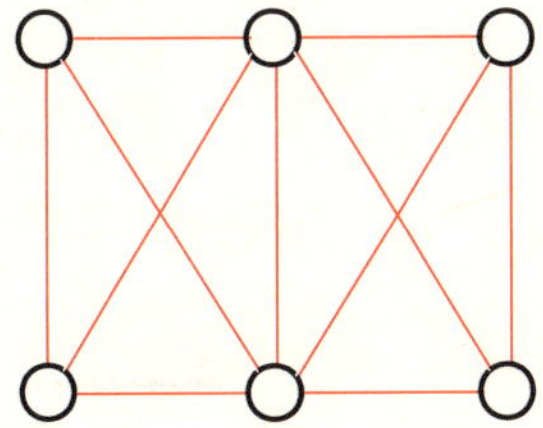
网格形

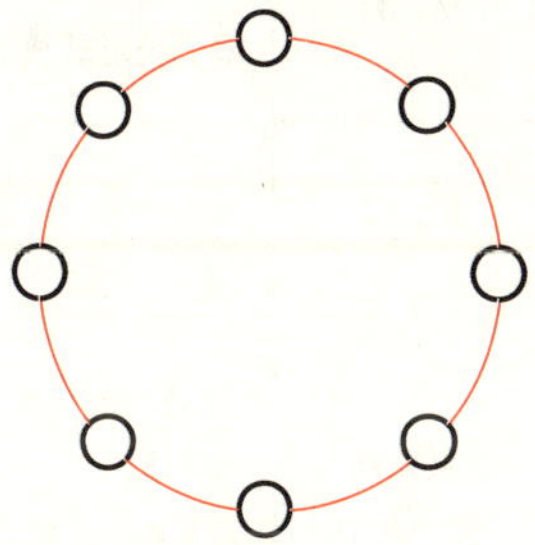
环形

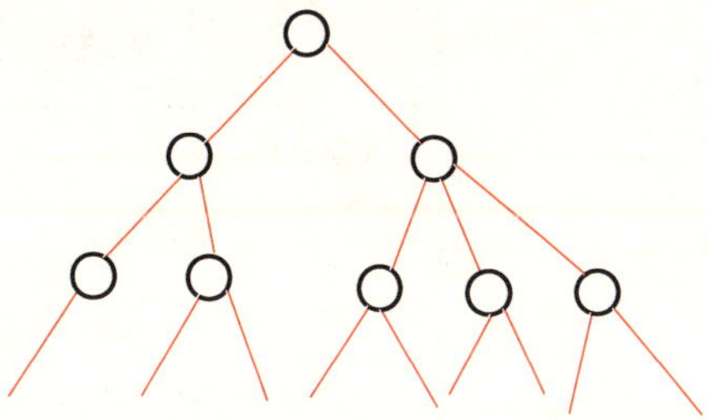
树形结构

单元型局域网拓扑结构

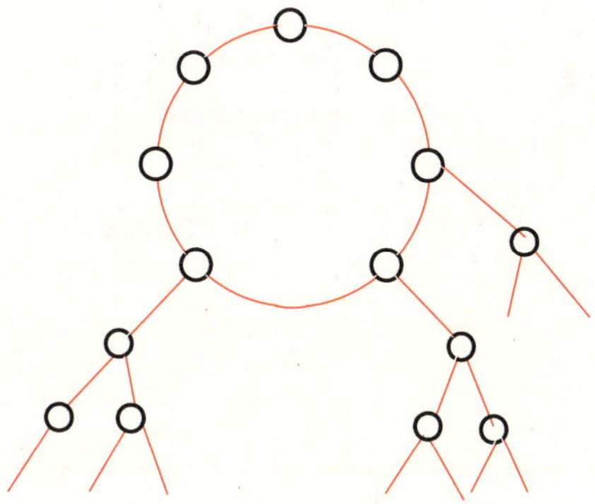
环形—树形结构

复合型局域网拓扑结构

注:

1. 局域网拓扑结构定义了网络中数据链路和节点的布局或网络在地理上的设计布局。
2. 选择何种网络结构,要根据建筑物和建筑群的布局,业主的使用需求,结合节点流量、流向,系统的可靠性、安全性、扩展性及网络运行管理等综合性能确定。
3. 局域网层次结构根据系统规模的大小,可分为核心层、汇聚层和接入层;或核心层、接入层。

信息网络	局域网拓扑结构						图集号	09X700-2
审核	张文才	张文才	校对	汪 浩	汪浩	设计 詹叶青 詹叶青	页	2-169

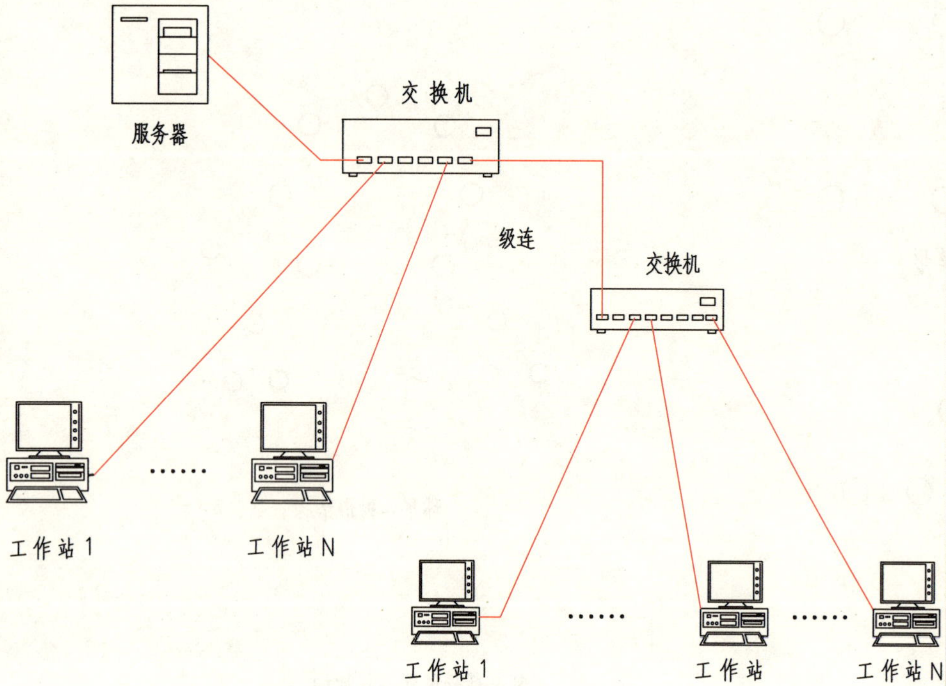

以太网100BASE典型结构

四种局域网配置的相关特性

配置	10Base-T	10Base-F	100Base-TX	100Base-FX
传输介质	5类对绞线 超5类对绞线	多模光纤	5类对绞线 超5类对绞线	单模光纤 多模光纤
数据速率(Mbps)	10	10	100	100
最长媒体段(m)	5类对绞线 100m 超5类对绞线 100m	多模光纤 2000m	5类对绞线 100m 超5类对绞线 100m	多模光纤 2000m 单模光纤 40000m
连接方式	RJ45 信息接口	SC/ST/FC MT-RJ/LC 光纤接口	RJ45 信息接口	光纤接口

注：1.特点：任一电缆段或站点出现故障不影响全网工作。网络重构性和扩充性较好。它的星形拓扑结构和以双绞线为传输介质的特质适合综合布线系统的实施，目前在局域网的建设中得到了广泛应用。

2.安装：电缆安装均按一般电气线路做法，有明敷、穿管暗敷等方式。

信息网络	10/100BASE局域网结构图	图集号	09X700-2
审核 张文才 校对 汪浩 设计 詹叶青		页	2-170

注：1. 只有主干层和终端接入层二个层次的局域网适用于规模较小的网络。
2. 网络的传输速率图示（下同）：

1000M/10Gbit/s
100M/1000Mbit/s
10M/100Mbit/s

3. 接入层交换机容量、数量及网络的传输速率由工程设计确定。

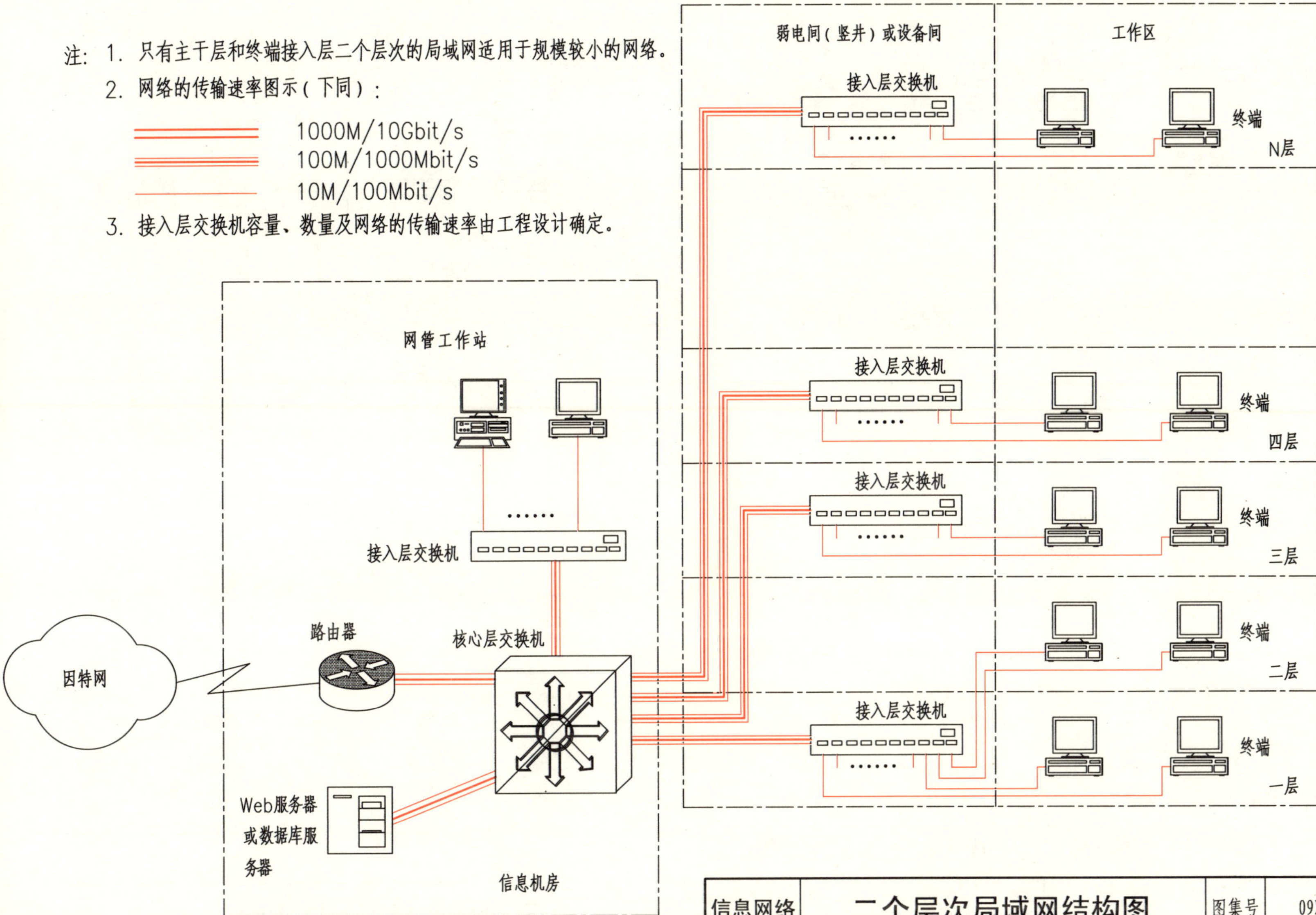

信息网络	二个层次局域网结构图	图集号	09X700-2
审核 张文才 校对 詹叶青 设计 孙兰		页	2-171

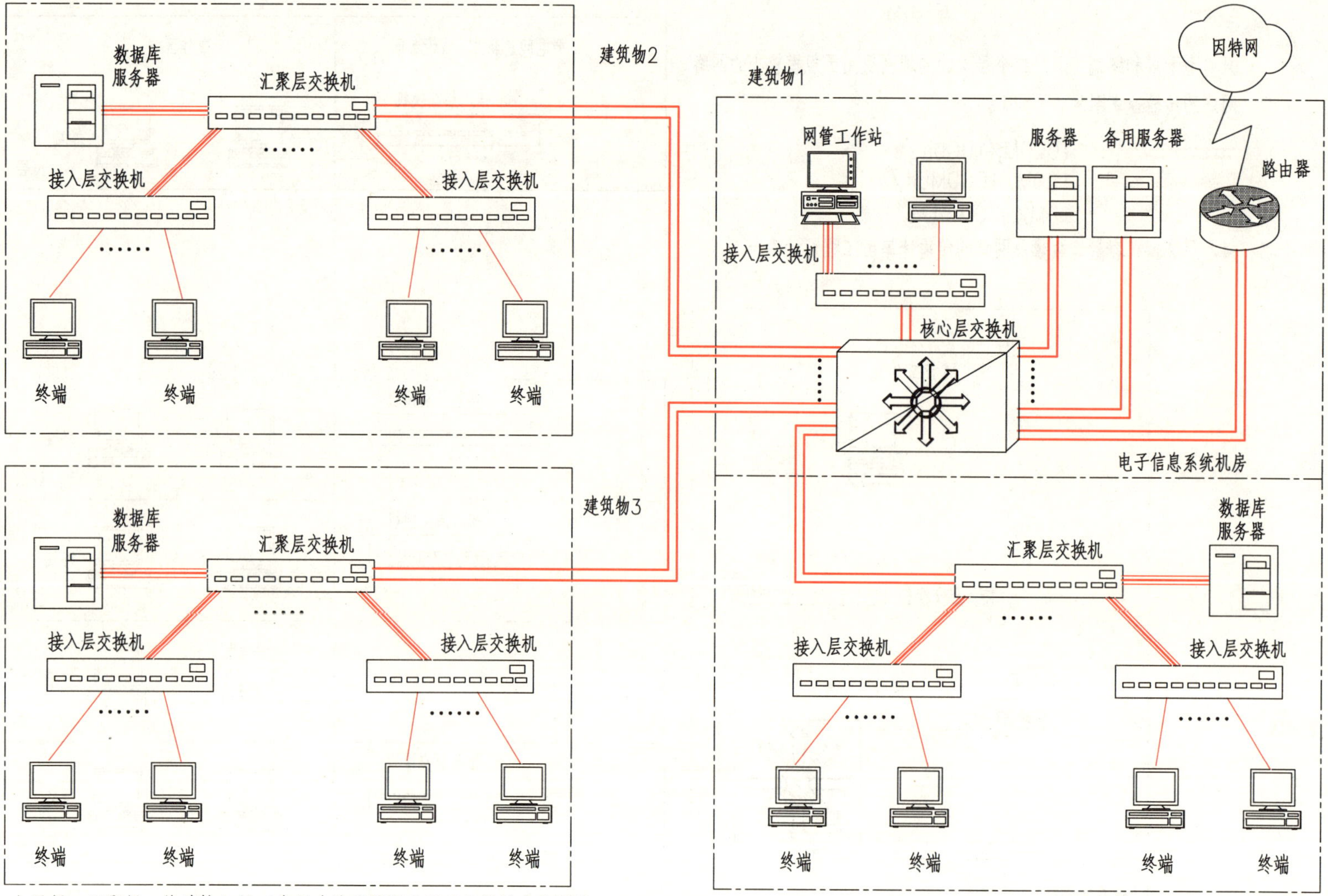

注：1. 主干层、汇聚层、终端接入层三个层次的局域网适用于规模较大的网络。

2. 网络的传输速率图示见第2-171页。

3. 汇聚层、接入层交换机容量、数量及网络的传输速率由工程设计确定。

信息网络	三个层次局域网结构图	图集号	09X700-2
审核 张文才 校对 詹叶青 设计 孙 兰		页	2-172

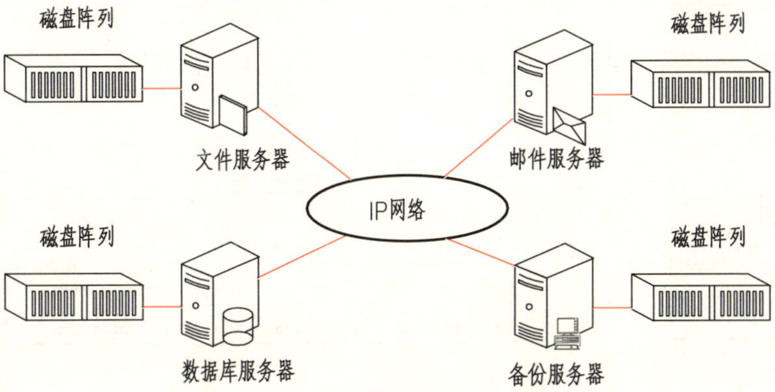

分布式存储模式—磁盘阵列

磁盘阵列存储特点

名称	特征	应用范围
服务器附属存储（SAS） 直接附属存储（DAS）	1. 磁盘阵列等DAS、SAS存储设备通过SCSI、FC、USB等接口直接与服务器总线连接； 2. 稳定、存储利用率低； 3. 分布式存储管理复杂； 4. 无法在线扩展； 5. 总体成本高。	DAS主要应用在服务器分布比较分散或者存储设备必须直接连接到应用服务器等环境下.

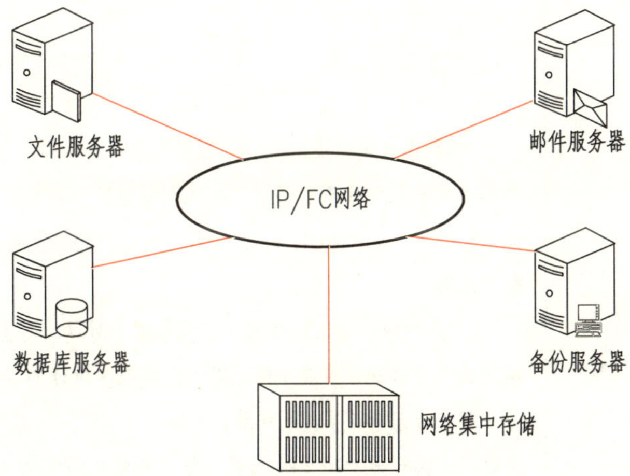

集中式存储模式—网络存储

网络存储特点

名称	特性	应用范围
网络附属存储（NAS）	1. IP网络，包括LAN和WAN 2. TCP/IP，网络文件共享； 3. 低成本、稳定、易于部署和扩展。	NAS是部件级的存储方法，它的重点在于帮助工作组和部门级机构解决迅速增加存储容量的需求。
IP存储域网（IP–SAN）	1. 常用于 IP 千兆网络，可共享LAN； 2. ISCSI协议/块数据共享； 3. 低成本、稳定、高可用性、高扩展性和易用性。	SAN便于集成，能改善数据可用性及网络性能，而且还可以减轻管理作业，可解决企业级存储。
FC存储域网（FC–SAN）	1. 专用FC网络（有1G、2G、4G等接口）； 2. FCP协议/块数据共享；尤其适用于大数据块的存储和读写； 3. 稳定、易于扩展，但部署成本高、管理相对复杂。	

信息网络	计算机存储方式	图集号	09X700-2
审核 张文才　校对 张 健　设计 詹叶青		页	2-173

堆 叠

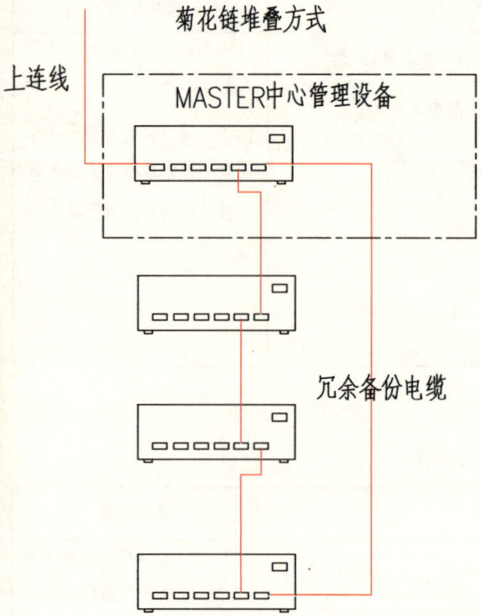

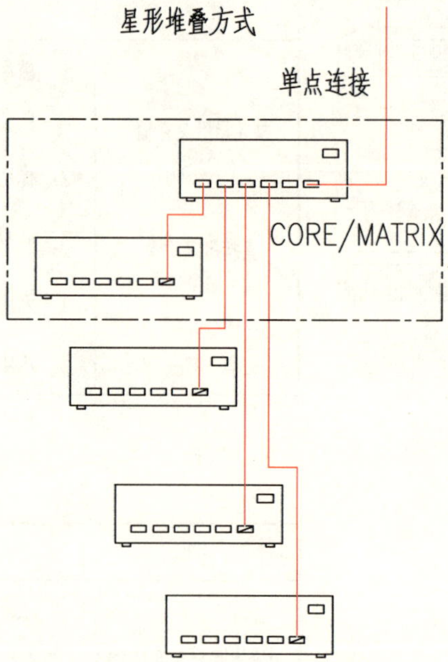

堆叠是用专门的堆叠卡和专门的堆叠电缆,通过背板连接起来的,是建立在芯片级上的连接。堆叠后多台设备可认为是同一台设备

菊花链堆叠是使用堆叠电缆将几台交换机以环路的方式组建成一个堆叠组,然后再加一根从上到下起冗余备份作用的堆叠电缆。菊花链模式是采用高速端口和软件来实现的,其优点是提供集中管理的扩展端口,缺点是对于多交换机之间的转发效率并没有提高。

星形堆叠中所有堆叠组成员到达堆叠中心的级数为一级。星形堆叠首先需要一个独立的或者集成的高速堆叠中心,其他交换机可通过专门的高速堆叠端口连接到堆叠中心上,堆叠中心一般是一个基于专用ASIC的硬件交换单元。根据设备不同,可堆叠1~12个交换机。

级 连

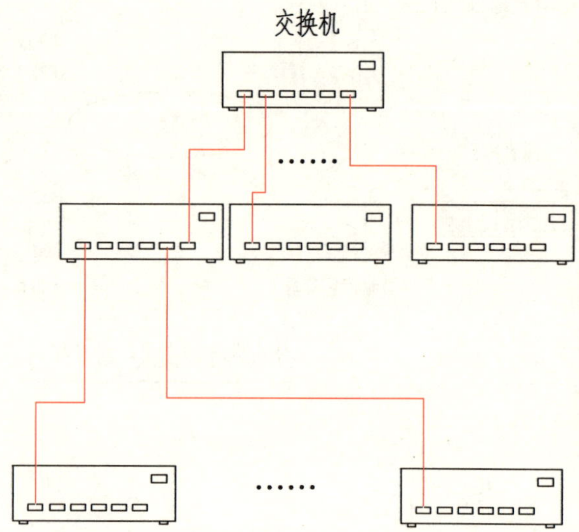

级联模式是组建大型LAN的理想方式，可综合利用各种拓扑设计和冗余技术，实现层次化网络结构，如双归拓扑冗余、Link Aggregation冗余和Up Link的带宽扩展等成熟技术等。

为减少级联层数较多时，边缘节点的时延，可汇聚上行端口减小收敛比，提高上端设备性能或减少级连的层次。建议一般不要超过4层。可利用100MFE、GE、10GE等以太网端口，进行层次间互联;级连是组建结构化网络的基础，级连使用电缆和光纤，组件可放在任意位置，利于综合布线。

信息网络	交换机连接方式					图集号	09X700-2
审核 张文才	张文才	校对 张 健	张健	设计 詹叶青	詹叶青	页	2-174

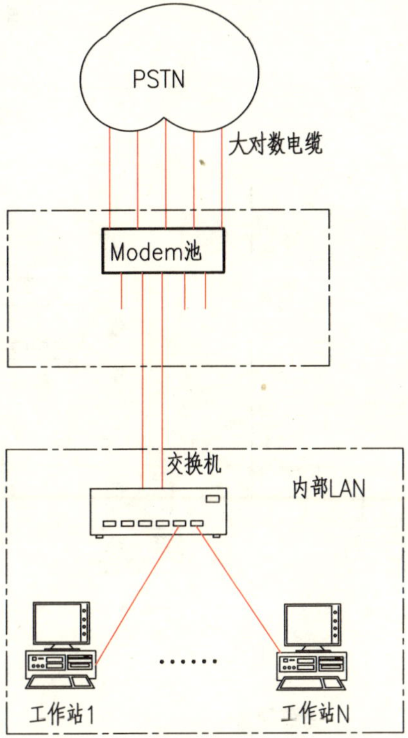

Modem池接入

接入线路为nx64kb/s的大对数电话电缆用于多路电话接入，例如集团用户内部局域网以此种方式接入因特网。早期应用的较多。

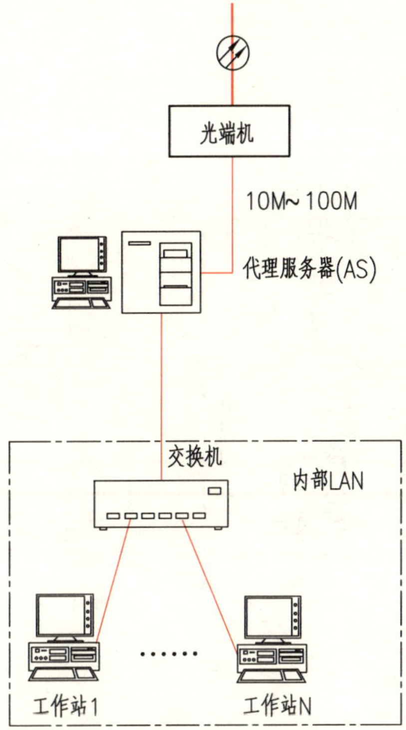

代理服务器接入

接入线路介质可为光纤或电缆，接入带宽可调，代理服务器可预装防火墙、带宽控制、入侵监测或过滤软件。

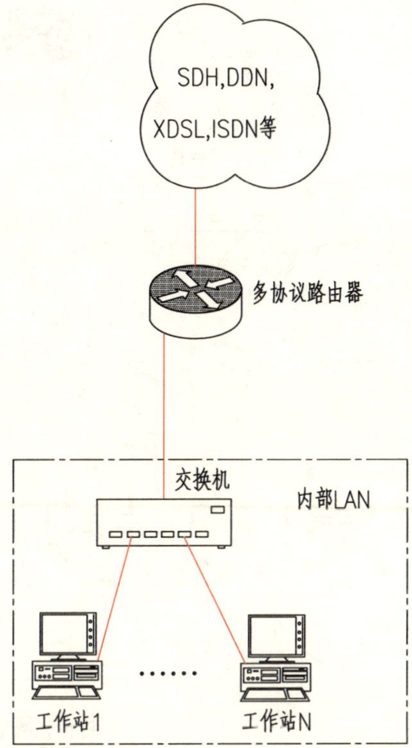

路由器接入

接入线路介质可为光纤或电缆，接入的通信技术标准可为，SDH、DDN、ISDN、XDSL等。路由器有防火墙、协议转换等功能。适用于接入不同通信标准的外网场合。目前集团用户对外接入使用此种方式较多，比较经典和规范。

信息网络	局域网对外连接方式图					图集号	09X700-2
审核	张文才	校对	张 健	设计	詹叶青	页	2-175

消防
安防
监控
通信
网络
布线
电视
广播
会议
显示
集成

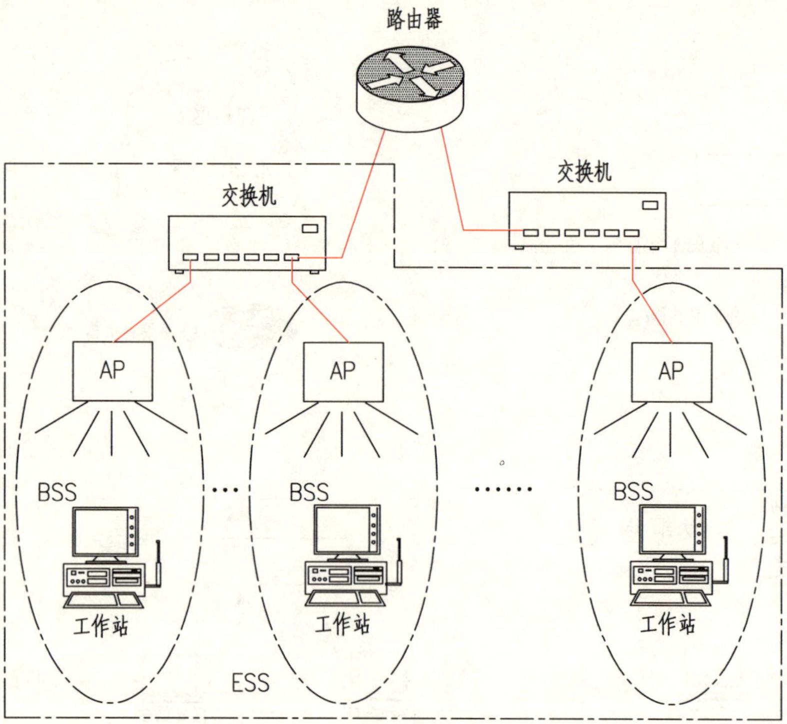

结构化网络

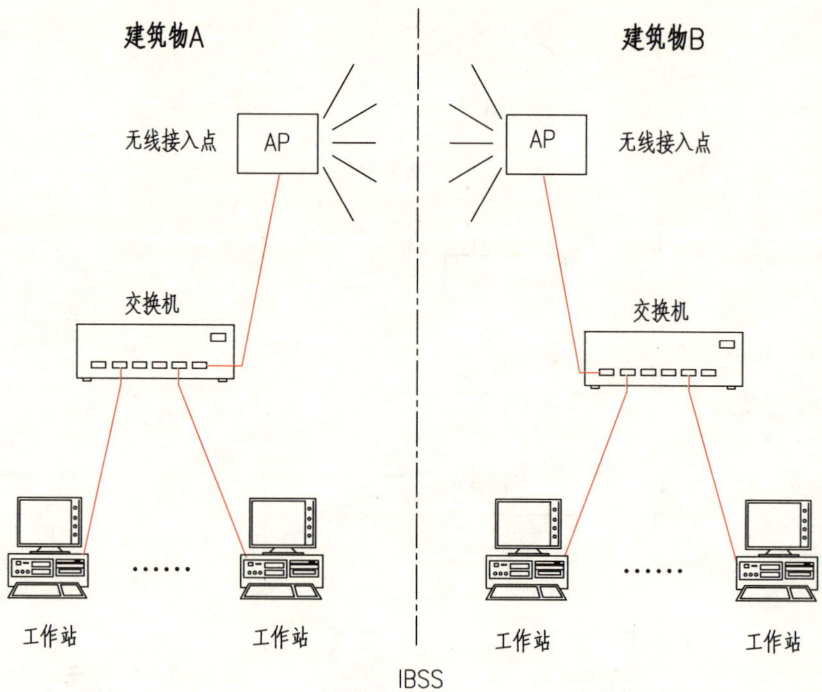

对等网络

1. 无线局域网分为结构化网络和对等网络。结构化网络又称有中心网络，覆盖的区域分BSS和ESS。BSS由一个无线访问点以及与其关联的无线工作站构成，在任何时候，任何无线工作站都与该无线访问点关联。扩展服务区ESS是指由多个AP以及连接它们的分布式系统组成的结构化网络，所有AP必需共享同一个ESS ID，也可以说扩展服务区ESS中包含多个BSS。对等网络又称无中心网络，覆盖的服务区称IBSS。
2. 无线局域网的应用范围非常广泛，室内应用包括大型办公室、临时办公室、会议室、证券市场等；室外应用包括建筑群间通信、学校校园网络、各类企业、事业单位，野外勘测实验、军事流动网、公安流动网等。AP覆盖范围室内100m，室外300m。
3. 结构化网络适用于建筑物内的大开间办公室、阅览室、大中型会议室等。对等网络适用于建筑物之间、园区内的无线网络。

信息网络	无线局域网结构图	图集号	09X700-2
审核 张公忠 校对 张 健 设计 詹叶青		页	2-176

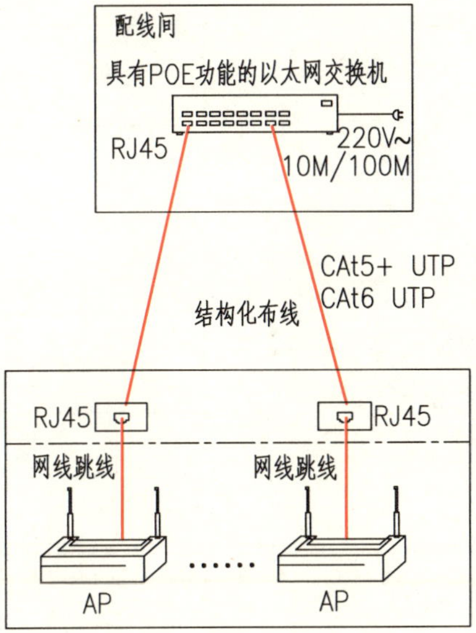

方案Ⅰ

无线接入点设备（AP）由具有POE功能的以太网交换机通过网线供电。

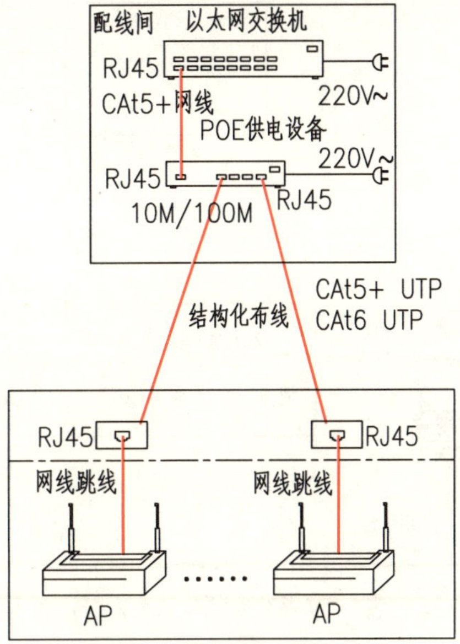

方案Ⅱ

无线接入点设备（AP）由POE供电设备通过网线供电。POE供电设备安装在配线间内。

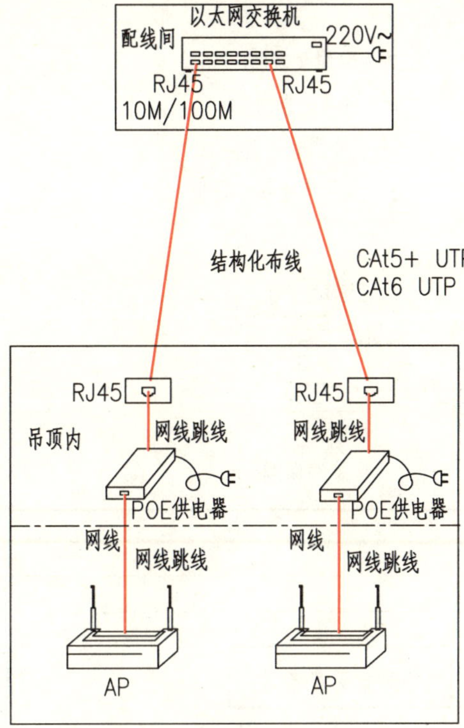

方案Ⅲ

无线接入点设备（AP）由POE供电设备通过网线供电。POE供电器与AP设备安装在一起；就近供电。

图例说明

符号	名称	安装特点
AP	无线接入点设备	AP设备主要安装在建筑物内部大开间的区域，一般区域在几十米范围内，例如大开间办公室、会议室、阅览室、多功能厅等。设备距地面2.5~3.5m。
POE	以太网供电设备	POE(Power over Ethernet)即通过局域网网线提供AP、IP电话、IP摄像机等工作所需电源，无需单独连接电源线缆的供电方式。POE遵循802.3af协议，供电功率一般为13W。POE设备可以是带有POE接口的以太网交换机，或者是独立的POE供电设备。负责给AP设备供电。

无线网络工作站

信息网络	无线局域网接入点供电方式	图集号	09X700-2
审核 张文才　校对 张 健　设计 詹叶青		页	2-177

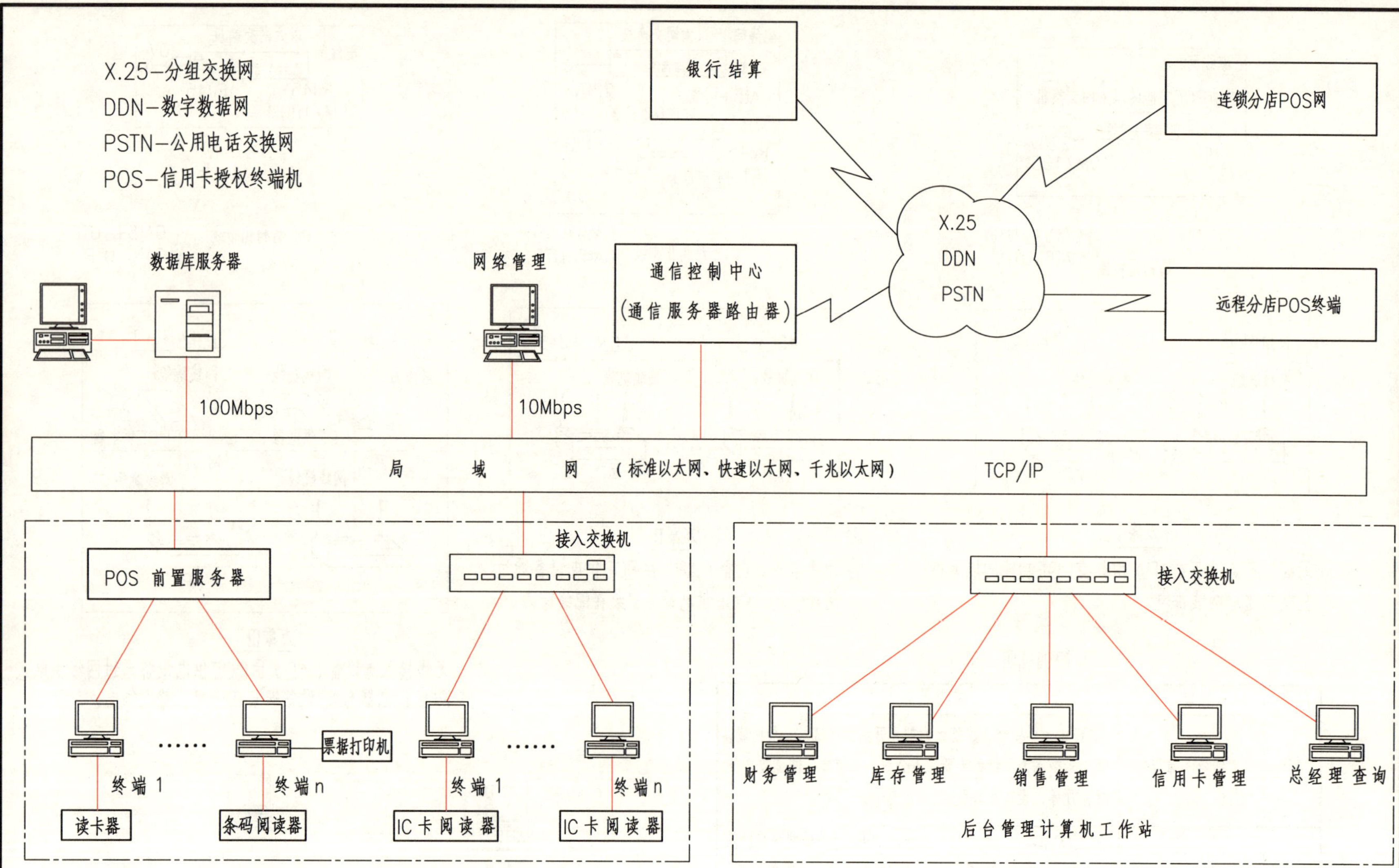

注：2－178、2－179页局域网可根据业务需要、数据流量及使用要求，采取不同的网络形式（如标准以太网、快速以太网、千兆以太网等）与结构层次（如二层或三层）。

信息网络	消费系统局域网结构图	图集号	09X700-2
审核 张文才 校对 张 健 设计 詹叶青		页	2-178

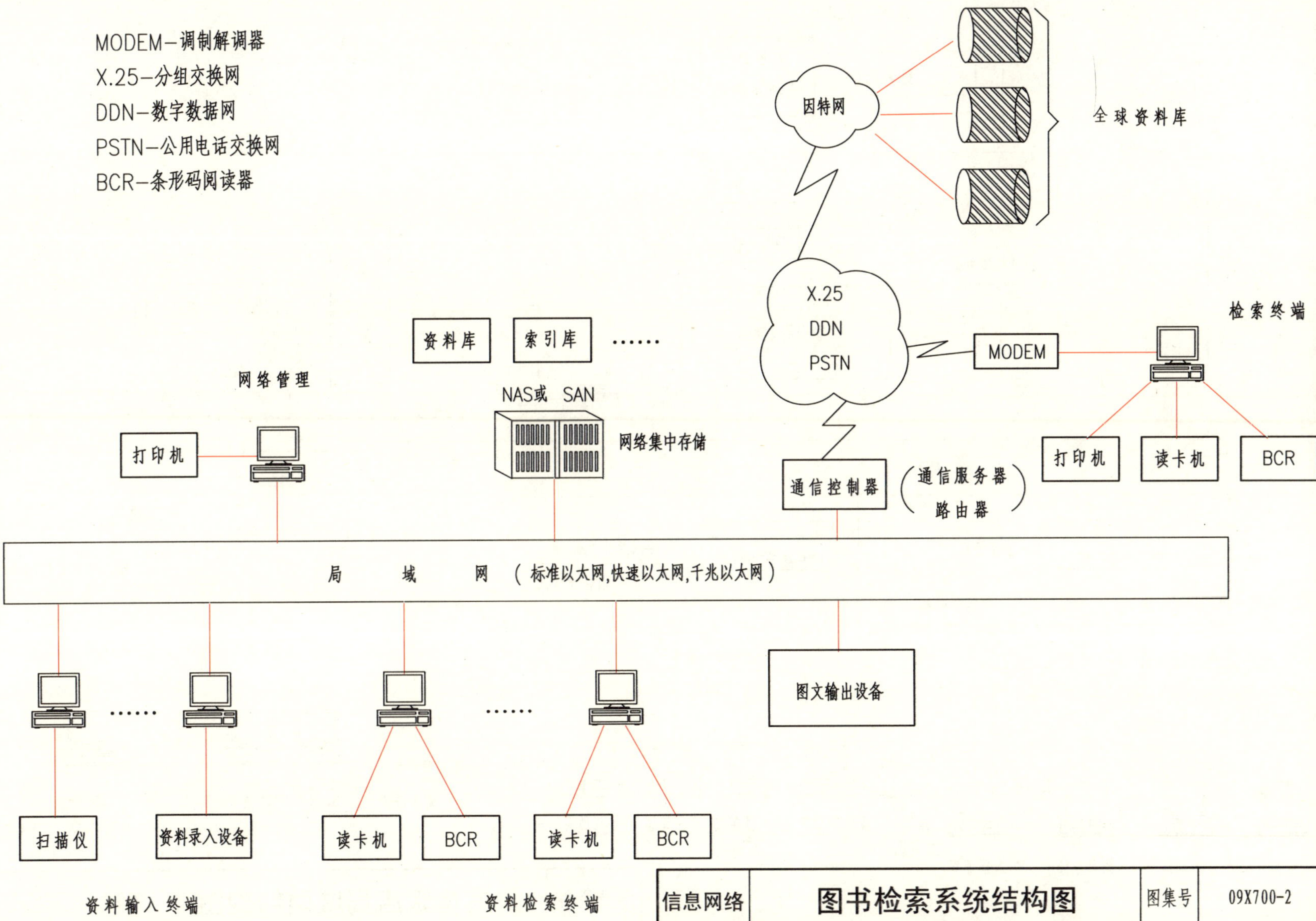

信息网络	图书检索系统结构图	图集号	09X700-2
审核 张文才	校对 张 健 设计 詹叶青	页	2-179

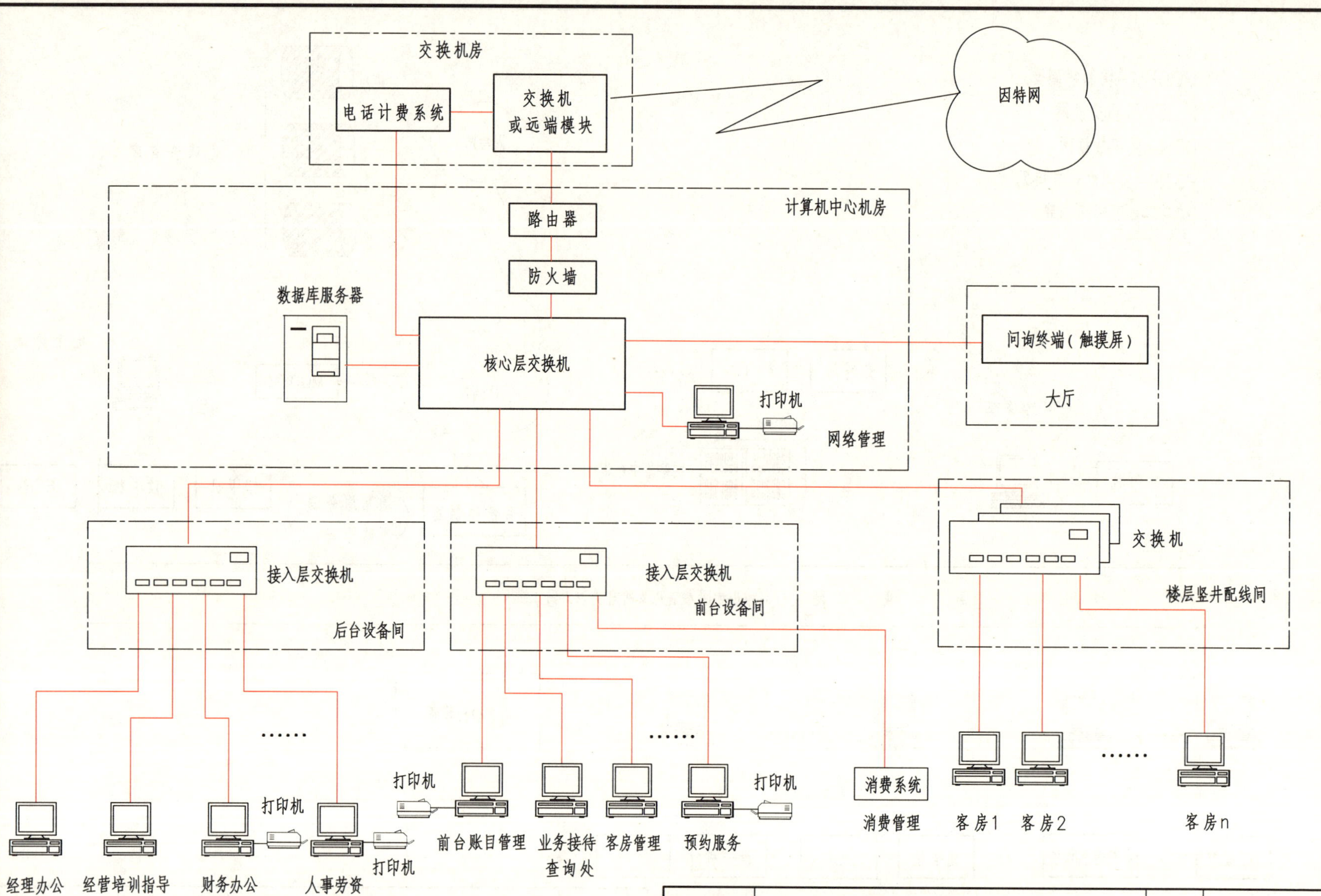

信息网络	宾馆饭店局域网结构图	图集号	09X700-2
审核 张文才 校对 汪浩 设计 詹叶青		页	2-180

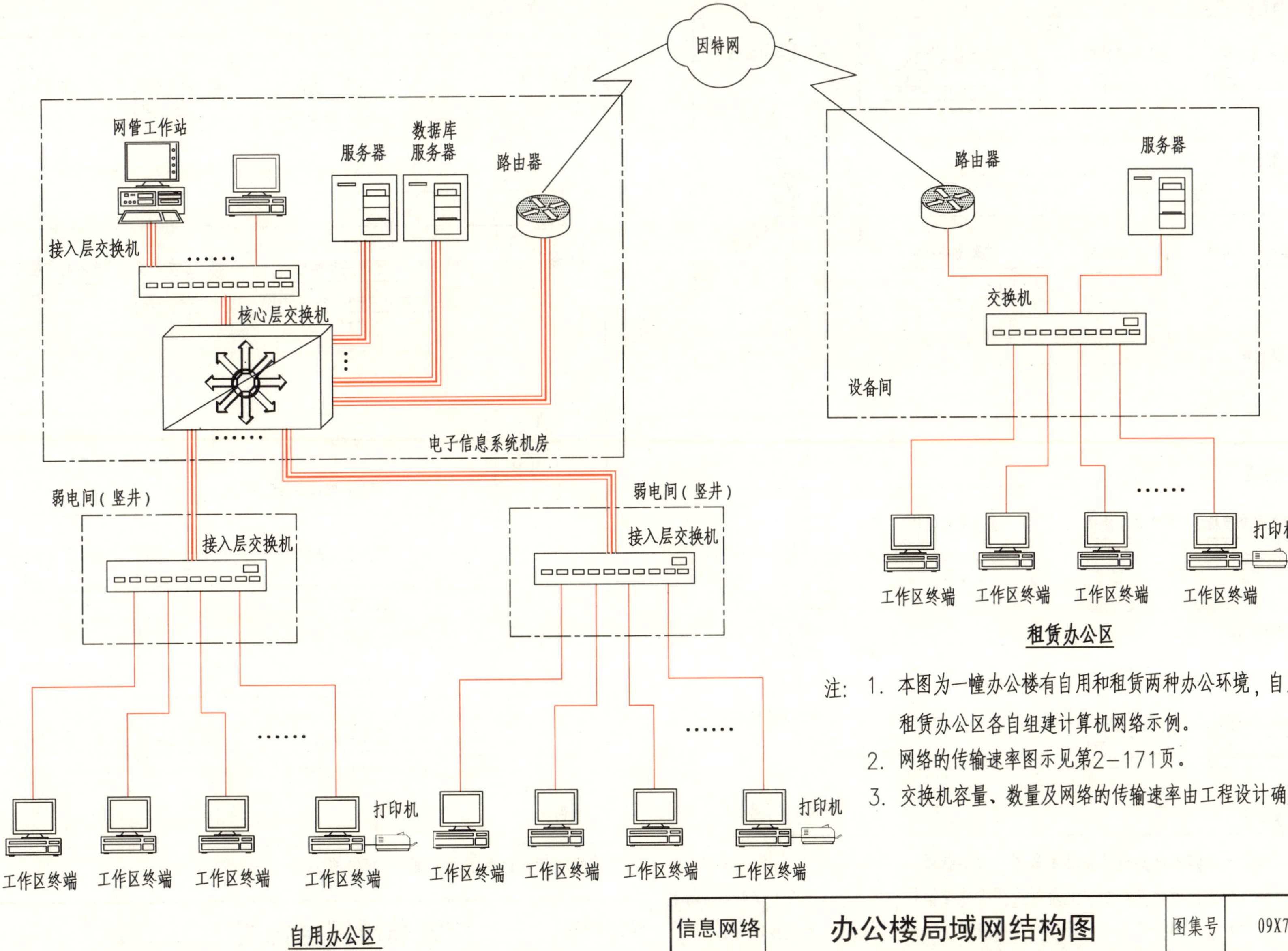

注：1. 本图为一幢办公楼有自用和租赁两种办公环境，自用和租赁办公区各自组建计算机网络示例。

2. 网络的传输速率图示见第2－171页。

3. 交换机容量、数量及网络的传输速率由工程设计确定。

信息网络	办公楼局域网结构图					图集号	09X700-2
审核	张文才	校对	詹叶青	设计	孙兰	页	2-181

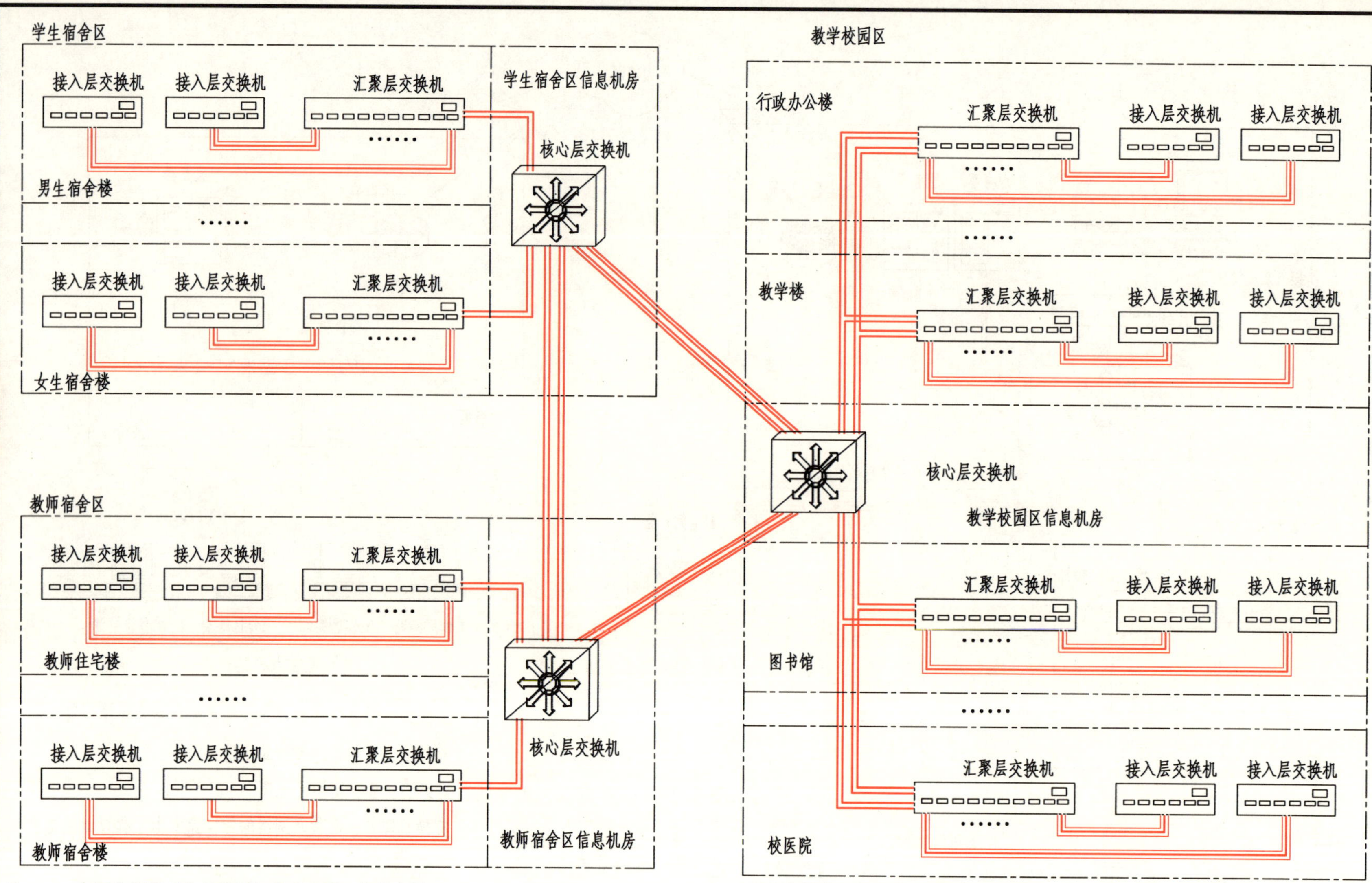

注：1. 本图为校园万兆局域网拓朴示意图，仅供参考。

2. 核心层选用万兆交换机，汇聚层选用千兆交换机，接入层选用千兆/百兆交换机。

3. 主干网选用单模光缆，汇聚层选用多模光缆，接入层选用六类对绞电缆。

4. 交换机容量、数量由工程设计确定。

5. 网络的传输速率图示见第2-171页。

信息网络	校园局域网结构图	图集号	09X700-2
审核 张文才 [signature] 校对 詹叶青 [signature] 设计 孙兰 [signature]		页	2-182

方案特点

1. 内、外采用DMZ、IDS等信息安全技术隔离。
2. 拓扑结构:核心、汇聚、接入。
3. 服务器集中部署。远端用户可通过专线访问本网，内部用户可访问因特网。
4. 网络结构可适应院校、政府、机关、大中型企事业单位等。

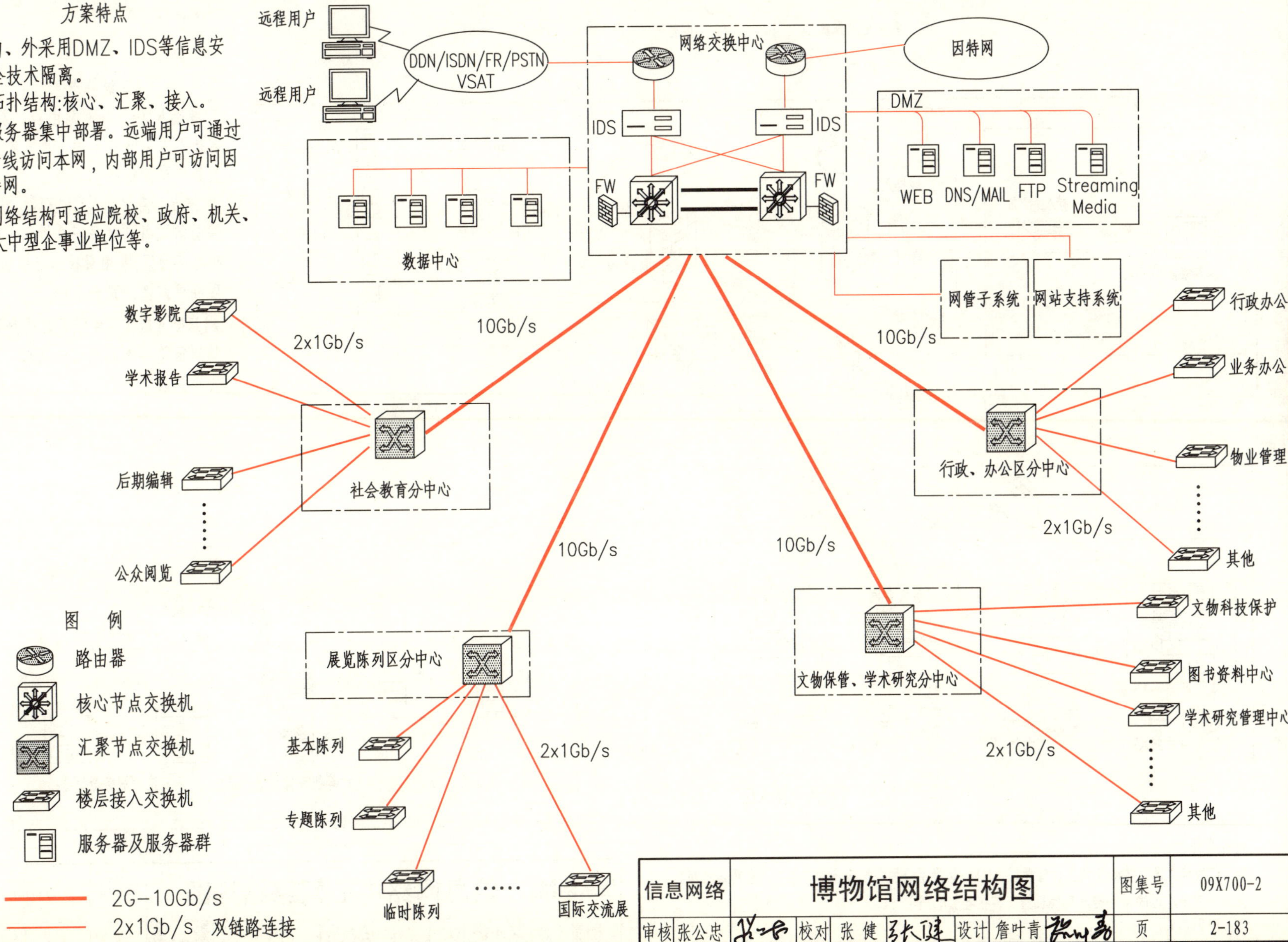

信息网络	博物馆网络结构图					图集号	09X700-2
审核	张公忠	校对	张 健	设计	詹叶青	页	2-183

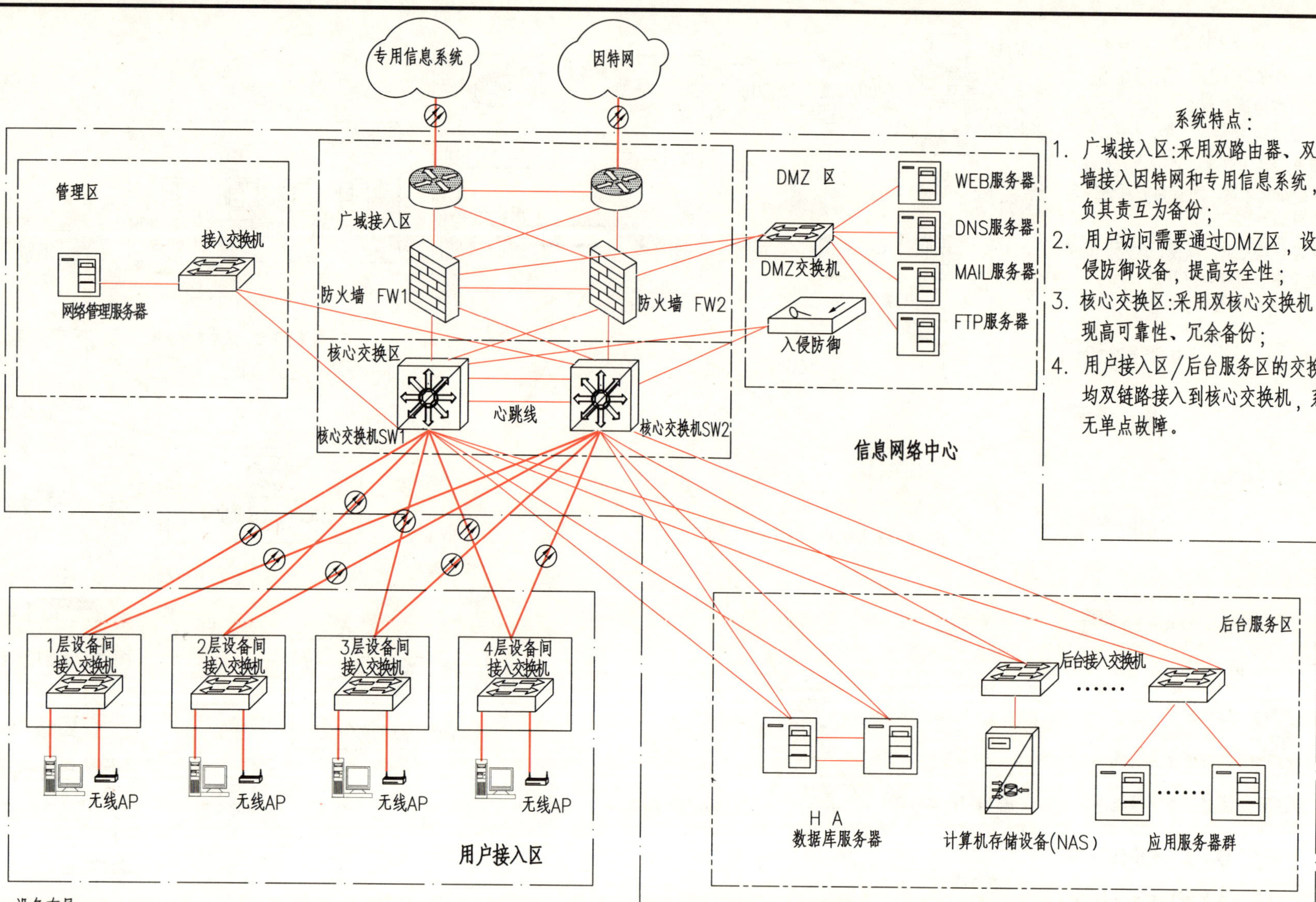

系统特点：

1. 广域接入区：采用双路由器、双防火墙接入因特网和专用信息系统，各负其责互为备份；
2. 用户访问需要通过DMZ区，设置入侵防御设备，提高安全性；
3. 核心交换区：采用双核心交换机，实现高可靠性、冗余备份；
4. 用户接入区/后台服务区的交换机均双链路接入到核心交换机，系统无单点故障。

设备布局：

1. 广域接入区、核心交换区、管理区、DMZ区及后台服务区设备均安装在信息网络机房。
2. 用户接入区的楼层接入交换机均安装在各层IDF间。
3. 图例参见2-183页。

信息网络	信息网络中心网络结构图					图集号	09X700-2
审核	张公忠	校对	张 健	设计	詹叶青	页	2-184

序号	图例	名称
1	SW	千兆24口接入交换机
2	(AP图例)	无线接入点(AP)
3	○	用户终端
4	LIU	楼层光纤配线架
5	(配线架图例)	楼层配线架
6	(光纤图例)	光纤
7	(线条图例)	UTPcat6
8	SM*	单模光缆、*表示芯数
9	MM*	多模光缆、*表示芯数
10	ODF	光纤配线架

系统部署特点：

1.按照综合布线系统中每个IDF间所覆盖的数据点配置楼层接入交换机；上联千兆，双链路接入。

2.楼层接入交换机采用堆叠形式。

3.楼层接入交换机与配线架之间采用跳线连接。

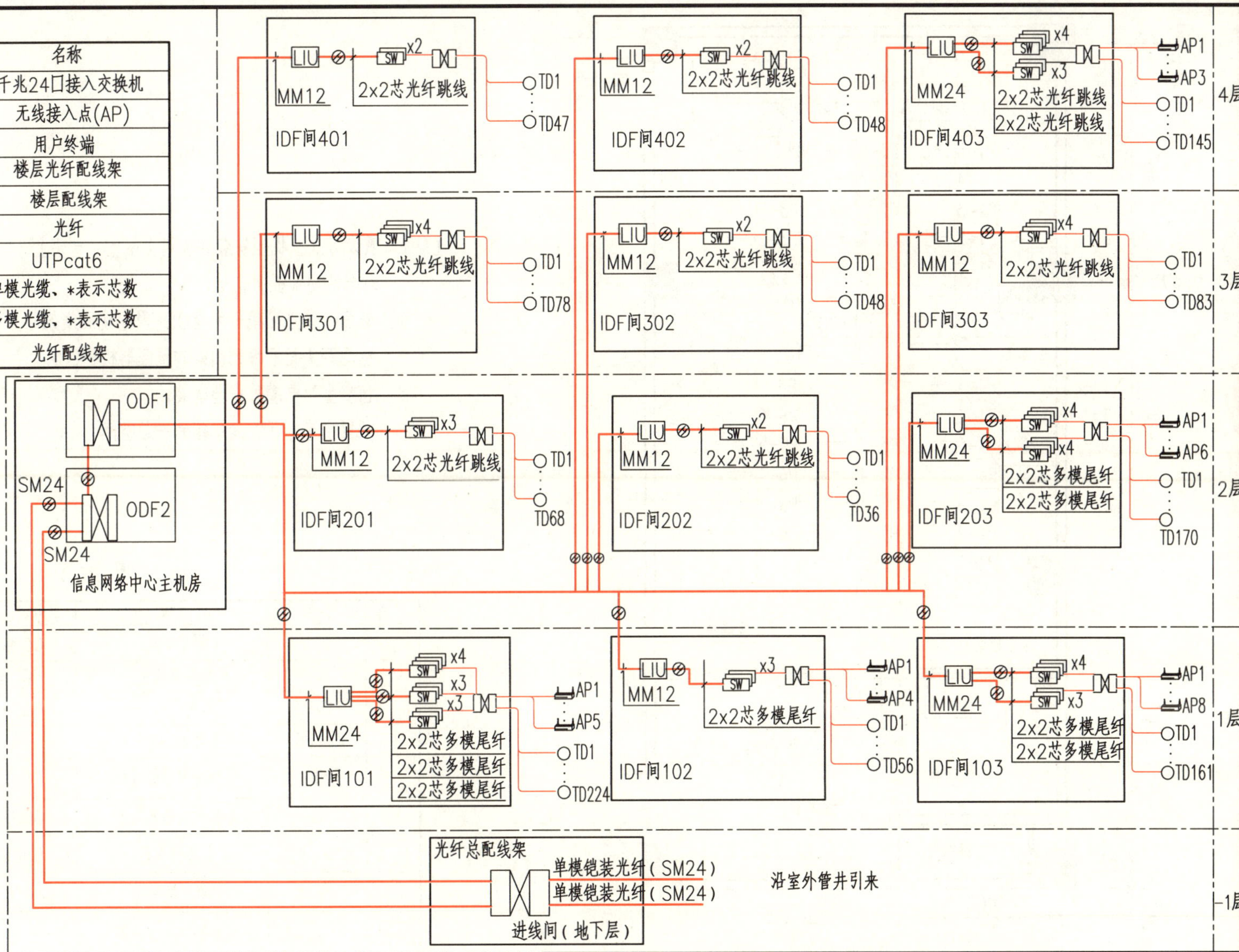

信息网络	信息网络中心用户接入层连接图	图集号	09X700-2
审核 张公忠 校对 张健 设计 詹叶青		页	2-185

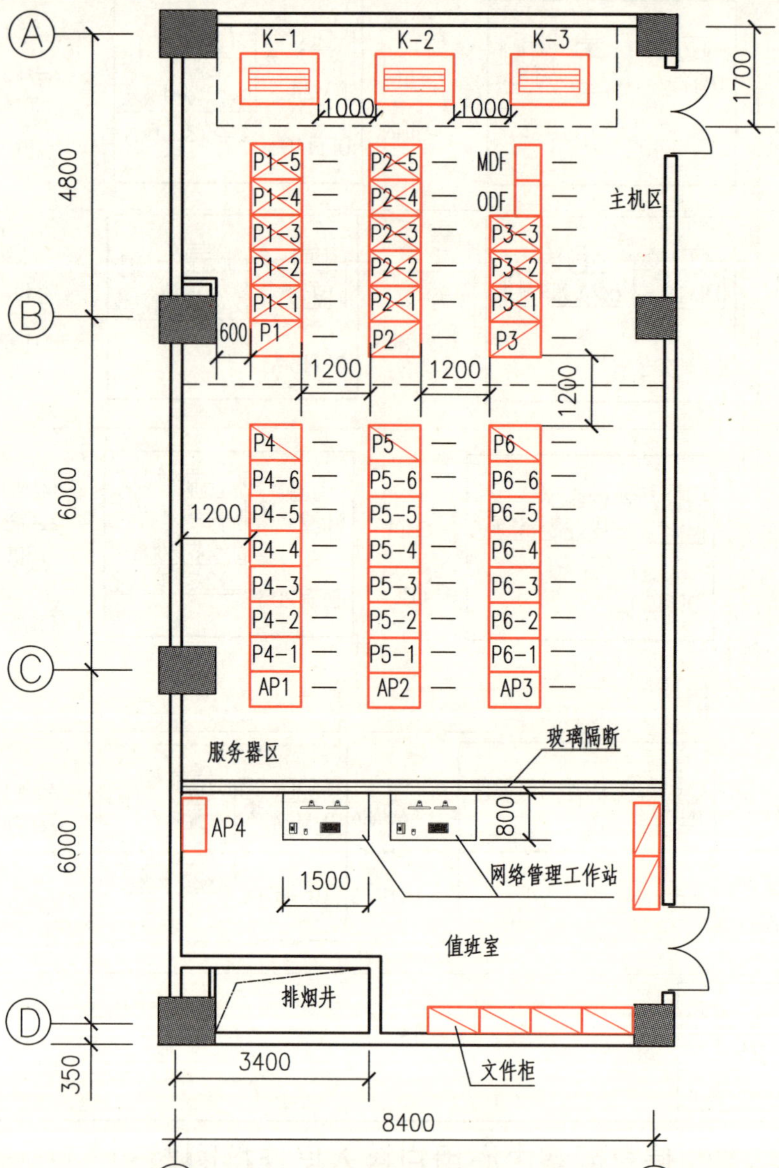

信息网络中心主机房

注：1. 敷设方式：机柜安装在金属支架上，支架上沿与活动地板面找平。
2. 数据干线总配线柜内装ODF及电缆配线架。
3. 电源列头柜给每列网络和服务器机柜供电。
4. 值班室配电箱可嵌墙暗装。
5. 预留机房专用空调机柜的安装空间。

图例说明

图例	编号	名称	型号或规格（宽x厚x高）	单位	数量
⊠	–	网络机柜	600x900x2000	个	13
□	–	服务器机柜	600x900x2000	个	18
◪	P1~P3	网络配线列头柜	600x900x2000	个	3
◩	P4~P6	服务器配线列头柜	600x900x2000	个	3
▯	MDF	机房内部总配线柜	600x450x2000	个	1
▯	ODF	数据干线总配线柜	600x450x2000	个	1
□	AP1~AP3	电源列头柜	600x600x2000	个	3
▯	AP4	值班室配电箱	450x160x300	个	1
▤	K-1~K-3	机房专用空调机柜	–	个	3

信息网络	信息网络中心机房机柜布置图	图集号	09X700-2
审核 张公忠 校对 张健 设计 詹叶青		页	2-186

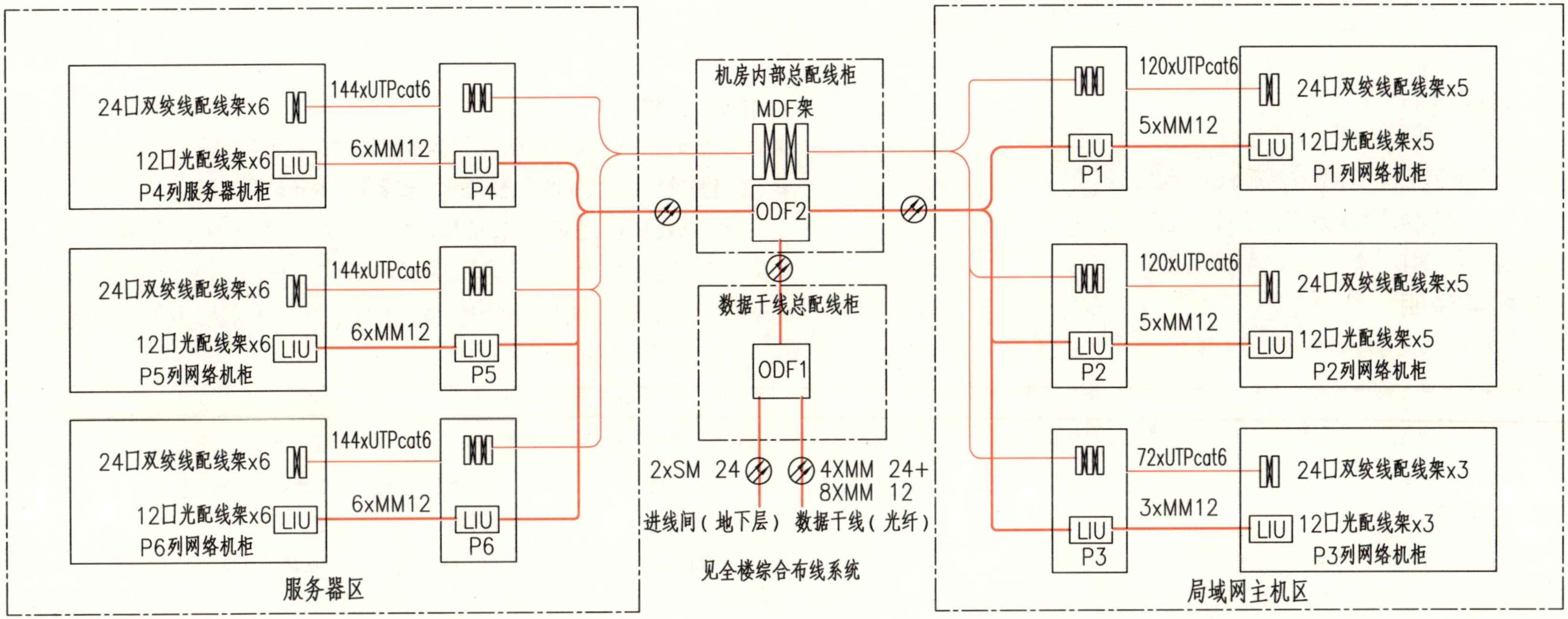

注：每个网络机柜或服务器机柜安装机架式24口模块式配线架及机架式12口光纤配线架，网络主机房内部设备的连接可按照系统图，利用光纤跳线或UTP/FTP跳线与机房内综合布线系统的配线架连接即可实现。给机房设备的管理、维护、升级、扩展等带来极大变化。

图例说明

序号	图例	说　明	序号	图例	说　明
1	(光纤符号)	光纤	6	MM *	多模光纤 *表示芯数
2	(符号)	UTP配线架	7	SM *	单模光纤 *表示芯数
3	(符号)	UTP配线架	8	ODF2	机房内综合布线光纤配线架
4	LIU	光纤配线架	9	ODF1	全楼综合布线数据干线光纤配线架
5	UTPCat6	六类非屏蔽双绞线			

信息网络	信息网络中心机房综合布线系统图	图集号	09X700-2
审核 张公忠 校对 张 健 设计 詹叶青		页	2-187

编 制 说 明

1 设计依据

《综合布线系统工程设计规范》GB 50311-2007。

《综合布线系统工程验收规范》GB 50312-2007。

《民用建筑电气设计规范》JGJ16-2008。

国家现行的其他有关规程、规范及行业标准。

2 修编说明

2.1 本部分是对97X700-2-2《综合布线系统》的修编。

2.2 对原图集中的图形及文字符号、系统设计、系统方案、等进行了修改。

2.3 增加了术语、技术指标、电子配线设备、支持以太网在线供电（PoE）等内容。

3 主要内容

3.1 编制说明、图形及文字符号、术语。

3.2 系统构成、技术指标。

3.3 工作区、配线子系统、干线子系统、建筑群子系统、设备间、进线间、管理、电气防护、接地、防火等设计。

3.4 综合布线系统方案。

3.5 配线模块的选用、配置、连接，电子配线设备、支持以太网在线供电（PoE）。

4 使用说明

4.1 综合布线系统应与通信系统、计算机网络系统、安全防范系统、建筑设备管理系统等统筹规划，按照各系统信息的传输要求，做到合理设计与使用。

4.2 综合布线系统工程设计应按照近期和远期的通信业务，计算机网络拓朴结构等需要，选用合适的布线器件与设施。选用产品的各项指标应高于系统指标，才能满足应用的需要和具有发展的余地，同时也应考虑工程造价及工程要求，对系统产品选用应恰如其分。

4.3 综合布线系统在进行系统配置设计时，应充分考虑用户近期与远期的实际需要与发展，使之具有通用性和灵活性，尽量避免布线系统投入正常使用以后，较短的时间又要进行扩建与改建，造成资金浪费。一般来说，布线系统的水平配线应以远期需要为主，垂直干线应以近期实用为主。

4.4 应根据系统对网络的构成、传输缆线的规格、传输距离等要求选用相应等级的综合布线产品。

4.5 在系统设计时，应保证布线信道和链路均能达到所要求的传输性能，保证系统产品等级的一致性。如果选用6类布线产品，则缆线、连接硬件、跳线等都应达到6类，才能保证系统为6类。如果采用屏蔽布线系统，则所有部件都应选用带屏蔽的硬件。

序号	符号	名称	符号来源
1	形式1：CD 形式2：CD	建筑群配线架（系统图，含跳线连接）	GB50311-2007
2	形式1：BD 形式2：BD	建筑物配线架（系统图，含跳线连接）	GB50311-2007
3	形式1：FD 形式2：FD	楼层配线架（系统图，含跳线连接）	GB50311-2007
4	FD	楼层配线架（系统图，无跳线连接）	GB50311-2007
5	CP	集合点配线箱	GB50311-2007
6	DDF	数字配线架（传输系统，E1接口）	—
7	ODF	光纤总配线架（光纤总连接盘，系统图，含跳线连接）	—
8	LIU *	光纤连接盘（系统图）	09DX001
9	MDF	用户总配线架（系统图，含跳线连接）	—
10	*	配线架、柜的一般符号（平面图） ＊可用以下文字表示不同的配线架： CD—建筑群； BD—建筑物； FD—楼层	—
11	SB	模块配线架式的供电设备（系统图）	GB50311-2007
12	HUB	集线器	GB50311-2007
13	SW	网络交换机	09DX001
14	PABX	用户交换机	—
15	IP	网络电话	—
16	AP	无线接入点	—
17	TO	信息点（插座）	09DX001
18		线槽	09DX001

注：＊光纤连接盘可配SC、ST、SFF种类光纤适配器。

综合布线	图形及文字符号	图集号	09X700-2
审核 徐玲献 校对 孙兰 设计 朱立彤		页	2-189

序号	符号	名　称	符号来源
19	形式1：nTO 形式2：nTO	信息插座，n为信息孔数量（n≤4） 例如：TO、2TO、4TO分别为单孔、二孔、四孔信息插座	09DX001
20	形式1：* 形式2：*	信息插座的一般符号。 *可用以下的文字或符号区别不同插座： TP—电话；TD—计算机（数据）	09DX001
21	MUTO	多用户信息插座	09DX001
22	形式1：TV 形式2：TV	电视插座	09DX001
23		光纤或光缆	GA/T74—2000
24	CD	建筑群配线设备	GB50311—2007
25	BD	建筑物配线设备	GB50311—2007
26	FD	楼层配线设备	GB50311—2007

序号	符号	名　称	符号来源
27	CP	集合点	GB50311—2007
28	ODF	光纤配线架	09DX001
29	MDF	用户总配线架	09DX001
30	RJ45	8位模块通用插座	GB50311—2007
31	IDC	卡接式配线模块	GB50311—2007
32	OF	光纤	GB50311—2007
33	ST	卡口式锁紧连接器（光纤连接器）	GB50311—2007
34	SC	直插式连接器（光纤连接器）	GB50311—2007
35	SFF	小型连接器（光纤连接器）	GB50311—2007
36	TE	终端设备	GB50311—2007
37	AHD	家居配线箱	09DX001

名 称	说 明
综合布线系统	建筑物或建筑群内的传输网络。它既使电话交换系统和数据通信系统及其他信息管理系统彼此相连，又使这些设备与外部通信网络相连接。它包括建筑物到外部网络或线路上的连接点与工作区的话音或数据终端之间的所有电缆、光缆及相关联的布线部件。
布线	能够支持信息电子设备相连的各种缆线、跳线、接插软线和连接器件组成的系统。
工作区	需要设置终端设备的独立区域，由面板、设备缆线及适配器等组成。
配线子系统	配线子系统由信息插座、配线电缆或光缆、配线设备、设备缆线、跳线等组成。
干线子系统	干线子系统由配线设备、干线电缆或光缆、设备缆线、跳线等组成。
建筑群子系统	建筑群子系统由配线设备、建筑物之间的干线电缆或光缆、设备缆线、跳线等组成。
电信间(见注)	放置电信设备、电缆和光缆终端配线设备(FD)，并进行缆线交接的专用空间。
设备间	设备间是安装各种设备的房间，对综合布线系统工程而言，主要是安装配线设备(CB、BD)。

名 称	说 明
进线间	进线间是建筑物外部通信和信息管线的入口部位，并可作为入口设施和建筑群配线设备的安装场地。
管理	管理是针对布线系统工程的技术文档及设备间、电信间、进线间、工作区的配线设备、缆线、信息插座等设施按一定模式进行标识和记录。
信道	连接两个应用设备端到端的传输通道。信道包括信息点、水平缆线，FD处的设备缆线和各类跳线，工作区设备缆线。
链路	一个CP链路或是一个永久链路，包括电缆、光缆及两端的连接器件。
CP链路	包括楼层配线设备与集合点(CP)之间的连接器与CP缆线。
永久链路	信息点与楼层配线设备之间的传输线路。它不包括工作区缆线和连接楼层配线设备的设备缆线、跳线；但可以包括一个CP链路。
集合点	楼层配线设备与工作区信息点之间水平缆线路由中的连接点(CP)。
配线架	放置对电缆、光缆元件进行端接与连接的部件(如配线盘、接插软线)的装置。
建筑群配线设备	终接建筑群主干缆线的配线设备。

注：如果综合布线系统与弱电系统设备合设于同一场地，从建筑的角度出发，称为弱电间。

综合布线	术 语	图集号	09X700-2
审核 张 宜 校对 孙 兰 设计 朱立彤		页	2-191

名称	说明
建筑物配线设备	为建筑物主干缆线或建筑群主干缆线终接的配线设备。
楼层配线设备	终接水平电缆、水平光缆的配线设备。
建筑物入口设施	提供符合相关规范机械与电气特性的连接器件，使得外部网络电缆和光缆引入建筑物内。
建筑群主干电缆、建筑群主干光缆	用于在建筑群内连接建筑群配线架与建筑物配线架的电缆、光缆。
建筑物主干缆线	连接建筑物配线设备至楼层配线设备及建筑物内楼层配线设备之间相连接的缆线。建筑物主干缆线可为主干电缆和主干光缆。
水平缆线	楼层配线设备到信息点之间的连接缆线。
永久水平缆线	楼层配线设备到CP的连接缆线，如果链路中不存在CP点，为直接连至信息点的连接缆线。
CP缆线	连接集合点（CP）至工作区信息点的缆线。
设备电缆、光缆	通信设备连接到配线设备的电缆、光缆。
跳线	不带连接器件或带连接器件的电缆线对与带连接器件的光纤，用于配线设备之间进行连接。
光缆	由单芯或多芯光纤构成的缆线。

名称	说明
电缆、光缆单元	型号和类别相同的电缆线对或光纤的组合。电缆线对可有屏蔽物。
缆线（包括电缆、光缆）	在一个总的护套里，由一个或多个同一类型的缆线线对或光纤组成，并可包括一个总的屏蔽物。
线对	一个平衡传输线路的两个导体，一般指一个对绞线对。
平衡电缆	由一个或多个金属导体线对组成的对称电缆。
屏蔽平衡电缆	带有总屏蔽和/或每线对均有屏蔽物的平衡电缆。
非屏蔽平衡电缆	不带有任何屏蔽物的平衡电缆。
接插软线	一端或两端带有连接器件的软电缆或软光缆。
交接（交叉连接）	配线设备和信息通信设备之间采用接插软线或跳线上的连接器件相连的一种连接方式。
互连	不用接插软线或跳线，使用连接器件把一端的电缆、光缆与另一端的电缆、光缆直接相连的一种连接方式。
连接器件	用于连接电缆线对和光纤的一个器件或一组器件。
光纤适配器	将两对或一对光纤连接器件进行连接的器件。
信息点（TO）	各类电缆或光缆终接的信息插座模块。
多用户信息插座	在某一地点，若干信息插座模块的组合。

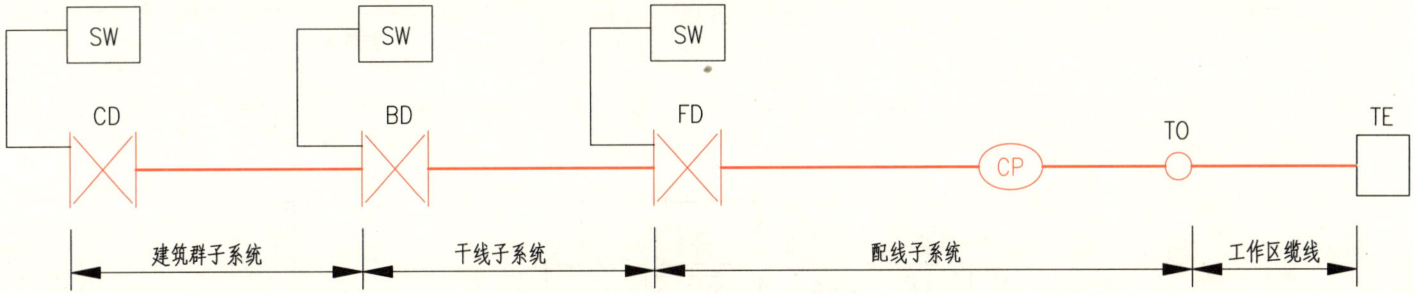

注：配线子系统中可以设置集合点（CP点），也可不设置集合点。

综合布线系统基本构成

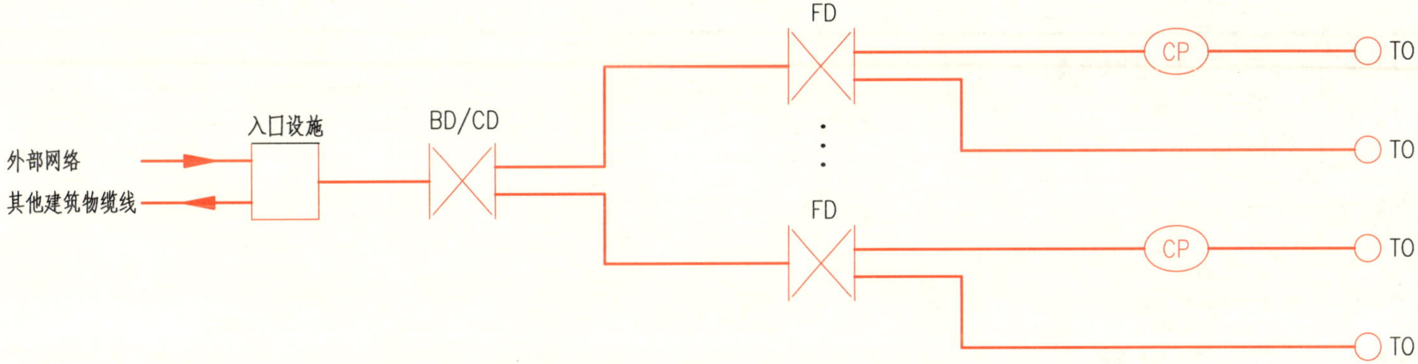

注：对设置了设备间的建筑物，设备间所在楼层的FD可以和设备间中的BD/CD及入口设施安装在同一场地。

综合布线系统引入部分构成

注：

1. 综合布线系统由入口设施、建筑群配线设备（CD）、建筑物配线设备（BD）、电信间配线设备（FD）、集合点（CP）、信息插座（TO）和传输缆线组成。
2. 根据工程的规模及实际情况，综合布线系统有不同的组合模式。

综合布线	综合布线系统的构成					图集号	09X700-2
审核	张宜	校对	朱立彤	设计	孙兰	页	2-193

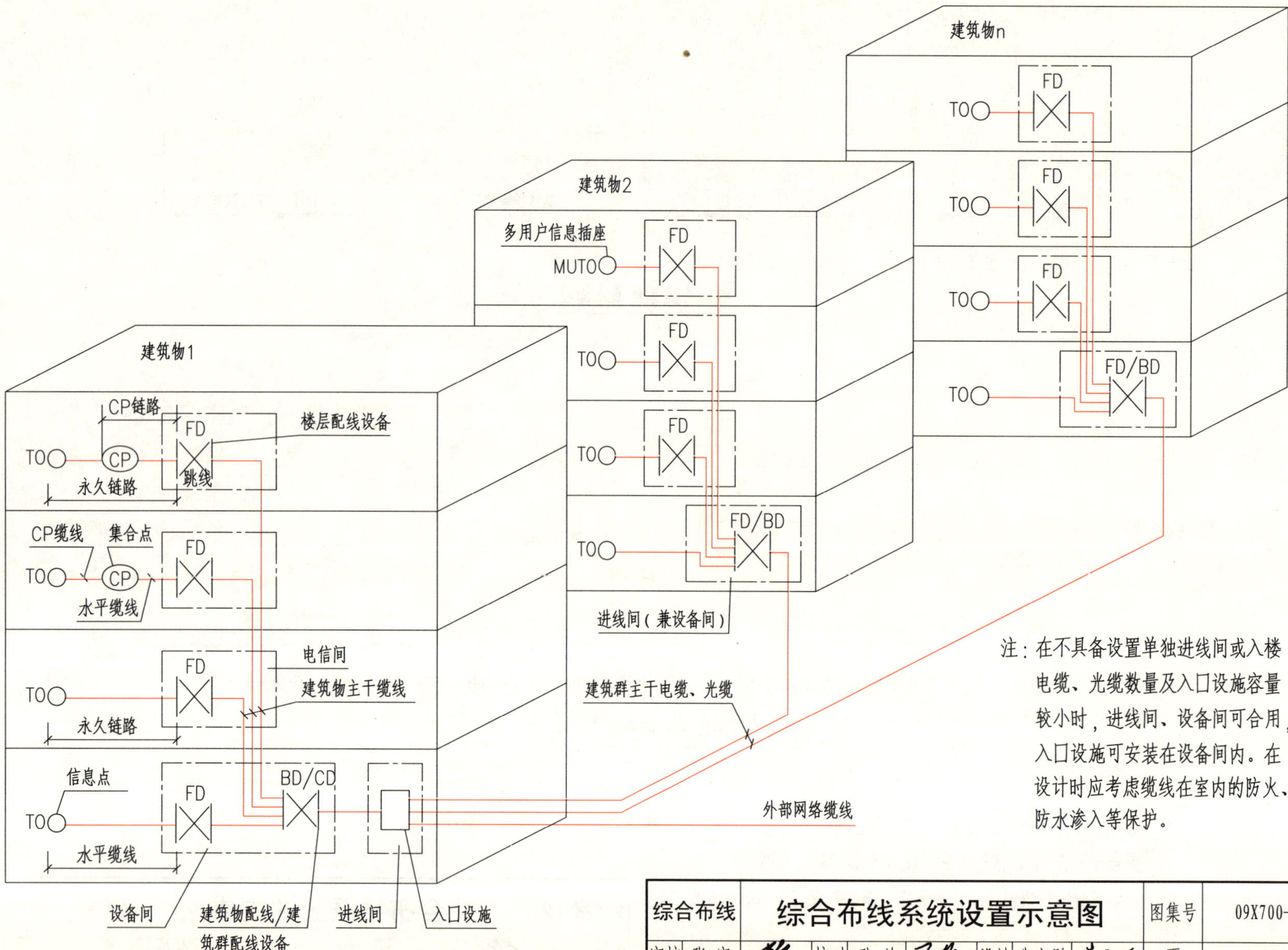

注：在不具备设置单独进线间或入楼电缆、光缆数量及入口设施容量较小时，进线间、设备间可合用，入口设施可安装在设备间内。在设计时应考虑缆线在室内的防火、防水渗入等保护。

综合布线	综合布线系统设置示意图					图集号	09X700-2
审核 张宜		校对 孙兰		设计 朱立彤		页	2-194

铜缆布线系统的分级与类别

系统分级	支持带宽（Hz）	支持应用器件	
		电缆	连接硬件
C	16M	3类	3类
D	100M	5/5e类	5/5e类
E	250M	6类	6类
EA	500M	6A	6A
F	600M	7类	7类
FA	1000M	7A	7A

注：3类、5/5e类（超5类）、6类、7类布线系统应能支持向下兼容的应用。

光缆布线系统的分级

信道分级	应用长度（m）
OF-300	≥300
OF-500	≥500
OF-2000	≥2000

注：指不同的光纤应用于不同等级的光信道时，至少满足的传输距离。

综合布线系统等级与类别的应用

业务种类	配线子系统		干线子系统		建筑群子系统	
	等级	类别	等级	类别	等级	类别
语音	D/E	5e/6	C	3/5（电缆为大对数）	C	3/5（电缆为室外大对数）
数据	D/E/F	5e/6/6A/7	D/E/F	5e/6/6A/7（电缆为4对）	–	在不超过90m时，也可采用室外4对对绞电缆
数据	光纤（多模或单模）	62.5μm多模/50μm多模/9μm单模	光纤	62.5μm多模/50μm多模/9μm单模	光纤	62.5μm多模/50μm多模/9μm单模
其他应用	可采用5e/6类4对对绞电缆和62.5μm多模/50μm多模/9μm多模、单模光缆					

注：其他应用指数字监控摄像机、建筑设备监控系统现场控制器（DDC）、出入口控制系统等采用网络端口传送数字信息时的应用。

综合布线	综合布线系统分级、类别及应用	图集号	09X700-2
审核 张宜 校对 孙兰 设计 朱立彤		页	2-195

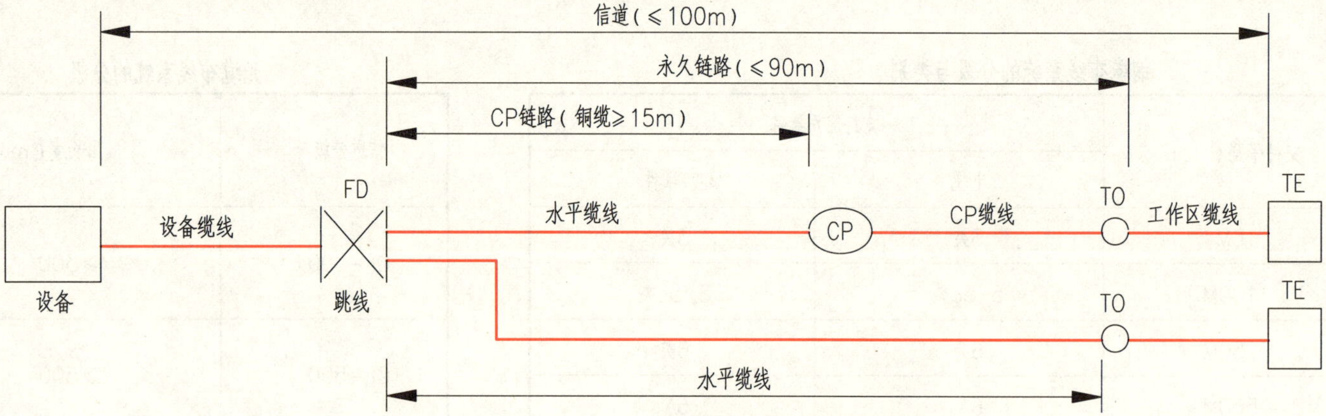

配线子系统缆线长度限制示意图

综合布线系统主干缆线长度限值

缆线类型	各线段长度限值（m）		
	A	B	C
100Ω对绞电缆	800	300	500
62.5μm多模光缆	2000	300	1700
50μm多模光缆	2000	300	1700
单模光缆	3000	300	2700

注：

1. 综合布线系统信道应由最长90m水平缆线和最长10m的跳线和设备缆线及最多4个连接器件组成，永久链路则由最长90m水平缆线及最多3个连接器件组成。
2. F级的永久链路仅包括90m水平缆线和2个连接器件（不包括CP连接器件）。

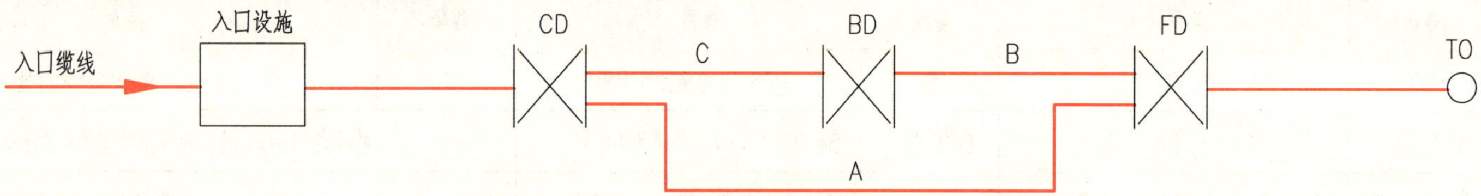

综合布线系统主干缆线长度限制示意图

注：

1. 符合TIA/EIA568B要求。
2. 如B距离小于最大值时，C为对绞电缆的距离可相应增加，但A的总长度不能大于800m。
3. 表中100Ω对绞电缆作为语音的传输介质。
4. 单模光纤的传输距离在主干链路时允许达60km，但被认可至本规定以外范围的内容。
5. 对于电信业务经营者在主干链路中接入电信设施能满足的传输距离不在本规定之内。
6. 在总距离中可以包括入口设施至CD之间的缆线长度。
7. 建筑群与建筑物配线设备所设置的跳线长度不应大于20m，如超过20m时主干长度应相应减少。
8. 建筑群与建筑物配线设备连至设备的缆线不应大于30m，如超过30m时主干长度应相应减少。

综合布线	综合布线系统缆线长度划分	图集号	09X700-2
审核 张宜 校对 朱立彤 设计 孙兰		页	2-196

1. 一个独立的需要设置终端设备（TE）的区域宜划分为一个工作区。工作区应由配线子系统的信息插座模块（TO）延伸到终端设备处的连接缆线及适配器组成。

2. 工作区适配器的选用宜符合下列规定：

2.1 设备的连接插座应与连接电缆的插头匹配，不同的插座与插头之间应加装适配器。

2.2 在连接使用信号的数模转换，光、电转换，数据传输速率转换等相应的装置时，采用适配器。

2.3 对于网络规程的兼容，采用协议转换适配器。

2.4 各种不同的终端设备或适配器均安装在工作区的适当位置，并应考虑现场的电源与接地。

3. 工作区信息点为电端口时，应采用8位模块通用插座（RJ45），光端口宜采用SFF小型光纤连接器件及适配器。信息点电端口如为7类布线系统时，采用RJ45或非RJ45型的屏蔽8位模块通用插座。

4. 每一个工作区信息插座模块（电、光）数量不宜少于2个，并满足各种业务的需求。

5. 一个工作区的服务面积，应按不同的应用功能确定。目前建筑物的功能类型较多，大体上可以分为商业、文化、媒体、体育、医院、学校、交通、通用工业等类型，因此对工作区面积的划分应根据应用的场合作具体的分析后确定，工作区面积需求可参照下表。

工作区面积划分参考表

建筑物类型及功能	工作区面积（m^2）
网管中心、呼叫中心、信息中心等终端设备较为密集的场地	3～5
办公区	5～10
会议、会展	10～60
商场、生产机房、娱乐场所	20～60
体育场馆、候机室、公共设施区	20～100
工业生产区	60～200

注：1. 对于应用场合，如终端设备的安装位置和数量无法确定时，或使用场地为大客户租用并考虑自设置计算机网络时，工作区的面积可按区域（租用场地）面积确定。

2. 对于IDC机房（为数据通信托管业务机房或数据中心机房）可按生产机房每个机柜的设置区域考虑工作区面积。对于此类项目，涉及到数据通信设备安装工程设计，应单独考虑实施方案。

6. 信息插座底盒数量应以插座盒面板设置的开口数确定，每一个底盒支持安装的信息点数量不宜大于2个。

7.光纤信息插座模块安装的底盒大小应充分考虑到水平光缆（2芯或4芯）终接处的光缆盘留空间和满足光缆对弯曲半径的要求。

8. 工作区的信息插座模块应支持不同的终端设备接入，每一个8位模块通用插座应连接1根4对对绞电缆（即1条4对对绞电缆应全部固定终接在1个8位模块通用插座上，不允许将1条4对对绞电缆终接在2个或2个以上8位模块通用插座）；对每一个双工或2个单工光纤连接器件及适配器连接1根2芯光缆。

9. 多用户信息插座和集合点的配线设备应安装于墙体或柱子等建筑物固定的位置。

10. 工作区信息插座的安装宜符合下列规定：

10.1 安装在地面上的接线盒应防水和抗压。

10.2 安装在墙面或柱子上的信息插座底盒、多用户信息插座盒及集合点配线箱体的底部离地面的高度宜为300。集合点配线箱体还可以根据工程要求安装在吊顶内或活动地板下。

11. 工作区的电源应符合下列规定：

11.1 每个工作区至少应配置1个220V交流电源插座。

11.2 工作区的电源插座应选用带保护接地的单相电源插座，保护接地与N线应严格分开。为便于有源终端设备的使用，在信息插座附近应设置单相三孔电源插座，信息插座与电源插座间的布局要求如图1、图2所示：

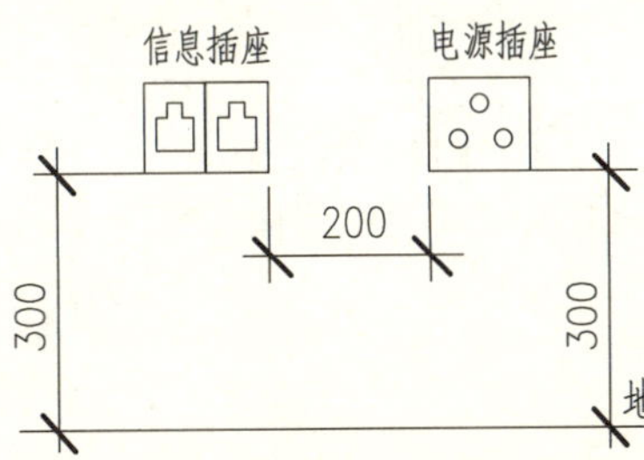

图1 同墙面信息插座与电源插座的布设

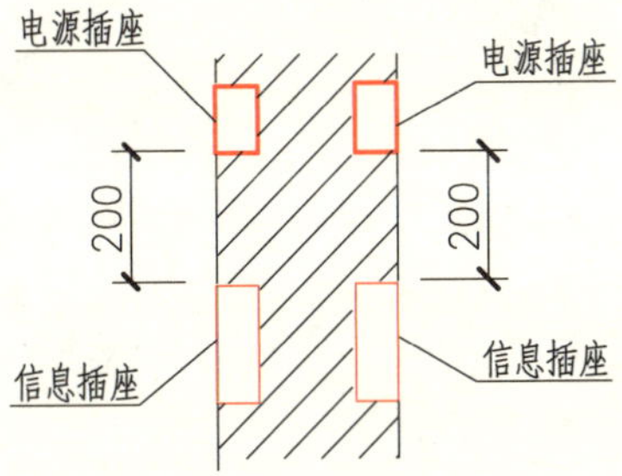

图2 墙体两侧信息插座与电源插座的布设(俯视)

综合布线	工作区设计	图集号	09X700-2
审核 张宜　校对 孙兰　设计 朱立彤		页	2-197

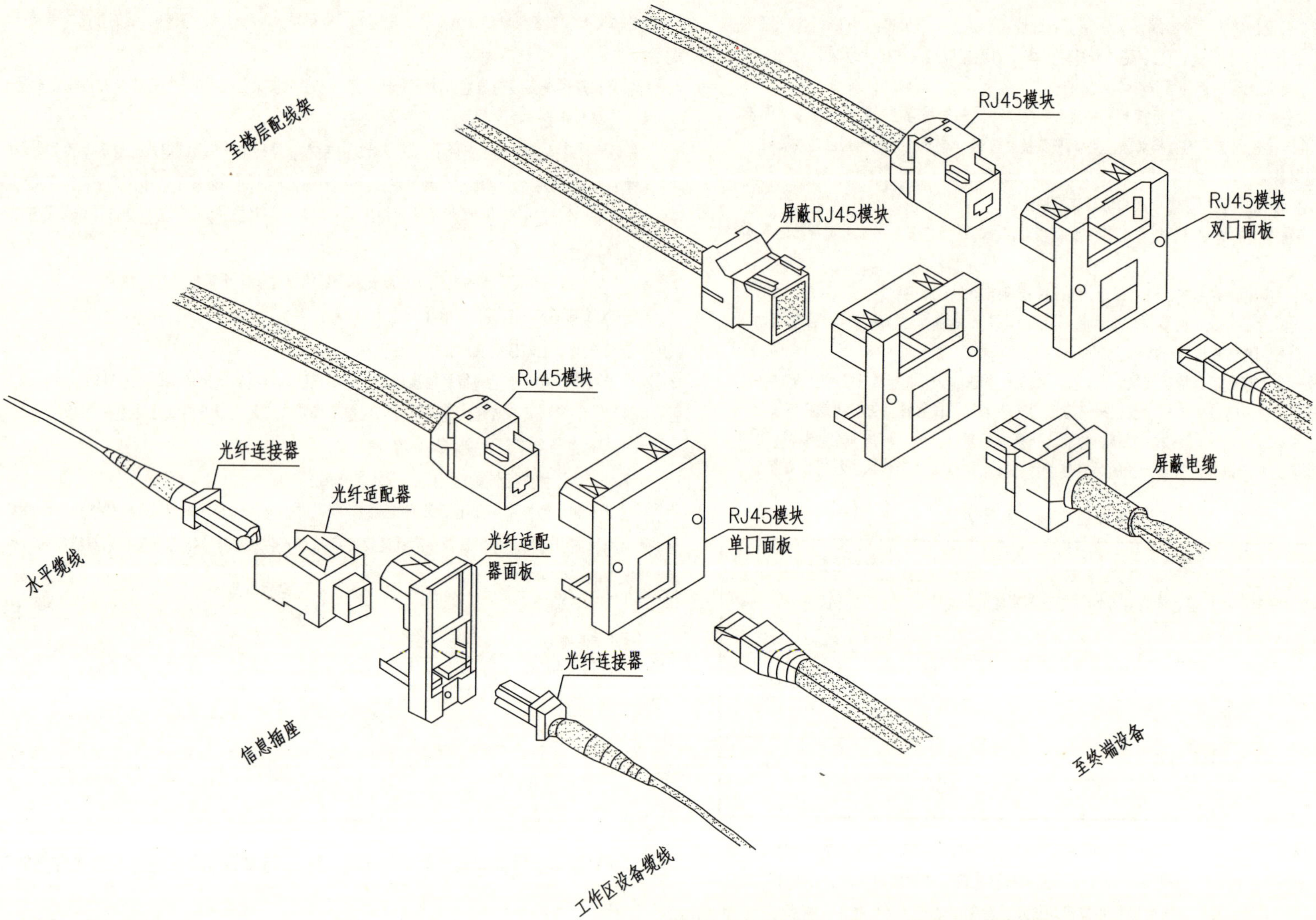

综合布线	信息插座示意图					图集号	09X700-2
审核 张宜		校对 孙兰		设计 朱立彤		页	2-198

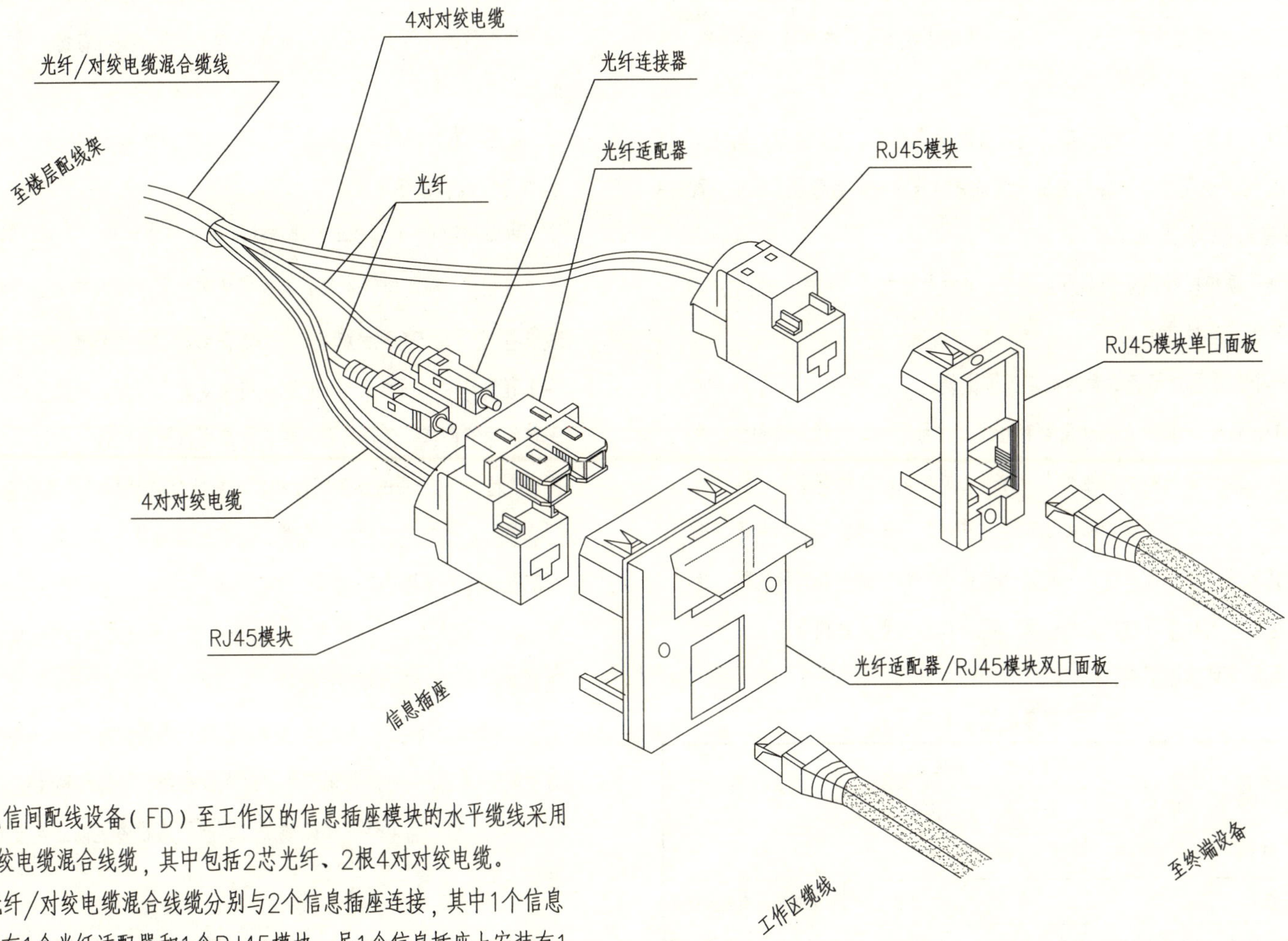

注:

1. 本图中由电信间配线设备(FD)至工作区的信息插座模块的水平缆线采用了光纤/对绞电缆混合线缆,其中包括2芯光纤、2根4对对绞电缆。
2. 水平缆线光纤/对绞电缆混合线缆分别与2个信息插座连接,其中1个信息插座上安装有1个光纤适配器和1个RJ45模块,另1个信息插座上安装有1个RJ45模块。
3. 选用此类产品时,信息插座接线盒的尺寸应与面板尺寸相匹配。

综合布线	信息插座示意图	图集号	09X700-2
审核 张宜 校对 孙兰 设计 朱立彤		页	2-199

1. 配线子系统应由工作区的信息插座模块、信息插座模块至电信间配线设备（FD）的配线电缆和光缆、电信间的配线设备及设备缆线和跳线等组成。

2. 根据工程提出的近期和远期终端设备的设置要求，用户性质、网络构成及实际需要确定建筑物各层需要安装信息插座模块的数量及其位置，配线应留有充分的发展余地。

3. 配线子系统缆线应采用非屏蔽或屏蔽4对对绞电缆，在需要时也可采用室内多模或单模光缆。

4. 每一个工作区信息点数量的确定范围比较大，从现有的工程情况分析，从设置1个至10个信息点的现象都存在，并预留了电、光缆及备份的信息插座模块。因为建筑物用户性质不一样，功能要求和实际需求不一样，信息点数量不能仅按办公楼的模式确定，尤其是对于专用建筑（如电信、金融、体育场馆、博物馆等建筑）更应加强需求分析，做出合理的配置。每个工作区信息点数量可按用户的性质、网络构成和需求来确定，工作区信息点数量需求可参照下表。

信息点数量配置参考表

建筑物功能区	信息点数量（每一工作区）			备 注
	语 音	数 据	光纤（双口）	
办公区（一般）	1个	1个	—	—
办公区（重要）	1个	2个	1个	对数据信息有较大需求
出租或大客户区域	2个或2个以上	2个或2个以上	1个或2个以上	指整个区域的配置量
办公区（政务工程）	2~5个	2~5个	1个或1个以上	涉及内、外网络时

注：对出租或大客户区域信息点数量需求为区域的整个出口需求量，并不代表区域内信息点总的数量。

5. 从电信间至每一个工作区水平光缆宜按2芯光缆配置。光纤至工作区域满足用户群或大客户使用时，光纤芯数至少应有2芯备份，按4芯水平光缆配置。

6. 连接至电信间的每一根水平电缆/光缆应终接于相应的配线模块，配线模块与缆线容量相适应。

7. 电信间FD主干侧各类配线模块应按电话交换机、计算机网络的构成及主干电缆/光缆的所需容量要求及模块类型和规格的选用进行配置。楼层配线设备FD可由IDC配线模块、RJ45配线模块和光纤连接盘三大类型组成。在工程设计中，通常采用IDC配线模块支持干线侧、RJ45配线模块支持水平侧的语音配线。RJ45或光纤连接盘支持数据配线。

8. 电信间FD采用的设备缆线和各类跳线宜按计算机网络设备的使用端口容量和电话交换机的实装容量、业务的实际需求或信息点总数的比例进行配置，比例范围为25%~50%。

9. CP集合点安装的连接器件应选用卡接式配线模块或8位模块通用插座或各类光纤连接器件和适配器。

10. 当集合点（CP）配线设备为8位模块通用插座时，CP电缆宜采用带有单端RJ45插头的产业化产品，以保证布线链路的传输性能。

11. 电信间FD与电话交换配线及计算机网络设备之间的连接方式应符合下列要求：

11.1 电话交换配线的连接方式应符合图1要求。

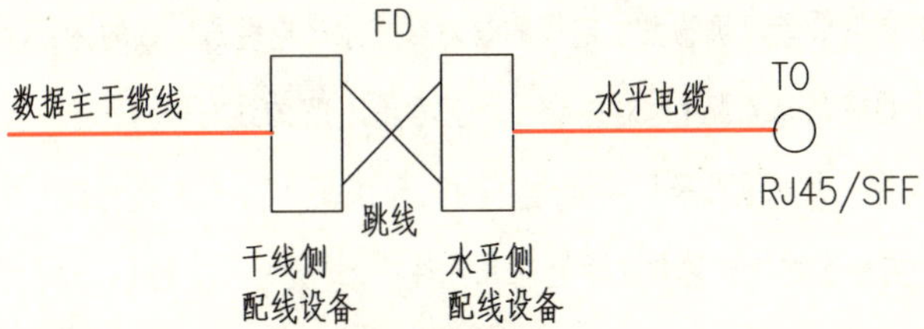

图1 电话系统连接方式

FD支持电话系统配线设备有两大类型：FD配线设备采用IDC配线模块，如图2所示；FD配线设备建筑物主干侧采用IDC配线模块和水平侧采用RJ45配线模块，如图3所示。

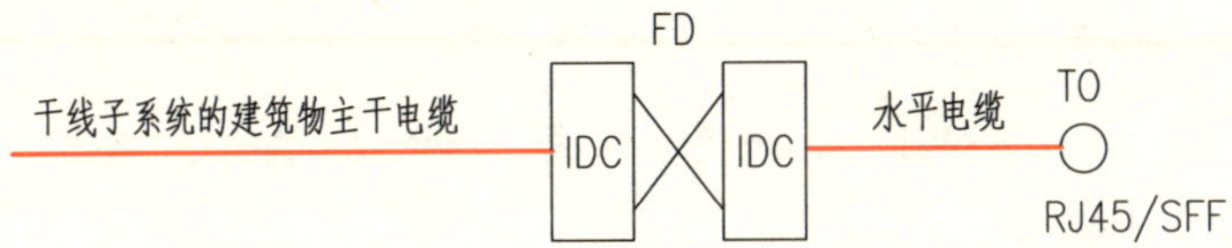

图2 FD采用IDC配线模块连接方式

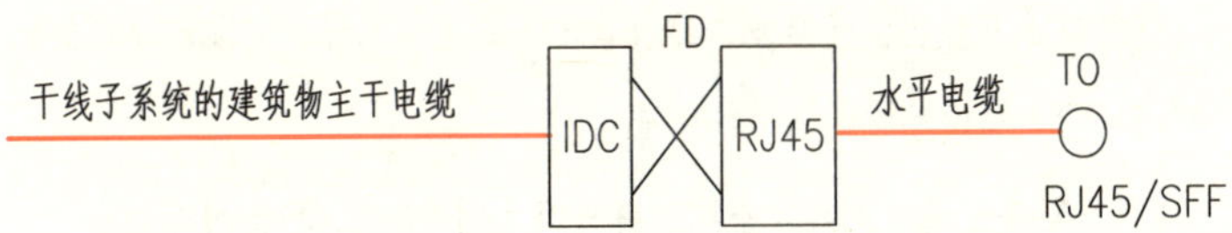

图3 FD采用IDC和RJ45配线模块连接方式

11.2 数据系统连接方式。

11.2.1 经跳线连接应符合图4要求。

FD支持数据系统配线设备有两大类型，RJ45配线模块和光纤互连装置盘。

11.2.2 经设备缆线连接应符合图5要求。

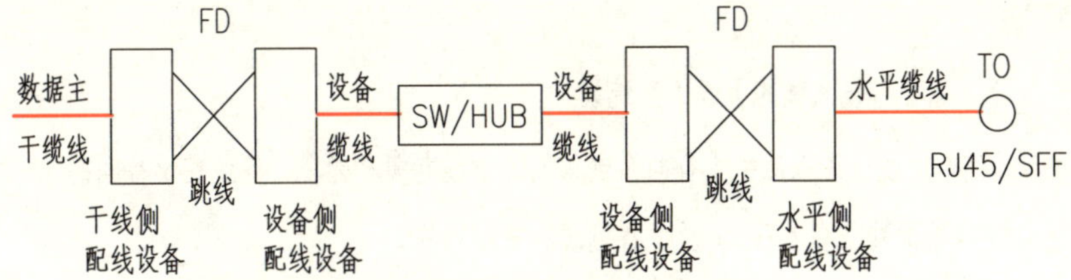

图4 数据系统连接方式（经跳线连接）

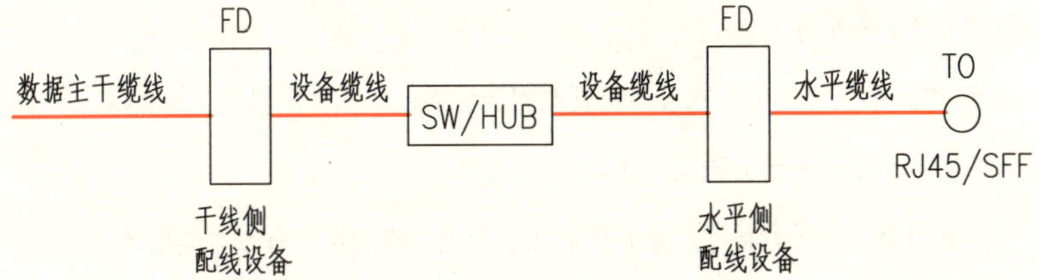

图5 数据系统连接方式（经设备缆线连接）

FD支持数据系统配线设备有两大类型，RJ45配线模块和光纤互连装置盘。

11.2.3 数据主干侧经设备缆线连接，水平侧经跳线连接应符合图6要求。

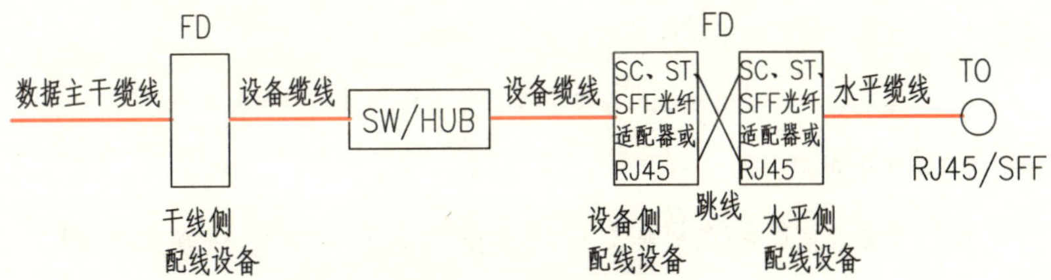

图6 数据系统连接方式（经跳线连接）

FD支持数据系统配线设备有两大类型，RJ45配线模块和光纤互连装置盘。

综合布线	配线子系统设计					图集号	09X700-2
审核	张宜	校对	孙兰	设计	朱立彤	页	2-201

1. 综合布线系统的干线子系统设计

1.1 干线子系统应由设备间至电信间的干线电缆和光缆、安装在设备间的建筑物配线设备(BD)及设备缆线和跳线组成。

1.2 干线子系统的电缆总对数和光纤总芯数，应满足工程的实际需求，并留有适当的备份容量。

1.3 干线子系统主干缆线应选择较短的安全路由。主干电缆宜采用点对点终接，也可采用分支递减终接。

1.4点对点端接是最简单、最直接的配线方法，电信间的每根干线电缆直接从设备间延伸到指定的楼层电信间。分支递减终接是用1根大对数干线电缆来支持若干个电信间的通信容量，经过电缆接头保护箱分出若干根小电缆，它们分别延伸到相应的电信间，并终接于目的地的配线设备。

1.5 如果电话交换机和计算机主机设置在建筑物内不同的设备间，宜采用不同的主干缆线来分别满足语音和数据的需要。

1.6 在同一层若干电信间之间宜设置干线路由。

1.7 建筑物与建筑群配线设备处各类设备缆线和跳线的配备宜符合2-200页第8条的规定。

1.8 如语音信息点8位模块通用插座连接ISDN用户终端设备，并采用S接口(4线接口)时，相应的主干电缆则应按2对线配置。

1.9 干线子系统缆线选择。

1.9.1 确定缆线中语音和数据业务的分设：语音信号采用大对数电缆，数据信号采用光缆。

1.9.2 根据综合布线系统的配置确定缆线的类型及规格。

1)支持语音建筑物主干电缆的总对数按水平电缆总对数的25%计，即为每个语音信息点配1对对绞线，还应考虑10%的线对作为冗余。支持语音建筑物主干电缆可采用规格为25对、50对或100对的大对数电缆。

2)支持数据的建筑物主干宜采用光缆，2芯光纤可支持1台SW(或HUB)交换机或1个SW群(或HUB群)，在光纤总芯数上备用2芯光纤作为冗余。

3)支持数据的建筑物主干采用4对对绞电缆时，1根4对对绞电缆可支持1台SW(或HUB)交换机或1个SW群(或HUB群)。

A.当采用SW群(或HUB群)时，每1个SW群(或HUB群)备用1~2根4对对绞电缆作为冗余。

B.当未采用SW群(或HUB群)时，每2~4台SW(或HUB)备用1根4对对绞电缆作为冗余。

2. 综合布线系统的建筑群子系统设计

2.1 建筑群子系统应由连接多个建筑物之间的主干电缆和光缆、建筑群配线设备(CD)及设备缆线和跳线组成。

2.2 CD宜安装在进线间或设备间，并可与入口设施或BD合用场地。

2.3 CD配线设备内、外侧的容量应与建筑物内连接BD配线设备的建筑群主干缆线容量及建筑物外部引入的建筑群主干缆线容量相一致。

2.4 确定建筑群子系统缆线的路由、根数及敷设方式。

2.5 确定建筑群干线子系统缆线、公用网和专用网缆线的引入及保护。

1. 电信间主要为楼层安装配线设备（为机柜、机架、机箱等安装方式）和楼层计算机网络设备（HUB或SW）的场地，并可考虑在该场地设置缆线竖井、等电位接地体、电源插座、UPS配电箱等设施。在场地面积满足的情况下，也可设置建筑物如安防、消防、建筑设备监控系统、无线信号覆盖等系统的布缆线槽和功能模块的安装。如果综合布线系统与弱电系统设备合设于同一场地，从建筑的角度出发，称为弱电间。

2. 电信间的使用面积不宜小于5m²，也可根据工程中配线设备和网络设备的容量进行调整。一般情况下，综合布线系统的配线设备和计算机网络设备采用19″标准机柜安装。机柜尺寸通常为600（宽）×800（深）×2000（高），共有42U的安装空间。机柜内可安装光纤连接盘、RJ45（24口）配线模块、多线对卡接模块（100对）、理线架、计算机SW/HUB设备等。如果按建筑物每层电话和数据信息点各为200个考虑配置上述设备，大约需要有2个19″（42U）的机柜空间，以此测算电信间面积至少应为5m²（2.5m×2.0m）。对于涉及布线系统设置内、外网或专用网时，19″机柜应分别设置，并在保持一定间距的情况下预测电信间的面积。

3. 电信间温湿度按配线设备要求提出，如在机柜中安装计算机网络设备（SW/HUB）时环境应满足设备提出的要求，温、湿度的保证措施由空调专业负责解决。

4. 电信间应采用外开丙级防火门，门净宽应大于设备宽度，宽宜为0.7～1.0m。室温应保持在10～35℃，相对湿度宜保持在20%～80%。如果安装信息网络设备时，应符合相应的设计要求。

5. 电信间的数量应按所服务的楼层范围及工作区面积来确定。如果该层信息点数量不大于400个，配线电缆长度在90m范围以内，宜设置1个电信间；当超出这一范围时宜设2个或多个电信间；每层的信息点数量较少，水平缆线长度不大于90m的情况下，宜几个楼层合设一个电信间。

6. 电信间应与强电间分开设置，电信间内或紧邻处应设置缆线竖井。

7. 电信间的设备安装和电源要求，应符合第2－204页第11和第12条的规定。

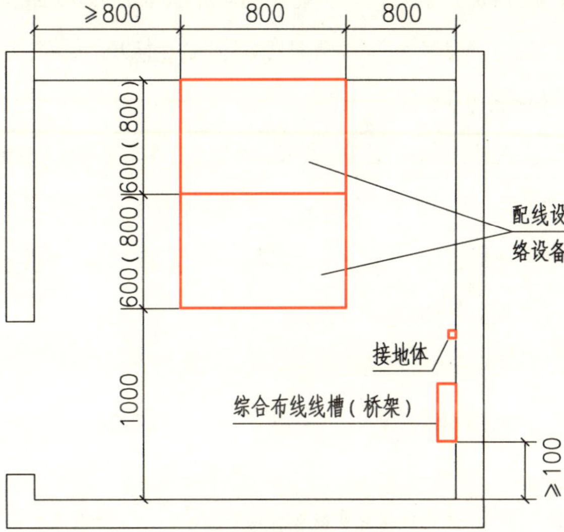

电信间设备布置示意图

注：本图为2个机柜的方案，机柜宽度以600为例。如采用800宽机柜，应相应增加电信间面积。

综合布线	电信间设计	图集号	09X700-2
审核 张宜 校对 孙兰 设计 朱立彤		页	2-203

消防 安防 监控 通信 网络 布线 电视 广播 会议 显示 集成

1. 设备间是在每幢建筑物的适当地点进行网络管理和信息交换的场地。对于综合布线系统工程设计，设备间主要安装建筑物配线设备。电话交换机、计算机网络设备及入口设施也可与配线设备安装在一起。

2. 当信息通信设施与配线设备分别设置时,考虑到设备电缆有长度限制的要求，安装总配线架的设备间与安装电话交换机及计算机主机的设备间宜尽量靠近。

3. 在设备间内安装的BD配线设备干线侧容量应与主干缆线的容量相一致。设备侧的容量应与设备端口容量相一致或与干线侧配线设备容量相同。

4. BD配线设备与电话交换机及计算机网络设备的连接方式亦应符合第2-200页第11条的要求。

5. 设备间位置应根据设备的数量、规模、网络构成等因素综合考虑确定。

6. 每幢建筑物内应至少设置1个设备间，如果电话交换机与计算机网络设备分别安装在不同的场地或根据安全需要，也可设置2个或2个以上设备间，以满足不同业务的设备安装需要。

7. 设备间的设计应符合下列规定：

7.1 设备间宜处于干线子系统的中间位置，并考虑主干缆线的传输距离与数量。

7.2 设备间宜尽可能靠近建筑物线缆竖井位置，有利于主干缆线的引入。

7.3 设备间的位置宜便于设备接地。

7.4 设备间应尽量远离高低压变配电、电机、X射线、无线电发射等有干扰源存在的场地。

7.5 设备间室内温度应保持在10～35℃之间，相对湿度应保持20%～80%，并应有良好的通风。若设备间内安装有程控用户交换机或计算机网络设备时，室内温度和相对湿度应符合相关规定。

7.6 设备间内应有足够的设备安装空间，其使用面积不应小于10m^2，该面积不包括程控用户交换机、计算机网络设备等设施所需的面积在内。

7.7 设备间梁下净高不应小于2.5m，采用外开双扇门，门宽不应小于1.5m。

8. 设备间应防止有害气体（如氯、碳水化合物、硫化氢、氮氧化物、二氧化碳等）侵入，并应有良好的防尘措施。

9. 在地震区的区域内，设备安装应按规定进行抗震加固。

10. 设备安装宜符合下列规定：

10.1 机架或机柜前面的净空不应小于800，后面的净空不应小于600。

10.2 壁挂式配线设备底部离地面的高度不宜小于300。

11. 设备间应提供不少于两个220V带保护接地的单相电源插座，但不作为设备供电电源。

12. 设备间如果安装电信设备或其他信息网络设备时，设备供电应符合相应的设计要求。

13. 上述的安装工艺要求,均以总配线设备所需的环境要求为主,适当考虑安装少量计算机网络等设备，如果与程控电话交换机、计算机网络等设备和配套设备合装在一起，则安装工艺要求应执行相关规范的规定。

1. 进线间是建筑物外部通信和信息管线的入口部位，并可作为入口设施和建筑群配线设备的安装场地。

2. 进线间一个建筑物宜设置1个，一般位于地下层，外线宜从两个不同的路由引入进线间，有利于与外部管道连通。进线间与建筑物红线范围内的人孔或手孔采用管道或通道的方式互连。进线间因涉及因素较多，难以统一提出具体所需面积，可根据建筑物实际情况，并参照通信行业和国家现行标准进行设计。

3. 进线间一般提供给多家电信业务经营者使用，通常设于地下一层。进线间主要作为室外电、光缆引入楼内的成端与分支及光缆的盘长空间位置。对于光缆至大楼（FTTB）、至用户（FTTH）、至桌面（FTTO）的应用及光缆数量日益增多的现状，进线间就显得尤为重要。由于许多的商用建筑物地下一层环境条件已大大改善，也可以安装电、光缆的配线架设备及通信设施。在不具备设置单独进线间或入楼缆线数量及入口设施容量较小时，建筑物也可在入口处采用地沟或设置较小的空间完成缆线的成端与盘长，入口设施则可安装在设备间，但宜设置单独的场地，以便功能分区。

4. 建筑群主干电缆和光缆、公用网和专用网电缆、光缆及天线馈线等室外缆线进入建筑物时，应在进线间成端转换成室内电缆、光缆，并在缆线的终端处可由多家电信业务经营者设置入口设施，入口设施中的配线设备应按引入的电、光缆容量配置。

5. 电信业务经营者在进线间设置的入口配线设备应与BD或CD之间敷设相应的连接缆线，实现路由互通。缆线类型与容量应与配线设备相一致。

6. 在进线间缆线入口处的管孔数量应满足建筑物之间、外部接入业务及多家电信业务经营者缆线接入的需求，并应留有2～4孔的余量。

7. 进线间应设置管道入口。

8. 进线间应满足缆线的敷设路由、成端位置及数量、光缆的盘长空间和缆线的弯曲半径、充气维护设备、配线设备安装所需要的场地空间和面积。

9. 进线间的大小应按进线间的进线管道最终容量及入口设施的最终容量设计。同时应考虑满足多家电信业务经营者安装入口设施等设备的面积。

10. 进线间宜靠近外墙和在地下设置，以便于缆线引入。进线间设计应符合下列规定：

10.1 进线间应采用相应防火级别的防火门，门向外开，宽度不小于1000。

10.2 进线间应防止渗水，宜设有抽排水装置。

10.3 进线间应与布线系统垂直竖井连通。

10.4 进线间应设置防有害气体设施和通风装置，排风量按换气次数不少于5次/h确定。

11. 与进线间无关的管道不宜通过。

12. 进线间入口管道口所有布放缆线和空闲的管孔应采取防火材料封堵，做好防水处理。

1. 管理应对设备间、电信间、进线间和工作区的配线设备、缆线、信息点等设施按一定的模式进行标识和记录。内容包括：管理方式、标识、色标、连接等。这些内容的实施，将给今后维护和管理带来很大的方便，有利于提高管理水平和工作效率。特别是较为复杂的综合布线系统如果采用计算机进行管理，其效果将十分明显。目前，市场上已有商用的管理软件可供使用者选用。综合布线的各种配线设备，应用色标区分干线电缆、配线电缆或设备端点，同时，还应采用标签表明端接区域、物理位置、编号、容量、规格等，以便维护人员在现场一目了然地加以识别。管理宜符合下列规定：

1.1 综合布线系统工程宜采用计算机进行文档记录与保存，简单且规模较小的综合布线系统工程可按图纸资料等纸质文档进行管理，并做到记录准确、及时更新、便于查阅；文档资料应实现汉字化。

1.2 综合布线的每一电缆、光缆、配线设备、端接点、接地装置、敷设管线等组成部分均应给定唯一的标识符，并设置标签。标识符应采用相同数量的字母和数字等标明。

1.3 电缆和光缆的两端均应标明相同的标识符。

1.4 设备间、电信间、进线间的配线设备宜采用统一的色标区别各类业务与用途的配线区。

2. 所有标签应保持清晰，并满足使用环境要求。

2.1 综合布线系统使用的标签可采用粘贴型和插入型。

2.2 电缆和光缆的两端应采用不易脱落和磨损的不干胶条标明相同的编号。

3. 在每个配线区实现线路管理的方式是在各色标区域之间按应用的要求，采用跳线连接。色标用来区分配线设备的性质，分别由按性质划分的配线模块组成，且按垂直或水平结构进行排列。

4. 对于规模较大的布线系统工程，为提高布线工程维护水平与网络安全，宜采用电子配线设备对信息点或配线设备进行管理，以显示与记录配线设备的连接、使用及变更状况。

5. 电子配线设备目前应用的技术有多种，在工程设计中应考虑到电子配线设备的功能、管理范围、组网方式、管理软件、工程投资等，合理地加以选用。

6. 综合布线系统相关设施的工作状态信息应包括：设备和缆线的用途、使用部门、组成局域网的拓扑结构、传输信息速率、终端设备配置状况、占用器件编号、色标、链路与信道的功能和各项主要指标参数及完好状况、故障记录等，还应包括设备位置和缆线走向等内容。

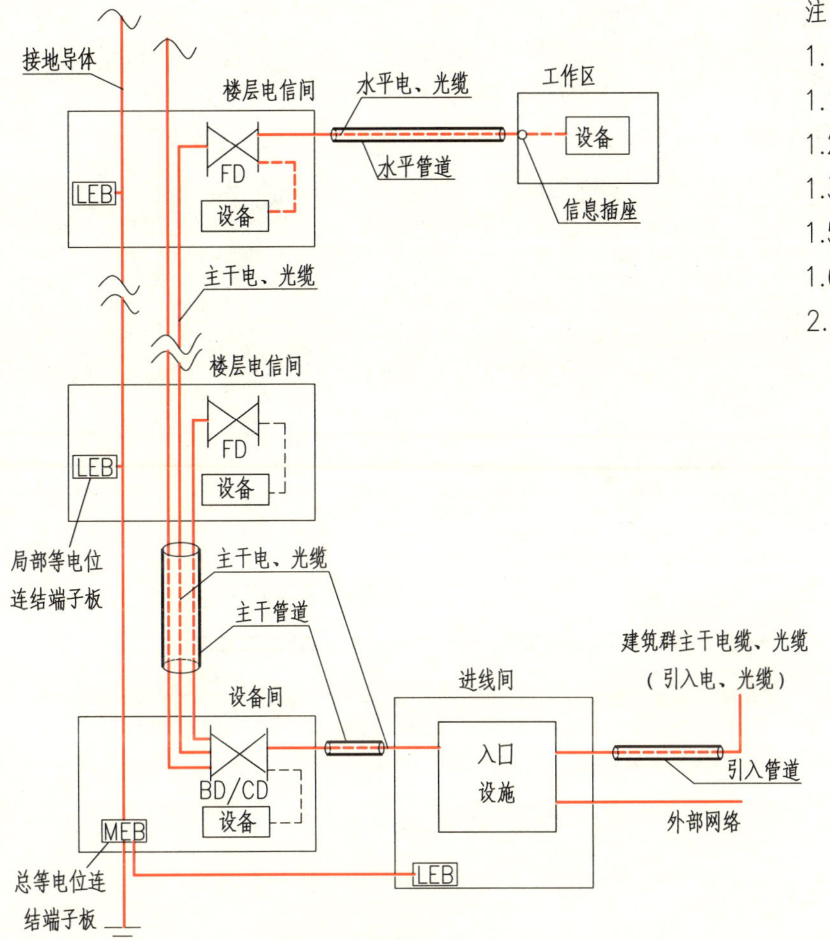

建筑物外路径与布线

综合布线管理范围示意图

注：

1. 综合布线管理的范围如下：

1.1 位于工作区、电信间、设备间、进线间和引入设施的配线部件；

1.2 线缆和配线设备；

1.3 管道及路由；

1.5 接地及连接导体；

1.6 图纸和竣工资料等。

2. 用于管理的标识符由字符串和数字两部分组成，一般格式如下：

CC×××—建筑群主干电缆	BG×××—主干管道（槽）
CO×××—建筑群主干光缆	FG×××—水平管道（槽）
RD×××—入口设施	JX×××—进线间
RC×××—引入电缆	DJ×××—电信间
RO×××—引入光缆	SJ×××—设备间
BD×××—主干配线设备	GQ×××—工作区
BC×××—主干电缆	MEB—总等电位连结端子板
BO×××—主干光缆	LEB—局部等电位连结端子板
FD×××—水平配线设备	MBC—接地连接导体
FC×××—水平电缆	RK—人手孔（局前）
FO×××—水平光缆	SH—接线盒（室外）
CT×××—电缆跳线	SG—室外配线管道
OT×××—光缆跳线	SC—室外电缆
TO×××—信息插座	SO—室外光缆
RG×××—引入管道	

3. 上述标识符仅作为参考，在具体的系统设计和管理中，可自行设计或增加所需的标识符，但对同样类型的布线设施及记录应保持标识符的唯一性。

综合布线	综合布线的管理范围与标识符	图集号	09X700-2
审核 张宜 校对 孙兰 设计 曾松鸣		页	2-207

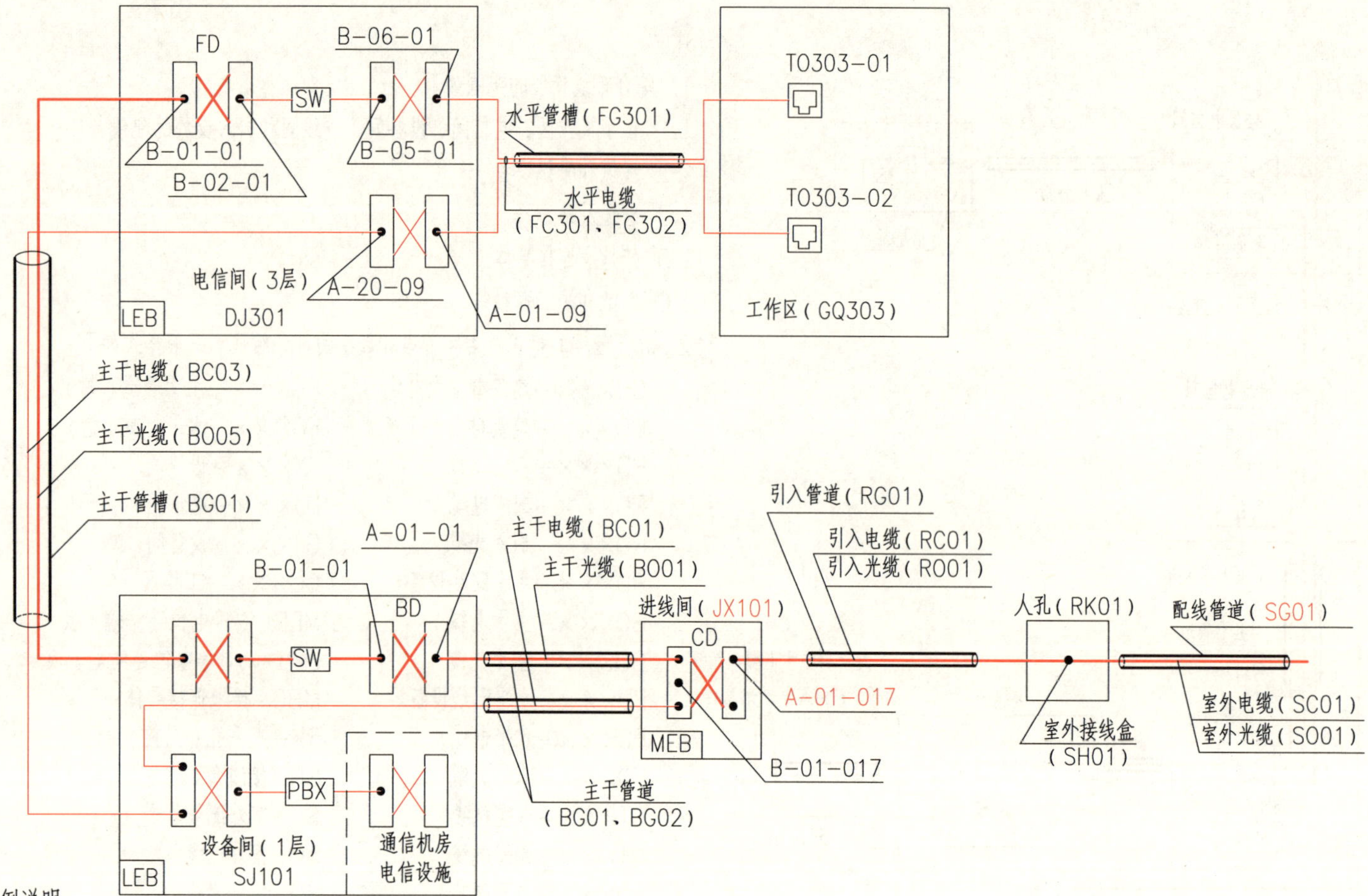

标示符举例说明：

1. SG01表示室外配线管道1号管孔。
2. JX101表示本层的101房间为进线间。
3. A-01-017表示配线模块与缆线终接位置为A机柜-01号机架-第17号模块。

综合布线	管理标识符应用举例	图集号	09X700-2
审核 孙兰	校对 汪浩	设计 张宜	页 2-208

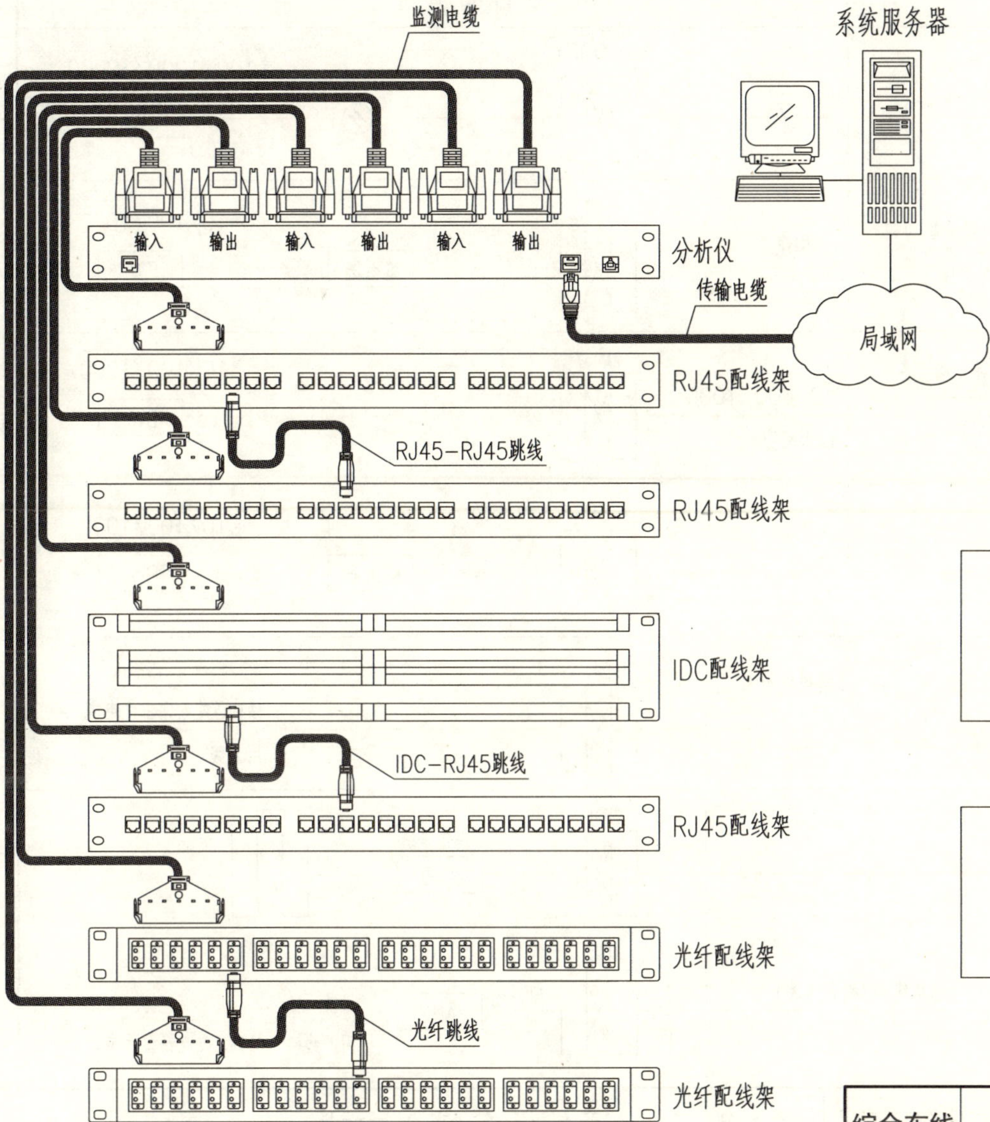

基本工作原理：

1.系统分析仪可实时发现端口的连接或断开，并且传送端口信息到数据库软件中。当一条跳线插入或拔出端口时，系统检测链路可立即通知数据库软件更新这个变化。可提供网络管理员对整个企业范围内的多站点网络的管理，可从硬件层获知网络状况的详细信息，从而节省大量的宝贵时间。任何连接上的变化都能被监测到，并且验证是否是许可行为，如果是未许可的就进行报警。

2.分析仪：通过输入/输出电缆把传感器（配线架）与分析仪连接起来，跟踪传感器之间的连接变化（开路或闭路），并与系统软件数据库交换数据。

3.配线架：集成传感器的配线架。

4.跳线：RJ45-RJ45跳线为带有第九针的线缆，IDC-RJ45、光纤跳线为带有第三针的线缆，在智能配线架端口之间建立连接，该针可以监视开路和闭路。

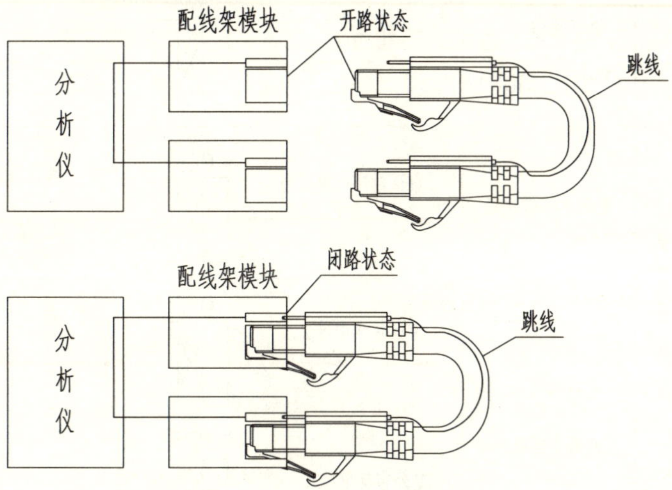

分析仪、配线架、跳线连接状态

综合布线	电子配线设备					图集号	09X700-2
审核	张宜	校对	孙兰	设计	朱立彤	页	2-209

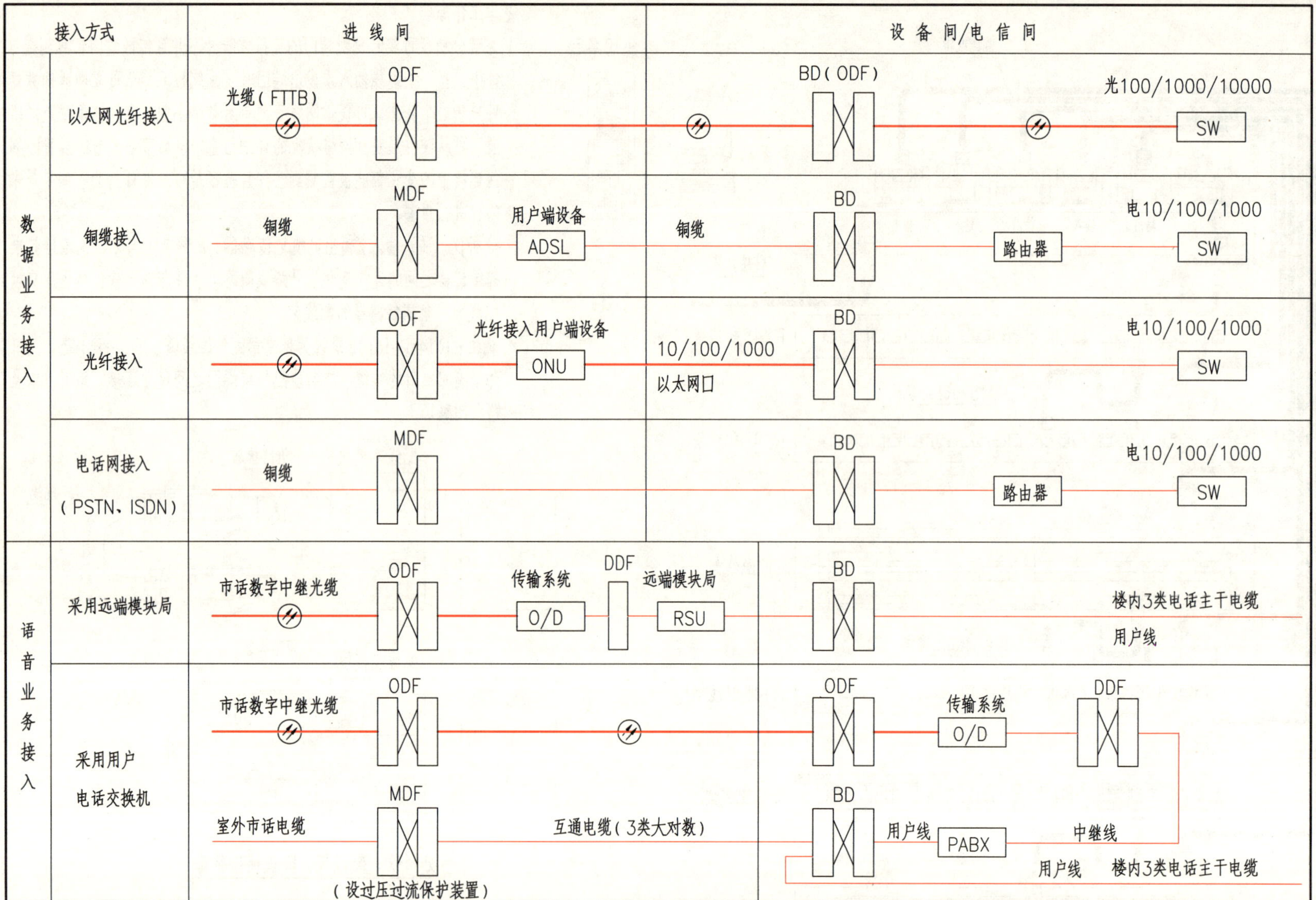

注：1. 入楼管线及进线间的安装场地应考虑支持2～3个电信运营商通信设备安装空间。
2. 进线间、设备间应考虑电源、空调、环境等配套设备及占用面积。

综合布线	通信业务接入方式	图集号	09X700-2
审核 张宜	校对 孙兰 设计 朱立彤	页	2-210

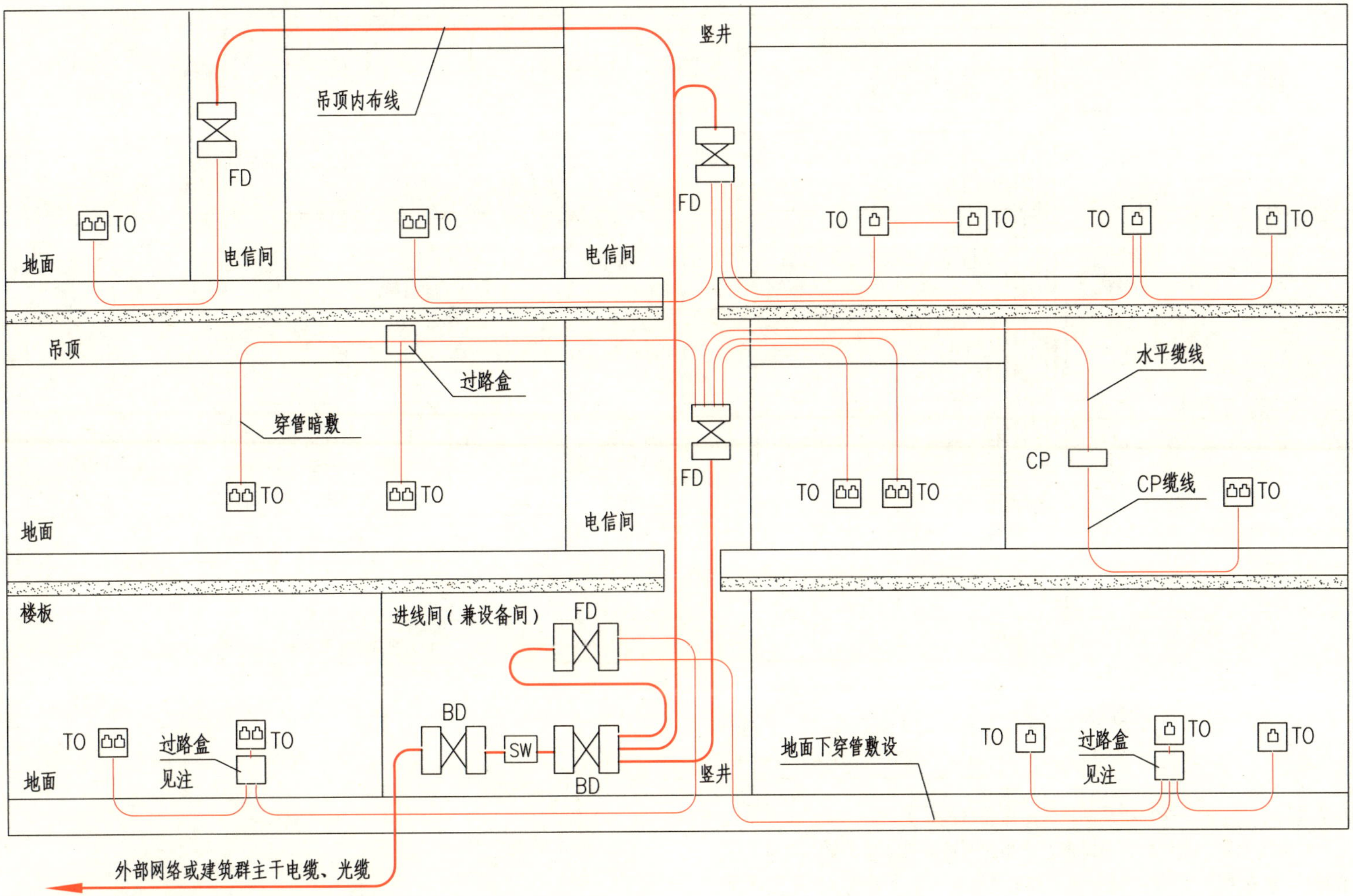

注：1.应根据缆线种类、布线长度及拐弯情况设置过路盒(过线盒)。

2.局域网以太网交换机光端口直接通过建筑群主干光缆连至建筑群骨干以太交换机或CD后与公用网互通。

综合布线	建筑物内布线路由示意图					图集号	09X700-2
审核 张宜	[签名]	校对 孙兰	[签名]	设计 朱立彤	[签名]	页	2-211

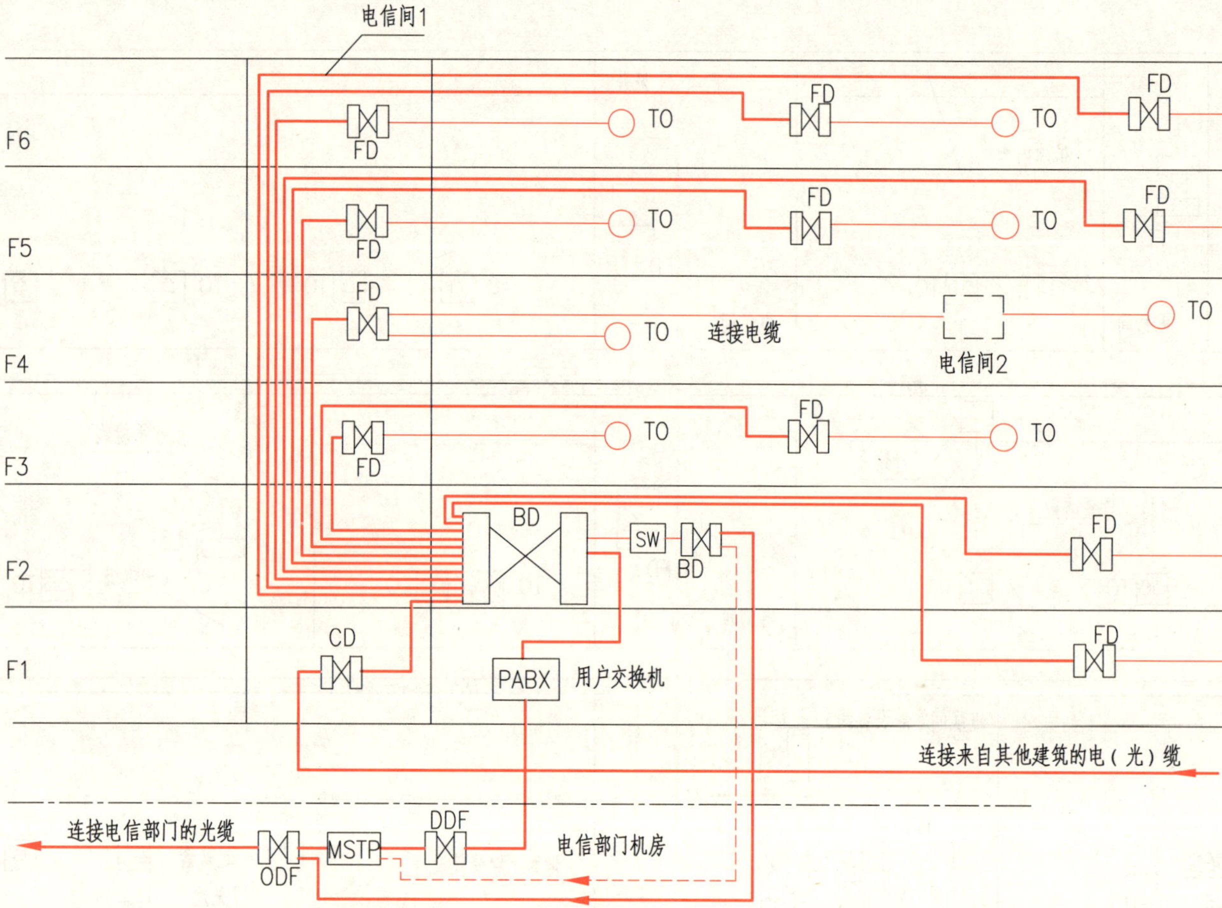

注：

1. 本方案适用于大空间、平面不规则建筑的综合布线系统。
2. 数据干线采用光缆。光纤的传输距离与应用的网络有关，参见第2-221页。
3. 电信间1为垂直通道，上下要求一致。楼板预留孔洞上下贯通，参见5-5页。
4. 电信间2的面积、位置、数量由工程设计确定。
5. 电信部门机房与BD在同一建筑物内，业务交接在电信部门机房配线设备处完成。
6. 如果本楼以太交换机经电信部门传输系统（MSTP）提供的10/100M接口接入互联网时，配线路由如虚线所示。

综合布线	单垂直通道综合布线系统方案	图集号	09X700-2
审核 张宜	校对 朱立彤 设计 孙兰	页	2-212

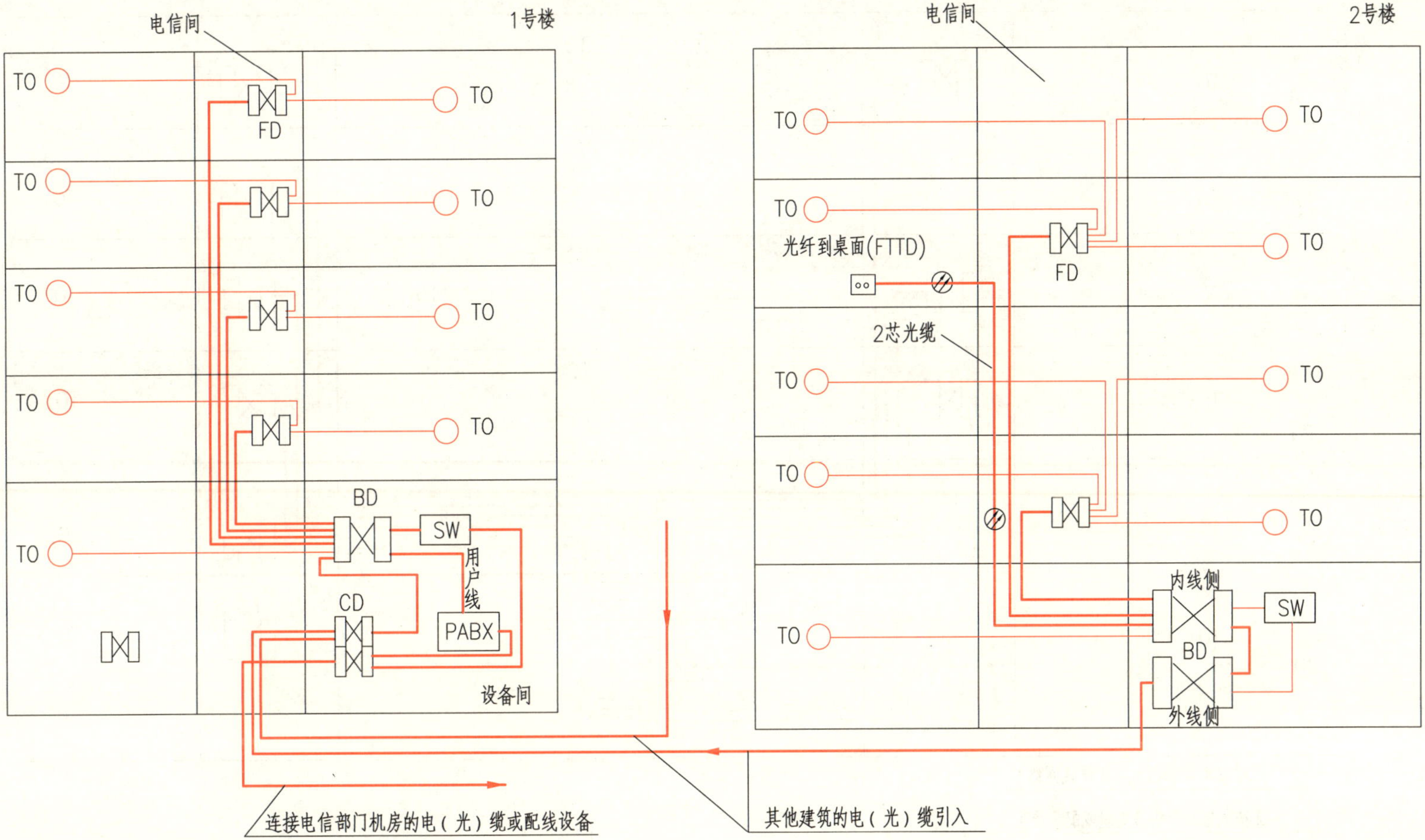

注：

1. 本方案适用于塔楼建筑及建筑群的综合布线。
2. 1号楼进线间、设备间合用，2号楼进线间、设备间、电信间合用。设备间平面布置可参见第3-39、3-40页。
3. 信息点TO较多可采用1号楼每层设楼层配线架FD的方案，信息点TO较少可采用2号楼多层设楼层配线架FD的方案。
4. 当BD至TO的缆线及FD的跳线长度之和大于90m时，需在FD处设网络交换机。

综合布线	单垂直通道综合布线系统	图集号	09X700-2
审核 张宜 校对 朱立彤 设计 孙兰		页	2-213

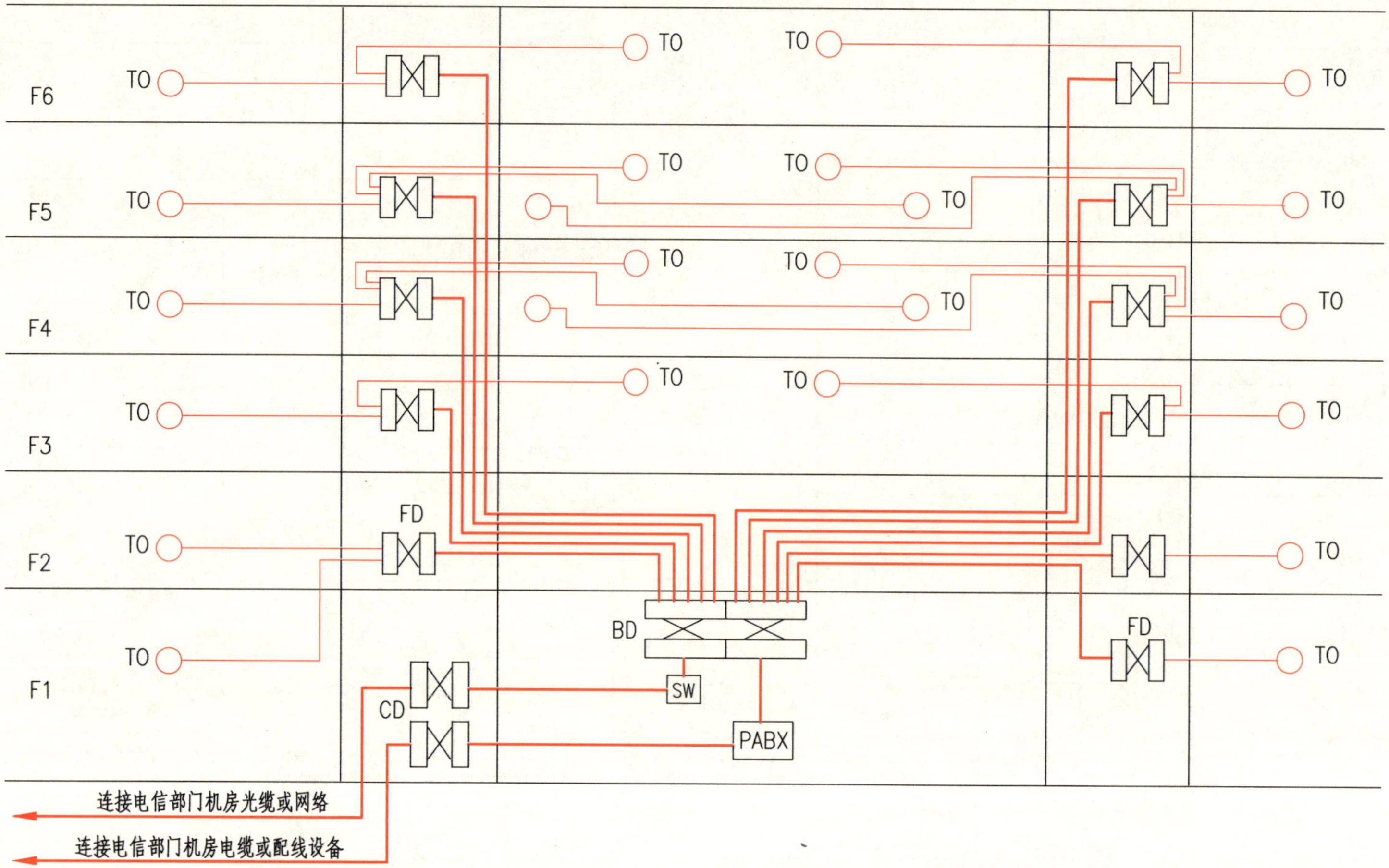

注：

1. 本方案适用于大空间或安全可靠性要求较高建筑的综合布线系统。
2. 计算机机房单设。
3. 在安全可靠性要求较高的工作区，信息点TO应双重设置，分别连接到两处不同的楼层配线架FD。
4. 当BD至TO的缆线及FD的跳线长度之和大于90m时，需在FD处设网络交换机。

综合布线	双垂直通道综合布线系统方案					图集号	09X700-2
审核 张 宜	[签名]	校对 朱立彤	[签名]	设计 孙 兰	[签名]	页	2-214

开放型办公室布线系统设计

适用场所	设计方式
对于办公楼、综合楼等商用建筑物或公共区域大开间的场地，由于其使用对象数量的不确定性和流动性等因素，宜按开放办公室综合布线系统要求进行设计。	采用多用户信息插座时，每一个多用户插座包括适当的备用量在内，宜能支持12个工作区所需的8位模块通用插座；各段缆线长度可按下表选用，也可按下式计算。
	采用集合点时，集合点配线设备与FD之间水平线缆的长度应大于15m。集合点配线设备容量宜以满足12个工作区信息点需求设置。同一个水平电缆路由不允许超过一个集合点（CP）；从集合点引出的CP线缆应终接于工作区的信息插座或多用户信息插座上。

采用多用户信息插座时各段缆线长度限值

电缆型号 / 水平电缆长度	24AWG UTP、F/UTP电缆		26AWG F/UTP电缆	
H(m)	Z(m)	C(m)	Z(m)	C(m)
90	5	10	4	8
85	9	14	7	11
80	13	18	11	15
75	17	22	14	18
70	22	27	17	21

采用多用户信息插座时各段缆线长度的计算

计算公式	公式中字母	字母的含义	备注
C=(102−H)/(1+D) Z=C−T，且： Z≤22m（对于24AWG）； Z≤17m（对于26AWG）	C	工作区电缆、电信间跳线和设备电缆的长度之和	对于24AWG(0.5/mm)的非屏蔽和屏蔽布线系统，D为0.2；对于26AWG(0.4/mm)的屏蔽布线系统，D为0.5。
	T	电信间跳线和设备电缆的总长度	
	Z	工作区电缆的最大长度	
	H	水平电缆的长度（H+C≤100m）	

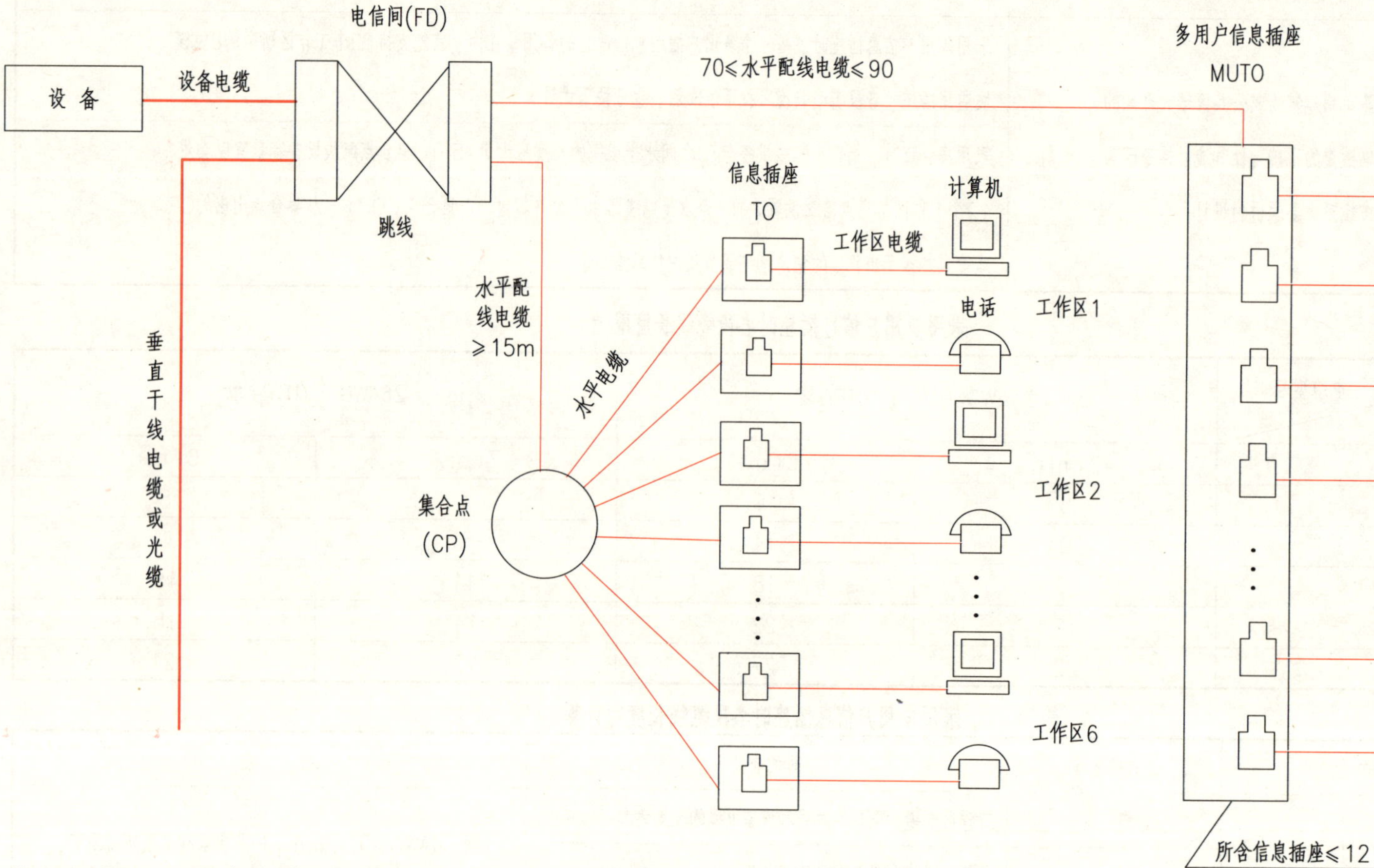

注:1.CP或MUTO设置在开放办公室的适当位置(如吊顶内或架空地板下),但配线箱体宜加固在承重墙或柱子上。CP至TO或MUTO至终端的电缆可暂不布放,待布置办公桌时继续布线。

2.FD至CP或MUTO的水平配线电缆宜采用4对对绞电缆。如采用大对数电缆,应注意各项功率和的指标能否符合标准。

综合布线	开放型办公室布线方案	图集号	09X700-2
审核 张宜 校对 朱立彤 设计 孙兰		页	2-216

1. 工业级布线系统应能支持语音、数据、图像、视频、控制等信息的传递，并能应用于高温、潮湿、电磁干扰、撞击、振动、腐蚀气体、灰尘等恶劣环境中。

2. 工业布线应用于工业环境中具有良好环境条件的办公区或控制室和生产区之间的交界场所或生产区的信息点，工业级连接器件也可应用于室外环境中。

3. 在工业设备较为集中的区域应设置现场配线设备。

4. 工业级布线系统宜采用星形网络拓扑结构。

5. 工业级配线设备应根据环境条件确定IP的防护等级。

6. 工业级布线系统产品选用应符合IP标准所提出的保护要求，国际防护（IP）定级如下表所示。

国际防护（IP）定级

级别编号	IP编号定义（二位数）				级别编号
	保护级别		保护级别		
0	没有保护	对于意外接触没有保护，对异物没有防护	对水没有防护	没有防护	0
1	防护大颗粒异物	防止大面积人手接触，防护直径大于50的大固体颗粒	防护垂直下降水滴	防水滴	1
2	防护中等颗粒异物	防止手指接触，防护直径大于12的中固体颗粒	防止水滴溅射进入（最大15°）	防水滴	2
3	防护小颗粒异物	防止工具、导线或类似物体接触，防护直径大于2.5的小固体颗粒	防止水滴（最大60°）	防喷溅	3
4	防护谷粒状异物	防护直径大于1的小固体颗粒	防护全方位、泼溅水，允许有限进入	防喷溅	4
5	防护灰尘积垢	有限地防止灰尘	防护全方位、泼溅水（来自喷嘴），允许有限进入	防浇水	5
6	防护灰尘吸入	完全阻止灰尘进入，防护灰尘渗透	防护高压喷射或大浪进入，允许有限进入	防水淹	6
—	—	—	可短时间沉浸在水下0.15~1m深度	防水浸	7
—	—	—	可长期沉浸在压力较大的水下	密封防水	8

注：1. 2位数用来区别防护等级，第1位针对固体物质，第2位针对液体。

2. 如IP67级别就等同于防护灰尘吸入和可沉浸在水下0.15~1m深度。

综合布线	工业级布线系统	图集号	09X700-2
审核 张宜 校对 孙兰 设计 朱立彤		页	2-217

消防
安防
监控
通信
网络
布线
电视
广播
会议
显示
集成

综合布线系统配线模块产品选用表

类别	产品类型		配线设备安装场地和连接缆线类型			
	配线设备类型	容量及规格	CP（集合点）	FD（电信间）	BD（设备间）	CD（设备间/进线间）
电缆配线设备	大对数卡接模块	采用4对卡接模块	4对水平电缆/4对CP电缆	4对水平电缆/4对主干电缆	4对主干电缆	4对主干电缆
		采用5对卡接模块	—	大对数主干电缆	大对数主干电缆	大对数主干电缆
	25对卡接模块	25对	4对水平电缆/4对CP电缆	4对水平电缆/4对主干电缆/大对数主干电缆	4对主干电缆/大对数主干电缆	4对主干电缆/大对数主干电缆
	回线型卡接模块	8回线	4对水平电缆/4对CP电缆	4对水平电缆/4对主干电缆	大对数主干电缆	大对数主干电缆
		10回线	—	大对数主干电缆	大对数主干电缆	大对数主干电缆
	RJ45配线模块	一般为24口或48口	4对水平电缆/4对CP电缆	4对水平电缆/4对主干电缆	4对主干电缆	4对主干电缆
光缆配线设备	ST光纤连接盘	单工/双工，一般为24口	水平光缆/CP光缆	水平光缆/主干光缆	主干光缆	主干光缆
	SC光纤连接盘	单工/双工，一般为24口	水平光缆/CP光缆	水平光缆/主干光缆	主干光缆	主干光缆
	SFF小型光纤连接盘	单工/双工，一般为24口、或48口	水平光缆/CP光缆	水平光缆/主干光缆	主干光缆	主干光缆

注：SFF小型光纤连接器可以为LC、MT-RJ、VF-45、MU和FJ等。

综合布线	配线模块选用	图集号	09X700-2
审核 张宜 校对 孙兰 设计 朱立彤		页	2-218

综合布线系统配线模块与缆线的连接及配置

配线设备	连接与配置要求	
FD、BD、CD	连至电信间的每1根水平电缆/光缆应终接相应的配线模块，配线模块的配置与缆线容量相适应。	多线对端子配线模块可以选用4对或5对卡接模块，每个卡接模块应卡接1根4对对绞电缆。一般100对卡接端子容量的模块可卡接24根（采用4对卡接模块）或卡接20根（采用5对卡接模块）4对对绞电缆。
		25对端子配线模块可卡接1根25对大对数电缆或6根4对对绞电缆。
		RJ45配线模块（由24或48个8位模块通用插座组成）每1个RJ45插座应可卡接1根4对对绞电缆。
		光纤连接器件每个单工端口应支持1芯光纤的连接，双工端口则支持2芯光纤的连接。
	电信间FD主干侧各类配线模块和主干缆线应按照电话、计算机等网络的构成及配线模块与主干电缆/光缆的所需容量要求及规格进行配置。	对语音业务，大对数主干电缆的对数应按每一个电话8位模块通用插座配置1对线，并在总需求线对的基础上至少预留约10%的备用线对。如语音信息点（8位模块）连接ISDN用户终端设备，并采用S接口（4线接口）时，相应的主干电缆应按2对线配置。
		对于数据业务应以集线器（HUB）或交换机（SW）群（按4个HUB或SW组成一群）；或以每个HUB或SW设备设置1个主干端口配置。每1群网络设备或每4个网络设备宜考虑1个备份端口。主干端口为电接口时，应按4对线容量，为光端口时则按2芯光纤容量配置。
		当工作区至电信间的水平光缆延伸至设备间的光配线设备（BD/CD）时，主干光缆的容量应包括所延伸的水平光缆光纤的容量在内。
	设备间BD（CD）、电信间FD采用的设备缆线和各类跳线应以通信设施和计算机网络设备的端口容量或按信息点的比例进行配置。	电话跳线宜按每根1对或2对对绞电缆容量配置，跳线两端连接插头采用IDC、RJ45型。
		数据跳线应按每根4对对绞电缆容量配置，跳线两端连接插头采用IDC或RJ45型卡接。
		光纤跳线应按每根1芯或2芯光纤配置，光纤跳线连接器件插头采用ST、SC或SFF型。
		采用的设备缆线和各类跳线宜按计算机网络设备的使用端口容量和电话交换机的实装容量、业务的实际需求或信息点总数的比例进行配置，比例范围为25%～50%。

19″机柜外形尺寸

规格	外形尺寸		
	宽(mm)	厚(mm)	高(mm)
15U	600	600、800	800
	800	800	
20U	600	600、800	1100
	800	800	
27U	600	600、800	1400
	800	800	
30U	600	600、800	1550
	800	800	
32U	600	600、800	1600
	800	800	
37U	600	600、800	1800
	800	800	
42U	600	600、800	2000
	800	800	

19″机箱外形尺寸

规格	外形尺寸		
	宽(mm)	厚(mm)	高(mm)
6U	600	450	350
9U	600	450	500
12U	600	450	650
15U	600	450	800
18U	600	450	1000
22U	600	450	1200
27U	600	450	1400

100M、1G 以太网中光纤的应用传输距离

光纤类型	应用网络	光纤直径(μm)	波长(nm)	带宽(MHz)	应用距离(m)
—	100BASE-FX	—	—	—	2000
多模	1000BASE-SX	62.5	850	160	220
	1000BASE-LX			200	275
				500	550
	1000BASE-SX	50	850	400	500
				500	550
	1000BASE-LX		1300	400	550
				500	550
单模	1000BASE-LX	<10	1310	—	5000

注：上述数据可参见IEEE802.3-2002。

10G以太网中光纤的应用传输距离

光纤类型	应用网络	光纤直径(μm)	波长(nm)	模式带宽(MHz·km)	应用距离(m)
多模	10GBASE-S	62.5	850	160/150	26
				200/500	33
				400/400	66
		50		500/500	82
				2000/-	300
	10GBASE-LX4	62.5	1300	500/500	300
		50		400/400	240
				500/500	300
单模	10GBASE-L	<10	1310	—	10000
	10GBASE-E		1550	—	3000~4000
	10GBASE-LX4		1300	—	10000

注：上述数据可参见IEEE802.3ac-2002。

综合布线	机柜外形尺寸、光纤传输距离	图集号	09X700-2
审核 张宜 校对 孙兰 设计 朱立彤		页	2-220

综合布线电缆与电力电缆的间距

类　别	与综合布线接近状况	最小净距(mm)
380V电力电缆<2kV·A	与缆线平行敷设	130
	有一方在接地的金属线槽或钢管中	70
	双方都在接地的金属线槽或钢管中	10
380V电力电缆2~5kV·A	与缆线平行敷设	300
	有一方在接地的金属线槽或钢管中	150
	双方都在接地的金属线槽或钢管中	80
380V电力电缆>5kV·A	与缆线平行敷设	600
	有一方在接地的金属线槽或钢管中	300
	双方都在接地的金属线槽或钢管中	150

注：1. 当380V电力电缆<2kV·A，双方都在接地的线槽中，且平行长度≤10m时，最小间距可以是10。

2. 电话用户存在振铃电流时，不能与计算机网络在同一根对绞电缆中一起应用。

3. 双方都在接地的线槽中，系指两根不同的线槽，也可在同一线槽中用金属板隔开。

墙上敷设的综合布线电缆、光缆及管线与其他管线的间距

其他管线	最小平行间距(mm)	最小交叉间距(mm)
避雷引下线	1000	300
保护地线	50	20
给水管	150	20
压缩空气管	150	20
热力管(不包封)	500	500
热力管(包封)	300	300
燃气管	300	20

注：如墙壁电缆敷设高度超过6000时，与避雷引下线的交叉间距应按下式计算：

$$S \geqslant 0.05L$$

式中：S— 交叉间距(mm)；

L—交叉处避雷引下线距地面的高度(mm)。

综合布线电缆与电气设备的最小间距

名　称	最小间距(m)	名　称	最小间距(m)
配 电 箱	1	电梯机房	2
变 电 室	2	空调机房	2

接地导线选择表

名　称	楼层配线架设备至大楼总接地体的距离	
	30m	100m
信息点的数量(个)	75	>75，450
选用绝缘铜导线的截面(mm^2)	6~16	16~50

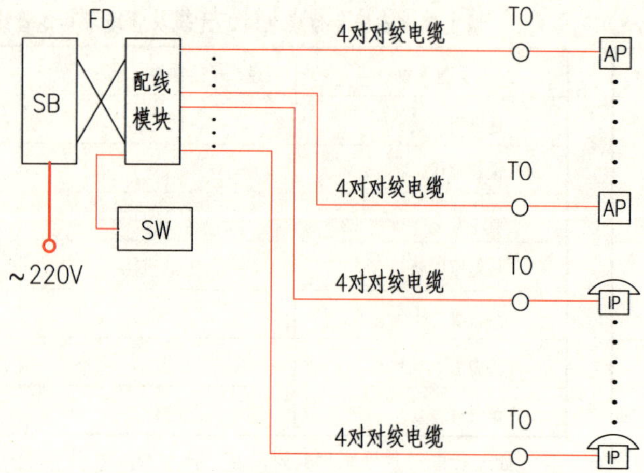

供电方式Ⅰ

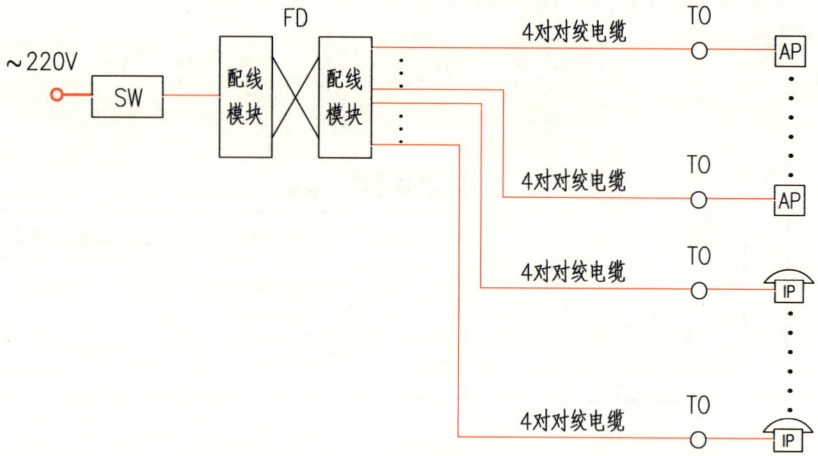

供电方式Ⅱ

注：1. 供电方式Ⅰ：

1）以太网在线供电（PoE）采用由模块配线架式的供电设备SB，通过非数据线对4和5、7和8向受电设备提供电源。

2）模块配线架式的供电设备SB应兼容IEEE 802.3af标准（PoE 协议），应满足网络交换机的协议，应

受电设备不间断

地提供要求的电源，受电设备有情况立即断电，当受电设备断开后停止供电。

2. 供电方式Ⅱ：以太网在线供电（PoE）采用由具有供电功能的以太网交换机SW，通过叠加在数据传输线对1和2、3和6向受电设备提供电源。或1、2/3、6信

3. 以太网在线供电（PoE）的对象，包括无线接入点、网络电话等。

4. 在各种温度条件下，布线系统D、E、F级信道线对每

5. 在各种温度条件下，布线系统D、E、

功率应为15.4W，末端为13W受电设备。

综合布线	综合布线支持以太网在线供电（PoE）					图集号	09X700-2
审核	张宜	校对	孙兰	设计	朱立彤	页	2-222

1.综合布线电缆与附近可能产生高电平电磁干扰的电动机、电力变压器、射频应用设备等电器设备之间应保持必要的间距。

2.综合布线系统应根据环境条件选用相应的缆线和配线设备，或采取防护措施，并应符合下列规定：

2.1当综合布线区域内存在的电磁干扰场强低于3V/m时，宜采用非屏蔽电缆和非屏蔽配线设备。

2.2当综合布线区域内存在的电磁干扰场强高于3V/m时，或用户对电磁兼容性有较高要求时，可采用屏蔽布线系统和光缆布线系统。

2.3当综合布线路由上存在干扰源，且不能满足最小净距要求时，宜采用金属管线进行屏蔽，或采用屏蔽布线系统及光缆布线系统。

3.在电信间、设备间及进线间应设置楼层或局部等电位接地端子板。

4.综合布线系统应采用共用接地的接地系统，如单独设置接地体时，接地电阻不应大于4Ω。如布线系统的接地系统中存在两个不同的接地体时，其接地电位差不应大于1Vr.m.s。

5.楼层安装的各个配线柜（架、箱）应采用适当截面的绝缘铜导线单独布线至就近的等电位接地装置，铜导线的截面应符合设计要求。

6.屏蔽电缆屏蔽层在FD与屏蔽RJ45终接后应通过机柜做等电位连接，并接地。

7.综合布线的电缆采用金属线槽或钢管敷设时，线槽或钢管应保持连续的电气连接，并应有不少于两点的良好接地。

8.当缆线从建筑物外面进入建筑物时，电缆、光缆的金属护套或金属件应在入口处就近与等电位接地端子板连接。

9.当电缆从建筑物外面进入建筑物时，应选用适配的信号线路浪涌保护器，保护装置应符合设计要求。

10.综合布线系统选择缆线和配线设备时，应根据用户要求,并结合建筑物的环境状况进行考虑。

当建筑物在建或已建成但尚未投入运行时，为确定综合布线系统的选型，应测定建筑物周围环境的干扰场强度。

光缆布线具有最佳的防电磁干扰性能，既能防电磁泄漏，也不受外界电磁干扰影响，在电磁干扰较严重的情况下，是比较理想的防电磁干扰布线系统。

如果局部地段与电力线等平行敷设，或接近电动机、电力变压器等干扰源，且不能满足最小净距要求时，可采用钢管或金属线槽等局部措施加以屏蔽处理。

11.对于屏蔽布线系统的接地做法，一般在配线设备（FD、BD、CD）的安装机柜（机架）内设有接地端子，接地端子与屏蔽模块的屏蔽罩相连通，机柜（机架）接地端子则经过接地导体连至大楼等电位接地体。为了保证全程屏蔽效果，终端设备的屏蔽金属罩可通过相应的方式与TN-S系统的PE线接地，但PE地不属于综合布线系统接地的设计范围。

12.随着各种类型的电子信息系统在建筑物内的大量设置，各种干扰源将会影响到综合布线电缆的传输质量与安全。常见的射频应用设备又称为ISM设备，我国目前常用的ISM设备主要有15种。

综合布线	综合布线的电气防护及接地					图集号	09X700-2
审核 张 宜		校对 孙 兰		设计 朱立彤		页	2-223

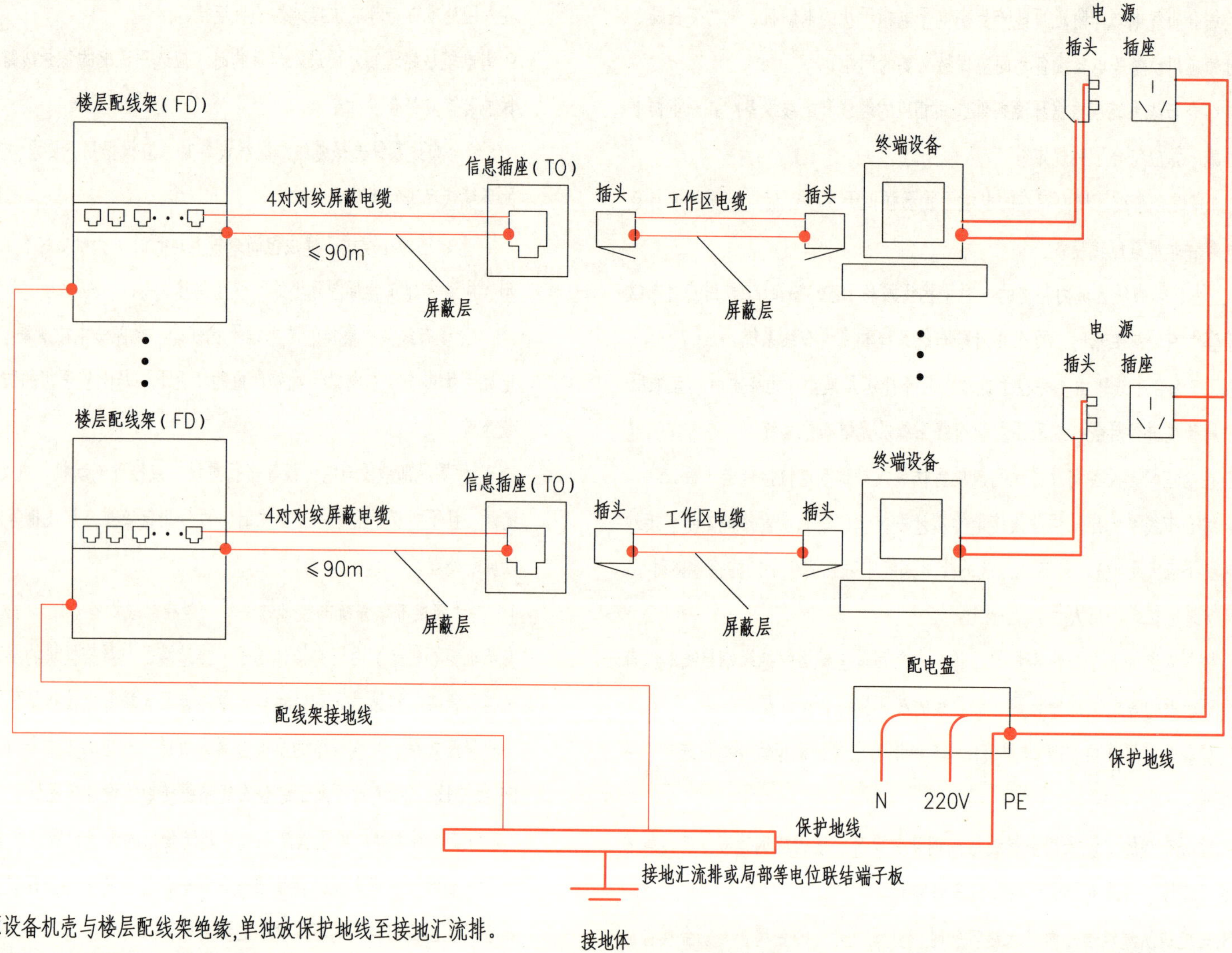

注：1．有源设备机壳与楼层配线架绝缘，单独放保护地线至接地汇流排。

2．终端设备的屏蔽壳利用电源保护地线引至接地体。

综合布线	屏蔽式综合布线接地示意图	图集号	09X700-2
审核 张宜 校对 孙兰 设计 朱立彤		页	2-224

1. 根据建筑物的防火等级和对材料的耐火要求，综合布线系统的缆线选用和布放方式及安装的场地应采取相应的措施。

2. 综合布线工程设计选用的电缆、光缆应从建筑物的高度、面积、功能、重要性等方面加以综合考虑，选用相应等级的防火缆线。

3. 对于防火缆线的应用分级，北美、欧洲及国际的相应标准中主要以缆线受火的燃烧程度及着火以后，火焰在缆线上蔓延的距离、燃烧的时间、热量与烟雾的释放、释放气体的毒性等指标，并通过实验室模拟缆线燃烧的现场状况实测取得。下面3个表分别列出缆线防火等级与测试标准，仅供参考。

通信缆线国际测试标准

IEC标准（自高向低排列）	
测试标准	缆线分级
IEC60332-3C －	－
IEC60332-1	－

注：参考现行IEC标准。

通信电缆欧洲测试标准及分级表

欧盟标准（草案）（自高向低排列）	
测试标准	缆线分级
prEN50399-2-2 和EN 50265-2-1	B1
prEN50399-2-1 和EN 50265-2-1	B2
	C
	D
EN50265-2-1	E

注：欧盟EU CPD草案。

通信缆线北美测试标准及分级表

测试标准	NEC标准（自高向低排列）	
	电缆分级	光缆分级
UL910 （NFPA262）	CMP （阻燃级）	OFNP或OFCP
UL1666	CMR （主干级）	OFNR或OFCR
UL1581	CM、CMG （通用级）	OFN（G）或OFC（G）
VW-1	CMX （住宅级）	

注：参考现行NEC2002版。

对欧洲、美洲、国际的缆线测试标准进行同等比较以后，建筑物的缆线在不同的场合与安装敷设时，建议选用相应防火等级的缆线，并按以下几种情况分别列出：

3.1采用敞开方式敷设缆线时，可选用CMP级（光缆为OFNP或OFCP）或B1级。

3.2在缆线竖井内的主干缆线采用敞开的方式敷设时，可选用CMR级（光缆为OFNR或OFCR）或C、B2级。

3.3在使用密封的金属管槽作防火保护的敷设条件下，缆线可选用CM级（光缆为OFN或OFC）或D级。

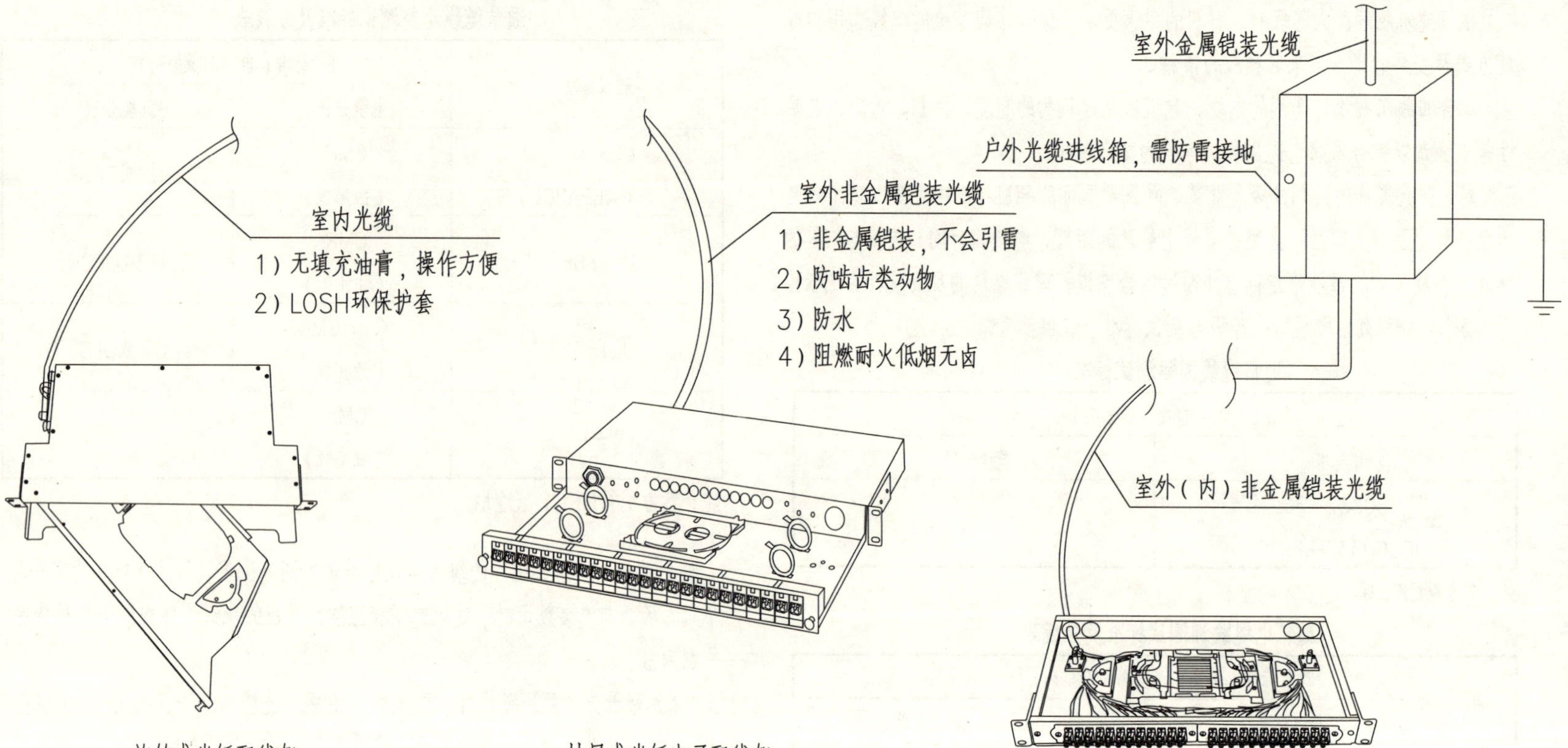

旋转式光纤配线架

1）旋转式结构便于安装及维护

2）可兼容多种适配器

3）1U高度

抽屉式光纤电子配线架

1）智能24口LC光纤配线架

2）可以扫描跳线并下行汇报连通状况

3）1U高度

固定式光纤配线架

1）24口标准光纤配线架

2）可兼容多种适配器

3）1U高度

注：本页及2-227页根据德特威勒电缆系统（上海）有限公司提供的资料编制。

光缆与光纤配线架	图集号	09X700-2
	页	2-226

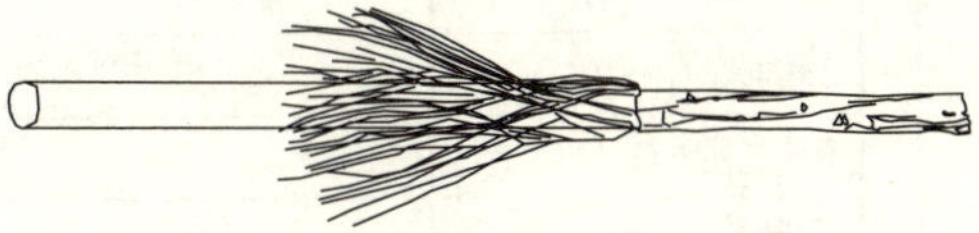

1.丝网向后翻转，均匀地覆盖在护套上

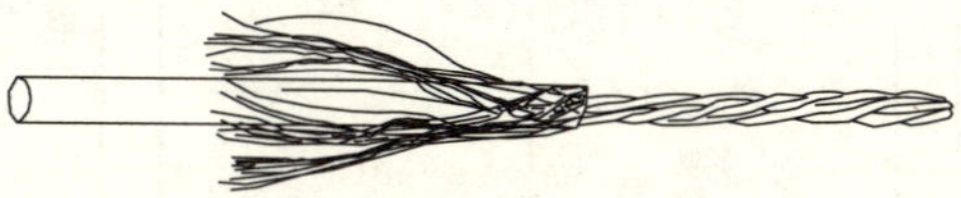

2.翻转丝网层后的SF−UTP对绞线

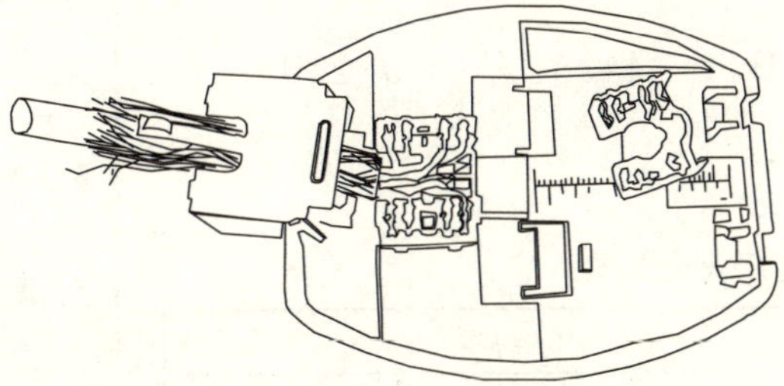

3.用打线刀将另一面的2对线打入模块，并剪去多余的芯线

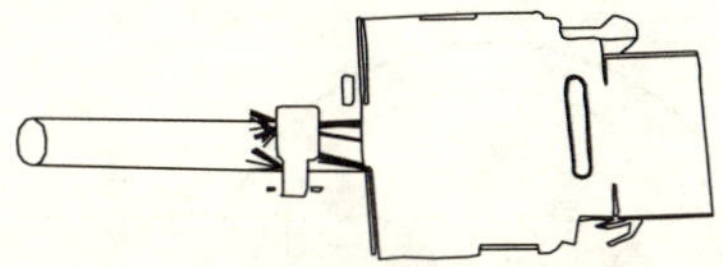

4.剪去多余的丝网

丝网/铝箔屏蔽对绞线的端接

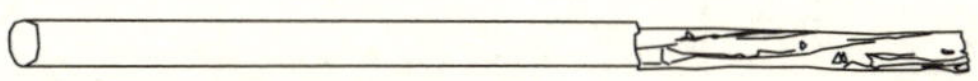

1.剥去对绞线的护套

2.铝箔屏蔽层向后翻转，覆盖在护套层外

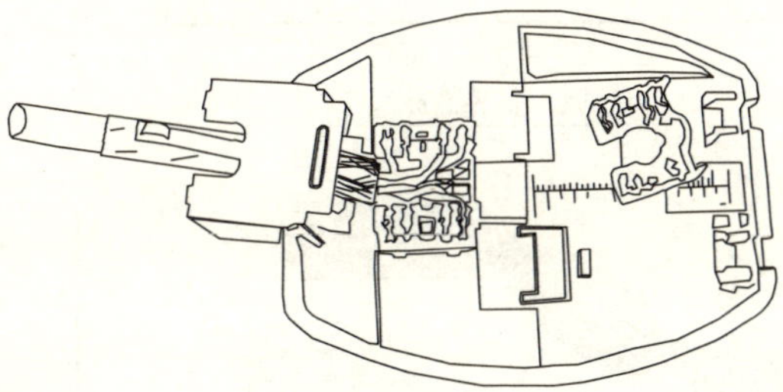

3.用打线刀将另一面的2对线打入模块，并剪去多余的芯线

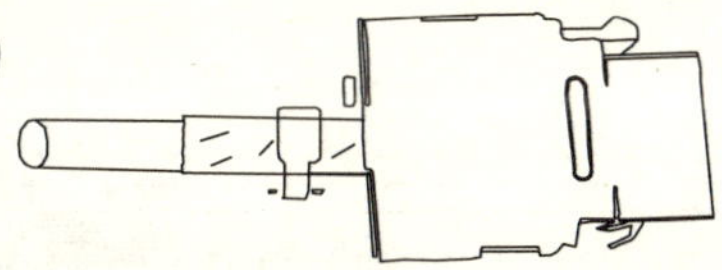

4.剪去多余的铝箔屏蔽层及尼龙扎带

铝箔屏蔽对绞线的端接

注：有丝网的屏蔽对绞线仅保留丝网用于端接；仅有铝箔的屏蔽对绞线将铝箔和接地导线一起端接。端接时应注意360度全方位防止电磁波进入屏蔽端接窗口。

屏蔽对绞线的端接	图集号	09X700-2
	页	2-227

名称：环保型CMP级六类非屏蔽数字通信用水平对绞电缆

型号：HSWV-6　4×2×0.5

标准：NFPA262、TIA/EIA-568-B、UL444、YD/T1019-2001

品名：LN-A0423AUC6-PPS

环保标准：WEEE ROHS、UL RSCS

阻燃等级：UL CMP

电缆结构及尺寸

电缆截面结构	尺　寸	
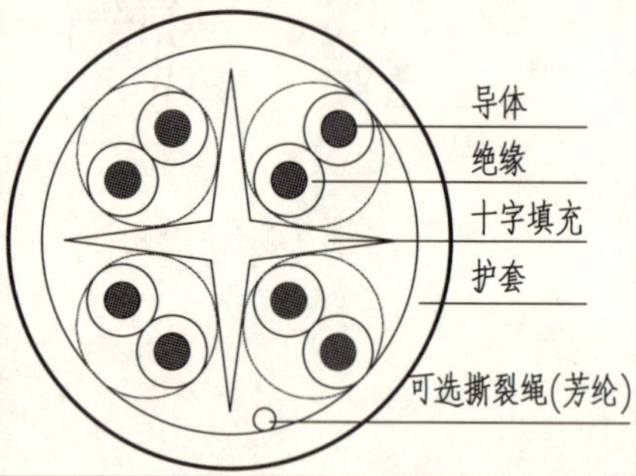	导体直径（mm）	0.58±0.02
	平均/最薄绝缘厚度（mm）	0.22/0.18
	绝缘外径（mm）	1.02±0.05
	平均/最薄护套厚度（mm）	0.46/0.42
	电缆外径（mm）	6.2±0.2

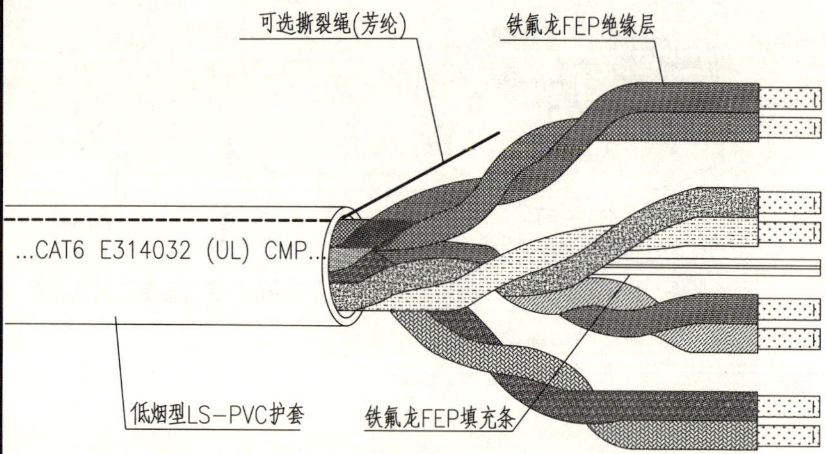

电缆结构图

物理性能指标

护套材料	低烟阻燃聚氯乙稀
断裂伸长率（%）	≥150
抗张强度（MPa）	≥17.2
抗张强度残余率（%）	≥75
伸长率残余率（%）	≥50

电气性能指标

项　目	数　值
工作电容（nF/100m）	≤5.6
直流电阻（Ω/100m）	≤7.32
延时差（ns/100m）	≤30
相时延（ns/100m）	≤534
特性阻抗（Ω/100m）	100±15（1～250MHz）
电容不平衡（pF/km）	≤1600
电阻不平衡（%）	≤5
绝缘电阻（MΩ·km）	≥5000

传输性能指标

频率（MHz）	衰减	NEXT	PS NEXT	EL-FEXT	PS EL-FEXT	RL
	dB/100m	dB/100m	dB/100m	dB/100m	dB/100m	dB/100m
1	2.0	74.3	72.3	67.8	64.8	20
4	3.8	65.3	63.3	55.8	52.8	23
8	5.3	60.8	58.8	49.7	46.7	24.5
10	6.0	59.3	57.3	47.8	44.8	25
16	7.6	56.2	54.2	43.7	40.7	25
20	8.5	54.8	52.8	41.8	38.8	25
25	9.5	53.3	51.3	39.8	36.8	24.3
31.25	10.7	51.9	49.9	37.9	34.9	23.6
62.5	15.4	47.4	45.4	31.9	28.9	21.5
100	19.8	44.3	42.3	27.8	24.8	20.1
200	29	39.8	37.8	21.8	18.8	18
250	32.8	38.3	36.3	19.8	16.8	17.3

注：本页根据华迅工业（苏州）有限公司提供的技术资料编制。

CMP/UTP/CAT6 环保型阻燃电缆数据	图集号	09X700-2
	页	2-228

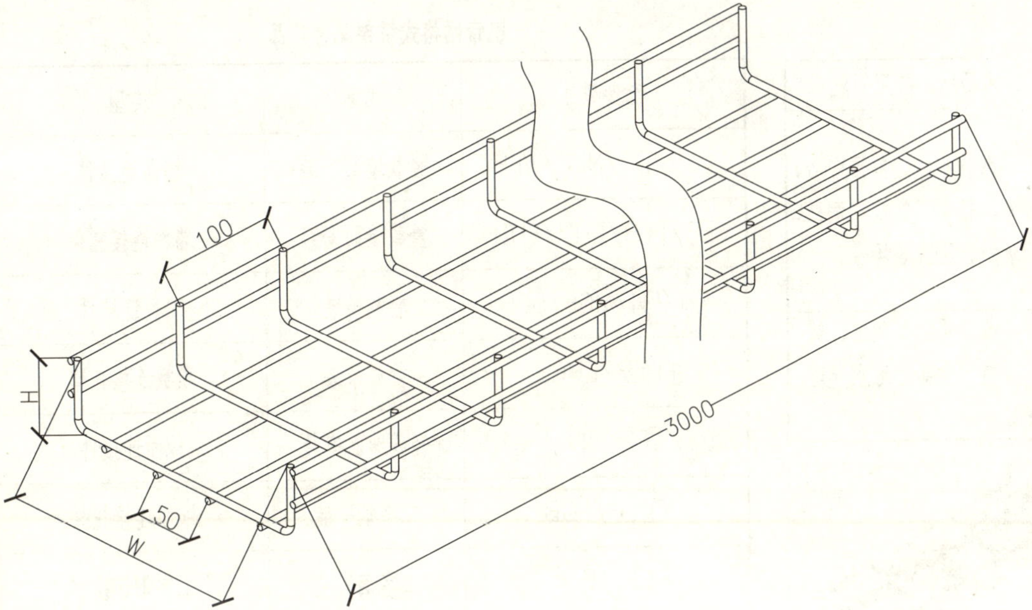

凯帝网格式桥架产品规格表

承载(kg/m) 跨距(mm) 桥架规格		1500	1750	2000	2250	2500
CT50	CT50/50-100	33.5	18.5	14.7	12.5	11
	CT50/150	35.6	29.7	25.5	21	15
	CT50/200	45.7	39.4	35.6	25	20.8
	CT50/300	63.1	54.3	44	37	28.3
	CT50/400	107	88	67.8	54.6	44.7
	CT50/500	115	93.6	71.2	57.8	47
	CT50/600	125	95.5	73.8	59.6	48.2
CT100	CT100/100	45	40	34	30	24.8
	CT100/150	64.5	50.3	44.7	39	30.6
	CT100/200	85	71.4	64.8	52	43
	CT100/300-400	125	103.5	98	72	64.7
	CT100/500-600	153.7	120.8	100.6	80.4	70.4
CT150	CT150/150	67.6	55.2	46.3	40.3	31.2
	CT150/200	72.4	59.7	47.3	39.4	34.2
	CT150/300-400	110.5	91.3	75.4	62.3	51.9
	CT150/500-600	123.7	101.9	82.7	70.8	62.7

注：

1.网格式桥架命名规则：

□ □ / □

- 桥架宽度(W)
- 桥架高度(H)
- 凯帝产品代号：CT

2.凯帝网格式桥架由直径为5~7的中碳钢或者不锈钢组合焊接后成型。

3.更为详细的桥架规格可查阅凯帝产品型录或登录凯帝官方网站查询。

4.凯帝网格式桥架表面处理根据生产工艺不同可分为：电镀锌、热浸锌、喷塑、不锈钢304L、不锈钢316L等，详情请参考凯帝产品型录。

凯帝网格式桥架产品简介

材质	表面处理	代号	适用场所、应用领域
中碳钢	电镀锌	SG	工厂、购物中心、数据中心、办公室、机场、学校、制药、娱乐场所、医院等场合。
	喷塑	SP	
	喷漆	SS	
	热镀锌	SH	
不锈钢304	电抛光	304	室外、海洋平台、化工、铁路、造船、食品、污水处理等场合
不锈钢316		316	

吊装托架

地面托架

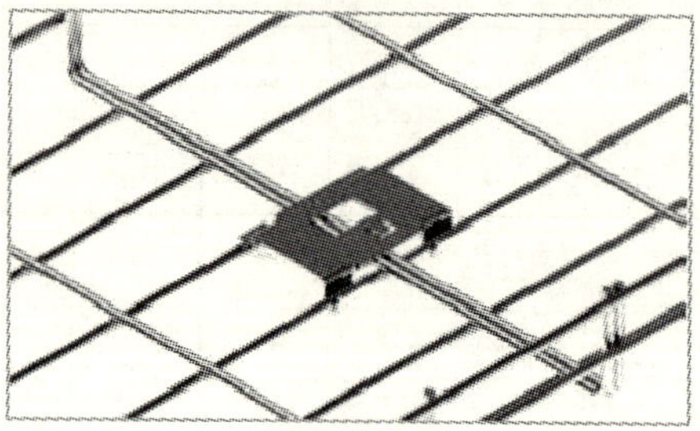

底部连接

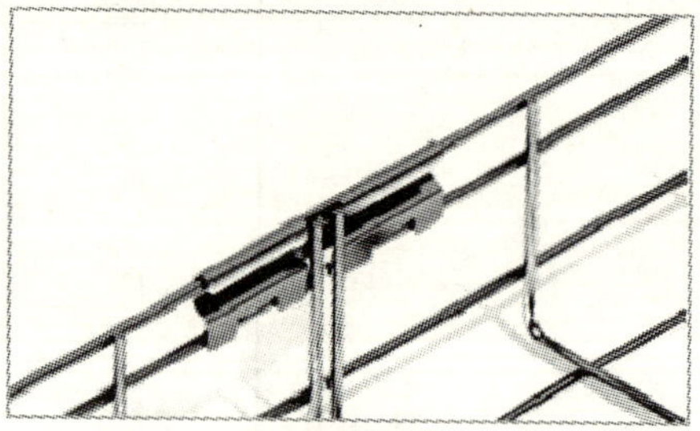

侧面连接

凯帝网格式桥架配件产品

配件型号	用途	类型
GFF/BF/NFF/WFF	轻载墙面安装	墙面连接件
EB/LFB/EHB/FHB	重载墙面安装	墙面连接托架
EH/FH/MCF/50B	轻载吊装	顶板连接件
FHLB/EHCB	重载吊装	顶板连接托架
BF/WFF/NFF/FGF	轻载地面安装	地面连接件
FHLB/FGB	工字钢安装	地面连接托架
SBF/HSBF	工字钢安装	工字钢连接件
AR/UB	可调式安装	可调式安装连接件、托架
BFC	底部连接	桥架间底部连接件
EF/SF1/SF2	侧面连接	桥架间侧面连接件
PF/FCF	转角连接	桥架间转角连接件
材质为SG/SP/SH/304		

注：2-229、2-230页设计资料由凯帝（上海）商业设施有限公司提供。

网格式桥架设计选型	图集号	09X700-2
	页	2-230

编 制 说 明

1 设计依据

《民用建筑电气设计规范》JGJ 16-2008

《有线电视广播系统技术规范》GY/T 106-99

《有线数字电视系统技术要求和测量方法》GY/T 221-2006

《有线电视网络工程施工和验收规范》GY 5073-2005

2 适用范围

2.1 本图集适用于新建、改建、扩建通用型公共建(构)筑物(及其群体)、住宅建筑的有线电视系统设计。

2.2 适用于专业人员在从事有线电视系统设计、施工和验收时使用；也可供设计审图、监理、投资等部门的技术人员参考。

3 修编内容

3.1 本图集是对97X700-2-7《有线电视系统》进行修编，并融合03X401-2《有线电视系统》部分内容。

3.2 从有线电视系统的前端、传输系统、用户分配网络到用户端，介绍有线电视系统的组建和应用。

3.3 根据国发[2010]5号文“关于推进三网融合总体方案的通知”，增加了交互式有线电视系统的内容，如双向传输。上行和下行信号在一条电缆内同时传送称为双向传输，它是交互式有线电视系统的关键技术之一。

3.4 介绍了增值业务方案：视频点播(VOD)、准视频点播(NVOD)、互联网(因特网)接入、IP电话等；增补了卫星接收节目示例、卫星天线选址等内容。

3.5 增加的术语及概念仅供参考。

4 主要内容

4.1 编制说明、应用提示、图形符号及术语；

4.2 有线电视系统组成(模拟式有线电视系统、交互式有线电视系统)；

4.3 前端(有线电视信号、卫星接收信号、自办节目、视频点播)；

4.4 传输系统(光、电、光电混合)；

4.5 用户分配网络(无源分配网络、星形网、树枝形网)；

4.6 用户端(模拟电视、数字电视、计算机终端、FM调频机、IP电话)；

4.7 有线电视系统示例(单向传输、双向传输、多层建筑、高层建筑、宾馆视频点播)；

4.8 卫星安装；

4.9 相关技术资料。

5 参编单位

北京歌华有线电视网络股份有限公司

有线电视	编制说明					图集号	09X700-2
审核 孙兰	[signature]	校对 汪浩	[signature]	设计 程永斌	[signature]	页	2-231

1 系统设计要点

1.1 以光缆为传输干线，以同轴电缆为用户分配网的混合式有线电视网络（HFC），其下行传输通道主要传输模拟电视信号和数字电视信号，其上行物理传输通道的设计不针对某一特定的业务和设备。

1.2 有线电视系统采用双向传输网络设计时,可开展的业务有因特网接入、IP电话、视频点播（VOD）、准视频点播（NVOD）等增值业务。也可以对网络的运行状态进行监控。

1.3 传输干线在1km以上的有线电视网络应采用HFC模式，设计双向传输网络的规定和性能参数分述如下:

1.3.1 下行模拟电视（ATV）频道数不宜超过59个；系统传送的节目套数在80套以上时，应采用交互式有线电视系统。

1.3.2 下行信道上限频率可选择为1000MHz、862MHz、750MH和550MHz，下限频率的标准值为87MHz。上行通道的频率范围为5MHz至65MHz。

1.3.3 传输干线采用光缆设备,用户分配网采用同轴电缆设备，但光纤入户已列入"三网融合"规划。

1.4 模拟调制器与数字调制器的频道带宽都是8MHz，前者只能容纳一套节目，而后者可容纳6~10套节目。数字电视可以管理到每一套节目、每一个用户。前端分类框图见本图集2-240页。

1.5 数字电视用户电平设计值：56±4dBμV；模拟电视频道用户电平设计值：66±4dBμV。

1.6 智能建筑内的管道网络和信号分配网络、交互式有线电视系统应使用星形拓扑结构；模拟式有线电视可使用树枝形结构。

1.7 单根物理发泡电缆入户，电缆长度≤30m。

1.8 集中分支器不能串接,用它们构成星形网络,它们可以补偿由用户电缆长度不同形成的电平差,减小上行电平的不平度。树枝形网络只适用于单向系统。

1.9 通常分路子网电缆用75-7电缆,分户子网用75-5电缆。单向系统用两屏蔽电缆,双向系统用四屏蔽电缆。

1.10 设有卫星电视接收或具有自办节目时，应设卫星电视接收机房。机房距离天线不得超过30m，之间应采用双层屏蔽的同轴电缆传输信号。播出节目在10套以下时，机房面积宜为10m²，播出节目每增加5套，用房面积宜增加10m²。

2. 交互式有线电视系统设计要点

2.1 我国将于2015年停止模拟电视的广播，取而代之的为交互式有线电视系统。

2.2 接收卫星电视节目应使用卫星数字电视接收机（IRD），收费节目需使用专用接收机。

2.3 对于收费电视节目应采用数字电视前端，应按高清晰度电视（HDTV）标准设计。

2.4 IRD的输出信号有：模拟电视（ATV）信号即视频信号（V）和伴音信号（A），是模拟调制器的输入信号；数字电视（DTV）信号即传输码流（TS），是数字调制器的输入信号；调频广播信号（FM），是FM调制器的输入信号；数据广播信号，是数据调制器的输入信号。

2.5 DTV机顶盒目前有3种类型：硬件机顶盒（第一代）、硬盘机顶盒（第二代）、软件机顶盒（第三代），优先选用软件机顶盒。

2.6 交互式有线电视系统是基于光缆与同轴电缆混合网络（HFC）开展数字电视业务的综合业务系统。交互式有线电视系统输出口（用户盒）的主要技术要求详见《有线数字电视系统技术要求和测量方法》GY/T 221-2006。

3 TVRO设计要点

3.1 上网（中国卫星电视网：www.ctvro.com、亚洲卫星电视网：www.asiatvro.com）查找设计参数：卫星名称、节目属性、卫星定点位置、下行载波频率、EIRP（全向有效辐射载波功率图）等；输入TVRO所在地的地名，点击"接收参数"后就能看到：接收天线（抛物面天线）指向轴的仰角、方位角及极化角。

3.2 接收境外电视节目，必须向管理部门申报，三星级以上宾馆及科研部门根据需要才能接收境外电视节目。

3.3 只要在建筑物避雷针的保护范围之内，可设在裙房顶层平面或楼顶上。考虑到路由捷径，卫星天线离机房越近越好；从卫星到天线不能有任何建筑物、高压线、树木、烟筒、高山等遮挡物及飞行器轨道；微波干扰信号要小。因此，架设在裙房顶层平面是优选之处。最好架设在电梯机房南侧，避开风口。天线口面朝南，只接收某一颗卫星的信号。网上提供的仰角和方位角是参考数据，实际工程利用天线的方向性，调整仰角和方位角，保证只接收某一颗卫星电视信号。

3.4 卫星天线支架底座直接固定在建筑物天线基座上，参见本图集6-121页～6-127页。天线选型不确定时，应设计一块过渡铁板，以适应地脚螺钉间距不同的支架底座的安装。过渡铁板也是等电位连接体。

经验表明：天线口径>3m，铁板尺寸取为800×800×100；天线口径<3m，可取500×500×100的铁板。以埋设在承重墙中的地脚螺钉固定过渡铁板，尺寸不同的支架底座与铁板焊接为一体。焊接时必须拆下高频头。指向轴的微小偏移（≤25密位）都会影响图像质量，甚致图像消失。基座要坚固稳定，调整机构要禁锢牢靠。

3.5 静空立体图类似于一个直圆锥，以指向轴与地平线的交点为顶点，指向轴作为中心线，直圆锥顶角的一半不得小于5°，口面几何中心位于天际线上。直圆锥内不能有任何建筑物、高压线、树木、烟筒、高山等等遮挡物及飞行器轨道。详见第2-262页示例。

3.6 高频头与卫星接收机输入电平都应在（-25）～（-65）dBm（分贝毫瓦）之间。

4 设备安装要点

4.1 接收天线附近应设避雷针进行防雷保护，天线基座应从两个方向与避雷带焊接，天线馈线应经电涌保护器再接入机房。

4.2 卫星接收天线在接收方向前不应有建筑物、女儿墙、冷却塔、广告牌等遮挡物。考虑减小风荷载、维修管理方便、建筑立面美观等因素。卫星天线宜设于楼顶，有条件时也可设于花园草地上。

4.3 由人（手）孔井引入建筑物的预留钢管应不少于2根，直径应不小于50，转弯半径不小于300。

4.4 有线电视系统线缆在建筑物内应穿金属管、槽敷设。

5 与相关专业的配合

5.1 进出线保护管预设计；

5.2 机房预设计；

5.3 电源预设计；

5.4 卫星天线基础及荷载预设计。

消防 安防 监控 通信 网络 布线 电视 广播 会议 显示 集成

1. 有线电视（CATV–Cable Television）：用线缆传送电视节目。

2. 交互式有线电视（ITTV–Interactive CATV）：它能让授权用户通过传输、分配网络给系统控制中心主动点播所需要的电视节目及各类信息。例如：选看电视、点播节目、打电话、发电子邮件。由于交互式有线电视系统把模拟电视信号转化为数字信号，并采用了数字压缩技术，建立了大容量存储技术的节目库，可以同时传输几百套节目和各类信息。交互式有线电视系统为三网融合提供了技术上的可能性。

3. 模拟电视（ATV–Analog Television）：用模拟信号摹拟地重现拍摄、录制的现场就叫做模拟电视。为了连续传送现场的图像和声音，对图像进行点（像素）线（水平线，行）面（帧，幅）取样，取样值是时间连续，幅度连续变化的信号，在信息论中将这类信号统称模拟信号。

4. 数字电视（DTV–Digital Television）：数字电视是在模拟电视信号产生后，将该信号的处理、传送、接收、存储等过程都采用数字技术来完成的电视。从模拟电视信号开始，将图像的每一个像素和伴音的每一个音节都变换成二进制数的多位数码（模拟电视信号的第二次取样，多位数码简称码流），经过压缩、纠错、交织与调制等信道编码后，以非常高的比特率进行码流发射、传输和接收的系统工程。二进制码流的电信号形式是时间不连续，幅度不变的信号（幅度相等的脉冲，幅度为零代表‘0’，不为零代表‘1’）。

5. 视频点播（VOD–Video on Demand）：根据用户的需要播放相应的视频节目。作为一个VOD系统主要由三部分构成：服务端系统、网络系统、客户端系统。根据不同的功能需求和应用场景，主要有三种VOD系统：NVOD、TVOD、IVOD。

NVOD（Near–Video–On–Demand），可称其为准点播电视。这种点播电视的方式是：多个视频流依次间隔一定的时间启动发送同样的内容。在这种方式下，一个视频流可能为许多用户共享。

TVOD（True Video–On–Demand），称其为真实点播电视，它真正支持即点即放。当用户提出请求时，视频服务器将会立即传送用户所要的视频内容。若有另一个用户提出同样的需求，视频服务器就会立即为他再启动另一个传输同样内容的视频流。一旦视频流开始播放，就要连续不断地播放下去，直到结束。这种方式下，每个视频流专为某个用户服务。

IVOD（Interactive Video–On–Demand），称为交互式点播电视。它不仅可以支持即点即放，而且还可以让用户对视频流进行交互式的控制。用户可象操作传统的录像机一样，实现节目的播放、暂停、倒回、快进和自动搜索等。

6. 机顶盒（STB–Set Top Box）：广义上，凡是与电视机连接的网络终端设备都可称之为机顶盒。狭义上，如果只说数字设备的话，按主要功能可将机顶盒分为上网机顶盒、数字卫星机顶盒（DVB–S）、数字地面机顶盒（DVB–T）、有线电视数字机顶盒（DVB–C）以及最新出现的IPTV机顶盒等。

7. 接收机：是一个具有如下组成的电路系统：天线、滤波器、放大器、A/D转换器。

8. 卫星电视信号单收站（TVRO–Televsion Receive Only）：是对电视信号，尝试加以接收和解调但并不发送，接收的方式包含光纤、地面微波和卫星等几种方式。

9. 混合网络（HFC–Hybrid Fiber–Coaxial）：是光纤和同轴电缆相结合的混合网络。HFC通常由光纤干线、同轴电缆支线和用户配线网络三部分组成，从有线电视台出来的节目信号先变成光信号在干线上传输；到用户区域后把光信号转换成电信号，经分配器分配后通过同轴电缆送到用户。

10. 分配器：用来分配信号的部件。它的功能是将一路输入信号均等地分成几路输出，通常有二分配、三分配、四分配、六分配等。分配器倒接时称宽带混合器。

11. 分支器：是在一个主输出信号顺利通过的情况下，能分出一部分低于主输出信号电平的一个或几个相等信号的电子电路，它也具有很好的隔离性，有线电视网络运用这个特性来连接用户终端主输入口。

12. 射频（RF–Radio Frequency）：指具有远程辐射能力的无线电波的频率。射频频率范围一般为30～3000MHz；视频（VF）的频率范围一般为0～6MHz，音频（AF）的频率范围一般为20Hz～20KHz。音频信号的载波频率是6.5MHz，称为伴音副载频。视频信号和伴音副载波混合后调制到一个射频段上载波传输。

有线电视	术语及概念					图集号	09X700-2
审核	孙兰	校对	段震寰	设计	程永斌	页	2-234

序号	符号	名称	符号来源	序号	符号	名称	符号来源
1		天线	GB/T 4728.10-2008	14	*	三分配器	09DX001
2		带矩形波导馈线的抛物面天线	GB/T 4728.10-2008	15	*	四分配器	09DX001
				16	*	信号分支	GB/T 4728.10-2008
3	形式一	放大器、中继器	GB/T 4728.10-2008	17	*	二分支器	09DX001
4	形式二		GB/T 4728.10-2008	18	*	四分支器	09DX001
5		双向分配放大器	–	19		定向耦合器	GB/T 4728.10-2008
6		双向干线、支线(延长)放大器	–	20	TV 形式一	电视插座	GB/T 4728.10-2008
7	A	可变衰减器	GB/T 4728.10-2008	21	TV 形式二		GB/T 4728.10-2008
8		调制器、解调器或鉴别器	GB/T 4728.10-2008	22		带通滤波器	GB/T 4728.10-2008
9		彩色电视监视器	GB/T 5465.2-2008	23		光纤	GB/T 4728.10-2008
10	DVR	数字硬盘录像机	0SDX001	24	型式一 TV	有线电视线路	GB/T 4728.3-2005
11		彩色电视接收机	GB/T 5465.2-2008	25	型式二 RF	射频	–
12		电话机	GB/T 4728.9-2008	26	V	视频	09DX001
13	*	分配器	GB/T 4728.10-2008	27	A	音频	–

注：* 分配器、分支器填充部分表示电流通过型。
如：—●— 表示填充分支端有AC60V。示例见2-256页。

有线电视	图形及文字符号	图集号	09X700-2
审核 徐玲献 校对 马晓伟 设计 程永斌		页	2-235

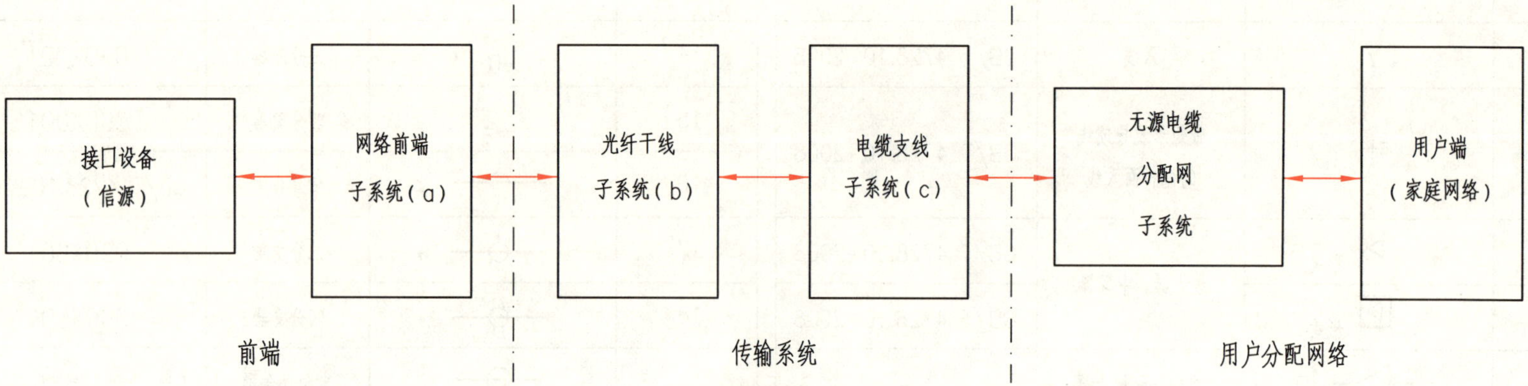

系统框图

有线电视性能限额值

序号	项目	单位	CATV		数字CATV		CATV指标不达标产生的干扰现象	数字CATV指标不达标产生的干扰现象
			设计	运行	设计	运行		
1	频道电平	dbμV	66±4	70±10	56±6	60±10	电视机产生"雪花"干扰或网纹	电视机产生"马赛克"或网纹
2	任意频道间电平差	db	≤8	≤8	≤10	≤10	频道相互干扰	图像时有时无
3	相邻频道间电平差	db	≤2	≤2	≤3	≤3	频道相互干扰	图像时有时无
4	数字与模拟频道间电平差	db	−10～0	−10～0	−10～0	−10～0	频道相互干扰	图像时有时无
5	调制误码率	db	—	—	≥24	≥24	—	系统产生"马赛克"干扰
6	射频信号与噪声功率比（C/N）	db	≥46	≥43	≥29	≥26	系统产生"马赛克"	系统产生"马赛克"干扰
7	载波复合三次差拍比（CTB）	db	≥54	≥54	≥54	≥54	系统产生细网纹	系统产生细网纹
8	载波复合二次差拍比（CSO）	db	≥54	≥54	≥54	≥54	系统产生细网纹	系统产生粗网纹

有线电视	有线电视系统的组成	图集号	09X700-2
审核 孙兰	校对 汪浩 设计 程永斌	页	2-236

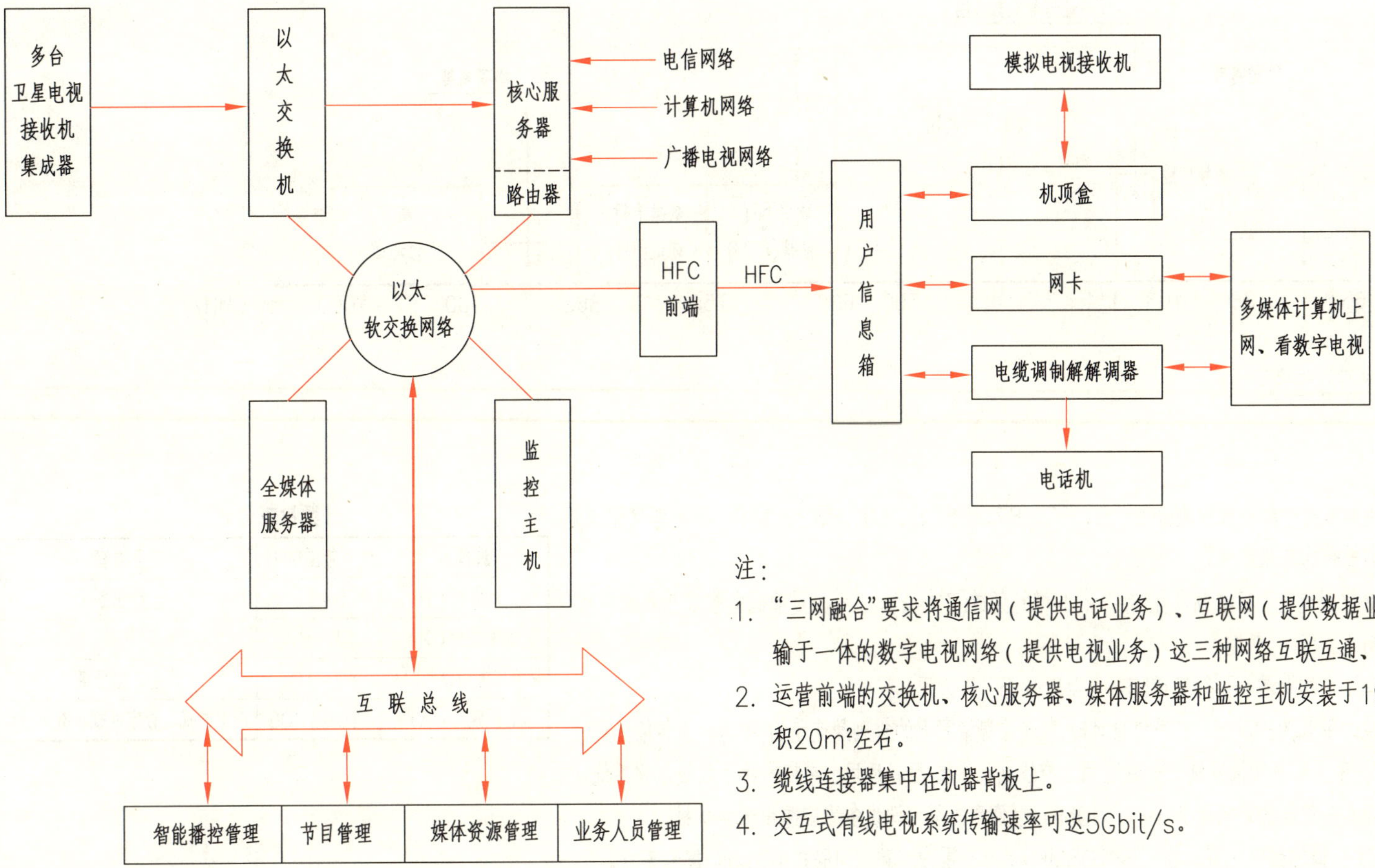

注：

1. “三网融合”要求将通信网（提供电话业务）、互联网（提供数据业务）和集有线、卫星传输于一体的数字电视网络（提供电视业务）这三种网络互联互通、资源共享，统一管理。
2. 运营前端的交换机、核心服务器、媒体服务器和监控主机安装于19寸标准机柜内，机房面积20m²左右。
3. 缆线连接器集中在机器背板上。
4. 交互式有线电视系统传输速率可达5Gbit/s。

有线电视	交互式有线电视系统					图集号	09X700-2
审核	孙 兰	校对	汪 浩	设计	程永斌	页	2-237

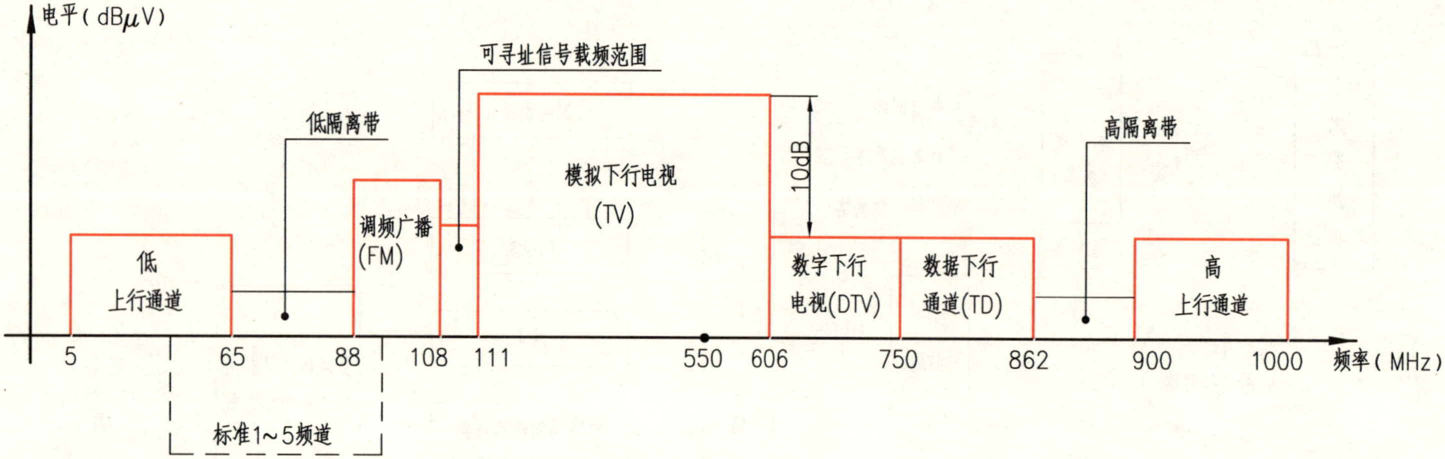

注:1. 本图是有线电视传输系统中频道波段划分图。5、65、87、550、750、862、1000MHz等频率点是系统电平计算和测量时的参照频率。

2. 频谱中下行模拟电视频道分为标准频道(DS-xx)和增补频道(Z-xx)。Z-xx是有线电视专用频道，有线电视接收机应有42个增补频道。

3. 由于网络双向业务通道的开通，下行频道DS-1至DS-5不应选用。

4. 一个模拟电视频道的带宽为8MHz。在系统设计时,频道在频谱图上的排列是连续的,称为邻频传输系统；在频谱中有间隔时,称为隔频传输系统。前者适用于有线电视系统,后者适用于早期的共用天线电视系统。

5. 系统设计时分支器和分配器的通频带为5~1000MHz，即双向网无源设备均应选用这类器材。

6. 调频(FM)及数字广播的频率配置：在87~108MHz频率范围内，载频间隔按400kHz配频率点。

7. 系统可设置导频频率，可寻址信号的载频范围在108~111MHz之间。

8. 横坐标表示频率，纵坐标表示网络传输中信号电平的相对高低。

9. 在一个传输系统中为防止上、下行信号的串扰特设置了隔离带。

频段规划表

波段	频率范围MHz	业务内容
上行频段(R)	5~56	上行业务
过度频段(X)	65~87	过渡带
调频广播频段(FM)	87~108	声音广播业务
下行频段(A)	110~1000	模拟电视、数字电视、数据业务

有线电视	有线电视频率资源分配	图集号	09X700-2
审核 孙兰	校对 陆尧 设计 程永斌	页	2-238

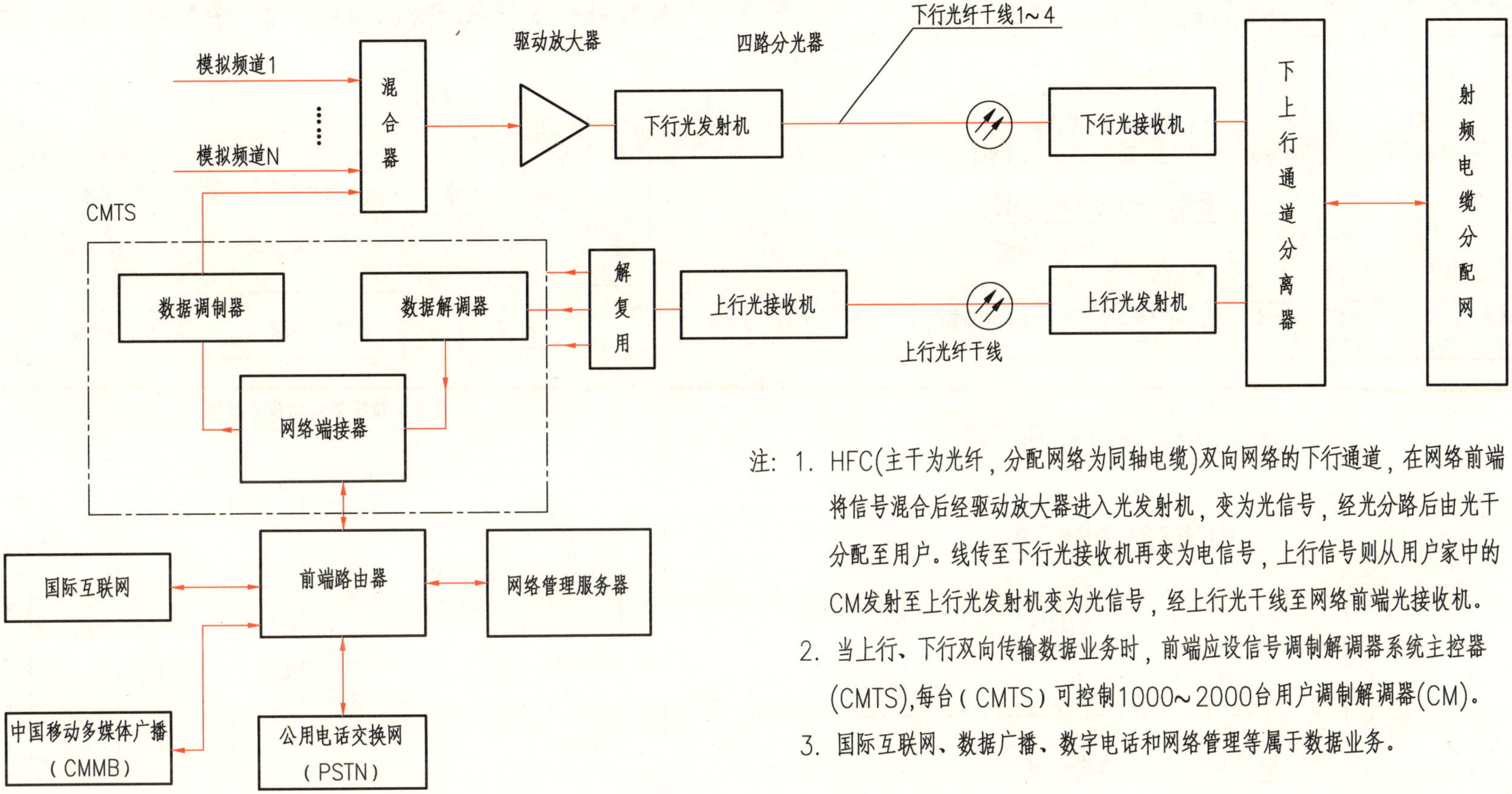

注：1. HFC(主干为光纤，分配网络为同轴电缆)双向网络的下行通道，在网络前端将信号混合后经驱动放大器进入光发射机，变为光信号，经光分路后由光干分配至用户。线传至下行光接收机再变为电信号，上行信号则从用户家中的CM发射至上行光发射机变为光信号，经上行光干线至网络前端光接收机。

2. 当上行、下行双向传输数据业务时，前端应设信号调制解调器系统主控器(CMTS),每台（CMTS）可控制1000~2000台用户调制解调器(CM)。

3. 国际互联网、数据广播、数字电话和网络管理等属于数据业务。

有线电视	双向传输子系统组成					图集号	09X700-2
审核	孙兰	校对	陆尧	设计	程永斌	页	2-239

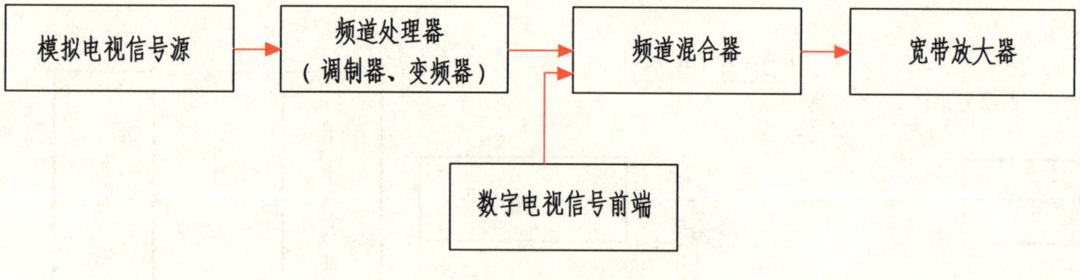

数模混合前端组成方框图

交互式有线电视系统在用户端必须安装交互式机顶盒，它完成数字电视信号的解调、码流纠错、去扰、解复用、解压缩和数字/模拟的转换等功能。其方框图如下：

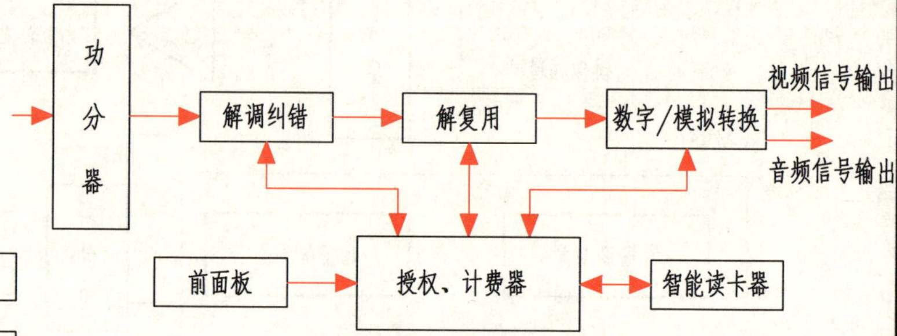

数字电视机顶盒功能方框图

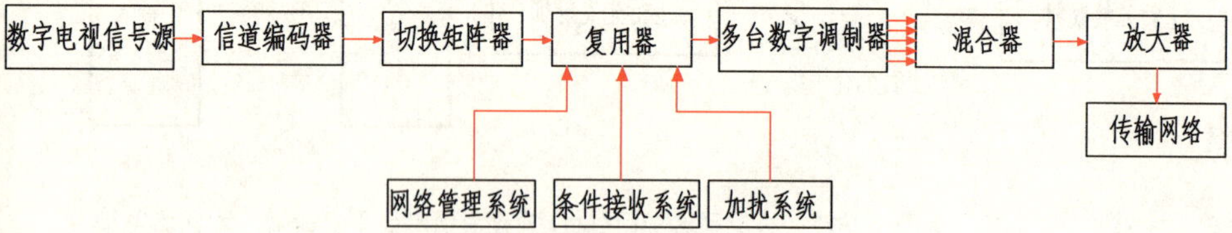

有线广播电视前端组成方框图

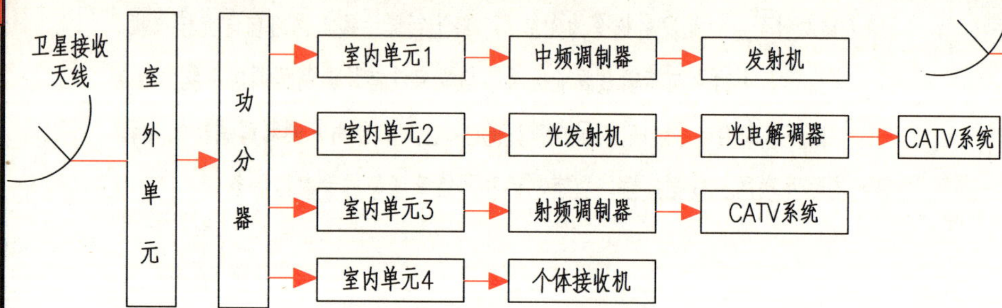

模拟卫星电视接收系统组成框图

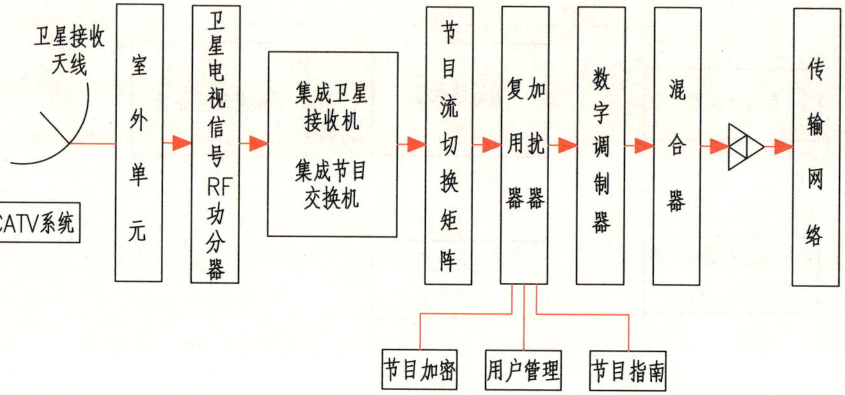

数字卫星电视接收系统组成框图

注：设备数字化、管理网格化的前端安装在3~5个19in的机柜内。

有线电视	前端分类框图	图集号	09X700-2
审核 孙兰 校对 汪浩 设计 程永斌		页	2-240

编号	1	2	3	4	5
图名	甚高频与超高频（VHF,UHF）单频道接收天线		移动多媒体广播（CMMB）与调频（FM）广播接收天线		甚高频与超高频（VHF,UHF）频段天线
隔频系统信号源	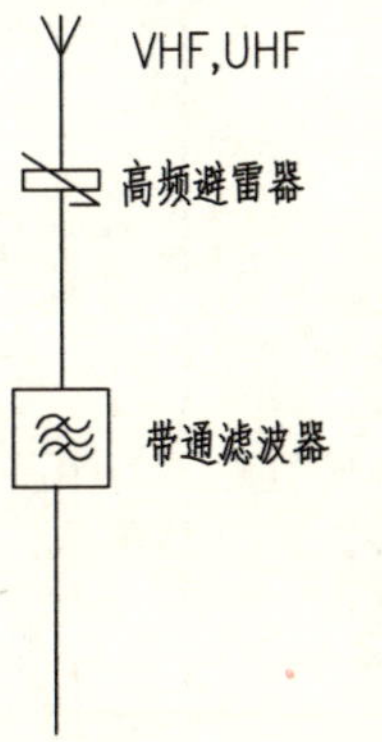	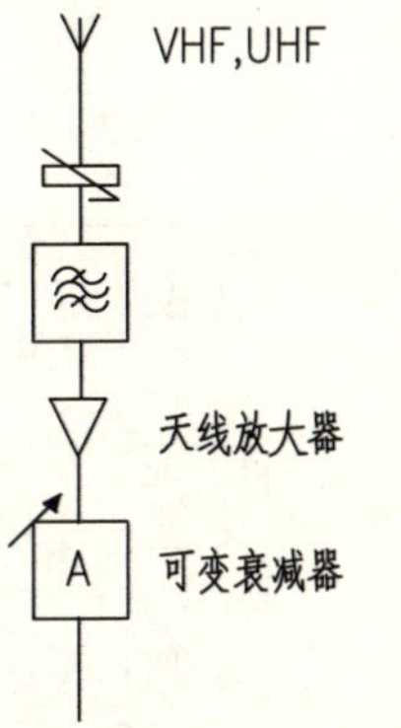	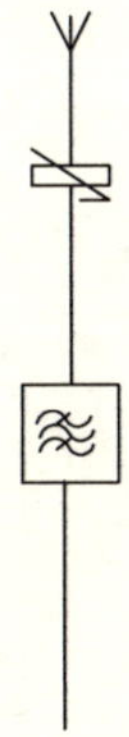	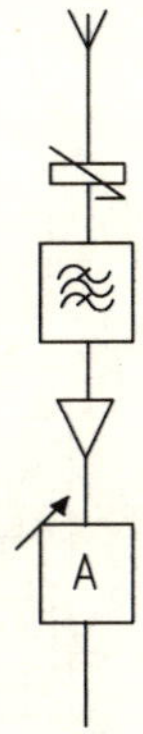	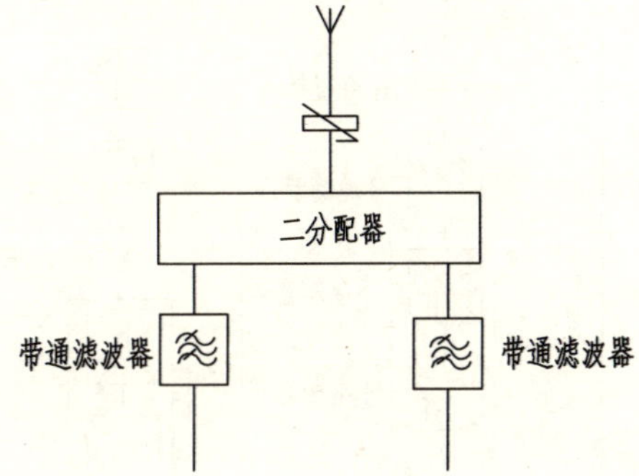

编号	6	7	8
图名	甚高频与超高频（VHF,UHF）频段天线	视频设备（自办节目）	音频设备（自办节目）
隔频系统信号源	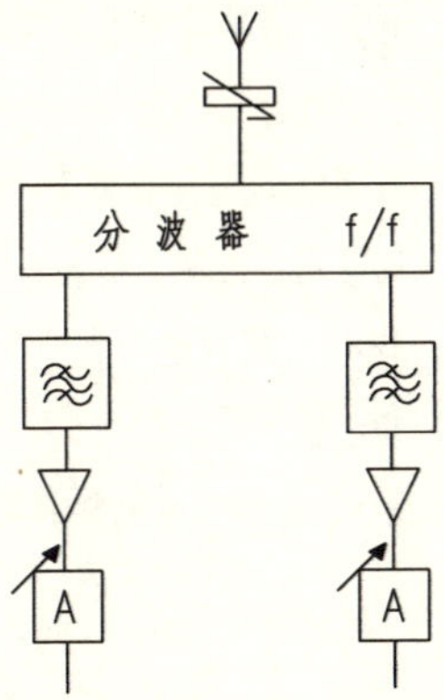	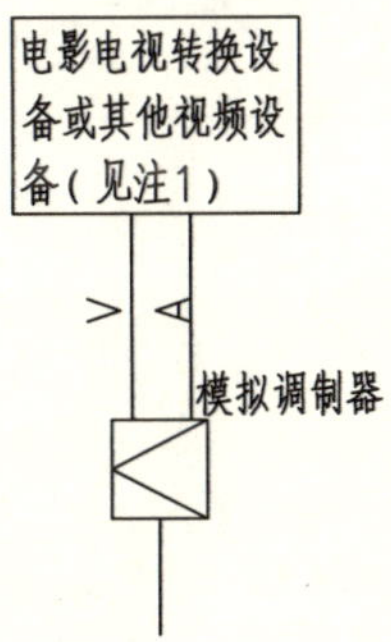	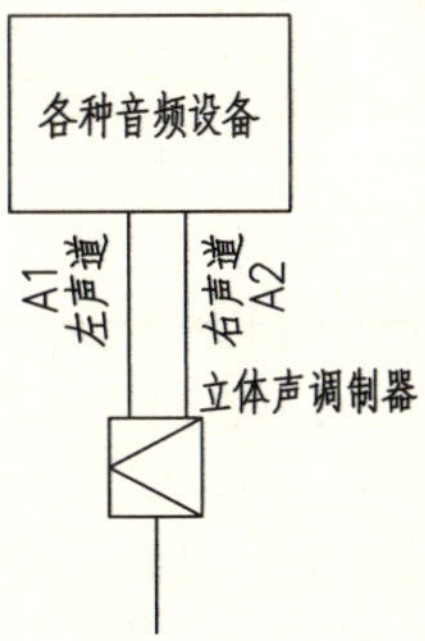

注：

1. 编号7、8视频设备既可适用隔频系统，又可适用邻频系统。
2. 各台调制器的频道为间隔频道设置。
3. 交互式有线电视系统调制器使用数字调制器。
4. CMMB俗称手机电视。
5. 英特网上的网络电视台也能作为节目源。

有线电视	接收与自办节目源示例	图集号	09X700-2
审核 费锡伦 校对 孙兰 设计 程永斌		页	2-241

编号	1	2	3	4	5	6
图名	VHF,UHF 单频道天线		FM 调频接收天线		VHF,UHF 频段天线	
邻频系统信号源模式						

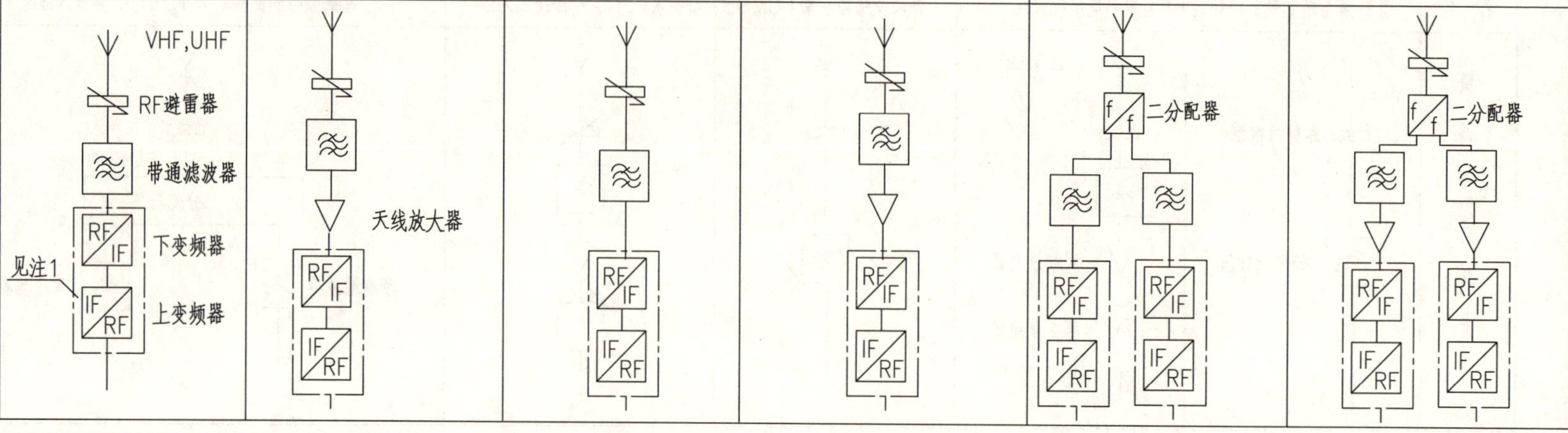

编号	7	8
图名	MMDS	多路微波电视分配系统（MMDS）
邻频系统信号源模式		

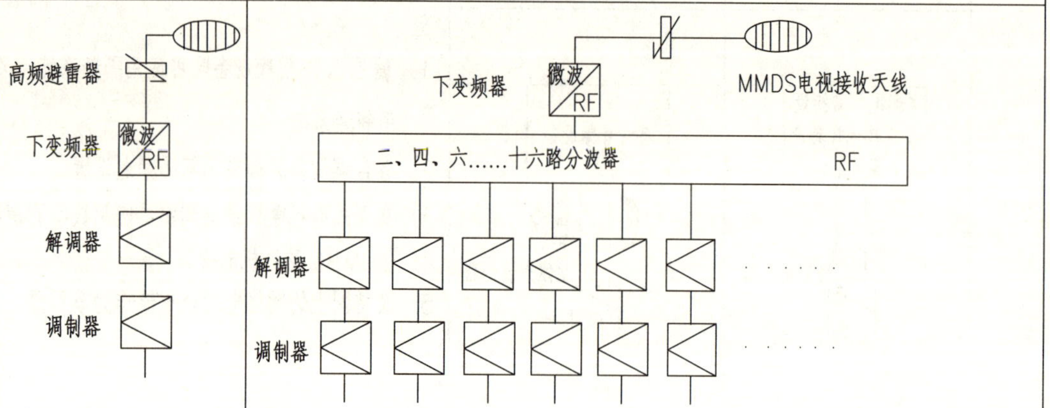

注：

1. 有的厂家产品将上变频器、中频（IF）处理器和下变频器三个部件合为一体，称为频道处理器。
2. 数字MMDS接收方案：解调器用解码器替代，调制器用多进制正交调幅调制器（M−QAM）替代。
3. 1～6方案也适用于接收地面广播的数字电视节目和数据。而把射频（RF）信号变换成视（V）和音（A）频信号的解调器有数字式和模拟式之分。

有线电视	射频模拟电视接收方案	图集号	09X700-2
审核 费锡伦 校对 孙兰 设计 段震寰		页	2-242

编号	1	2	3	4
图名	一卫星天线接收一套节目	一卫星天线制式转换接收一套节目	一卫星天线一路录像经视频切换	两卫星天线经视频切换

卫星电视接收信号源模式

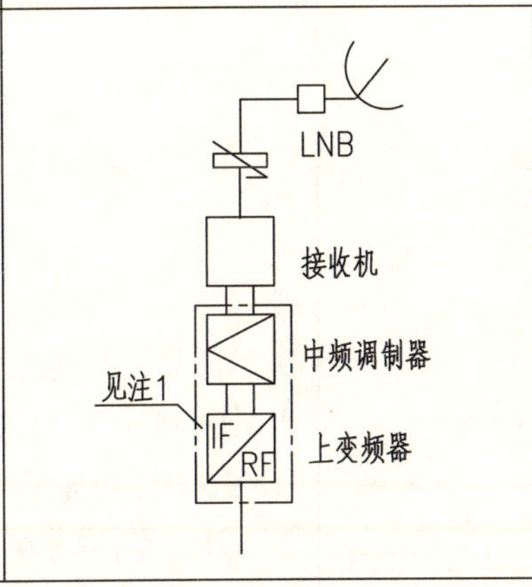

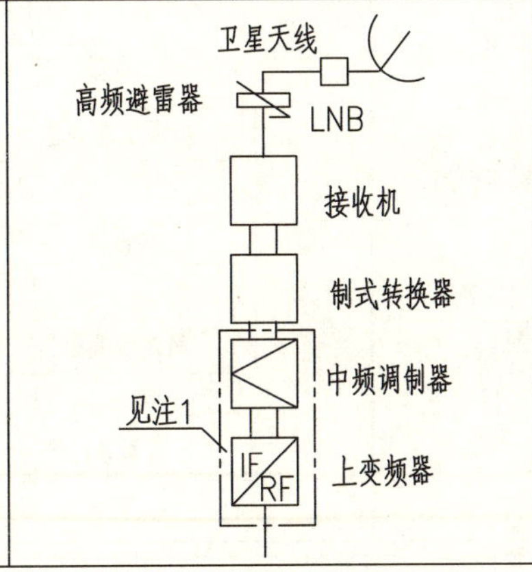

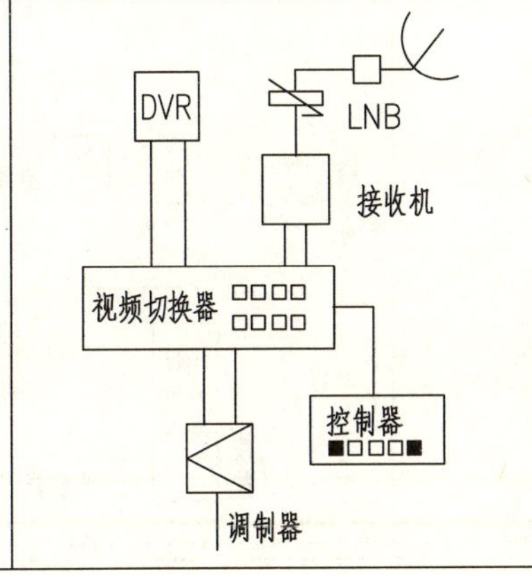

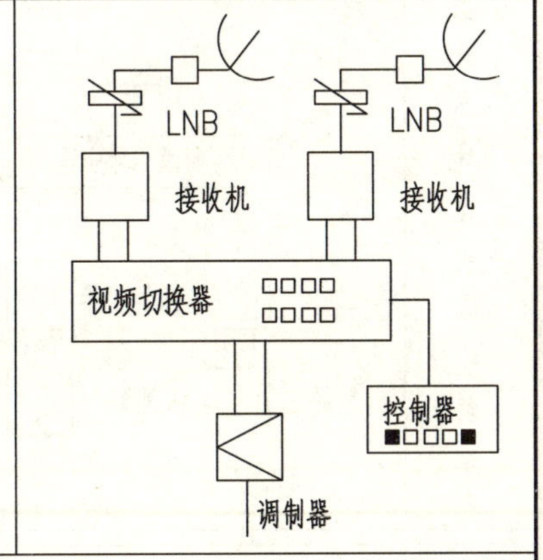

编号	5	6
图名	两卫星天线经射频切换	一卫星天线接收两套节目

卫星电视接收信号源模式

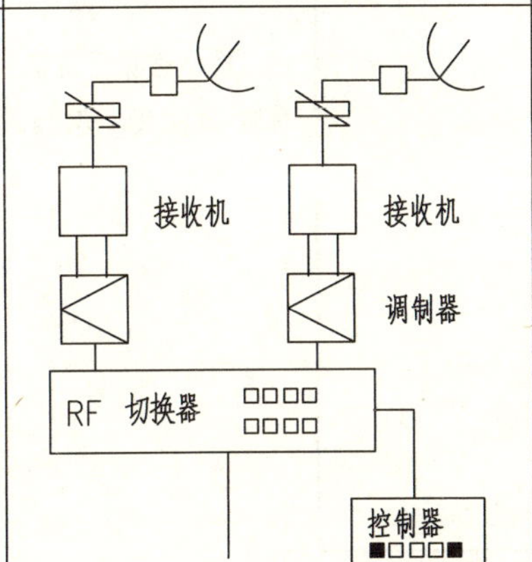

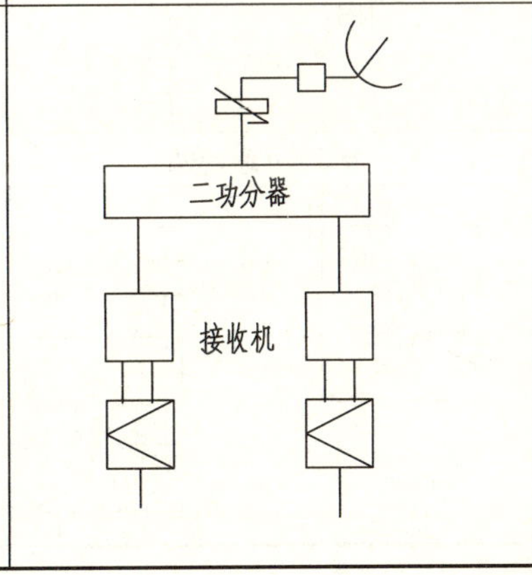

注：

1. 卫星数字电视接收机简记为IRD。
2. LNB是低噪声降频器的缩写符号。

有线电视	卫星模拟电视接收方案	图集号	09X700-2
审核 费锡伦 校对 孙兰 设计 段震寰		页	2-243

编号	1	2	3
图名	卫星电视加密接收系统	卫星数字立体声接收系统	一台卫星天线接收二套节目
卫星电视接收信号源模式	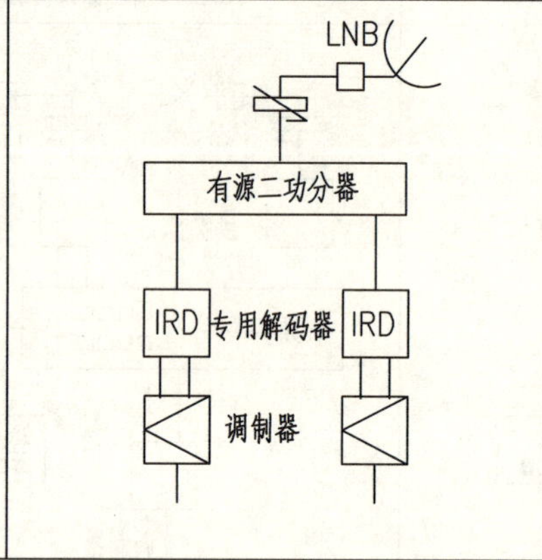	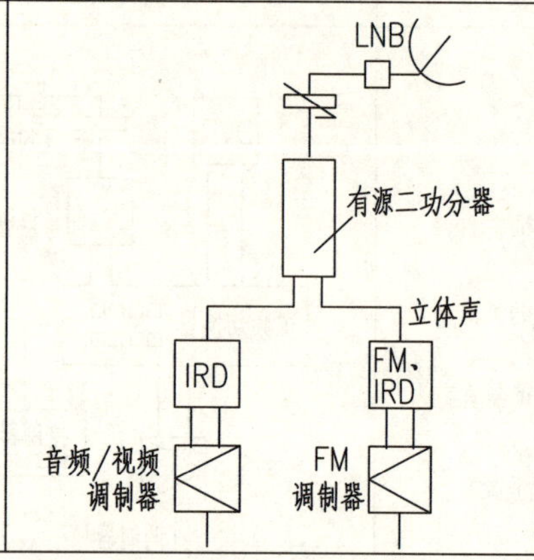	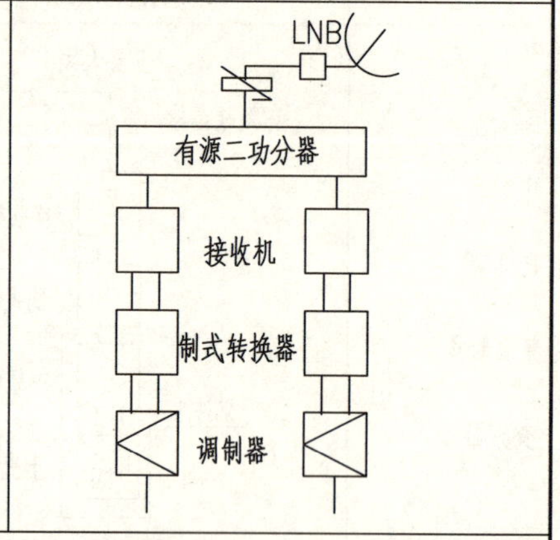

编号	4	5
图名	一卫星天线接三、四、六、八台IRD	二卫星天线接十六台IRD
卫星电视接收信号源模式	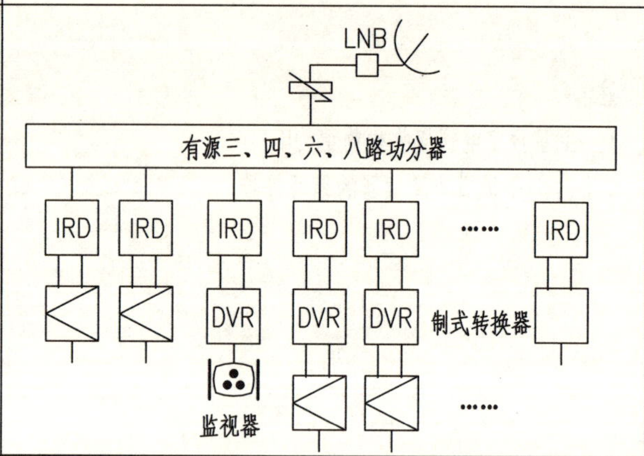	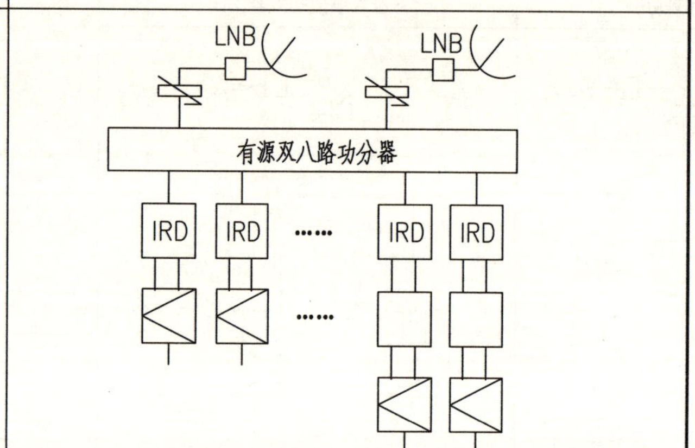

注：

1. 卫星数字电视接收机简记为IRD。
2. 卫星调频（FM）立体声广播的接收机简记为FM.IRD。
3. IRD的输出信号有四种：
   A：模拟视频和伴音信号
   B：传输码流（TS）
   C：FM立体声
   D：数据广播信号

数字CATV用B端口和数字调制器相连。

有线电视	卫星数字电视接收方案	图集号	09X700-2
审核 费锡伦 校对 孙兰 设计 段震寰		页	2-244

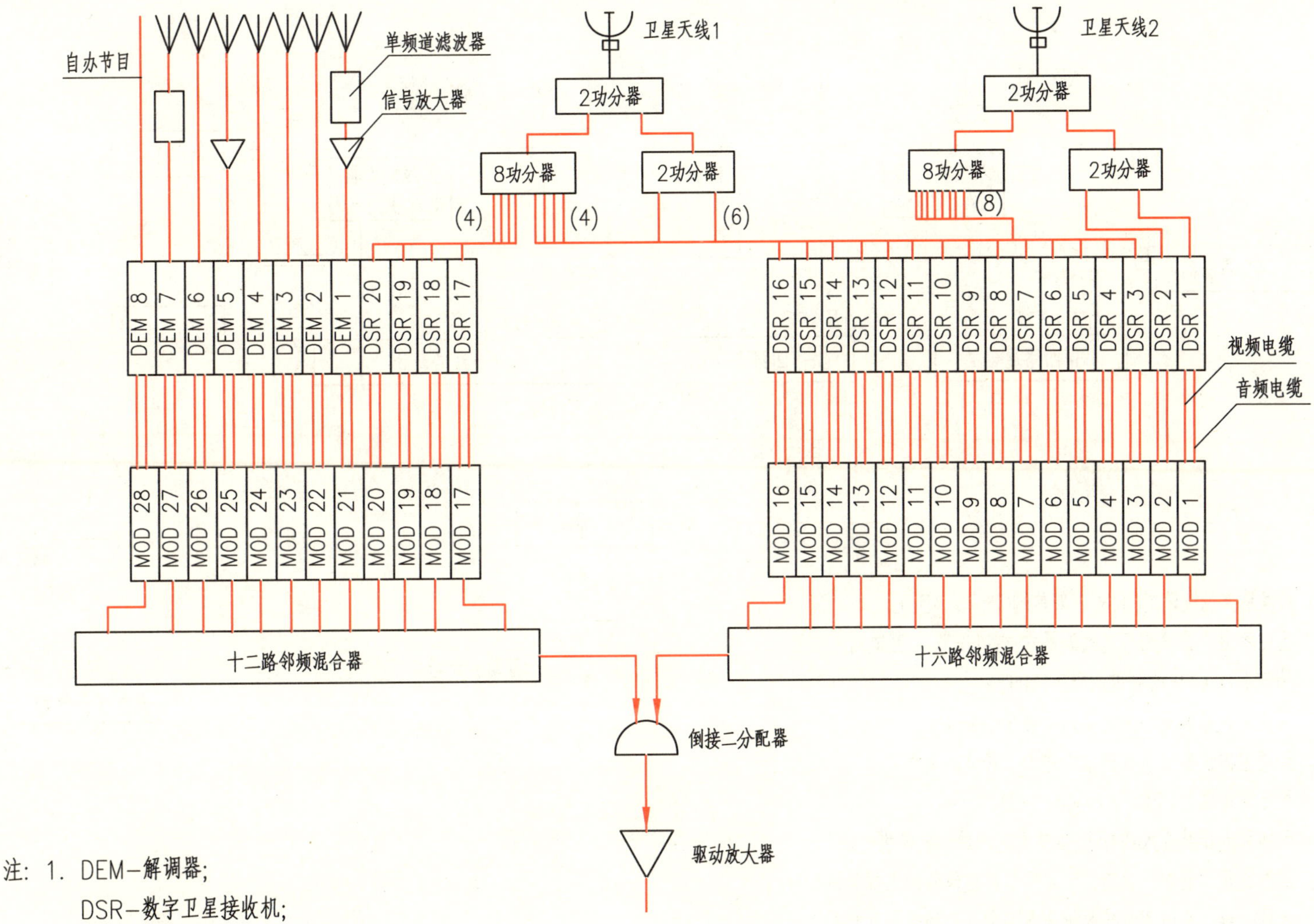

注：1. DEM—解调器；
DSR—数字卫星接收机；
MOD—调制器；
括号中数字是代表75-5电缆的条数。
2. 此图用于模拟有线电视前端。

有线电视	下行邻频前端系统图					图集号	09X700-2
审核	孙 兰	校对	陆 尧	设计	程永斌	页	2-245

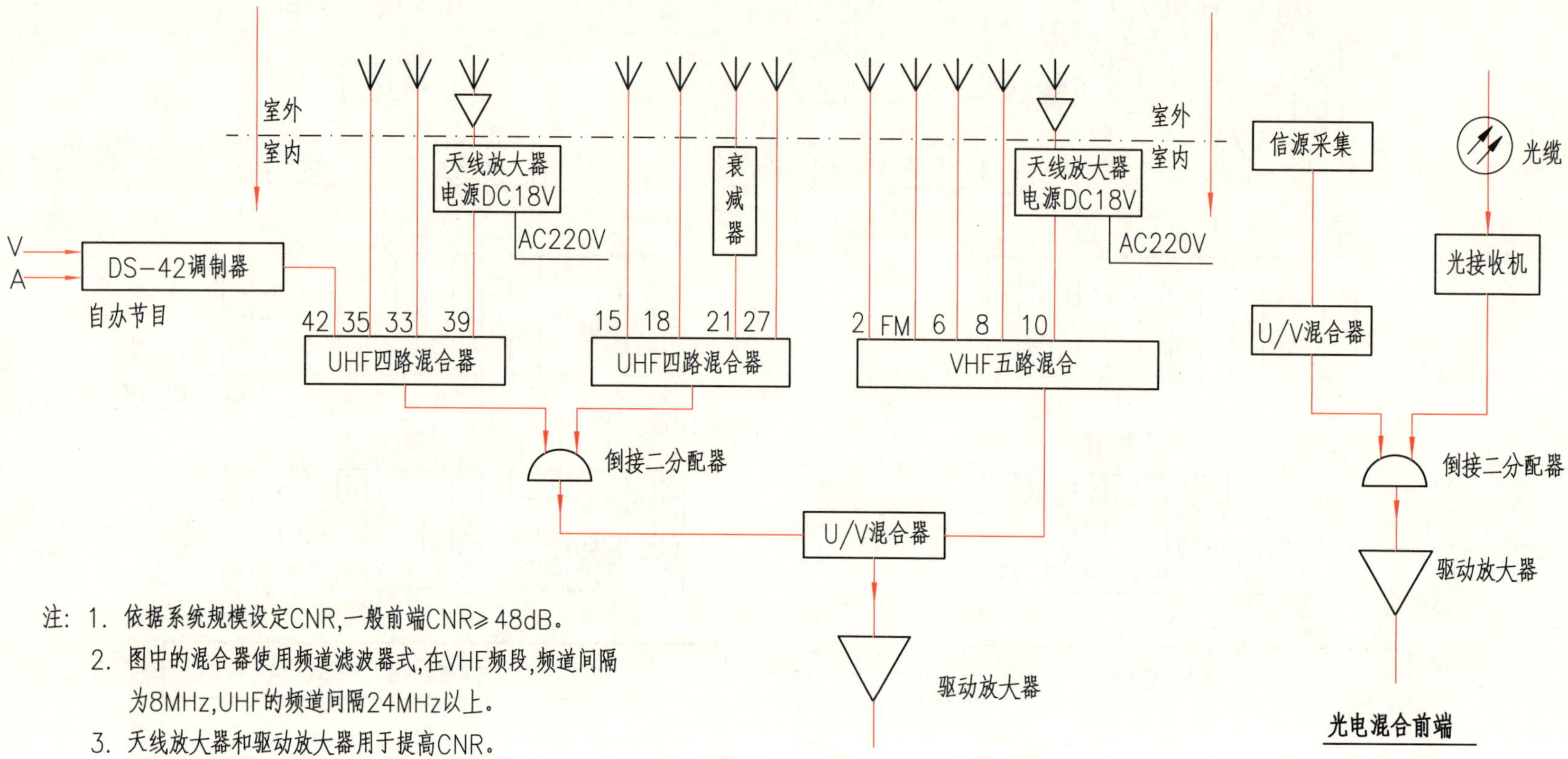

注：1. 依据系统规模设定CNR，一般前端CNR≥48dB。

2. 图中的混合器使用频道滤波器式，在VHF频段，频道间隔为8MHz，UHF的频道间隔24MHz以上。

3. 天线放大器和驱动放大器用于提高CNR。

4. 前端室内设备应装在壁挂式箱内，箱体的参考尺寸长×宽×厚为1200×800×160。

5. 天线放大器装在天线杆上，由室内电源通过电缆供电。

6. 此图适用于宾馆、饭店、公寓等单体建筑物的电视共用天线系统。也适用于接收地面数字电视广播信号和数据广播。

7. 购买有线电视台的信号时，一定要把光接收机装在前端机房内。

有线电视	下行隔频前端系统图					图集号	09X700-2
审核 孙 兰	[signature]	校对 陆 尧	[signature]	设计 程永斌	[signature]	页	2-246

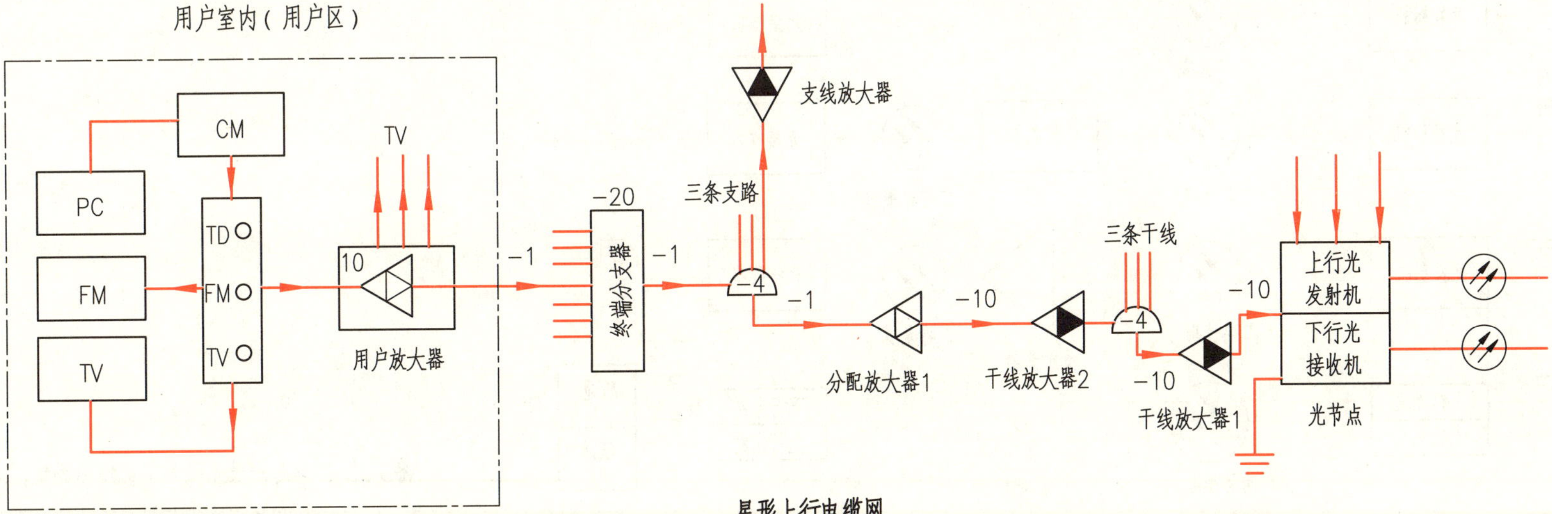

星形上行电缆网

注:

1.在上行通道中,电缆的电长度$=G\times\sqrt{\frac{上行上限频率}{下行上限频率}}=G\times\sqrt{\frac{65}{750}}=0.29G$

G—下行单位增益段中放大器的增益。

2.上行放大器的噪声系数NF用下式计算:

$$NF=NF1+10\ \lg N$$

式中:NF1—有一路输入时的噪声系数;

N—有多路输入时的路数。

3.75Ω电阻产生的热噪声功率$=-(-15.2)+10\log\frac{B\ kHz}{100\ kHz}$

式中:B—有效噪声频带宽度,B=0.96B′;B′是用户独享频带宽度。

4.图中负数为衰减量,单位是dB。

5.本示例用户信道占用频带宽度取104kHz。

6.上行网络载噪比尚有余量,用于防止入侵噪声干扰。

7.调制解调器(CM)的输出电平、载波频率、上行带宽由主控器自动调整。

8.计算结果用于选择上行放大器的增益和安装位置。

上行信道指标

计算结果项目 \ 设备名称	电缆调制解调器(CM)	用户分配放大器	终端分支器	网络分配放大器	支线放大器	上行光发射机驱动放大器
载噪比分配系数	10%	–	–	25%	–	25%
载噪比设计值dBμV	40	38	–	32	–	32
增益dB	–	10	–	22	–	–
传输损耗dB	10	1	20	6	10	10
输入电平dBμV	–	102^{+8}_{-10}	111^{+8}_{-10}	85^{+8}_{-10}	–	77^{+8}_{-10}
输出电平dBμV	112^{+8}_{-10}	112^{+8}_{-10}	–	107^{+8}_{-10}	–	87^{+8}_{-10}
噪声系数dB	–	10	–	14	–	15.5
本底噪声dBμV	–	–15.2	–	–15.2	–	–15.2
最大载噪比dB	–	84.8	–	63.8	–	64.3
最小载噪比dB	–	66.8	–	45.8	–	46.3

有线电视	上行通道系统图	图集号	09X700-2
审核 孙兰 校对 马晓伟 设计 程永斌		页	2-247

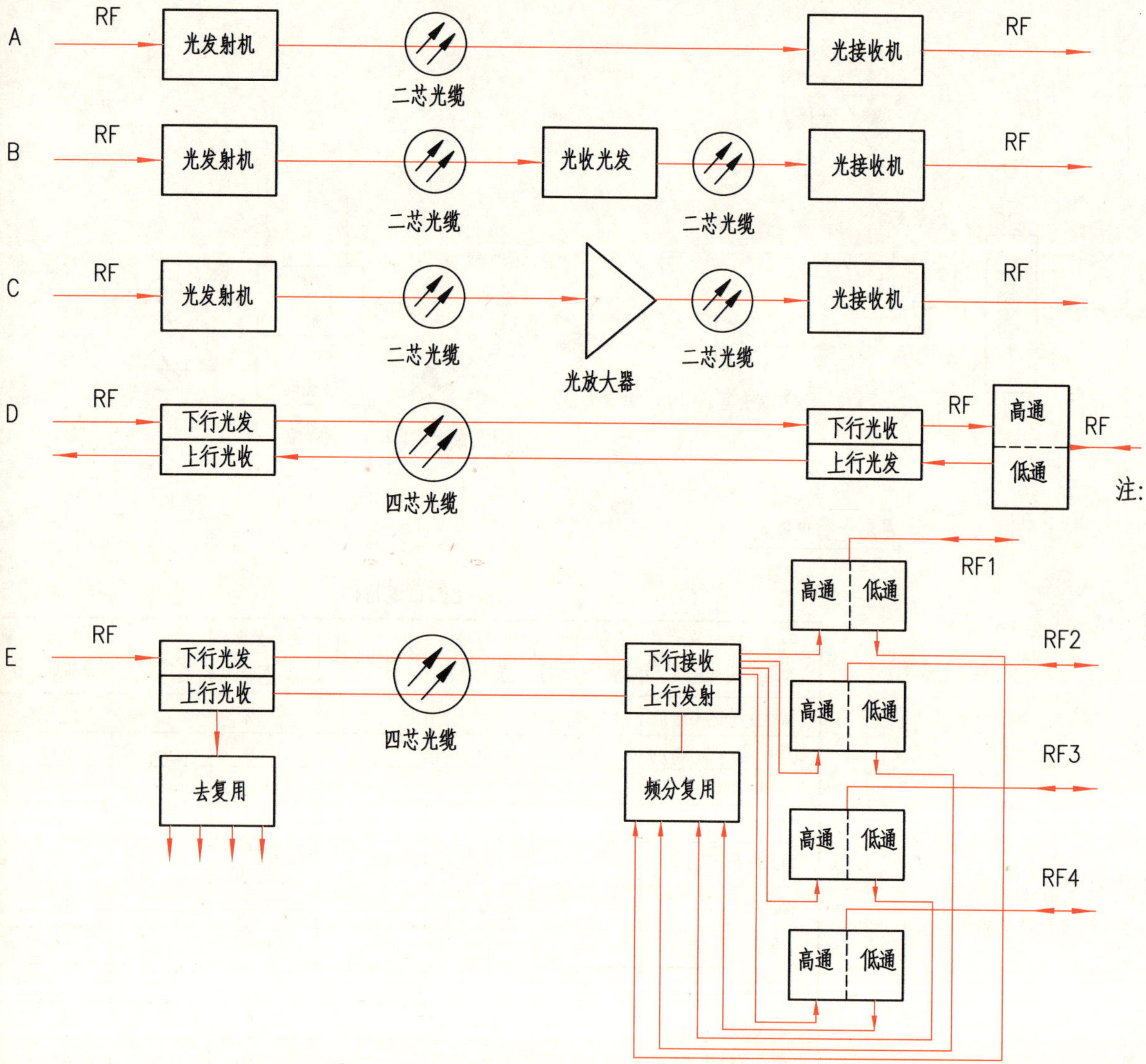

注：1. A模式名称:单向一段光缆无中继传输系统,用1310nm和1550nm均可。

2. B模式名称:单向二段光缆有中继传输系统,用1310nm和1550nm均可。

3. C模式名称:单向二段光缆传输系统,只能用1550nm和1310nm的光放大器作中继。

4. D模式名称:一段双向光缆传输系统,下行用1310nm或1550nm均可;上行宜用1310nm。

5. E模式名称:一段双向数字光缆传输系统,下行用1310nm或1550nm均可,上行宜用1310nm。

6. 光缆含备用芯数。

有线电视	光缆传输干线的五种模式	图集号	09X700-2
审核 孙兰	校对 陆尧 设计 程永斌	页	2-248

光缆干线传输五种模式的应用

模式号	方案名称	干线模式	应用范围	备注
A	光缆一段无中继方案（A）	从网路前端至光接收机为无中继传输	用于30km以内有线电视信号的传输工程	单向传输
B	光缆一级中继方案（B） （光收发设备）	光缆传输至一级中继后，光信号得以接续和分路	用于1310nm光信号接续和光分路工程	1310、1550nm信号均可
C	光缆一级中继方案（C） （光放大设备）	光缆传输至一级中继后，再接续和分路	用于1550nm和1310nm的光信号接续和光分路工程	—
D	光缆双向传输方案（D）	一条光缆中，两条光纤各做上、下行传输 （空分复用）	用于双向网传输工程	1310、1550nm信号均可
E	光缆双向数字传输方案（E）	一条光缆中，两条光纤各做上、下行数字信号传输	应用于长距离超干线传输工程	数字化信号传输指标基本无劣化

注：本表模式号与2-248页相对应。

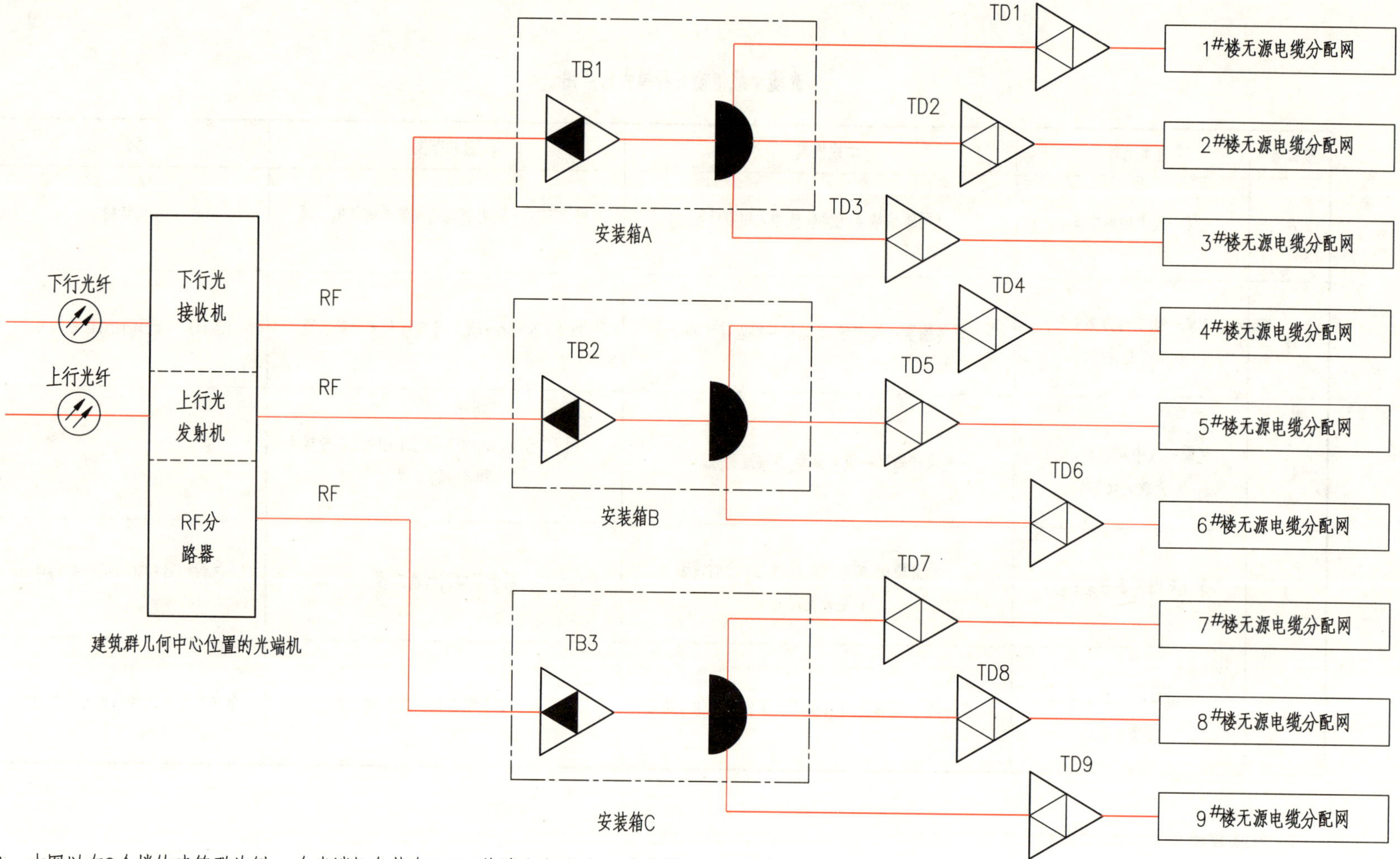

注：1. 本图以有9个楼的建筑群为例，一个光端机负荷在1000终端左右，每台TD负荷量≤125终端。

2. 电缆网络采用星形结构，采用支线放大器（TB）串接分配放大器（TD），TD的作用是推动无源用户分配网。

3. 分支器、分配器等无源设备的传输频带是5MHz~1000MHz。

4. 发展趋势一是把光端机装到楼内，去掉TB、TD，发展趋势二是光纤入户。

有线电视	双向传输网络示例	图集号	09X700-2
审核 孙兰 校对 张路明 设计 程永斌		页	2-250

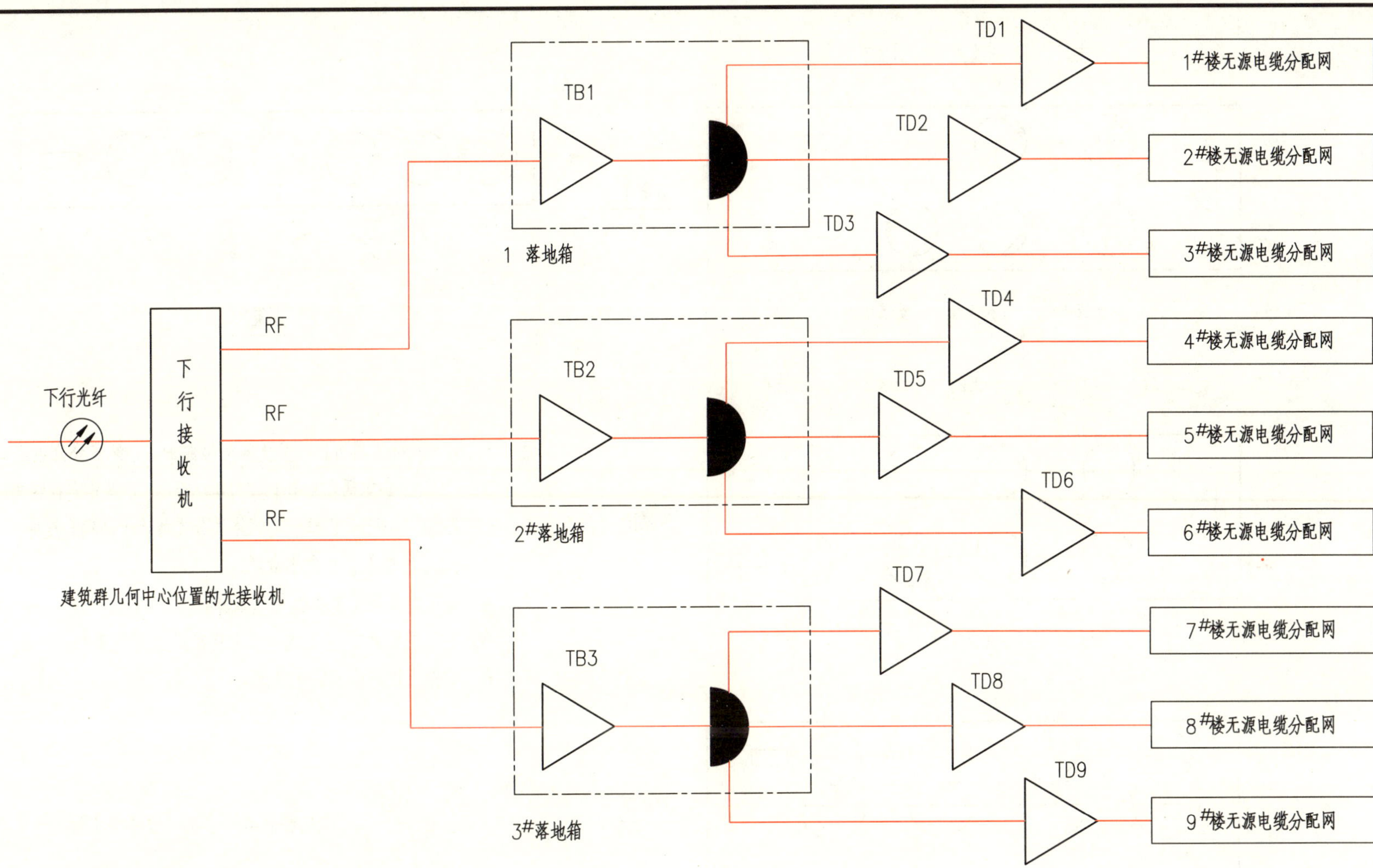

注：1.本图以建筑群为例，一个光节点负荷是1000户左右。

2.电缆网络采用星形结构，采用支线放大器（TB）串接分配放大器（TD），TD的作用是推动无源用户分配网。

有线电视	单向传输网络示例	图集号	09X700-2
审核 孙兰 校对 陆尧 设计 程永斌		页	2-251

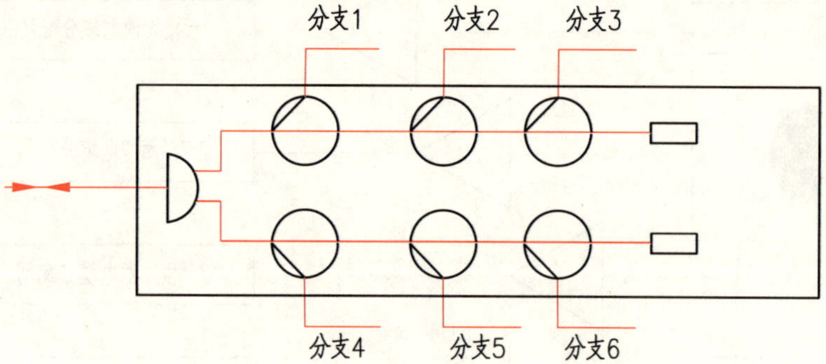

方案Ⅰ

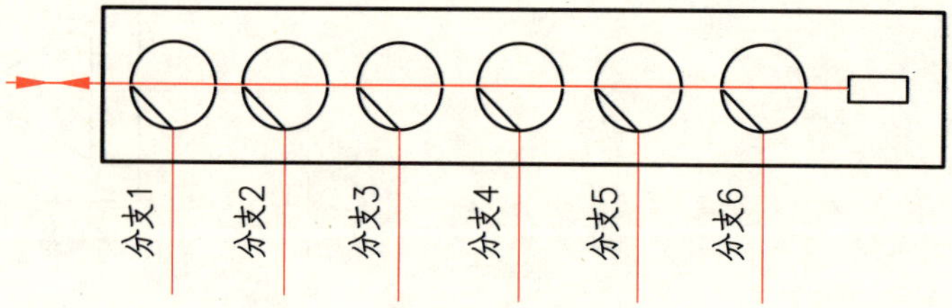

方案Ⅱ

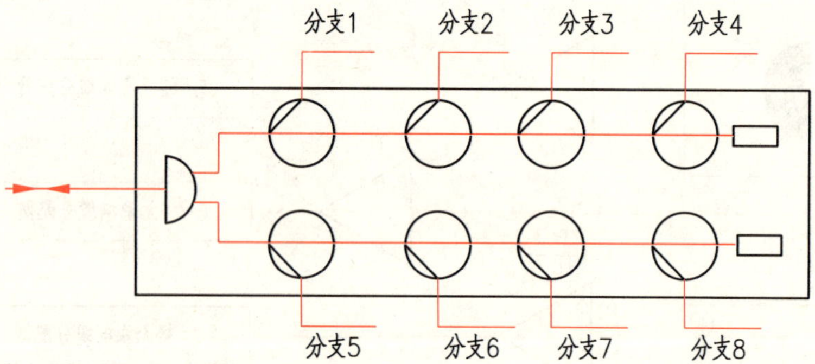

方案Ⅲ

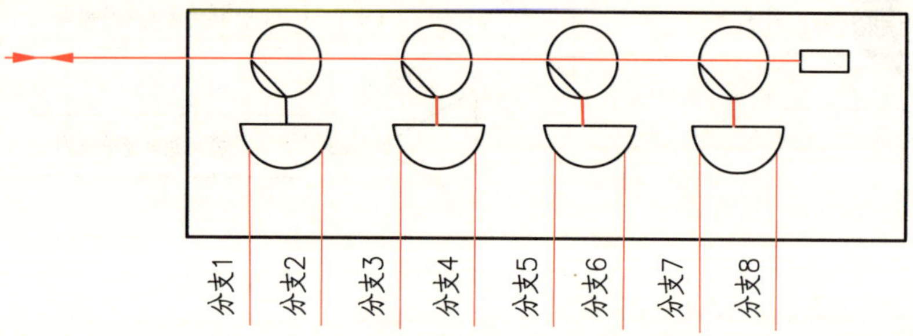

方案Ⅳ

注：1. 六和八分支器可由一分支器串接或加二分配器分别组成。
2. DCC的分支耦合度有12、14、15dB。当分支损耗档差为0.5dB时，低耦合度的终端分支器优于高耦合度的。
3. DCC的插入损耗愈小愈好。
4. 集中分支器性能参数见产品说明书。
5. 在工程设计中，交互式有线电视宜用DCC型集中分支器。
6. 它是三网融合网的优选设备。

图例：

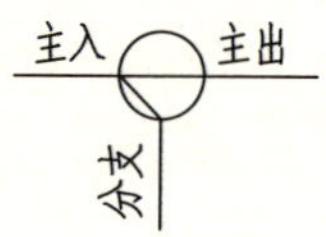

定向耦合器(DCC)，设备名称为一分支器

有线电视	集中分支器					图集号	09X700-2
审核 孙 兰	[签名]	校对 马晓伟	[签名]	设计 程永斌	[签名]	页	2-252

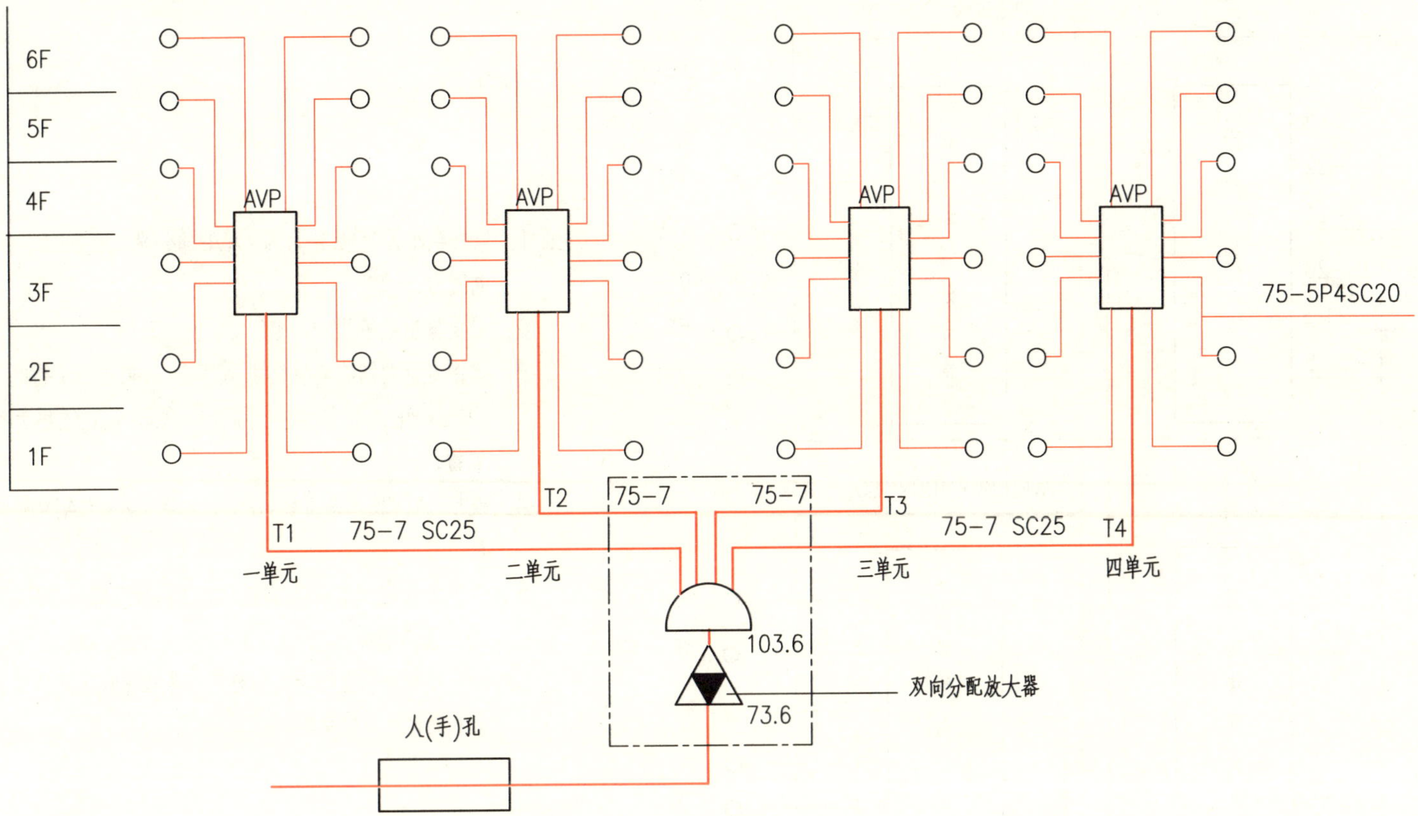

注：1. 本示例为一单元12户采用集中分支器，每户设计一个用户盒。
2. 每户安装2个或多个输出端时，需安装用户放大器。
3. 下行放大器的输出电平有8dB倾斜，最高103.6dBμV，最低96.1dBμV，上行增益为30dB，平坦输出。
4. AVP是安装箱，内装12路集中分支器，安装在三层或四层均可。
5. 放大器箱安装在首层。

有线电视	双向传输用户分配网	图集号	09X700-2
审核 孙兰 校对 陆尧 设计 程永斌		页	2-253

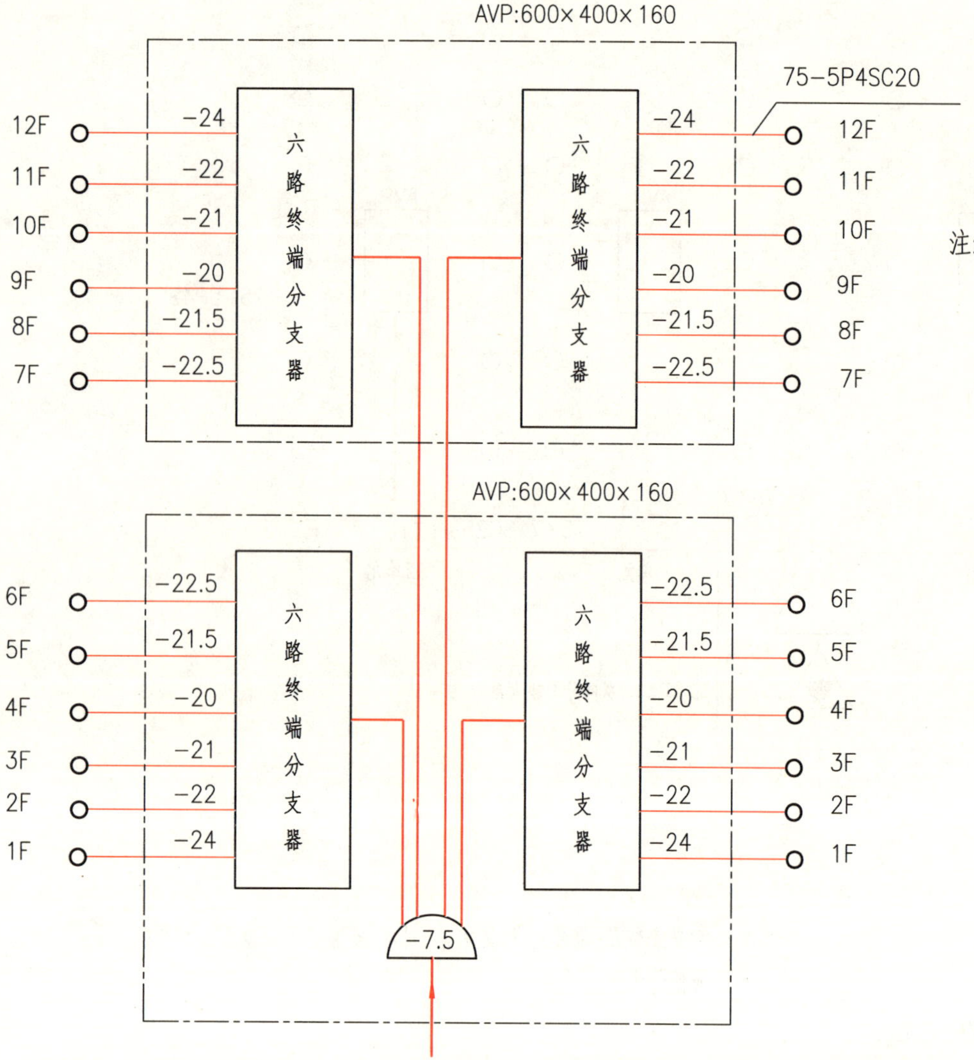

注：1. 以住宅小区12层楼为例。AVP箱分别安装在4F、9F弱电间内。

2. 分支输出电缆用75-5P4,长度≤30m。

3. 本图是双向网的典型设计,数字CATV输出口下行电平为:56± 4dBμV;上行电平为102^{+8}_{-10}dBμV,适用于各类建筑物。

4. 模拟CATV使用两屏蔽（P2）电缆，数字CATV使用四屏蔽电缆。

5. 图中负数为分支损耗,损耗大的端口接近端用户,损耗小的端口接远端用户。

6. 分支损耗为行业标准的标称值，是依据住宅建筑结构转化为电缆长度后设定的。

有线电视	双向传输用户分配网	图集号	09X700-2
审核 孙兰 校对 马晓伟 设计 程永斌		页	2-254

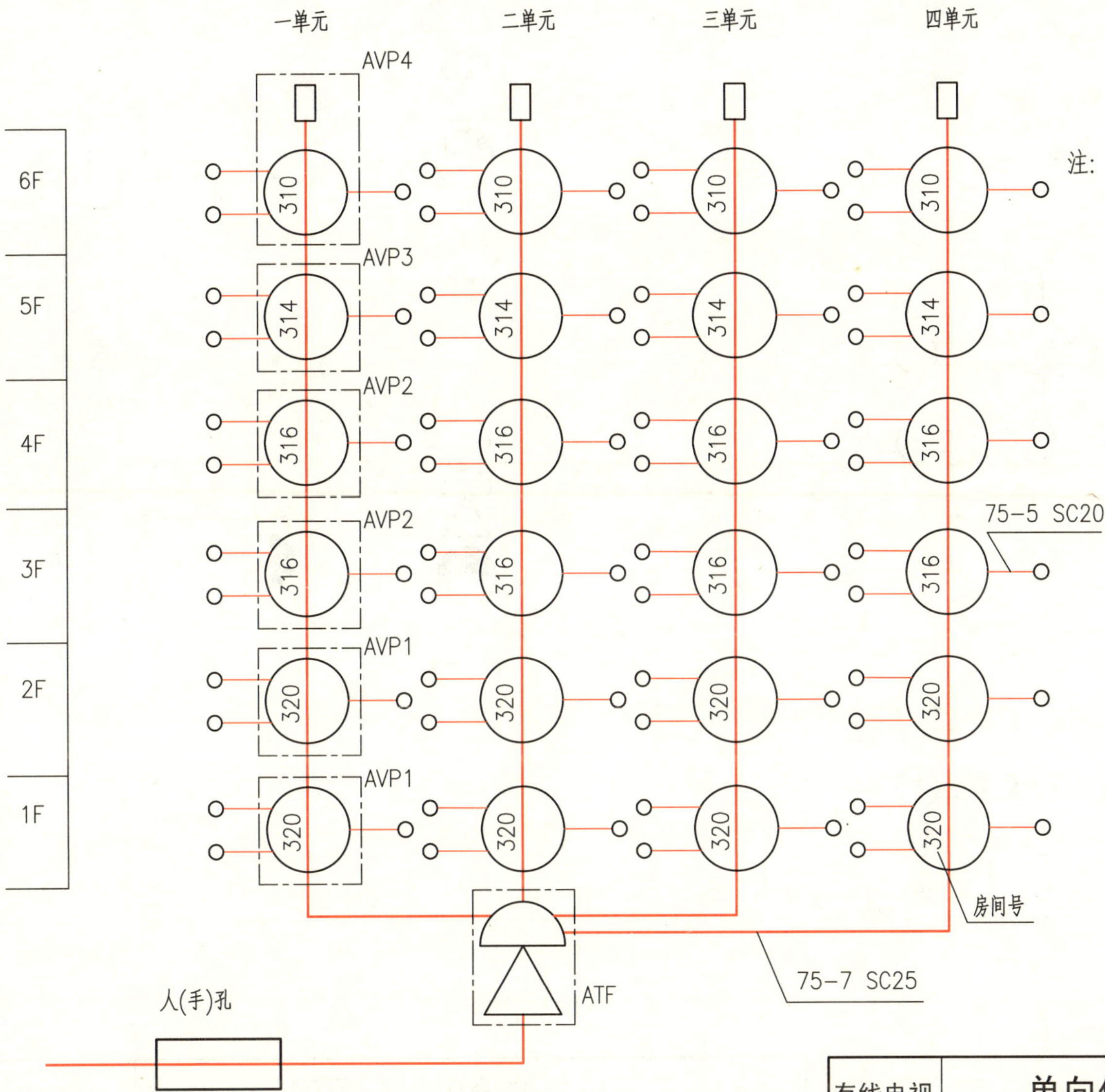

注：1. 本示例为一门18户采用串接分支器，每户设计一个用户盒。

2. AVP为楼内分配箱,设置于各层公共楼道内。ATF为放大器箱。

3. 层间电缆为SYWF75-7P2;进户电缆为SYWF75-5P2。

4. 限额数值：

系统输出口电平60~80dBμV；

模拟电视频道电平差≤15dB；

数字电视载波电平差≤10dB；

上行通道衰减差≤30dB。

5. 计算电平的层间电缆长度取3.5m。

6. 本图适用于单向传输模拟下行RF信号。

7. 代码含义：

3-三个分支输出口；

3以后的数表示分支损耗的dB值。

有线电视	单向传输用户分配网	图集号	09X700-2
审核 孙兰 [签名] 校对 陆尧 [签名] 设计 程永斌 [签名]		页	2-255

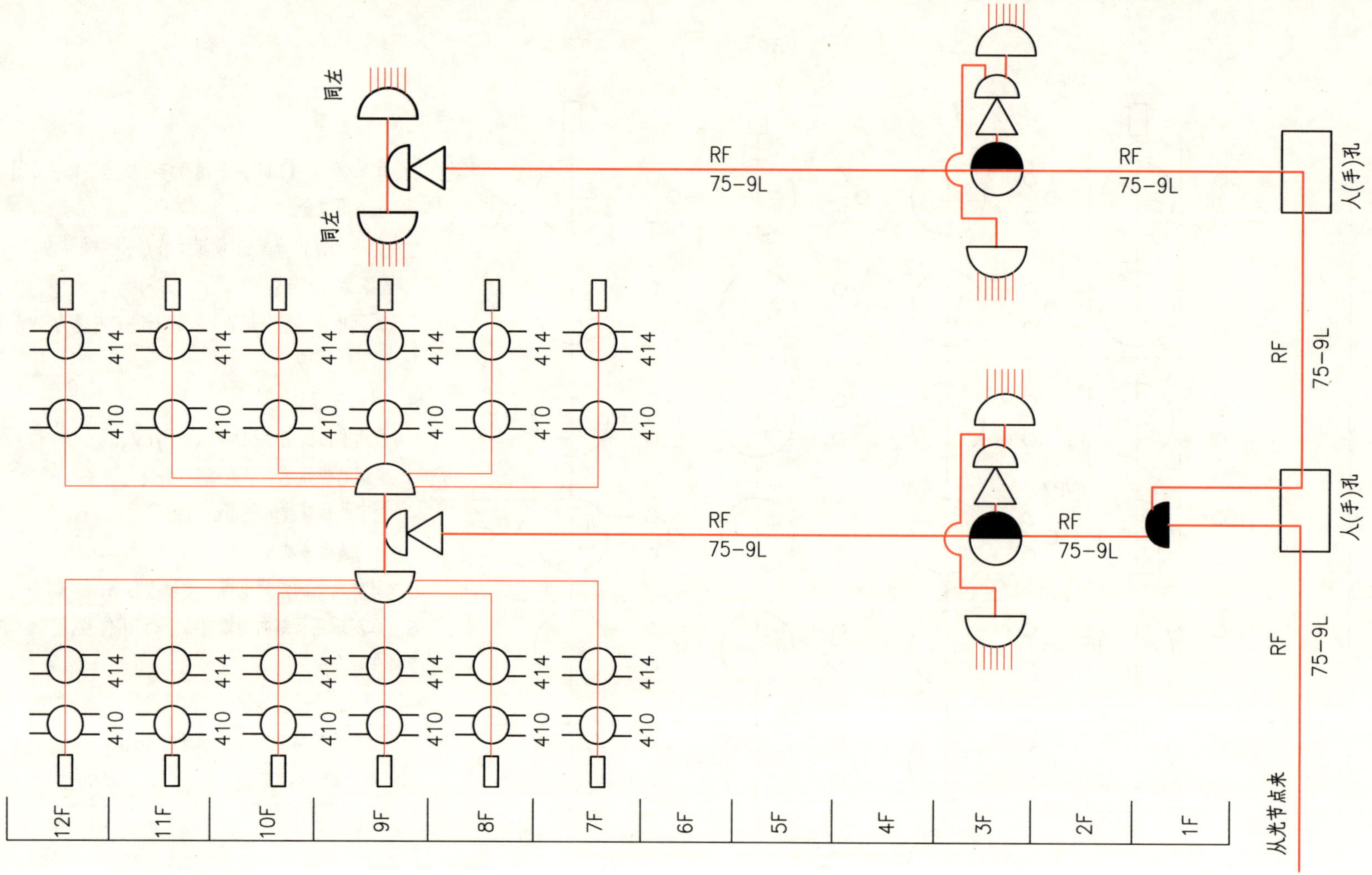

注：1. 75~9L系物理发泡式电缆，L-外导体为铝管。

2. 参见2-255页注4~7。

有线电视	单向传输用户分配网					图集号	09X700-2
审核 孙兰	[signature]	校对 陆尧	[signature]	设计 程永斌	[signature]	页	2-256

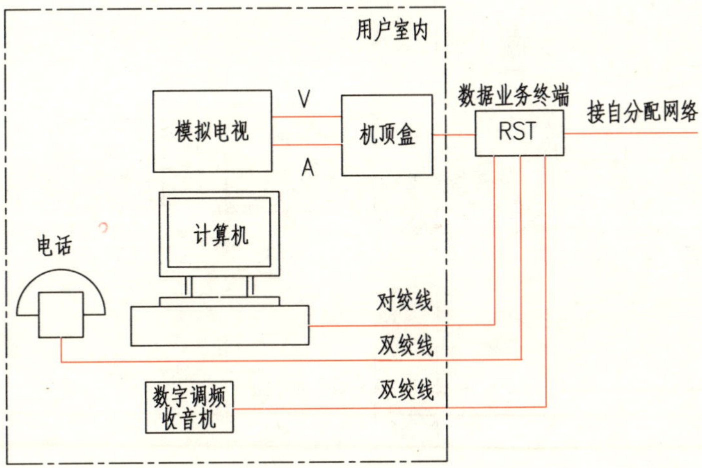

方案Ⅰ

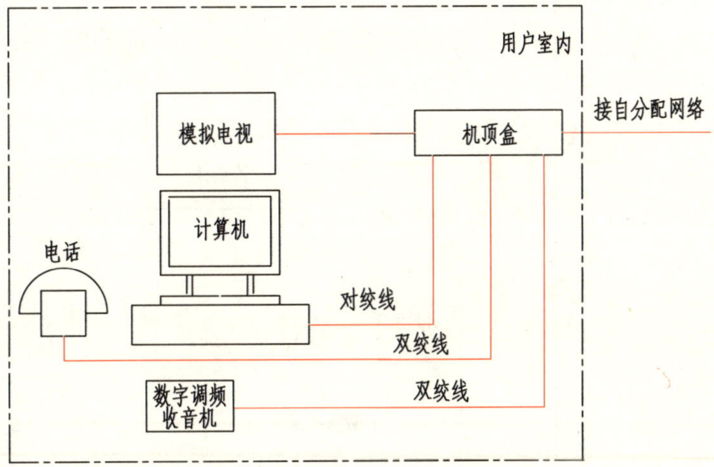

方案Ⅲ

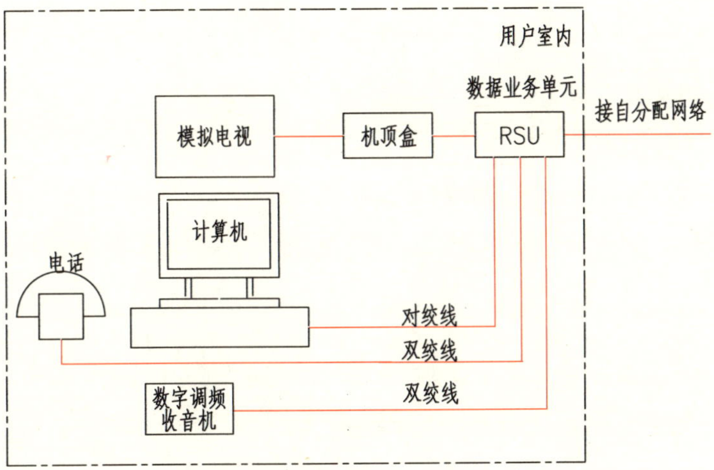

方案Ⅱ

注:

1. 方案Ⅰ：RST为数据业务终端。适用用户密集的多层建筑及商业群体，为用户提供数据服务。RST可置于同轴电缆分配网任何位置，可配十～几十个普通市话用户。
2. 方案Ⅱ：网络接口单元：RSU为数据业务单元，将同轴电缆网上的电话和CATV分离，并提供电话和CATV接口；RSU基本型仅提供一路电话接口，扩展后可接3路电话接口；加强型可接8路电话接口并具有ISDN及数字、数据功能。
3. 方案Ⅲ：机顶盒将同轴电缆网FR转换为双绞线传送FM和TV等。

有线电视	用户端连线图					图集号	09X700-2
审核	费锡伦	校对	孙 兰	设计	段震寰	页	2-257

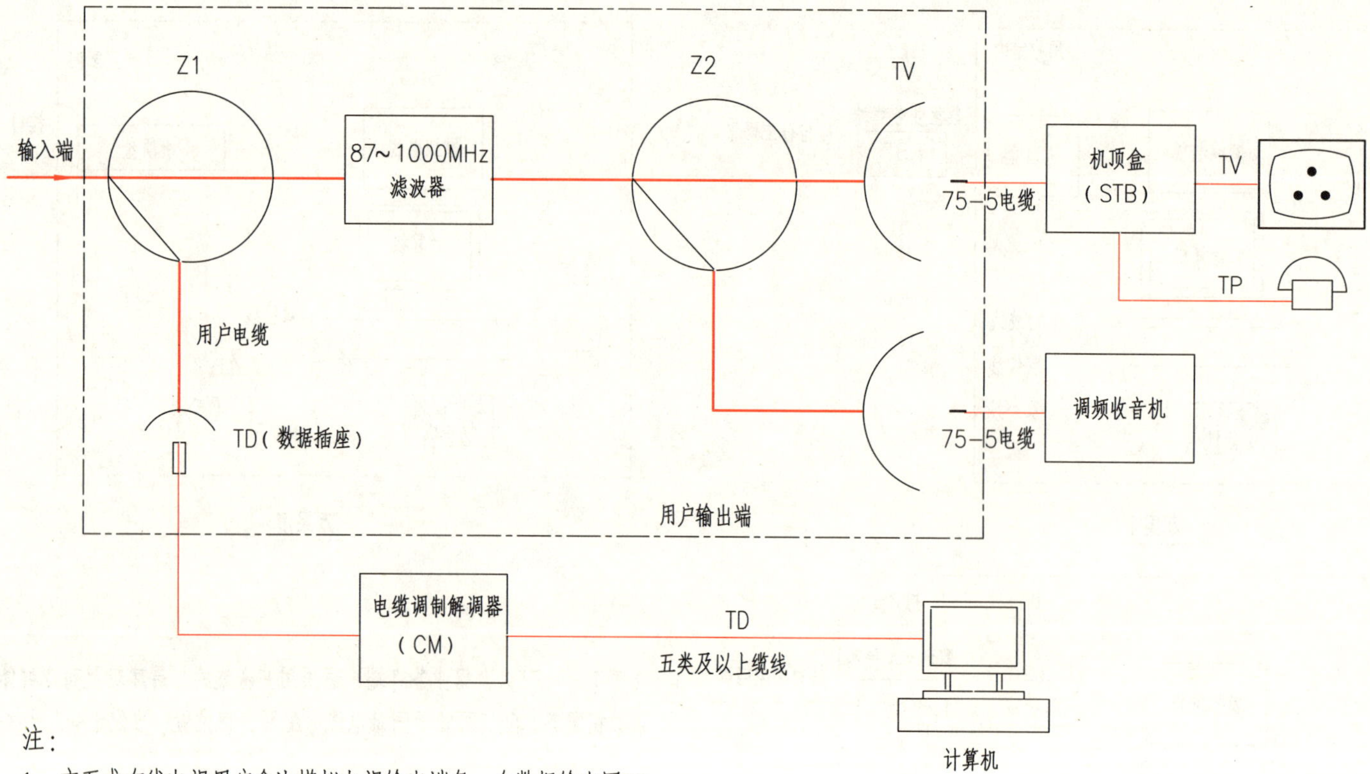

注：

1. 交互式有线电视用户盒比模拟电视输出端多一个数据输出口TD。
2. 内部线路中针对电视机和调频接收机的干扰设置了滤波器。
3. TD口通过CM连接计算机接入互联网（因特网），在计算机上看到的电视节目叫做网络电视（IPTV）。
4. 输出端面板TV、FM、TD端口的选用及组合由工程设计确定。
5. 模拟电视机接收数字电视信号需要接入机顶盒（STB）。
6. 三网融合后CM和STB功能合一，可单独设置，也可设置在用户信息箱里，用户终端可以是电视机、电话机、计算机合而为一。

有线电视	交互式CATV用户输出端接线图					图集号	09X700-2
审核 孙兰	[签名]	校对 汪浩	[签名]	设计 程永斌	[签名]	页	2-258

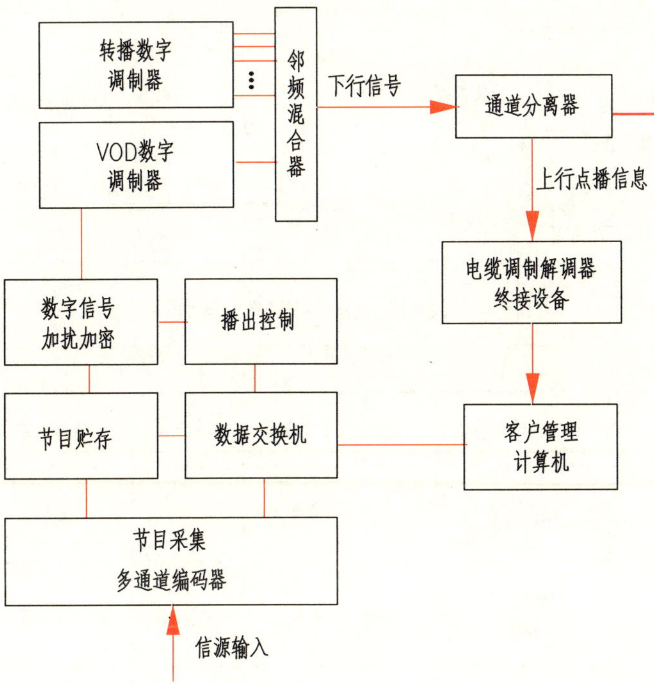

视频点播（VOD）系统示意图

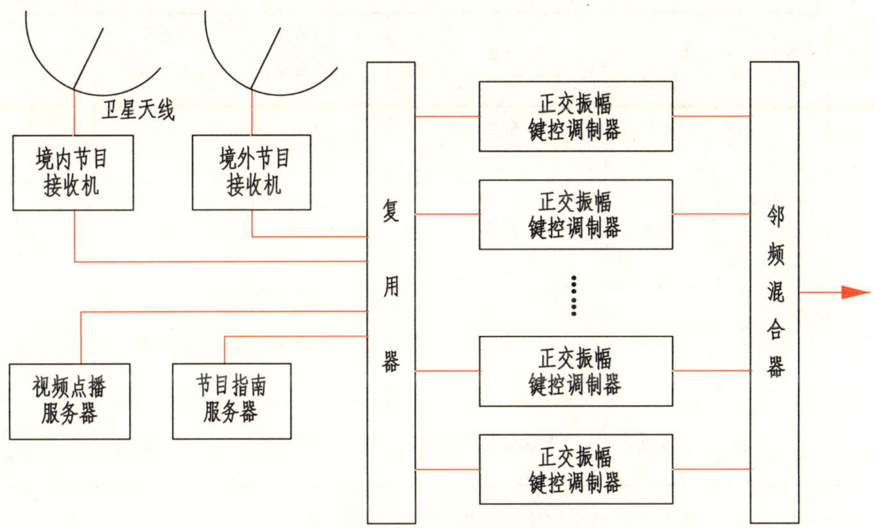

宾馆数字卫星电视前端系统示意图

有线电视	视频点播(VOD)及数字电视前端示意图	图集号	09X700-2
审核 孙兰 校对 汪浩 设计 程永斌		页	2-259

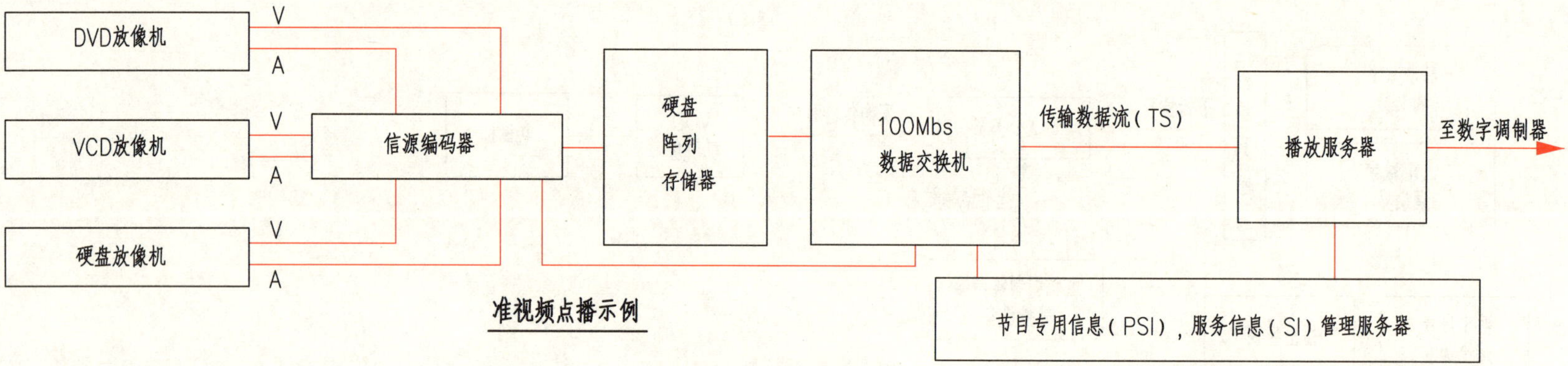

准视频点播示例

四种VOD方案比较表

序号	名称		建议	同时点播用户数量	点播节目总的套数	点播响应时间	受众设备	传输子系统	计费方式	关键技术
1	模拟视频点播		慎用	无限制	≤20	预约	电话机、解扰器、模拟电视机	单向	人工	无
2	数字化视频点播	延时式	优选	无限制	≤120	不超过10min	支持VOD的机顶盒和模拟电视机	单向	半自动	硬盘机顶盒
3		实时式	一般不用	2.5万户以下	无限制	0.3s 对节目进程无法控制	软体机顶盒和模拟电视机	双向	全自动	IP软交换 多媒体数据库
4		实时交互式	三星级以上宾馆优选	1000万户以下	无限制	控制操作3～4s， 点播0.3s	软体机顶盒和模拟电视机	双向	全自动	IP软交换 多媒体数据库

注：1. NVOD适用于只有下行通道的数字CATV系统。
2. 机顶盒有PSI、SI和自动收费功能。
3. 点播节目36套，用6台数字调制器。每个TS中有6套节目，每套节目有唯一的标识符号和服务信息。
4. 播出同一套节目的起始时刻有多种设置方式。例如：1集电视剧时长30min，起始时刻的间隔为5min，则有6个起始时间。观众点任一起始时刻的节目均可。
5. 有上行通道的数字CATV，系统应采用TVOD或IVOD。

有线电视	视频点播(NVOD)示意图	图集号	09X700-2
审核 孙兰 校对 汪浩 设计 程永斌		页	2-260

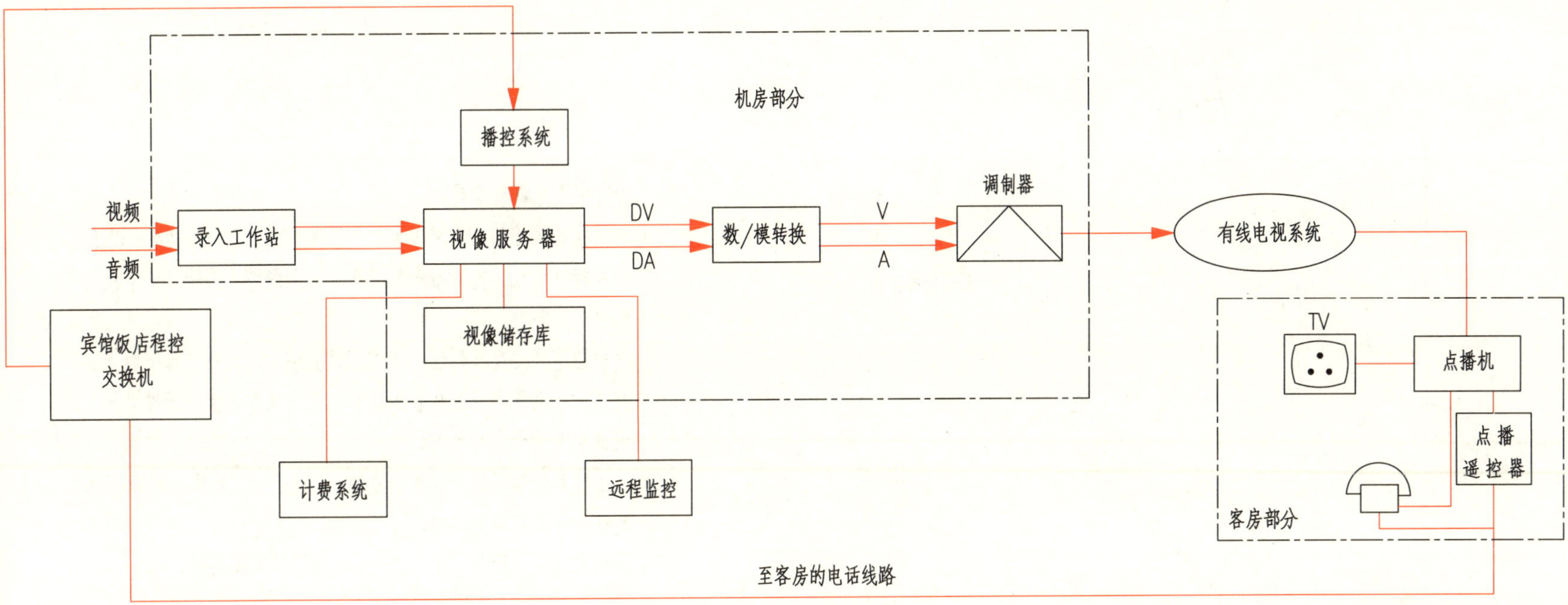

注:

1. 本系统利用宾馆、饭店现有的有线电视网和程控交换机在客房内实现自动影视点播。

2. 视像储存库容量为1GB即可存放16部90min的影片，输出16路，其中一路为节目介绍，15路用于节目点播，并可根据需要进行扩展。本图仅示出基本型。

3. 系统设备功能:

录入工作站：可将各种形式（如磁带、放像机、VCD）的片源实时数字压缩存储到视像库中（外挂硬盘）。

视像服务器：接收播控系统发过来的命令，控制视像影片播出，连接计费系统，实现远程监控。

数/模转换：完成数据到模拟视频信号的转换（D/A）。

调制器：将模拟的、视频信号调制到有线电视的增补频道上。

播控系统：将用户端的电话信号转换为数字信号传送到服务器，控制视像服务器播放视像节目。

客房部分：在客房里只安装点播机，住客可以通过点播机的遥控器实现影视片的点播。

计费系统：安装在酒店的前台，既可以同酒店的管理系统连网，也可以独立计费、打印账单。

远程监控：系统的点播状况及计费情况可以通过电话线实行异地监控。

有线电视	视频点播(模拟)示意图	图集号	09X700-2
审核 费锡伦 费锡伦 校对 孙兰 孙兰 设计 段震寰 段震寰		页	2-261

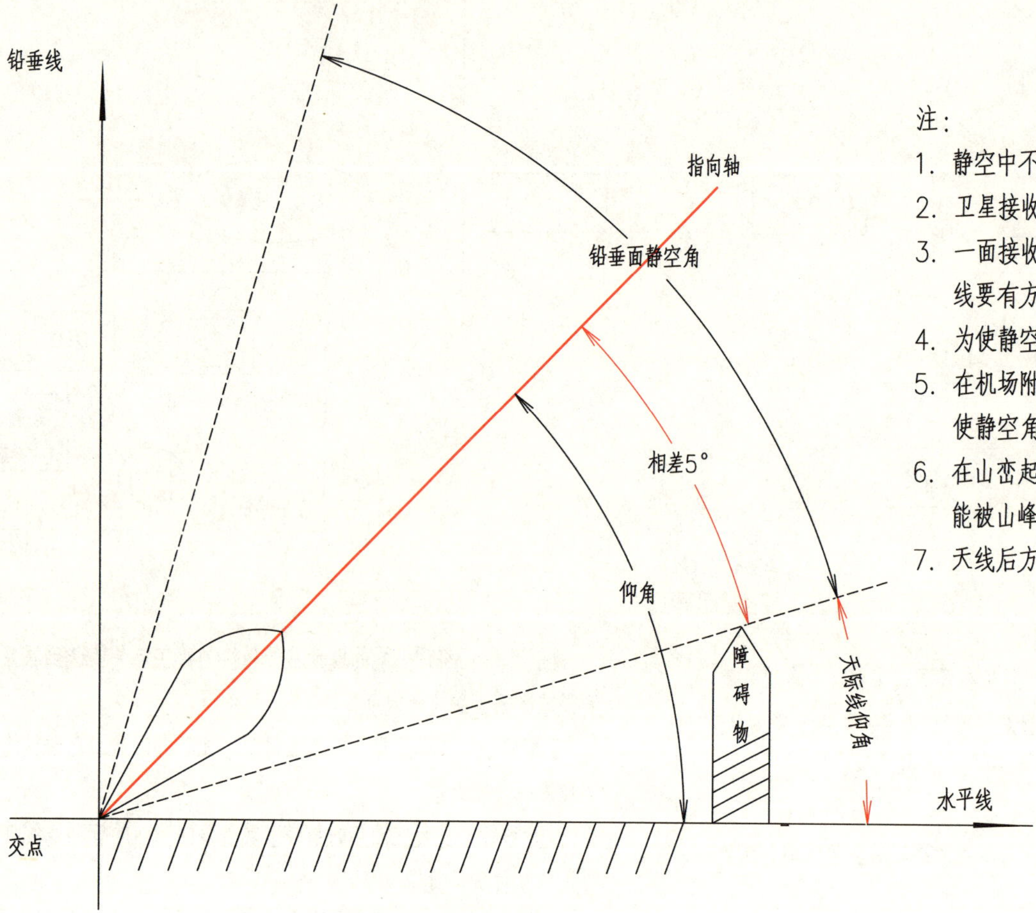

卫星天线仰角示意图

注：

1. 静空中不允许有障碍物。
2. 卫星接收天线的仰角必须大于天际线仰角，且应相差5°以上。
3. 一面接收天线只能对准一颗卫星（自动跟踪天线除外），接收天线要有方向性。
4. 为使静空角远离障碍物，应将天线安装于建筑物顶部平面上。
5. 在机场附近设置卫星接收天线时，应当认真勘察、仔细计算，以使静空角避开飞机航道。
6. 在山峦起伏地区建设电视接收站（TVRO），必须确保静空角不能被山峰等障碍物遮挡。
7. 天线后方一定距离（至少2m）之内不得有障碍物。

有线电视	卫星天线的选址	图集号	09X700-2
审核 孙兰 校对 汪浩 设计 程永斌		页	2-262

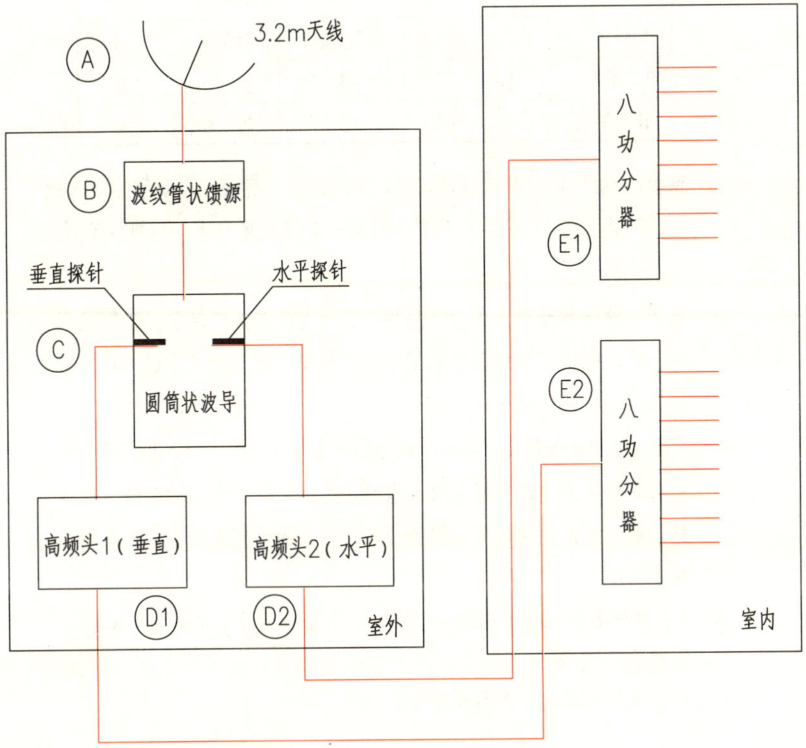

注：1. 上卫星电视网查出：前馈天线接收亚洲3S的C波段信号，查出的参数如下表：

地名	南偏东	南偏西	仰角	极化角	信号强度	天线口径
北京	–	16.8°	42.51°	–12.81°	35dBW	3.2m
广州	–	6.36°	61.51°	–	45dBW	2.0m
哈尔滨	–	15.2°	33.34°	–	32dBW	4.2m
乌鲁木齐	34.5°	–	36.43°	–	35dBW	3.2m

2. 乌鲁木齐的风大，宜用网状天线。设计过渡铁板，架设4.2m以下的大锅。
3. B、C、D1和D2为一体结构，如图所示：C设备中有两个相互垂直的探针，分别拾取水平极化(H)信号和垂直极化(V)信号。
4. 如图所示：2只高频头D1和D2分别接收水平极化(H)信号和垂直极化(V)信号。
5. E1和E2应使用有源8路功率分配器，其16个输出口分别与16台卫星数字电视接收机相接。高频头的供电来自卫星数字电视接收机，有源功率分配器有自动选择供电线路功能，抵消无源分配电路的损耗，信号通过有源功率分配器的损耗为0dB。
6. 卫星数字电视接收机输出的传输码流为数字调制器的输入信号，传输码流内复合了8套节目。则16台数字调制器容纳了128套节目。
7. 把128套节目编制成1张电子表格，每套节目有固定的序号。数字电视机或串接在模拟电视机前的数字电视机顶盒依据序号选择节目。

说明： A、B、C、D、E五种设备组成卫星电视地面接收站。

有线电视	卫星接收示例(3S)					图集号	09X700-2
审核	孙兰	校对	汪浩	设计	程永斌	页	2-263

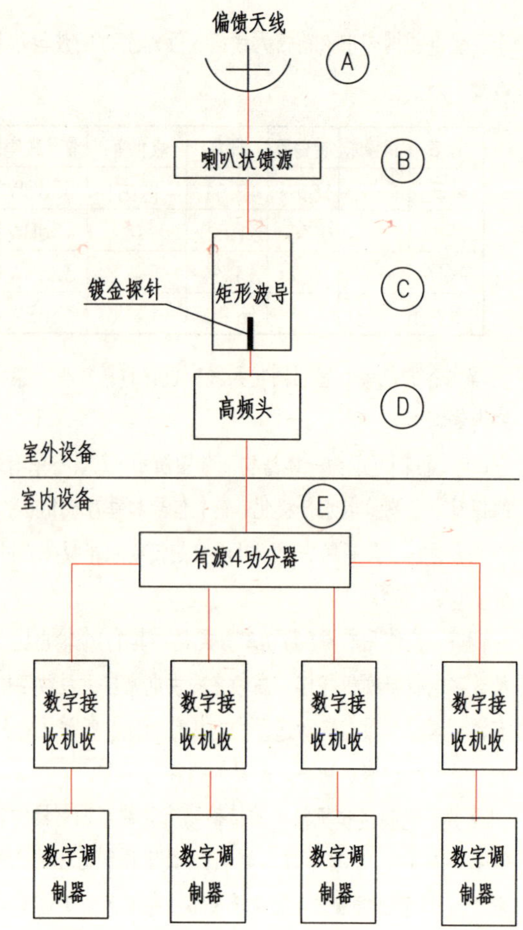

说明： A、B、C、D、E五种设备组成卫星电视地面接收站。

注：1. 上卫星电视网查出：偏馈天线接收中星9号的Ku波段信号，查出的参数如下表:

地名	南偏东	南偏西	仰角	信号强度	天线口径	极化方式
北京	–	35.9°	37.2°	48dBW	长轴1.5m	左旋
广州	–	45.4°	53.5°	52dBW	长轴0.9m	左旋
哈尔滨	–	44.4°	27.1°	44dBW	长轴2.0m	左旋
乌鲁木齐	5.51°	–	39.4°	46dBW	长轴1.5m	左旋

2. 接收Ku波段信号使用偏馈天线。它的口面是椭圆，以长轴标示天线口径。其值在2m以下。偏馈天线可以挂装在墙壁上，也可以架设在水平面上。
3. 馈源、波导和高频头为一体结构。波导与高频头之间有一个镀金探针，把电磁场转换成高频电信号。波导中间有一块绝缘板，把左旋极化信号变成线极化信号。
4. 有源4路功率分配器，其4个输出口分别与4台数字接收机相接。高频头的供电来自数字接收机，有源功率分配器实现自动选择供电线路功能，抵消无源分配电路的损耗，信号通过有源功率分配器的损耗为0dB。
5. 4台数字调制器能收到40套节目。1台数字接收机输出的传输码流承载着10套节目。
6. 偏馈天线安装图见产品说明书。

偏馈天线口径与卫星等效辐射功率(dBW)关系表

dBW	30	33	36	39	42	45	48	50	51	54	60
长轴(cm)	560	400	260	180	120	90	70	60	50	40	30

有线电视	卫星接收示例(中星)	图集号	09X700-2
审核 孙兰	校对 汪浩	设计 程永斌	页 2-264

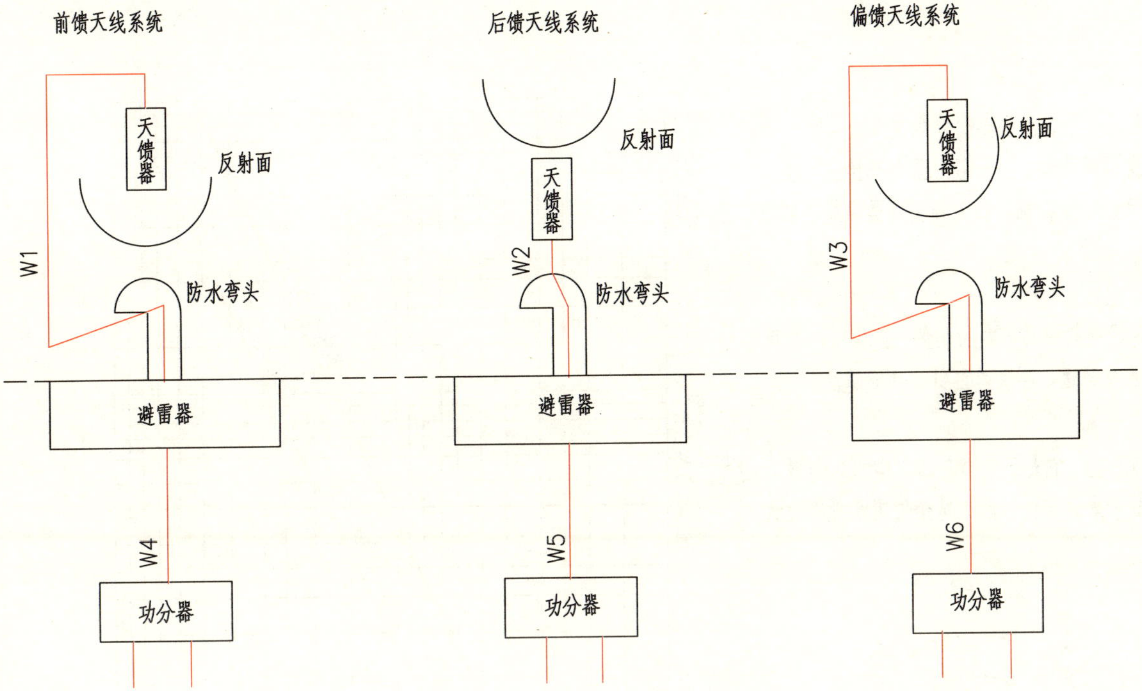

6. 图示避雷保安器在950～2150MHz频率范围内的插入损耗应≤2dB。室外电缆W1～W3与室内电缆W4～W6宜使用外导体为铝管的SYWLV75-9电缆。
7. 不可使用PVC管做布线管，可使用铁管或铝塑管。一段布线管两端应做等电位连接，其长度不得为信号载波波长的整数倍。
8. W4～W6的长度宜控制在100m以内。当接收信号频率f=2150Hz时，百米损耗约为16dB；当接收信号频率f=950Hz时，百米损耗约为11dB。
9. W4～W6的长度在100m以内，使用无源功分器；否则应使用有源功分器。

注：

1. 面天线有前馈、后馈、偏馈三种。前馈天线的一体化位于反射面焦点，后馈天线的一体化位于反射面几何中心，偏馈天线的反射面为前馈天线反射面的1/4。
2. 前馈和后馈天线只能安装于水平面，而偏馈天线除可以安装于水平面之外，更多情况下为挂装于墙壁。
3. 进线管应在天线基础的正北方向，且尽可能靠近天线立柱。
4. W1～W3为悬空连接电缆，系黑色护套的物理发泡射频同轴电缆，需严格控制其长度，宜小于30m。
5. 进线管内径的选定规则：截面占用率在40%左右。
10. 布线管的终点在标准机柜底部，功分器和卫星数字电视接收机安装在标准机柜内。设备与机柜做等电位连接，布线管、机柜分别做等电位连接。
11. 使用偏馈天线的卫星数字电视接收机输入电平为-45±20dBm，动态范围40dB；使用前馈和后馈天线的卫星数字电视接收机输入电平设计值应为-38±10dBm。

有线电视	卫星天线管线					图集号	09X700-2
审核	孙兰	校对	汪浩	设计	程永斌	页	2-265

卫星电视接收天线安装时要考虑的问题：

1. 卫星电视接收天线与接收机房的距离

为了保证高频头与卫星接收天线的等电位连接，因此，要求卫星接收天线及天线基座与接收机房（或发射机房）两者之间的相对位置及距离要适当。一般卫星电视接收机房应设在卫星接收天线基座的北面或下面一层。卫星接收天线与接收机房（中频调制器房或差转机房）之间的距离宜为5~15m，最远不宜超过30m。

2. 避雷针的设置

当设独立的避雷针时，最好将避雷针安装在卫星天线接收轴线方向的北侧。避雷针的高度应以保护整个天线各部分为原则。避雷针离卫星天线基座越远，要求避雷针的高度越高。

3. 卫星电视接收天线基座的固定方位

天线基座一般为三支脚、四支脚基座，也有五支脚基座，它是三支脚与四支脚的综合形式。每个支脚不可任意摆放，而应将其中的两个支脚设在最大来风方向。因为这个位置承受有最大风力负荷，如下图所示：

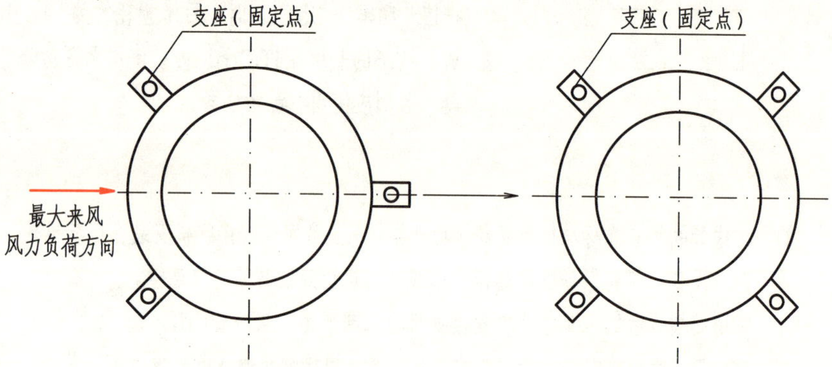

三支座卫星电视接收天线　　**四支座卫星电视接收天线**

4. 卫星电视接收天线口面直径与最大来风所承受风力负荷的关系图

不同口面直径的卫星电视接收天线与承受风力负荷的关系如右图所示：随着天线口面直径的增大，风力负荷急速上升。当天线基座不能承受图示风力负荷时，风力会改变指向轴的方向，干扰增强或节目消失，甚至有可能将天线刮掉。

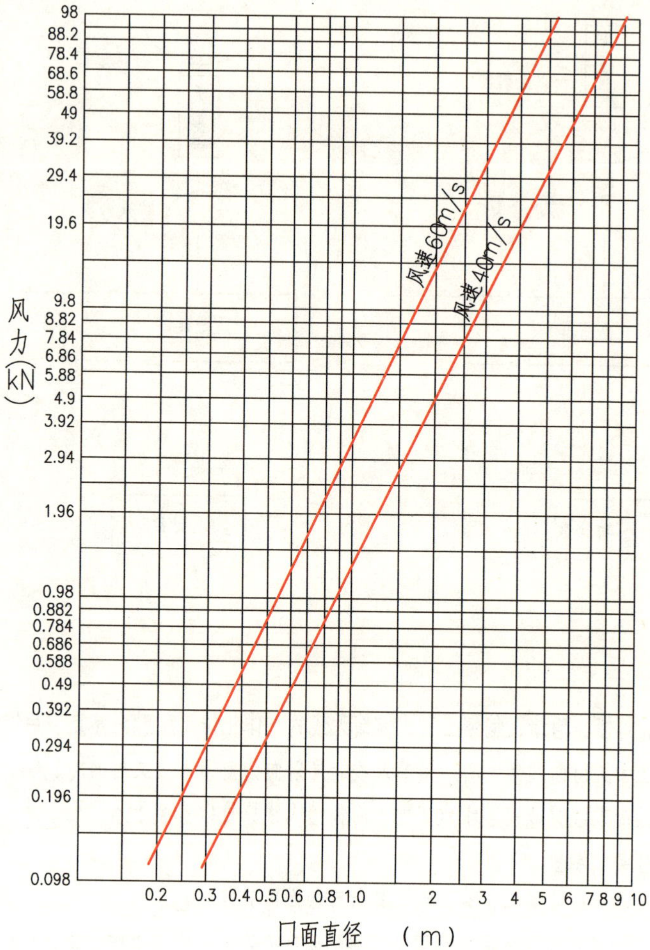

不同口径天线承受的风压图

有线电视	卫星电视接收天线承受的风力负荷	图集号	09X700-2
审核 费锡伦 费锡伦 校对 马晓伟 马晓伟 设计 段震寰 段震寰		页	2-266

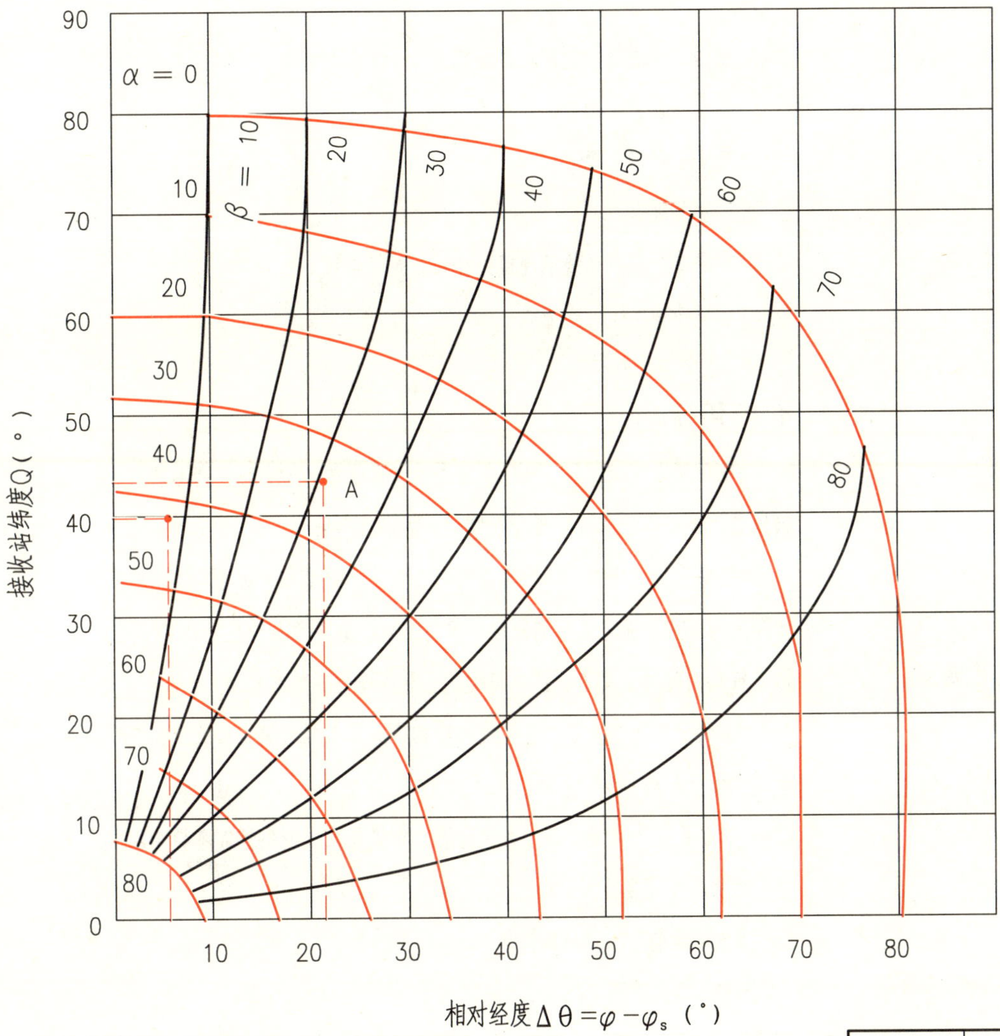

利用图标直接查出接收天线的方位角和仰角。

在土建工程设计中，卫星电视接收天线方位角和仰角可从左图上查出。图中纵坐标表示接收站的纬度Q，横坐标表示接收站对卫星的经度差$\Delta\theta=\varphi-\varphi_s$。当已知Q、$\Delta\theta$便可查出接收天线的方位角$\beta$和仰角$\alpha$。

示例：查乌鲁木齐市电视接收站接收东经66°E卫星上的节目信号，卫星地面接收站天线的方位角及仰角是多少？

乌鲁木齐市的地理纬度Q=43.47°，经度φ=87.37°E，卫星经度φ_s=66°E，$\Delta\theta=\varphi-\varphi_s$=87.37°E−66°E=21.37°E；再从纵坐标上取Q值为43.47°，从横坐标上取$\Delta\theta$=21.37°，可得到交点A，由A点从仰角曲线上可查得仰角α=35°，从方位角曲线上可查得方位角β=30°（正南偏西），$\Delta\theta$为负值时方位角正南偏东。

再如：北京地区（东经116.45°，北纬39.92°），接收鑫诺1号卫星（东经110.5°）的信号：

相对经度差=116.45°−110.5°=5.95°，从图中可查得经度差5.95°与北纬39.92°的交点为+9°。

方位角=180°+9°=189°，仰角α=43°。

即：在北京接收鑫诺1号卫星的方位角为189°，仰角为43°。

有线电视	卫星接收天线方位角、仰角计算——图解法					图集号	09X700-2
审核 孙兰		校对 汪浩		设计 程永斌		页	2-267

编　制　说　明

1 设计依据

《民用建筑电气设计规范》JGJ 16-2008。

《厅堂扩声系统设计规范》GB 50371-2006。

《智能建筑设计标准》GB/T 50314-2006。

《火灾自动报警系统设计规范》GB 50116-98。

《扩声系统的图符代号及制图规则》WH/T 19-2003。

国家现行的其他有关规程、规范及行业标准。

2 修编说明

本部分是对97X700-2-8《服务型广播系统》的修编，并融入《广播与扩声》部分内容。

2.1 对原图集中的图形符号、宾馆广播系统、扬声器接线方式等进行了修改。

2.2 增加了应用提示、办公楼、商场与购物中心、村镇、全数字模块化网络、可寻址的广播系统、KTV系统等。

3 主要内容

3.1 编制说明。

3.2 应用提示。

3.3 图形符号。

3.4 办公楼、宾馆、商场与购物中心广播系统。

3.5 校园、客运站、村镇广播系统。

3.6 全数字模块化网络广播系统。

3.7 可寻址广播系统。

3.7 KTV系统。

3.8 广播二线制、三线制连接方法、扬声器接线。

3.9 音频传输电缆连接方式。

3.10 相关技术资料。

4 使用说明

4.1 在广播系统设计时，应根据业务性广播系统、服务性广播系统和火灾应急广播系统要求统筹规划，做到合理设计与使用。

4.2 广播系统在进行系统配置设计时，应充分考虑用户近期与远期的实际需要与发展，使之具有通用性和灵活性，尽量避免系统投入正常使用以后，较短的时间又要进行扩建与改建，造成资金浪费。

4.3 本部分编入的内容为各系统的结构方案和工程案例，目的是为使用者提供设计思路和参考，不应囿于成见。

4.4 广播系统的方案众多，系统配置、功能要求、设备性能各异，应根据工程的实际需要设计。

5 参编单位

五洲工程设计研究院

1. 广播系统的组成及设置原则

1.1 简单的广播系统由音源、扩声机、扬声器、传输线路等组成，比较完善的广播系统由音源、功率放大器、扬声器、传输线路及其他传输设备、管理/控制设备等组成。

1.2 公共建筑应根据需要设置广播系统，系统的类别应根据建筑规模、使用性质和功能要求确定。广播系统的类别一般可分为三类，即业务性广播系统、服务性广播系统和火灾应急广播系统。

1.3 办公楼、商业楼、院校、车站、客运码头及航空港等建筑物，宜设置业务性广播，满足以业务及行政管理为主的广播要求。

1.4 星级饭店、大型公共活动场所等建筑物，宜设置服务性广播，满足以欣赏音乐、背景音乐或服务性管理广播为主的要求。

1.5 民用建筑内所设置的火灾应急广播应满足火灾时引导人员疏散的要求。设置原则应符合“火灾自动报警系统”的有关规定。

1.6 在工程设计中，可根据实际需要将业务性广播系统、服务性广播系统和火灾应急广播系统合并为一套系统，或共用一部分设备（如扩音设备、馈电线路和扬声器等装置）。

2. 广播网

2.1 系统应配置多音源播放设备。需要对不同分区（广播分路）同时播放不同音源信号时，系统应采用多路信号输入、多路信号输出、切换和分配控制功能的音频矩阵控制器实现分区（广播分路）广播功能。

2.2 当工程有主广播控制室及多个分广播控制室的广播系统或多个广播系统或在异地有多个广播系统，且有集中管理、远距离或异地监控要求时，宜采用具有TCP/IP协议以太网网络化管理功能的全数字模块化网络广播系统。系统的网络管理主机通过以太网与各机房连接，提供业务性广播、服务性广播等节目源。

2.3 广播分路的设置

2.3.1 广播的分路应根据用户类别、播音控制、广播线路路由等因素确定，可按层或按功能区域划分广播分路。

2.3.2 当需要将业务性广播系统、服务性广播系统和火灾应急广播系统合并为一套系统，或共用扬声器和馈送线路时，广播分路宜按建筑防火分区进行设置。

2.4 广播系统宜采用定电压输出，输出电压宜采用70V或100V。当功放设备容量小或广播范围较小时，亦可根据情况选用定阻抗输出。

2.5 广播系统中，从功放设备的输出端至线路上最远扬声器间的线路衰耗应满足以下要求：

2.5.1 业务性广播不应大于2dB（1000Hz时）。

2.5.2 服务性广播不应大于1dB（1000Hz时）。

2.6 广播的功率馈送回路宜采用二线制。当业务性广播系统、服务性广播系统和火灾应急广播系统合并为一套系统时，馈送回路宜采用三线制。有音量调节装置的馈送回路应采用三线制。

3. 设备的选型与设置

3.1 系统宜采用模块化结构方式，以便用户需求对系统进行最基本的配置和组合，系统容易升级和扩展。

3.2 大型广播系统宜采用计算机控制管理的全数字模块化网络广播系统设备，所有输入/输出信号都由数字音频矩阵中央管理器进行管理。系统控制功能均可以通过多媒体管理软件在计算机上完成，编制播放程序，并在计算机的监视器上以动态图形的方式实时显示系统各部分的工作状况。控制室可以对不同广播分路根据需要播放不同内容的节目。

3.3 航空港、客运码头、铁路旅客站、车站的旅客大厅及商场、购物中心等对语言广播清晰度要求较高的场所，广播系统宜具有噪声探测功能，可根据设置在现场的噪声信号器探测到环境声音大小自动调整扬声器的音质和音量，满足语言清晰度的要求。

3.4 广播系统功放设备的容量,宜按下列公式计算:

$$P=K_1 \cdot K_2 \cdot \Sigma P_0$$

$$P_0=K_i \cdot P_i$$

式中 P —— 功放设备输出总电功率(W);

P_0 —— 每分路同时广播时最大电功率(W);

P_i —— 第i支路的用户设备额定容量(W);

K_i —— 第i分路的同时需要系数(服务性广播时，客房节目每套Ki取0.2～0.4；背景音乐系统时，K_i 取0.5～0.6；业务性广播时，K_i 取0.7～0.8；火灾应急广播时，K_i 取1.0)；

K_1 —— 线路衰耗补偿系数(线路衰耗1dB时取1.26，线路衰耗2dB时取1.58)；

K_2 —— 老化系数，一般取1.2～1.4。

3.4 广播功放设备应设置备用功放单元，其备用数量应根据广播的重要程度确定。备用功放单元应设自动或手动投入环节，重要广播的功放单元应能瞬时投入。

3.5 大型广播系统宜采用具有分区呼叫控制功能的呼叫站，具有紧急呼叫按钮，可以对每一设定广播分路进行广播或编组进行广播，并可设置不同输入信号的优先等级，满足不同优先级广播需求。

3.6 扬声器的选择除满足灵敏度、频响、指向性等特性及播放效果的要求外，还宜符合下列要求：

3.6.1 办公室、生活间、客房等可采用1～3W的扬声器箱。

3.6.2 走廊、门厅及公共场所的背景音乐、业务广播等扬声器箱宜采用3～5W。

3.6.3 在建筑装饰和室内净高允许的情况下，对大空间的场所宜采用声柱(或组合音箱)。

3.6.4 扬声器提供的声压级宜比环境噪声大10～15dB，但最高声压级不宜超过90dB。

3.6.5 在噪声高、潮湿的场所设置扬声器箱时，应采用号筒扬声器。

3.6.6 室外扬声器应采用防水防尘型，其防护等级应满足所设置位置的环境要求。

4. 电源容量。广播系统的交流电源容量宜为终期广播设备容量的1.5～2倍。功率放大器的交流电源容量在设计上通常取功率放大器输出额定功率总和的3倍。

5. 用于背景音乐的扬声器(或箱)设置应符合下列要求：

5.1 扬声器(或箱)的中心间距应根据空间净高、声场及均匀度要求、扬声器的指向性等因素确定。要求较高的场所，声场不均匀度不宜大于6dB。

5.2 扬声器箱在吊顶安装时，应根据场所的性质来确定其间距。

5.2.1 门厅、电梯厅、休息厅内扬声器箱间距可采用下式估算：

$$L=(2\sim2.5)H$$

式中： L —— 扬声器箱安装间距(m)；

H —— 扬声器箱安装高度(m)。

5.2.2 走道内扬声器箱间距可采用下式估算：

$$L=(3\sim3.5)H$$

5.2.3 会议厅、多功能厅、餐厅内扬声器箱间距可采用下式估算：

$$L=2(H-1.3)\tan\frac{\theta}{2}$$

式中： θ —— 扬声器的辐射角度，宜大于或等于90°；

1.3 —— 为人体坐姿时，耳朵的平均高度。

公共广播	应 用 提 示					图集号	09X700-2
审核	张成泉	校对	孙 兰	设计	朱立彤	页	2-270

序号	符号	名　　称	符号来源
1		天线	GB/T 4728.10-1999
2		传声器	GB/T 4728.9-1999
3		呼叫站	—
4	AM/FM	调幅调频调谐器	—
5	CD	激光唱机	—
6	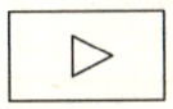 A	扩音机	GB/T 5465.2-1999
7	 PRA	前置放大器	GB/T 5465.2-1999
8	 AP	功率放大器	GB/T 5465.2-1999
9		扬声器	GB/T 4728.9-1999
10		扬声器箱、音箱、声柱	GB/T 4728.2-1999 GB/T 4728.9-1999
	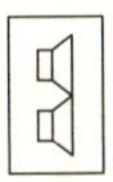		—
11		客房床头控制柜	—
12	 EC	带功放的可寻址扬声器箱、音箱、声柱	—

序号	符号	名　　称	符号来源
13	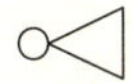	号筒式扬声器	GB/T 4728.9-1999
14	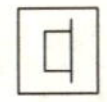	监听器	—
15	YA	噪声信号感应器	—
16		音量控制器	—
17		一分支器	GB/T 4728.10-2008
18		四分支器	09DX001
19		动合（常开）触点	GB/T 4728.7-2008
20		动断（常闭）触点	GB/T 4728.7-2008
21		先断后合的转换触点	GB/T 4728.7-2008
22	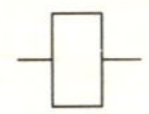	继电器线圈	GB/T 4728.7-2008
23		多位置开关	GB/T 4728.7-2008
24	1 2 3 4 5 6 7	端子板	GB/T 4728.3-2005
25	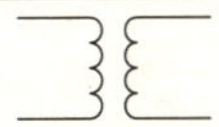	双绕组变压器（本图集为音频变压器）	GB/T 4728.6-2008
26	SF	控制开关	09DX001

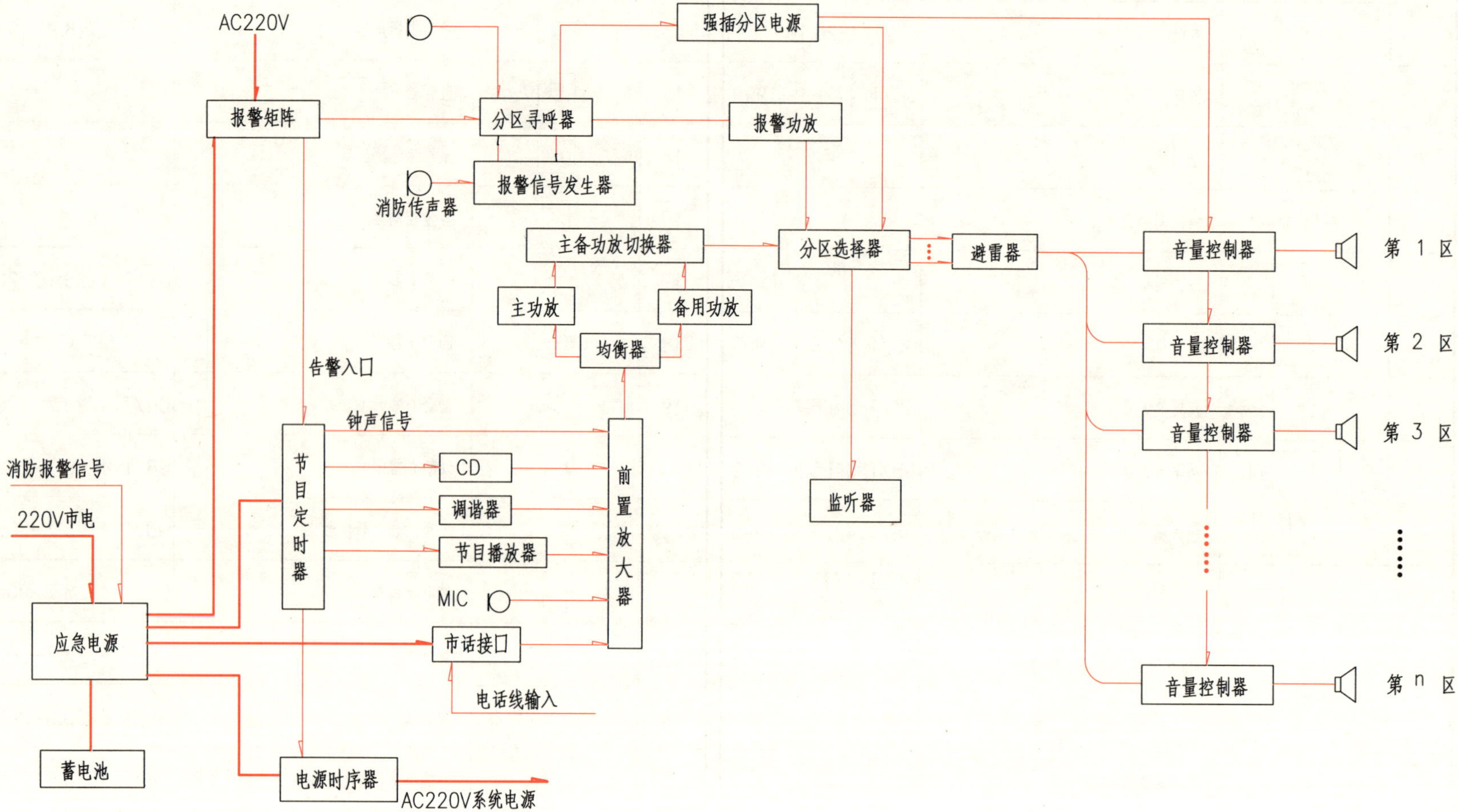

公共广播	广播系统框图	图集号	09X700-2
审核 尹秀伟 校对 钱江 设计 杜博俊		页	2-272

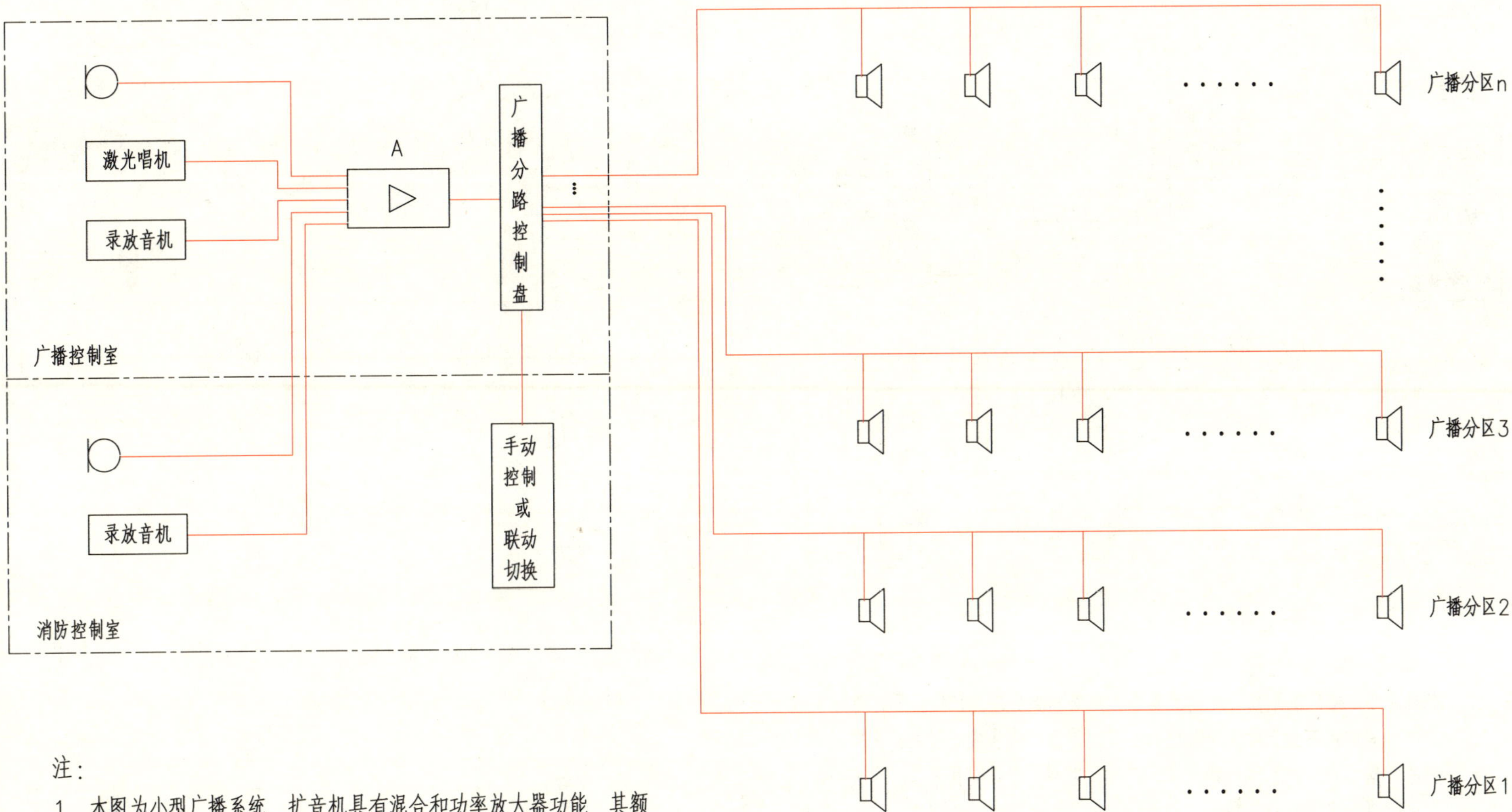

注：

1. 本图为小型广播系统，扩音机具有混合和功率放大器功能，其额定容量一般≤180W。
2. 本系统可作为业务性广播系统、服务性广播系统和火灾应急广播系统。
3. 本系统提供三套节目源：传声器、激光唱机、录放音机。
4. 火灾发生时，在消防控制室可通过传声器、路放音机进行火灾应急广播。

公共广播	小型广播系统					图集号	09X700-2
审核	张成泉	校对	孙 兰	设计	朱立彤	页	2-273

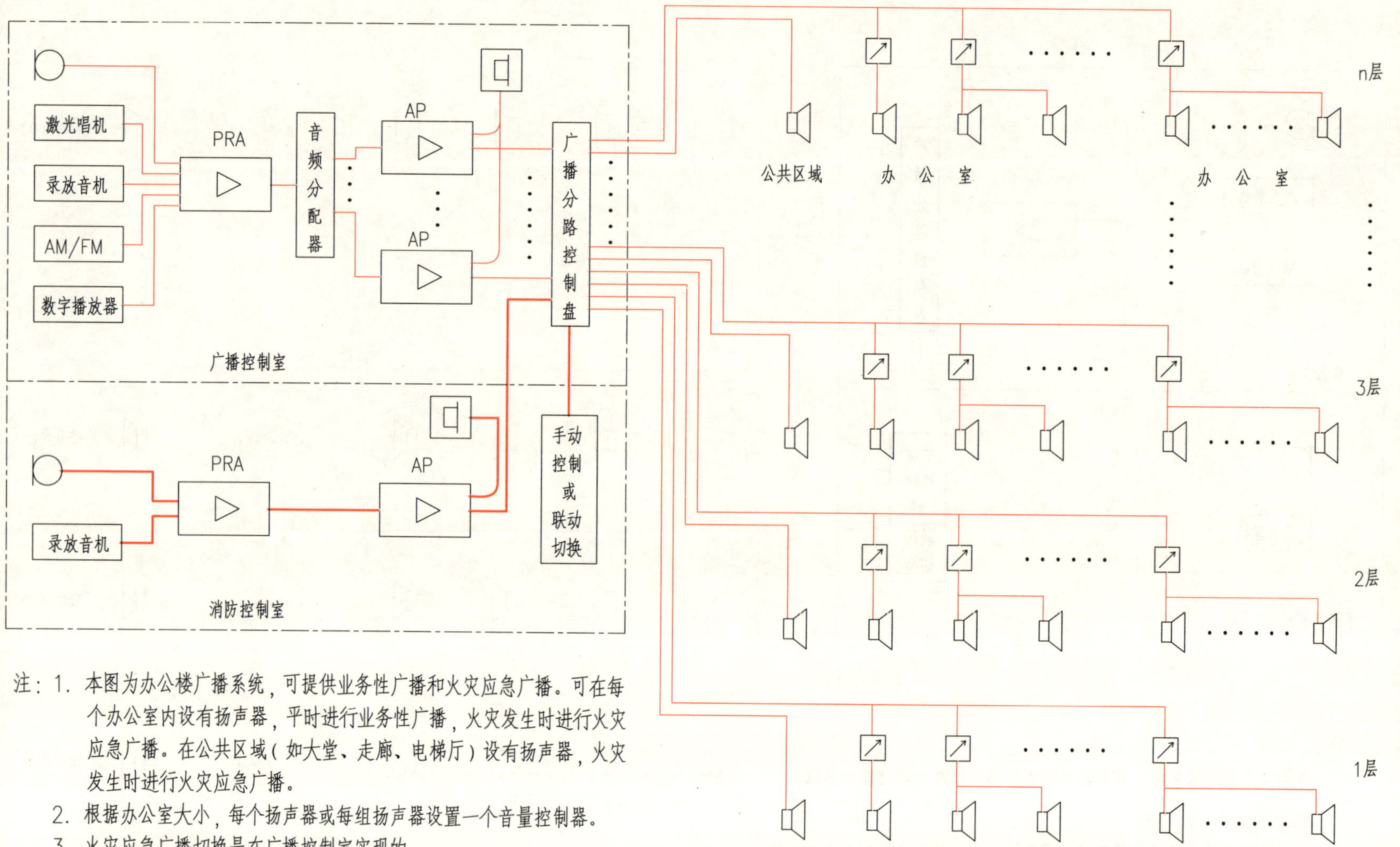

注：1. 本图为办公楼广播系统，可提供业务性广播和火灾应急广播。可在每个办公室内设有扬声器，平时进行业务性广播，火灾发生时进行火灾应急广播。在公共区域（如大堂、走廊、电梯厅）设有扬声器，火灾发生时进行火灾应急广播。

2. 根据办公室大小，每个扬声器或每组扬声器设置一个音量控制器。

3. 火灾应急广播切换是在广播控制室实现的。

4. 本系统提供五套节目源：传声器、激光唱机、录放音机、AM/FM收音机、数字播放器。

公共广播	办公楼广播系统					图集号	09X700-2
审核 张成泉		校对 孙 兰		设计 朱立彤		页	2-274

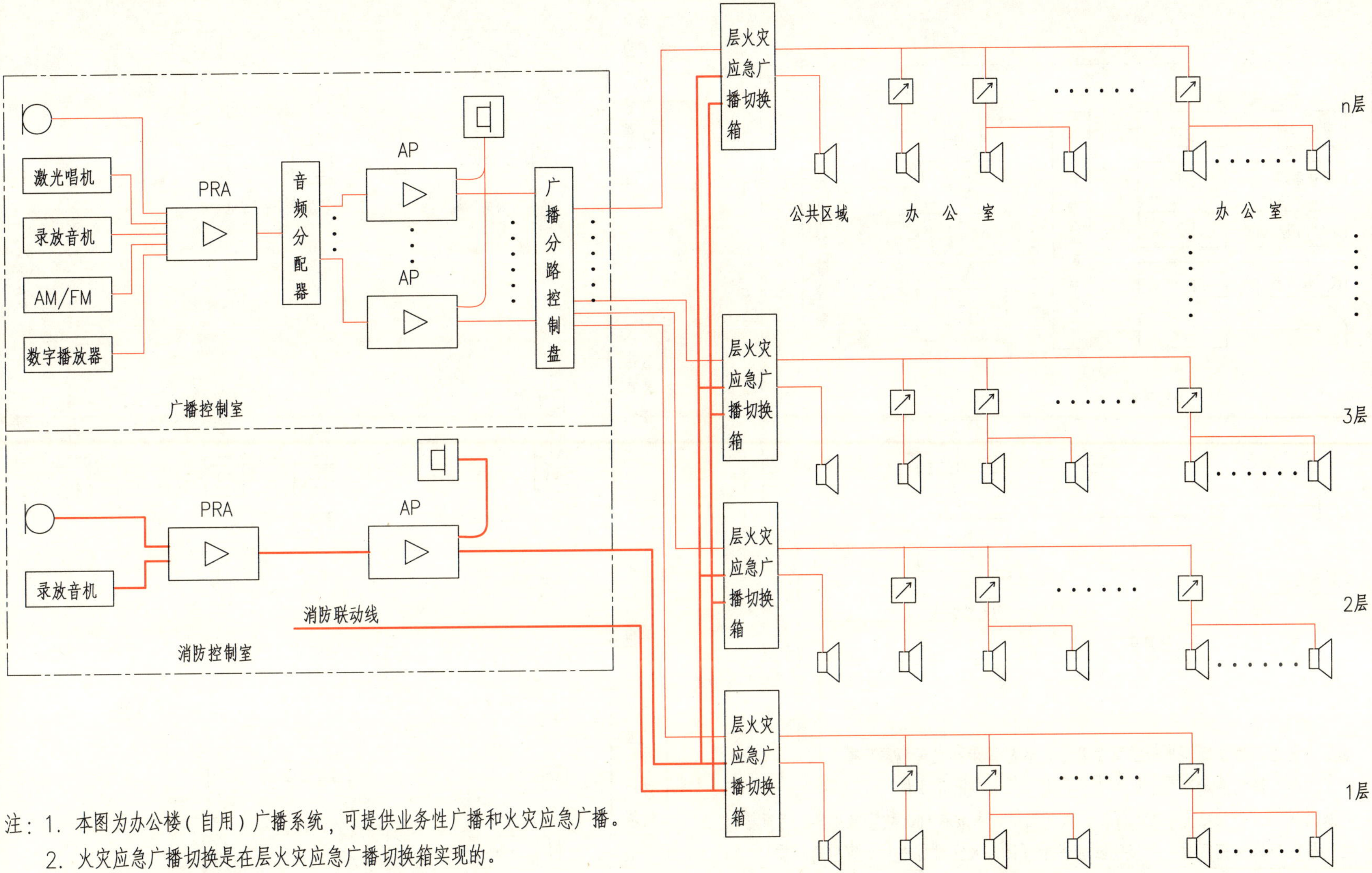

注：1. 本图为办公楼（自用）广播系统，可提供业务性广播和火灾应急广播。

2. 火灾应急广播切换是在层火灾应急广播切换箱实现的。

2. 同2-276页注3、6。

公共广播	办公楼广播系统					图集号	09X700-2
审核	张成泉	校对	孙 兰	设计	朱立彤	页	2-275

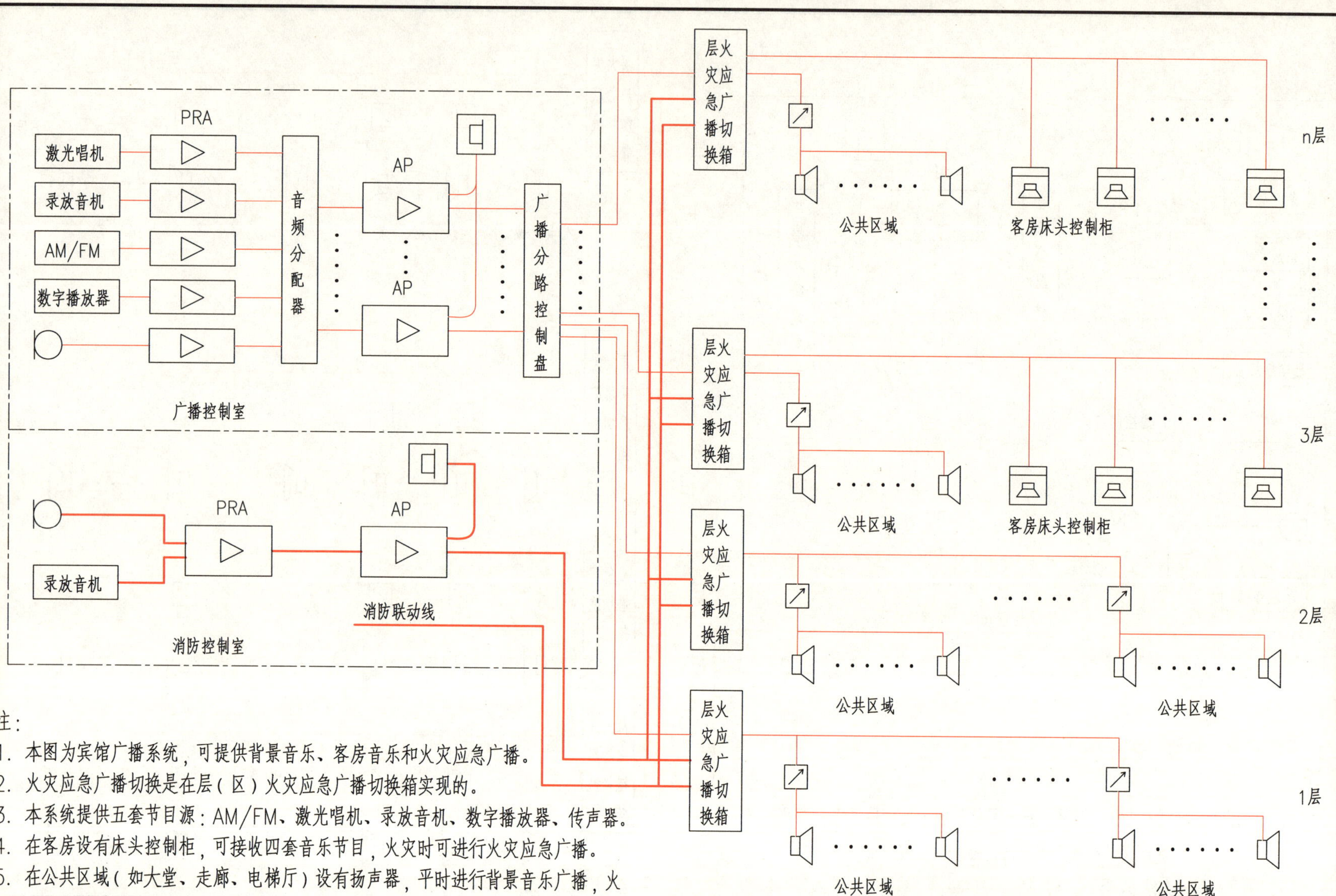

注：

1. 本图为宾馆广播系统，可提供背景音乐、客房音乐和火灾应急广播。
2. 火灾应急广播切换是在层（区）火灾应急广播切换箱实现的。
3. 本系统提供五套节目源：AM/FM、激光唱机、录放音机、数字播放器、传声器。
4. 在客房设有床头控制柜，可接收四套音乐节目，火灾时可进行火灾应急广播。
5. 在公共区域（如大堂、走廊、电梯厅）设有扬声器，平时进行背景音乐广播，火灾发生时进行火灾应急广播。
6. 层（区）火灾应急广播切换箱、扬声器的连接详见第2-289页和第2-290页。

公共广播	宾馆广播系统	图集号	09X700-2
审核 张成泉 校对 孙兰 设计 朱立彤		页	2-276

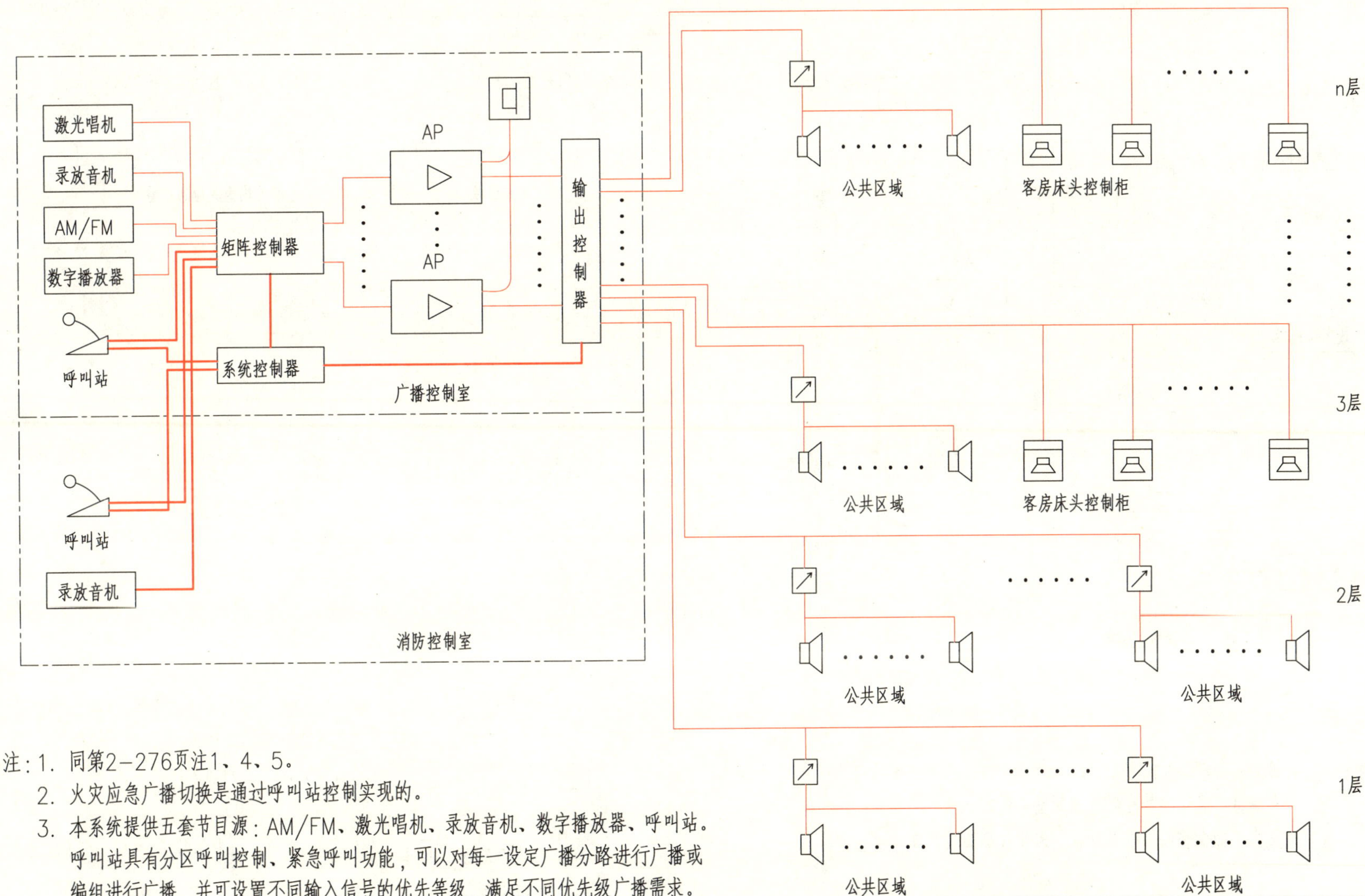

注：1. 同第2-276页注1、4、5。

2. 火灾应急广播切换是通过呼叫站控制实现的。

3. 本系统提供五套节目源：AM/FM、激光唱机、录放音机、数字播放器、呼叫站。呼叫站具有分区呼叫控制、紧急呼叫功能，可以对每一设定广播分路进行广播或编组进行广播，并可设置不同输入信号的优先等级，满足不同优先级广播需求。

公共广播	宾馆广播系统					图集号	09X700-2
审核 张成泉		校对 孙兰		设计 朱立彤		页	2-277

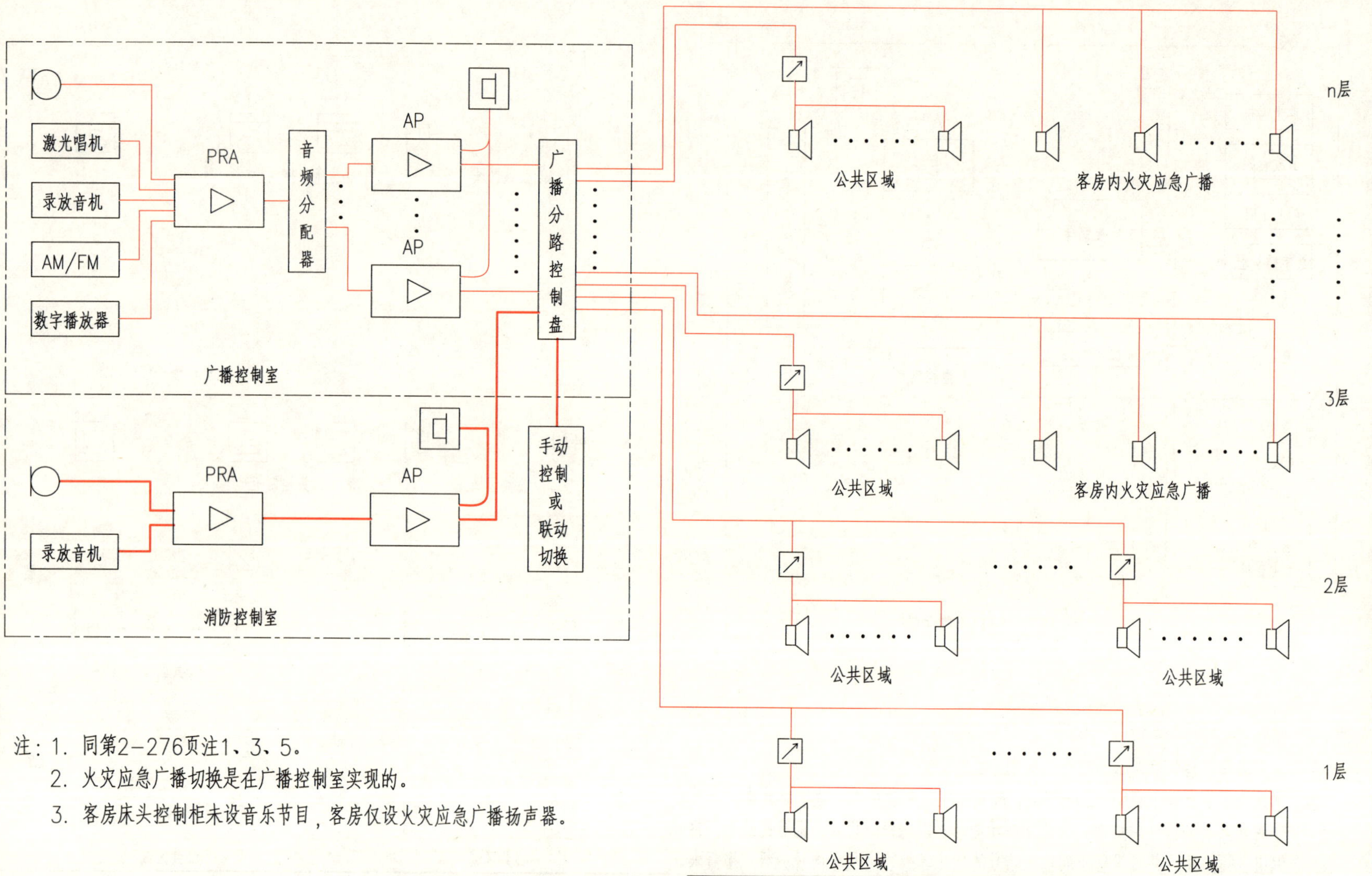

注：1. 同第2-276页注1、3、5。

2. 火灾应急广播切换是在广播控制室实现的。

3. 客房床头控制柜未设音乐节目，客房仅设火灾应急广播扬声器。

公共广播	宾馆广播系统	图集号	09X700-2
审核 张成泉 校对 孙 兰 设计 朱立彤		页	2-278

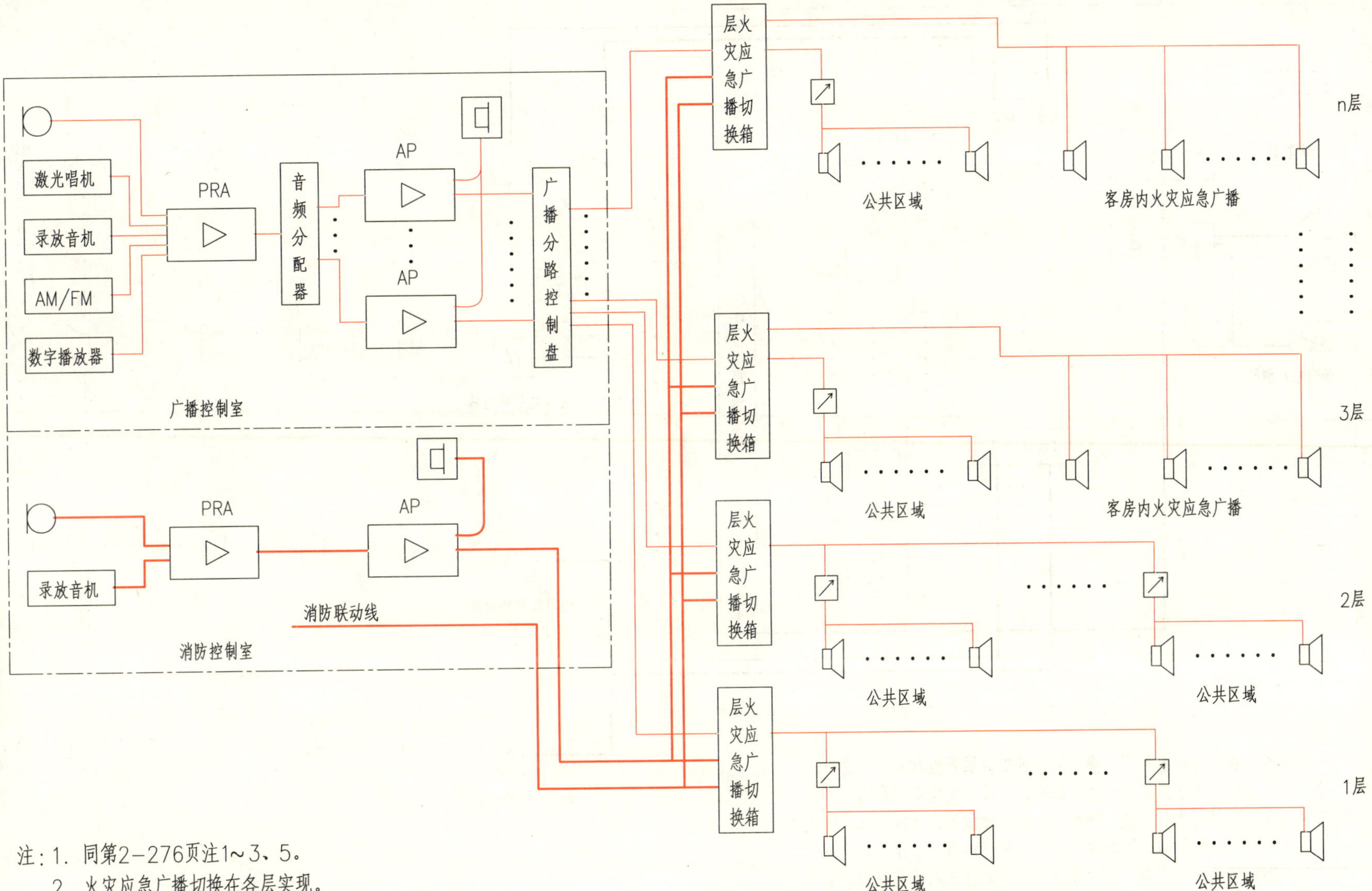

注：1. 同第2-276页注1～3、5。

2. 火灾应急广播切换在各层实现。

3. 客房未设客房床头控制柜，客房仅设火灾应急广播扬声器。

公共广播	宾馆广播系统					图集号	09X700-2
审核 张成泉	[签名]	校对 孙兰	[签名]	设计 朱立彤	[签名]	页	2-279

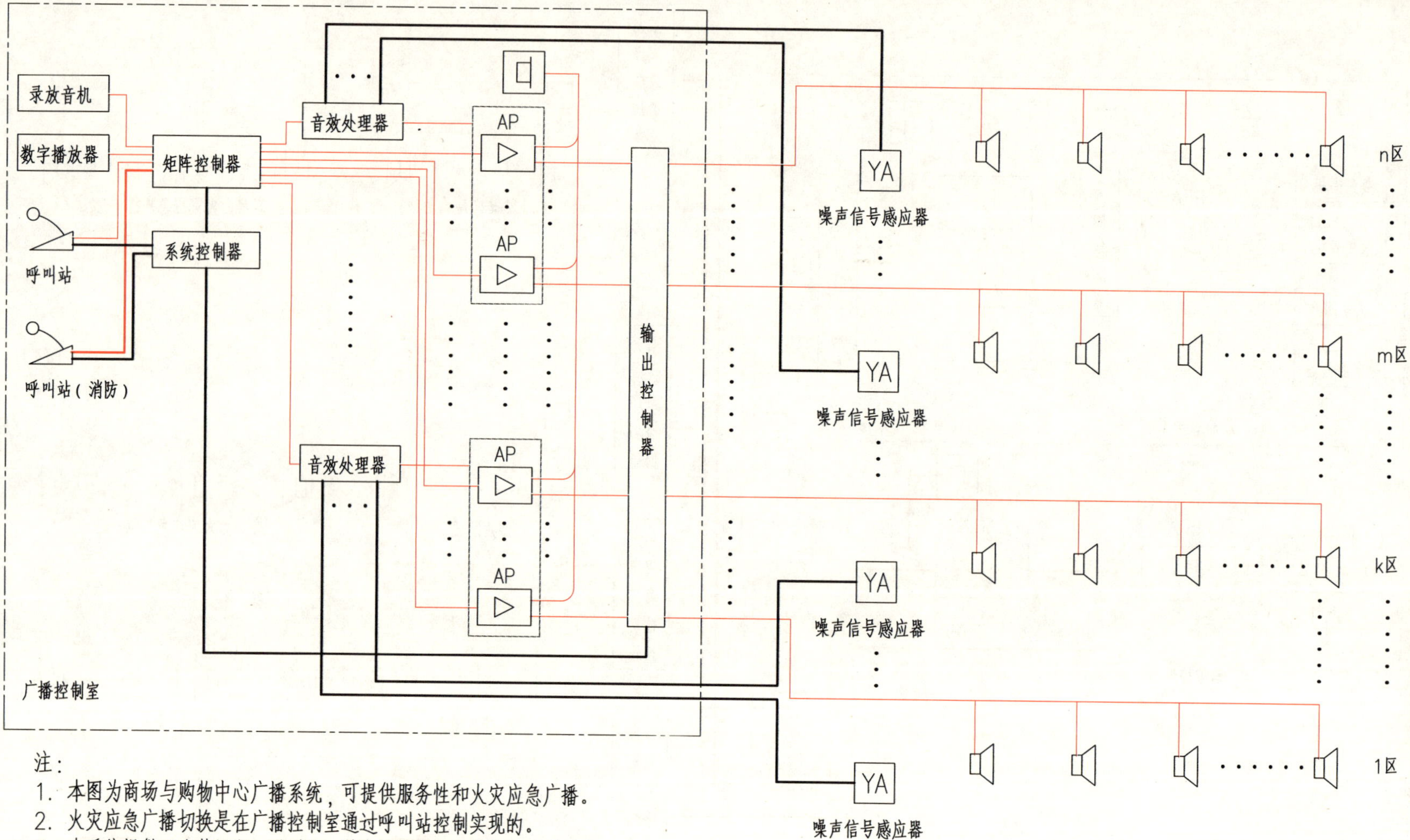

注：

1. 本图为商场与购物中心广播系统，可提供服务性和火灾应急广播。
2. 火灾应急广播切换是在广播控制室通过呼叫站控制实现的。
3. 本系统提供三套节目源：呼叫站、数字播放器、录放音机。呼叫站具有分区呼叫控制、紧急呼叫功能，可以对每一设定广播分路进行广播或编组进行广播，并可设置不同输入信号的优先等级，满足不同优先级广播需求。
4. 可根据噪声信号感应器探测到环境声音自动调整扬声器的音质和音量。
5. 扬声器的连接详见第2-290页。

公共广播	商场与购物中心广播系统					图集号	09X700-2
审核 张成泉	[签名]	校对 孙 兰	[签名]	设计 朱立彤	[签名]	页	2-280

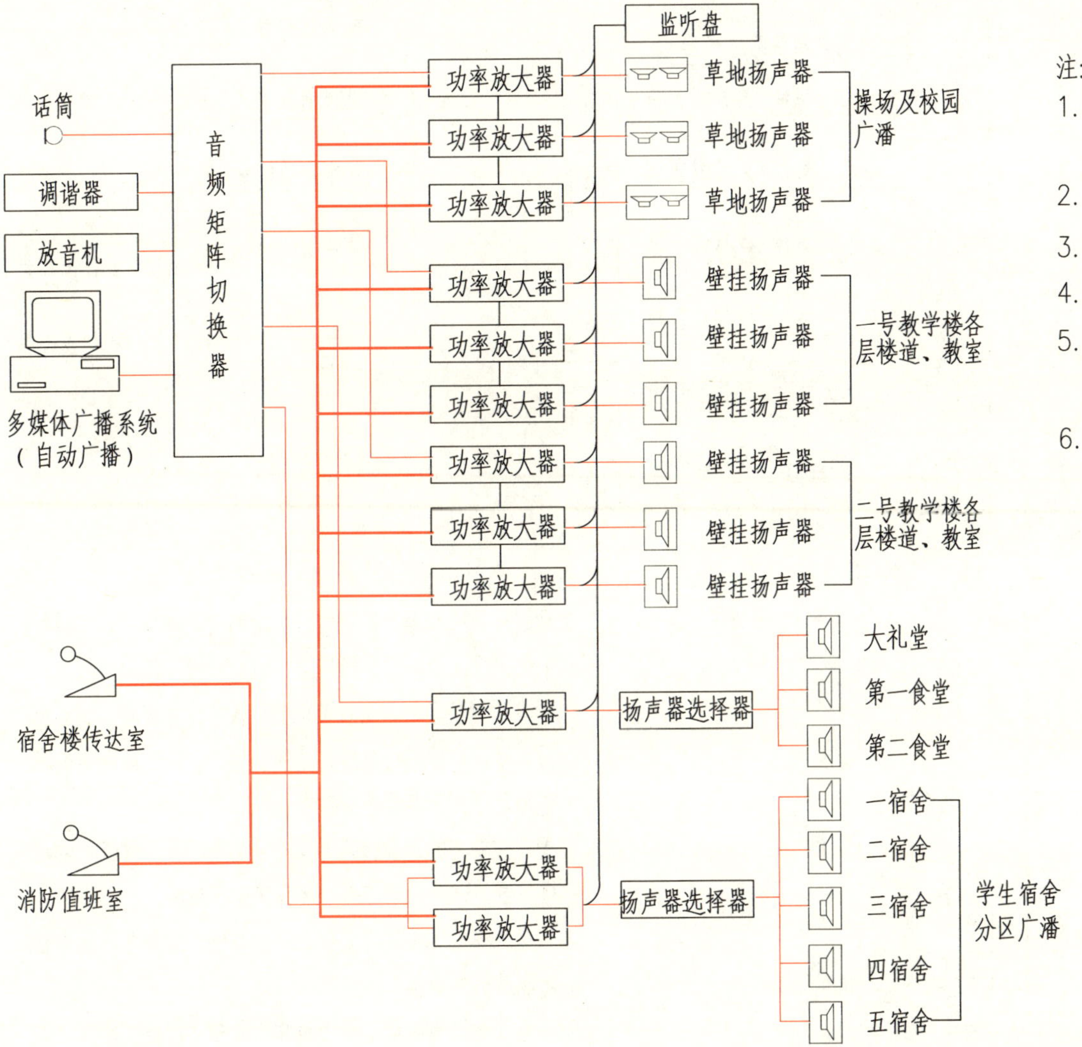

注:

1. 对各教室、各办公室、走廊、食堂、礼堂、操场等公共场所提供广播信号，可依需要进行广播。
2. 为操场提供会议、广播操等信号。
3. 用于全校范围内的广播找人，发布通知、通告、开会等。
4. 具有遥控分区、全呼广播、监听各区等多种功能。
5. 各区域消防值班室的遥控传声器进行火灾应急广播，享有最高优先权。
6. 多媒体广播系统可以定时播放，具有编辑功能。

公共广播	校园广播系统图					图集号	09X700-2
审核	尹秀伟	校对	钱江	设计	杜博俊	页	2-281

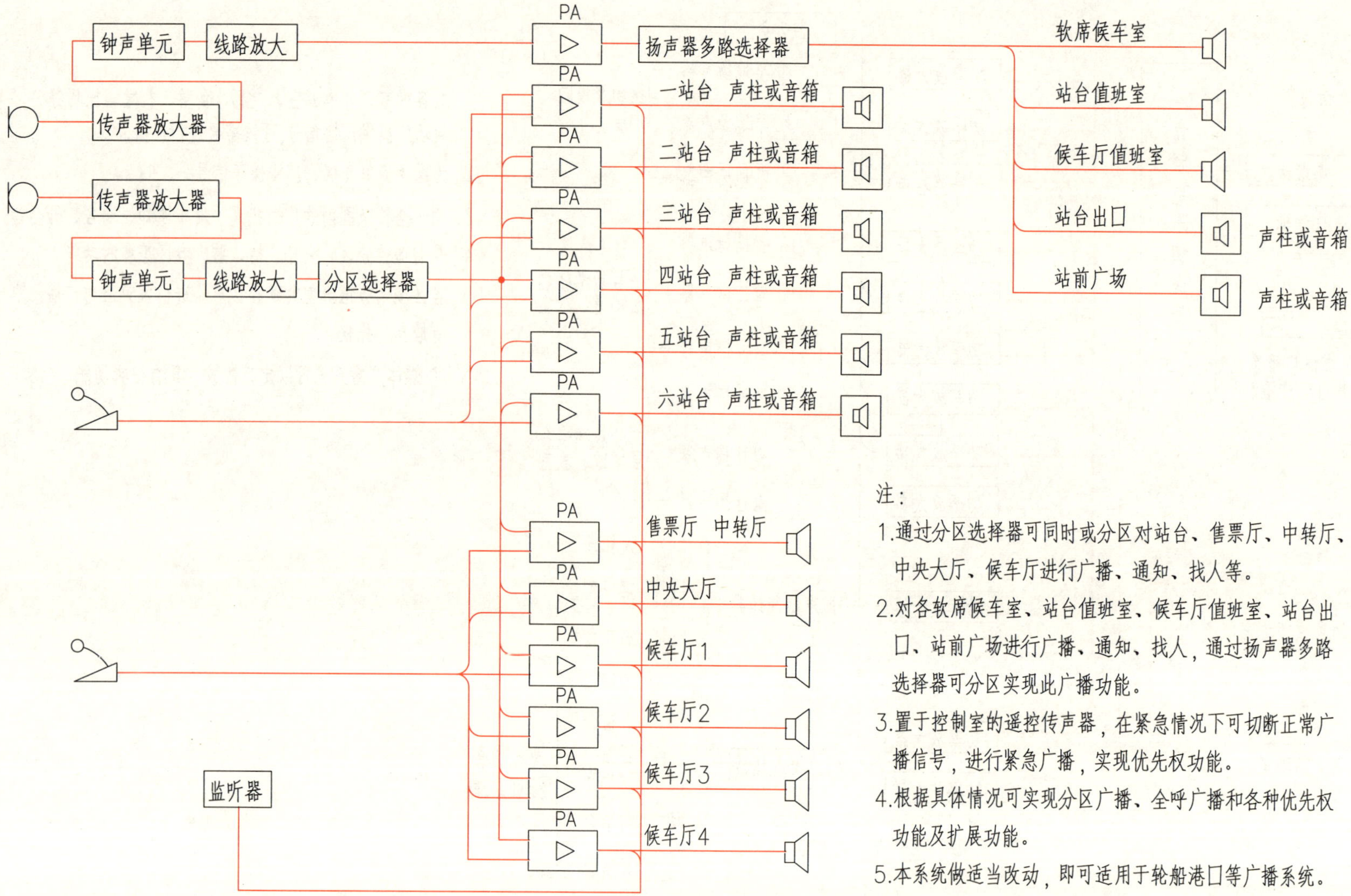

注：

1.通过分区选择器可同时或分区对站台、售票厅、中转厅、中央大厅、候车厅进行广播、通知、找人等。

2.对各软席候车室、站台值班室、候车厅值班室、站台出口、站前广场进行广播、通知、找人，通过扬声器多路选择器可分区实现此广播功能。

3.置于控制室的遥控传声器，在紧急情况下可切断正常广播信号，进行紧急广播，实现优先权功能。

4.根据具体情况可实现分区广播、全呼广播和各种优先权功能及扩展功能。

5.本系统做适当改动，即可适用于轮船港口等广播系统。

公共广播	客运站广播系统图					图集号	09X700-2
审核	朱立彤	校对	孙 兰	设计	段震寰	页	2-282

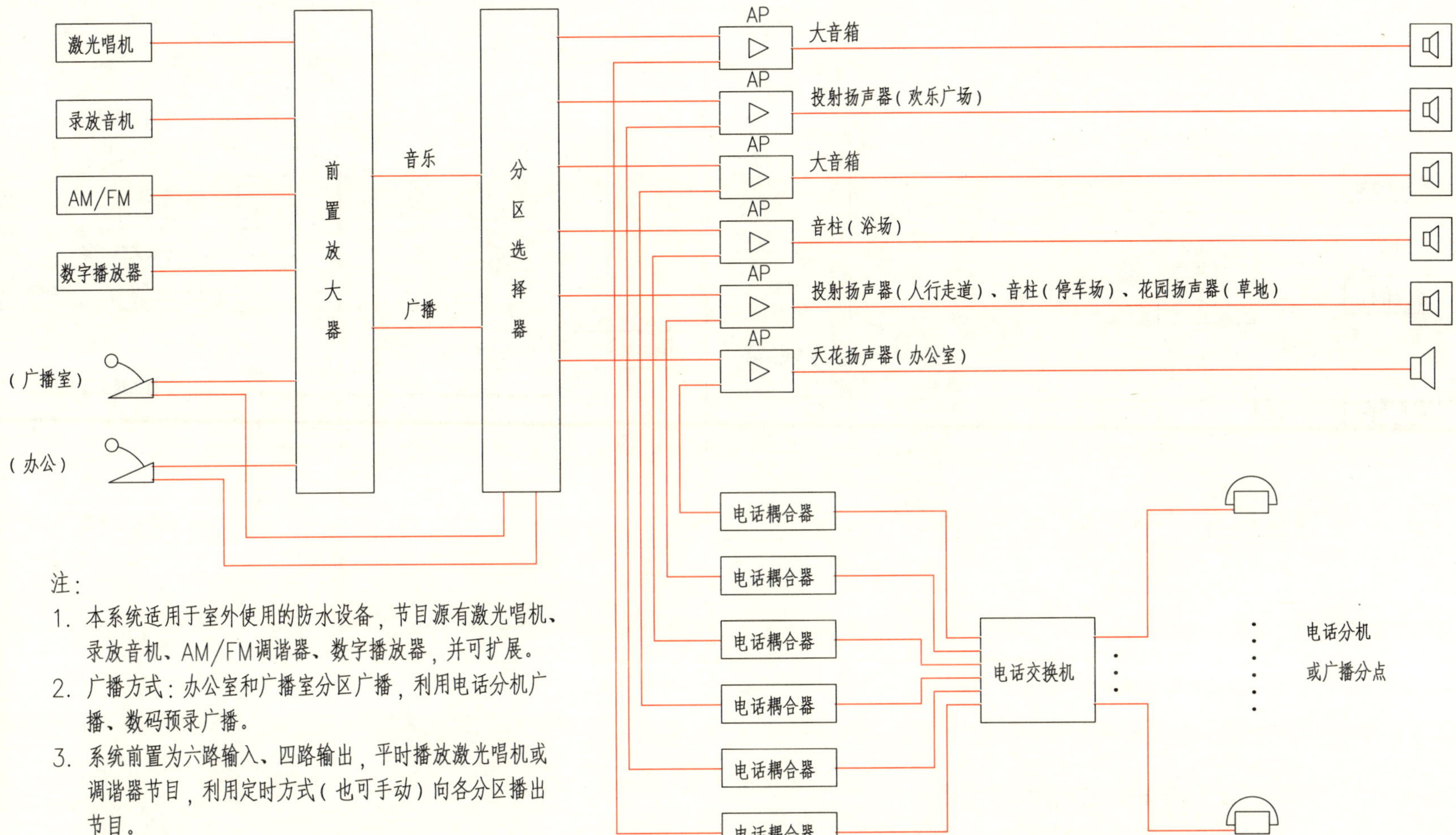

注:

1. 本系统适用于室外使用的防水设备，节目源有激光唱机、录放音机、AM/FM调谐器、数字播放器，并可扩展。
2. 广播方式：办公室和广播室分区广播，利用电话分机广播、数码预录广播。
3. 系统前置为六路输入、四路输出，平时播放激光唱机或调谐器节目，利用定时方式(也可手动)向各分区播出节目。
4. 利用电话耦合器将公园各区域电话机的语音信号通过电话通信网络与广播系统连接，实现远程、区域内(或现场)电话广播功能，如发布临时信息、招领启示、寻人启示等信息，还可通过电话机按键实现分区广播。每个可以进行电话广播分区配置一台电话耦合器。

公共广播	公园广播系统					图集号	09X700-2
审核	朱立彤	校对	孙 兰	设计	段震寰	页	2-283

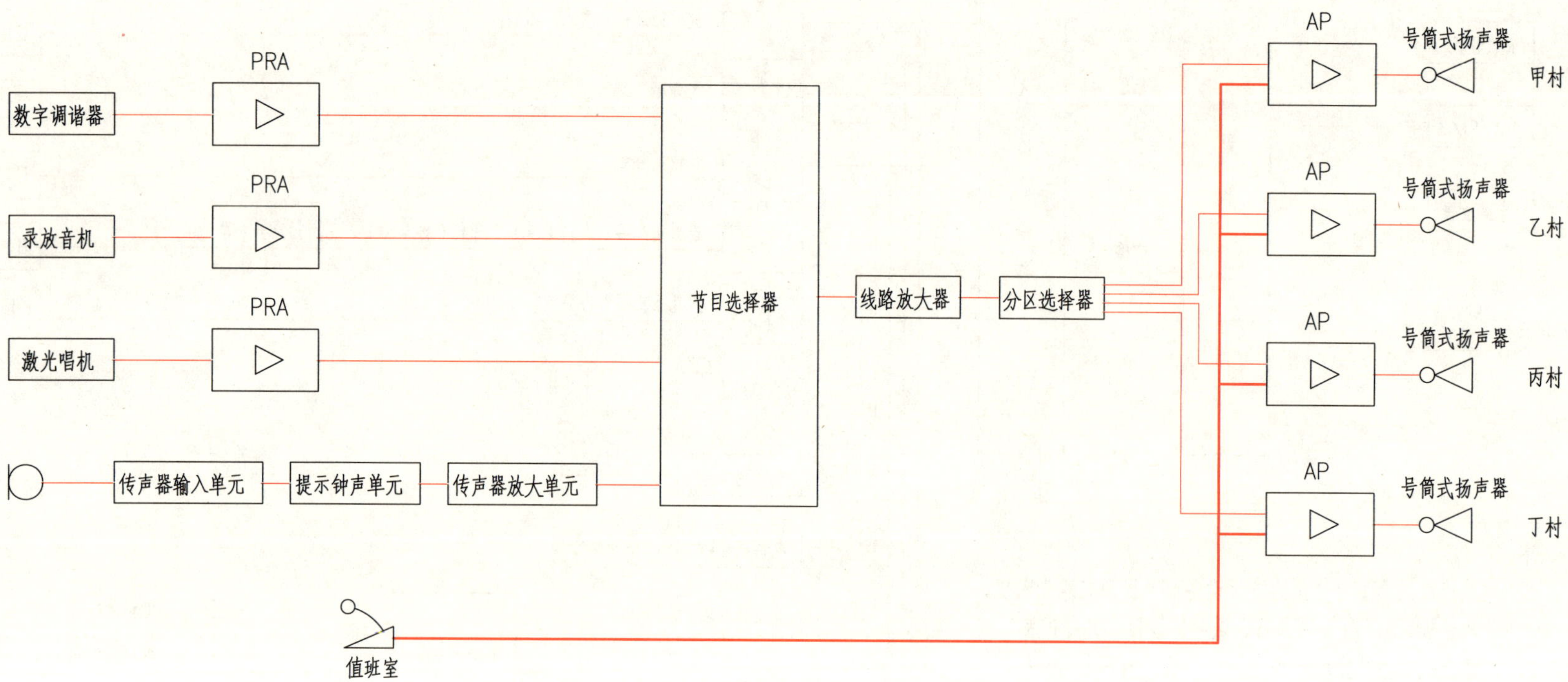

注：1. 本系统适用于村镇广播站，具有以下功能。
2. 用于全乡镇或分区发布通知，开会插播背景音乐等。
3. 各村由设在值班室的遥控传声器进行应急广播。享有最高优先权。平时可对各村定点发布通知、开会等。

公共广播	村镇广播站系统图					图集号	09X700-2
审核 尹秀伟	尹秀伟	校对 钱江	钱江	设计 杜博俊	杜博俊	页	2-284

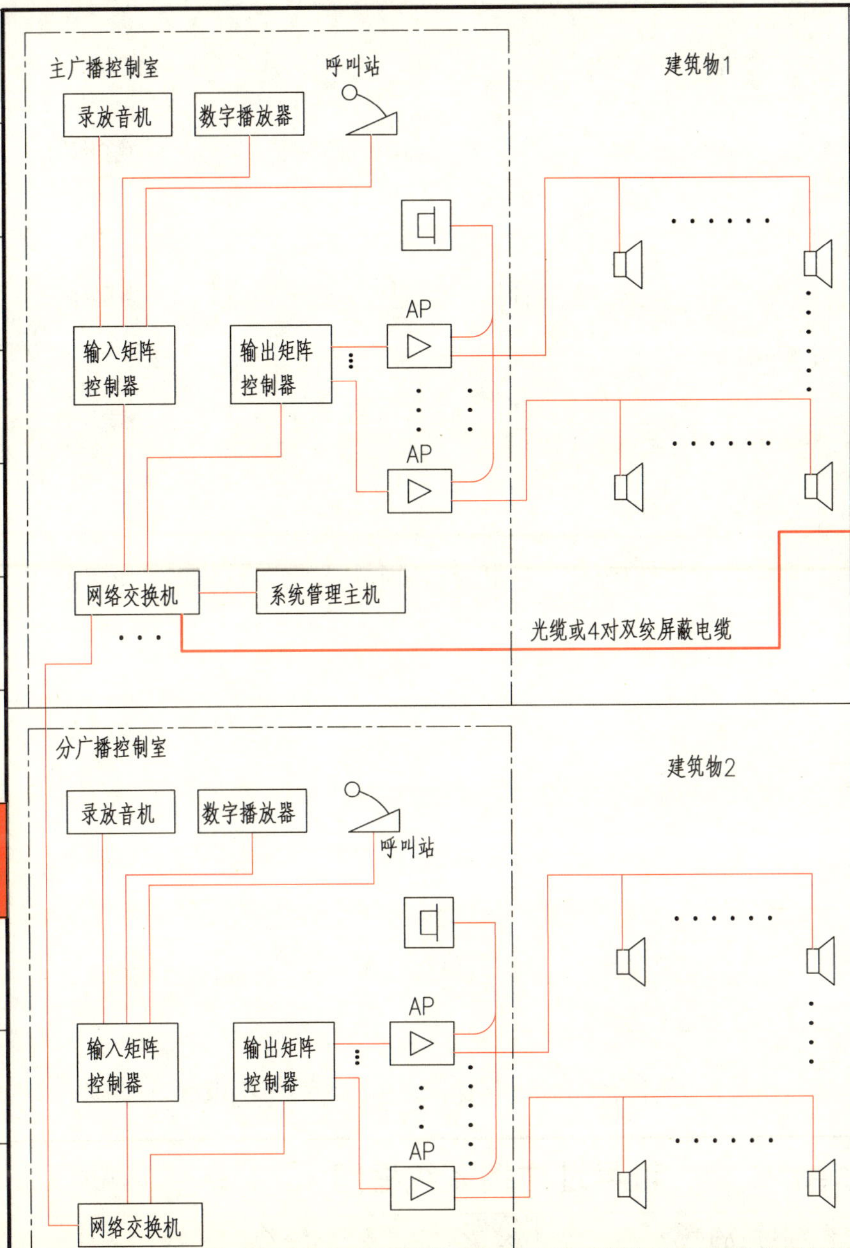

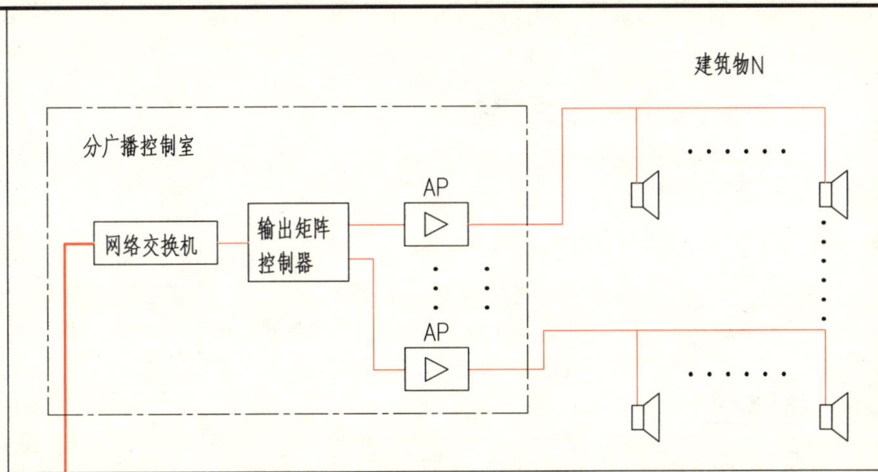

注：

1. 广播系统采用微处理机控制管理的全数字模块化网络广播系统设备，所有输入/输出信号都由数字音频矩阵中央管理器进行管理。系统控制功能均可以通过多媒体管理软件在计算机上完成，编制播放程序，并在计算机的监视器上以动态图形的方式实时显示系统部分的工作状况。控制室可以对不同广播分路根据需要播放不同内容的节目。
2. 当工程有主广播控制室及多个分广播控制室的广播系统或多个广播系统或在异地有多个广播系统、且有集中管理、远距离或异地监控要求时，宜采用具有TCP/IP协议以太网网络化管理功能的全数字模块化网络广播系统。系统的网络管理主机通过以太网与各机房连接，提供业务性广播、服务性广播等节目源。
3. 各分广播控制室可根据需要设置音源设备。

公共广播	全数字模块化网络广播系统					图集号	09X700-2
审核 张成泉	[签名]	校对 孙兰	[签名]	设计 朱立彤	[签名]	页	2-285

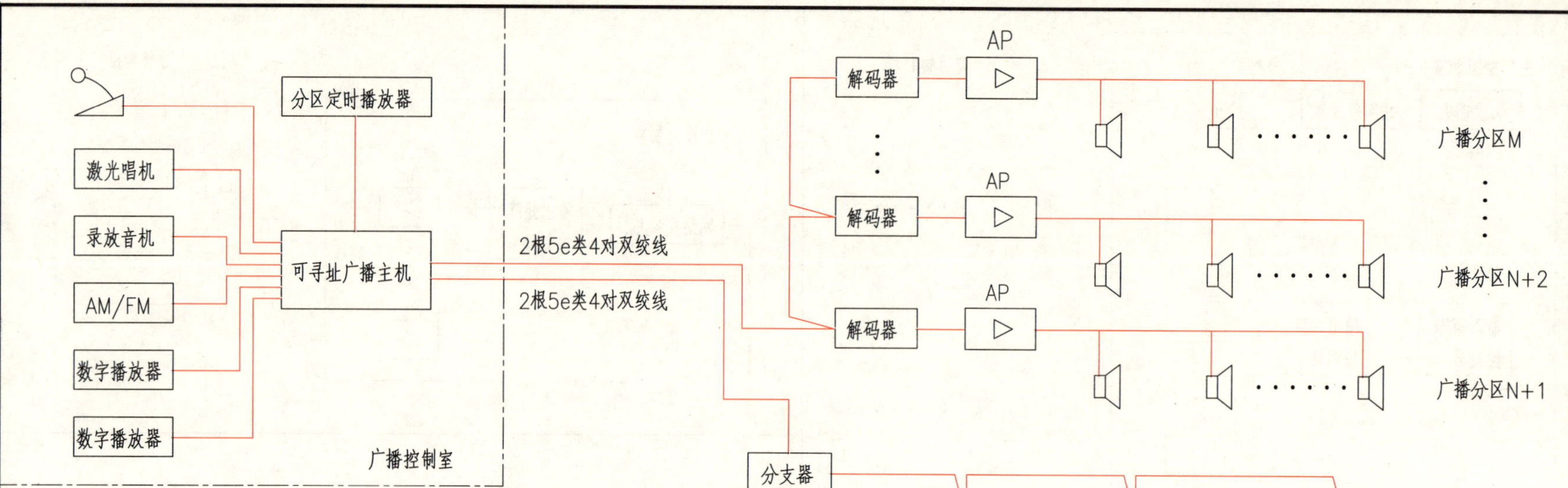

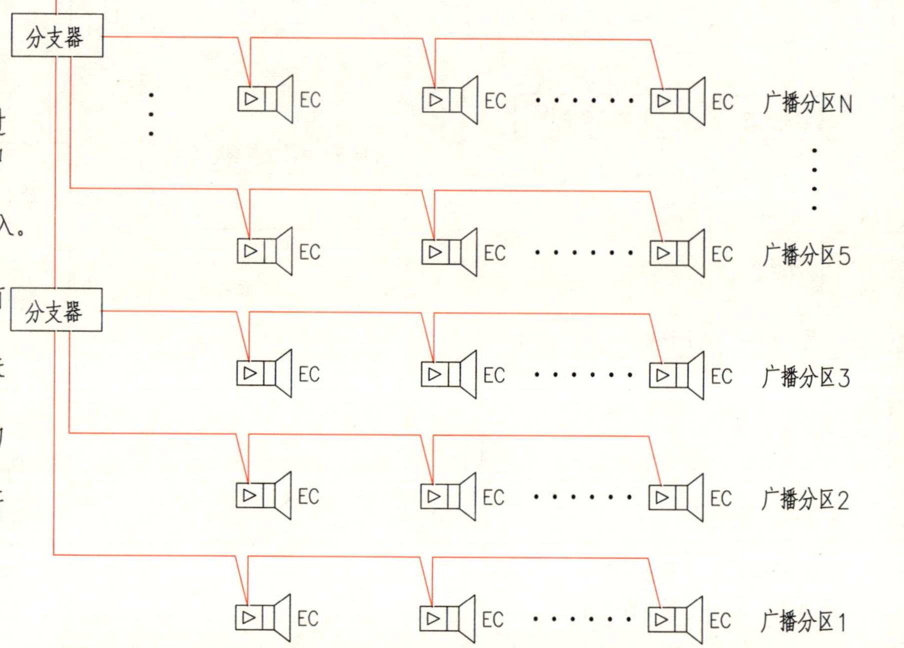

注：1. 本系统采用总线传输方式，可实现多路音频（节目）信号和控制信号可通过双绞线同时传输。可对扬声器（带功放的可寻址扬声器箱、音箱、声柱）和广播区域（解码器）进行编址，并控制。

2. 可寻址广播主机可实现6路节目同时播放，另有1路紧急广播音源可优先接入。带功放的可寻址扬声器箱、解码器根据需要接收任意节目。

3. 可寻址功能，各点可独立寻址，可实现点对点进行控制。可寻址广播主机有任意分区功能，可实现定点、定区域或多个区域的独立控制和任意组合。

4. 具有紧急触发功能，当有突发公共事件时，呼叫站优先接入，并控制对相关区域优先进行紧急广播。

5. 带功放的可寻址扬声器箱、解码器通过传输总线接收可寻址广播主机发送的节目信号。

6. 可寻址广播主机可通过传输总线控制带功放的可寻址扬声器箱、解码器的开启、关闭，并监视其工作状况。

7. 本系统采用2根5e类4对双绞线进行传输，其中7对（14芯）音频线和1对（2芯）控制线，可寻址广播主机至解码器或带功放的可寻址扬声器箱、音箱、声柱的最大传输长度为1000m。

8. 可寻址扬声器箱、解码器、功率放大器需现场供~220V电源。

9. 当改变分区规划时，只需相应地调整地址，不需要调整布线。

10. 本系统适用于学校、车站、客运码头、商场等场所。

公共广播	可寻址广播系统框图					图集号	09X700-2
审核 张成泉	[签名]	校对 孙兰	[签名]	设计 朱立彤	[签名]	页	2-286

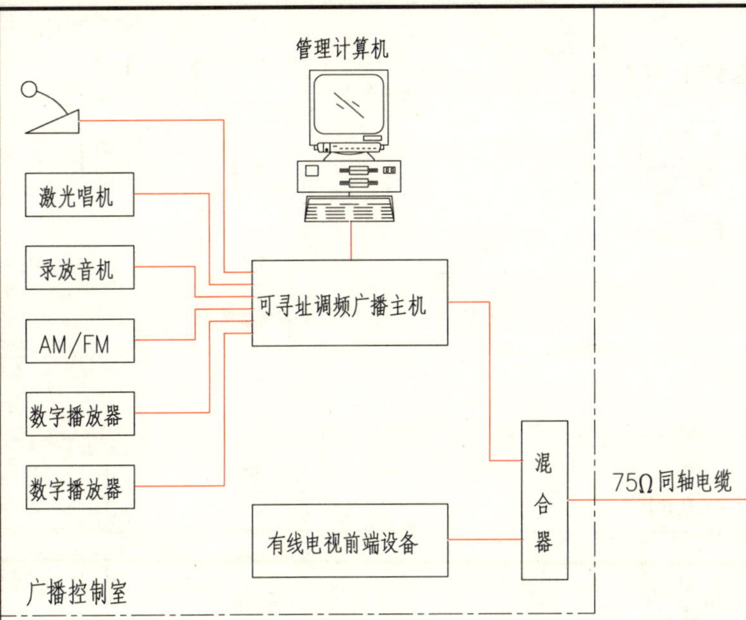

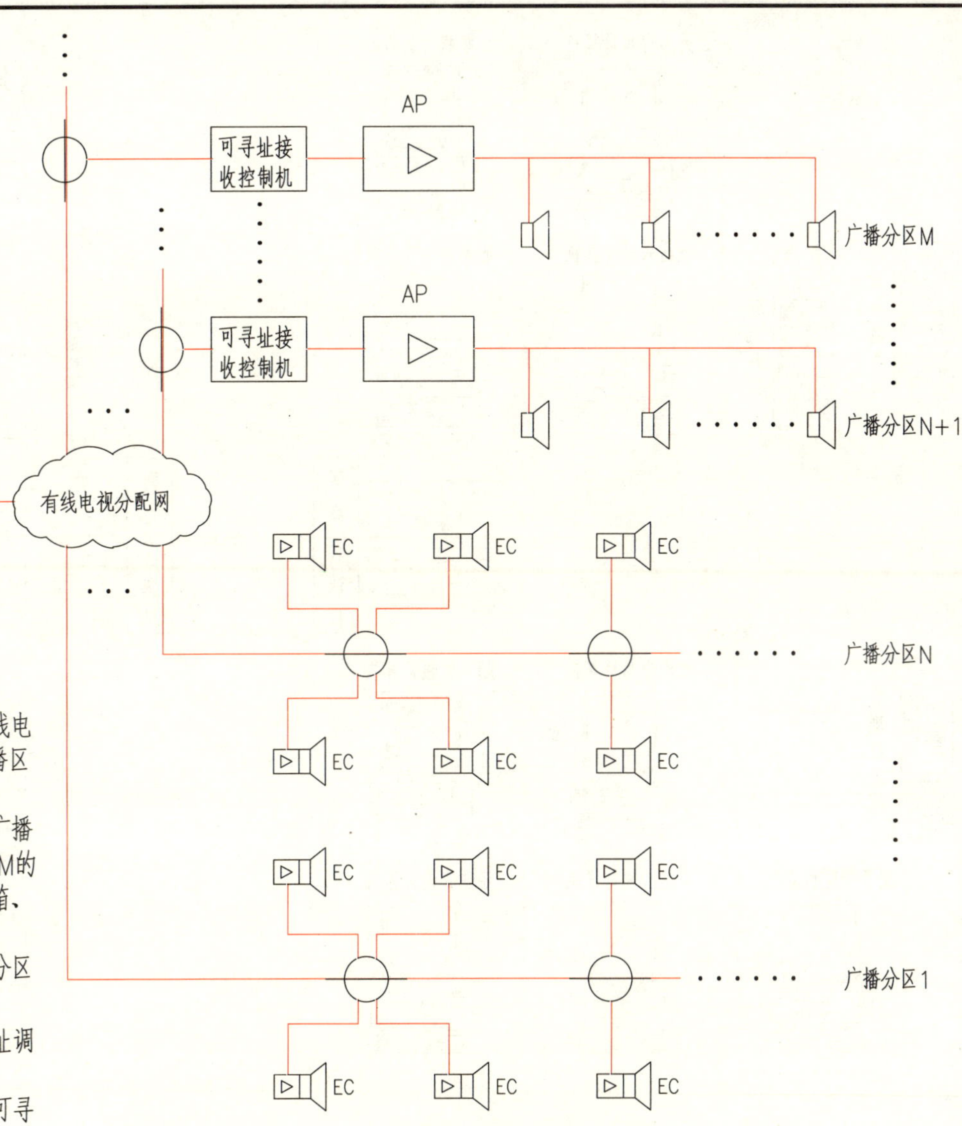

注:

1. 本系统采用调频技术，多路音频信号(节目)和控制信号可同时通过有线电视网传输。可对扬声器(带功放的可寻址扬声器箱、音箱、声柱)和广播区域(可寻址接收控制机)进行编址，并控制。
2. 可寻址调频广播主机具有调制功能，在管理计算机上设定好可寻址调频广播主机内调制器的工作频率，调制器根据需要将N个音源信号调整到设定FM的N个频率(频道)上，实现多路节目同时播放。带功放的可寻址扬声器箱、可寻址接收控制机根据需要接收任意频率(频道)节目。
3. 各点可独立寻址，可实现点对点进行控制。可寻址调频广播主机有任意分区功能，可实现定点、定区域或多个区域的独立控制和任意组合。
4. 带功放的可寻址扬声器箱、可寻址接收控制机通过有线电视网接收可寻址调频广播主机发送的节目信号。
5. 可寻址调频广播主机可通过有线电视网控制带功放的可寻址扬声器箱、可寻址接收控制机的开启、关闭，并监视其工作状况。
6. 同2-286页注4、7~9。

公共广播	可寻址广播系统框图					图集号	09X700-2
审核	张成泉	校对	孙 兰	设计	朱立彤	页	2-287

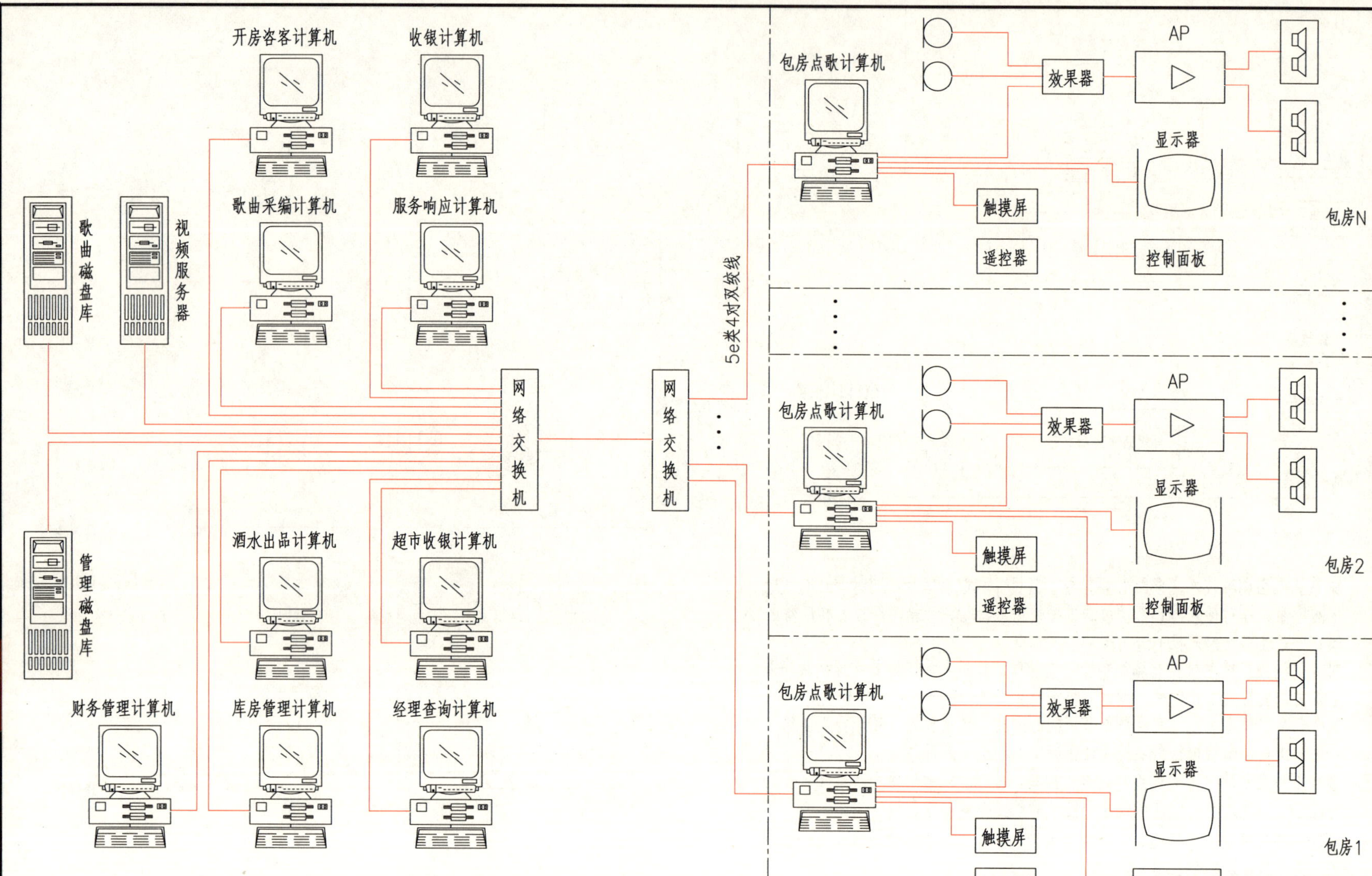

注：

1. 本系统为通过计算机网络传输的全数字KTV点播系统，适用于30间包房以上大型娱乐场所。
2. 本系统具有订房、节目编辑、点歌、订酒水、查阅账单、服务呼叫、收银、财务管理、库房管理、财务管理、经理查询等功能。

公共广播	KTV系统框图					图集号	09X700-2
审核	张成泉	校对	孙兰	设计	朱立彤	页	2-288

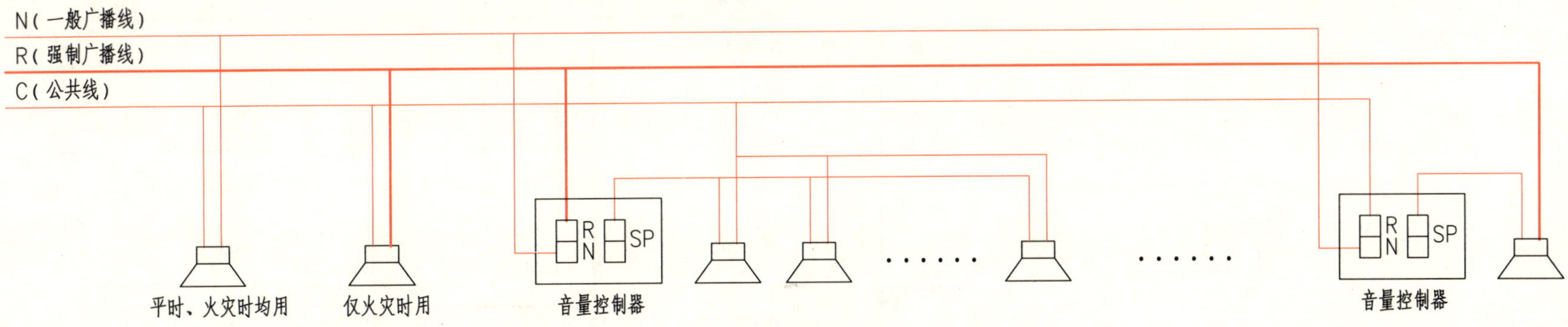

三线制连接方法

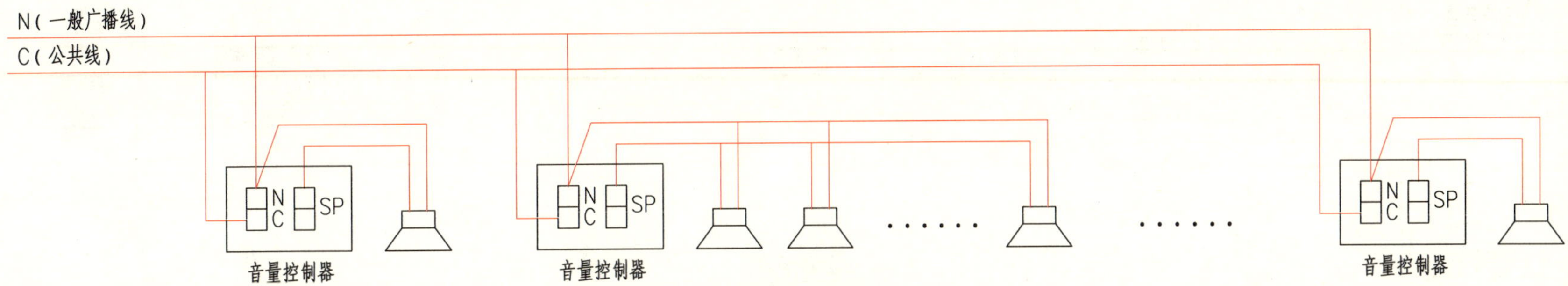

二线制连接方法Ⅰ

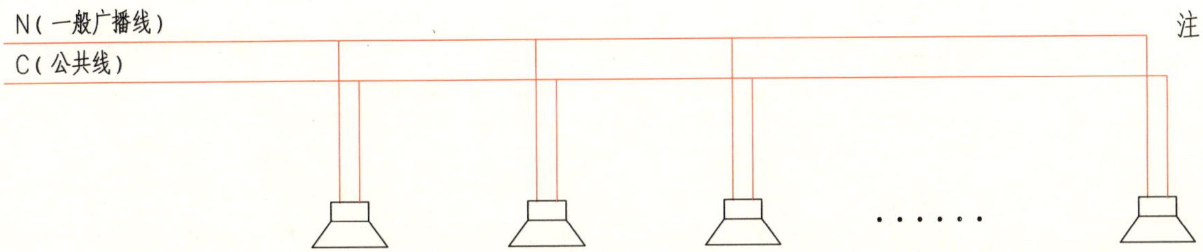

二线制连接方法Ⅱ

注：1. SP为扬声器接线端子的标注符号。

2. 平时由N线传送经营性或业务性广播信号；应急广播时R线和N线短接，二者同时传送应急广播信号。

公共广播	广播二线制、三线制连接方法					图集号	09X700-2
审核	张成泉	校对	孙 兰	设计	朱立彤	页	2-289

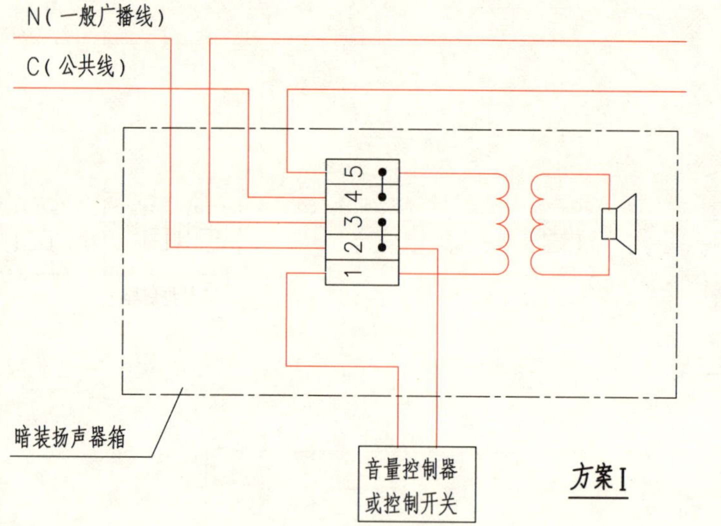

方案Ⅰ

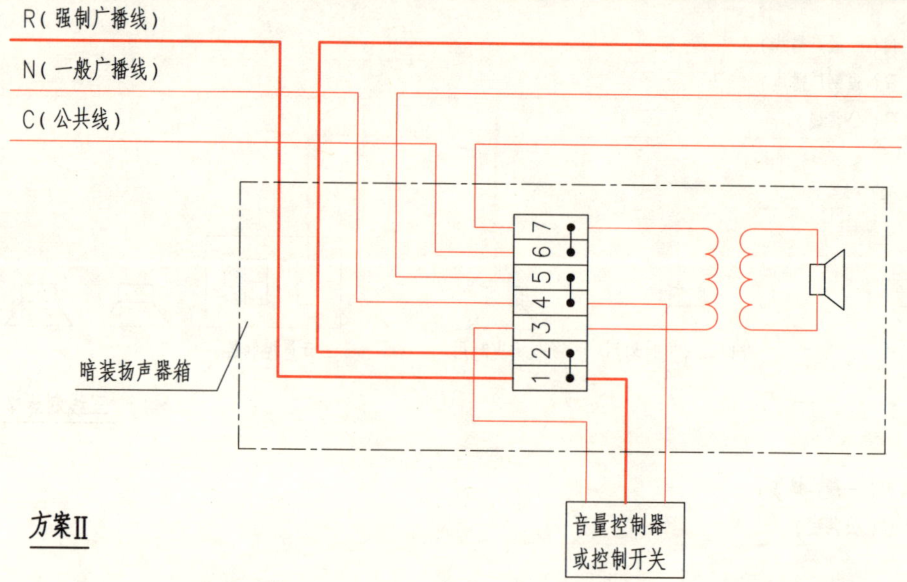

方案Ⅱ

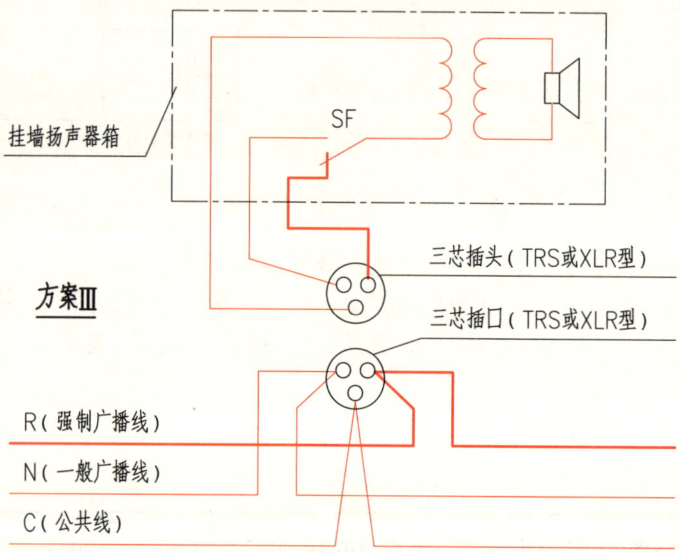

方案Ⅲ

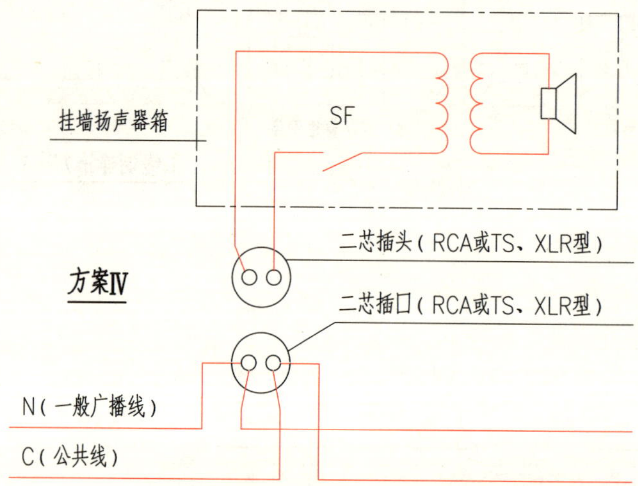

方案Ⅳ

注:

1. 方案的选用由工程设计确定。
2. 本图中各方案均只表示了一个扬声器箱的接线方法。

公共广播	扬声器接线图					图集号	09X700-2
审核	段震寰	校对	孙兰	设计	朱立彤	页	2-290

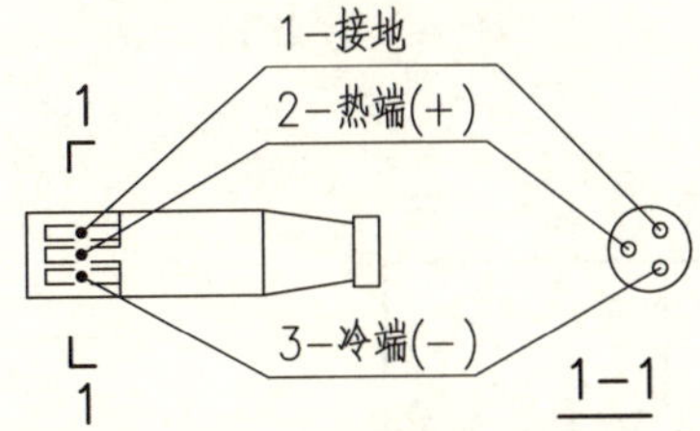

XLR(卡侬插头)

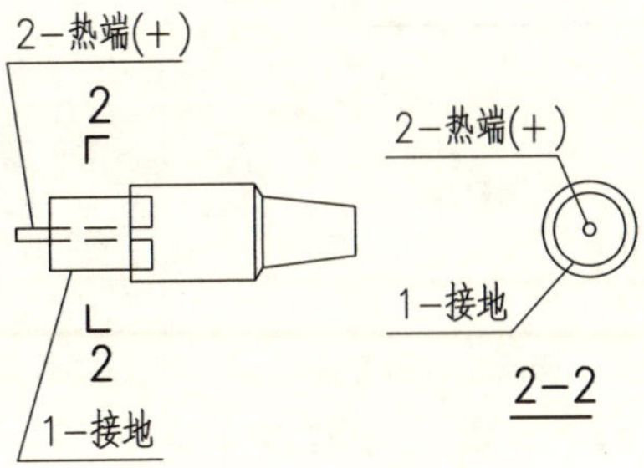

RCA(莲花插头)

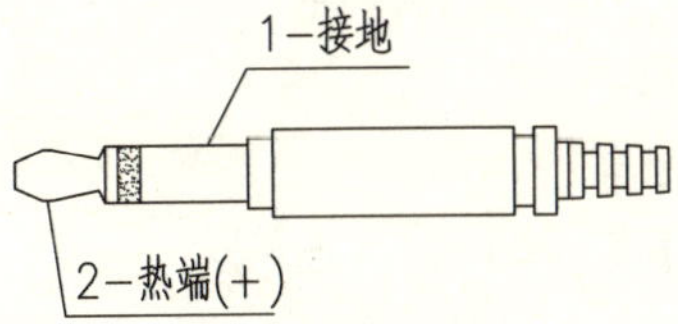

TS(二芯)

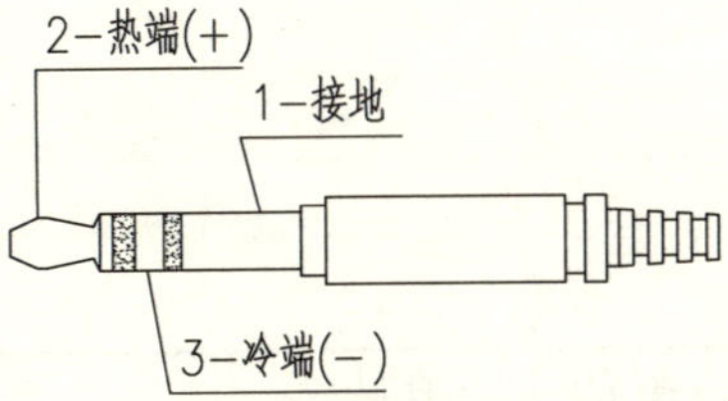

TSR(三芯)

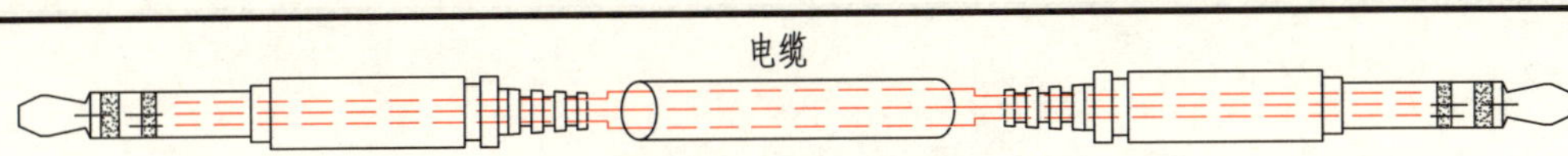

TSR(三芯)—TSR(三芯)

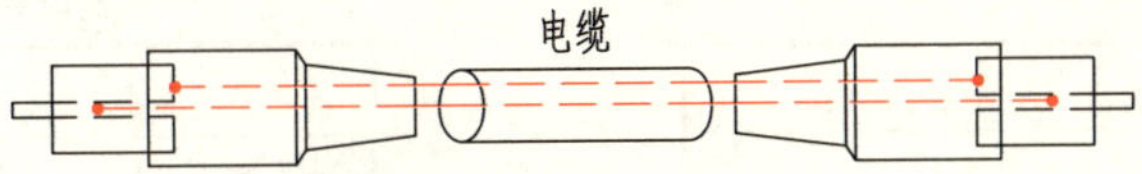

RCA(莲花插头)—RCA(莲花插头)

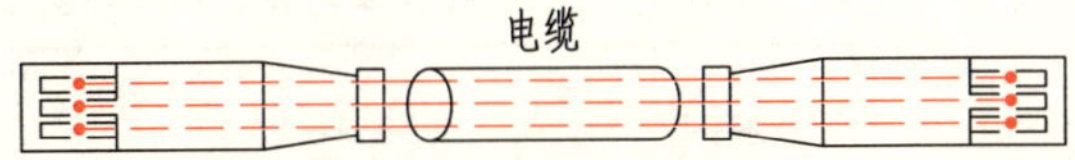

XLR(卡侬插头)—XLR(卡侬插头)

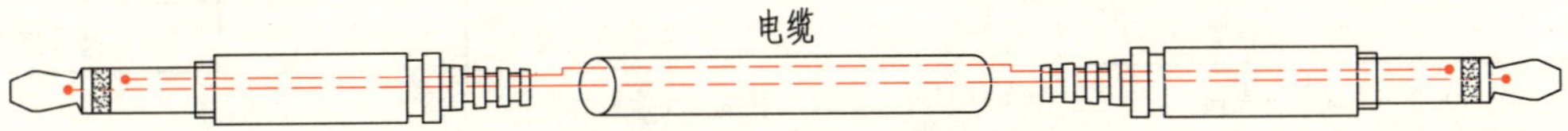

TS(二芯)—TS(二芯)

XLR(卡侬插头)—TSR(三芯)

XLR(卡侬插头)—TS(二芯)

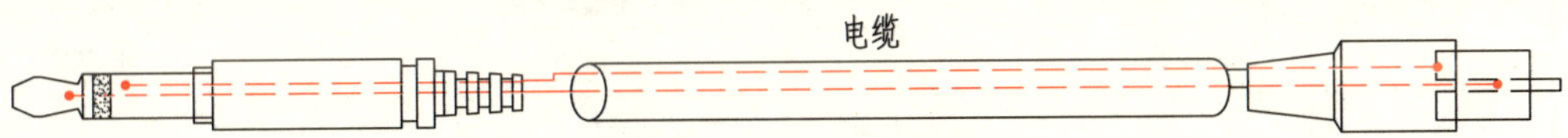

XLR(卡侬插头)—RCA(莲花插头)

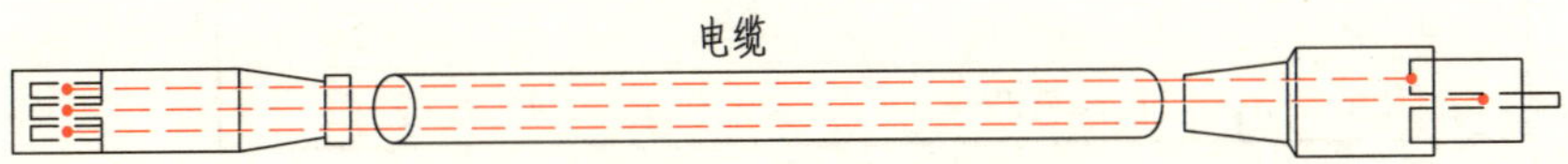

XLR(卡侬插头)—RCA(莲花插头)

注：
1. 传声器常用的插头有XLR(卡侬插头)、TSR(三芯)、TS(二芯)型。
2. 扩声设备常用的插头有XLR(卡侬插头)、TSR(三芯)、TS(二芯)、RCA(莲花插头)型。

公共广播	音频传输电缆连接方式	图集号	09X700-2
审核 张成泉 校对 孙兰 设计 朱立彤		页	2-291

消防 安防 监控 通信 网络 布线 电视 **广播** 会议 显示 集成

单只扬声器扩声面积参考表

规格	名称	扩声面积（m^2）	备注
3W	天花板扬声器	40～70	吊顶安装
5W	天花板扬声器	60～110	较高吊顶安装
3W	球形扬声器	30～60	吊顶、无吊顶安装
5W	球形扬声器	50～100	特殊装饰效果的场合
3W	音箱	40～70	壁装
5W	音箱	60～110	壁装
30W	草地扬声器	80～120	室外座装
20W	草地扬声器	60～100	室外座装

注：扬声器安装高度3m以内。

面积与扬声器功率配置参考表

扩声面积（m^2）	扬声器功率（W）	功放标称功率（W）	供电容量（VA）
500	35～40	≥40	≥120
1000	70～80	≥80	≥240
2000	120～150	≥150	≥450
5000	250～350	≥350	≥1050
10000	500～700	≥700	≥2100

声压级的选择参考表

扩声系统类别	通常声压级	最大声压级
背景音乐系统	30～50dB	＜80dB
公共扩声系统	50～70dB	＜90dB
紧急广播系统	－	－

注：1. 采用定压传输时，按表一选择扬声器规格和数量。

2. 功率放大器的选择一般遵循下面的原则：对一般广播而言，功率放大器的额定功率大于或等于扬声器总功率。电容量在设计上通常取功率放大器额定功率总和的3倍，以保证系统可靠工作。

3. 扩声的直达声声压级，按下式计算：

所需声压级（dB）＝10lg扬声器功率（W）＋扬声器的灵敏度（dB）－20lg距离（m）

公共广播	扩声面积与扬声器、功率放大器的选择及供电容量的配备					图集号	09X700-2
审核 尹秀伟	尹秀伟	校对 钱江	钱江	设计 杜博俊	杜博俊	页	2-292

功放设备采用70V定电压输出,线路衰耗不大于0.5dB时广播馈送回路铜导线规格选择一览表

缆线规格		不同扬声器总功率允许的最大距离(m)							
二线制	三线制	30W	60W	120W	150W	240W	300W	360W	480W
2×0.5mm²	3×0.5mm²	138	69	34	27	17	13.	11	8
2×0.75mm²	3×0.75mm²	207	103	51	41	25	20	17	12
2×1.0mm²	3×1.0mm²	276	138	69	55	34	27	23	17
2×1.5mm²	3×1.5mm²	415	207	103	83	51	41	34	25
2×2.0mm²	3×2.0mm²	553	276	138	110	69	55	46	34
2×2.5mm²	3×2.5mm²	692	346	173	138	86	69	57	43

功放设备采用100V定电压输出,线路衰耗不大于0.5dB时广播馈送回路铜导线规格选择一览表

缆线规格		不同扬声器总功率允许的最大距离(m)							
二线制	三线制	30W	60W	120W	150W	240W	300W	360W	480W
2×0.5mm²	3×0.5mm²	281	140	70	56	35	28	23	17
2×0.75mm²	3×0.75mm²	422	211	105	84	52	42	35	26
2×1.0mm²	3×1.0mm²	563	281	140	112	70	56	46	35
2×1.5mm²	3×1.5mm²	845	422	211	169	105	84	70	52
2×2.0mm²	3×2.0mm²	1126	563	281	225	140	112	93	70
2×2.5mm²	3×2.5mm²	1408	704	352	281	176	140	117	88

功放设备采用70V定电压输出,线路衰耗不大于1dB时广播馈送回路铜导线规格选择一览表

缆线规格		不同扬声器总功率允许的最大距离(m)							
二线制	三线制	30W	60W	120W	150W	240W	300W	360W	480W
2×0.5mm²	3×0.5mm²	285	142	71	57	35	28	23	17
2×0.75mm²	3×0.75mm²	428	214	107	85	53	42	35	26
2×1.0mm²	3×1.0mm²	570	285	142	114	71	57	47	35
2×1.5mm²	3×1.5mm²	856	428	214	171	107	85	71	53
2×2.0mm²	3×2.0mm²	1141	570	285	228	142	114	95	71
2×2.5mm²	3×2.5mm²	1427	713	356	285	178	142	118	89

功放设备采用100V定电压输出,线路衰耗不大于1dB时广播馈送回路铜导线规格选择一览表

缆线规格		不同扬声器总功率允许的最大距离(m)							
二线制	三线制	30W	60W	120W	150W	240W	300W	360W	480W
2×0.5mm²	3×0.5mm²	582	291	145	116	72	58	48	36
2×0.75mm²	3×0.75mm²	873	436	218	174	109	87	72	54
2×1.0mm²	3×1.0mm²	1165	582	291	233	145	116	97	72
2×1.5mm²	3×1.5mm²	1747	873	436	349	218	174	145	109
2×2.0mm²	3×2.0mm²	2330	1165	582	466	291	233	194	145
2×2.5mm²	3×2.5mm²	2912	1456	728	582	364	291	242	182

功放设备采用70V定电压输出,线路衰耗不大于2dB时广播馈送回路铜导线规格选择一览表

缆线规格		不同扬声器总功率允许的最大距离(m)							
二线制	三线制	30W	60W	120W	150W	240W	300W	360W	480W
2×0.5mm²	3×0.5mm²	605	302	151	121	75	60	50	37
2×0.75mm²	3×0.75mm²	907	453	226	181	113	90	75	56
2×1.0mm²	3×1.0mm²	1210	605	302	242	151	121	100	75
2×1.5mm²	3×1.5mm²	1815	907	453	363	226	181	151	113
2×2.0mm²	3×2.0mm²	2420	1210	605	484	302	242	201	151
2×2.5mm²	3×2.5mm²	3025	1512	756	605	378	302	252	189

功放设备采用100V定电压输出,线路衰耗不大于2dB时广播馈送回路铜导线规格选择一览表

缆线规格		不同扬声器总功率允许的最大距离(m)							
二线制	三线制	30W	60W	120W	150W	240W	300W	360W	480W
2×0.5mm²	3×0.5mm²	1235	617	308	247	154	123	102	77
2×0.75mm²	3×0.75mm²	1852	926	463	370	231	185	154	115
2×1.0mm²	3×1.0mm²	2470	1235	617	494	308	247	205	154
2×1.5mm²	3×1.5mm²	3705	1852	926	741	463	370	308	231
2×2.0mm²	3×2.0mm²	4940	2470	1235	988	617	494	411	308
2×2.5mm²	3×2.5mm²	6175	3087	1543	1235	771	617	514	385

广播线路计算公式:$L=\dfrac{q \cdot n \cdot U^2}{0.035\times(100-n)\cdot W}$

式中:L—从功放设备到扬声器箱的缆线长度(m);

q—铜缆线截面积(mm^2);

W—输入到扬声器箱的电功率(W);

U—功放设备的输出电压(V);

n—缆线上的电压降,用功放设备输出电压百分率表示(%)。

公共广播	广播馈送回路导线规格选择一览表	图集号	09X700-2
审核 张成泉 校对 孙兰 设计 朱立彤		页	2-293

编 制 说 明

1 设计依据

《民用建筑电气设计规范》JGJ 16-2008

《视频显示系统工程技术规范》GB 50464-2008

《厅堂扩声系统设计规范》GB 50371-2006

2 适用范围

2.1 本部分适用于新建、改建、扩建通用型公共建(构)筑物(及其群体)的电子会议系统设计。

2.2 本部分适用于专业人员在从事电子会议系统设计、施工和验收时使用;也可供设计审图、监理、投资等部门的人员参考。

3 修编内容

3.1 本部分根据国家现行标准对97X700-2-9《厅堂扩声系统》进行修编,并融入03X301-1《广播与扩声》和06X701《体育建筑专用弱电系统设计安装》部分内容。

3.2 根据正在编制的国家规范《电子会议系统设计规范》、《会议电视会场系统工程设计规范》的框架,介绍电子会议系统各个子系统的组成、分类和综合应用。

3.3 增加电子会议系统的应用提示、组成、分类、组网、远程传输、示例等内容。

4 主要内容

4.1 编制说明及应用提示。

4.2 电子会议系统的组成和分类。

4.3 电子会议讨论系统。

4.4 电子会议表决系统。

4.5 电子会议同声传译系统(有线系统和无线系统)。

4.6 电子会议视频显示系统(H.320系统、H.323系统及H.320和H.323混合系统)。

4.7 电子会议扩声系统(剧场扩声、体育馆扩声、游泳馆扩声)。

4.8 电子教学系统(远程教学系统及平面布置)。

4.9 电子会议系统组网、远程传输(远程电视会议系统、主会场及分会场设备连接等)。

4.10 电子会议系统示例(包括50人视频会议室系统、平面布置及管线图;1600m 左右会议室、同声传译及扩声系统图、主会场会议电视系统图及布置图等)。

4.11 相关技术资料。

5 参编单位

中广电广播电影电视设计研究院(原国家广播电影电视总局设计院)

电子会议	编 制 说 明					图集号	09X700-2
审核	顾克明	校对	孙 兰	设计	詹叶青	页	2-294

应 用 提 示

1 根据会议室的规模和使用功能的需求，电子会议系统应包括以下部分或全部子系统：

1.1 会议讨论系统。

1.2 会议表决系统。

1.3 会议同声传译系统。

1.4 会议扩声系统。

1.5 会议视频显示系统。

1.6 会议录制和播放系统。

1.7 视像跟踪系统。

1.8 会议门禁签到系统。

1.9 集中控制系统。

1.10 控制室设备（音频扩声、控制台等）。

2 电子会议系统设备选型时，应优先考虑将各子系统集成（如会议讨论系统、会议同声传译系统、会议表决系统可以集成在一套系统中），并应考虑各系统之间的兼容性。

3 当采用无线会议系统时，应考虑不得对服务区域以外造成电磁干扰，对有保密要求的应考虑采取防失密措施。会议电视系统专线式组网方式宜采用信道加密的方式，交换式组网方式宜采用终端加密的方式。

4 充分考虑会场建筑特点，进行建筑声学设计，并根据混响时间进行电声设计，采取相应措施，确保系统的声学效果。

5 视频会议的国际标准主要有H.320和H.323。H.320标准以基于电路交换的方式开放视频会议业务，传输方式与速率要求与网络本身的构成有关。而H.323标准是专门为分组交换网络设计的，与传输网络无关联性。H.323会议系统可以建立在局域网内、局域网间及因特网上。

6 系统配置宜按下列要求选择：

6.1 普通会议系统：宜根据使用需要选择设置相应子系统，对于面积较大、参会人员较多的会议室内宜增加会议讨论和扩声系统。

6.2 报告厅会议系统：应具有较全面的会议功能，主要包括会议即席发言、会议扩声、大屏幕显示、会议灯光、会议集控等功能。如需要，可增设会议表决、同声传译系统。

6.3 多功能厅：应具有较全面的会议功能，并宜设置适当的灯光、音响系统。

7 显示设备的选择，主要应考虑接收的信号种类、色彩还原性、噪声指标、亮度、分辨率等。

8 与相关专业的配合：

8.1 建筑声学要求、机房位置及面积。

8.2 结构预埋件、承载能力。

8.3 预留进出线保护管。

8.4 预留机房。

8.5 预留电源。

扩声系统设计要点

1 下列场所宜设扩声系统：

1.1 听众距离讲台大于10m的会议场所。

1.2 容积大于1000m³的多功能场所。

1.3 要求声压级较高的场所。

2 扩声系统的功率馈送宜符合下列规定：

2.1 厅堂类建筑扩声系统宜采用定阻输出。

2.2 体育场、广场类建筑扩声系统，宜采用定压输出。

2.3 自功放输出端至最远扬声器的线路，在1000Hz时衰耗不应大于0.5dB。

3 功放

3.1 功放的输出接口数量、类别应与负载相匹配。

3.2 扩声系统的功放应与系统中其他部分相匹配。

3.3 扩声系统应有充分功率储备。语言扩声时为3～5倍，音乐扩声时为6～8倍，专业演出宜为8倍以上。

4 扬声器（箱）

4.1 扬声器的布置有分散布置、集中布置及混合布置三种方式，应根据建筑功能、形状、空间高度及观众席设置等因素确定，并应符合下列要求：

4.1.1 下列情况，扬声器或扬声器组宜采用集中式布置方式：

1）当设置舞台并要求视听效果一致；

2）受建筑体型限制不宜分散布置；

4.1.2 集中布置时，应使听众区的直达声较均匀，并尽量减少声反馈。

4.2 下列情况，扬声器或扬声器组宜采用分散式布置方式：

4.2.1 建筑物内的大厅净高较高，纵向距离长或者大厅可能被分隔成几部分使用，不宜采用集中布置。

4.2.2 分散布置时，应控制靠近讲台处第一排扬声器的功率，尽量减少声反馈，应防止听众区产生双重声现象，必要时可在不同通路内采取适当的延时措施。

4.3 下列情况，扬声器或扬声器组宜采用混合式布置方式：

4.3.1 对眺台过深或设楼座的剧院等，宜在被遮挡的部分布置辅助扬声器系统。

4.3.2 对大厅或纵向距离较长的建筑大厅，除集中设置扬声器系统外，宜分散布置辅助扬声器系统。

4.3.3 对各方向均有观众的视听大厅，混合布置方式应注意考虑声程差和限制声级，必要时应采取延时措施，避免产生重音。

4.4 体育场观众席的扬声器宜分散布置，对运动场地的扬声器宜集中布置。集中布置时，应合理控制声音覆盖范围，并尽量减少声外溢，降低对周围的干扰。

5 扩声系统的扬声器系统应采取分频控制，其分频控制方式按下列要求：

5.1 一般情况下，可选用内置无源分频器的组合式扬声器箱分频控制。

5.2 分频频率可按生产厂家的各类扬声器选取。

5.3 要求较高的扬声器系统，可采用有源分频控制方式，有源电子分 频器应接在控制台与功放之间。

本部分主要符号说明

符 号	说 明	符 号	说 明
ATM	异步传输模式	COD	编码器
BRI	基本速率接口	MCU	多点控制器
CCR	文件摄象机	SP1～SP4	有源音箱
CODEC	编码解码器	MIC	主席台话筒
DDN	数字数据网	DECOD	解码器
DVD	数字通用光盘	MON	主会场监视器
DLP	数字光处理	MON1～MON4	分会场监视器
E1	2.048Mb/s的传输速率	PDP1～PDP2	发言分会场平板显示器
FE	快速以太网	MON5～MON6	发言分会场监视器
FR	帧中继	VF	视频分配放大器(1分4)
HDSL	高速率数字用户线路	VAF	视音频分配放大器(1分4)
ISDN	综合业务数字网	COL	调音台
IP	因特网协议	SHT	120"大屏幕投影显示器
LAN	局域网	NMS1	卫星网管系统
MCU	多点控制器	NMS2	会议电视网管系统
MCA	主摄像机	MAX1	视音频切换矩阵(5入10出)
PRI	基群速率接口	MAX2	视音频切换矩阵(4入3出)
PDP	等离子显示器	CB	视音频切换矩阵控制台
RGB	红绿蓝(三基色)	MGW1	模拟转接网关1
SCR	辅助摄像机	MGW2	模拟转接网关2
DVR	数字硬盘录像机	ADSL	非对称数字用户线

主要图例

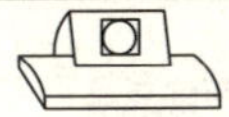	H.320终端(桌面型)
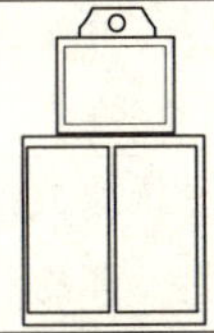	H.320终端(会场型)
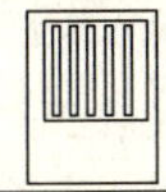	H.320 MCU
	H.323 MCU
	H.323终端
	H.323终端(MC)
	防火墙
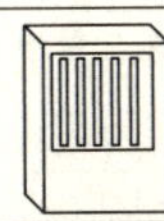	智能宽带IP网络视讯服务器
	路由器

电子会议系统的组成

电子会议系统	根据使用要求，电子会议系统应包括以下部分或全部子系统：会议讨论系统、会议同声传译系统、会议表决系统、视频显示系统、会议录制和播放系统、集中控制系统、视像跟踪系统、会议门禁签到系统、控制室设备（音频扩声、控制台等）。
会议讨论系统	有线会议讨论系统由会议系统控制主机、有线会议单元，以及连接主机与会议单元、会议单元与会议单元的线缆组成。无线会议讨论系统由会议系统控制主机、无线会议单元、信号收发器（无线射频收发器或红外收发器），以及连接主机与信号收发器的线缆组成。
会议表决系统	会议表决系统由表决系统主机、表决器、表决管理软件及配套的显示系统组成。
会议同声传译系统	会议同声传译系统由翻译单元、语言分配系统、翻译员和代表的耳机，以及同声传译室组成。
会议扩声系统	系统由传声器、功率放大器和扬声器组成。在比较完善的扩声系统中还有：调音台、压缩限幅器、均衡器、分频器、延时器、混响器、反馈抑制器、录音机、CD、音频处理器、数字媒体矩阵等。
会议显示系统	显示系统由信号源、传输路由、信号处理设备和显示终端组成。
会议摄像系统	摄像系统由摄像机（含镜头）、摄像机云台、解码器、视频切换器、视频分配器、控制主机、控制软件（可选）、控制键盘（可选）等组成。
会议录制和播放系统	会议录制及播放系统主要由信号采集设备和信息处理设备组成。
集中控制系统	集中控制系统由中央控制主机、触摸屏、音视频矩阵，及电源控制器、灯光控制器、挂墙面板等外围设备。
会议门禁签到系统	会议门禁签到系统由会议签到机（含签到主机及门禁天线），非接触式IC卡发卡器、非接触式IC卡、会议签到管理软件（包括服务器端模块和客户端模块）、电脑及双屏显卡组成。

电子会议系统的分类

会议讨论系统	会议讨论系统根据设备的连接方式分为有线会议讨论系统和无线会议讨论系统,其中无线会议讨论系统主要有红外线式和射频式两种；根据音频传输方式的不同，有线/无线会议讨论系统分别分为模拟会议讨论系统（采用模拟音频传输）和数字会议讨论系统（采用数字音频传输）。
会议表决系统	会议表决系统根据设备的连接方式分为有线会议表决系统和无线会议表决系统，其中有线会议表决系统根据表决系统主机与表决器间通讯方式和通讯速度的不同主要有RS-485连接方式和以太网连接方式两种；无线会议表决系统主要有射频式和红外线式两种。
会议同声传译系统	同声传译的语言分配系统主要有有线和无线（红外线式和射频式）两种类型；根据音频传输方式的不同，语言分配系统可分为模拟的语言分配系统（采用模拟音频传输）和数字的语言分配系统（采用数字音频传输）。
会议显示系统	显示系统的分类按照显示器件的不同，可以分为交互式电子显示白板显示系统、发光二极管显示（LED）系统、投影显示系统、等离子显示（PDP）系统和液晶显示（LCD）系统。
会议录制和播放系统	会议录制及播放系统可分为分布式架构录播系统和一体机架构录播系统。
集中控制系统	集中控制系统分为无线单向控制、无线双向控制、有线控制等形式。
会议门禁签到系统	会议门禁签到系统分为近距离会议门禁签到系统和远距离会议门禁签到系统。

电子会议	电子会议系统组成及分类					图集号	09X700-2
审核	顾克明	校对	汪浩	设计	刘芳	页	2-298

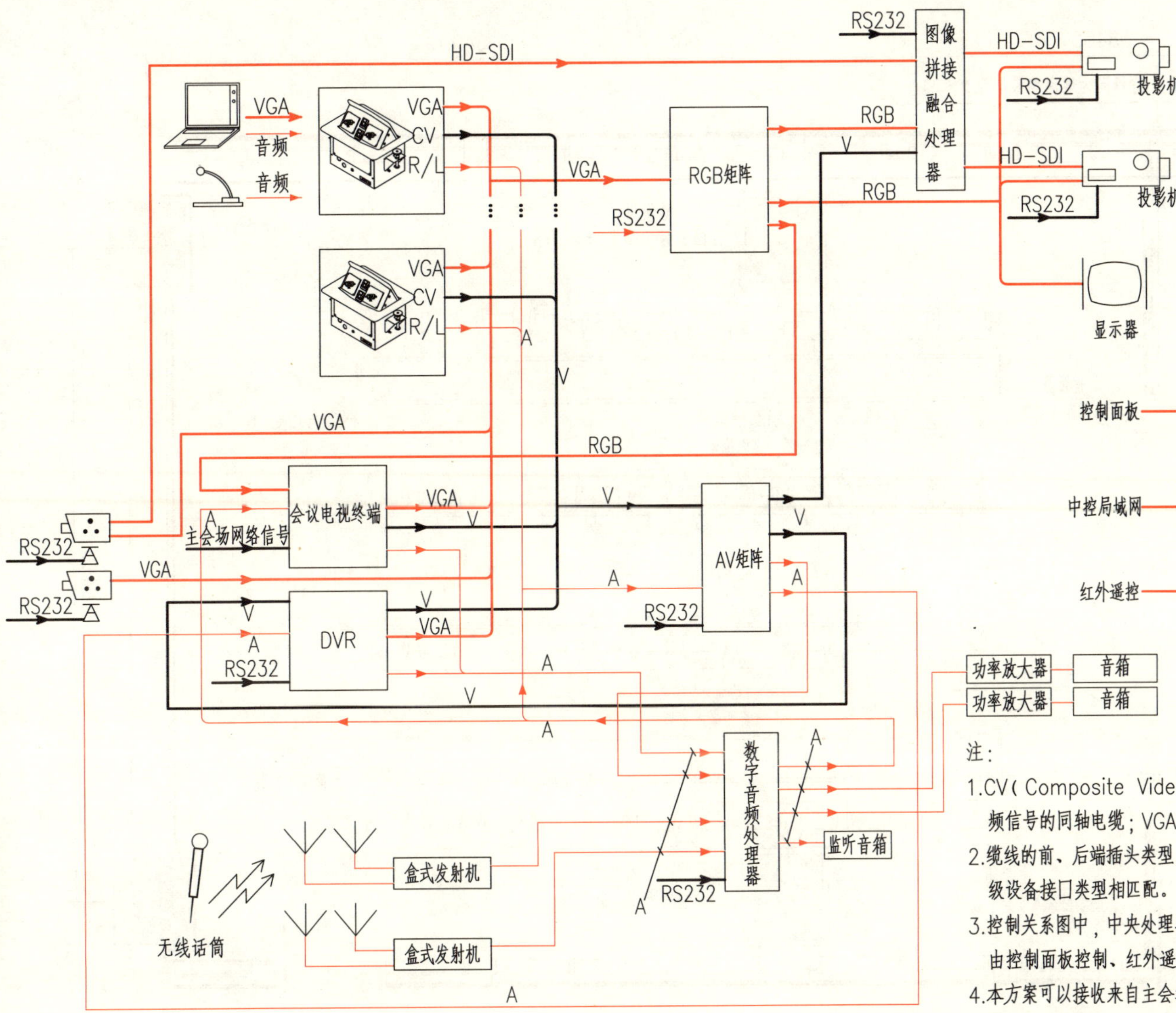

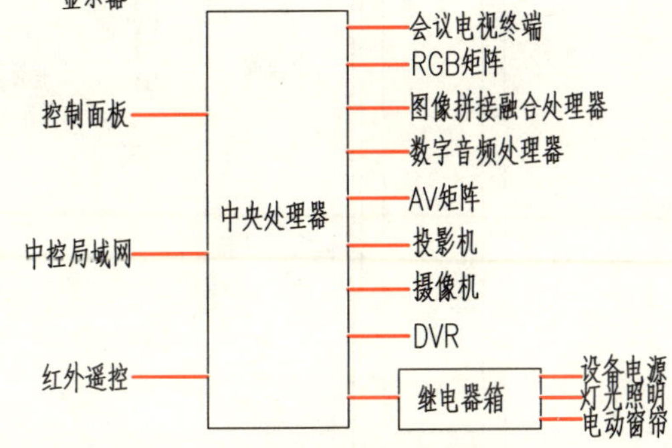

系统控制关系图

注:

1.CV(Composite Video)表示复合视频信号接口;V表示传输复合视频信号的同轴电缆;VGA、RGB、HD-SDI均表示传输相应信号的缆线。

2.缆线的前、后端插头类型(如前端为VGA,后端为RGB)应与相应的前后级设备接口类型相匹配。

3.控制关系图中,中央处理器与各受控设备通过RS232端口连接。系统可由控制面板控制、红外遥控或通过中控局域网控制。

4.本方案可以接收来自主会场的信号,但不能向主会场发送信号。

电子会议	50人视频会议室系统图					图集号	09X700-2
审核	孙兰	校对	汪浩	设计	詹丽静	页	2-299

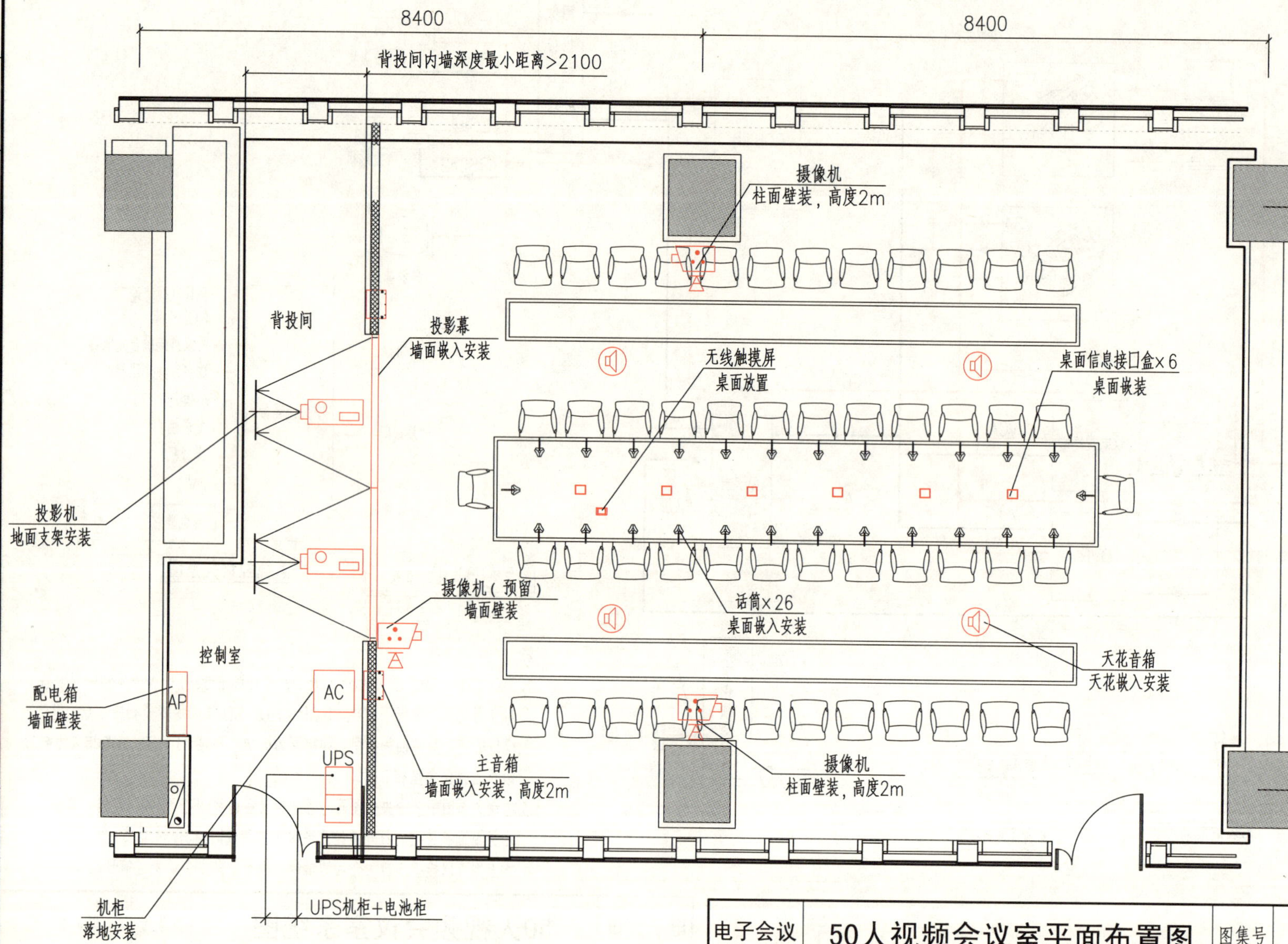

电子会议	50人视频会议室平面布置图					图集号	09X700-2
审核 孙兰	[签名]	校对 汪浩	[签名]	设计 詹丽静	[签名]	页	2-300

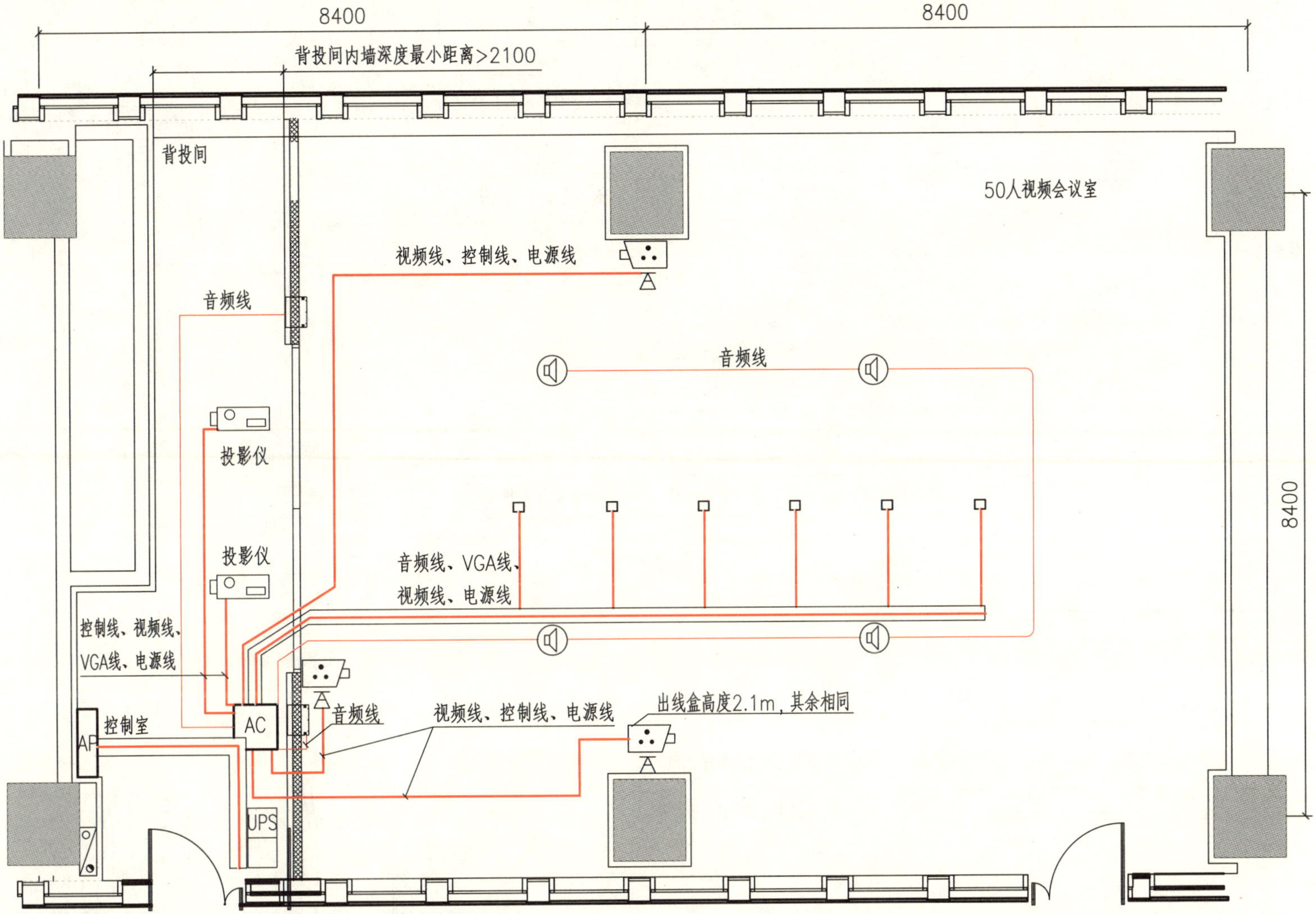

注：

1.各种套管、缆线的数量、规格及敷设方式由工程设计确定。

2.所有含电源线的管路均有一根管为电源线敷设专用，此电源线管路和弱电管路敷设距离应符合规范。

电子会议	50人视频会议室管线图					图集号	09X700-2
审核 孙兰		校对 汪浩		设计 詹丽静		页	2-301

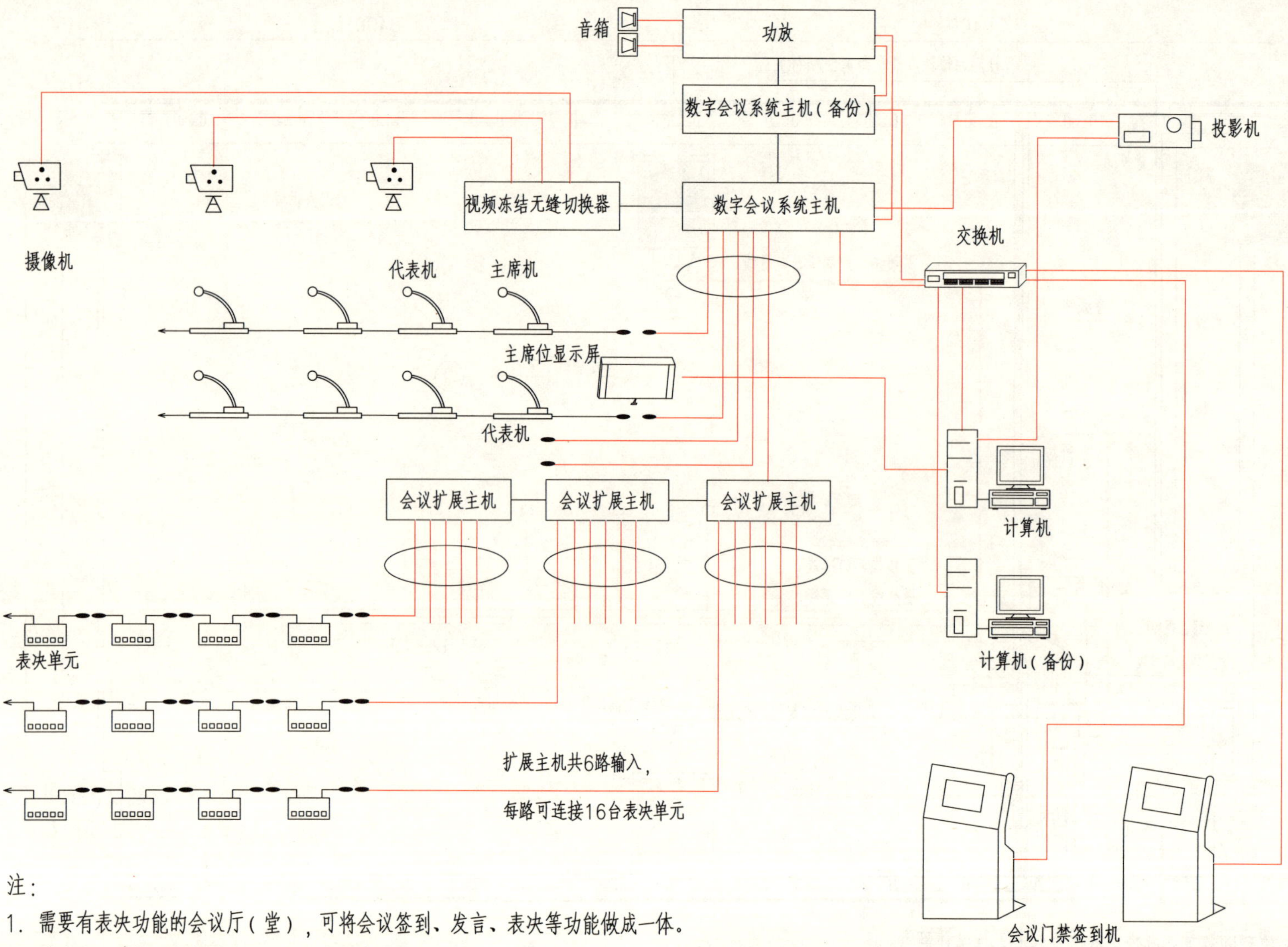

注：

1. 需要有表决功能的会议厅（堂），可将会议签到、发言、表决等功能做成一体。
2. 代表机主席机可根据需求，适用台面或桌面嵌入安装。

电子会议	会议发言、表决系统	图集号	09X700-2
审核 顾克明 校对 孙 兰 设计 詹叶青		页	2-302

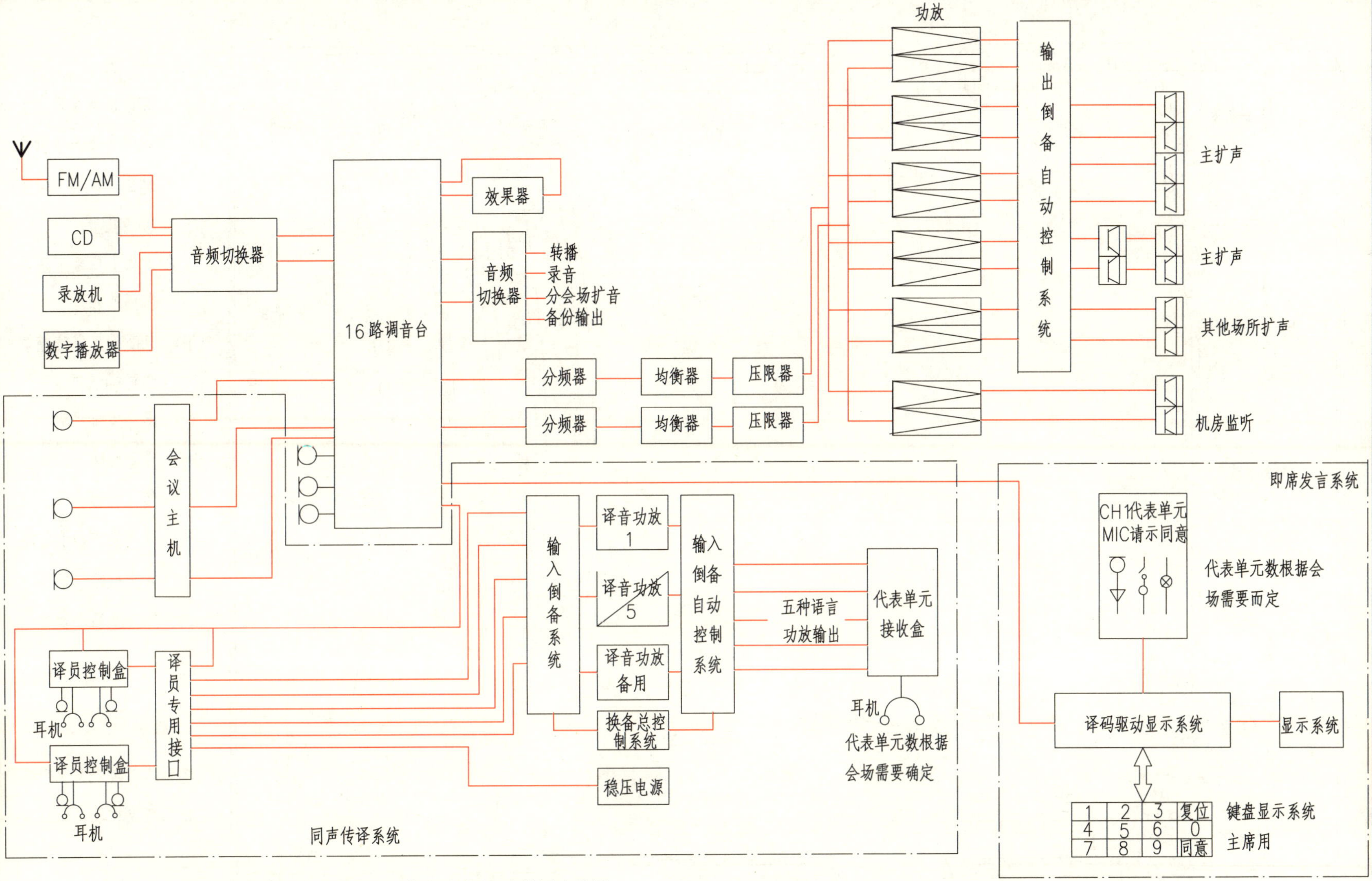

注：1. 本系统为8路同声传译席发言，适用于8种以下不同语言的同声传译。

2. 收听代表单元和即席发言单元的数目根据用户要求而定。

3. 同声传译及扩声设备平面布置图见第2-304、2-305页。

电子会议	会议有线同声传译、扩声系统	图集号	09X700
审核 费锡伦	校对 孙兰 设计 段震寰	页	2-303

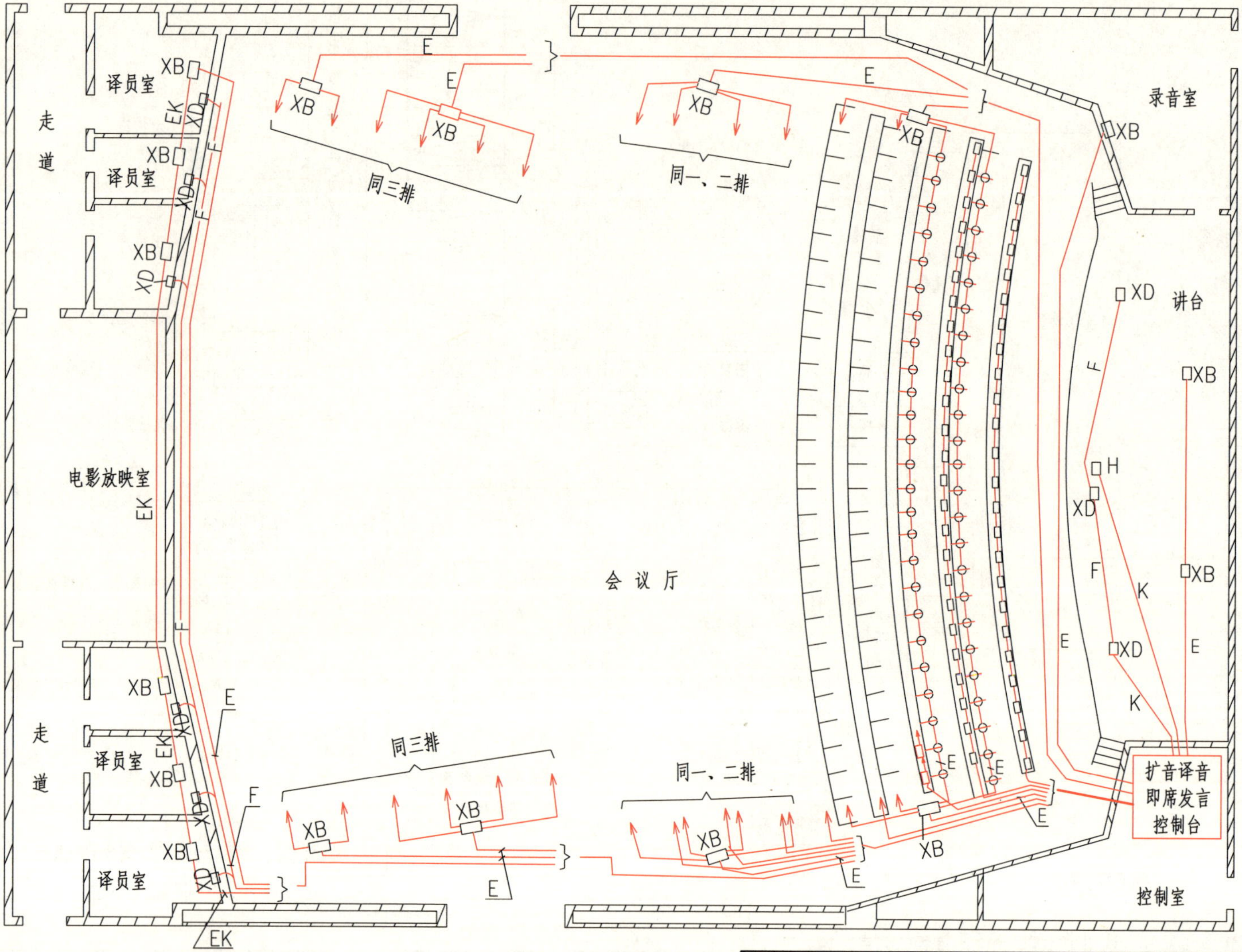

图 例

- □ 座位前即席发言板
- ○ 座位上译音收听盒
- □XB 地面下或墙上译音接线盒
- □XD 地板下或墙上传声器插座箱
- □H 切断即席发言控制线路接线箱
- —— 即席发言线路
- —E— 译音线路
- —F— 传声器线路
- —K— 即席发言控制线路
- —EK— 译音线路控制线路
- —— 综合线路（多根线）

注：各线路芯数视系统规模由工程设计确定。

电子会议	会议有线同声传译系统平面布置	图集号	09X700-2
审核 费锡伦 校对 孙兰 设计 段震寰		页	2-304

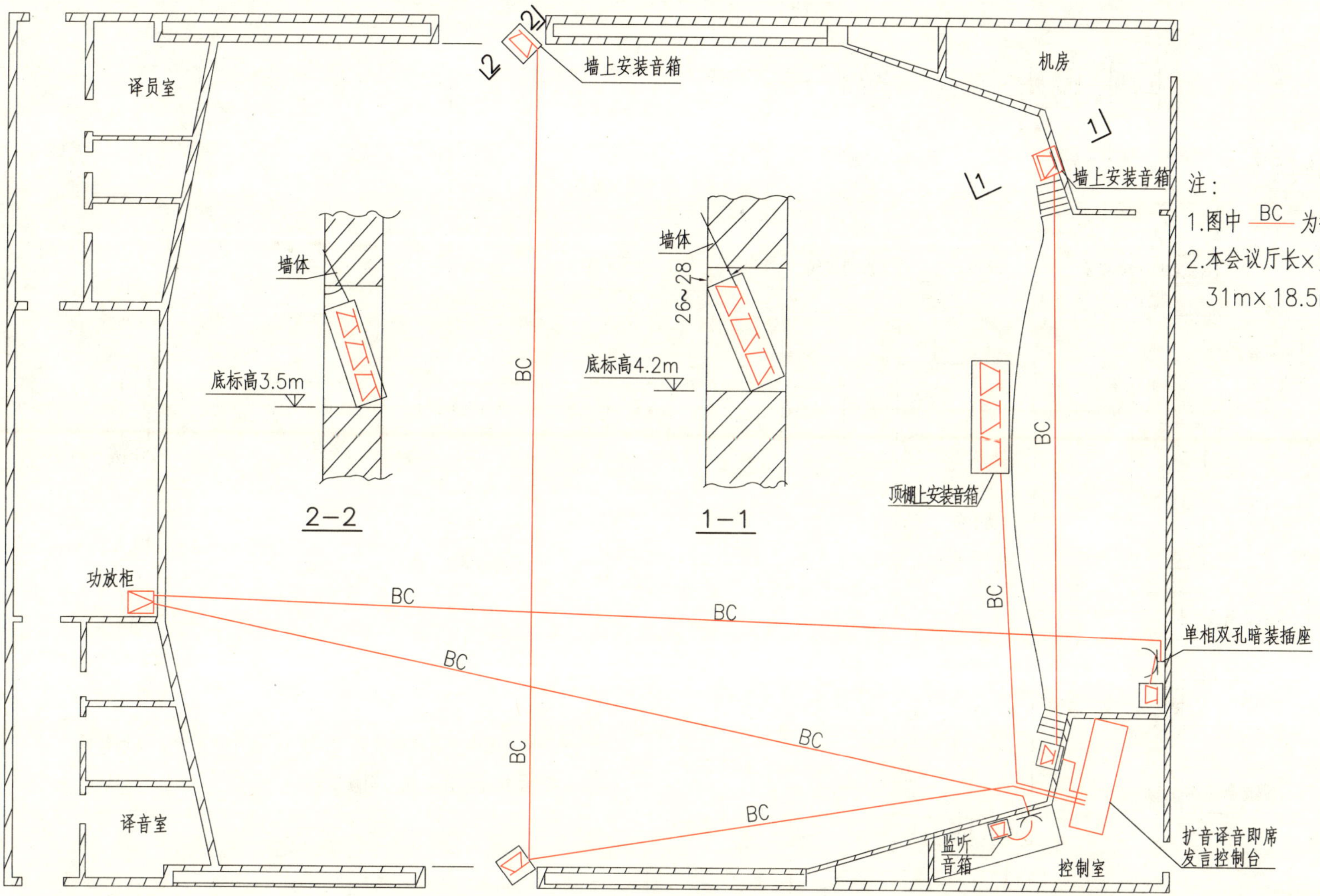

注：

1.图中 BC 为扩音线路。

2.本会议厅长×宽×高为 31m×18.5m×8.5m。

电子会议	会议扩声系统平面布置	图集号	09X700-2
审核 费锡伦 费锡伦 校对 孙兰 孙兰 设计 金华 金华		页	2-305

消防 安防 监控 通信 网络 布线 电视 广播 **会议** 显示 集成

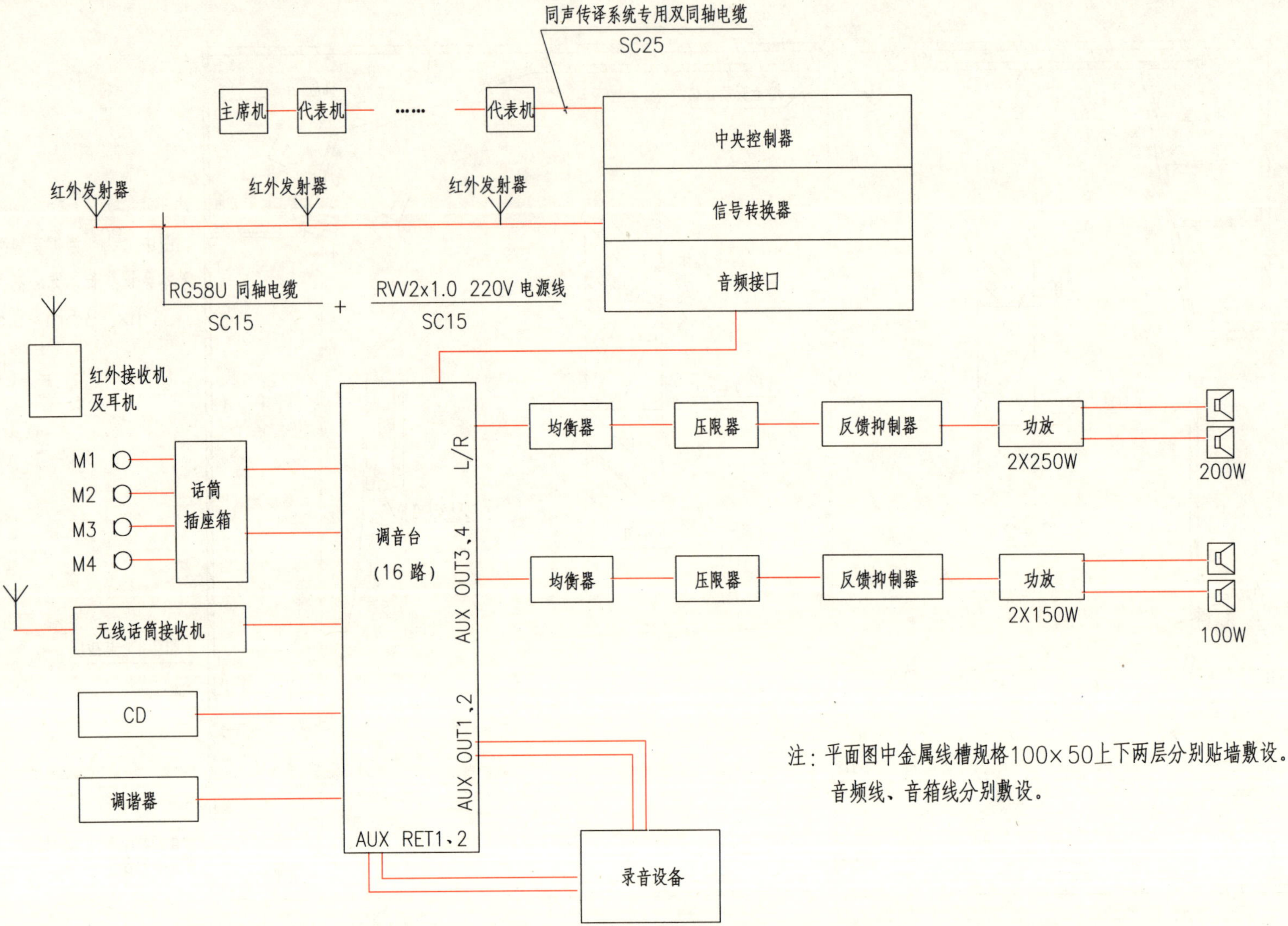

注：平面图中金属线槽规格100×50上下两层分别贴墙敷设。
音频线、音箱线分别敷设。

电子会议	会议无线同声传译、扩声系统图	图集号	09X700-2
审核 尹秀伟 校对 钱江 设计 杜博俊		页	2-306

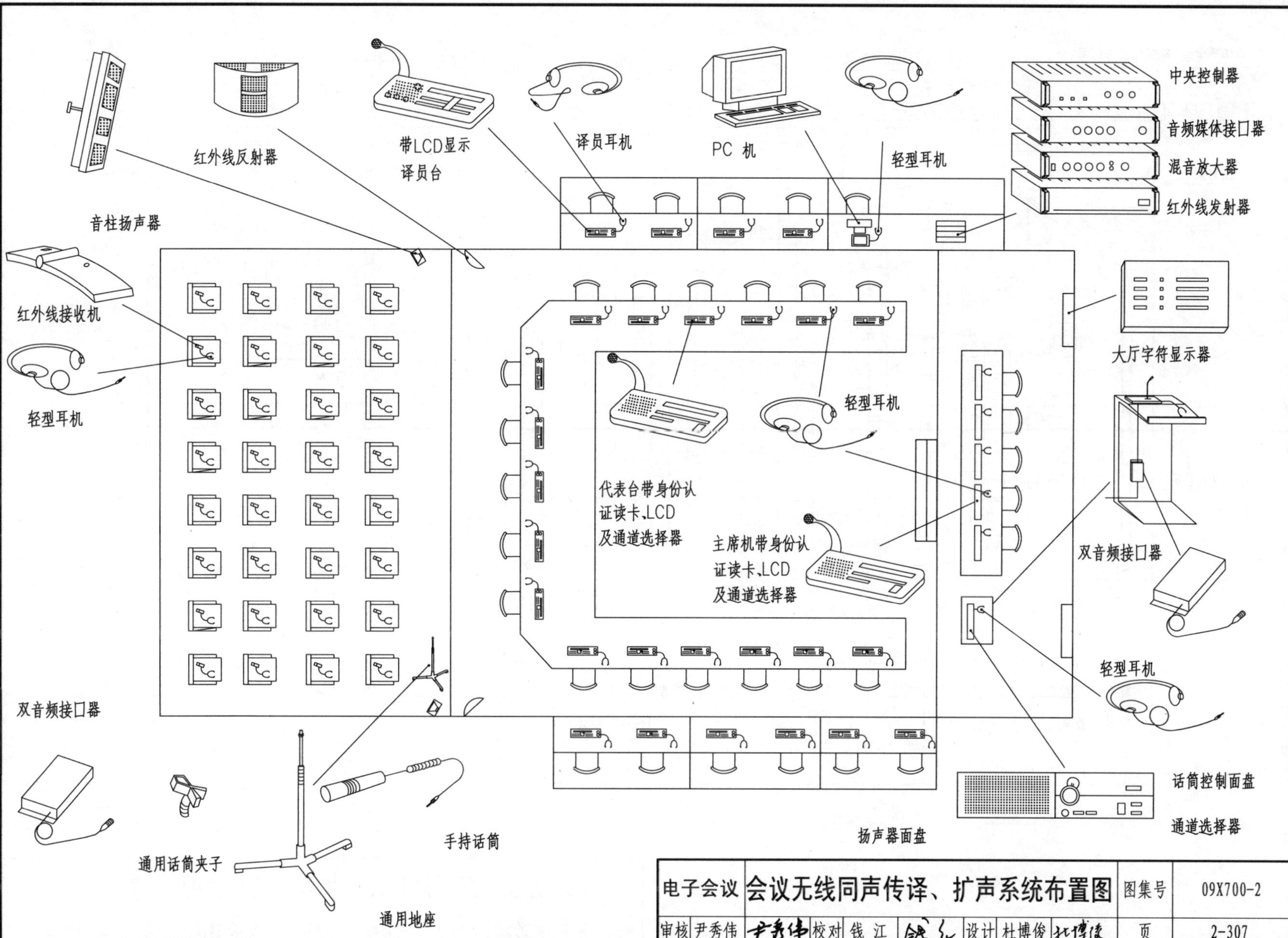

电子会议	会议无线同声传译、扩声系统布置图	图集号	09X700-2
审核 尹秀伟 尹秀伟	校对 钱江 钱江 设计 杜博俊 杜博俊	页	2-307

消防 安防 监控 通信 网络 布线 电视 广播 会议 显示 集成

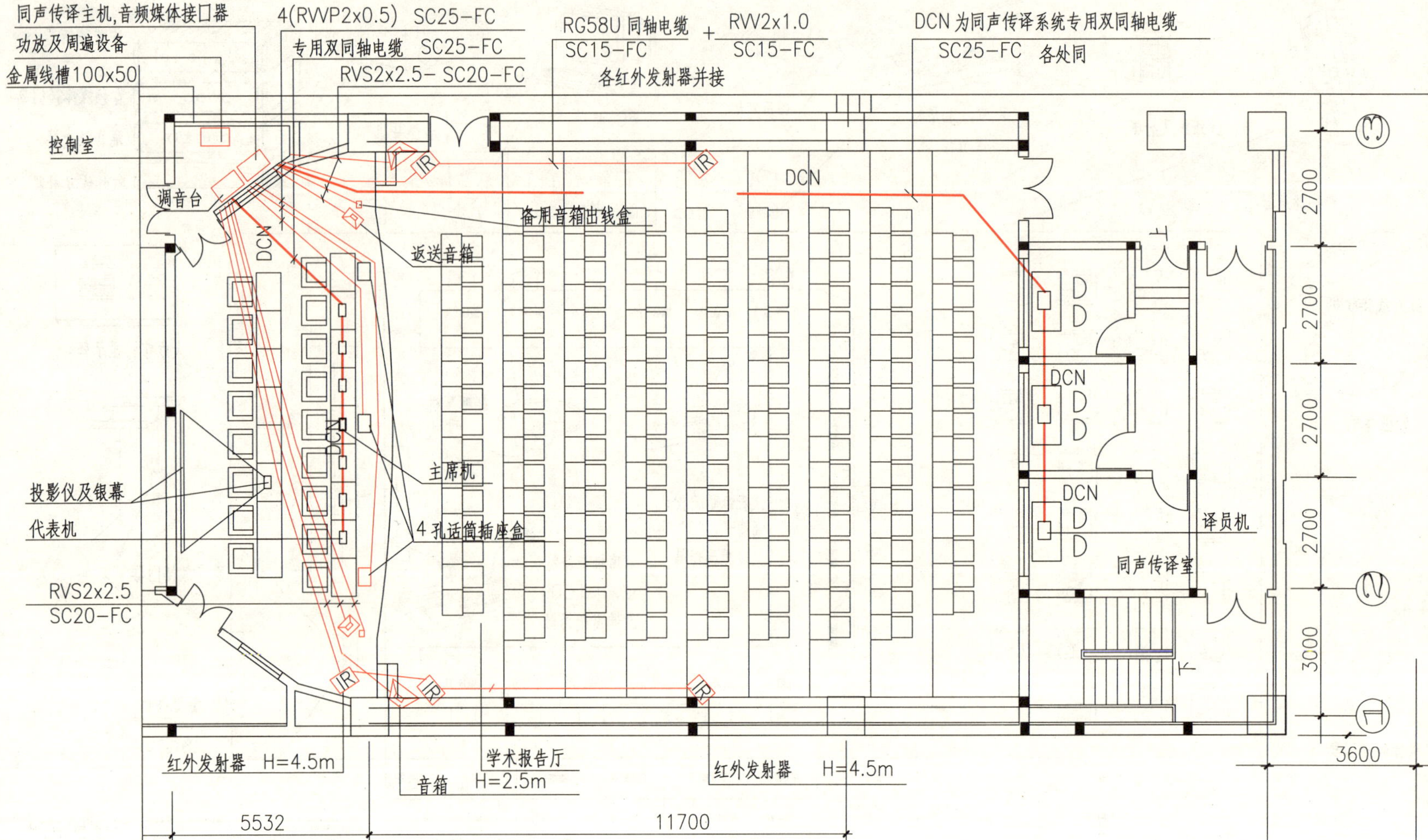

电子会议	会议无线同声传译、扩声系统平面图	图集号	09X700-2
审核 尹秀伟 校对 钱江 设计 杜博俊		页	2-308

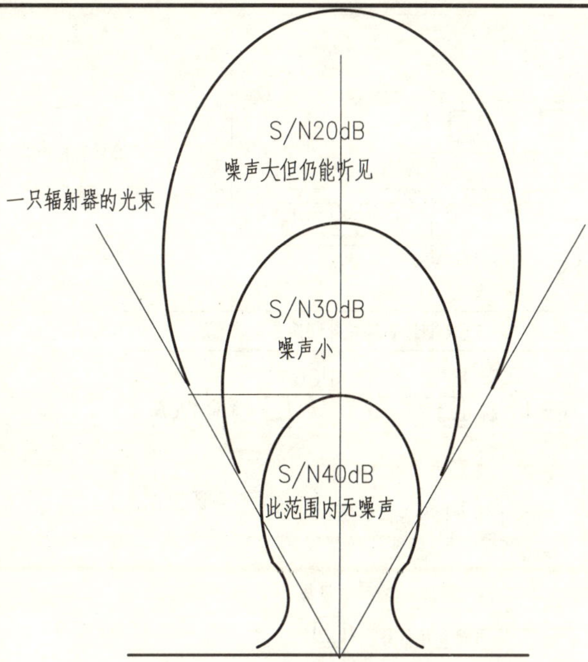

红外线发射器辐射范围与噪声的关系图

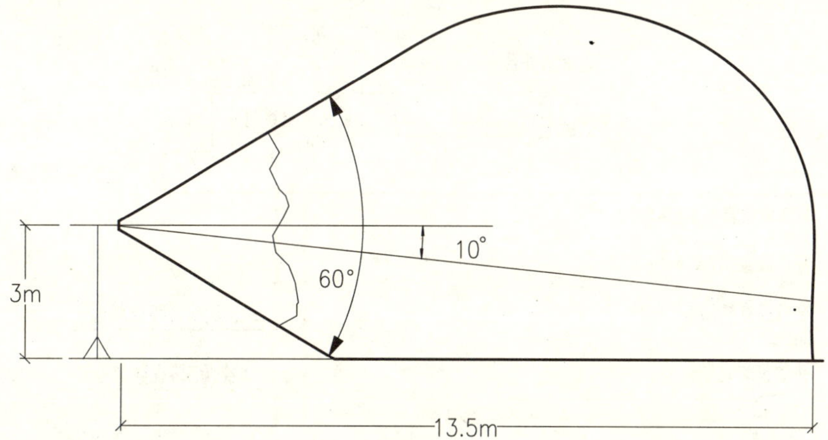

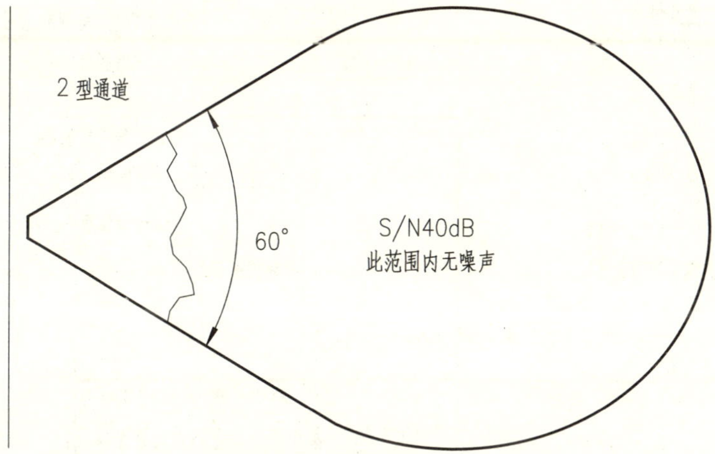

2 型 红外线发射器辐射范围（6个通道）

红外线发射器辐射范围与通道数关系表

通道数量	红外线的发射距离（m）	
	1型（功率2.7W）	2型
2	23.5	20
4	19.5	16.5
6	16	13.5
8	13	11
10	11	9.5

注：
红外线发射器的光照范围光辐射角度成60°立体圆锥角发散，发散距离与噪声和通道数量有关，如表及左图所示。

电子会议	红外线发射器辐射范围图	图集号	09X700
审核 费锡伦 校对 孙兰 设计 金华		页	2-309

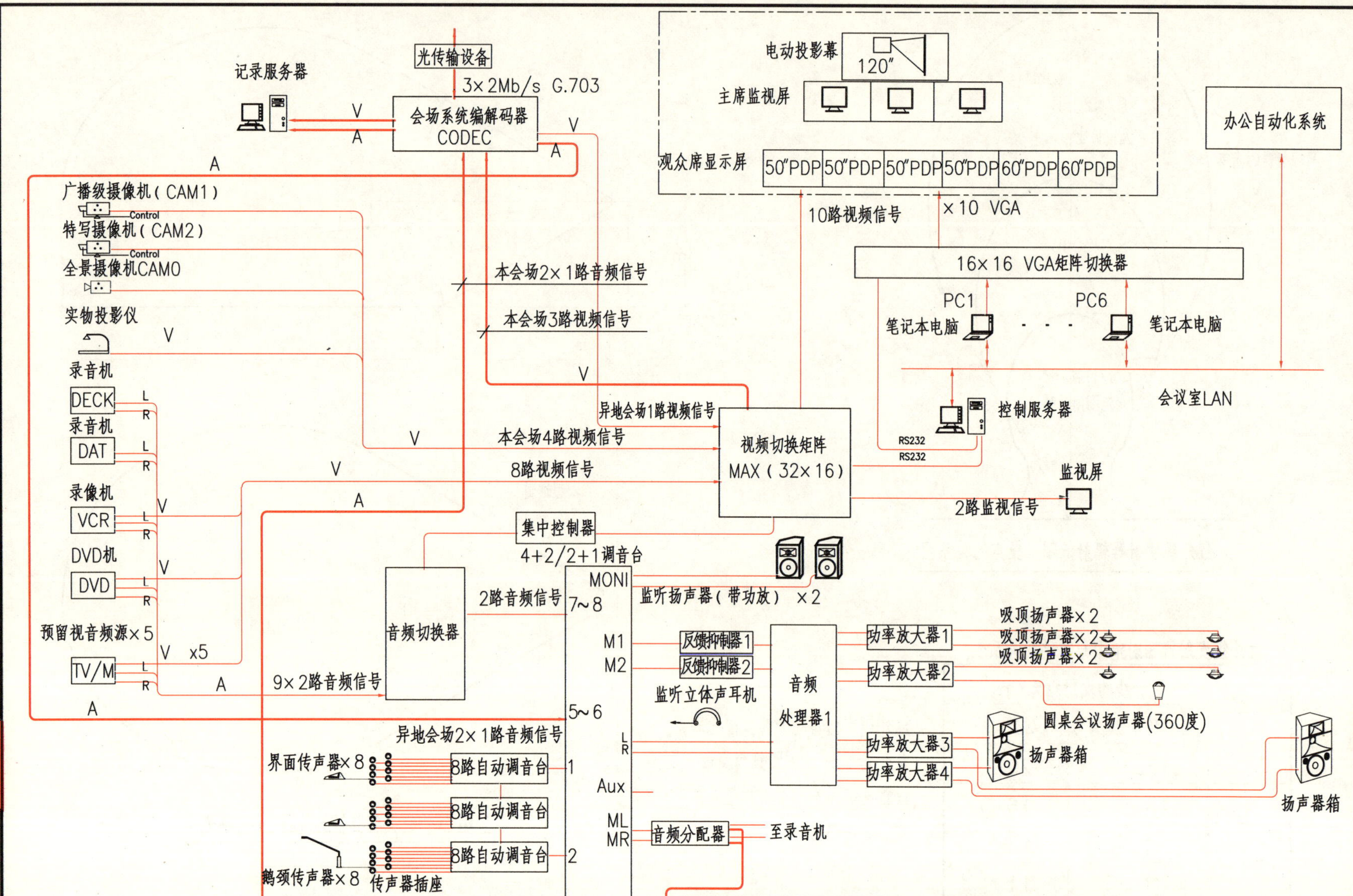

电子会议	多媒体厅视音频系统图	图集号	09X700-2
审核 顾克明	校对 谢道祥 设计 詹叶青	页	2-310

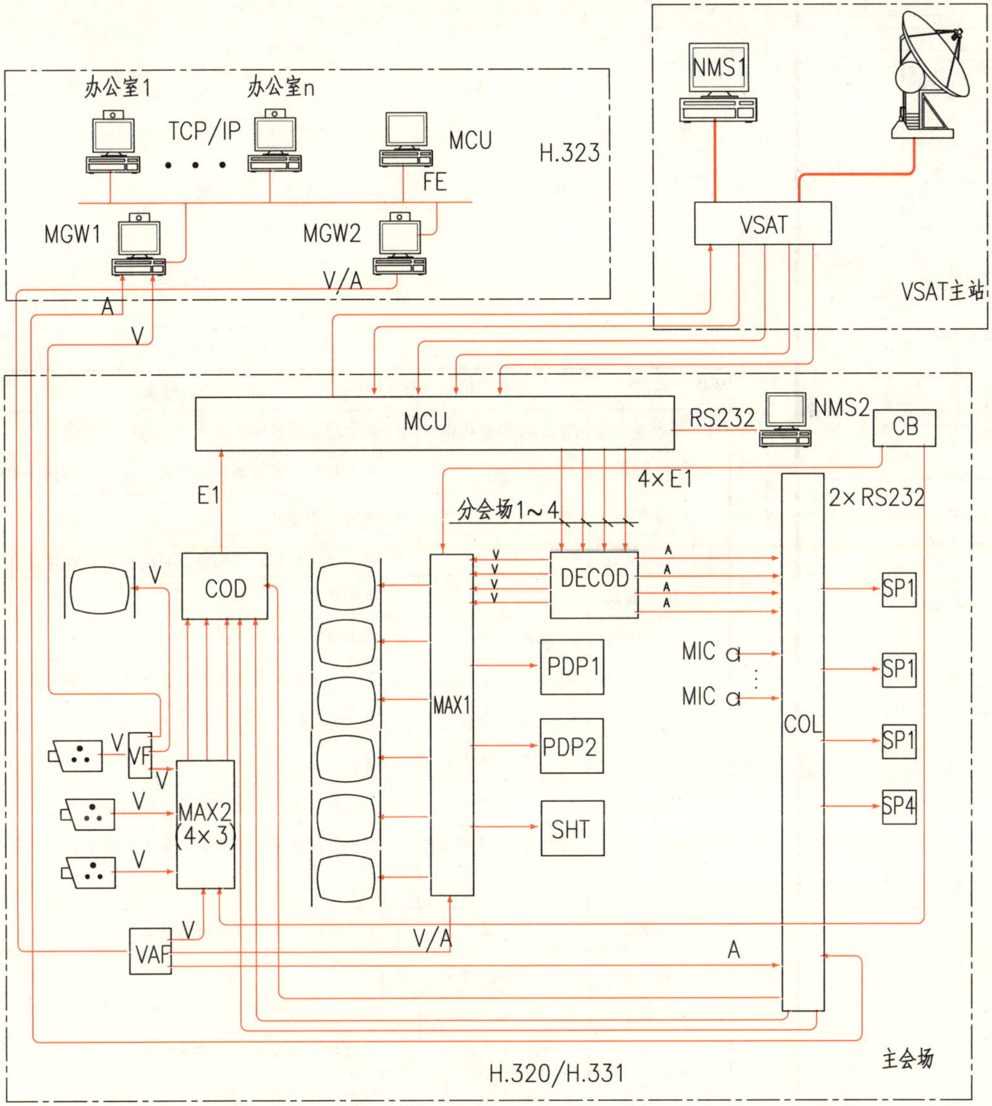

注：1. 会议电视系统包括VSAT网会议电视主会场和办公网的桌面会议电视系统。两个系统采用模拟转接方式。两个系统既可独立使用,又可共用使用。

2. 主会场和分会场通过卫星作为传输通道。

3. 符号说明见2－297页。

电子会议	主会场会议电视系统图	图集号	09X700-2
审核 顾克明	校对 谢道祥 设计 詹叶青	页	2-311

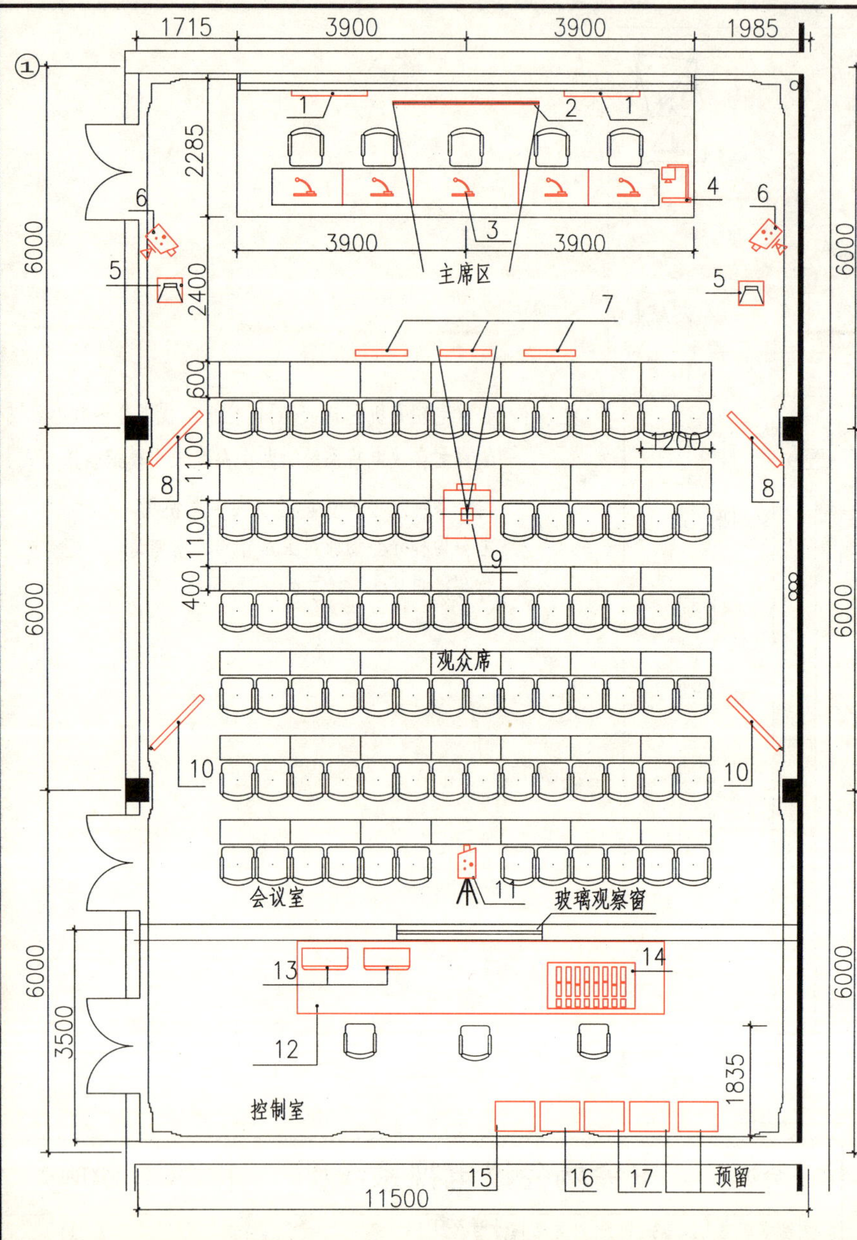

会场布置特点：主席台与观众席相对布置。

序号	名称	型号或规格	数量	布置特点
1	平板显示器	60″PDP电视机	2	用于观众席前区人员观看异地会场图像
2	投影幕	120	1	用于显示交互式图像和数据。也可本会场内部使用
3	传声器	鹅颈或平板式、定向	5	发言人员使用
4	视频展台	—	1	用于摄制文件、实物等。可临时放置在主席台
5	扬声器箱	—	2	会场扩声用，可移动放置
6	辅助摄像机	彩色、定焦	2	用于摄制观众席人员场景
7	平板显示器	42″PDP电视机	3	用于主席台人员观看本会场和异地会场图像，可落地安装
8	平板显示器	50″PDP电视机	2	用于观众席中、前区观看异地会场图像，可壁装、180°转动
9	投影机	2500流明以上	1	吊装
10	平板显示器	50″PDP电视机	2	用于观众席后区观看异地会场图像，可壁装、180°转动
11	主摄像机	彩色、变焦、自动跟踪	1	用于摄制主席台席人员全景或特写镜头。支架安装
12	控制桌	—	1	—
13	监视器	21″CRT监视器	2	用于监视异地及本会场图像
14	调音台	12路	1	—
15	立柜1	19″1.8m	1	MCU、编解码器(CODEC)等设备
16	立柜2	19″1.8m	1	计算机、会议系统管理等设备
17	立柜3	19″1.8m	1	音频、视频源、切换、扩声设备

电子会议	主会场会议电视系统布置图	图集号	09X700-2
审核 顾克明 校对 谢道祥 设计 詹叶青		页	2-312

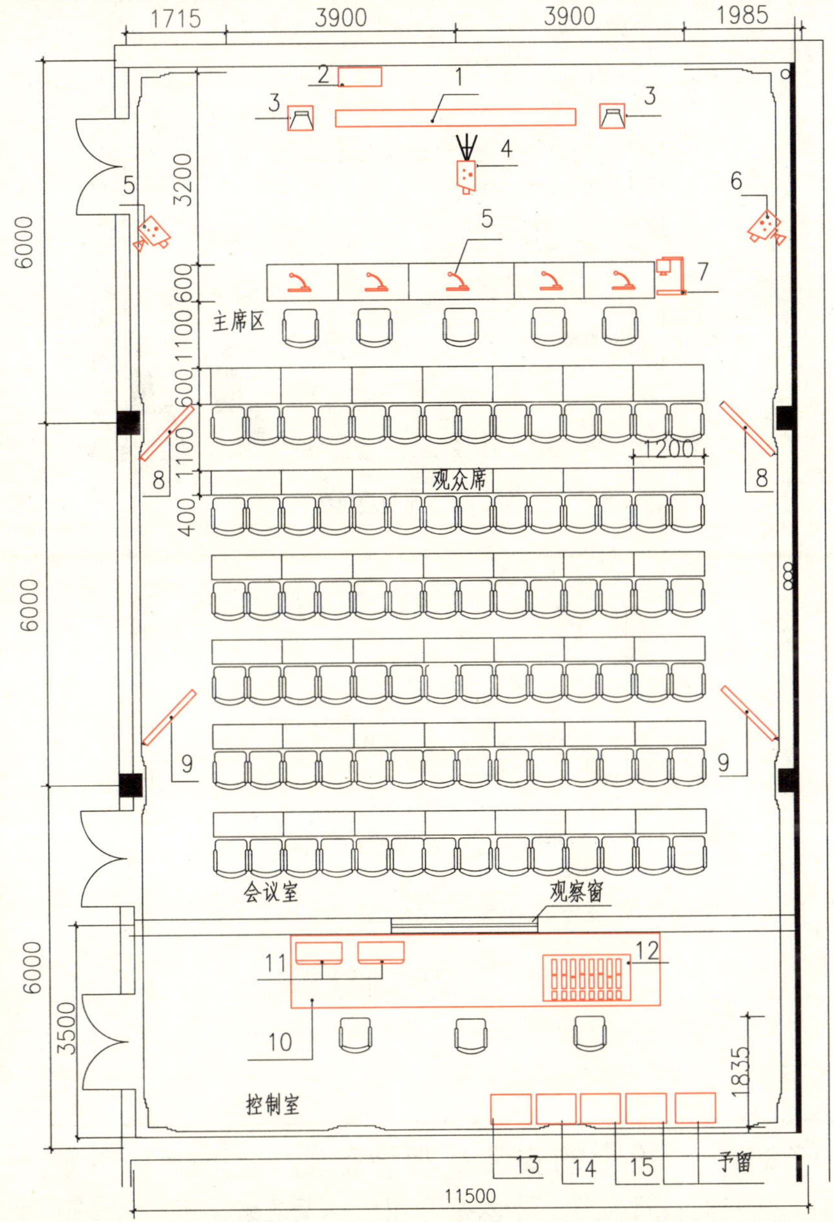

会场布置特点：主席台与观众席同向布置

序号	名称	型号或规格	数量	布置特点
1	组合屏	2×2 50″DLP	1	用于主席区人员观看异地和本地会场图像及数据
2	组合屏控制器	—	1	—
3	扬声器箱	—	2	会场扩声用，可移动放置
4	主摄像机	彩色、变焦、自动跟踪	1	用于摄制主席区人员全景或特写镜头，落地安装
5	传声器	鹅颈或平板式、定向	5	发言人员使用
6	辅助摄像机	彩色、定焦	2	用于摄制观众席人员场景
7	视频展台	—	1	用于摄制文件、实物等。可临时放置在主席桌
8	平板显示器	50″PDP电视机	2	用于观众席中、前区观看异地会场图像，可壁装，180°转动
9	平板显示器	50″PDP电视机	2	用于观众席后区观看异地会场图像。可壁装，180°转动
10	控制桌	—	1	—
11	监视器	21″CRT监视器	2	用于监视异地及本会场图像
12	调音台	12路	1	—
13	立柜1	19″1.8m	1	MCU、编解码器(CODEC)等设备
14	立柜2	19″1.8m	1	计算机、会议系统管理等设备
15	立柜3	19″1.8m	1	音频、视频源、切换、扩声设备

电子会议	主会场会议电视系统布置图	图集号	09X700-2
审核 顾克明 校对 谢道祥 设计 詹叶青		页	2-313

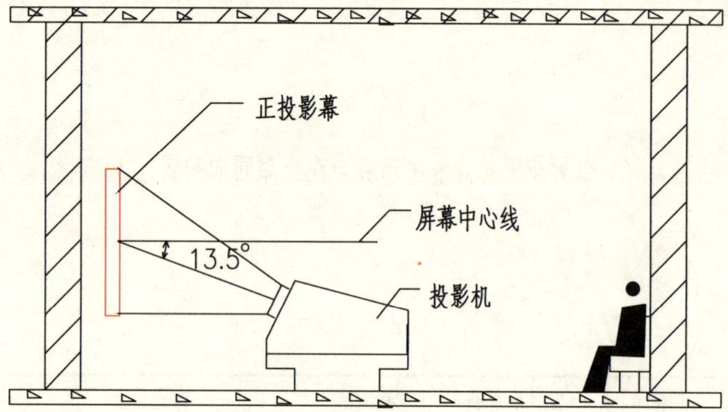

落地反射型

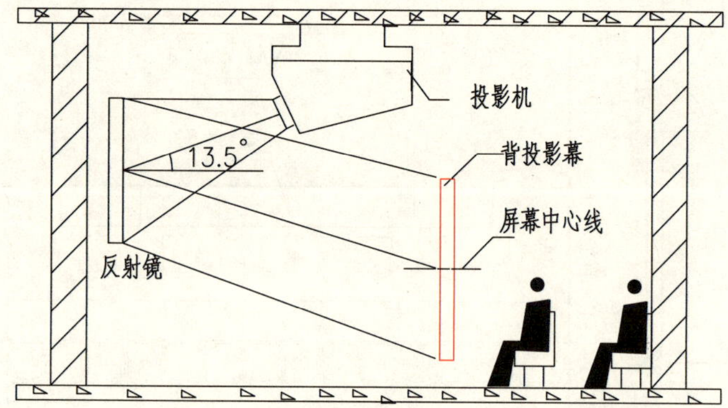

吊顶透视型

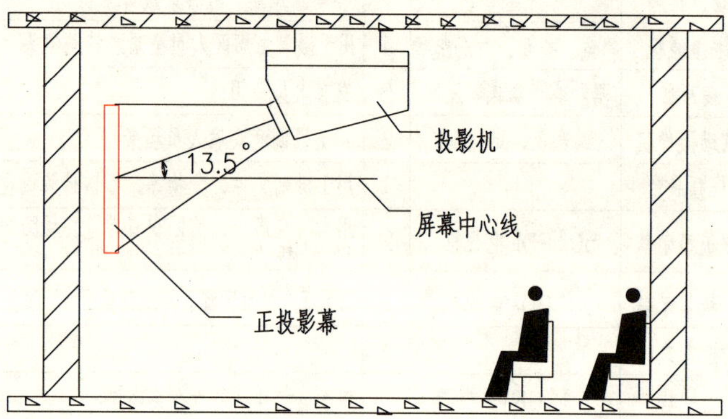

吊顶反射型

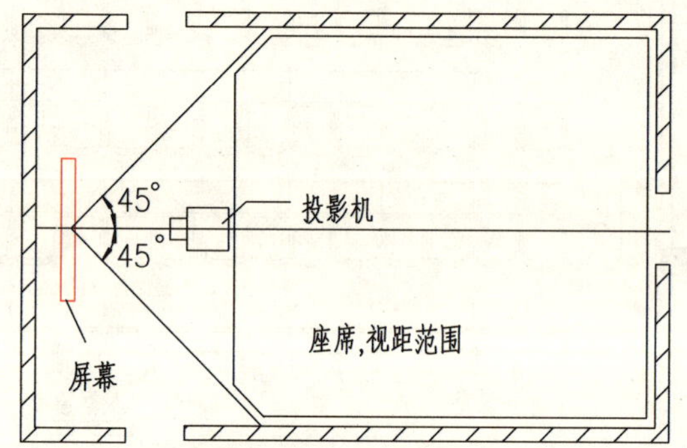

投影视角观看范围

注：可将节目投影至铝箔、玻珠或透射屏幕上。对录像厅的遮光，吸音要求与电影院或节目播放室类似。

电子会议	投影的安装及观看范围					图集号	09X700-2
审核	费锡伦	校对	孙兰	设计	段震寰	页	2-314

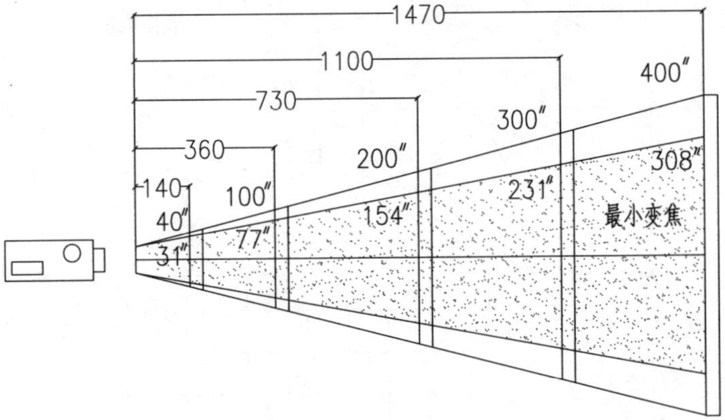

投影屏幕尺寸	最大	40″	100″	150″	200″	250″	300″	400″
	最小	31″	77″	115″	154″	192″	231″	308″
机幕距离	英制	4.6″	11.8″	17.5″	24.0″	30.2″	36.1″	48.3″
	公制	1.4m	3.6m	5.4m	7.3m	9.2m	11.0m	14.7m

最高(10：1) ⟷ **最低(1：1)**

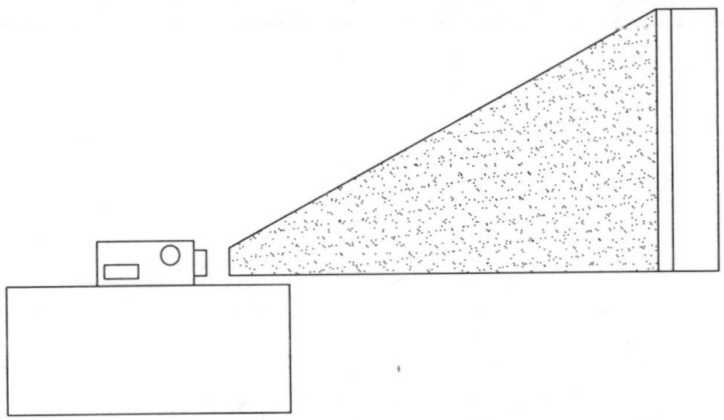

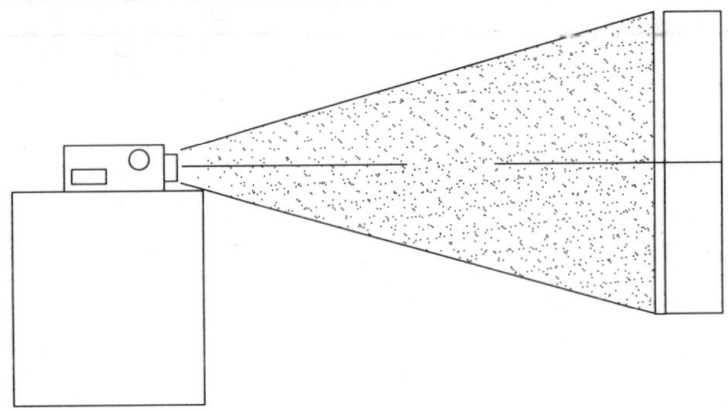

注：

1. 投影焦距：投影需要投影到平整的投影幕上，投影机投影距离(1.4～14.7m)可根据图表调整屏幕尺寸。
2. 房间亮度：房间的亮度很大程度上影响着图像的质量，应很好的控制房间的亮度(照明)，从而得到最好的画面质量。
3. 镜头调整：投影机镜头在电机的驱动下有上下移动的功能，使投影图像可以随意改动，上下调整范围是10：1～1：1。

电子会议	投影机安装距离示意图					图集号	09X700-2
审核 顾克明	(签名)	校对 孙 兰	(签名)	设计 詹叶青	(签名)	页	2-315

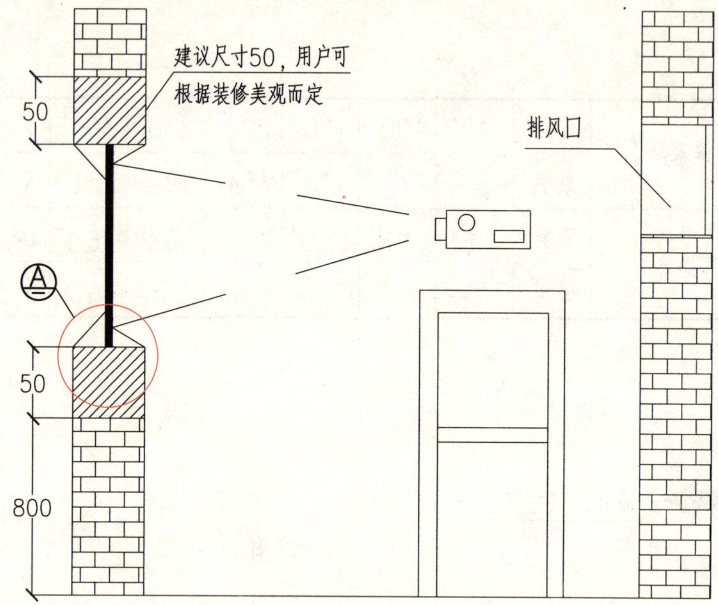

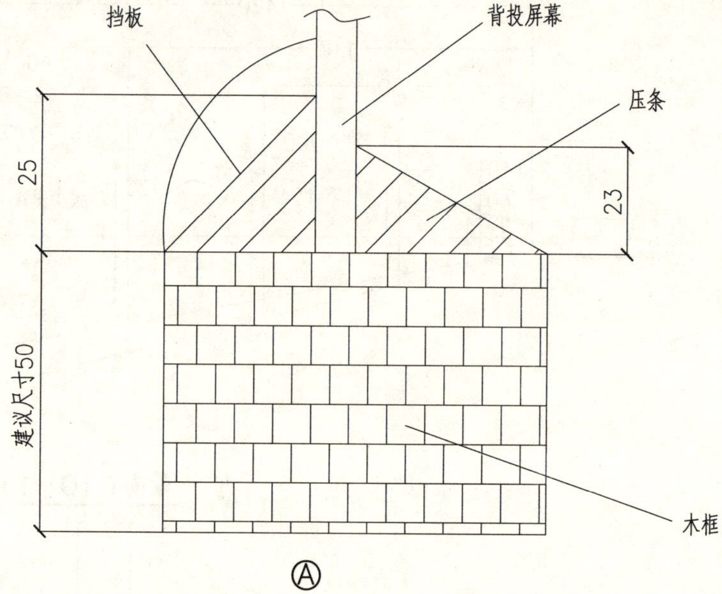

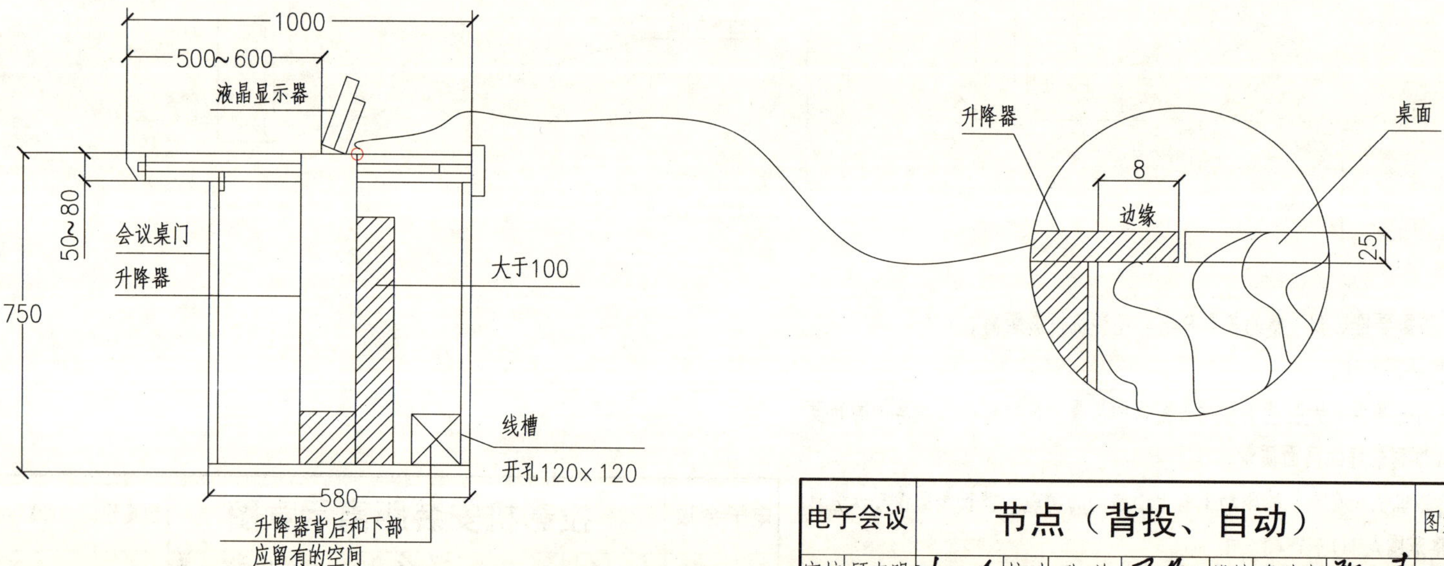

电子会议	节点（背投、自动）					图集号	09X700-2
审核	顾克明	校对	孙 兰	设计	詹叶青	页	2-316

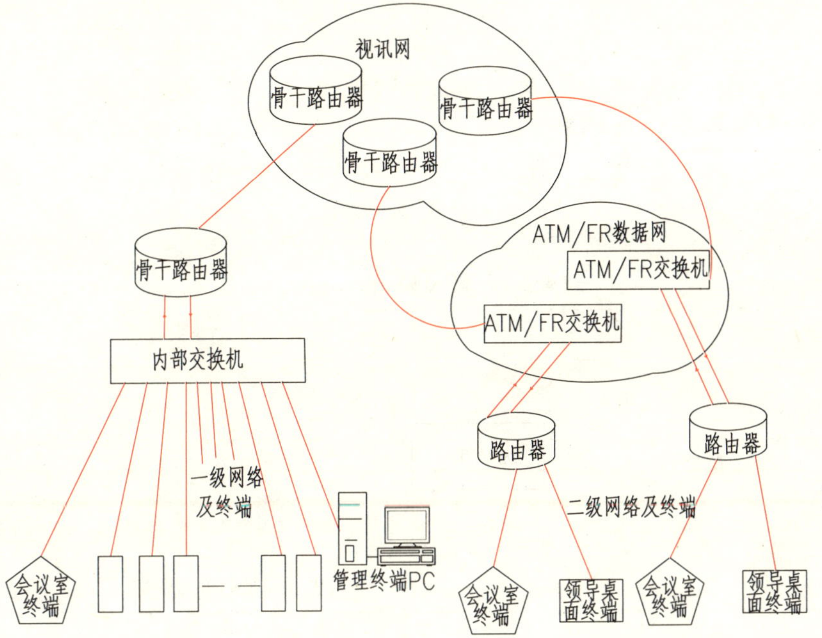

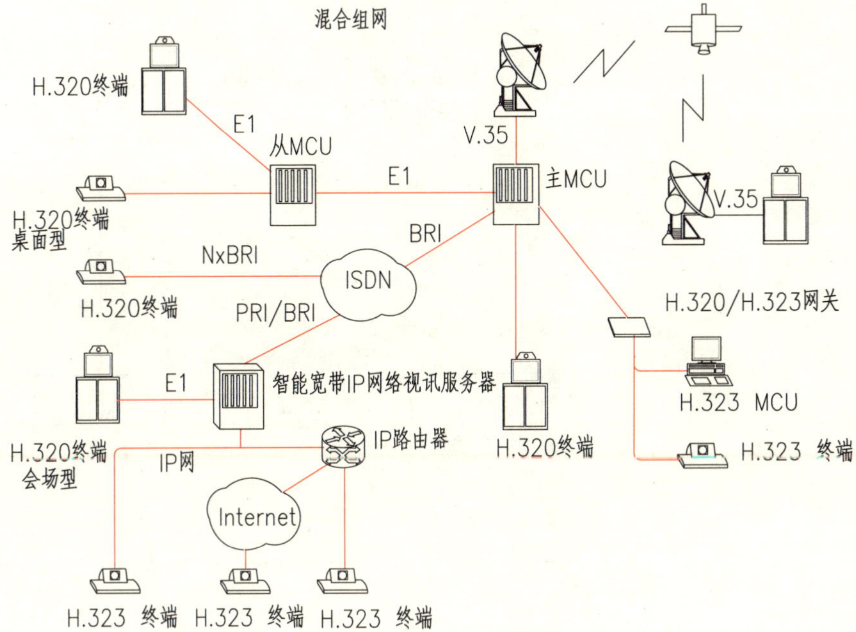

注：

1.远程电视会议的组网方式以下三种：

1）采用ISDN网自建设电视会议系统。

2）采用IP专网建设电视会议系统。

3）采用互联网建设电视会议系统。

2.系统介绍

1）采用IP专网建设电视会议的方式为主流形式，由于该组网方式能够保证视频会议所需带宽，因此视频图像质量、音频质量较高，同时扩展性能良好。

2）该图为有代表性较大型电视会议网的组网方案，其中包括一级网络和二级网络，一级网络一般为直辖市、省会城市等直接接入骨干路由器，二级网络为中小型城市的终端通过ATM/FR数据网接入骨干路由器。

注：混合组网方式支持ISDN、数字专线、DDN、FR、ATM、IP、卫星链路。

电子会议	会议电视混合组网示意图	图集号	09X700-2
审核 顾克明 校对 谢道祥 设计 詹叶青		页	2-317

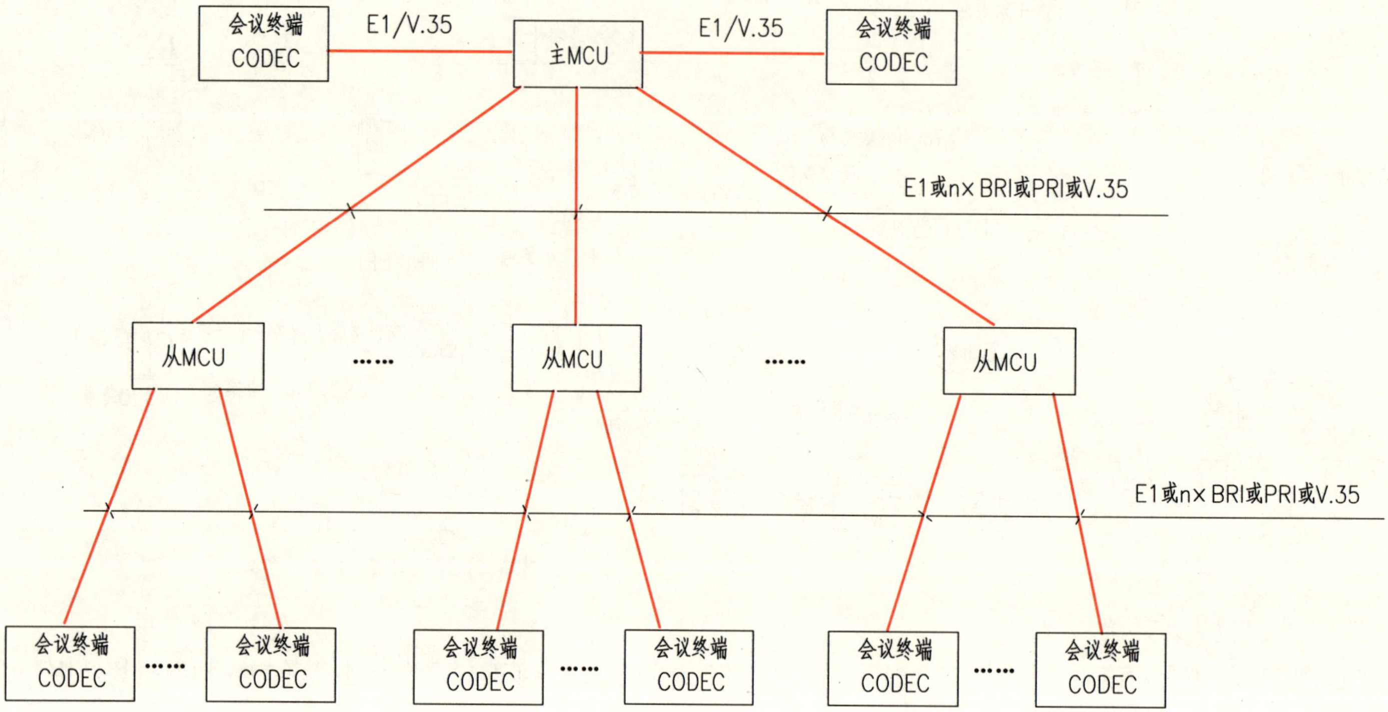

H.320二级级联组网

注：H.320会议电视系统可以采用多级组网。
H.320单级组网去掉一级MCU即可。

电子会议	H. 320会议电视系统级联示意图					图集号	09X700-2
审核	顾克明	校对	谢道祥	设计	詹叶青	页	2-318

室内型电视会议系统符合ITU-TH.323建议。可根据用户需要和信道资源，自由设定传输带宽和相应的画面质量。

传输速率在n×64kb/s（n<30）之间自由设定多种接口标准，如G.703 2Mb/s口，V.35/X.21、RS449供用户选择。本图突出了接口引接电路的设计。

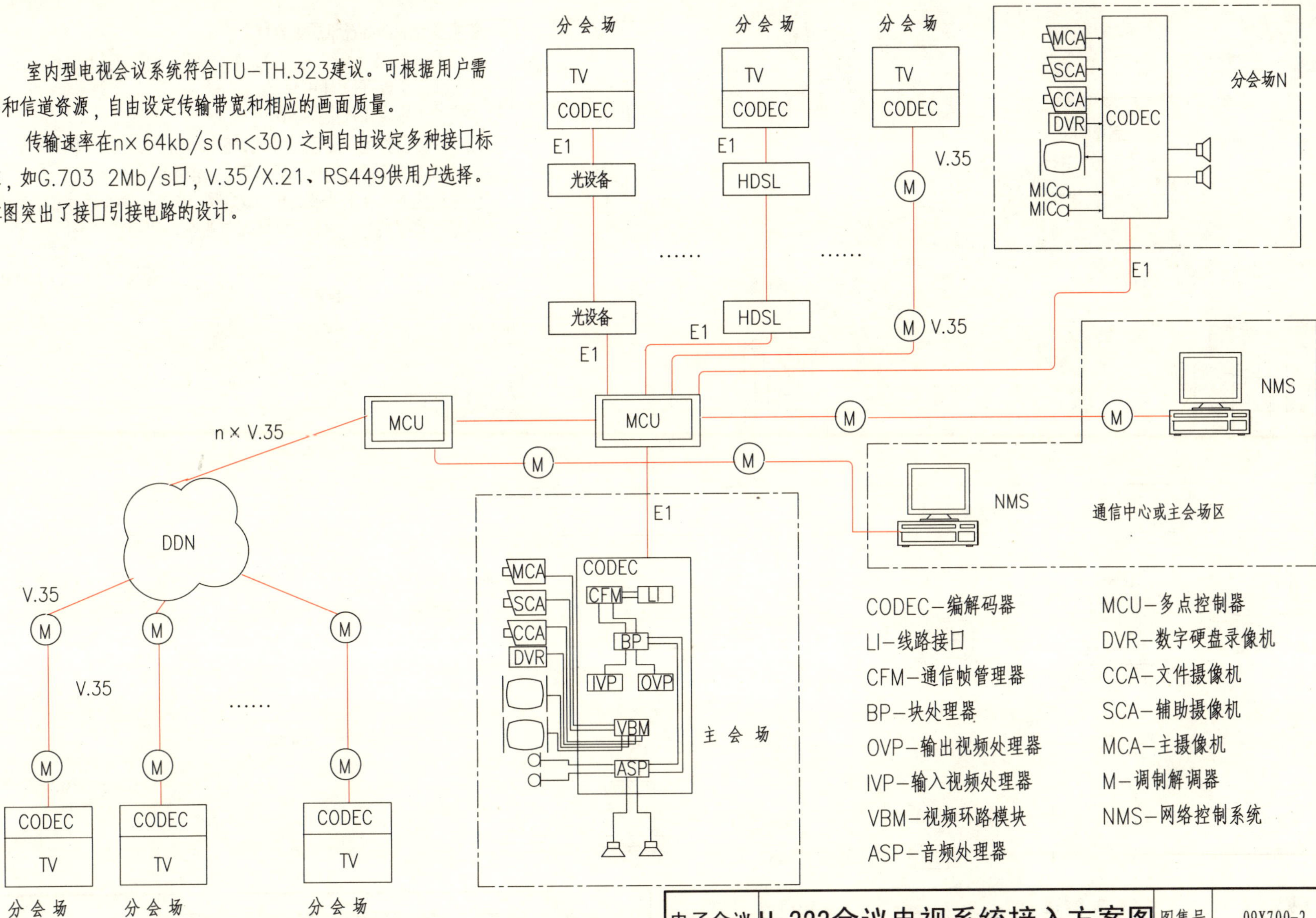

CODEC—编解码器

LI—线路接口

CFM—通信帧管理器

BP—块处理器

OVP—输出视频处理器

IVP—输入视频处理器

VBM—视频环路模块

ASP—音频处理器

MCU—多点控制器

DVR—数字硬盘录像机

CCA—文件摄像机

SCA—辅助摄像机

MCA—主摄像机

M—调制解调器

NMS—网络控制系统

电子会议	H.323会议电视系统接入方案图					图集号	09X700-2
审核	顾克明	校对	谢道祥	设计	詹叶青	页	2-319

智能宽带IP网络视讯服务器特点：

1.基于H.323，兼容H.320。集成MC、MP、Gate Keeper；
2.提供基于WEB管理中心；
3.支持集中式或混杂式会议；
4.多种接口类型：H.320终端以E1、ISDN、V.35等方式或H.323终端以ISDN、ATM等方式接入；
5.在此业务平台上开展远程会议、网上教育、网上医疗、VOD点播、远程监控、虚拟展厅等增值业务。

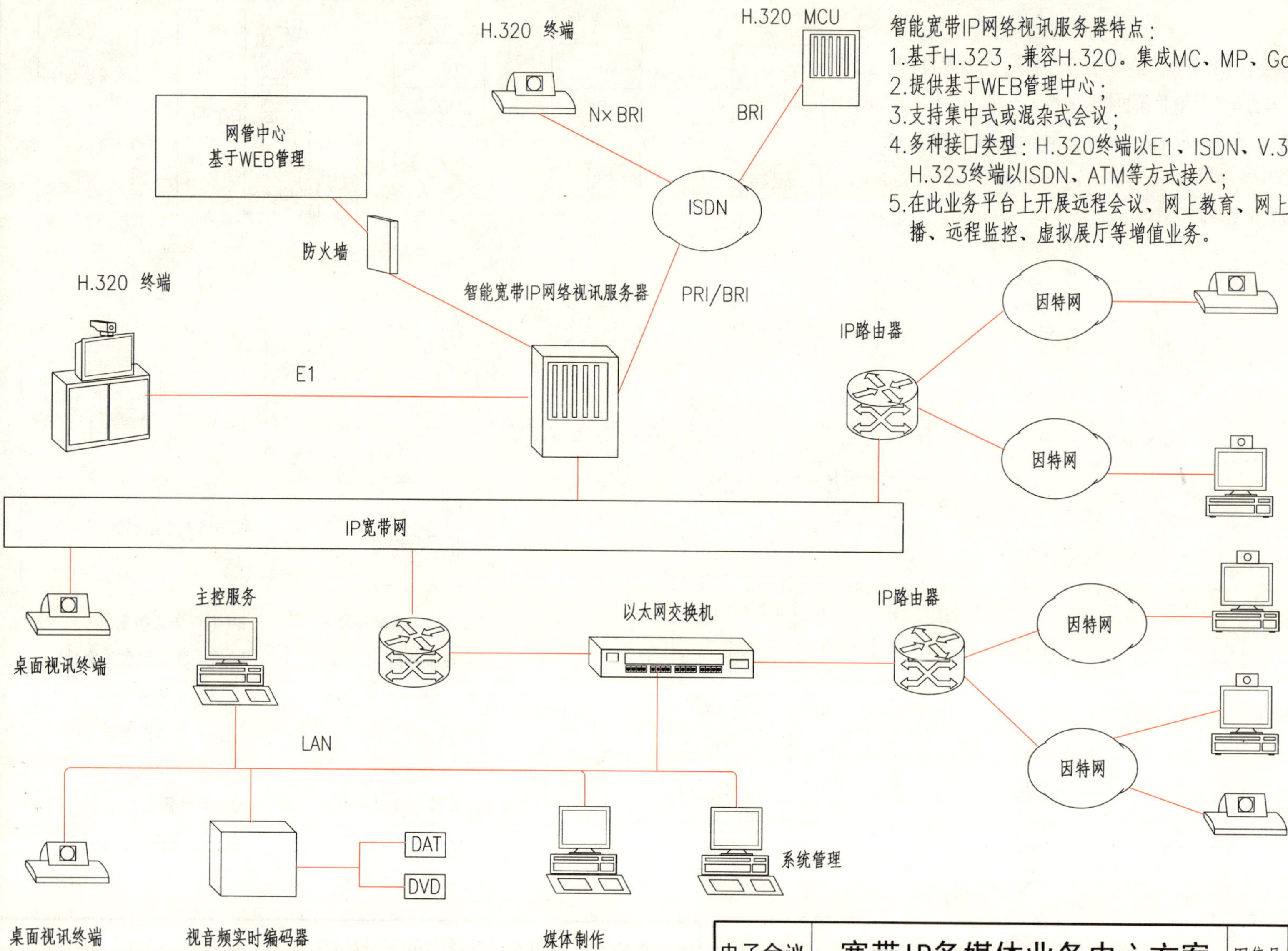

电子会议	宽带IP多媒体业务中心方案					图集号	09X700-2
审核	顾克明	校对	谢道祥	设计	詹叶青	页	2-320

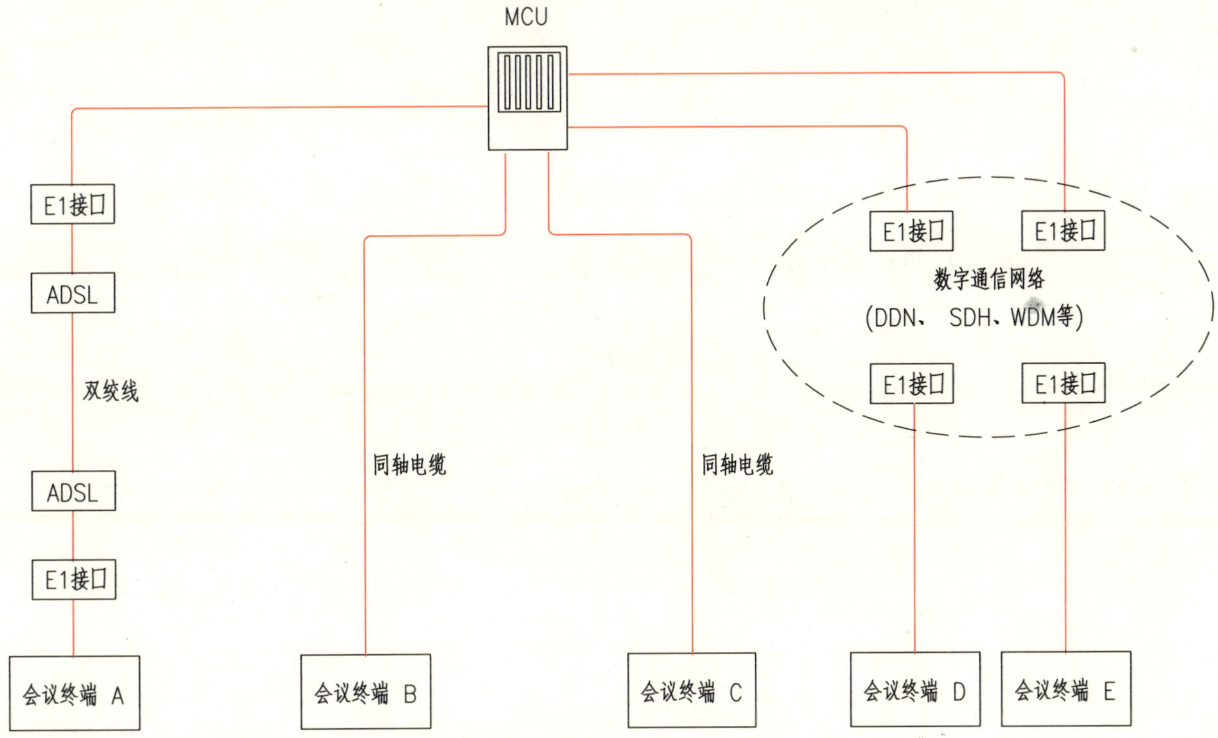

数字线路组网引接电路

注：1. MCU与会议终端距离大于300m，小于4.5km范围内，可采用不小于0.4mm线径的铜芯双绞线传输，见图中MCU到会议终端A的路由。

2. MCU与会议终端距离小于300m，可采用−5或−7通信用的同轴电缆传输，见图中MCU到会议终端B、C的路由。

3. MCU与会议终端的距离超过数千米时，可采用通信网络传输，见图中MCU到会议终端D、E的路由。

4. E1与MCU和会议终端之间的缆线选择由工程设计确定。

电子会议	数字线路组网引接电路示意图					图集号	09X700-2
审核	顾克明	校对	谢道祥	设计	詹叶青	页	2-321

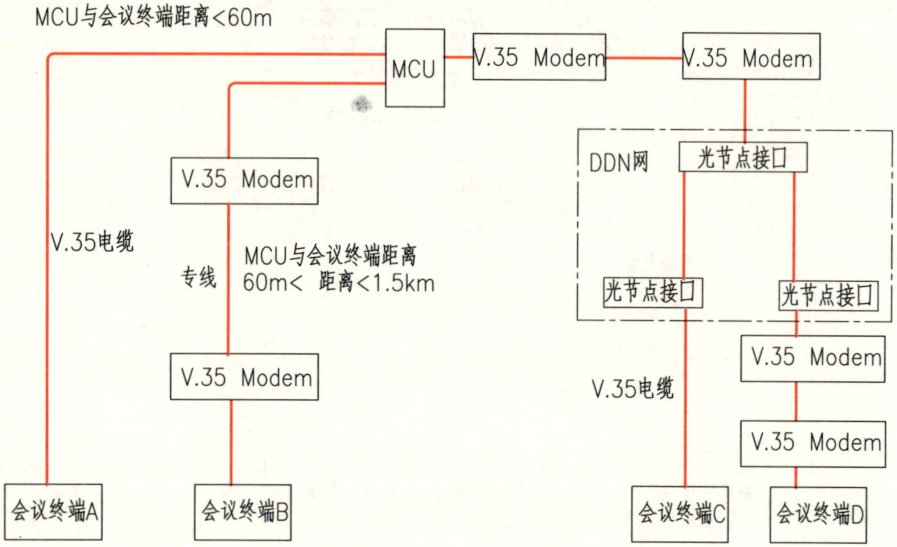

DDN组网引接电路

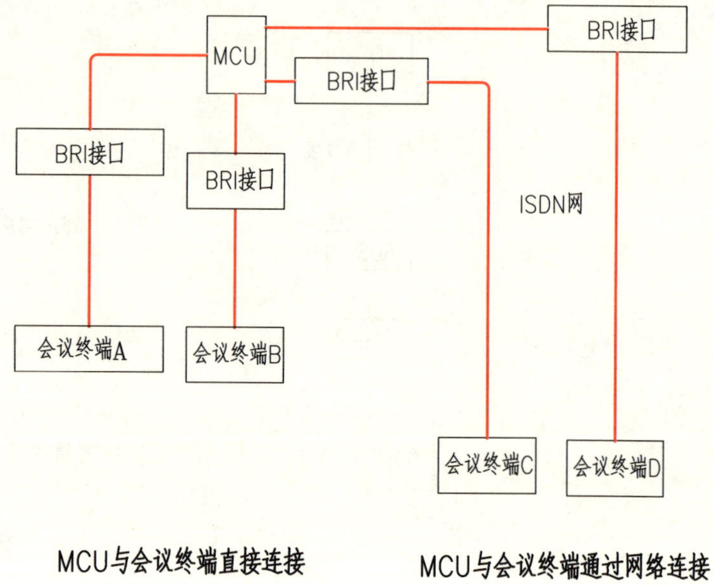

ISDN组网引接电路

电子会议	组网引接电路示意图					图集号	09X700-2
审核 顾克明		校对 谢道祥		设计 詹叶青		页	2-322

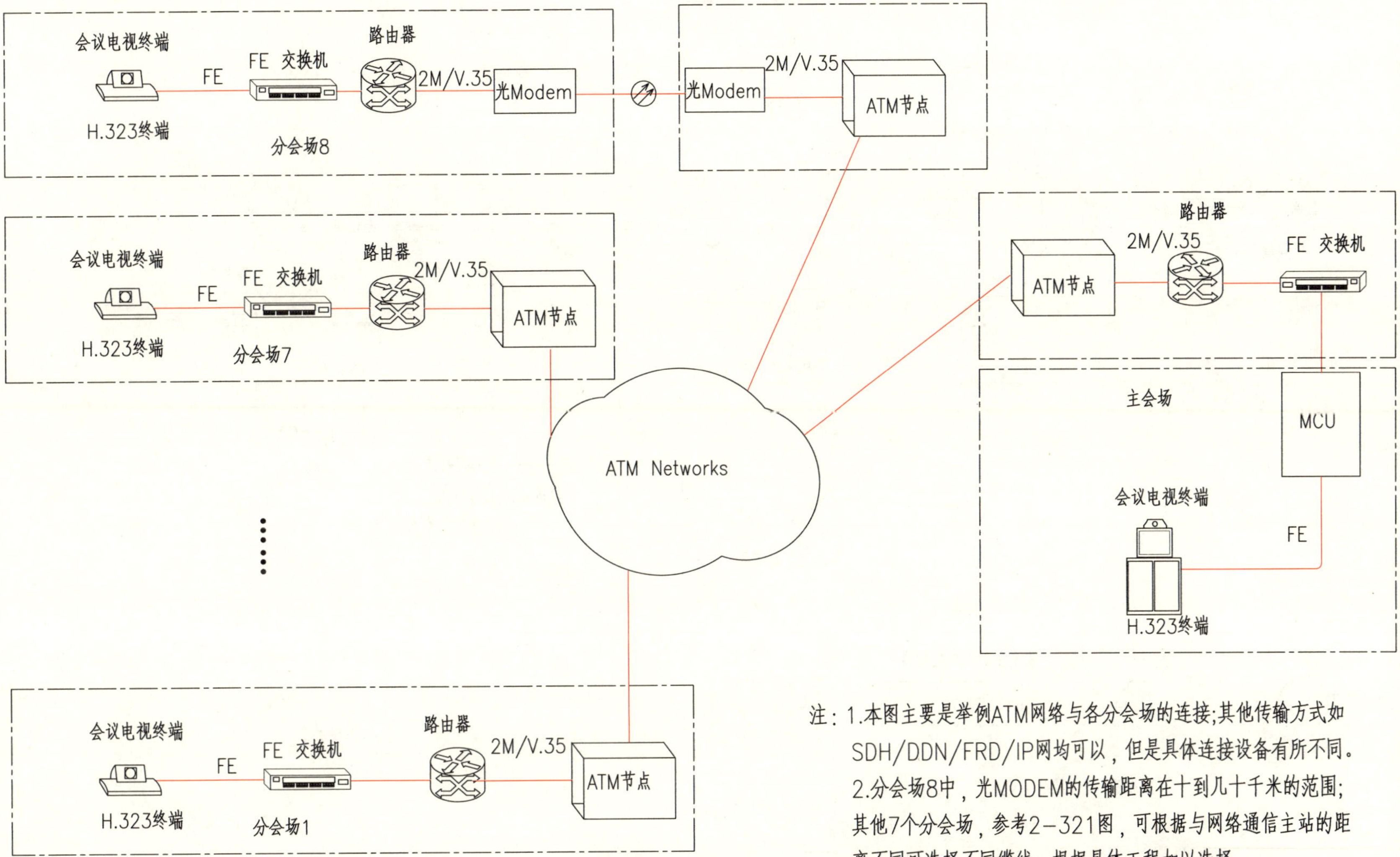

注：1.本图主要是举例ATM网络与各分会场的连接;其他传输方式如SDH/DDN/FRD/IP网均可以，但是具体连接设备有所不同。

2.分会场8中，光MODEM的传输距离在十到几十千米的范围;其他7个分会场，参考2-321图，可根据与网络通信主站的距离不同可选择不同缆线。根据具体工程加以选择。

电子会议	远程电视会议系统组网示意图	图集号	09X700-2
审核 顾克明 校对 谢道祥 设计 詹叶青		页	2-323

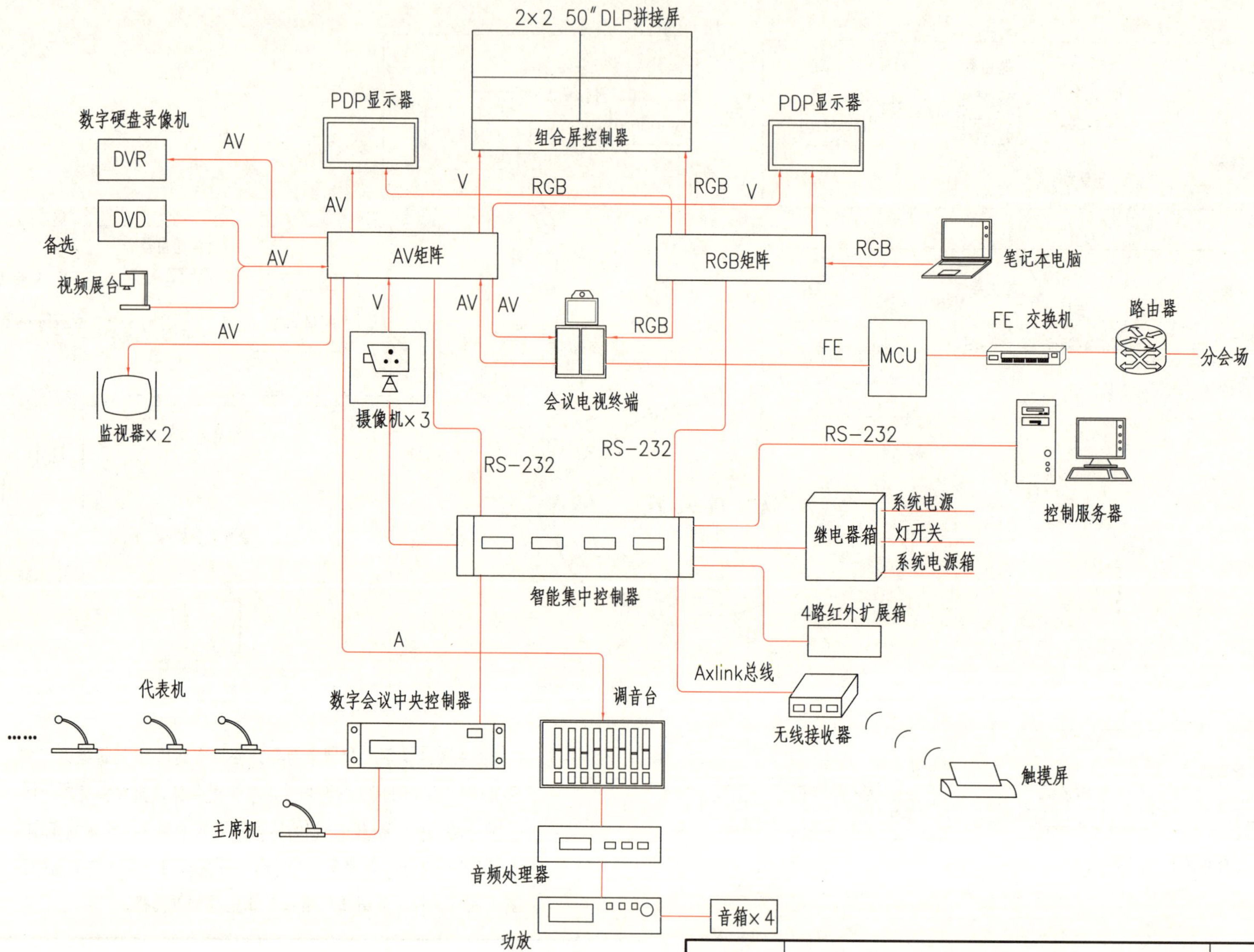

电子会议	远程电视会议系统主会场设备连接示意图					图集号	09X700-2
审核	顾克明	校对	谢道祥	设计	詹叶青	页	2-324

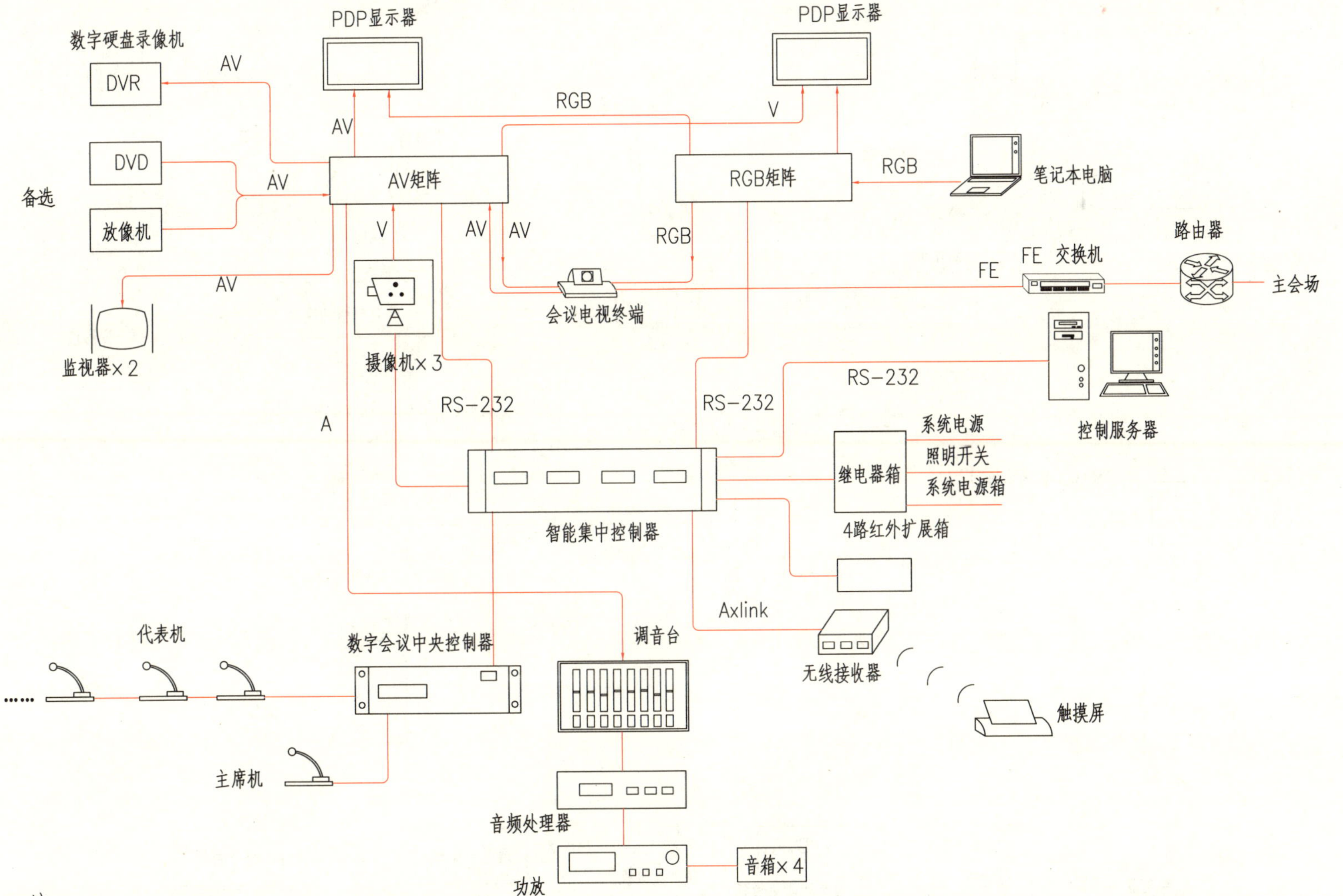

注：

1.分会场音视频信号来自主会场，分会场的音视频信号也可传至主会场。

2.分会场的会议系统可不依赖主会场独立运行。

电子会议	远程电视会议系统分会场设备连接示意图	图集号	09X700-2
审核 顾克明	校对 谢道祥 设计 詹叶青	页	2-325

消防
安防
监控
通信
网络
布线
电视
广播
会议
显示
集成

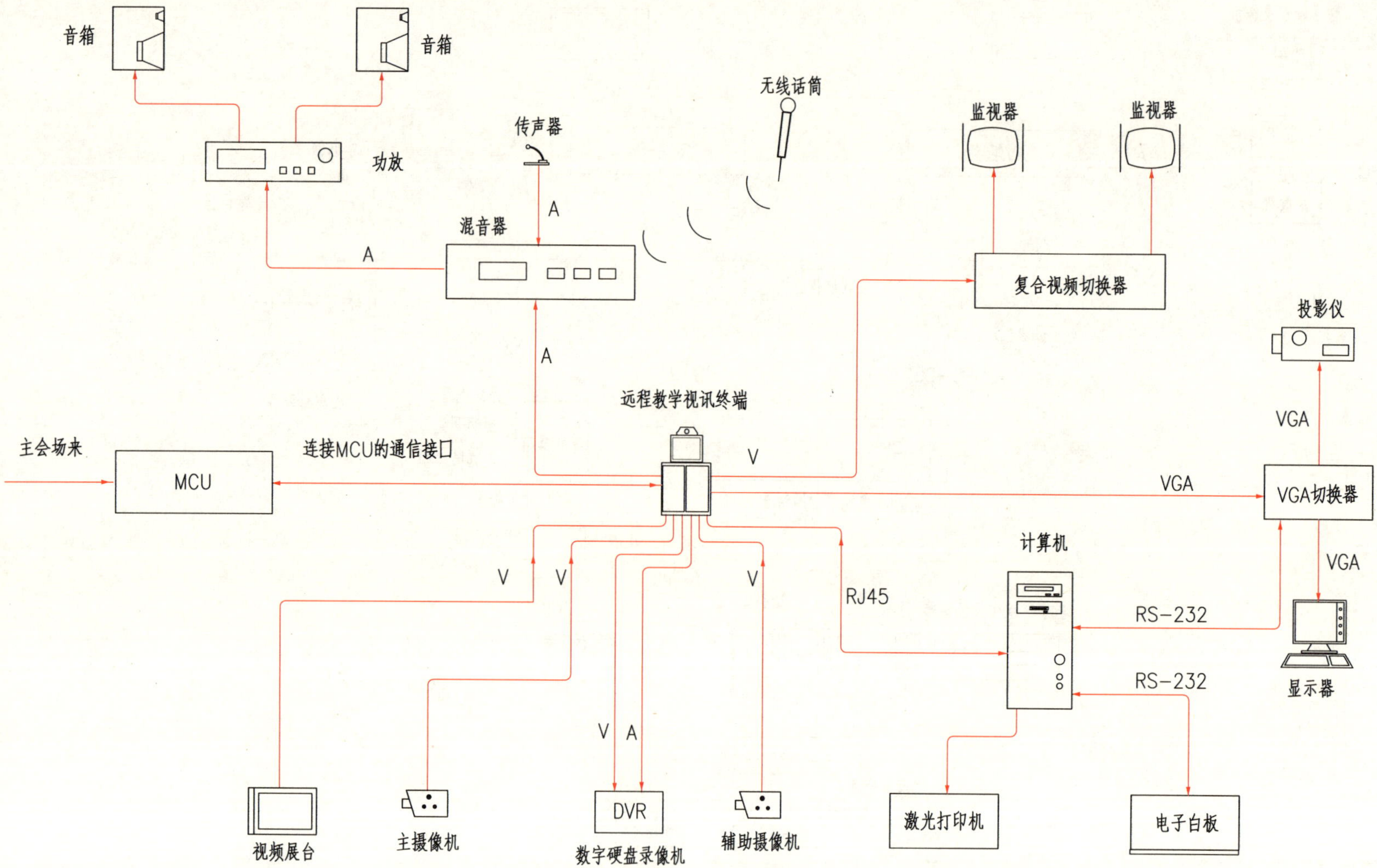

注：远程教学系统远程教室设备平面布置图见第2-327页。

电子会议	远程教学系统终端设备连接示意图					图集号	09X700-2
审核	顾克明	校对	谢道祥	设计	詹叶青	页	2-326

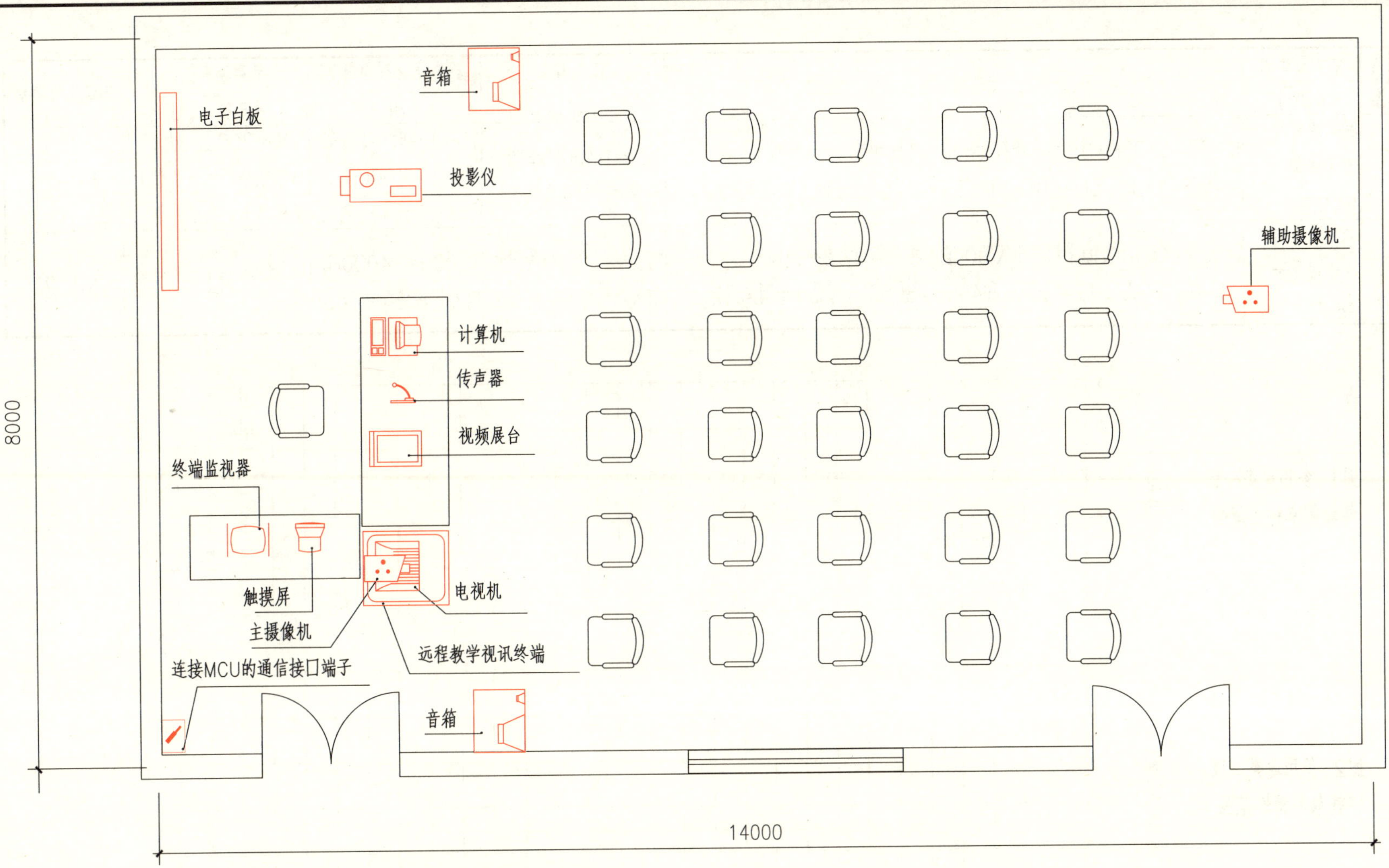

布置原则：1. 讲台电子设备不要遮挡学员视线。

2. 主摄像机用于摄制学员席场景或追踪发言人。

3. 辅助摄象机用于摄制教师区场景。

电子会议	远程教学系统远程教室设备平面布置图	图集号	09X700-2
审核 顾克明 校对 谢道祥 设计 詹叶青		页	2-327

等级	最大声压级（dB）	传输频率特性	传声增益（dB）	稳态声场不均匀度（dB）	早后期声能比（可选项）（dB）	系统总噪声级
一级	额定通带内：大于或等于103dB	以100～6300Hz的平均声压级为0dB，在此频带内允许范围：−4dB～+4dB；50～100Hz和6300～12500Hz的允许范围见图1。	125～6300Hz的平均值大于或等于−8dB	1000Hz时小于或等于6dB；4000Hz时小于或等于+8dB	500～2000Hz内1/1倍频带分析的平均值大于或等于+3dB	NR−20
二级	额定通带内：大于或等于98dB	以125～4000Hz的平均声压级为0dB，在此频带内允许范围：−6dB～+4dB；63～125Hz和4000～8000Hz的允许范围见图2。	125～4000Hz的平均值大于或等于−10dB	1000Hz、4000Hz时小于或等于+8dB	同上	NR−25

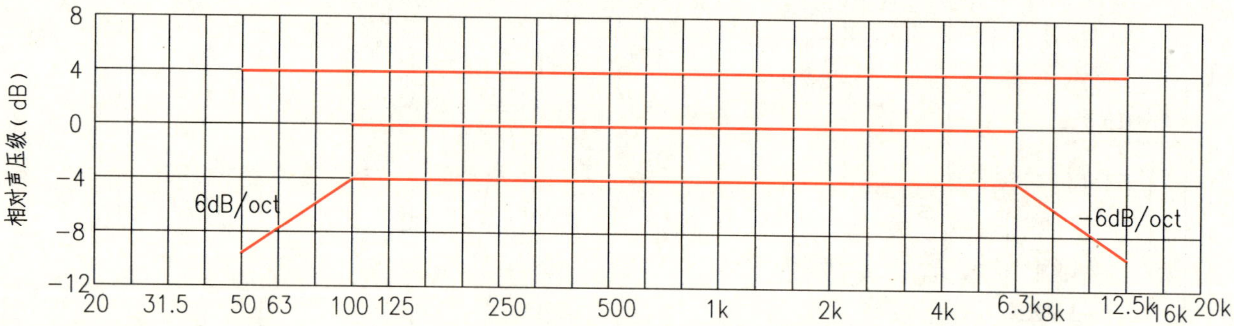

图1 多用途类一级传输频率特性范围

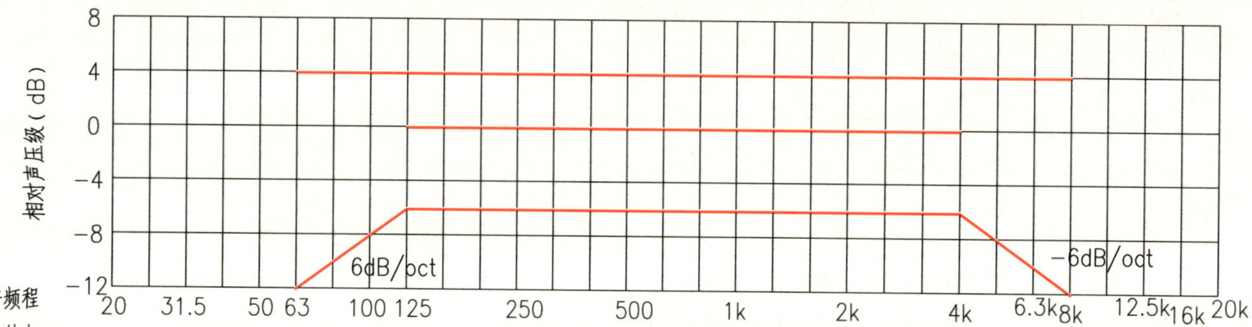

图2 多用途类二级传输频率特性范围

注：频响曲线的斜率用分贝/倍频程（dB/oct）来表示。频率f2处的相对声压级=频率f1处的相对声压级+斜率×log2（f2/f1）。

电子会议	多用途类扩声系统声学特性指标					图集号	09X700-2
审核 孙兰	[signature]	校对 汪浩	[signature]	设计 朱立彤	[signature]	页	2-328

等级	最大声压级（dB）	传输频率特性	传声增益（dB）	稳态声场不均匀度（dB）	早后期声能比（可选项）（dB）	系统总噪声级
一级	额定通带内：大于或等于98dB	以125~4000Hz的平均声压级为0dB，在此频带内允许范围：-6dB~+4dB；63~125Hz和4000~8000Hz的允许范围见图3。	125~4000Hz的平均值大于或等于-10dB	1000Hz、4000Hz时小于或等于+8dB	500~2000Hz内1/1倍频带分析的平均值大于或等于+3dB	NR-20
二级	额定通带内：大于或等于95dB	以125~4000Hz的平均声压级为0dB，在此频带内允许范围：-6dB~+4dB；63~125Hz和4000~8000Hz的允许范围见图4。	125~4000Hz的平均值大于或等于-12dB	1000Hz、4000Hz时小于或等于+10dB	同上	NR-25

图3 会议类一级传输频率特性范围

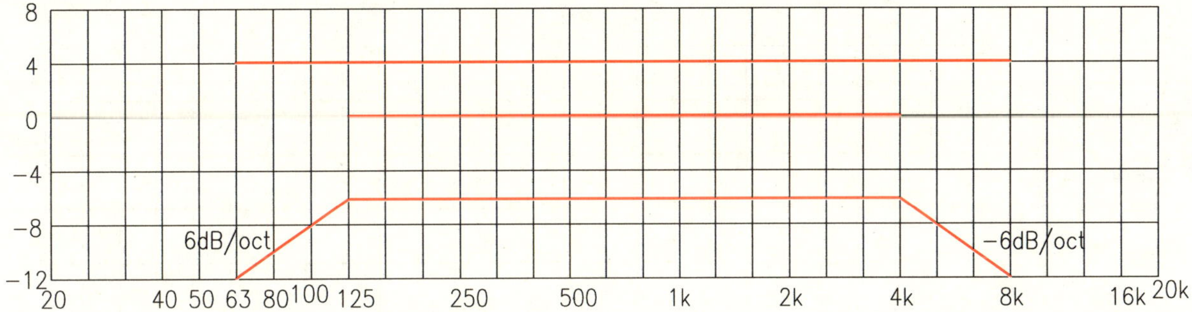

图4 会议类二级传输频率特性范围

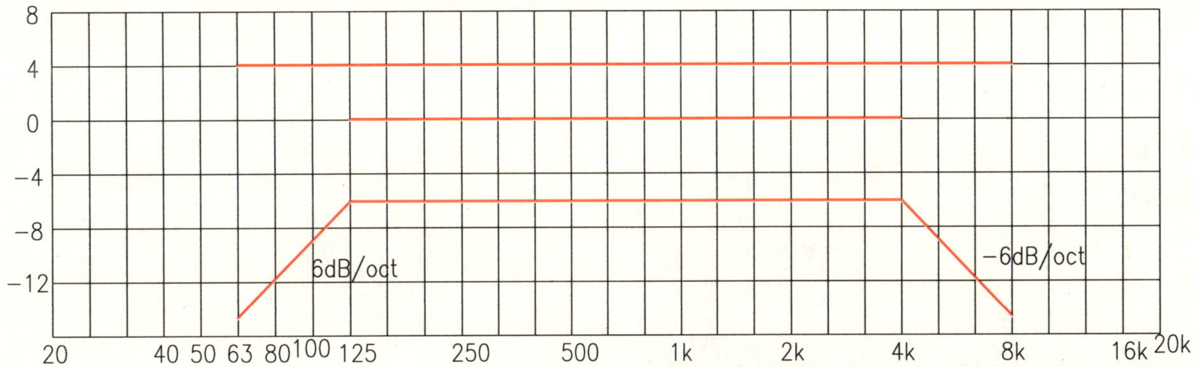

等级	最大声压级（dB）	传输频率特性	传声增益（dB）	稳态声场不均匀度（dB）	早后期声能比（可选项）（dB）	系统总噪声级
一级	额定通带内：大于或等于106dB	以80~8000Hz的平均声压级为0dB，在此频带内允许范围：−4dB~+4dB；40~80Hz和8000~16000Hz的允许范围见图5。	100~8000Hz的平均值大于或等于−8dB	100Hz时小于或等于10dB；1000Hz时小于或等于6dB；8000Hz时小于或等于+8dB	500~2000Hz内1/1倍频带分析的平均值大于或等于+3dB	NR−20
二级	额定通带内：大于或等于103dB	以100~6300Hz的平均声压级为0dB，在此频带内允许范围：−6dB~+4dB；50~100Hz和6300~12500Hz的允许范围见图6。	125~6300Hz的平均值大于或等于−8dB	1000Hz、4000Hz时小于或等于+8dB	同上	NR−20

图5 文艺类一级传输频率特性范围

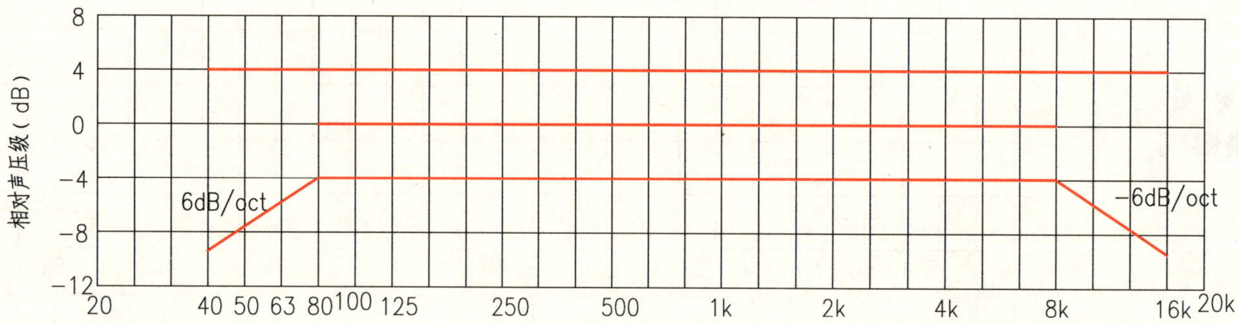

图6 文艺类二级传输频率特性范围

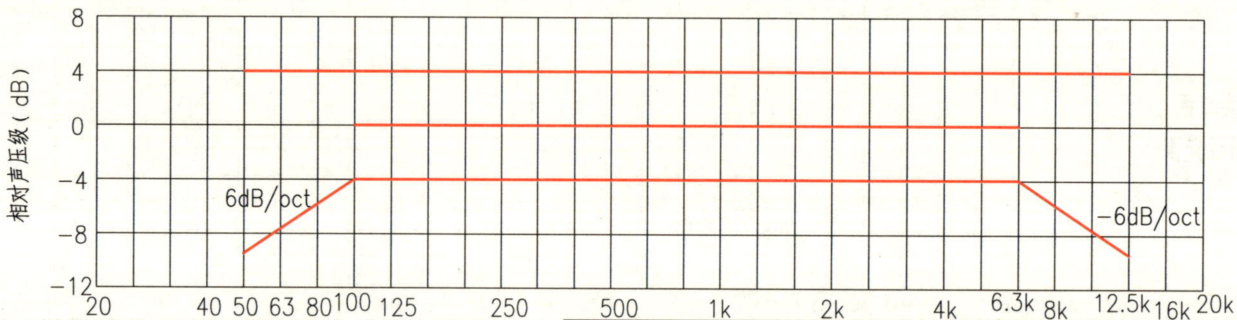

注：2−328~2−330页内容引自《厅堂扩声系统设计规范》GB50371−2006。

电子会议	文艺类扩声系统声学特性指标	图集号	09X700-2
审核 孙兰	校对 汪浩	设计 朱立彤	页 2-330

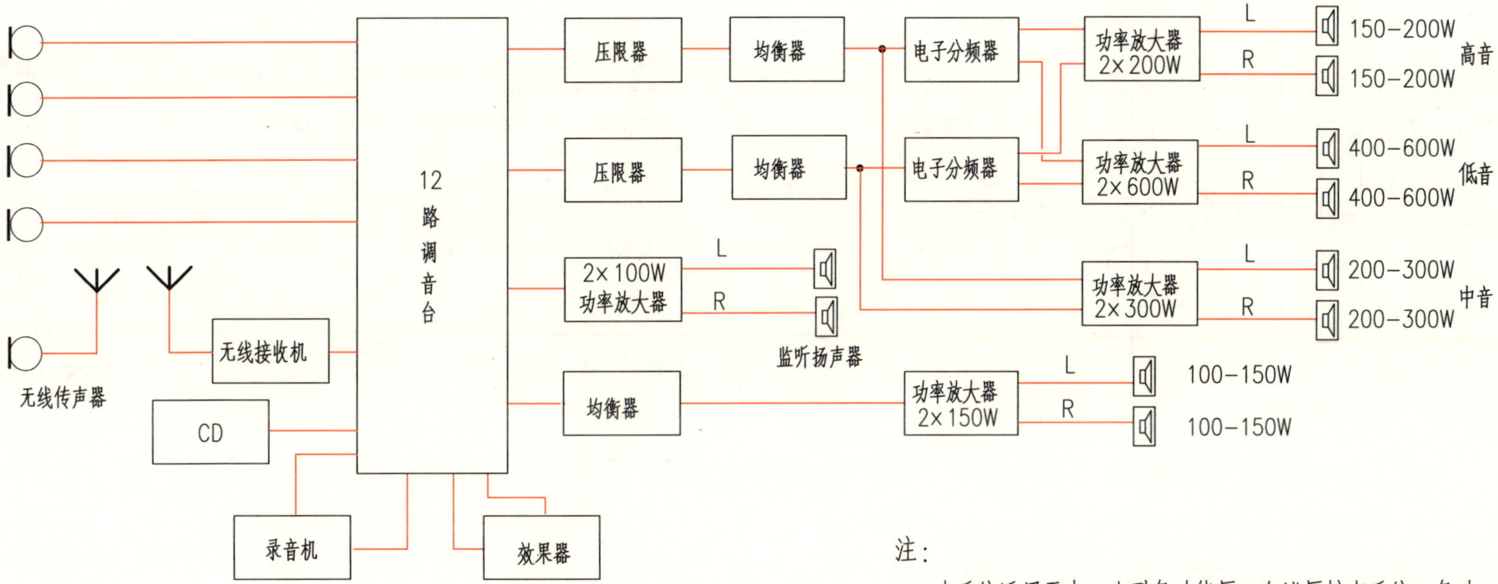

注：

1. 本系统适用于中、小型多功能厅、会议厅扩声系统。多功能厅、会议厅面积200m² 以下会场，调音台设在会场主席台侧面一个约8m² 的设备间内，设备间有能直观主席台及部分会场席位的玻璃窗口。
2. 该系统为定阻式。

电子会议	中、小型多功能厅、会场扩声系统图	图集号	09X700-2
审核 尹秀伟 尹秀伟	校对 钱江 钱江	设计 杜博俊 杜博俊	页 2-331

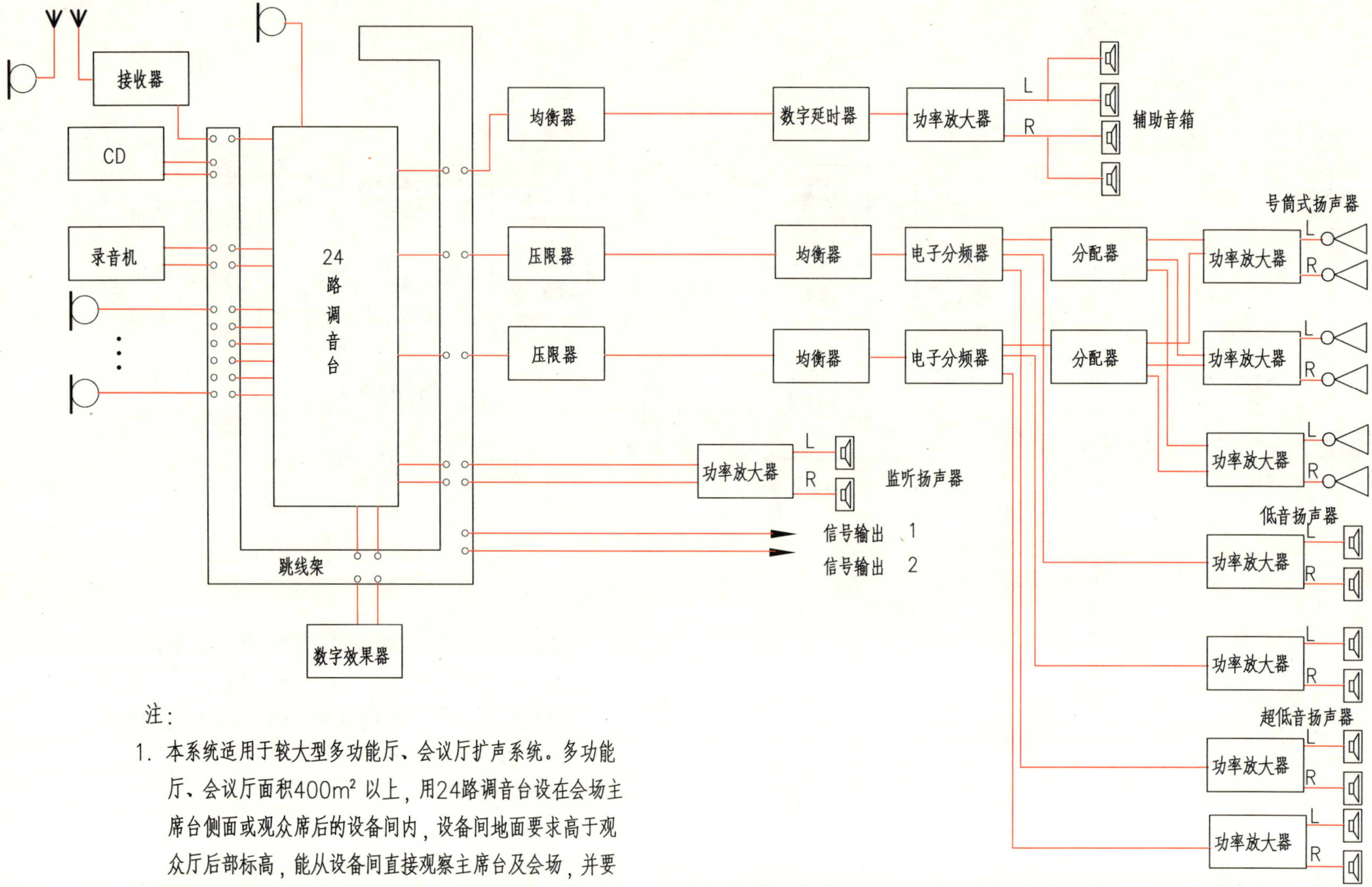

注：

1. 本系统适用于较大型多功能厅、会议厅扩声系统。多功能厅、会议厅面积400m² 以上，用24路调音台设在会场主席台侧面或观众席后的设备间内，设备间地面要求高于观众厅后部标高，能从设备间直接观察主席台及会场，并要求监听主席台发言及会场情况以实现立体声调音。

2. 该系统为定阻式。

电子会议	大、中型多功能厅、会场扩声系统图	图集号	09X700-2
审核 尹秀伟 校对 钱 江 设计 杜博俊		页	2-332

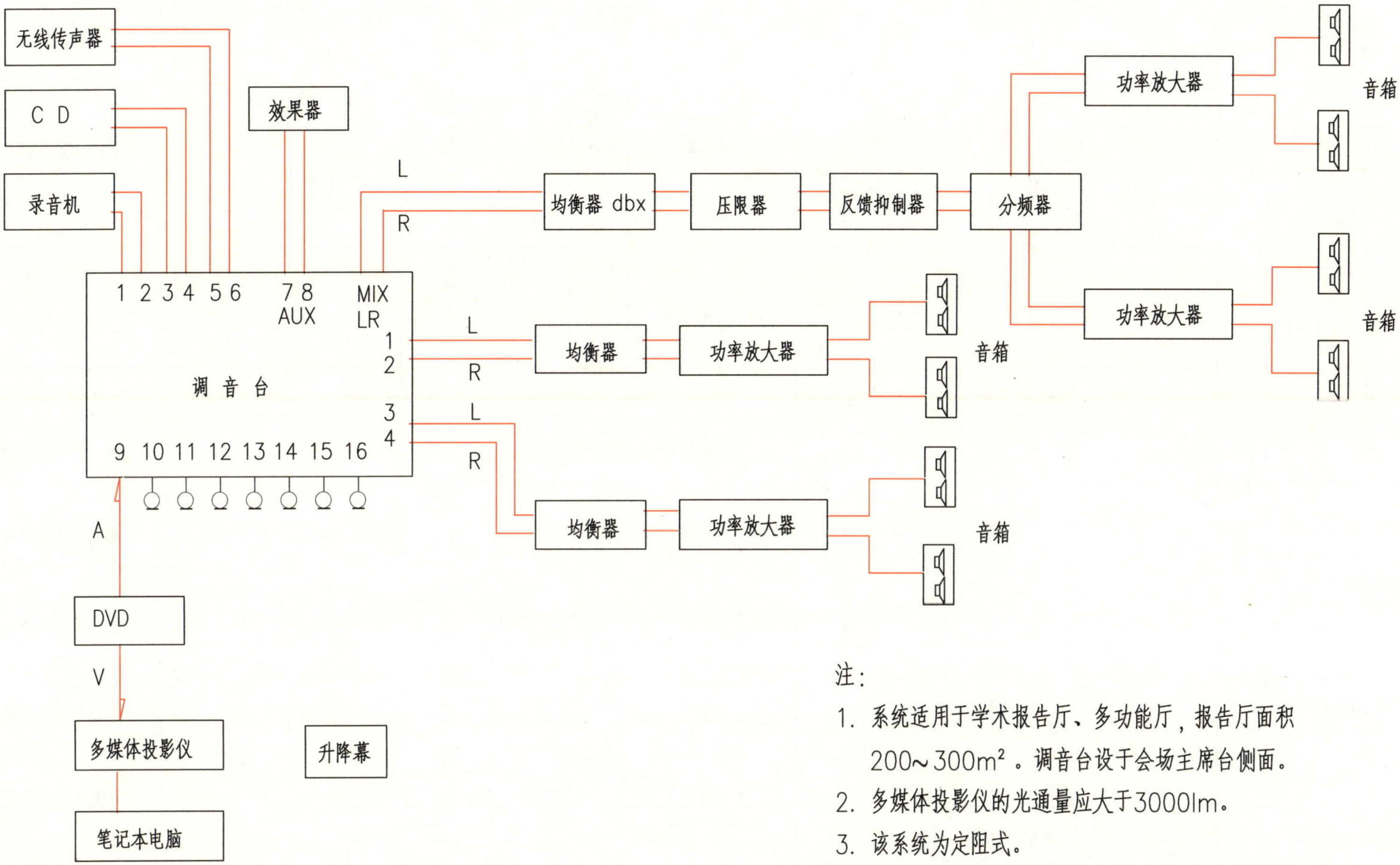

注：

1. 系统适用于学术报告厅、多功能厅，报告厅面积 200～300m²。调音台设于会场主席台侧面。
2. 多媒体投影仪的光通量应大于3000lm。
3. 该系统为定阻式。

电子会议	学术报告厅扩声系统图	图集号	09X700-2
审核 尹秀伟 [签名] 校对 钱 江 [签名] 设计 杜博俊 [签名]		页	2-333

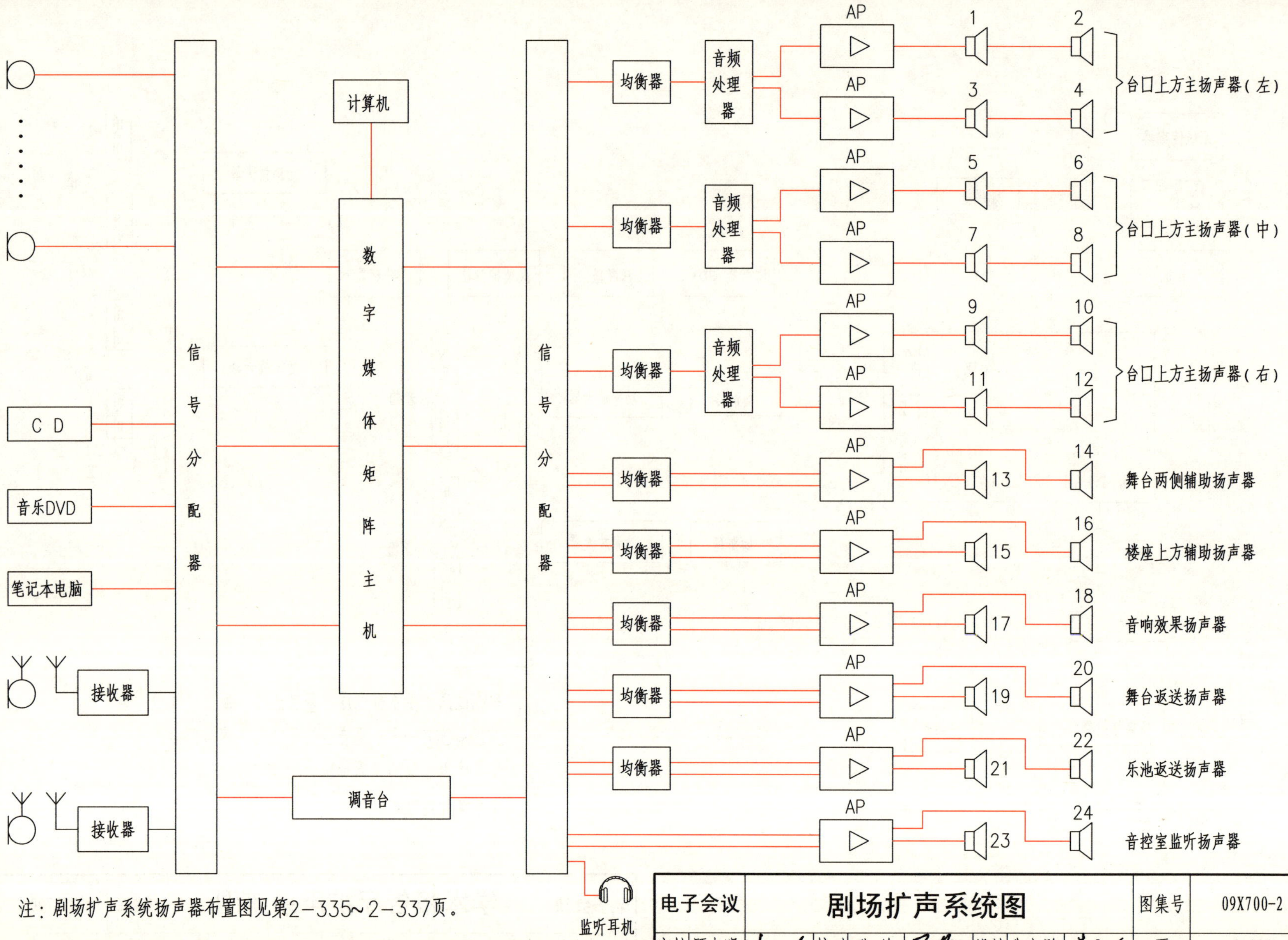

注：剧场扩声系统扬声器布置图见第2-335～2-337页。

电子会议	剧场扩声系统图					图集号	09X700-2
审核	顾克明	校对	孙 兰	设计	朱立彤	页	2-334

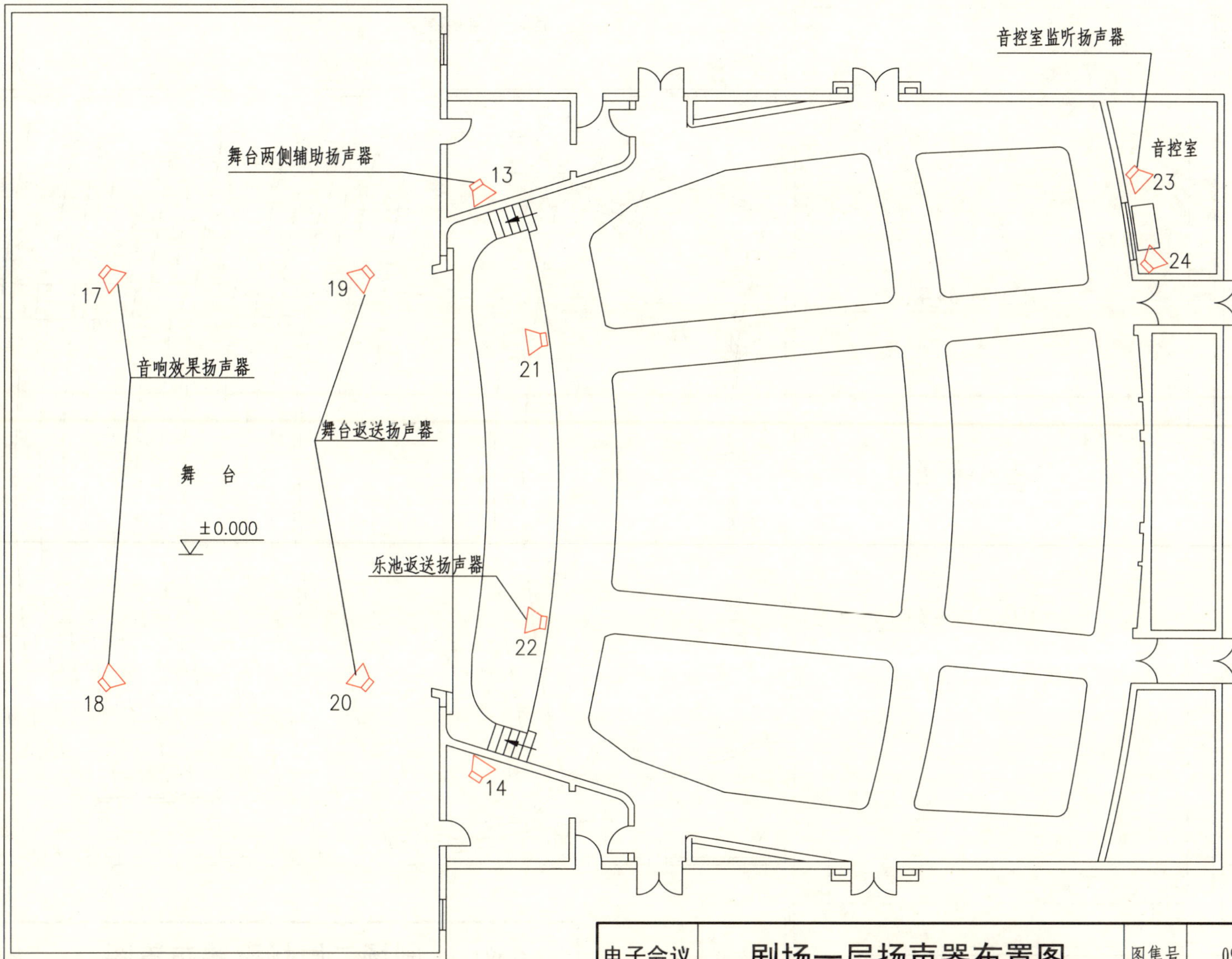

电子会议	剧场一层扬声器布置图	图集号	09X700-2
审核 顾克明 校对 孙 兰 设计 朱立彤		页	2-335

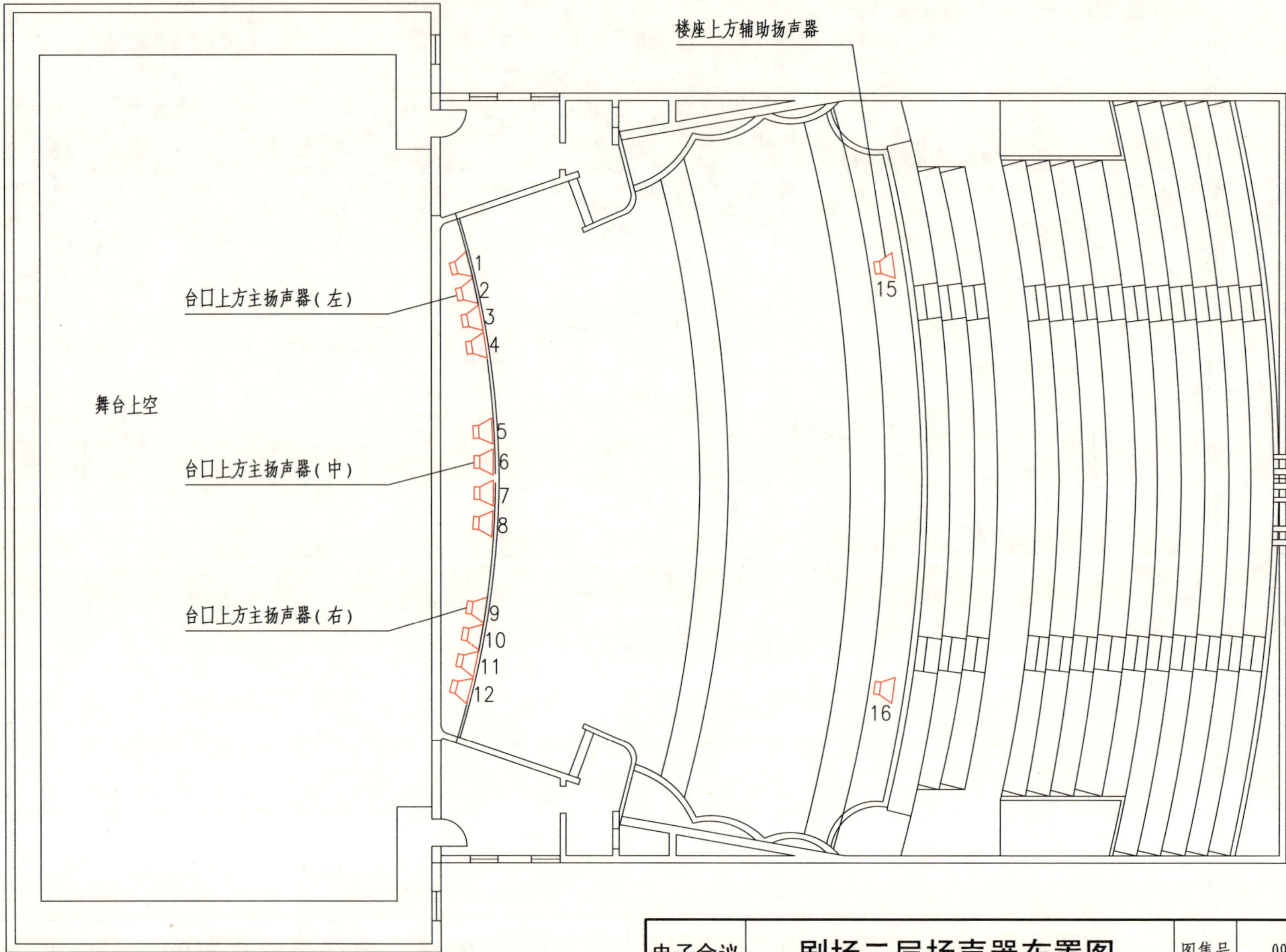

电子会议	剧场二层扬声器布置图					图集号	09X700-2
审核	顾克明	校对	孙兰	设计	朱立彤	页	2-336

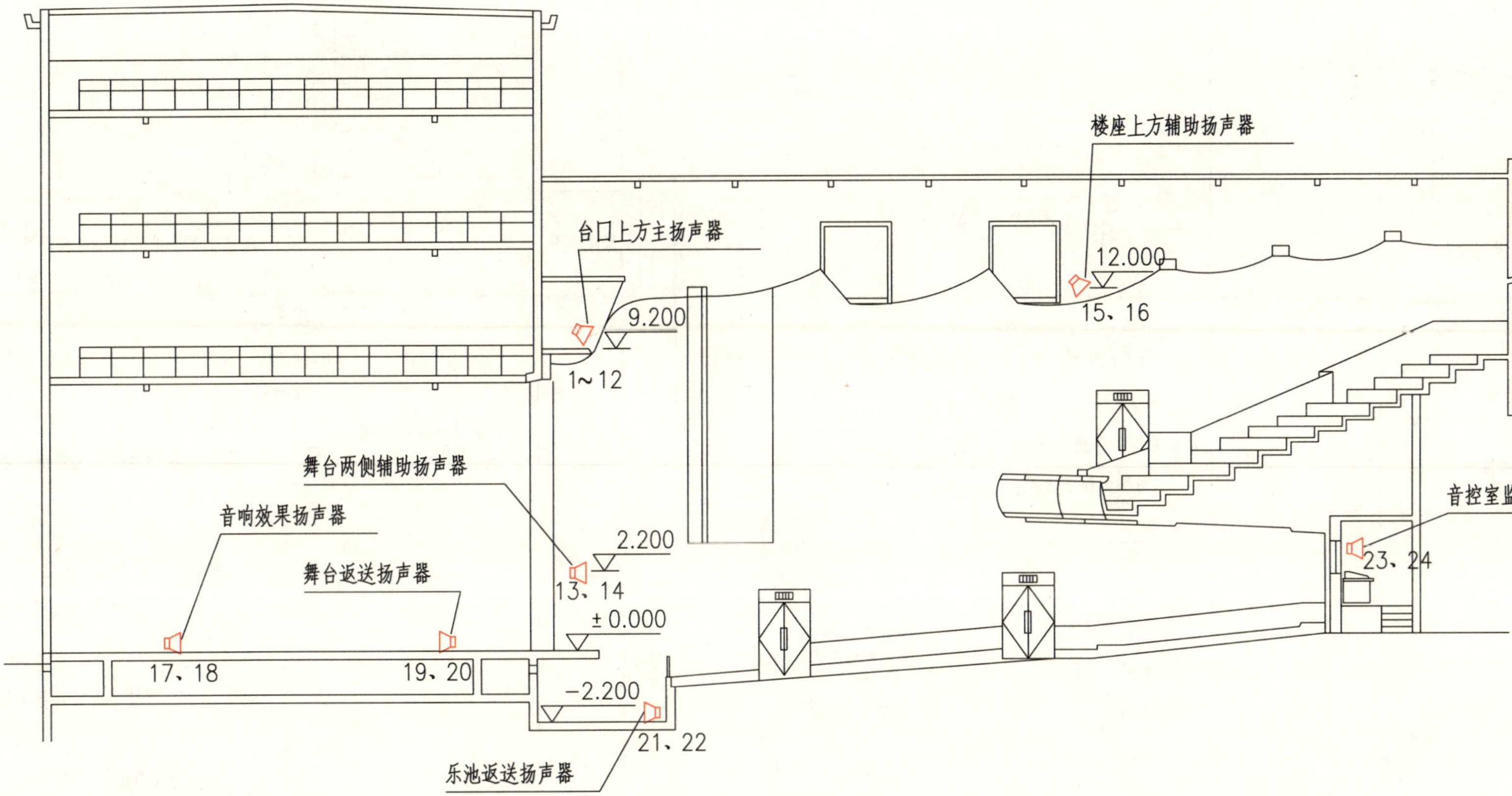

电子会议	剧场剖面扬声器布置图	图集号	09X700-2
审核 顾克明	校对 孙兰 设计 朱立彤	页	2-337

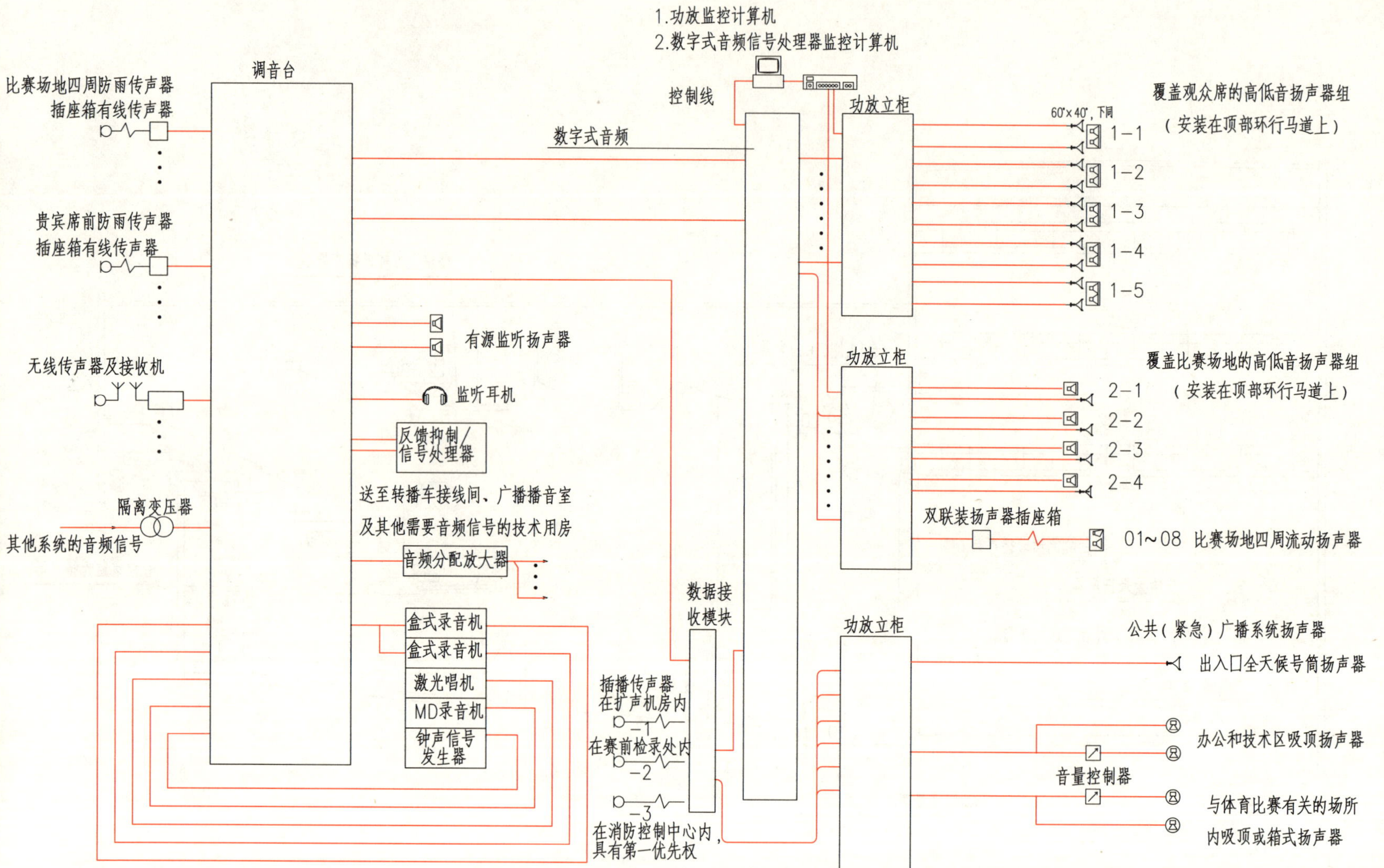

注：其他音频电缆，机房设备之间均为RVVP$-4\times0.15mm^2$；
通往传声器插座箱和音频插座盒的电缆为RVVP$-2\times0.3mm^2$。

电子会议	体育馆扩声系统图					图集号	09X700-2
审核 陈怀民	[signature]	校对 莫皎平	[signature]	设计 姜少华	[signature]	页	2-338

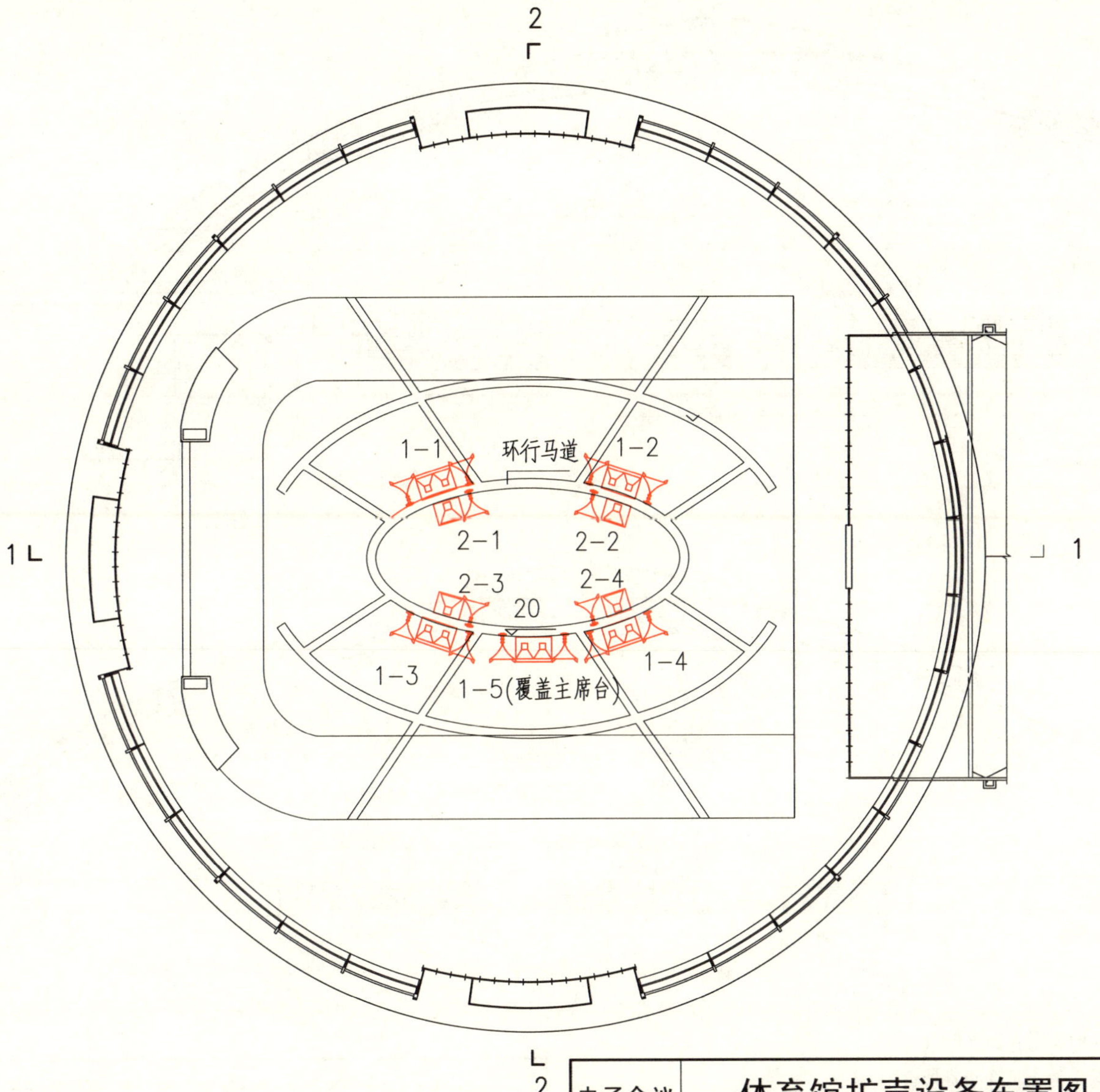

电子会议	体育馆扩声设备布置图					图集号	09X700-2
审核 陈怀民		校对 莫皎平		设计 姜少华		页	2-339

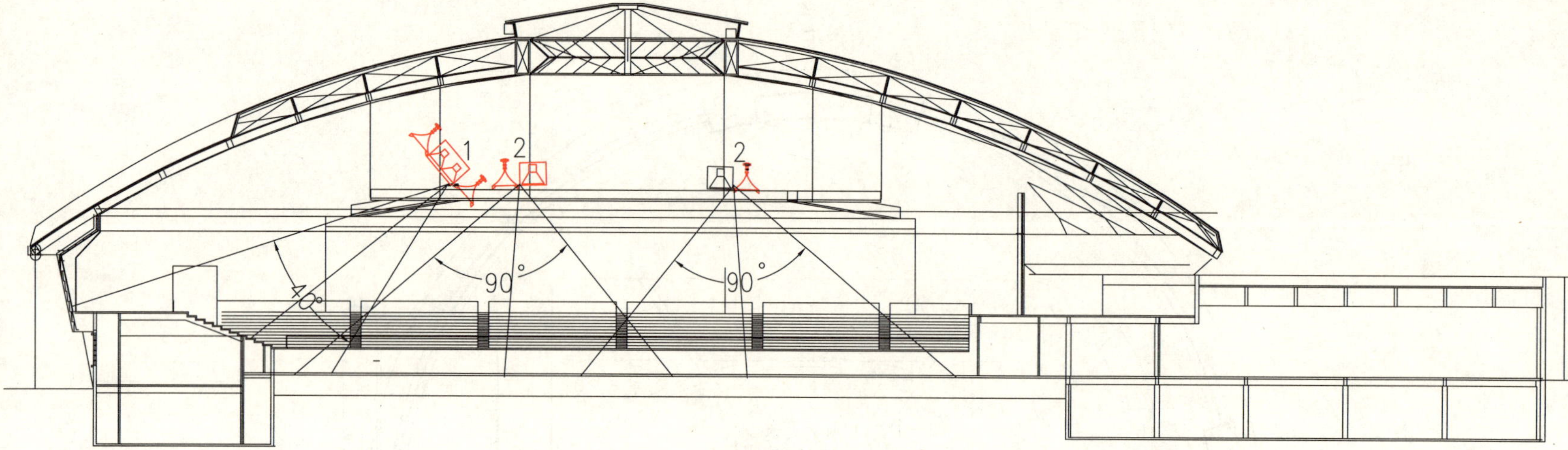

1-1

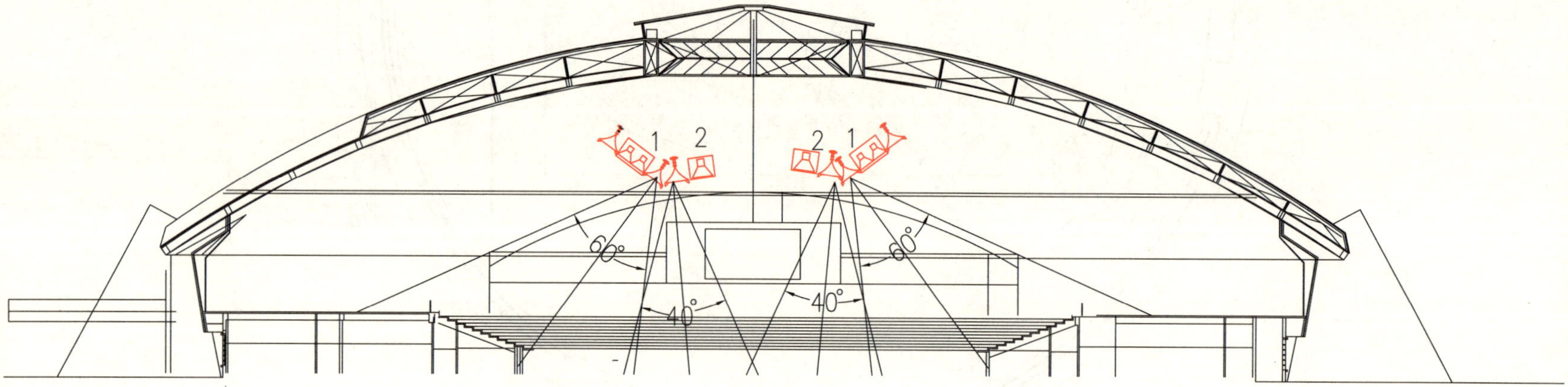

2-2

注:

1. 覆盖观众席的高低音扬声器组;
2. 覆盖比赛场地的高低音扬声器组。

电子会议	体育馆扩声设备布置剖面					图集号	09X700-2
审核 陈怀民	校对 莫皎平		设计 姜少华			页	2-340

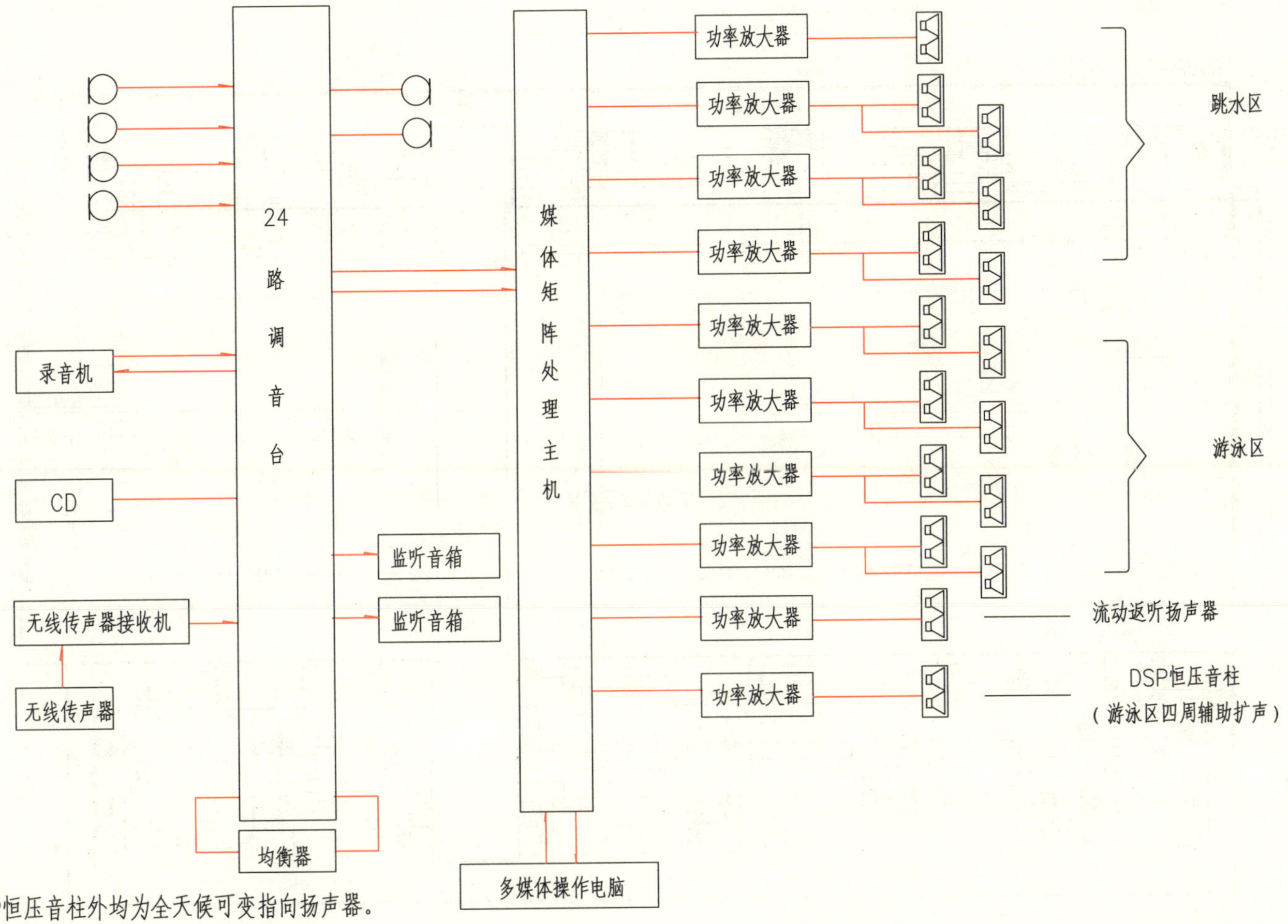

注：1. 除DSP恒压音柱外均为全天候可变指向扬声器。

2. 跳水区扬声器共7只，其中1只指向跳台区。

3. 全天候可变指向扬声器共16只，分别指向游泳、跳水池四周，面向游泳、跳水池指向点是为裁判员及运动员设计的。

4. 本系统为定阻式。

电子会议	游泳馆、跳水馆扩声系统图	图集号	09X700-2
审核 尹秀伟 尹秀伟 校对 钱江 钱江 设计 杜博俊 杜博俊		页	2-341

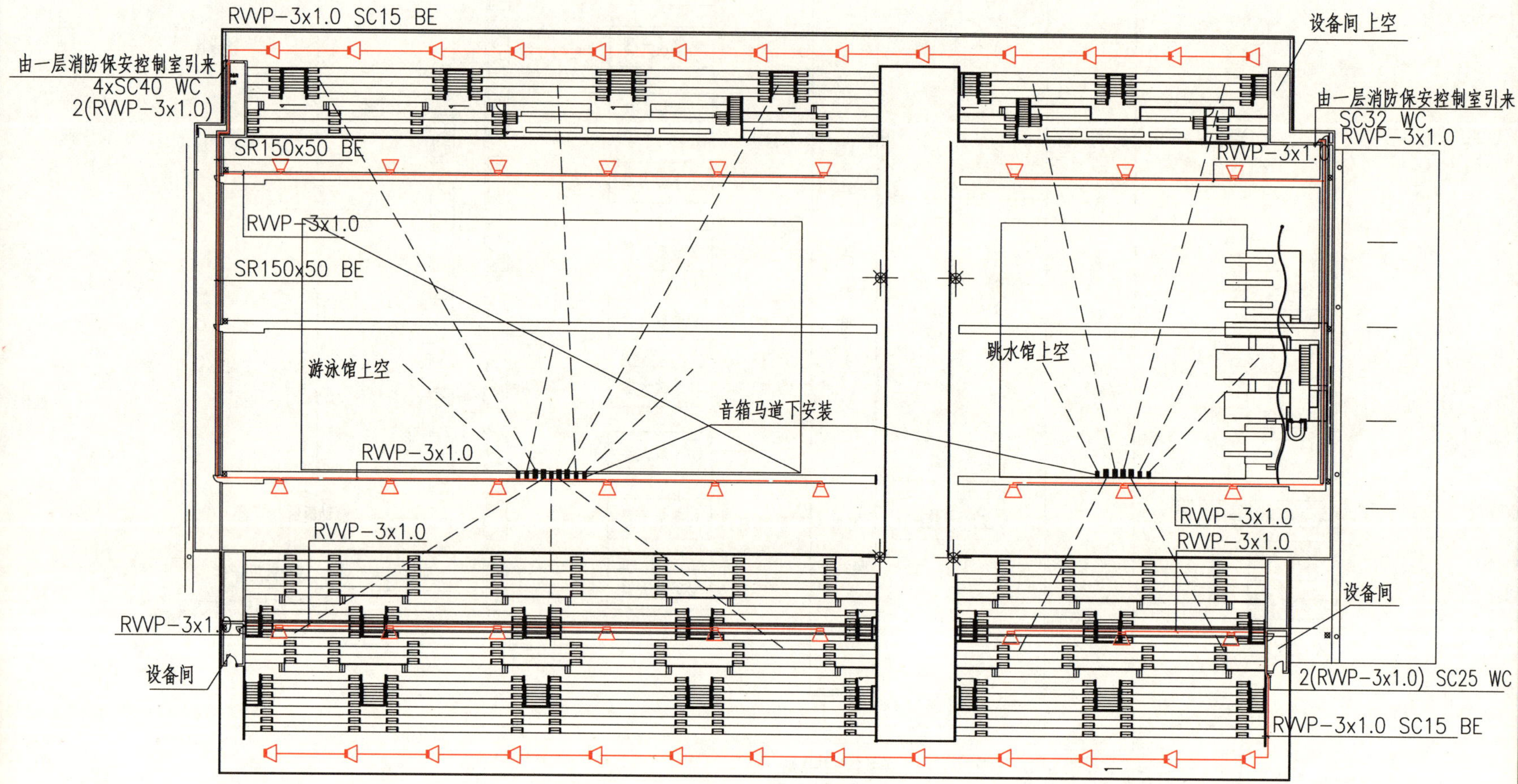

注：1. 扬声器全部吊装在灯光马道上。

2. 扬声器周围虚线为扬声器轴心指向点。

电子会议	游泳馆、跳水馆扩声系统平面图					图集号	09X700-2
审核	尹秀伟	校对	钱 江	设计	杜博俊	页	2-342

1 系统简介

本系统集高清视频会议系统和会议室设计为一体，能够营造出身处异地却如同面对面交流的会议环境。整套系统由高清音视频编解码系统、大屏幕显示系统、视频图像处理器、摄像系统、声像定位系统、网络集中管理系统、会议室环境系统组成，如右图所示。

1.1 高清音视频编解码系统为专用音视频编解码器，使用H.264数字视频编码技术和1920×1080高清晰视频质量，达到1920×1080的出色视频效果。

1.2 大屏幕显示系统包括显示屏、视频图像处理器，采用65″高清等离子屏，显示1:1高清模拟仿真图像。

1.3 视频图像处理器主要用于处理、切换、传输视频源。

1.4 摄像系统为采集设备，采用200万像素、1920×1080格式的全高清视频摄像机进行图像采集。

1.5 声像定位系统包括音频处理器、音频采集器和扬声器，参会者可随时发言，真实再现远端会场发言人声音，声音和视频图像定位一致。

1.6 智能网络集中管理系统包括集中控制系统和综合会议管理平台,采用“一键互通”控制方式实现会议访问。

1.7 环境系统将会议室装修统一综合设计，将所有技术因素融合到整体环境设计中。

2 系统功能

2.1 高清视频传输：采用高清视频会议编解码器、专用高清摄像机、65″高清显示屏进行视频传输处理，分辨率可达1920×1080。

2.2 异地会议交流：声音和视频图像统一定位，与会者可随时发言，听者可分辨出发言人的位置，真实再现远端会场发言人的声音，参会人数可达15人。

2.3 双流功能：同时传输视频图像与计算机图文信号。

2.4 网络集中管理：实现一键互通控制方式进行远程会议访问。

2.5 会议环境标准化：实现统一各地会场背景设计，并将所有设备、技术因素融合进整体环境设计中。

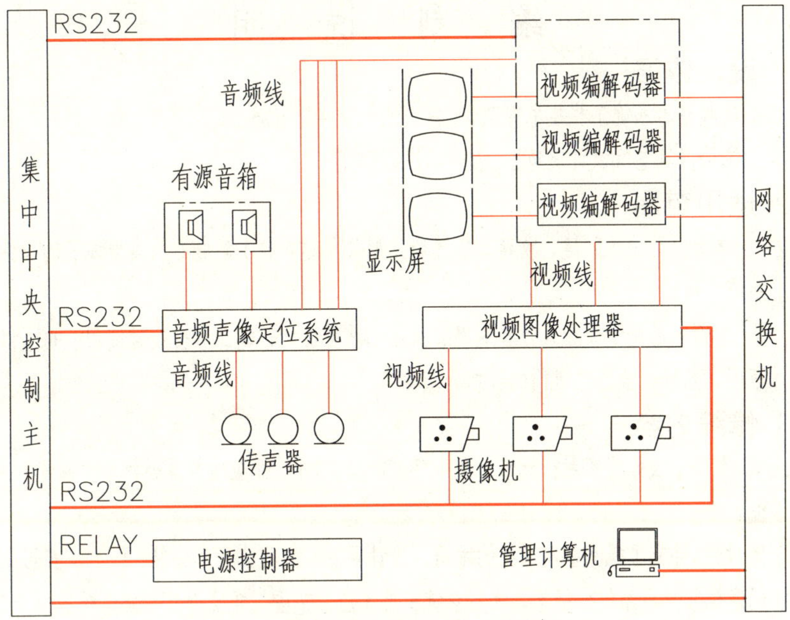

高清模拟仿真视频会议系统图

3 技术特点

3.1 高清晰的视频传输技术、面对面的视觉交流技术、身临其境的1:1仿真技术、声像一致的语音处理技术、方便快捷的系统管理技术、自主知识产权的核心技术。

3.2 本系统突破传统视频会议的制约，解决了传统视频会议失真的问题，使会议场景更加真实、自然。

3.3 本系统为开放性系统，可以和所有基于标准的视频会议产品相兼容,包括其他模拟仿真系统解决方案和传统视频会议系统，互通性与兼容性高。

3.4 本系统可以根据用户的实际情况，满足定制化需求。

注：本页资料由北京直真视通科技有限公司提供。

高清模拟仿真视频会议系统	图集号	09X700-2
	页	2-343

编　制　说　明

1 设计依据

《视频显示系统工程技术规范》GB 50464-2008

《民用建筑电气设计规范》JGJ 16-2008

2 适用范围

2.1 本部分适用于新建、改建、扩建通用型公共建(构)筑物(及其群体)的公共显示系统设计。

2.2 本部分适用于专业人员在从事公共显示系统设计、施工和验收时使用；也可供设计审图、监理、投资等部门的技术人员参考。

3 修编内容

3.1 本部分根据国家现行标准对97X700-2-11《呼应信号及公共显示系统》进行修编。

3.2 增加补充了视频显示系统的术语、设计要点、工程分类和分级、LED、投影型、电视型视频显示系统分级等。呼应系统扩展了应用范围，重点介绍了候诊呼应信号系统、病房护理呼应信号系统和病房探视呼应信号系统。

3.3 公共显示系统的供电可见图集下册第4部分“供电电源”；缆线见第5部分“缆线敷设”；室内外大型显示屏的安装可见第6部分“设备安装”；接地见第7部分“防雷与接地”。

4 主要内容

4.1 编制说明及应用提示。

4.2 视频显示系统(LED、投影型、电视型)的组成、分类和分级、室内外LED显示屏的功耗和重量等。

4.3 时钟系统的组成、设备布置图、配线图等。

4.4 呼应系统的组成、公共建筑残疾人呼应系统、医疗建筑候诊呼应信号系统、病房护理呼应信号系统和病房探视呼应信号系统图、平面布置图等。

5 参编单位

北京奥特维科技开发总公司

应　用　提　示

1 视频显示系统

1.1 视频显示系统是由显示屏系统、传输系统、控制系统和辅助系统组成。可实现一路或多路视频信号同时或部分或全屏显示。通过计算机控制，在公共场所显示文字、文本、图像、动画、行情等各种公共信息以及电视信号。

1.2 视频显示系统的应用场所如下：

1.2.1 LED视频显示屏系统适用于证券交易场所、银行、海关、机场候机厅、车站码头，以及体育场馆的计时记分、商业广告等公共场所。

1.2.2 投影型视频显示屏系统适用于室外的大型商业广告。

1.2.3 电视型视频显示屏系统适用于大型公共建筑的室内安装，商业广告、体育场馆的实况转播等。

1.3 系统采用设备和部件的模拟视频输入和输出阻抗以及同轴电缆的特性阻抗均应为75Ω；系统选用的各种配套设备的性能、指标及技术要求应协调一致。

1.4 视频显示系统的各路模拟视频信号，在设备输入端的电平值应为1Vp-p±3V。

1.5 LED视频显示屏系统的设计应注意如下事项：

1.5.1 首先确定是室内屏还是室外屏，确定其安装位置、安装方式、像素密度、屏体尺寸等。

1.5.2 显示屏发光面应避开强光直射，室外屏应尽量避免发光面朝南，显示屏安装时宜向下倾斜5°。

1.5.3 显示屏对地泄漏电流应不超过3.5mA；绝缘材料温升不超过70℃。室外显示屏引入电源端宜设过电压保护措施。

1.5.4 LED显示屏的用电量当没有确定产品时，可按下述条件预留；室内屏单色、三色屏按0.3~1.0kW/m^2；二基色、三基色按1.0~1.5 kW/m^2；室外屏按1.5~2.5kW/m^2。

1.5.5 通信距离：单色、双色显示系统不应大于1000m；三基色显示系统不大于300m。

1.6 投影型视频显示系统的设计应注意如下事项：

1.6.1 显示屏应具有较大的水平视角、垂直视角（视角又称增益角），应保证观看人员在设定的范围内清晰地观看屏幕显示内容。

1.6.2 投影型视频显示墙由多台投影机组合时，宜选择无缝拼接视频墙。

1.6.3 图像处理设备与投影显示墙的最大距离不应超过100m；机房和显示屏间的距离最大不应超过500m。

1.7 电视型视频显示屏系统的的设计应注意如下事项：

1.7.1 电视型视频显示屏宜采用CRT（阴极射线）、PDP（等离子体）或LCD（液晶）等显示器。

1.7.2 CRT显示屏单元对角线尺寸不小于56cm时，亮度不应低于60cd/m²；小于56cm时，亮度不应低于80cd/m²；PDP显示屏单元对角线尺寸不大于127cm时，亮度不应低于60cd/m²；大于127cm时，亮度不应低于40cd/m²；LCD显示屏单元，亮度不应低于350cd/m²。

1.7.3 CRT视频显示屏各显示单元的对比度不应低于150:1。

1.8 信息显示系统的控制、数据信号传输距离不宜超过200m。

1.9 信息显示装置的供电电源，宜采用TN-S或TN-C-S接地形式。

2 时钟系统

2.1 时钟系统宜在下列公共建筑中设置：

2.1.1 中型以上铁路旅客站、大型汽车客运站、沿海及内河客运码头、国内及国际航空港等；

2.1.2 省市级广播电视及电信大楼等；

2.1.3 国家重要科研基地及其他有准确统一计时要求的工程。

2.2 母钟站应选择两台母钟（一台主机，一台备用），配置分路输出控制盘，控制盘上每路输出均应有一面分路显示子钟。母钟宜为电视信号标准时钟或全球定位报时卫星（GPS）标准时钟。

2.3 母钟站站址宜与电话机房或广播电视机房以及计算机房等其他通信机房合并设置。时钟系统的线路可与通信网络合并，不宜独立组网。时钟线对应相对集中并加标志。

2.4 母钟站内设备应安装在机房的侧光或背光面，并宜远离散热器、热力管道等。母钟控制屏分路子钟最下排钟面中心距地不小于1.5m，母钟的正面与其他设备的净距离不应小于1.5m。

2.5 母钟站需设不间断电源供电。

2.6 子钟的安装高度，室内不应低于2m，室外不应低于3.5m。指针式时钟视距可按第2-362页指针式时钟视距表选定。

3 呼应信号系统

3.1 呼应信号系统由呼叫分机、主机、信号传输、显示、辅助提示等单元组成。

3.2 医院候诊呼应信号系统设计应注意如下事项：

3.2.1 医院门诊区的候诊室、检验室、放射科、取药房、出入院手续办理处等，宜设置候诊呼应信号系统。

3.2.2 候诊呼应信号系统宜与医院信息系统（HIS）互联，实现挂号、候诊、就诊一体化管理和信息统计及数据分析。

3.2.3 随时接受诊区内各诊室医生对就诊病人的呼叫，准确显示就诊者诊号及就诊的诊室号。候诊区应有声音提示装置及屏幕显示。

公共显示	应用提示					图集号	09X700-2
审核	孙兰	校对	汪浩	设计	刘芳	页	2-345

术　语

1. 视频拼接显示屏 video display screen together (wall)

视频拼接显示屏是由显示屏单元物理拼接而成，是图像显示区域的总称。显示屏单元间依靠适当的电气连接(包括信号传输路径)，由控制系统进行控制，可单独显示视频画面，或显示画面的某一部分，还可与系统中的其它单元配合组成完整的画面。

2. 发光二极管(LED) light emitting diode

由Ⅲ–Ⅳ族化合物等半导体制成加电压后便会发光的半导体器件。

3. LED视频显示屏LED video display screen (panel)

通过一定的控制方式，由LED器件阵列组成，用于显示视频的屏幕。

4. 阴极射线管显示屏(CRT display) cathode ray tube display

由电子束器件构成，从电子枪发射电子束轰击涂有荧光粉的玻璃面(荧光屏)实现电光转换，重现图像的显示屏。

5. 液晶显示屏(LCD) liquid crystal display

外加电压使液晶分子取向改变，以调制透过液晶的光强度，产生灰度或彩色图像的显示屏。

6. 等离子体显示屏(PDP) plasma display panel

利用气体放电产生的等离子体引发紫外线，来激发红、绿、蓝荧光粉，发出红、绿、蓝三种基色光，在玻璃平板上形成彩色图像的显示屏。

7. 前投影(正投影) front screen projection

图像被投影在光反射屏的观众一侧的投影方式。

8. 背投影 rear screen projection

图像投影通过透射屏到达观众一侧的投影方式。

9. 缩略语

MTBF(Mean Time Between Failure)：平均无故障时间

TCP/IP(Transmission Control Protocol/Internet Protocol)：传输控制协议/网络协议

DVI(Digital Visual Interface)：数字视频接口

<table>
<tr><th>工程主要组成部分
视频系统</th><th>显示屏系统</th><th>传输系统</th><th>控制系统</th><th>辅助工程系统</th></tr>
<tr><td>LED视频显示系统</td><td>安装位置避开强光直射，图像分辨率应≥320×240，显示屏亮度应符合相关要求。</td><td>满足数据、图形、图像等显示信息的显示质量要求。LED视频显示屏布线长度小于100m时，宜采用超五类（5e）及以上非屏蔽双绞线（UTP-8），超过100m时，应根据传输距离选用光纤通信。</td><td rowspan="3">宜配备专用的图像处理设备。图像处理设备应具备足够的拼接处理能力和信号处理能力，并采用模块化结构，信号源输入接口满足使用要求。</td><td rowspan="2">视频显示屏设备间应设有防雷装置、火灾自动报警系统，配电柜应具有过载保护功能、分步供电功能和自动关屏断电功能。
室外显示屏应有完整的防雷及接地系统。</td></tr>
<tr><td>投影型视频显示系统</td><td>屏前图像色温宜为6500K，保证显示色彩的还原性。显示屏单元亮度应不低于100cd/m²。在环境光照度200lx时，显示屏单元的对比度不应小于30:1。</td><td rowspan="2">模拟视频信号应采用视频同轴电缆传输。数字视频信号宜采用IP传输方式，并采用超五类（5e）及以上4对对绞电缆。选用单模光纤传输时，传输距离不宜大于10000m；选用多模光纤时，传输距离宜小于2000m。</td></tr>
<tr><td>电视型视频显示系统</td><td>CRT显示屏单元对角线尺寸≥56cm时，亮度不应低于60cd/m²；CRT显示屏单元对角线尺寸<56cm时，亮度不应低于80cd/m²。PDP显示屏单元对角线尺寸≤127cm时，亮度不应低于60cd/m²；PDP显示屏单元对角线尺寸>127cm时，亮度不应低于40cd/m²。LCD显示屏单元亮度不应低于350cd/m²。CRT视频显示屏各显示单元的对比度不应低于150:1。</td><td>控制室设计应根据具体需求为视频显示系统提供预留信息点及其他接口，如标准网络接口、电话接口、公共信息接口、CATV系统接口、音频接口、电视转播接口等。控制室内部空间的几何尺寸应适合于视频显示系统控制设备的布置，一般室内净面积应不小于9m²，室内净高不宜小于2.5m。控制室宜铺设架空地板，线缆宜采用线槽敷设。视频显示系统与灯光、广播、电视转播、会议、数据发布、同声传译等系统宜设立综合性的控制室。</td></tr>
</table>

视频显示系统	系统的分类	系统的分级	主要适用场合
LED视频显示屏系统	按使用环境分为室内LED显示系统和室外LED显示系统；按显示颜色分为单基色LED显示系统、双基色LED显示系统和全彩色（红、绿、蓝三基色）LED显示系统。	LED显示系统根据其机械性能、光学性能和电性能达到的指标划分为甲、乙、丙三级。	LED视频显示屏系统适用于证券交易场所、银行、海关、机场候机厅、车站码头，以及体育场馆的计时记分、商业广告等公共场所。
投影型视频显示屏系统	按投影机工作方式分为背投影构成的室内大屏幕显示系统和正投影构成的室内大屏幕显示系统；按采用投影机数量区分,可分为拼接显示系统和非拼接（单台）显示系统。	投影型视频显示系统根据使用性质、系统规模、功能要求、建设投资等划分为甲、乙、丙三级，且各级均应具有扩展性、开放性和灵活性。	投影型视频显示屏系统适用于公安、交通、电力等部门的指挥调度中心、应急指挥中心等室内场所及室外的大型商业广告等。
电视型视频显示屏系统	按物理组成显示屏器件的种类区分，可分为CRT、LCD、PDP等显示屏系统；按显示屏组成数量区分，可分为单屏电视视频显示系统和电视拼接视频显示系统。	—	电视型视频显示屏系统适用于有一定观看距离的室内场所。

公共显示	视频显示系统工程的分类和分级	图集号	09X700-2
审核 孙兰	校对 汪浩	设计 刘芳	页 2-348

项目			甲级	乙级	丙级
系统可靠性	基本要求		系统中主要设备应符合工业级标准，不间断运行时间7d× 24h		系统中主要设备符合商业级标准，不间断运行时间3d× 24h
	平均无故障时间(MTBF)		MTBF>10000h	10000h≥MTBF>5000h	5000h≥MTBF>3000h
	像素失控率Pz	室内屏	$Pz\leqslant 1\times 10^{-4}$	$Pz\leqslant 2\times 10^{-4}$	$Pz\leqslant 3\times 10^{-4}$
		室外屏	$Pz\leqslant 1\times 10^{-4}$	$Pz\leqslant 4\times 10^{-4}$	$Pz\leqslant 2\times 10^{-3}$
光电性能	换帧频率(F_H)		$F_H\geqslant 50Hz$	$F_H\geqslant 25Hz$	$F_H<25Hz$
	刷新频率(Fc)		Fc≥300Hz	300>Fc≥200Hz	200>Fc≥100Hz
	亮度均匀性(B)		B≥95%	B≥75%	B≥50%
机械性能	像素中心距相对偏差(J)		J≤5%	J≤7.5%	J≤10%
	平整度(P)		P≤0.5mm	P≤1.5mm	P≤2.5mm
图像质量			>4级		4级
接口、数据处理能力			1.输入信号：兼容各种系统需要的视频和PC接口； 2.模拟信号：达到10bit精度的A/D转换； 3.数字信号：能够接收和处理每种颜色10bit信号。	1.输入信号：兼容各种系统需要的视频和PC接口； 2.模拟信号：达到8bit精度的A/D转换； 3.数字信号：能够接收和处理每种颜色8bit信号。	输入信号：兼容各种系统需要的视频和PC接口

公共显示	LED分级	图集号	09X700-2
审核 孙兰 校对 汪浩 设计 刘芳		页	2-349

项目		甲级	乙级	丙级
系统可靠性	基本要求	系统中主要设备应符合工业级标准，不间断运行时间7d×24h		系统中主要设备符合商业级标准，不间断运行时间3d×24h
	平均无故障时间(MTBF)	MTBF>40000h	MTBF>30000h	MTBF>20000h
显示性能	拼接要求	各个独立的视频显示屏单元应在逻辑上拼接成一个完整的显示屏，所有显示信号均应能随机实现任意缩放、任意移动、漫游、叠加覆盖等功能	各个独立的视频显示屏单元可在逻辑上拼接成一个完整的显示屏，所有显示信号均应能随机实现任意缩放、任意移动、漫游、叠加覆盖等功能	无
	信号显示要求	任何一路信号应能实现整屏显示、区域显示及单屏显示	任何一路信号宜实现整屏显示、区域显示及单屏显示	无
	同时实时信号显示数量	≥M(层)×N(列)×2	≥M(层)×N(列)×1.5	≥M(层)×N(列)×1
	计算机信号刷新频率	≥25f/s		≥15f/s
	视频信号刷新频率	≥24f/s		
	任一视频显示屏单元同时显示信号数量	≥8路信号	≥6路信号	无
	任一显示模式间的显示切换时间	≤2s	≤5s	≤10s
	亮度与色彩控制功能要求	应分别具有亮度与色彩锁定功能，保证显示亮度、色彩的稳定性	宜分别具有亮度与色彩锁定功能，保证显示亮度、色彩的稳定性	—
机械性能	拼缝宽度	≤1倍的像素中心距或1mm	≤1.5倍的像素中心距	≤2倍的像素中心距
	关键易耗品结构要求	应采用冗余设计与现场拆卸式模块结构	宜采用冗余设计与现场拆卸式模块结构	无
图像质量		>4级		4级
支持输入信号系统类型		数字系统	数字系统	无

公共显示	投影型、电视型视频显示系统分级	图集号	09X700-2
审核 孙兰	校对 汪浩	设计 刘芳	页 2-350

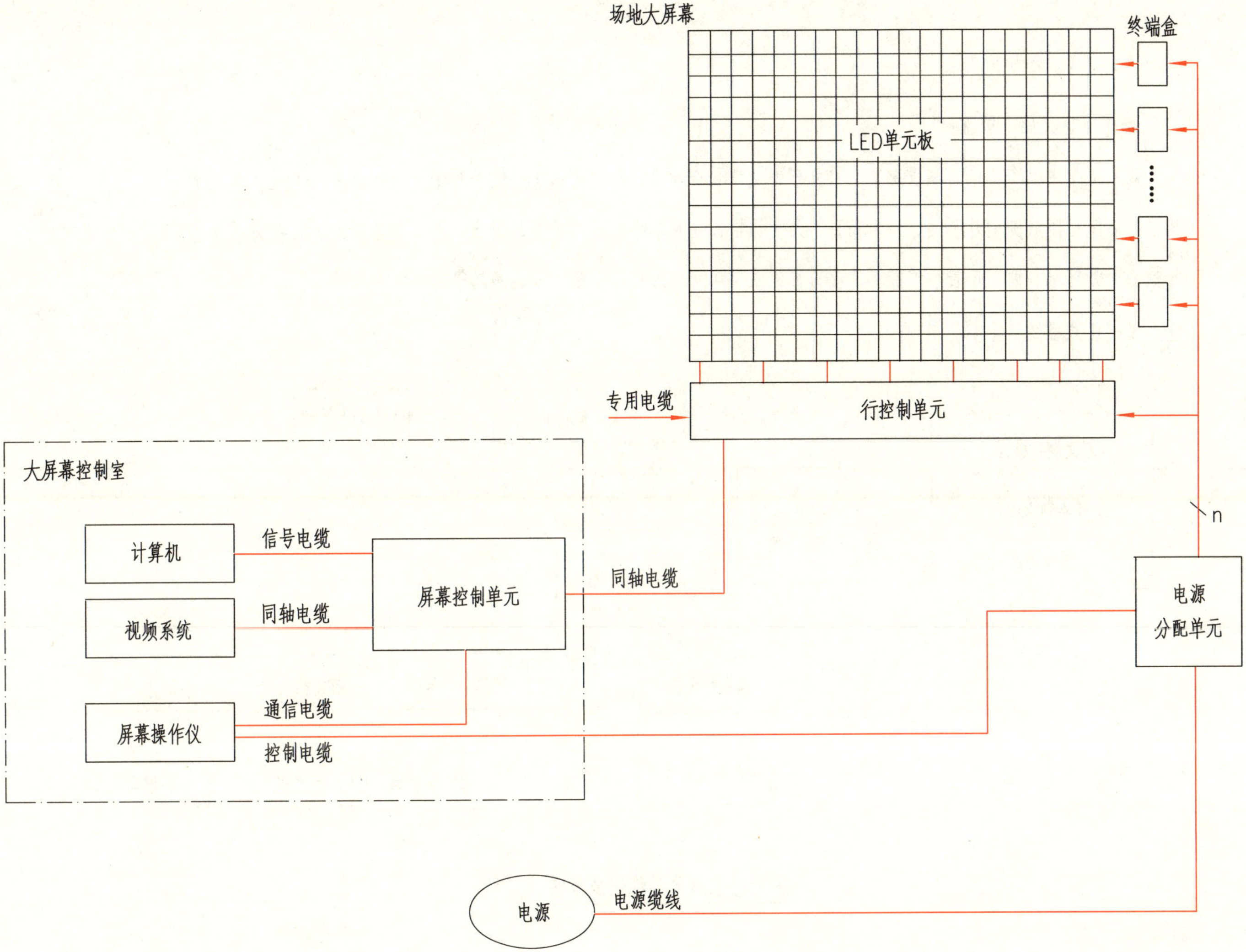

注：电源供给方案应由产品厂家根据显示屏组成给出，本图仅供参考。

公共显示	LED显示系统图	图集号	09X700-2
审核 李志涛 李志涛 校对 刘宇辉 刘宇辉 设计 刘文捷 刘文捷		页	2-351

1. 系统组成及显示功能

该系统是由一个集中控制发射中心和分布于城镇繁华地段、交通要道等处的多种型号、规格的LED显示屏组成，其主要功能可播放国内外新闻、政策信息、天气预报、寻人启事、股市行情、影视动态、体坛新闻、公益宣传等各种社会服务信息和商业广告，并能迅速覆盖整个城市空间，形成一个多形式、多功能的显示网络。

2. 系统组成框图

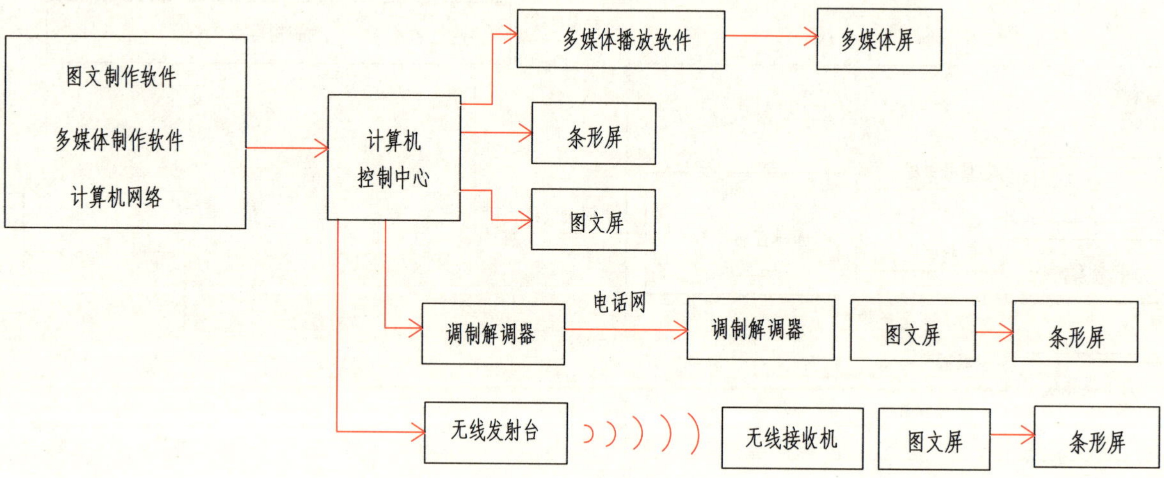

户外LED群显系统组成框图

公共显示	LED群显示系统组成框图					图集号	09X700-2
审核	孙兰	校对	左占江	设计	安在宇	页	2-352

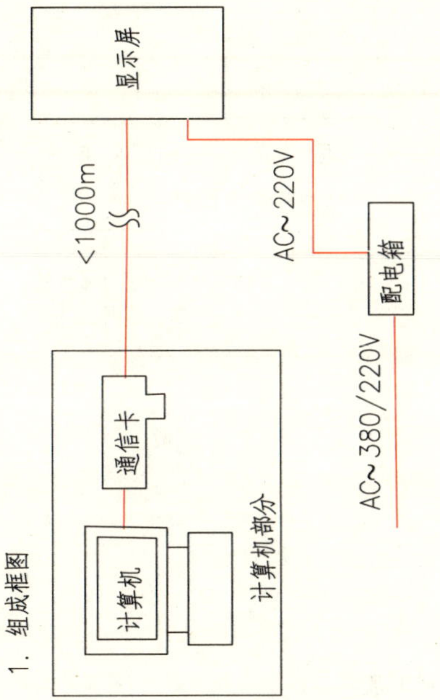

单色、三色LED显示系统结构组成框图

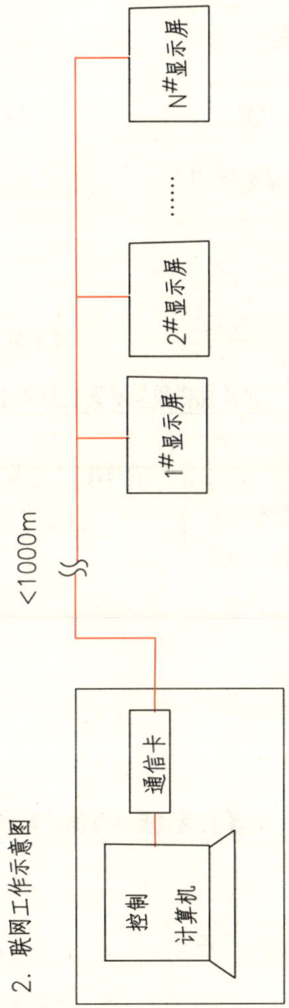

单色、三色LED显示系统联网工作示意图

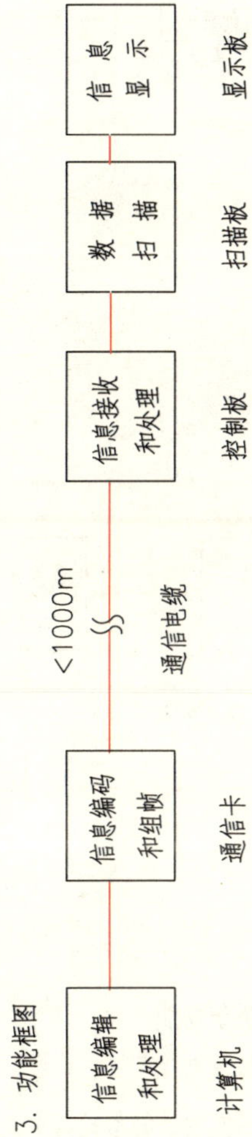

单色、三色LED显示系统功能框图

公共显示	单色、三色显示系统组成和功能框图					图集号	09X700-2
审核	孙 兰	校对	左占江	设计	安在宇	页	2-353

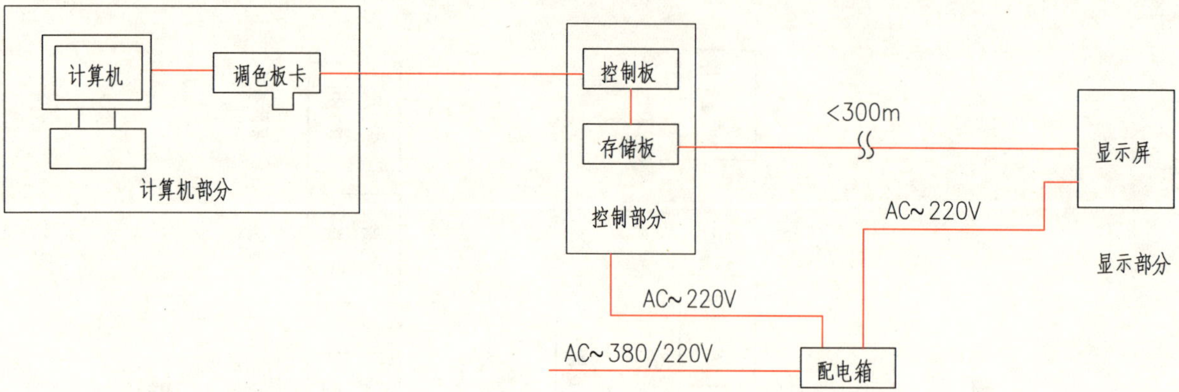

计算机视频显示系统组成框图

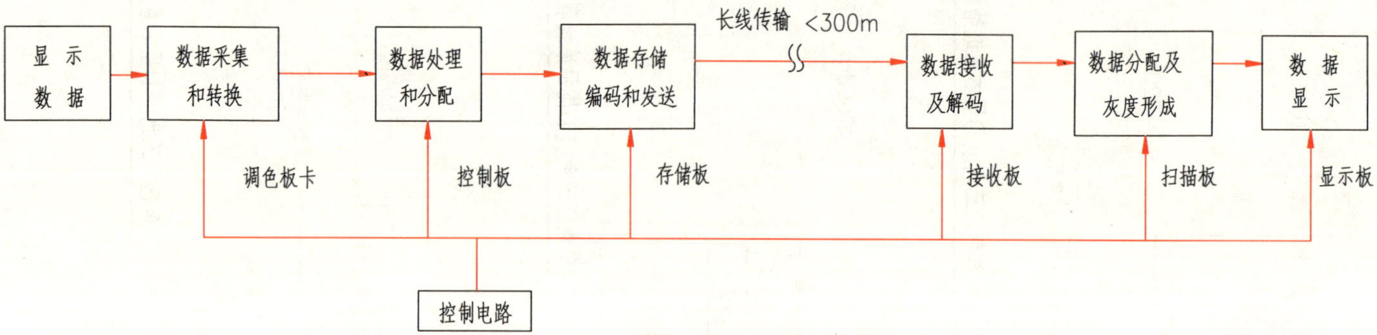

计算机视频显示系统功能框图

视频显示系统功能

1. 直接播放电视节目、录像、影碟及其他视频信号画面。
2. 电脑图文的多种形式显示。
3. 播出节目的预编排及各种显示方式的自动切换。
4. 电脑三维动画的显示。
5. 视频信号的动态压缩实时回放。
6. 视觉效果的自动修正和亮度的自动调整。

公共显示	计算机视频显示系统组成框图	图集号	09X700-2
审核 孙兰 校对 左占江 设计 安在宇		页	2-354

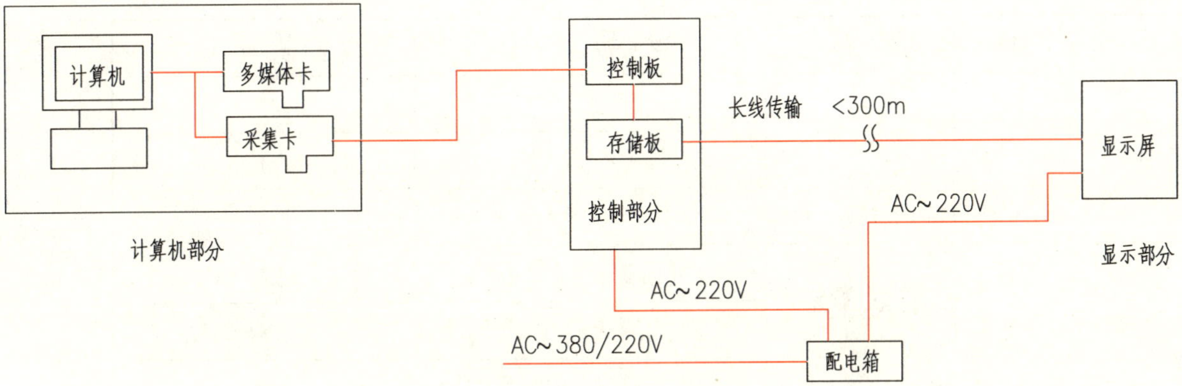

电视视频显示系统组成框图

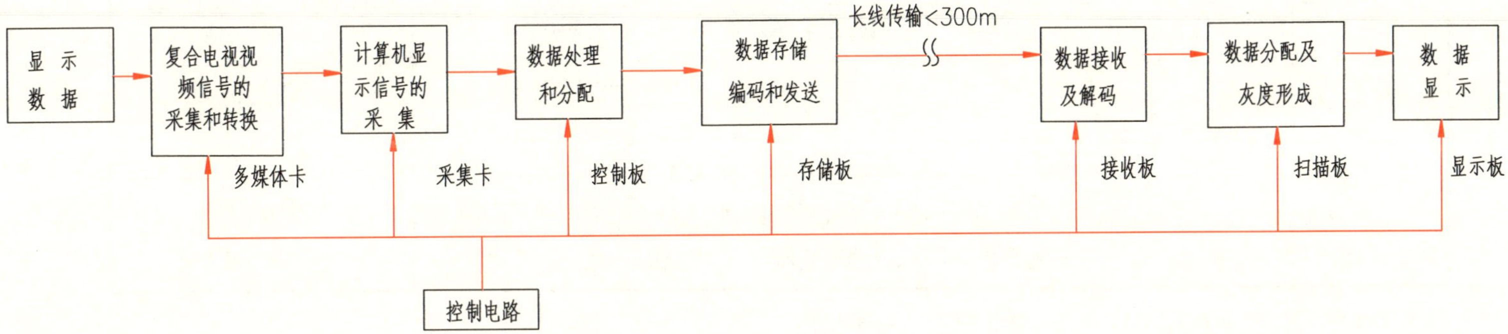

电视视频显示系统功能框图

公共显示	电视信号视频显示系统组成和功能框图	图集号	09X700-2
审核 孙兰 校对 左占江 设计 安在宇		页	2-355

室内LED显示屏功耗及质量

发光器件	密度	颜色	功能	功耗（w/m²）	质量(kg/m²)
φ3	6.25万点/m²	单色	图文、动画	500(最大)	30
		三色		750(最大)	30
		256色	图文、动画、视频	750(最大)	30
φ3.7 φ4.8	4.41~4.5万点/m² 2.78万点/m²	单色	图文、动画	1000(最大)500(平均)	32
		三色		2000(最大)720(平均)	32
		256色	图文、动画、视频	2000(最大)900(平均)	32
φ5	1.72万点/m²	单色	图文、动画	450(最大)200(平均)	20
		三色		900(最大)290~350(平均)	20
		256色	图文、动画、视频	900(最大)350(平均)	30
φ8	1万点/m²	全彩色	图文、动画、视频	1300(最大)	—
φ10	4300点/m²	单色	图文、动画	130(最大)120(平均)	20-30
		三色		260(最大)180(平均)	20-30
		256色	图文、动画、视频	260(最大)240(平均)	20-30
12x12	4290点/m²	全彩色	图文、动画、视频	670(最大)340(平均)	50(含承重框架)

注：应按显示屏设计方案计算功耗，当无确切资料时，可预留电量。

室内屏预留电量：

1. 单色、三色按0.3~1kW/m²。
2. 三基色(全彩色)按1~1.5kW/m²。

公共显示	室内LED显示屏功耗及质量	图集号	09X700-2
审核 孙兰 校对 左占江 设计 安在宇		页	2-356

室外LED显示屏功耗及质量

发光器件	密度	颜色	功能	功耗（W/m^2）	重量（kg/m^2）
φ15	2500点/m^2	256色	图文、动画、视频	550（平均）	32
		4096		620（平均）	32
		全彩色		800（平均）	32
φ19	2050点/m^2	256色	图文、动画、视频	900（最大）600（平均）	55
		4096		680（平均）	55
		全彩色		820（平均）	55
21×21	2500点/m^2	256色	图文、动画、视频	600（平均）	52
		4096		650（平均）	52
		全彩色		800（平均）	52
16×16	2066点/m^2	全彩色	图文、动画、视频	860（最大）410（平均）	54~57
28×28	976点/m^2	全彩色	图文、动画、视频	390~1400（最大）	53
38×38	370点/m^2	全彩色	图文、动画、视频	370~630（最大）	46
φ21	1400点/m^2	全彩色	图文、动画、视频	900（平均）	45
φ26	1024点/m^2	256色	图文、动画、视频	900（最大）520（平均）	45
		4096		600（平均）	45
		全彩色		700（平均）	53
φ32	772点/m^2	256色	图文、动画、视频	400（平均）	–
		4096		470（平均）	–
		全彩色		600（平均）	50

注：应按显示屏设计方案计算功耗，当无确切资料时，可预留电量，室外屏预留电量按1.5~2.5kW/m^2。

公共显示	室外LED显示屏功耗及质量	图集号	09X700-2
审核 孙兰	校对 左占江 设计 安在宇	页	2-357

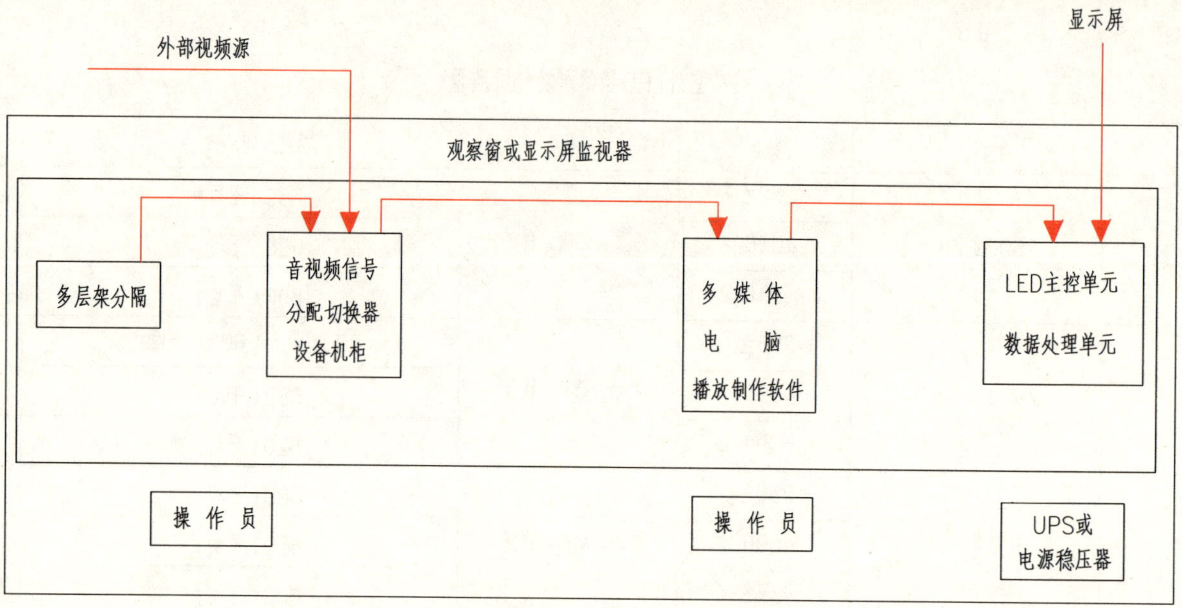

LED显示系统控制室平面布置示意图

注：

1. 几种不同类型控制室位置要求：

1）体育馆（场）类：体育场的控制室宜设在显示装置下面或附近，控制室与显示屏的供电室宜在一个平面。体育馆的控制室应位于裁判席附近并能观察到显示屏的显示内容。体育馆（场）控制室离显示屏距离最好在200m内，最远不宜超过400m。

2）车站、港口类：控制室宜与运营调度室相邻或附近。

3）金融交易场所：控制室宜与营业室、办公室相邻或附近，也可与电脑室共用房间。

2. 大型体育馆（场）的公共显示装置，应使其加入体育信息计算机网络体系，如暂不具备连网条件，应预留网络接口。

3. 接待国际、国内重要比赛的体育馆（场）显示装置的计算机存储、控制系统必须采用UPS不间断电源装置供电。一般体育馆（场）的显示装置的控制室计算机和控制系统应配置稳压电源。

4. LED显示系统控制室环境条件要求应按照计算机房的基本要求装修布置。

公共显示	LED显示系统控制室平面布置示意图					图集号	09X700-2
审核 孙兰	（签名）	校对 左占江	（签名）	设计 安在宇	（签名）	页	2-358

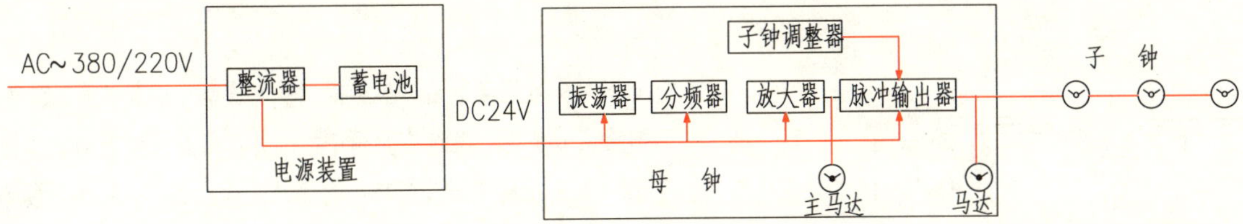

直流电钟系统框图一

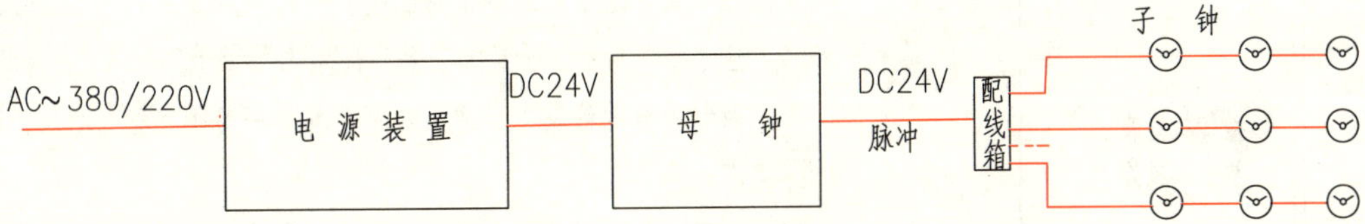

直流电钟系统框图二

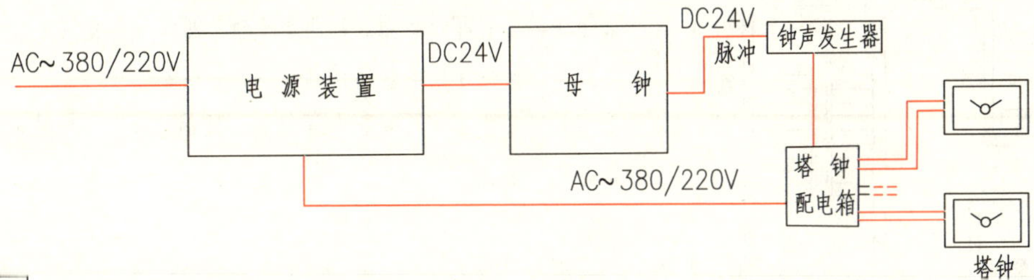

塔钟系统框图

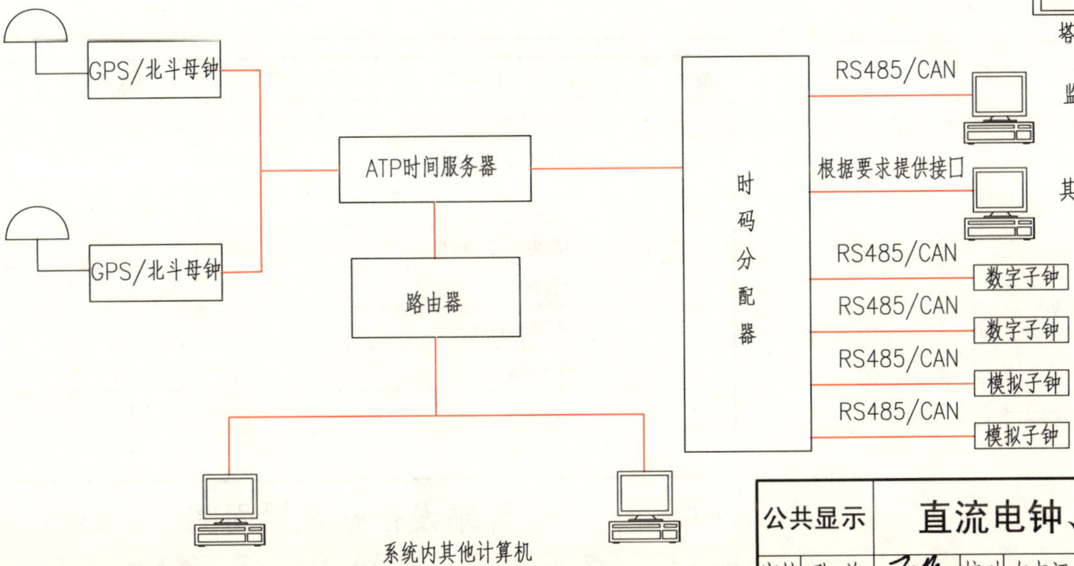

银行时钟系统框图

公共显示	直流电钟、塔钟系统框图	图集号	09X700-2
审核 孙 兰	校对 左占江 设计 安在宇	页	2-359

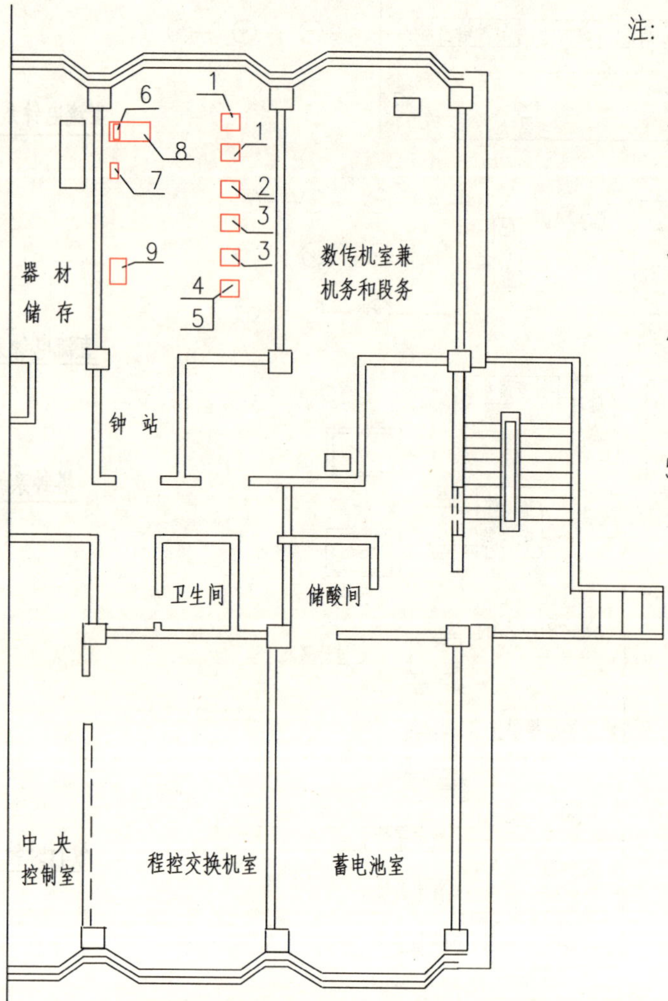

母钟站设备平面图

注：1.母钟站站址宜与电话总机房或广播电视机房以及计算机房等通信机房合并设置。当不能合并设置时，宜选在负荷中心，并应避开强烈振动、腐蚀、强电磁干扰的环境。

2.母钟站内设备应安装在机房的侧光或背光面，并宜远离散热器件、热力管道等。母钟控制屏分路子钟最下排钟面中心距地不应小于1.5m，母钟正面与其他设备的净距不应小于1.5m。子钟的安装高度室内不低于2m，室外不低于3.5m。

3.时钟系统的线路可与通信线路合并，一般不宜独立组网。时钟线路应相对集中并加标志。

4.一般子钟网络宜依负荷能力划分若干分路，每分路宜合理划分为若干支路，每支路单面子钟数不宜超过十面。远距离子钟，可采用并接线对或加大线径的方法来减小线路电压降。一般不设电钟转运站。

5.母钟站一般由直流不间断电源供电。母钟站电源及接地系统一般不单设，宜与其他电信站统一设计。

编号	名　　称	型号及规格	数量	备注
1	石英母钟站	—	2	与塔钟配套
2	钟声发生器	—	1	与塔钟配套
3	扩音机	—	2	一台备用
4	自动稳压稳流通信电源	—	1	—
5	直流配电屏	—	1	—
6	通用前级增音机	—	1	—
7	钟声控制台	—	1	—
8	工作台	—	1	—
9	储物柜	—	1	—

公共显示	母钟站设备布置平面图	图集号	09X700-2
审核 孙兰 校对 左占江 设计 安在宇		页	2-360

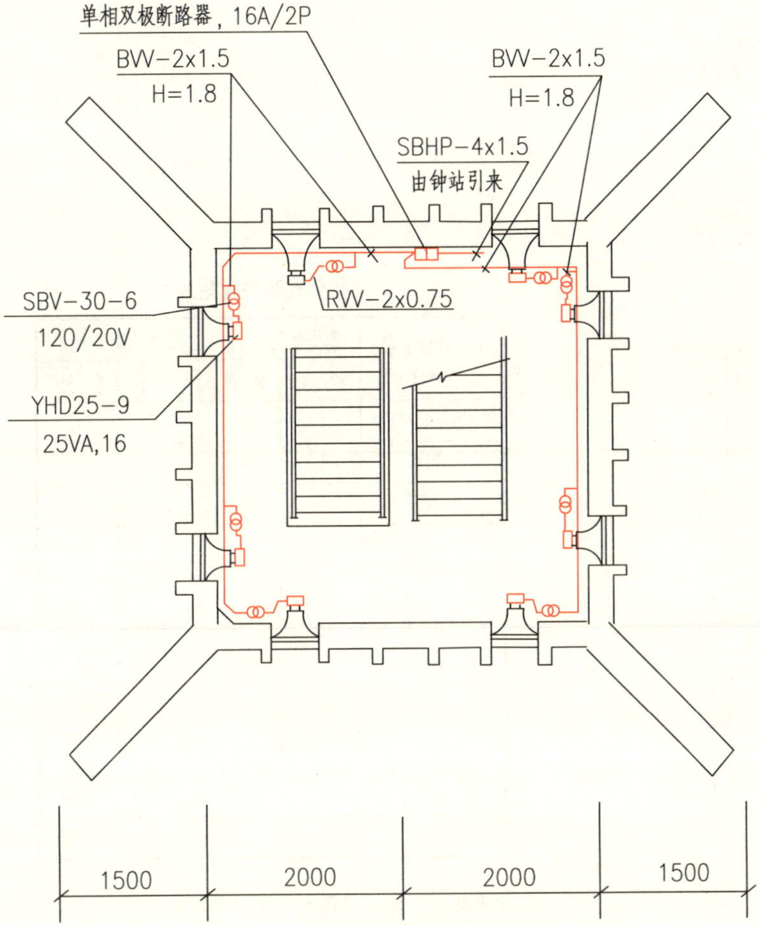

塔钟扬声器安装平面图

（两层扬声器安装平面相同）

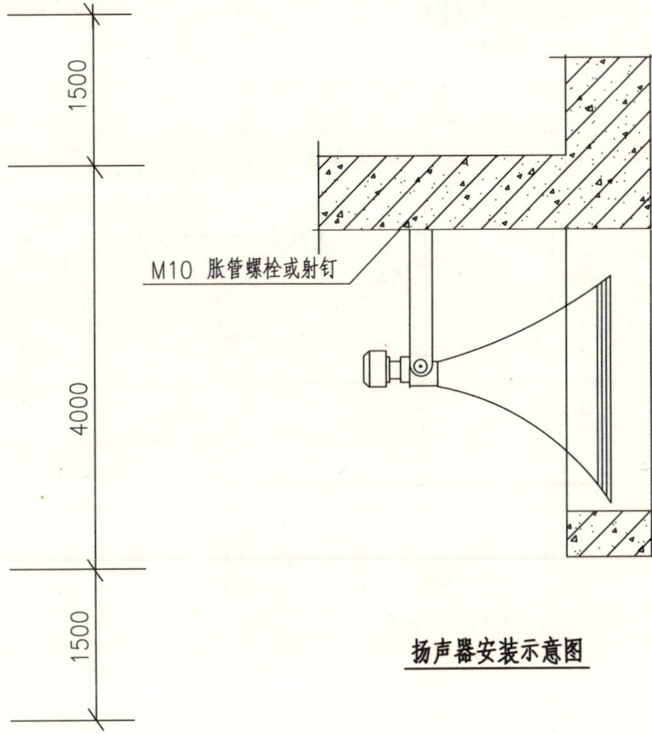

扬声器安装示意图

公共显示	塔钟扬声器安装示意图					图集号	09X700-2
审核	孙 兰	校对	左占江	设计	安在宇	页	2-361

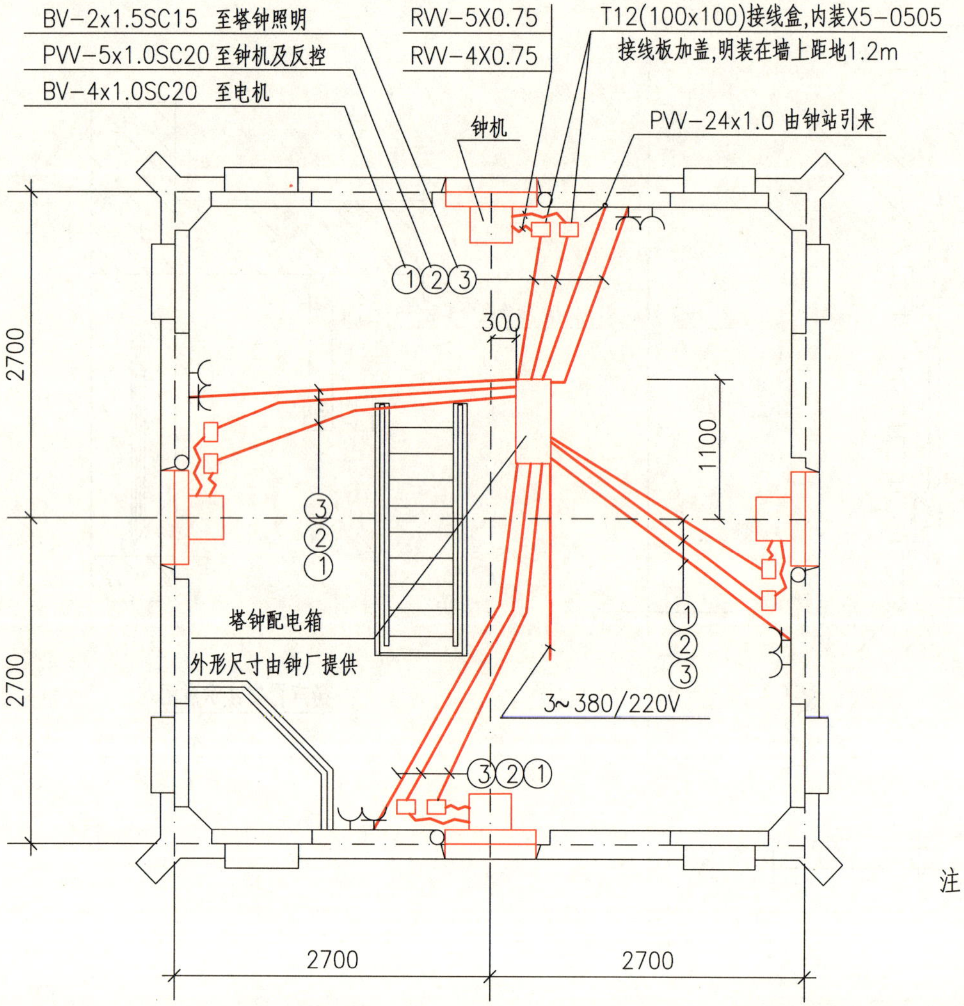

指针式时钟视距表

子钟钟面直径(cm)	最佳视距(m)		可辨视距(m)	
	室内	室外	室内	室外
8~12	3	–	6	–
15	4	–	8	–
20	5	–	10	–
25	6	–	12	–
30	10	–	20	–
40	15	15	30	30
50	25	25	50	50
60	–	40	–	80
70	–	60	–	100
80	–	100	–	150
100	–	140	–	180

注：此表摘自《民用建筑电气设计规范》JGJ 16-2008。

公共显示	塔钟配线图及时钟视距表	图集号	09X700-2
审核 孙兰	校对 左占江	设计 安在宇	页 2-362

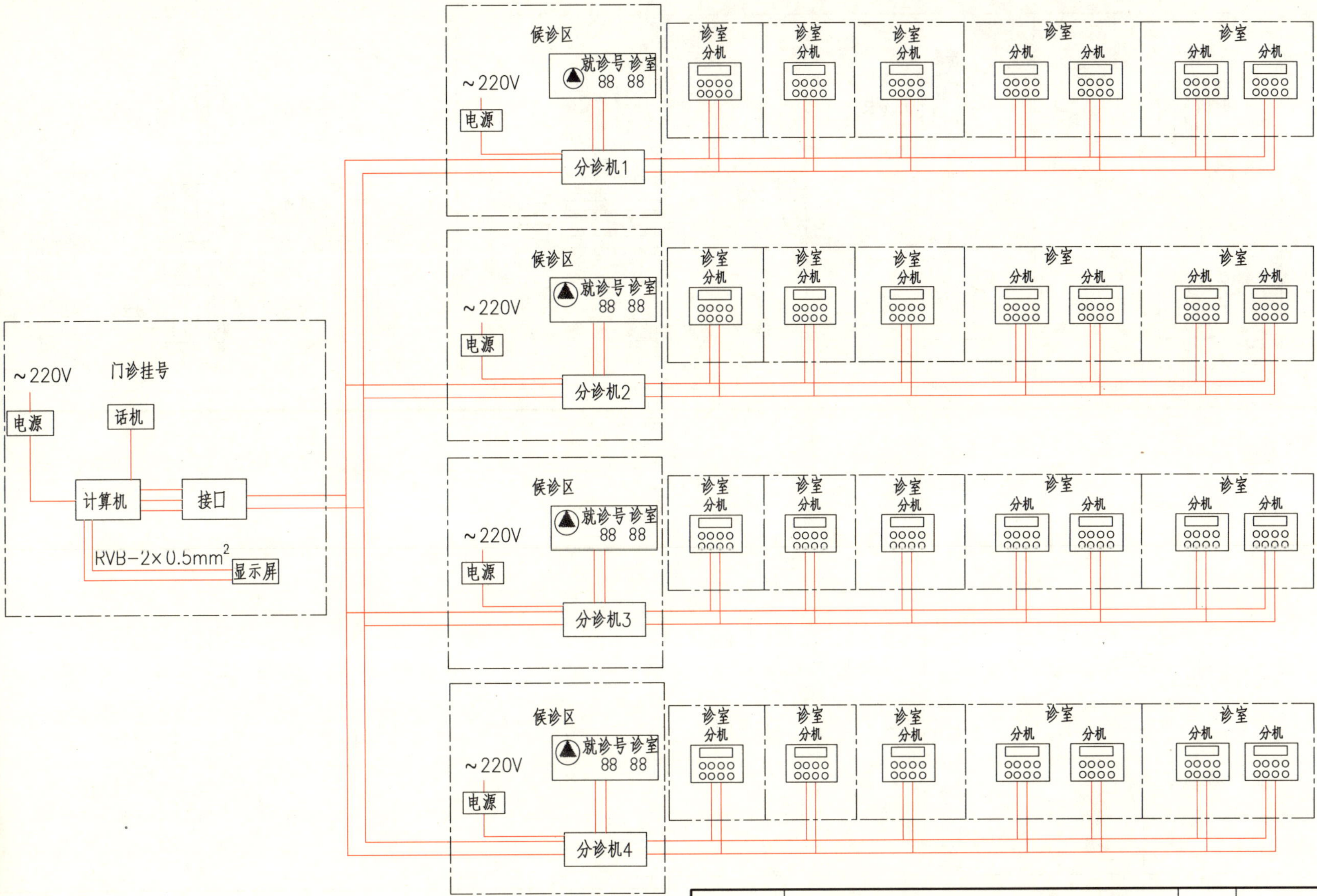

公共显示	候诊呼应信号系统示意图					图集号	09X700-2
审核 孙 兰	[signature]	校对 汪 浩	[signature]	设计 刘银玲	[signature]	页	2-363

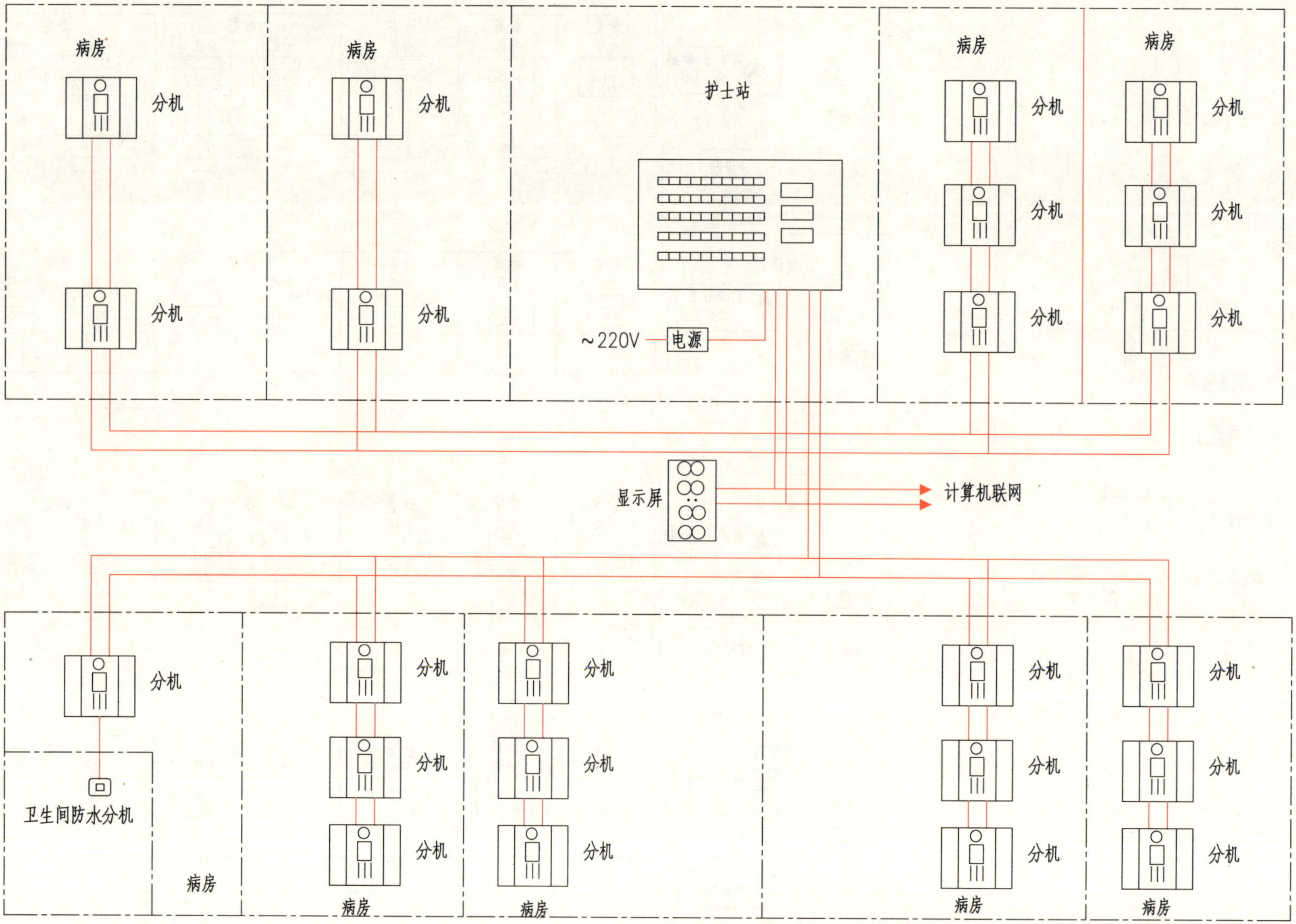

公共显示	病房护理呼应信号系统示意图	图集号	09X700-2
审核 孙兰 校对 汪浩 设计 刘银玲		页	2-364

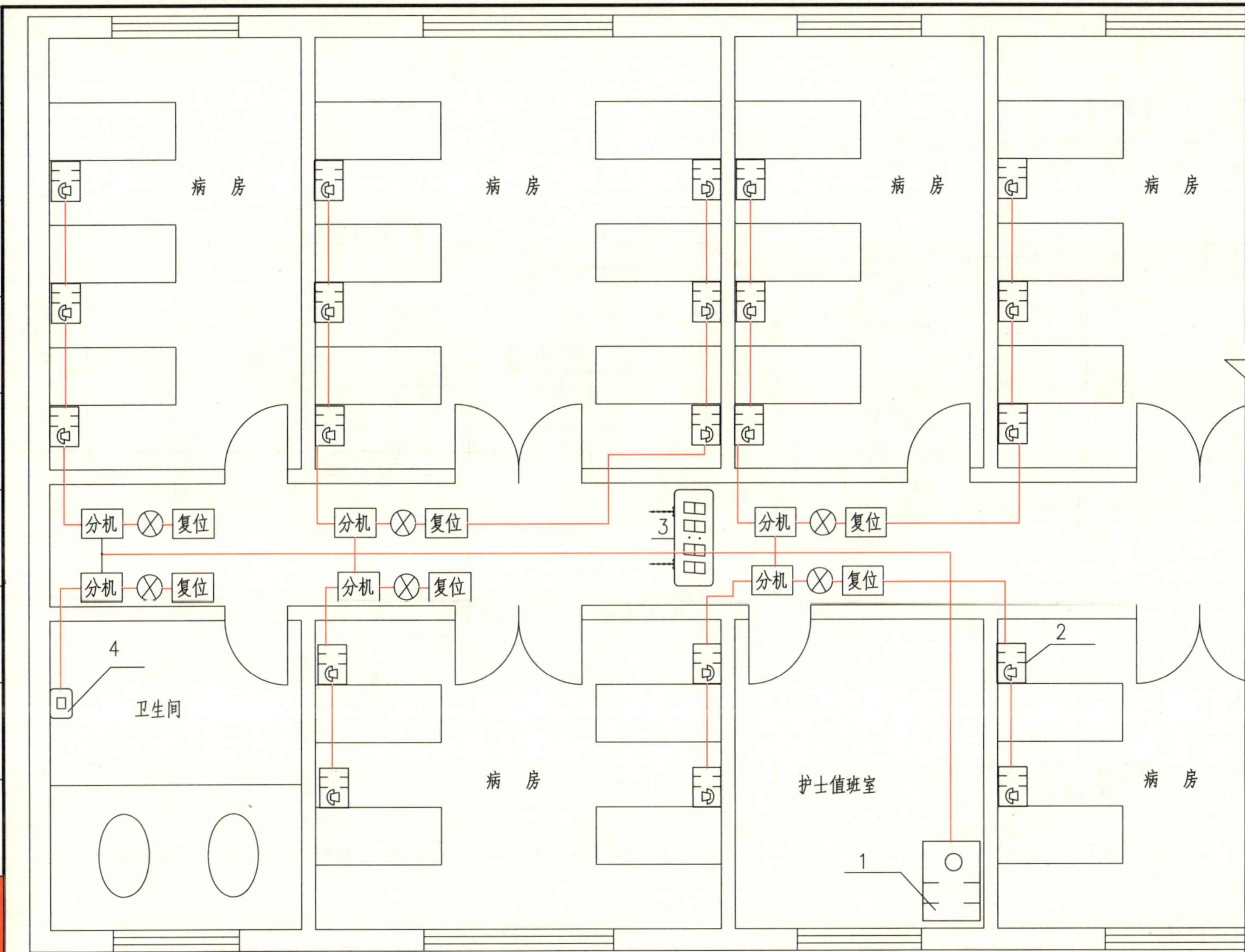

注：

1. 主机

2. 分机

3. 显示屏

4. 防水分机

5. 分机安装高度一般距地1.5m。

呼应信号病区平面布置图

公共显示	病房护理呼应信号系统平面布置图					图集号	09X700-2
审核	孙 兰	校对	汪 浩	设计	刘银玲	页	2-365

分机、门灯、复位开关、子机安装位置：

名称	外形	安装位置	安装方式
分机复位开关	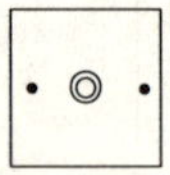 85x85	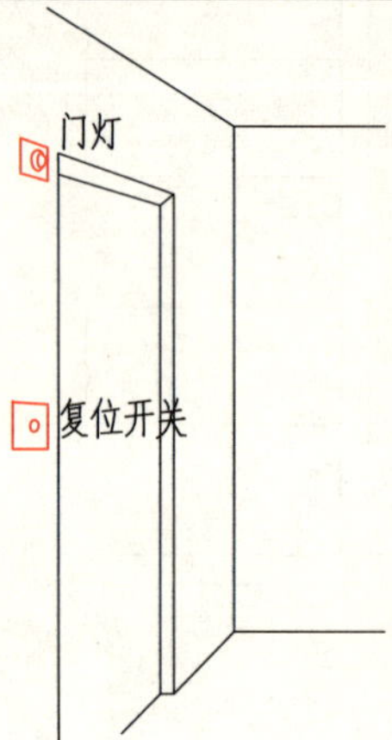	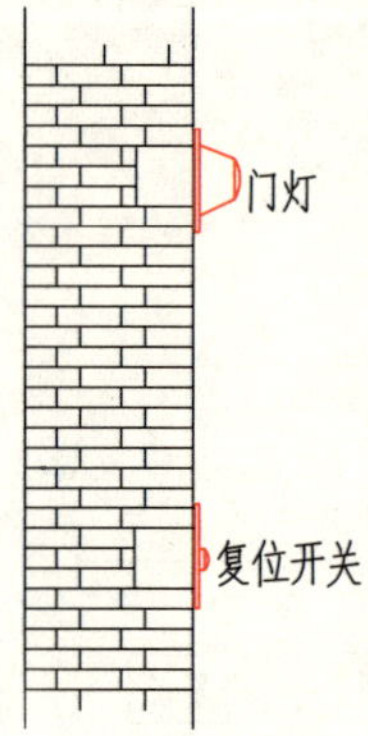
门灯	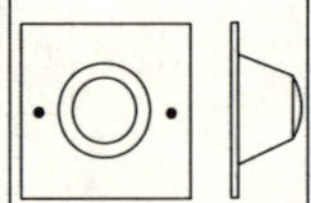 120x120		
子机	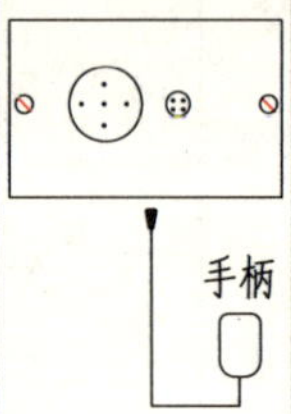 146x85	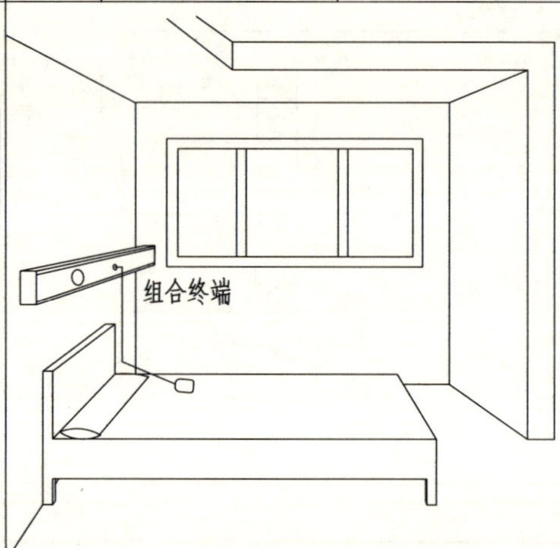	

主机、分线箱安装位置：

名称	外形	安装位置	安装方式
主机	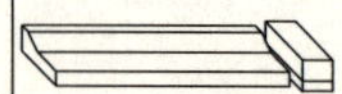 450x150x350  后面板	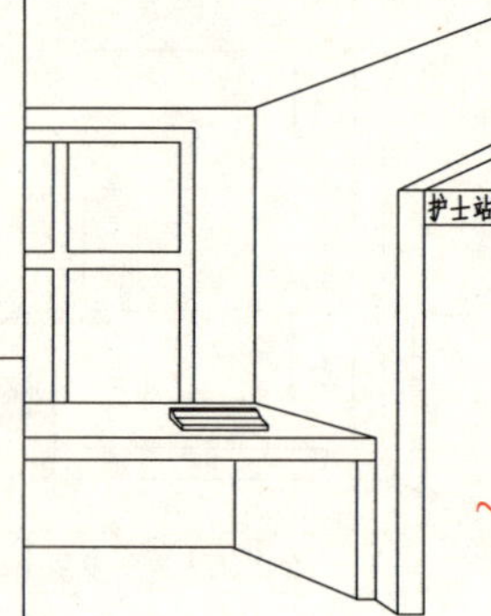	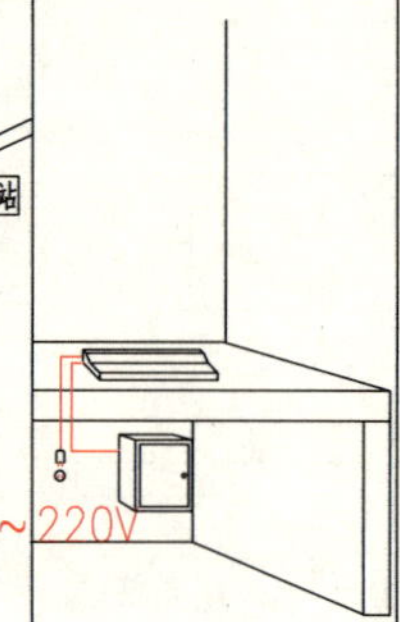
分线箱	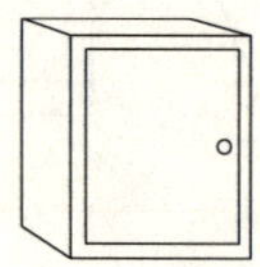 150x200		
组合终端	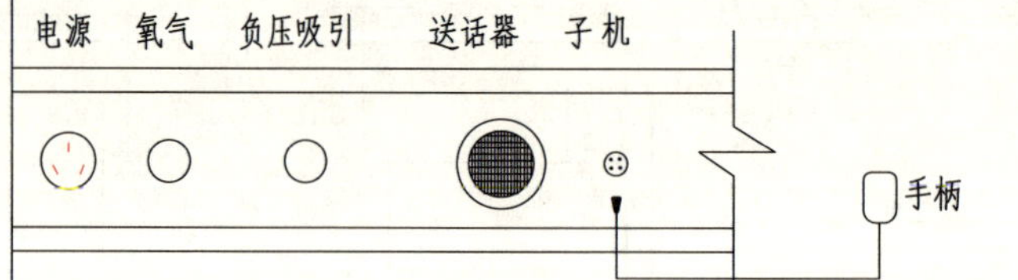		

注：图中设备尺寸仅供参考，应以设计人员所选定的产品样本尺寸为准。

公共显示	病房护理呼应信号系统安装示意图					图集号	09X700-2
审核	孙兰	校对	左占江	设计	安在宇	页	2-366

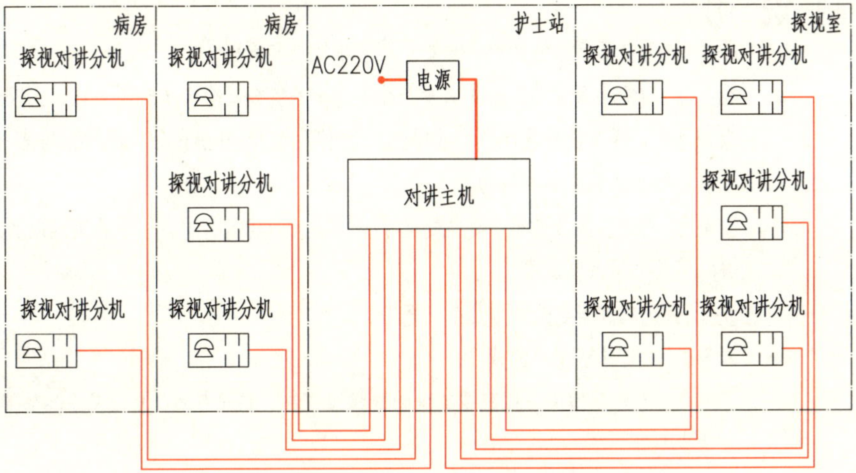

不带探视走廊的可视探视对讲系统

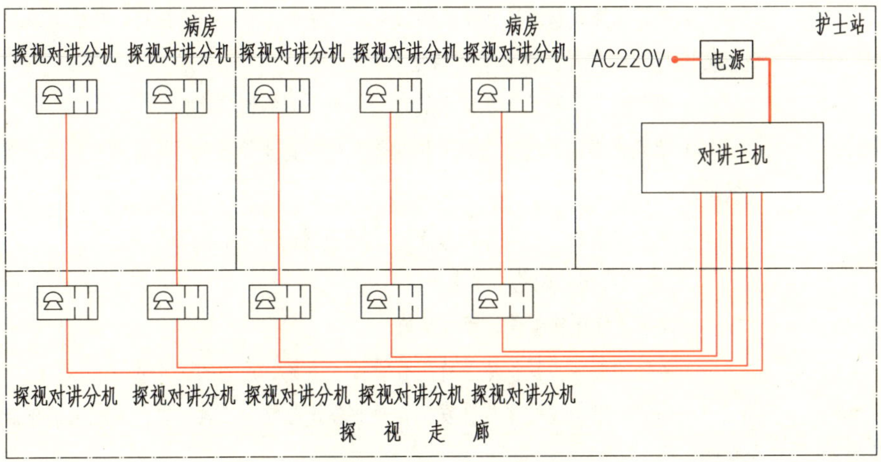

带探视走廊的不可视探视对讲系统

注：

1. 在隔离和重症监护等无菌病房及严重的传染病房，探视家属不能进入病房。为了使探视者与患者之间能沟通交谈，宜设置探视对讲系统。
2. 探视对讲系统有可视系统和不可视系统两种。可视系统一般用于不带探视走廊的病房，探视者与病人均通过各自的监视器及对讲分机交谈；不可视系统一般用于带探视走廊的病房，探视者与病人通过对讲分机交谈，隔着透明玻璃窗互相看见对方。
3. 探视者对讲分机一般挂墙安装，病人分机挂在床边方便拿到的地方；探视对讲主机一般安装在护士站，也可每床设独立的主机。
4. 探视对讲系统宜具有定时功能，超过设定的对讲时间自动关闭，保证病人及时得到休息，延时到下次探视时间自动开启；也可由医护人员手动复位设置定时。
5. 探视对讲系统还需设手动操作功能，当医护人员需对被探视的病人进行检查、治疗时，即通过手动按钮切断。

公共显示	探视对讲系统					图集号	09X700-2
审核 汪隽	(签名)	校对 冯星明	(签名)	设计 刘兴顺	(签名)	页	2-367

编制说明

1 设计依据

《智能建筑设计标准》 GB/T 50314-2006

2 主要内容

2.1 名词术语。

2.2 智能化集成系统的基本内容。

2.3 智能化集成系统的构成方式。

2.4 智能化集成系统的示例。

3 应用提示

3.1 系统集成的目的是构成一个系统集成平台，实现如下功能：

3.1.1 对各个子系统集中监控和管理；

3.1.2 资源共享平台；

3.1.3 相关子系统之间联动；

3.1.4 升级成应急指挥系统；

3.1.5 能耗监测和能源管理的平台；

3.1.6 作为远程监控、管理的统一接口。

3.2 系统集成的方式一般有以下几种：

3.2.1 对单体建筑包括分系统集成（例如智能卡管理、安防集成等）和全局系统集成（例如BMS和IBMS）。

3.2.2 对建筑群而言，可构成复合的BMS和IBMS系统，也可构成复合的分系统集成以及单个子系统的复合集成（例如视频监控系统）。

3.3 系统集成的设计原则

3.3.1 贯彻设计一步到位、分步实施的原则。

3.3.2 应用协议、接口、软件应考虑开放性、可扩展性、兼容性。

3.3.3 应根据工程实际需要，经济发展与管理水平配置集成系统，提高实用性、可操性和性价比。

3.4 系统集成的设计步骤

3.4.1 完成各子系统功能，满足用户基本使用和管理要求。

3.4.2 对使用与管理功能要求紧密相连的子系统如安全技术防范系统、火灾自动报警系统、建筑设备管理系统考虑技术与功能接口，在确保独立运行的基础上，可以进行集成化控制和联动。

3.4.3 对建筑区域内单个建筑的各子系统集成与建筑群的各子系统集成以及建筑群的某几个子系统集成。

3.5 系统集成需要注意的几个问题

3.5.1 系统集成平台的建设

1）系统集成平台应配置集中的数据库系统，实现资源共享以及子系统间进行信息交互；

2）系统集成平台应配置集成服务器，支持OPC、ODBC等各种集成协议；

3）系统集成平台应配置各子系统的监控软件，实现集中监控。

3.5.2 数据交换标准要求

1）智能化集成系统应支持使用TCP/IP协议通信，并能在同一网络上通过通信接口与OPC等不同通信协议通信；

2）各智能化子系统与集成系统之间可有不同的通信连接。

3）智能化集成系统可以与工作业务系统、物业管理系统等信息化应用系统交换数据。

4）智能化集成系统宜方便地支持Web方式的信息化应用系统。

3.5.3 信息化应用功能基本要求

1）设定系统操作管理、审计功能；

2）系统为程序员提供本系统工程设计、实施、应用的工具软件；

3）系统提供易用的集成开发工作及业务流程整合工具，以开发相应的信息化功能。

智能化系统集成	编制说明					图集号	09X700-2
审核	张公忠	校对	朱立彤	设计	李雪佩	页	2-368

- 智能化集成系统 信息共享平台实现信息化应用（IIS）
  - 以太网（TCP/IP协议）
    - 信息设施系统：提供实现各类信息处理功能的设备系统组合
      - 通信接入系统
      - 电话交换系统
      - 信息网络系统
      - 综合布线系统
      - 室内移动通信覆盖系统
      - 卫星通信系统
      - 有线电视及卫星电视接收系统
      - 广播系统
      - 会议系统
      - 信息导引及发布系统
      - 时钟系统
      - 其他相关信息通信系统
    - 信息化应用系统：提供业务信息运行与辅助功能
      - 工作业务应用系统
      - 物业运营管理系统
      - 公共服务管理系统
      - 公众信息服务系统
      - 智能卡应用系统
      - 信息网络安全管理系统
      - 其他业务功能所需的应用系统
    - 建筑设备管理系统（BMS）：对建筑机电设备实现测量、监视控制
      - 制冷系统监控
      - 热力系统监控
      - 冷冻水系统监控
      - 冷却水系统监控
      - 空调系统监控
      - 变风量系统监控
      - 送排风系统监控
      - 给水排水系统监控
      - 供配电系统监控
      - 公共照明系统监控
      - 电梯及自动扶梯系统监视
      - 热电联供系统监视
      - 相关公共安全系统监视与联动
    - 公共安全系统：对火灾、非法入侵、自然灾害建立应急保障体系
      - 火灾自动报警系统
        - 自动手动报警系统
        - 联动控制系统
        - 紧急广播系统
      - 安全技术防范系统
        - 安全防范综合管理系统
        - 入侵报警系统
        - 视频安防监视系统
        - 出入口控制系统
        - 电子巡查管理系统
        - 访客对讲系统
        - 停车库/场管理系统
        - 其他特殊要求安全技术防范系统
      - 应急指挥系统

BMS：建筑物管理系统，在系统集成平台上通过TCP/IP、OPC、ODBC、网关等互联技术，集成了火灾自动报警、建筑设备监控、安防、广播等子系统，构成BMS。在某些情况下，把建筑设备监控系统兼作为系统集成平台，实现集中监控、共享资源、相关子系统联动等功能。

IBMS：建筑集成管理系统，一般情况下，把信息网络系统兼作系统集成平台，通过TCP/IP、OPC、ODBC、网关等互联技术，集成了火灾自动报警、建筑设备监控、安防、广播及信息网络等子系统，构成IBMS。实现集中监控、共享资源、相关子系统联动、能耗检测、应急指挥、远程监控等功能。在某些情况下，系统集成平台单独配置。

智能化系统集成	公共建筑智能化集成系统基本内容	图集号	09X700-2
审核 朱立彤	校对 孙兰	设计 李雪佩	页 2-369

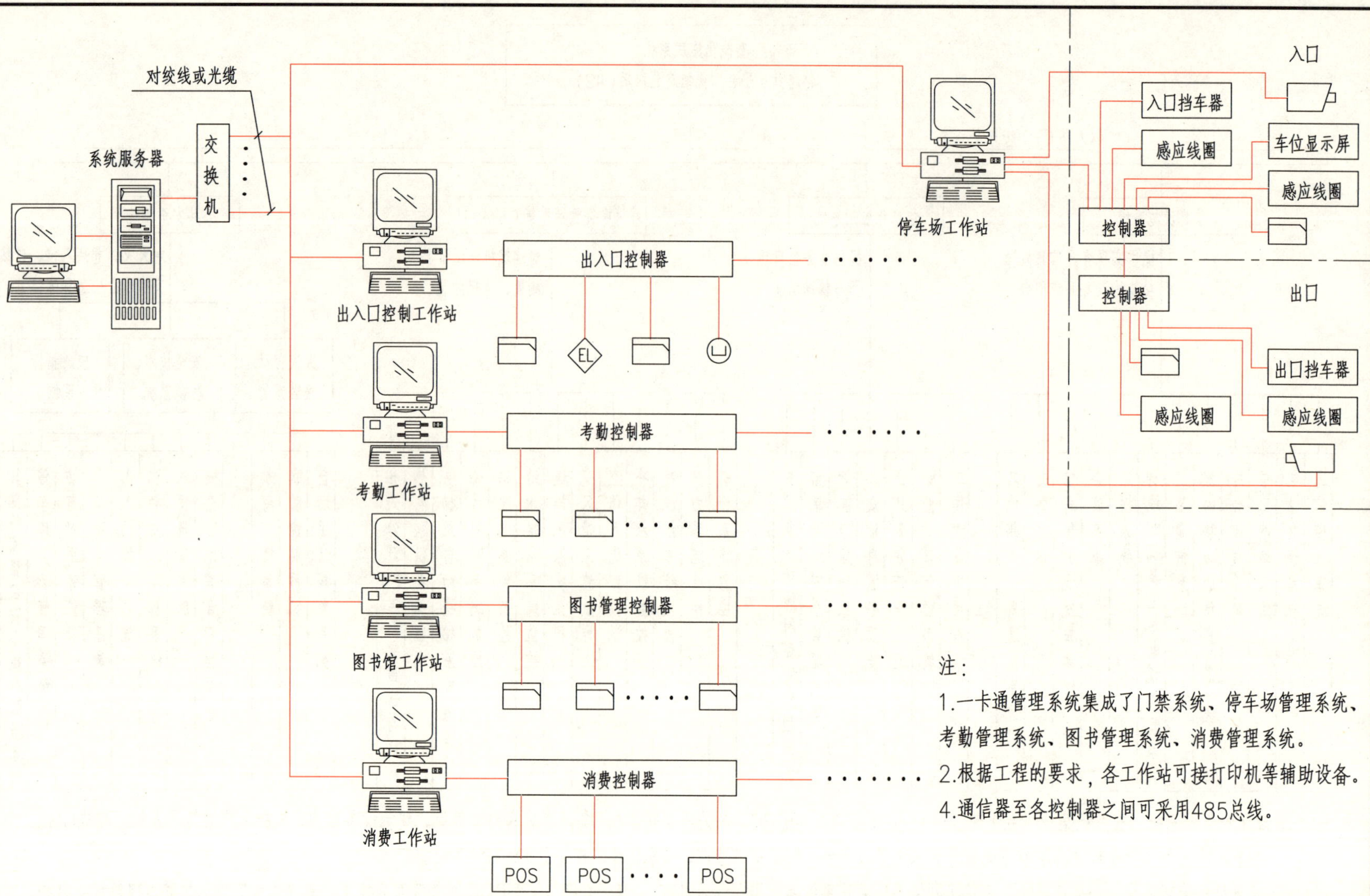

注：

1.一卡通管理系统集成了门禁系统、停车场管理系统、考勤管理系统、图书管理系统、消费管理系统。

2.根据工程的要求，各工作站可接打印机等辅助设备。

4.通信器至各控制器之间可采用485总线。

智能化系统集成	智能卡管理系统示意图	图集号	09X700-2
审核 孙兰	校对 段震寰	设计 朱立彤	页 2-370

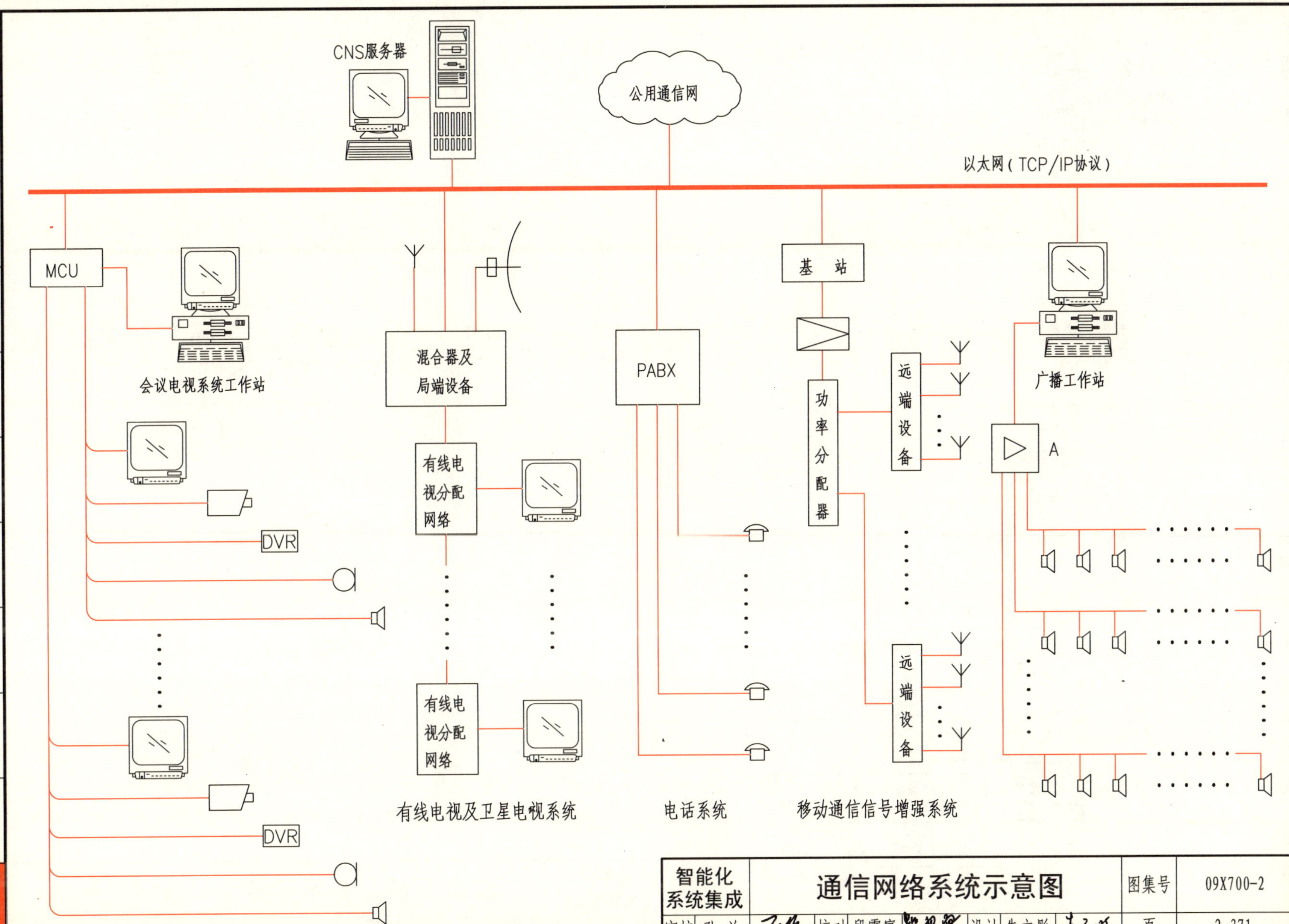

智能化系统集成	通信网络系统示意图					图集号	09X700-2
审核	孙兰	校对	段震寰	设计	朱立彤	页	2-371

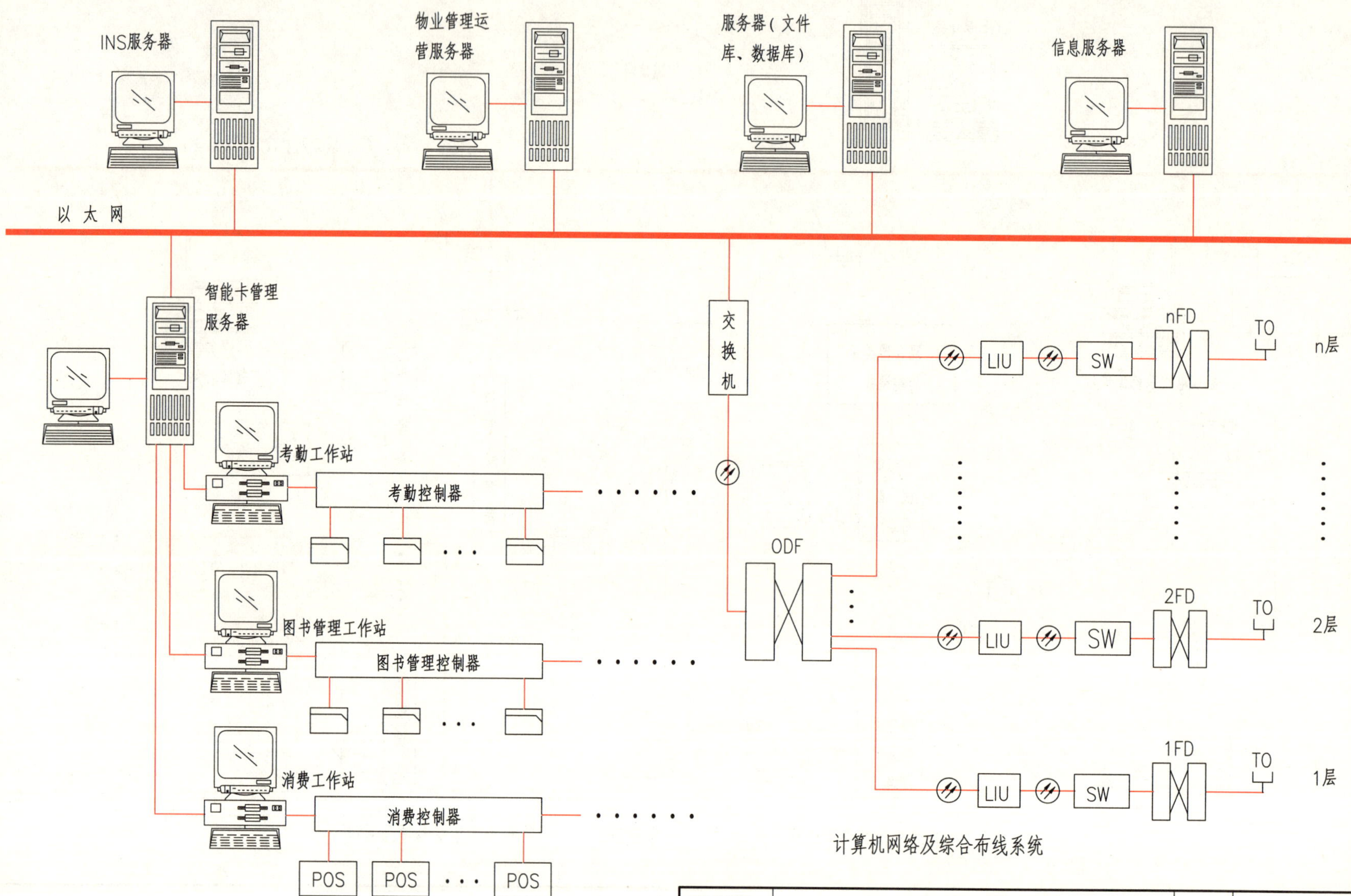

智能化系统集成	信息网络系统示意图					图集号	09X700-2
审核	孙兰	校对	段震寰	设计	朱立彤	页	2-372

说　明

本图BMS构成的特点是：以BAS为主，其他系统存在不同的通信协议（即存在第三方系统）。

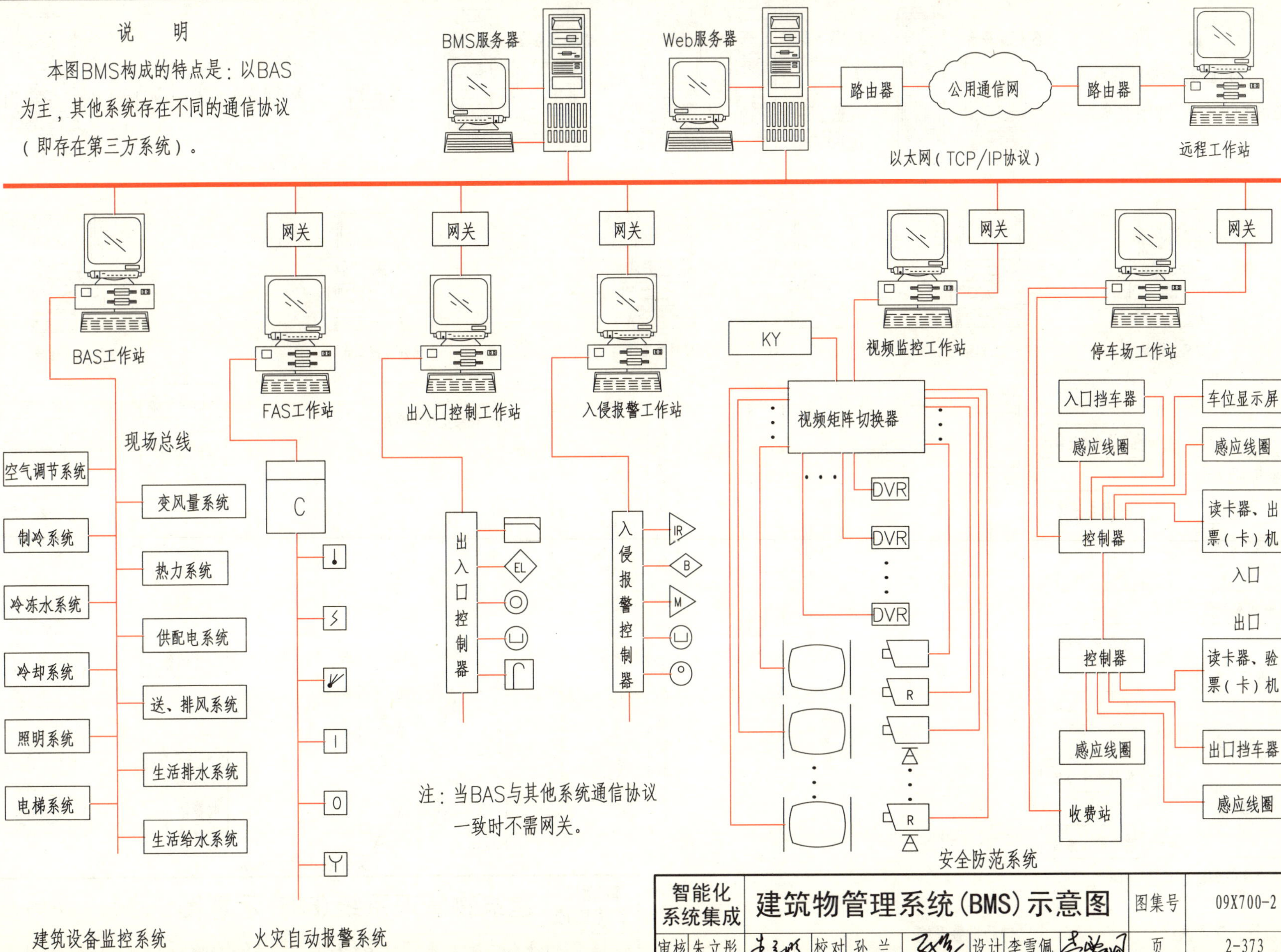

注：当BAS与其他系统通信协议一致时不需网关。

智能化系统集成	建筑物管理系统（BMS）示意图					图集号	09X700-2
审核 朱立彤	朱立彤	校对 孙兰	孙兰	设计 李雪佩	李雪佩	页	2-373

说明

本图BMS构成的特点是：采用了OPC互联软件技术。

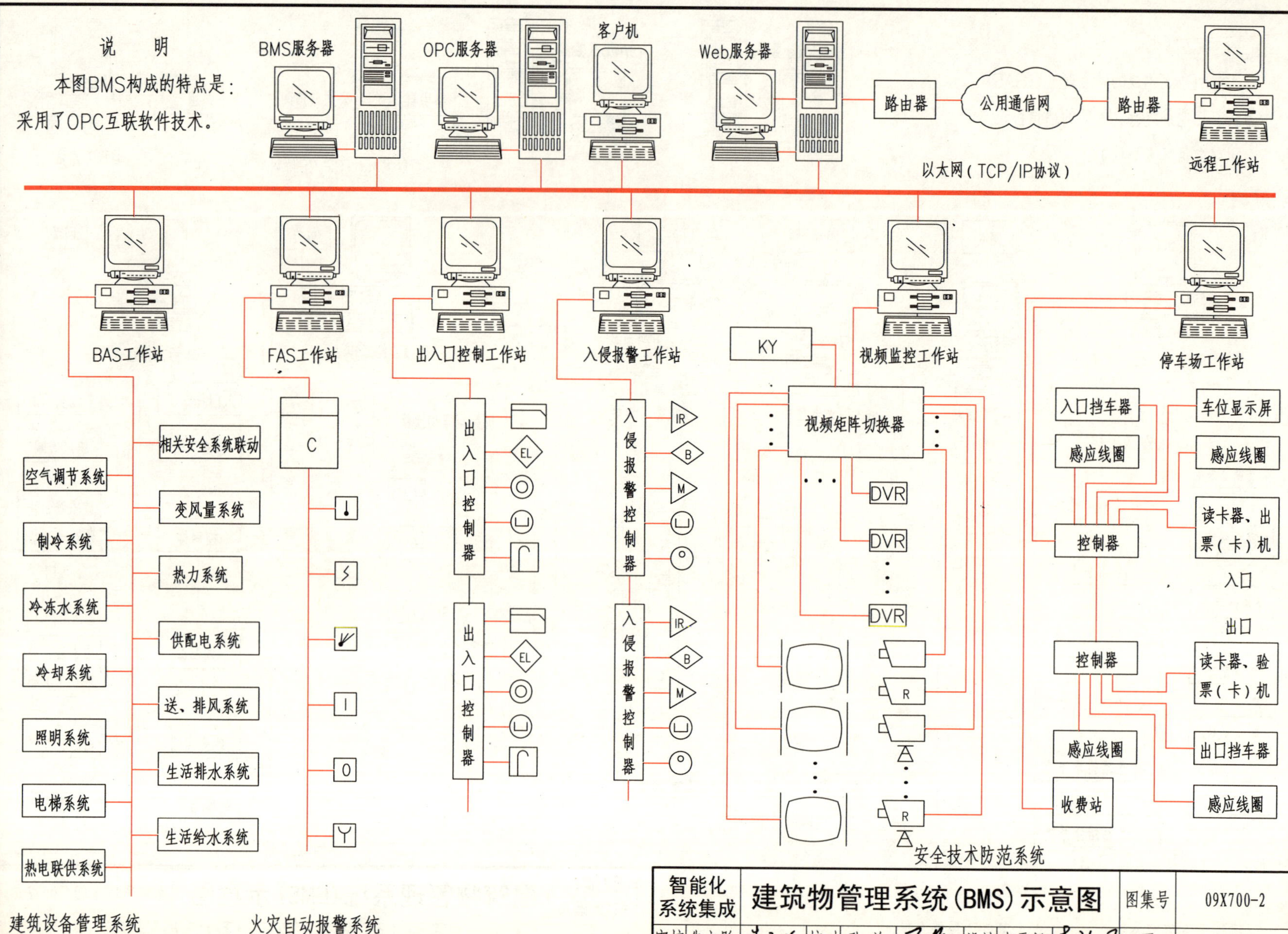

智能化系统集成	建筑物管理系统(BMS)示意图	图集号	09X700-2
审核 朱立彤 校对 孙兰 设计 李雪佩		页	2-374

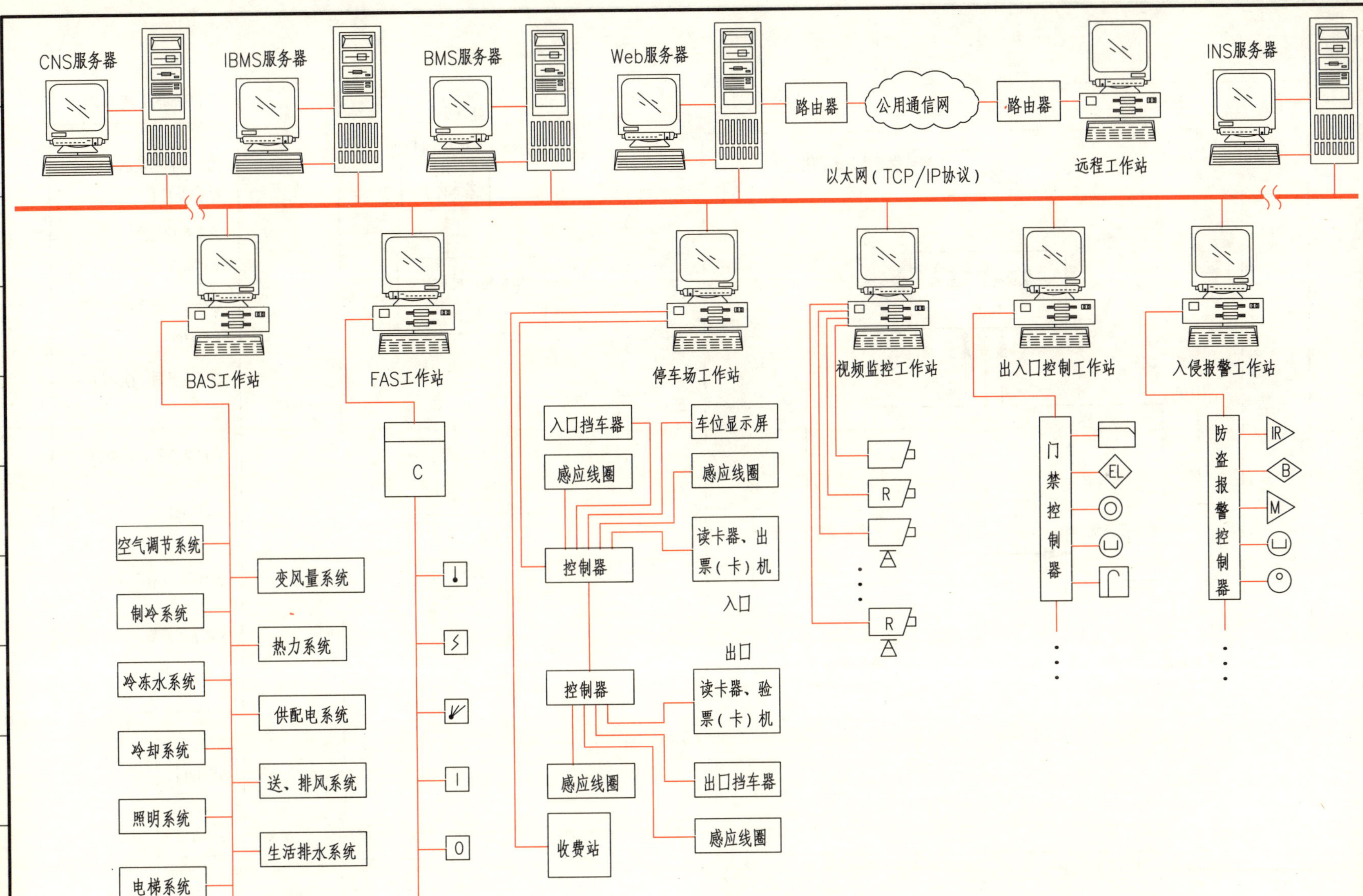

智能化系统集成	建筑集成管理系统(IBMS)示意图					图集号	09X700-2
审核	孙 兰	校对	段震寰	设计	朱立彤	页	2-375

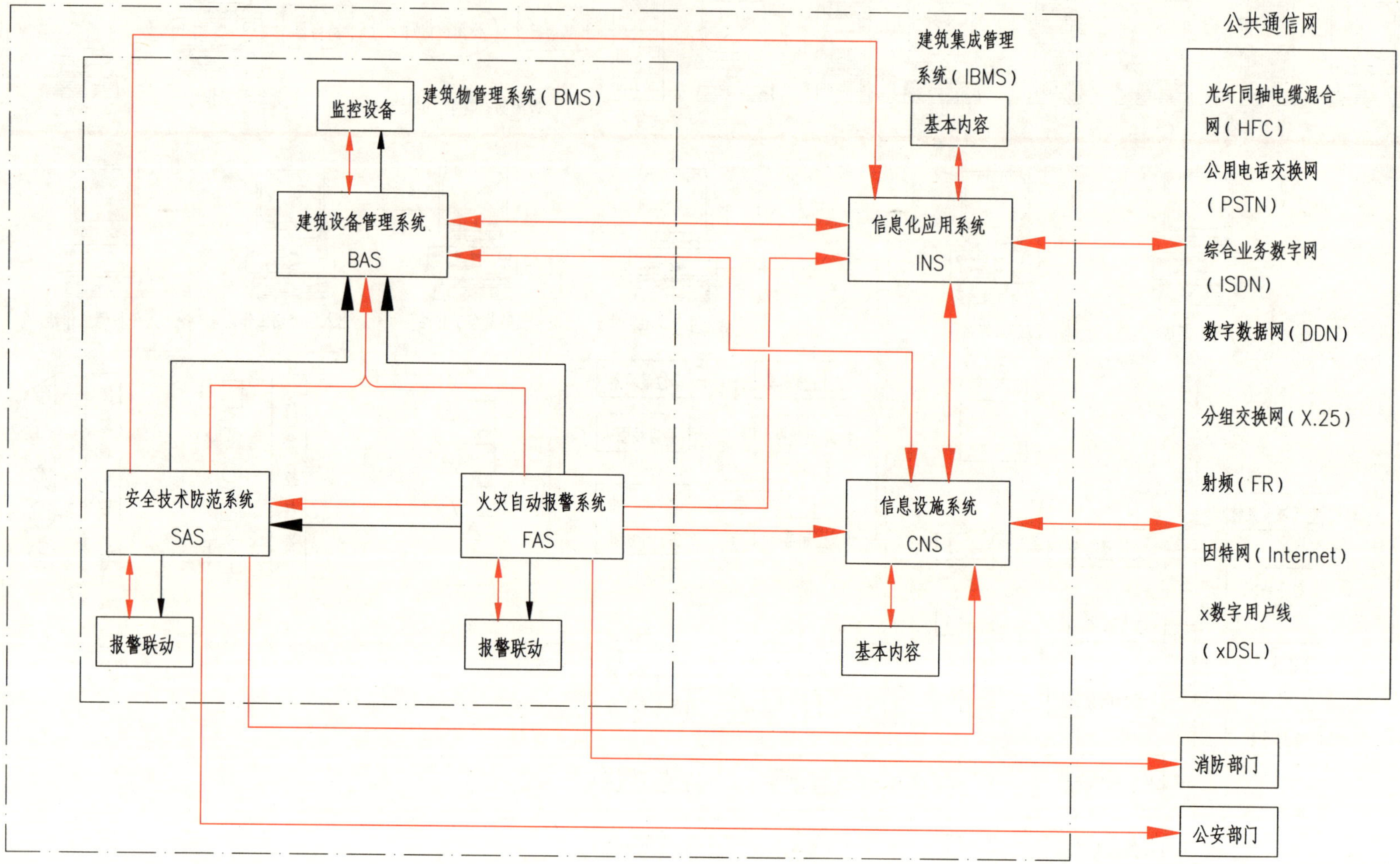

注：

1. ———— 控制功能流向。
2. ———— 信息流向。

智能化系统集成	建筑集成管理系统（IBMS）连接图					图集号	09X700-2
审核 朱立彤	校对 孙兰		设计 李雪佩			页	2-376

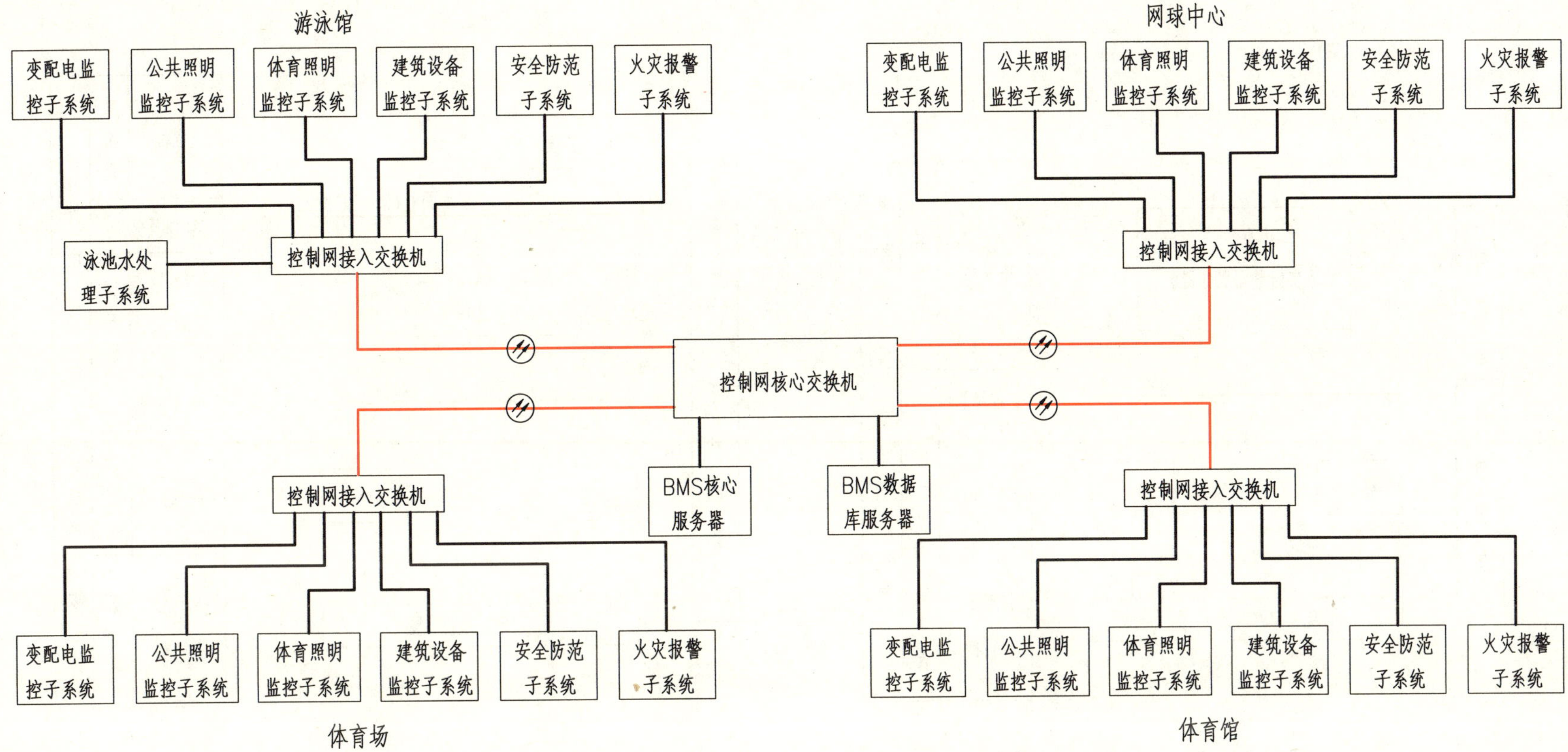

说明：

1. 整个体育中心设置一套中央集成系统，对中心的建筑设备监控系统、安全防范系统、火灾自动报警与消防联动控制系统进行集成，实现设备状态、控制指令、历史数据的动态图形显示；并根据决策预案实现各子系统的联动；对突发事件进行自动报警，分析原因并提供故障处理建议。
2. 中央监控与管理平台是基于子系统平等方式进行系统集成，支持B/S运行模式，支持TCP/IP协议，运行在千兆以太网上。管理软件支持ODBC接口、DDE接口和API接口，为控制系统和管理系统交换数据提供方便，软件可以进行二次开发。
3. 各场馆设备集成在BA平台对变配电控制子系统、体育照明智能监控子系统、公共区域智能照明控制子系统（游泳馆对泳池水处理子系统集成）的信息集成，并将集成信息上传至智能化监控中心的中央集成系统。集中监视奥体中心内各种主要机电设备的实时运行状态和故障报警，并可控制设备启停（对变配电系统只监不控）。
4. 通过因特网对体育中心机电设备进行远程管理，通过对设备的参数监视和自动控制，使设备在要求的状态下工作，可以大量的减低能耗。

智能化系统集成	体育中心智能化集成系统示例	图集号	09X700-2
审核 张宜	校对 朱立彤 设计 李雪佩	页	2-377

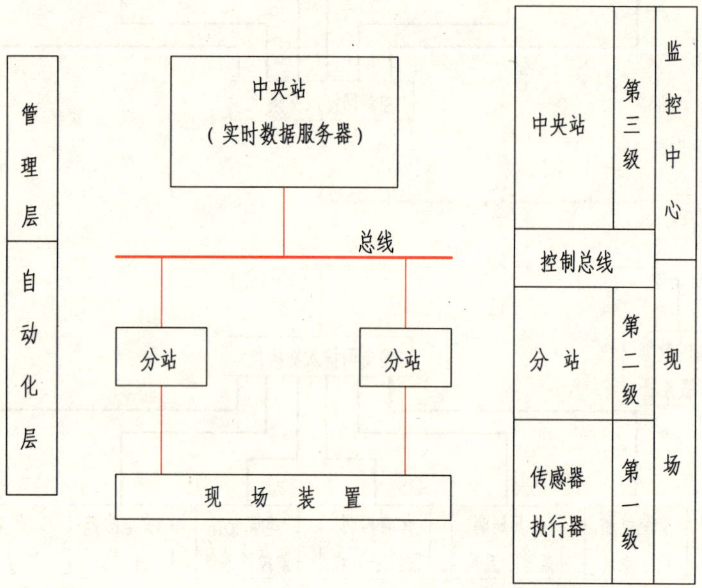

集中式控制系统(CCS)体系结构图

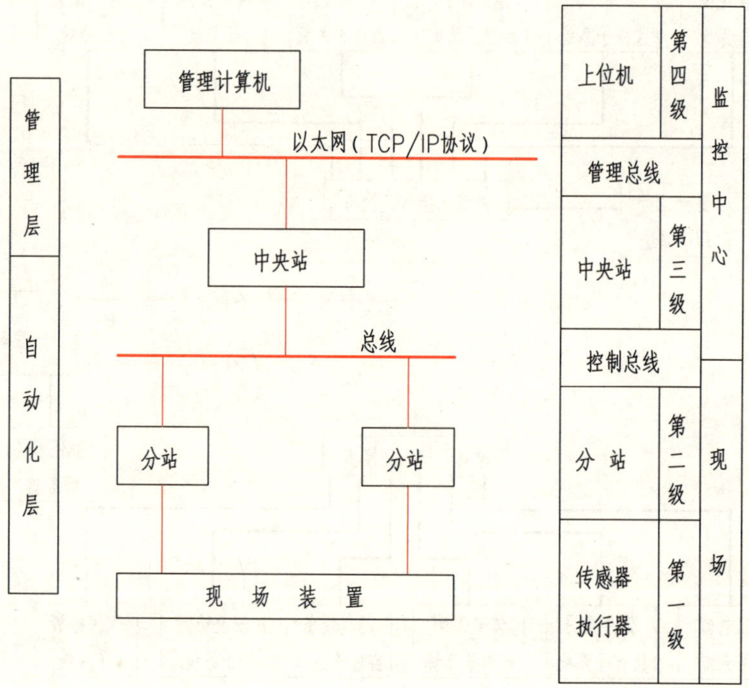

集散式控制系统(DCS)体系结构图

网络层名称	功能	网络及总线特点	配置要求
管理网络层	1. 完成系统集中监控和各种系统的集成； 2. 监控系统的运行参数； 3. 检测可控的子系统对控制命令的响应情况； 4. 显示和记录各种测量数据、运行状态、故障报警等信息； 5. 数据报表和打印。	1. 服务器与工作站之间宜采用客户机/服务器（Client/Server）或浏览器/服务器（Browser/Server）的体系结构。当需要远程监控时，客户机/服务器的体系结构应支持Web服务器； 2. 符合IEEE 802.3的以太网，TCP/IP通信协议； 3. 具有与因特网（Internet）联网能力，提供因特网用户通信接口技术。用户可通过Web浏览器，查看建筑设备监控系统的各种数据或进行远程操作。	1. 宜采用10BASE-T/100BASE-T方式，选用双绞线作为传输介质； 2. 服务器与客户机（操作站）之间的连接宜选用交换式集线器； 3. 管理网络层的服务器和至少一个客户机（操作站）应位于监控中心内； 4. 在管理体制允许，建筑设备监控系统（BAS）、火灾自动报警系统（FAS）和安全防范系统（SAS）共用一个控制中心或各控制中心相距不远的情况下，BAS、SAS、FAS可共用同一个管理网络层，构成建筑管理系统（BMS），但应使三者其余部分的网络各自保持相对独立。
控制网络层	1. 完成建筑设备的自动控制； 2. 控制网络层应完成对主控项目的开环控制和闭环控制、监控点逻辑开关表控制和监控点时间表控制。	通信总线的通信协议宜采用TCP/IP、BACnet、LonTalk、Meter Bus和ModBus等国际标准。	1. 宜采用总线拓扑结构，也可采用环形、星形拓扑结构。用双绞线作为传输介质； 2. 控制网络层可包括并行工作的多条通信总线，每条通信总线可通过网络通信接口与管理网络层（中央管理工作站）连接，也可通过管理网络层服务器的RS232通信接口或内置通信网卡直接与服务器连接； 3. 当控制器（分站）采用以太网通信接口而与管理网络层处于同一通信级别时，可采用交换式集线器连接，与中央管理工作站进行通信； 4. 控制器（分站）之间通信，应为对等式（peer to peer）直接数据通信； 5. 控制器（分站）可与现场网络层的智能现场仪表和分布式智能输入、输出模块进行通信； 6. 当控制器（分站）采用分布式智能输入、输出模块时，可以用软件配置的方法，把各个输入、输出点分配到不同的控制器（分站）中进行监控。
现场网络层	完成末端设备控制和现场仪表设备的信息采集和处理	采用TCP/IP、BACnet、LonTalk、Meter Bus和ModBus等国际标准通信总线。	1. 微控制器、分布式智能输入输出模块、智能现场仪表之间，应为对等式直接数据通信； 2. 现场网络层可包括并行工作的多条通信总线，每条通信总线可视为一个现场网络； 3. 每个现场网络可通过网络通信接口与管理网络层（中央管理工作站）连接，也可通过网络管理层服务器RS232通信接口或内置通信网卡直接与服务器连接； 4. 当微控制器和（或）分布式智能输入输出模块，采用以太网通信接口而与管理网络层处于同一通信级别时，可采用交换式集线器连接，与中央管理工作站进行通信； 5. 智能现场仪表可通过网络通信接口与控制网络层控制器（分站）进行通信； 6. 智能现场仪表宜采用分布式连接，用软件配置的方法，可把各种现场设备信息分配到不同的控制器、微控制器中进行处理； 7. 现场网络层的配置除应符合上述规定外，尚应符合管理网络层1～2条的规定。

注：控制系统三层网络结构图可见2-106页。

层次	层名	交换单元名称
第七层	应用层	信息
第六层	表示层	信息
第五层	会话层	信息
第四层	传输层	信息
第三层	网络层	信息分组
第二层	数据链路层	帧
第一层	物理层	位

源主机 | 消息或流 | 目标主机

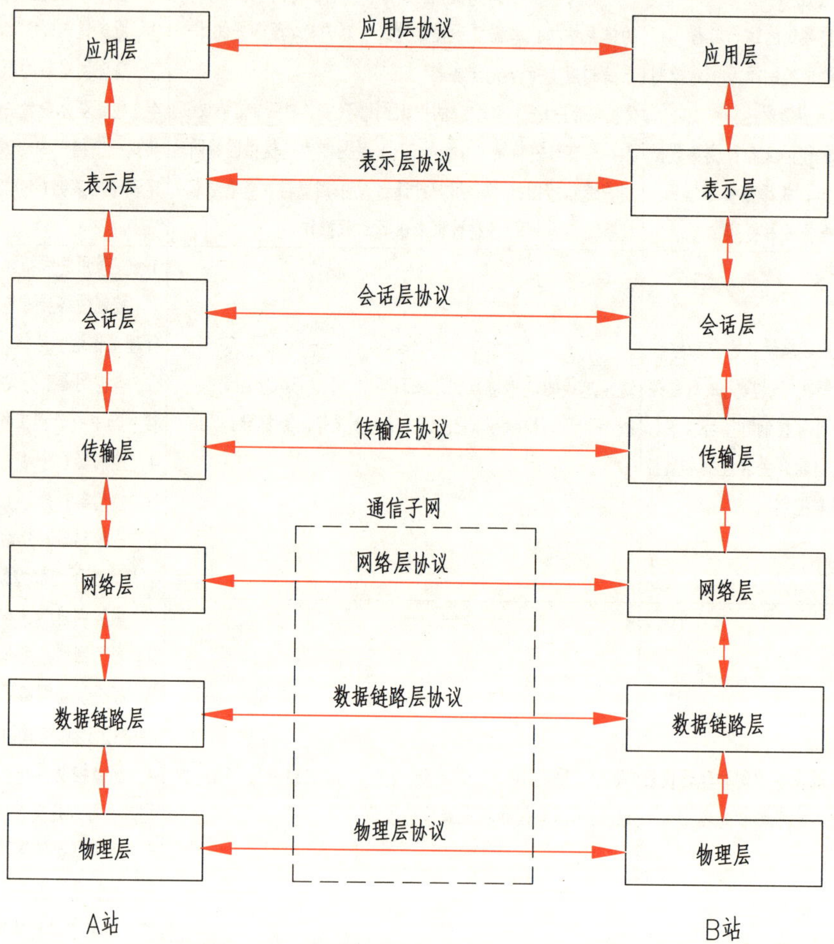

智能化系统集成	开放系统互联OSI参考模型体系结构图	图集号	09X700-2
审核 孙兰	校对 朱立彤 设计 段震寰	页	2-380

OSI参考模型各层功能定义表

层 次	层 名	OSI 参 考 模 型 功 能 定 义
第七层	应用层	OSI参考模型的层中距离用户最近的一层，与其他层的区别在于不需要为其他任何一层提供服务，提供最常用而且通用的应用程序，如电子表格程序、文字处理程序、电子邮件（E-mail）和文件传输等。
第六层	表示层	确保一个系统应用层发送的信息能被另外一个系统应用层识别，如解决数据交换中存在的数据格式不一致，以及数据表示方法不同而提高字符集的转换服务，提供数据压缩及数据加密等服务。
第五层	会话层	是建立、管理以及终止两个系统之间会话的功能层，包括会话同步（什么时间传送、接受管理它们的数据）、会话服务（控制数据信息交换）。
第四层	传输层	是整个协议层次结构中最核心的一层，其作用是从会话层接收数据，若数据较长则把它们划分成较小的单元，再传送给网络层，并确保达到对方的各段信息正确无误。提供可靠、透明的两个站点之间的数据传输，连接管理、错误恢复和流控制，提供面向服务和非连接的服务。会话层每请示建立一个传送连接，传输层就为其建立一个单独的网络连接。
第三层	网络层	负责将数据从异地子网上的两个终端系统提供连接和路径选择（即路径的最佳选择）和拥挤控制。
第二层	数据链路层	对网络层传来的原始数据位流进行处理，为第三层提供正确无误的数据，该层具有帧同步、差错控制、数据流控制。对于局域网而言，分为介质访问控制（MAC）和逻辑链路控制（LLC）两个子层。MAC子层解决广播型网络中多用户竞争信道使用权多问题，LLC子层的主流任务是将噪声的物理信道变成无差错的通信信道，提供数据形帧，实现差错控制、流量控制和链路控制，起着衔接上三层和下三层的作用。
第一层	物理层	传输原始数据（未加工的bit位流），定义了数据传输规则及设备与物理介质的四个接口特性，即机械接口特性、电气接口特性、功能接口特性、过程接口特性。例如信号电位高低、电位变化问题、数据最大传输距离、物理连接装置等。为用户提供建立保持和断开的物理连接功能标准协议接口为RS232C、RS422、RS485。

主编单位、参协编企业联系人及电话

主编单位：	中国建筑标准设计研究院有限公司	汪　浩	010-68799100
	全国工程建设标准设计弱电专业专家委员会		
主审人：	张路明　费锡伦		
参编单位：	佛山市艾科电子工程有限公司	柯国强	0757-88386299
	浙江融信科技发展有限公司	许冬贤	0573-82626690

以下企业为本图集协编单位，在图集编制过程中，提供了相关的技术资料，对图集的编制工作给予了很大的支持，特表示感谢。

北京挪拉斯坦特芬通信设备有限公司	010-63317256
德特威勒电缆系统（上海）有限公司	021-68130066
凯帝（上海）商业设施有限公司	021-39587009
北京直真视通科技有限公司	010-59220168
北京恒业世纪科技股份有限公司	010-67218877
华讯工业（苏州）有限公司	0512-57961888

组织编制单位、联系人及电话：

中国建筑标准设计研究院有限公司	汪　浩	010 - 68799100（国标图热线电话）
		010 - 68318822（发行电话）